인간에 대한 오해

THE MISMEASURE of MAN
by Stephen Jay Gould
Copyright ⓒ 1981 by Stephen Jay Gould
All rights reserved.
Translation copyright ⓒ 2003 by Sahoi Pyungnon Publishing Inc.
Korean translation rights arranged with W. W. Norton & Company, Inc.
through Eric Yang Agency, Seoul, Korea

이 책의 한국어판 저작권은 에릭양 에이전시를 통한
W. W. Norton & Company, Inc.사와의 독점 계약으로
(주)사회평론이 소유합니다.
저작권법에 의하여 한국 내에서 보호를 받는 저작물이므로
무단 전재와 무단 복제를 금합니다.

국립중앙도서관 출판시도서목록(**CIP**)

인간에 대한 오해 / 스티븐 제이 굴드 지음 ; 김동광 옮김.
—서울 : 사회평론, 2003
p. ; cm

관제 : '인간은 만물의 영장'이라는 잘못된 척도에 대한 비판
원서명 : The Mismeasure of Man
원저자명 : Gould, Stephen Jay
ISBN 89-560-2352-2 03470 : ₩ 25000

181.12-KDC4
153.93-DDC21   CIP2003000580

'인간은 만물의 영장' 이라는 잘못된 척도에 대한 비판

인간에 대한 오해

The Mismeasure of Man

스티븐 제이 굴드 지음 | 김동광 옮김

사회평론

인간에 대한 오해

2003년 7월 4일 초판 1쇄 펴냄
2022년 8월 19일 초판 12쇄 펴냄

지은이 스티븐 제이 굴드
옮긴이 김동광
펴낸이 윤철호
펴낸곳 (주)사회평론

대표 고하영
편집 석현혜 장윤혁 이희원
제작 나연희 주광근
마케팅 최민규 정하연 이유진
표지디자인 INK
본문디자인 정연남

등록번호 제10-876호(1993년 10월 6일)
전화 02-326-1182
팩스 02-326-1626
주소 서울시 마포구 월드컵북로6길 56 사평빌딩
e-mail editor@sapyoung.com
http://www.sapyoung.com

ISBN 89-5602-352-2 03470

사전 동의 없는 무단 전재 및 복제를 금합니다.
잘못 만들어진 책은 바꾸어 드립니다.

차례

감사의 글 · 9

개정 증보판 서문 발간 15년을 돌아보며 · 12

하나로 묶은 과학자의 '방법'과 역사가의 '관심' · 12
왜 15년이 지나서 이 책을 개정했는가? · 23
무엇이 가장 중요한가 · 37

| 제1장 | 서문
— 좋은 시대와 나쁜 시대를 투영하는 거울 · 61

| 제2장 | 다윈 이전의 미국
— 백인보다 열등한 흑인과 인디언 · 81

흑인의 평등이라고! 허튼소리! · 85
인종차별론의 두 가지 모습—에덴동산의 완벽함과 또 다른 아담 · 95
아가시의 다원발생설—흑인은 백인과 평등하게 살아갈 수 없다 · 100
객관주의자 모턴—'미국의 골고다' · 113
과학보다 높은 곳에 있는 종교 · 138

| 제3장 | 머리의 측정 — 폴 브로카의 전성시대 · 145

숫자의 마력 · 147
폴 브로카 — 객관성을 가장한 주장 또는 조작 · 160
후기: 뇌의 크기가 지능과 연관된다는 신화 · 197

| 제4장 | 신체의 측정
— '바람직하지 않은 사람들'의 원숭이성 · 201

생명의 나무를 재구성하다 · 204
우리들 중 누군가 속에 존재하는 원숭이 — 범죄인류학 · 217
선천적인 부도덕성이란 존재하는가 · 247

| 제5장 | 미국의 발명품, IQ · 251

비네의 원칙 — 딱지를 붙이지 마라 · 253
사진을 조작한 고더드 — 정신박약아의 위험 · 271
터먼의 직업별 IQ — 직업에서 성공하기 위한 지능이란? · 295
IQ 시대의 도래에서 이민제한법 통과까지 · 322

| 제6장 | 일란성 쌍둥이와 관련된 버트의 사기극 · 383

요인분석의 아버지로 불리기를 바란 버트 · 385
상관관계, 인과관계 그리고 요인분석 · 392
g의 발명자 스피어맨 · 412

버트의 생물학적 선언—희망이 없는 사람들의 고통 · 436
서스턴과 마음의 벡터—'과학의 경계' · 471
에필로그—아서 젠센, 그리고 스피어맨의 g의 부활 · 500
마지막 생각 · 506

| 제7장 | 적극적 결론
—지금의 모습으로 머무르리라 · 507

실증과학으로서의 폭로 · 510
폭로를 통한 학습 · 511
생물학과 인간의 본성 · 513

에필로그 이루지 못한 꿈 · 529

에세이 1 『벨 커브』에 대한 비판 · 532

사회적 억압이 가져온 『벨 커브』의 성공 · 532
되살아난 망령, 『벨 커브』 · 549

에세이 2 우리의 죄는 중대하다 · 567

낡은 사고의 오류와 악취 · 567
인종의 기하학—역사를 진전시키는 사상의 힘 · 581
지적 영웅 다윈의 힘 · 598

옮긴이의 말 과학과 사회에 대한 성찰—스티븐 제이 굴드를 기리며 · 617

| 감사의 글 |

　유전자는 지극히 제한된 비유적인 의미에서 이기적일 수도 있다. 그러나 내게 많은 친구들이 있고, 이 책을 집필하는 과정에서 도움을 아끼지 않았던 동료들이 있는 한 이기심을 일으키는 유전자 따위는 없다. 나는 애슐리 몬터규(Ashley Montagu)에게 감사드리고 싶다. 그것은 그의 구체적인 제안 때문만이 아니라 그가 인간의 가능성에 대해 냉소주의에 빠지지 않으면서 그토록 오랜 세월 동안 과학적 인종주의(scientific racism)에 대한 싸움을 이끌어왔기 때문이다. 그동안 생물학적 결정론(biological determinism)에 관한 책을 썼거나 지금도 쓰고 있는 여러 동료들은 기꺼이 자신들의 정보를 제공해주고, 심지어 발표하기도 전에 자신들의 발견을 내가 사용하도록 허락하기까지 했다. G. 앨런(G. Allen), A. 체이스(A. Chase), S. 초로버(S. Chorover), L. 캐민(L. Kamin), R. 르원틴(R. Lewontin)이 그들이다. 내가 이 책을 쓰고 있다는 소식을 들은 M. 라이턴버그(M. Leitenberg)와 S. 셀덴(S. Selden)도 내가 부탁하지도

않았는데, 여러 가지 자료와 제안을 주었다. 그들의 도움이 이 책을 풍부하게 만들었다. L. 메스졸리(L. Meszoly)는 6장에 들어가는 그림의 원판을 준비해주었다. 어쩌면 크로포트킨의 말이 옳았는지도 모른다. 나는 계속 희망을 간직할 것이다.

   참고문헌에 대해 몇 마디 하겠다. 일반적으로 사용되는 각주 대신 과학문헌에서 보편적으로 쓰는 참고문헌 체계를 사용했다. 즉 본문에 인용된 문장 끝에 저자의 이름과 발행년도를 붙이는 방식이다. 처음에는 많은 독자들이 당황스러워할 수도, 본문이 매우 혼란스럽게 비칠 수도 있다. 그러나 몇 쪽을 읽어나가다 보면, 누구나 인용문헌 표시를 '통독'하기 시작할 것이고, 이런 표기방법이 문장 전체의 흐름을 방해하지 않는다는 것을 알게 될 것이라고 확신한다. 나는 이러한 체계가 외관으로는 조금 흉할지라도 그보다 훨씬 많은 이점을 준다고 생각한다. 누구나 본문과 권말주(모든 주를 그 페이지의 아래쪽에 싣는 출판사는 없을 것이다) 사이를 여러 차례 오가다가, 감질나게 작은 활자와 번호들이 추가 정보가 아니라 무미건조한 참고문헌의 열거에 불과하다는 사실을 알고 실망한 경험이 있을 것이다.* 따라서 나는 모든 역사연구에서 필수적인 두 가지 정보—누가, 언제—를 직접 접근할 수 있도록 병기하는 방식을 택했다. 나는 이런 참조 방식이 그다지 문학적이지 않은, 과학자가 다른 학문분야의 저술 활동에 공헌할 수 있는 드문 기회라고 생각한다.

   제목에 대해서도 한마디 덧붙이겠다(원제는 *The Mismeasure of Man*이다. 한글로 풀면 '인간이라는 잘못된 척도'인데, 이를 염두에 두고 읽어나가야 할 것이다/옮긴이). 나는 성차별을 분명히 나타내는 이 제목이 원래 의도대로 받아들여지기를 바란다. 다시 말해서, 이 제목은 프로타고라스의 유명한 아포리즘(인간은 만물의 척도이다/옮긴이)에 대해서 뿐만 아니라 이 책에서 논하는 생물학적 결정론자들의 방식에 관한 비판으로서도 그 의미를 갖는다. 실제로 그들은 '남자(man, 유럽의 백인남성)'를 기준으로 삼고 나머지 사람들이 그 기준에 뒤떨어진다는 가정을 기초로 '남자'를 연구했다. 따라서 그들이 '인간'을 잘못된 척도(mismeasure)로 삼은 것은 이중의 잘못을 범하고 있는 셈이다.**

---

* 진짜 정보를 제공하는 각주는 극히 소수이지만, 해당 페이지의 제일 아래쪽에 표시했다.
** 옮긴이주 | 'man'이라는 영어 단어는 일반적으로 사람을 뜻하지만, 남자라는 의미도 있다. 저자는 이 제목에서 프로타고라스에서 20세기에 이르는 서구가 'man', 즉 유럽의 백인남성을 만물의 척도로 삼아온 역사를 풍자하고 있다.

| 개정 증보판 서문 |

발간 15년을 돌아보며

한국어판의 제목은 『인간에 대한 오해』이지만, 원제는 'The Mismeasure of Man(인간이라는 잘못된 척도)'이다. 이 장에서는 지은이의 제목에 대한 의도를 그대로 살리기 위해 원제대로 두었다. 굴드는 1981년 이 책의 초판을 썼고, 15년 후인 1996년 개정판을 내면서 이 개정 증보판 서문과 에세이들을 추가했다. -편집자주

하나로 묶은 과학자의 '방법' 과 역사가의 '관심'

'인간이라는 잘못된 척도'에 앞서 처음 생각했던 제목은 나의 영웅, 찰스 다윈에게 경의를 표하기 위한 것이었다. 생물학적 결정론에 대한 그의 탁월하고도 통렬한 비판은 『비글호 항해기』에서 노예제도를 비판하는 대목에서 절정을 이루었다. 그래서 나는 이 책의 제목을 '우리의 죄는 중대하다(Great Is Our Sin)'라고 정하려고 했다. 이 구절은 책머리의 제사(題辭)로 사용했던 다윈의 다음 문장에서 인용한 것이다. "빈곤의 비참함이 자연법칙이 아니라 우리들의 사회제도에 의해 비롯되었다면, 우리의 죄는 중대하다."

그러나 나는 처음 머리에 떠오른 이 제목을 채택하지 않았다. 그리고 이것이 올바른 판단이었다고 확신한다. 왜냐하면 이 책이 자칫 서점의 종교 코너에 진열되어 사람들의 주목을 받지 못할 수도 있다는 사실을 너무

도 잘 알고 있었기 때문이다(내 진화론 에세이집 『플라밍고의 미소』가 결국 보스턴협회의 조류학 부문에 포함되어 널리 알려지지 않게 된 것과 마찬가지로). 더구나 더 심각한 문제가 일어날 수도 있다. 언젠가 나는 역시 보스턴의 권위 있는 대형서점에서 1960년대의 대학생 선언서인 『흑인으로서의 대학생(The Student as Nigger)』이 '인종관련'이라고 적힌 선반에 놓여 있는 것을 발견한 적도 있다. 데이비드 스몰이라는, 유대교 랍비 탐정을 주인공으로 하는 훌륭한 추리소설의 저자이자 내 친구인 해리 케멜맨(Harry Kemelman)은 그의 시리즈 첫 책 『금요일에 랍비가……(Friday the Rabbi……)』가 『토끼 프레디……(Freddy the Rabbit……)』라는 제목으로 아동서 목록에 올라 있는 것을 본 적도 있다고 말했다. 그러나 때로는 정반대의 경우도 있다. 친한 친구인 앨런 데소비치(Alan Dershowitz)에게 들은 이야기인데, 한 여성이 그의 저서인 『후스퍼(Chutzpah)』(철면피라는 뜻의 구어/옮긴이)를 책방 점원에게 "저자명도 기억이 나지 않고, 서명도 발음할 수 없지만……"이라고 말했는데도 불구하고 성공적으로 찾았다는 일화도 있다.

어쨌든 나는 최종적으로 '인간이라는 잘못된 척도'라고 제목을 결정했다. 역설적인 방식이기는 하지만, 그 역설 덕분에 초판 이래 15년 동안이나 힘을 유지할 수 있었다. 그 비결은 주제의 범위를 한정한 것이었다. 『인간이라는 잘못된 척도』는 기본적으로 사회를 무대로 하는 생물학적 논의가 어떻게 도덕적으로 타락했는지를 기술한 포괄적인 책이 아니다(다윈에게서 인용했던, 보다 넓은 의미를 갖는 처음 서명이 의미했을지도 모르지만). 더구나 인간 불평등의 토대에 유전적 기초가 있다는 엉터리 주장 전반을 다루지도 않는다. **이 책은 인간 집단의 서열화에 관한 특정 형태의 정량화된 주장을 다룬다.** 즉 지능이 본질적이고 변화하지 않는 지적 가치라는 선형적(線形的)인 척도로 모든 사람들을 서열화할 수 있다는,

단일한 수치로 유의미하게 추출할 수 있다는 주장만을 한정적으로 논할 뿐이다. 다행스럽게도—내가 의도적으로 결정한 것이지만—이처럼 한정된 주제에는 가장 근본적이며 광범위한 사회적 영향을 미치는, 가장 깊은(또한 가장 일반적인) 철학적 잘못이 포함된다. 왜냐하면 그것이 선천인가 후천인가, 즉 인간의 사회체제에 대한 유전자의 기여라는 무척이나 말썽 많은 주제를 다루고 있기 때문이다.

20년 이상 매달 에세이를 써온 필자로서 내가 배운 것이 있다면, 그것은 특수를 통해 일반을 다루는 힘을 이해할 수 있게 되었다는 점이다. '생명의 의미'에 관한 책을 쓰는 것은 아무 소용도 없는 일이다(우리는 모두 이런 큰 물음의 답을 알고 싶다고 갈망하지만, 다른 한편 참된 답이 있는지에 대해 의구심을 품는다). 그러나 '야구에서 타율 4할의 의미'에 관한 에세이는 시대의 선호에 관한 특징, 우월함의 의미, 그리고 (믿든 혹은 믿지 않든) 선천적인 체격에 이르는, 광범위한 화제에 놀랄 만큼 적합한 참된 결론에 도달할 수 있다. 일반론을 정면에서 곧바로 공략해서는 안 된다. 일반론은 알아차릴 수 없을 정도로 은밀하게 접근해야 한다. 내가 좋아하는 구절로 G. K. 체스터튼의 다음과 같은 말이 있다. "그림이란 한정이다. 모든 그림의 본질은 액자이다."

(내가 선택한 제목 때문에 약간의 문제가 일어났지만, 변명할 생각은 없다. 오히려 나는 이 모든 논란을 즐긴 편이다. '인간이라는 잘못된 척도'라는 제목은 이중해석을 의도한 것으로, 생각 없는 성차별주의의 흔적이 아니다. 이 제목은 프로타고라스가 인류에 대해 남긴 유명한 격언의 패러디이며, 남성을 인간의 기준으로 간주해 여성을 무시하고 인간을 잘못된 척도로 삼았던 경향에 대해 진정한 의미에서의 성차별주의의 실체를 지적한 것이다. 나는 제목의 이러한 논리적 근거를 초판 서문의 마지막 부분에서 밝혔다. 나는 이처럼 어이없는 비판을 받을 때면 누가 책도 읽지 않고 떠벌이기 좋아하는

지를 알아보는 테스트로 삼곤 한다. 가령 본 적도 없는 영화의 폭력을 비난하는 돌[Dole] 씨처럼 말이다[물론 이 책의 제목에 대한 나의 논리적 근거에 동의할 수 없기 때문에 행해지는 비난에 대해서는 신경 쓰지 않는다]. 어쨌든 이 제목에 자극받은 동료 캐롤 태브리스[Carol Tavris]는 나의 패러디를 한 번 더 비틀어서 자신의 훌륭한 저서에 '여성이라는 잘못된 척도[*The Mismeasure of Woman*]'라는 제목을 붙였다. 나는 이 점에 대해 무척 기쁘게 생각한다).*

이 책에는 세 개의 틀이 있고, 이 틀이 앞에서 이야기했던 주제의 한정을 가능하게 해준다. 따라서 나는 일관적이고 합리적이며 포괄적인 내러티브와 분석이라는 틀 속에서, 지능에 대한 모든 주제들 중 가장 큰 하나의 주제를 포함시킬 수 있게 되었다. 세 가지 틀은 다음과 같다.

1. 정신성(mentality)에 대한 정량화된 주장 중에서 역사적으로 가장 두드러진(그리고 명백하게 잘못된) 형태, 즉 측정가능하고 유전적으로 고정된 단일한 지능이라는 주장으로 생물학적 결정론에 대한 논의를 한정

---

*수개 국어에 통달한 친구가 내 책 제목이 야기할 수 있는 기묘한 문제를 정확하게 예상했다. 몇 가지 이유에서(이것은 어쨌든 내가 한 일이기 때문에 비난을 하려는 것이 아니라 놀라움을 표현하려는 것뿐이지만), 사람들은 첫번째 단어를 'mishmeasure'라고 잘못 발음하는 경향이 있다. 이것은 라디오 인터뷰나 강연에서 이 책을 소개할 때 당사자를, 의도하지는 않았겠지만, 경솔하게 보이게 하거나 당황하게 만들 수 있다는 것이다. 분명히, 그리고 내 친구가 예상했듯이, 우리는 zh 발음이 'measure'에 들어갈 것으로 생각할 수 있다. 다시 말해서, 무의식적으로 그 단어의 첫 부분을 이후 음에 맞추려고 시도하게 되고, 따라서 'mis' 대신 'mish'라고 발음하게 된다. 나는 이 오류에 매혹되었다. 결국 우리는 아직 발음되지 않은 소리를 미리 예상하는 실수를 한 셈이고, 따라서 이것은 우리의 뇌가 표현 이전에 언어를 어떻게 모니터하는지 보여주는(또는 내가 그렇게 생각하는) 사례라고 할 수 있다. 오류의 형태도 놀랍지 않은가? 우리는 쾌활한 소리가 겹치는 조합으로 이루어진 두운(頭韻)을 좋아하는 경향이 있지 않은가? 이러한 현상은 단지 분절 발음을 쉽게 하기 위해 일어나는 것인가, 아니면 여기에서 밝혀졌듯이 대뇌의 패턴화에 의해 보다 깊은 의미를 가지는 무엇인가? 이러한 현상은 시(詩)의 기원이나 형태에 어떤 의미를 가지는 것이 아닐까? 우리의 지적 기능의 본질이나 그 조직에 대해서도 무언가 이야기해주는 것이 아닐까?

했다. 서문에도 썼듯이, 이러한 유사과학적(pseudoscientific) 주장은 사회적 유용성과 긴밀하게 결부되어 있다.

따라서 이 책은, 하나의 실체로 지능을 추상화하여 뇌 속에 지능의 위치를 부여하고 하나의 수치로 각 개인의 지능을 정량화해서, 억압받고 불리한 입장에 처한 사람들이—인종, 계급 또는 성별에 의해—선천적으로 열등하며 그런 지위에 있는 것이 당연하다는 것을 확인하기 위해 이 수치를 사용해서 사람들을 단일한 가치체계로 서열화시키는 문제를 다룬다. 한마디로 이 책은 인간이라는 잘못된 척도에 대한 것이다.

첫번째 틀에 대한 논의는 내가 무엇을 배제했는지도 설명해준다. 나는 종종 정신적 기능의 정량화 이론을 설명할 때, 왜 골상학(phrenology)처럼 영향력이 큰 요인을 빠뜨렸는지에 대한 질문을 받아왔다. 그러나 골상학은 '인간이라는 잘못된 척도'라는 주제와는 철학적으로 대극점에 놓여 있다. 골상학자는 독립된 지능이나 다인자지능(多因子知能, multiple intelligence)에 관한 이론을 찬양했다. 그들의 견해는 20세기 초의 서스턴(Thurstone)이나 길포드(Guilford), 그리고 현대의 하워드 가드너(Howard Gardner) 등에 의해, 즉 다인자지능 이론에 의해 인도되었다. 다인자지능 이론은 지난 세대에는 젠센(Jensen), 현대에는 헤른슈타인(Herrnstein)과 머레이(Murray)에 대한 중요한 도전이며, 인간이라는 잘못된 척도로 특징지워지고 서열화할 수 있는 단일한 지능이라는 모든 전통에 대한 중대한 도전이다.

두개골의 모든 융기를 해독해서 '가정적'이거나 '호색적', '고상'하거나 '인과적'이라는 판단의 척도로 삼는 골상학자들은, 정신적인 기능을 대체로 서로 독립된 풍부한 특성들의 집합으로 분할했다. 이러한 견해에 의하면, 하나의 수치로 인간의 종합적 가치를 나타내는 것은 결코 불가능하며, 단일한 수치로 표시되는 생물학적 특성으로서의 IQ라는 개념

전체가 무의미해진다. 고백하자면, 내 가슴에도 골상학자들에 대해 따뜻해지는 지점이 있다(가슴에도 더 따뜻한 융기가 있는 것일까?). 골상학자들은 철학적으로는 올바른 관점에 서 있기 때문이다. 그러나 그들의 두개융기(cranial bump) 이론은, 이 책에 등장하는 잘못된 측정자들과 마찬가지로 결정적인 오류를 저지르고 있다(역사는 종종 아이러니 위에 아이러니를 겹쳐 쌓아올리곤 한다. 두개융기는 터무니없는 이야기이지만 바로 그 밑에 있는 대뇌피질은 고도로 특수한 지적 처리과정이 이루어지는 곳이며, 오늘날 신경학 연구에서 가장 매력적인 장소이기도 하다).

어쨌든, 올바른 다인자지능 이론의 잘못된 버전에 해당할 골상학은 두개골의 잘못된 측정 전반을 다루는 책에서는 중요한 내용이 될 수도 있지만, 단일하고, 천성적이고, 또한 선형적으로 서열화할 수 있는 지능이라는 이론에 관한 오류의 역사를 주제로 하는 이 책에는 적절하지 않다. 내가 "올바른 주제이지만 다른 이론"이라는 이유로 골상학을 제외했다면, 정반대의 이유로 "잘못된 주제이기는 하지만 같은 이론", 즉 지능의 정량화가 아니라 생물학적 주장에 근거한 단선적이고 천성적인 서열화를 인정하는 모든 주장에 대한 방대한 자료도 간과할 것이다. 따라서 나는, 예를 들어 우생학 운동에 대해서는 명확하고 독립된 장을 두지 않았다(그렇지만 IQ와 연관된 주제는 다룰 것이다). 대부분의 주장이 선천적으로 결정되어 있는 특징에는 개별의 유전자가 관여하리라는 추측을 기초로 삼기 때문이다.

2. 나는 일시적이고 단명한 현대의 용례에 주안점을 두지 않고, 역사상 독창적인 인물의 '중대한' 주장과 과실에 초점을 맞추었다. 5년 전의 날카롭고 신랄한 풍자나 동시대의 전혀 다른 분야의 논객들에 의한 편향된 주장을 누가 기억하고 있겠는가(떠올리고 싶어할 사람이나 있겠는가)? 그러나 우리가 절대 잊지 못하는(잊어서는 안 되는) 것은 다윈의 위대함

과 그의 마지막 세대의 적수인 창조론자들, 즉 아가시(Agassiz)와 세지윅(Sedgwick)에 의한 교훈적이고 중대한 과오이다. 그 주춧돌에 해당하는 기본 원리는 영원하다. 오늘날의 사소한 논쟁들은 대부분, 어제의 신문이 오늘의 쓰레기 포장지가 된다는 신문기자들의 해묵은 격언을 따른다.

이 틀의 두 번째 본질적인 특징은, 이 책이 단일하고 선형적으로 서열화할 수 있는 타고난 지능이라는 이론의 근거와, 그후 오랫동안 영향력을 발휘한 그 이론의 창시자들에게 주의를 한정한다는 점이다. 이 결정 덕분에 이 책을 2부로 나눌 수 있게 되었고, 지난 200년 동안 우월한 지위를 점했던 이 이론의 중심인물들을 연대순으로 설명할 수 있었다. 19세기는 두개골의 외부(자[尺]나 캘리퍼스를 이용해서 머리 형태나 크기에서 이끌어낸 여러 가지 지수나 비율에 의해)와 내부에서(겨자씨나 납으로 된 탄환을 두개골 안쪽에 채워서) 물리적 측정을 하는 데 초점을 맞추었다. 20세기가 되자 지능 테스트를 통해 뇌의 내용(content)을 보다 직접적으로 측정하는 방법으로 옮겨갔다. 즉 두개골이라는 물리적인 특성에서 뇌의 내부 소재(stuff)를 측정하는 쪽으로 변화한 것이다.

나는 학자로서 근본적으로 중요한 자료에 한정하는 이러한 방식을 무척 신뢰한다. 그러나 다른 한편으로, 이 결심이 개정판에 큰 실용적 이익을 준다는 것도 인식하고 있다. 오래된 주장이 아직도 힘을 가지는, 시쳇말로 '장수하는' 셈이다. 물론 기독교도들의 "신의 말은 영원하다"는 확신에는 결코 필적할 수 없겠지만, 학문이 계속되고 역사에 대한 매료가 지속되는 한 브로카, 비네 그리고 버트에 대한 관심은 계속될 것이다. 그러나 나는 세상이 젠센, 머레이, 헤른슈타인, 르원틴 그리고 내게 거의 주목하지 않고, 오래 기억하지도 못하지 않을까 우려스럽다.

나는 중요하고 독창적인 주장에 대해 썼고, 1981년 당시에 다시 나타난 그 화신들을 사실상 무시했기 때문에 이 개정판의 내용을 바꿀 필요가 없었다. 본문도 초판과 거의 다르지 않다. 개정판의 차이는 새로 쓴 서문과 마지막 부분에 덧붙인 에세이 정도이다. 1981년에 주목을 끌었던 화제는 지금은 그다지 관심을 받지 못하는 역사가 되었다. 주장의 기본 형태가 소멸하지 않고 몇 년마다 반복해서 나타나기는 하지만, 나는 헤른슈타인이나 머레이의 주장이 영원히 유효할 것이라고는 생각하지 않는다―이것이야말로 이 책이 필요한 이유이며, 이 책이 반복적으로 등장하는 지속적인 원천에 초점을 맞추어야 하는 이유이기도 하다. 나는 초판 서문에 다음과 같이 썼다.

나는 최근 부활한 생물학적 결정론에 대해서는 거의 언급하지 않았다. 생물학적 결정론의 개별 주장은 일반적으로 수명이 무척 짧기 때문에 그런 주장에 대한 반론은 잡지나 신문 기사 정도로 족하다. 누가 10년 전의[1981년의 시점에서] 뜨거운 주제들을 기억이나 하겠는가? IQ 100 이하인 사람들이 자발적으로 단종하면 보상금을 준다는 쇼클리(Shockley)의 제안이나 XYY 대논쟁, 또는 도시 폭동을 폭도의 신경증으로 설명하려는 시도 등이 그런 예에 해당한다. 우리 주위에서 여전히 횡행하고 있는 이러한 주장의 근원을 파헤치는 작업은 대단히 가치 있고 흥미로운 일이다. 이런 논의는 최소한, 우리들에게 많은 것을 깨닫게 해주는 중요한 오류들이다.

3. 이 틀의 세 번째 중요한 측면은 나 자신의 직업적 능력에서 비롯된 것이다. 내 직업은 과학자이지만, 나는 역사에 무한한 매력을 느끼고 있다. 역사와 연관된 주제에 대해 많은 것을 읽고 연구한 덕에 그동안 역사에 관한 주제로 많은 글을 써왔다. 거기에는 세 권의 책과 많은 에세이들이 포함된다. 따라서 생물학적 결정론의 주장과 관련한 논리와 경험에

대해서는 누구에게도 뒤지지 않을 만큼 이해력을 가지고 있다고 자부한다. 전문적인 훈련 결여로 내 자신이 부족하다고 느끼는 것은 보다 광범위한 정치적 맥락(선행자나 그 배경)에 대한, 즉 생물학적 주장이 사회에 충격을 주는 그 활동무대에 대한 직업인으로서의 '감각'이다—이것은 뛰어난 학자에게는 필수불가결한 조건이다. 주장과 의도, 그리고 사실을 뒷받침하는 오류가 한데 뒤얽혀 있는, 전문용어로 표현하자면, '내부사(內部史, internalist)'에 해당하는 주제들에 대해서는 상당한 수준이지만(건방지게 이야기하자면 '대부분의 사람들보다 나은'), 과학적 주장을 사회적 배경에 '짜넣는(fitting)' 보다 광범위한 역사적 맥락, 즉 '외부사(externalist)'의 관점에서는 준비가 퍽 부족한 형편이다.

그 때문에, 그리고 궁하면 통한다는 오래된 전술을 따라 생물학적 결정론의 역사를 다루는 다른 경로를 탐구했다. 그것은 나의 특수한 재주와 능력은 살리고, 내 약점에는 심한 타격을 주지 않으려는 전술이었다. 이 중요한 주제를 다루기 위해, 지금까지 전혀 알려지지 않은 방법을 고안할 수 없었다면, 이 책을 쓰려는 계획은 세우지 않았을 것이다. 아니 애초에 그런 생각조차 품지 않았을 것이다(나는 재탕식 저작에 개인적으로 혐오감을 가지고 있고, 교과서와 같은 분야에는—나보다 연배가 많고 존경하는 선배에 대한 개인적 호감으로 손을 댄 사소한 예외는 있지만—결코 손을 대지 않았다. 그러기에 인생은 너무도 짧다).

나의 특수한 재능은 독창성이 아니라 조합이다. 충분히 상호작용을 하는 두드러진 두 가지 성분을 하나로 결합시키는 것이다—각각의 성분은 별개로 많은 사람들에게 영향을 미쳤지만, 한 사람의 관심사에서 이 두 가지 성분이 결부된 적은 거의 없었다. 내 시도 이전에 책으로 묶일 수 있는 정도의 두께로, 더구나 이 주제에 대한 전반적인 시야를 가지고 두 가지 능력을 체계적으로 통합시킨 사람은 없었다.

과학자는 일반적으로 자료 분석에 능숙하다. 과학자들은 논증의 오류를 지적하고, 특히 가설을 뒷받침하는 자료의 부족을 찾아내도록 훈련받았다. 도표를 살펴보고 그래프 위의 점 하나까지 세심하게 조사한다. 과학은 새로운 발견뿐만 아니라 다른 사람이 이끌어낸 결론을 비판하는 작업에 의해서도 진전한다. 나는 집단 내의 변이(變異)나 계통 내의 역사적 변화에 대한 자료의 엄청난 매트릭스를 처리하는 특수한 전문기술을 익히고, 통계적인 사고를 몸에 익힌 고생물학자로 훈련받았다(인간이라는 잘못된 척도도 이와 같은 주제이다. 즉 그룹 내의 변이에 상응하는 것이 개체간의 차이이고, 시간의 흐름 속에서 나타나는 계통의 시간적인 차이에 상응하는 것이 그룹간에서 측정되는 차이이다). 따라서 나는, 자료를 분석하고 인간 그룹들 사이에서 측정된 차이에 대한 오류를 지적하는 작업에는 이론의 여지없이 적임자라고 자부한다.

물론 현재 활동중인 과학자라면 누구나 이런 식의 작업을 진행할 수 있다. 그러나 지금 우리는 나의 본업인 과학의 중대한 편협함에 직면해 있다. 대부분의 과학자는 역사에 대한 사소한 일에는 관심도 두지 않는다. 그렇다고 '역사란 터무니없는 속임수'라는 헨리 포드(Henry Ford)의 격언을 따른다는 의미는 아니지만, 그들은 과거를 과오(過誤)의 보관용기(repository of error) 정도로 간주하거나 진보를 향해가는 길 위에 놓인 함정을 극복하기 위한 도덕교육의 재료쯤으로 생각하는 것이 고작이다. 이러한 자세는 과학사의 역사적 인물, 특히 중대한 실수를 저지른 사람들에게 공감하거나 흥미를 갖지 않도록 만든다. 따라서 대부분의 과학자들이 원칙적으로 생물학적 결정론의 원래 자료를 분석할 수는 있지만, 이러한 시도 자체에 대해 깊이 고찰하는 경우는 결코 없다.

반면 전문적인 역사가들은 통계학으로 돌아가서 자신의 주제와 연관된 그래프를 비판할 수 있다. 실제로 이 절차는 난해하거나 어려운 것이 아니다. 여기서 우리는 다시 한 번 이 분야의 편협함과 마주친다. 역사가들은 사회적인 맥락을 연구한다. 아마도 역사가들은 아메리카 인디언의 두개용량이 작다는 모턴의 결론이 서부로의 확장정책과 관련된 논쟁에 어떤 영향을 미쳤는지 알고 싶어할 것이다. 그러나 역사가들은 책상에 앉아 모턴의 두개측정표를 놓고 생각에 잠기거나, 모턴이 자신의 자료를 정확하게 보고했는지 여부를 알아내려는 시도 따위는 하지 않을 것이다.

나는 내가 할 수 있는 나만의 영역을 발견했다. 나는 통계적인 전문기술을 구사해서 세부적인 사항까지 배려하며 자료를 분석할 수 있고, 현재 직면해 있는 중요한 주제의 역사적 기원을 조사하는 것을 매우 좋아한다. 한마디로 나는 과학자의 방법과 역사가의 관심을 하나로 묶을 수 있다. 따라서 이 책은 생물학적 결정론의 역사에 얽힌 많은 자료를 분석하는 데 초점을 맞출 것이다. 이 책은 지능이 단일하고, 선형적이며, 서열화할 수 있고, 선천적이며, 최소한의 변화가능성만을 가지고 있다는 이론의 기원과 그 이론에 대한 옹호의 역사 속에 들어 있는 뿌리 깊고 교훈적인 오류의 연대기(年代記)이다.

따라서 정량화된 지능을 다룬다는 점에서 이 책은 당당한 '내부사'이다. 나는 역사적으로 중요한 주장이 포함된 자료를 분석했다. 그러나 내심 그 작업이 먼지가 풀풀 날릴 만큼 무미건조한 일람표가 아니라 모험적 변론에(일반적인 매력의 대상인) 가깝기를 바랐다. 우리는 모턴이 두개용량을 측정하기 위해 겨자씨를 납 탄환으로 바꾼 일, 브로카가 자신의 무의식적인 사회적 편견이라는 잘못된 견해로 꼼꼼한 통계처리를 한 점, 고더드가 뉴저지주(州)의 황폐한 소나무숲에 살던 칼리각가(家, Kallikaks)의 치우(癡愚, 지능도가 3~7세 가량의 정신지체/옮긴이) 가계의 사진을 수정한 것, 여크스가 제1차 세계대전 당시 육군의 모든 징집병에 부과한(나도 하버드 대학 재학중에 받았던) 천성적 지능을 측정할 수 있다고 생각한 지능 테스트(실제로는 미국문화에 대한 친숙도를 측정한 지수였지만), 시릴 버트가 수학적으로 지능을 단일 요인으로 정당화하면서 범한 결정적이고 중대한 잘못(만년에 범한 그다지 중요하지 않은 명백한 속임수와는 다른) 등을 다루게 될 것이다.

잘 알려져 있는 서로 모순된 다음의 두 인용문은 이러한 시도가 가지는 흥미로우면서도 잠재적인 중요성을 잘 보여준다.

신은 사소한 것 속에 있다.
그리고 악마 역시 그러하다.

왜 15년이 지나서 이 책을 개정했는가?

생물학적 결정론에 대한 비판은 언제라도 의미가 있지만, 나름대로 적절한 시기가 있다. 우선 언제나 좋은 까닭은 생물학적 결정론의 오류가 매우 뿌리 깊고 음험하며, 우리들이 공유하는 본성의 최악의 현시(顯示)에 호소하기 때문이다. 뿌리가 깊다는 것은 생물학적 결정론이 철학적 전통의 가장 오래된 일부 쟁점이나 잘못과 관련이 있다는 의미이다. 예를 들어 **환원주의**, 즉 부분적으로 임의적이고, 대규모적이고, 환원 불가능한 복잡한 현상을 최소의 구성부분의 결정론적 움직임으로 설명하려는 갈망(운동하는 원자에 의해 물리적인 물체를 설명하거나 유전되는 주요 물질의 양에 의해 지적 기능을 설명하려는 시도 등이 이에 속한다), **물화**(物化, reification), 즉 추상적인 개념(지능과 같은)을 확고한 실체(정량화할 수 있는 뇌라는 물질)로 변환시키려는 경향, **이분법**(二分法, dichotomization), 즉 복잡하고 연속적인 실체를 둘로 분할하려는(예를 들어 천재와 바보, 백과 흑) 갈망, 그리고 마지막으로 **계층화**(hierarchy), 즉 모든 사물을 선형(線形)으로 증가하는 가치로 서열화시키려는 경향(이 경우, 천성적 지능은 여러 등급으로 나뉘고, IQ 테스트 초기에 즐겨 쓰인 용어인 '정상 대 정신박약'이라는 형태로 이분화시키려는 강한 충동) 등이다.

이처럼 일반적인 오류를 범하는 경향과 흔히 외국인혐오증(xenophobia)이라고 불리는 사회정치적 실재를 결합하면, 생물학적 결정론이 사회적 무기로서 갖는 잠재적인 힘이 어느 정도인지 이해할 수 있다—외국인혐오증은 (슬픈 일이지만) 열등하다고 판정받은 '타자(others)'에 대한 우리의 태도를 규정하곤 한다. 왜냐하면, 외국인혐오증으로 '타자'가 온당한 지위를 상실하고, 다시 낮은 사회경제적 지위를 얻는 것이 불공평한 선택의 결과가 아니라 선천적인 부적절에서 야기되었다는 과학적인 결론으로 정당화될 수 있기 때문이다. 다시 한 번 다윈의 위대한 문장을 되풀이하자. "빈곤의 비참함이 자연법칙이 아니라 우리들의 사회제도에 의해 비롯되었다면, 우리의 죄는 중대하다."

그렇지만 생물학적 결정론에 대한 비판이 시기적절한 때도(현재를 포함해서) 있다. 왜냐하면—고전을 좋아해서 히드라(Hydra, 그리스 신화에 등장하는 아홉 개의 머리를 가진 뱀으로 하나를 자르면 두 개가 생겨났다고 한다/옮긴이)의 머리를 떠올리거나, 속담을 선호해서 '귀찮은 놈'(turn up like a bad penny, '귀찮은 놈은 안 왔으면 할 때 꼭 찾아온다'는 속담/옮긴이)이나 '고양이'('고양이의 목숨은 9개'라는 속담/옮긴이), 그리고 서민적인 표현을 선호해서 뽑아도 다시 자라는 잔디밭의 잡초 왕바랭이와 같은 이미지를 떠올릴 수도 있지만—똑같은 잘못된 주장이 수년마다 되풀이되고, 더구나 진절머리가 날 만큼 규칙적으로 고개를 들기 때문이다. 이러한 생물학적 결정론의 한 버전의 정체를 폭로하자마자 똑같이 사악한 텍스트의 다음 장(章)이 펼쳐지는 셈이다.

이러한 반복에 특별한 비밀이 있는 것은 아니다. 그것은 IQ와 마찬가지로 편리한 수학적 공식으로 나타낼 수 있는 자연법칙에 따라 그 근저에 깔린 순환성이 현시(顯示)되는 것이 아니며, 뜨거운 관심을 불러일으키는 새로운 항목의 자료나 과거에는 전혀 고려되지 않았던 새로운 각도의 논거를 제시하는 것도 아니다. 이런 것은 단일하고, 서열화할 수 있고, 선천적이며, 사실상 변화할 수 없는 지능 이론이 일련의 정식화의 각 단계에서 크게 바뀔 수 있는 성질이 아니기 때문이다. 하지만 이러한 주장이 제기될 때마다 인기를 누리는 이유는 잘못된 논리와 결함있는 정보 때문이라고 할 수 있다.

  생물학적 결정론이 되풀이해서 부상하는 까닭은 사회정치적인 것으로, 그리 멀리서 이유를 찾을 필요는 없다. 우선 사회적 프로그램에 대한 지출을 줄이려는 캠페인을 비롯해서, 사회적 비용을 절감하려는 정치적인 에피소드, 축복받지 못한 그룹의 사람들이 심각한 사회적 불안을 야기하거나 권력을 위협하는 시기에 엘리트 지배층의 불안감이 고조되는 것과 관련이 있다. 사회변화에 반대하는 한 주장이, 어떤 사람들은 상층에 위치하고 어떤 사람들은 하층에 위치하는 기존 질서가 그렇게 서열화된 사람들의 선천적이고 불변인 지적 능력의 정확한 투영이라는 주장을 능가할 수 있을까?

  경제라는 사다리의 가장 밑바닥에 위치한 인종이나 사회계층에 속하는 사람들의 어쩔 수 없는 IQ 수치를 끌어올리기 위해 애쓰거나 돈을 쓸 이유가 어디 있는가? 차라리 자연의 슬픈 운명을 받아들이고 엄청난 액수의 연방준비은행 준비금을 절약하는 편이 바람직하지 않을까?(그렇게 하면, 부자들을 위한 세제우대 조치를 보다 손쉽게 유지할 수 있다!) 당신이 살고 있는 고급주택지에서 불리한 처지에 있는 사람들이 소수이고, 그들의 의견이 대변되지 않는다고 고민할 필요가 있겠는가? 그들의 처지가 현실의 사회적 편견이나 그 부산물 때문이 아니라 능력이 낮고, 일반적으로 부도덕하며, 생물학적으로 타고난 것이라면 말이다(이렇게 낙인찍는 기준은 인종, 계급, 성별, 행동의 성향, 종교, 그리고 출신국이다. 생물학적 결정론은 일반 이론이고, 현재 경멸의 대상이 되는 특정 그룹은 다른 시기나 장소에서 비슷한 편견의 대상이 된 모든 타자를 포함한다. 이러한 의미에서 온전한 지위를 박탈당한 그룹들의 단결에 대한 호소가 단순한 정치적 수사로 치부되어서는 안 되며, 오히려 학대라는 공통의 이유에 대한 적절한 대응으로 칭송되어야 한다).

지금은 단일하고, 서열화할 수 있는 지능이 선천적이라는 논의가 주기적으로 유행을 타는 현상을 이야기하는 것이지, 이러한 주장들이 에피소드처럼 정식화된다고 단정하는 것이 아니라는 점을 알아주기 바란다. 일반적인 주장은 언제나 존재하며, 언제나 찾아볼 수 있고, 언제나 출판되고, 언제나 이용가능하다. 따라서 강한 대중적 관심을 끄는 일화는 정치적인 선호라는 진자(振子)가 이 고색창연한 오류를 이용하기 좋은 위치로—순박한 바람이나 확실한 이용가치가 있다는 냉소적인 인식에 근거하는 진지함으로—흔들리게 할 수 있다. 생물학적 결정론이 반복해서 수면 위로 부상하는 까닭은 정치적 경비 절감책과 사회적 관용의 붕괴로 특징지워지는 우리 시대와 깊은 연관이 있다.

20세기 미국은 서로 연관된 세 가지 중요한 일화를 경험했다. 첫번째 일화는 미국 역사에서 가장 슬픈 아이러니 중 하나로 이 책의 가장 긴 장을 채운다. 우리는 미국을 대체로 평등주의의 전통을 가진 곳, "자유라는 이념을 토대로 수립되고, 모든 인간이 평등하게 창조되었다는 신념에 헌신하는" 국가라고 생각한다. 그러나 그와 반대로 많은 유럽 국가들이 군주제, 봉건질서, 사회계층화의 긴 역사를 가지고 있기 때문에 사회정의나 평등의 이상에 접할 기회가 훨씬 적었다는 것도 알고 있다. IQ 테스트가 프랑스에서 시작되었기 때문에, 많은 사람들이 자연스럽게 테스트에 대한 대단히 일반적이고, 대단히 유해하고, 대단히 잘못된 유전자 결정론적 해석 역시 유럽에서 비롯되었다고 생각할지도 모른다. 그러나 얄궂게도 이 그럴 듯한 가설은 완전히 잘못된 것이다.

제6장에서 설명하겠지만, 이 테스트를 처음 고안한 프랑스인 알프레드 비네(Alfred Binet)는 테스트에 대한 유전자 결정론적 해석을 피했을 뿐만 아니라 특별한 도움이 필요한 아이들을 식별하기 위한 이 테스트를 악용할 우려가 있는 해석에 대해 분명하게 경고했다(비네는 선천적이라는 해석은 아이들에게 교육불능이라는 낙인을 찍게 돼 자신의 의도에 역행하는 결과를 가져오게 될 것이라고 주장했다. 이 두려움은 이후 역사에 의해 안타깝게도 현실화되었다).

IQ의 유전자 결정론적 해석은 세 명의 심리학자들의 변절로 인해 미국에서 시작되었다—이 세 사람은 H. H. 고더드(Goddard), L. M. 터먼(Terman), R. M. 여크스(Yerkes)로, 이 테스트를 번역해서 미국에 확산시켰다. 만인이 자유롭고 평등하다는 미국에서 이러한 악용이 발생할 수 있었던 것은, 제1차 세계대전 이후 수년 동안 이 세 과학자의 활동이 절정에 달했던 것과 관련이 깊다. 이 시대는 편협한 호전적 애국주의와 국수주의, '원주민 보호주의'(여기에서의 원주민은 인디언이 아니라 WASP[white angro-saxon protestant의 약자]인 앵글로색슨계 백인 신교도들을 뜻한다/옮긴이), 국기 밑에 도열하는 허울만 좋은 애국심이 어느 때보다 강릴하던 시기였다. 1950년대 초반에 매카시즘 선풍이 불어닥칠 때조차도 이 정도는 아니었다. 그것은 이민제한, 유대인 쿼터제(할당제), 사코와 반제티(Sacco and Vanzetti, 미국으로 이주한 이탈리아의 무정부주의자들로 1927년 강도살인죄로 처형되었다. 이후 재판의 공정성 문제로 국제적인 항의운동이 일어나기도 했다/옮긴이)의 처형, 남부 여러 주(州)에서의 폭력의 확산 등으로 얼룩진 시대였다. 흥미로운 것은 1920년대 이런 생물학적 결정론을 수립한 사람들 대부분이, 진자가 자유의 방향으로 흔들린 1930년대에는 자신이 내렸던 결론을 철회했다는 점이다. 당시는 불경기로 박사학위를 받은 사람들이 빵 한조각을 얻기 위해 실업자 대열에 가세하던 시기였고, 빈곤이 더 이상 타고난 우둔함으로 설명될 수 없게 된 시대였기 때문이다.

최근의 두 가지 일화 역시 정치적인 진자의 흔들림과 관계가 있다. 첫 번째 일화는 대안적 사고방식에 의한 적극적인 반대론으로(나는 부정주의적 혹평은 아니라고 생각한다) 이 책을 쓸 수 있는 영감을 불어넣어준 것이고, 두 번째 일화는 이 개정판의 출간을 재촉하는 계기가 되어준 것이다.

아서 젠센은 1969년에 IQ의 그룹간 차이(미국의 흑인과 백인의 격차를 강조하는)가 선천적인 이유에서 비롯된다는 악명높은 논문을 발표해서 첫번째 일화의 시작을 알렸다. 이 논문의 첫 문장은 사회적 편향 없이 공평무사한 학자로서 발표했다는 그의 이후 주장이 모두 거짓임을 보여준다. 그는 연방정부의 헤드스타트 프로그램(Head Start, 사회적 약자 자녀들이 초등교육을 받기 전에 미리 취학 전 교육을 받도록 하는 교육 프로그램/옮긴이)에 대하여 "보상교육이 시도되었지만 명백한 실패였다"고 공공연한 공격을 가했다. 그리고 1971년 내 동료 리처드 헤른슈타인이 월간 『애틀랜틱(Atlantic Monthly)』에 투고한 논문이 제2의 일제사격에 불을 붙였다. 이 논문은 1994년 찰스 머레이와 함께 출간한 『벨 커브(The Bell Curve)』의 윤곽과 개요가 되었으며, 또한 이 책의 개정판을 내게 된 직접적인 원인이었다.

앞에서도 말했듯이, 이 주제에 대한 악명높은 사람들의 논문은 매달 눈에 띄는 위치에 게재되었다. 젠센의 논문이 이미 잘 알려진 장르 안에서 무시되는 평범한 선언이 아니라 왜 그토록 여론을 분분하게 만든 사건이 되었는가를 알기 위해서는 사회적 맥락으로 되돌아가야 한다. 젠센의 논문에는 새로운 주장이 없었기 때문에 오래 묵은 씨앗이 발아할 수 있는 비옥한 새로운 토양을 찾아야 했다. 역시 앞에서 말했듯이, 나는 사회문제에 대한 전문가가 아니어서 이 쟁점에 대한 나의 견해는 소박한 수준에 불과하다. 그러나 나는 정치적으로 무척 활발하던 시기에 청년기를 보냈다. 지금도 베트남 전쟁에 대한 반전운동의 고조, 1968년 마틴 루터 킹 목사의 암살(그리고 그로 인해 발생한 도시 폭동에 의한 공포), 린든 존슨의 사직, 1968년 시카고 민주당대회에서의 주도권다툼, 그리고 그 결과로 이루어진 리처드 닉슨 대통령의 선출 등을 기억한다. 이 사건들은 일련의 보수적인 반동으로, 이러한 반동은 그 무렵 다시 효력을 갖게 된 잘못된 생물학적 결정론에 대한 논의에서 새롭게 주목을 받았다. 나는 이러한 반동이 최고조에 달했던 1970년대 중반에, 이 책을 쓰기 시작했다. 그리고 1981년 초판이 출판된 이후 순조롭게 쇄를 거듭했다.

그때까지도 개정판을 낼 생각은 없었다. 나는 오만하지 않으려고 노력하지만(물론 노력한다고 항상 성공하는 것은 아니지만), 그다지 조심성이 많은 사람은 아니다. 나는 이 책의 내용을 갱신할 필요성을 느끼지 못했다. 왜냐하면, 처음 이 책을 쓸 무렵 지금도 현명한 결단이라고 생각되는 판단을 했기 때문이다(결점은 있지만 자랑스러운 내 자식을 손볼 수 없다는 식의 생각을 한 것은 결코 아니다!). 금방 관심이 사그라지는 '최근'의 논의가 아니라 생물학적 결정론의 기본 자료에 초점을 맞추었기 때문이다. 나는 해가 바뀌면 진부해지는 당면한(그리고 표면적인) 문제가 아니라 변하지 않는 깊은 철학적 오류를 강조했다.

세 번째 중요한 일화는 리처드 헤른슈타인과 찰스 머레이에 의해 『벨 커브』가 출간된 1994년에 시작되었다. 이 두꺼운 책에는 무엇 하나 새로운 것이 없었지만, 저자들은 낡은 주장을 엄청난 숫자의 그림과 표로 치장해서 무려 800쪽 이상으로 부풀렸다. 그 그림과 표는 독자에게 이해불가능한 두려움을 느끼게 하는 동시에 읽는 이들을 새로움과 전문성의 혼란 속으로 끌고 들어갔다(하지만 그 책은 쉽게 이해할 수 있는 내용이다. 이 해묵은 주장은 단순하며 잘 알려져 있다. 수많은 사례들이 수백 쪽에 걸쳐 지루하게 반복되지만, 여기에 사용된 수학은 지극히 간단하고 쉽게 이해할 수 있는 하나의 연구를 해설한 것뿐이다. 내용에 대해 내가 신랄한 비판을 하기는 했지만, 그나마 명확하고 알기 쉬운 문장을 사용했다는 점에 감사할 지경이다). 하버드정치학연구소(Harvard's Institute of Politics)가 주최한 논쟁에서 찰스 머레이를 만났을 때, 나는 가능하다면 셰익스피어의 「사랑의 헛수고(Love's Labour Lost)」에서 내가 좋아하는 다음의 문장으로 비판을 시작하면 좋겠다고 생각했다. "그는 자기 주장의 요체보다 훨씬 가늘게 수다의 실을 뽑아냈다".

따라서 『벨 커브』의 괄목할 만한 영향은, 항상 그렇듯이, 정치의 진자가 사회적 불평등이 생물학의 명령임을 인정하기 위한 근거를 필요로 하는 애석한 위치로 흔들렸다는 것임에 틀림없다(조금 으스스할지는 모르지만, 적절한 생물학적 비유를 들어보자. 지능이 단일하고 서열화할 수 있고, 선천적이며, 변화하지 않는다는 이론은 마치 균류(菌類)의 포자, 와편모충의 포낭, 또는 완보류(緩步類)의 휴면(休眠)상태와 같은 움직임을 나타낸다. 항상 군집을 이루어 불활성(不活性)상태나 동면상태 또는 휴면상태를 취하면서 포자 단계에 머물지만, 외부 환경이 변화하면 깨어나서 발아(發芽)하고 게걸스럽게 탐식을 시작하기 때문이다).

『벨 커브』가 영향을 미친 몇 가지 이유는 그 특이함에 있다. 기억하기 쉬운 책 제목, 뉴욕을 무대로 활동하는 신화적인 인물에 의한 훌륭한 편집, 화려한 출간 캠페인(솔직히 말하자면 부러울 정도이다. 이 캠페인에 관여한 사람들을 찾아서 내 저서를 홍보하도록 하고 싶은 심정이다) 같은. 그러나 이러한 여러 가지 요인들도 비옥한 새로운 사회적 토양이라는 가장 보편적이고 포괄적인 이유에 비하면 아무것도 아니다. 이 책의 출판이 뉴트 깅그리치(Newt Gingrich) 의원의 선출이나, 내 인생에서 전례가 없는 사회적으로 야비한 새로운 시대의 개막과 때를 같이 한다는 사실은 정말 놀랍지 않은가? 정말로 필요한 사람들에 대한 사회적 복지 프로그램을 삭제하고, 예술에 대한 지원을 중단하고(터무니없게도 국방 예산은 단 한 푼도 삭감하지 않았다), 예산의 균형을 맞추기 위해 부자들의 세금을 면제해주었다. 어쩌면 내가 지나치게 희화화(戲畵化)하는 것인지도 모르지만, 이 새로운 비열함이 사회적 지출이 유효하지 않다는 주장과 일치한다고 생각할 수 있지 않을까? 그것은 다윈과는 반대로 빈곤의 비참함이 자연법칙에서 유래하며, 불이익을 당하는 사람들의 선천적인 어리석음에 그 원인이 있다고 주장하기 때문이다.

그러면 1990년대에 유전적 해석이 기이할 정도로 호소력이 높았던 또 다른 이유를 덧붙이기로 하자. 우리는 분자생물학의 과학적 발전이라는 혁명적 시대에 살고 있다. 1953년 왓슨-크릭의 DNA 모형 발견, PCR 기법(폴리머라제 연쇄반응〔polimerase chain reaction〕의 약자, 효소를 이용해서 DNA를 복제하는 방법/옮긴이)의 발명, 그리고 DNA 염기서열 해석—조류의 계통발생을 밝혀내거나 O. J. 심슨의 혈흔(血痕) 분석처럼 다양한 목적에 이용될 수 있는—등에 의해 이제 우리는 개인의 유전적 구성에 대한 정보에 접근할 수 있는 전례를 찾을 수 없는 상황에 직면해 있다. 자연스럽게 이러한 새로운 진전이 일반적 해결책이나 만병통치약을 가져올지 모른다는 헛된 희망으로 놀라운 새로움을 편들거나, 그 희망을 더욱 부채질하기 쉽다. 그러나 이러한 진전은 그보다 훨씬 복잡한 퍼즐의 한 조각에(물론 중요한 조각이기는 하지만) 불과하다. 지금까지 우리는 인간의 본성에 대한 위대한 통찰들에 그렇게 대응해왔다. 가령 가족이나 사회의 동력학(動力學)의 뿌리를 다루는 유전과 무관한 이론들이 이에 속한다. 그중에서 가장 유명한 것은 (물론) 프로이트의 성심리(psychosexual) 발달단계의 개념, 즉 성장단계에서 억압되거나 잘못된 방향으로 발전하면서 일어나는 신경증이다. 과거에 통찰력있는 이러한 비유전학적인 이론들이 터무니없이 과장되었다면, 오늘날 우리가 유전적 해석에 대해 느끼고 있는 순수한 흥분 역시 지나친 확장이라는 과오를 다시금 되풀이하고 있다는 사실이 놀랍지 않은가?

나도 특정 질병의 보인자가 될 소인(素因)으로 작용하는 유전자나 정상적인 환경에서도 직접 병을 일으키는(테이색스병, 겸형적혈구빈혈증, 헌팅턴병) 유전자의 발견에는 박수를 보낸다—치료법을 찾아낼 수 있는 가장 큰 가능성은 그 원인이 되는 물적 기질(基質)과 환자의 행동양식을 확인하는 것이기 때문이다. 자폐증 아들을 둔 아버지로서, 나 역시 과거에 순수하게 심인성(心因性)이라고 생각되는 바람에 알게 모르게 부모가 비난의 표적이 되었던 병(특히 전문가들은 질책하기보다는 예방을 위해 몇 가지 원인을 이유로 지정하려고 한 것에 지나지 않는다고 단언했다. 하지만 여러 심리학자들은 항상 자폐증의 원인으로 어머니의 애정과다나 결핍을 지목한다)의 선천적이고 생물학적인 기초가 확인된다는 것은 부모의 억울한 누명을 벗겨준다는 점에서 기쁘게 생각한다.

신체의 한 기관으로서 뇌는 다른 기관과 마찬가지로 질병과 유전적 결함의 대상이다. 나는 정신분열증, 양극성 조울증(躁鬱症), 강박신경증처럼 천벌과도 같은 질병의 유전적 원인이나 유전적 영향의 발견을 환영한다. 흔히 인생의 제2기 끝무렵에 이러한 질병에 의한 황폐화가 시작되기 때문에 생기념치고 전도유망한 아이를 '잃는' 부모의 고통에 비견할 것은 이 세상에 없을 것이다. 원인을 밝혀내서 자신의 책임이라는 죄책감에 시달리는 부모들을 해방시키고—물론 그보다 더 중요하게—병의 호전이나 치유의 가능성이 주어진다면 얼마나 좋겠는가.

그러나 이러한 발견들은 모두 명확하고 고유한 병리(病理), 질병 또는 일반적으로 '정상적(normal)'인 발육이라고 부를 수 있는 무엇, 즉 정상분포곡선을 왜곡시키는 조건들을 포함한다—정상분포곡선은 전문용어로 정규분포라고도 불린다(정규분포는 평균 주위에 변이가 임의로 분포하며, 변이값들이 모일 확률이 높고 좌우의 분포가 거의 동일하다). 특정 병리는 일반적으로 곡선의 평균값에서 멀리 벗어나 군집, 즉 클러스터를 형성하며 정규분포에서 벗어난다. 따라서 이러한 예외의 원인은 정상분포곡선 자체의 평균과 연관되는 변이의 원인과 일치하지 않는다.

다운증후군 환자가 여벌의 21번 염색체 때문에 발생하는 극히 희귀한 경우라고 해서 정상분포곡선의 정규분포에서 키가 작은 사람들이 이 여분의 염색체를 가지고 있다고 추측하지는 않는다. 마찬가지로 헌팅턴병에 '관여하는' 유전자가 발견되었다고 해서 높은 지능이나 낮은 공격성 또는 극단적인 외국인혐오증, 섹스 파트너의 얼굴, 신체, 다리 등에 대한 특별한 끌림에 대응하는 유전자가 존재한다는 것을 의미하는 것은 아니다—이것은 개체군 전체에 정상분포곡선으로 분포하는 모든 일반 형질에 대해서도 마찬가지이다. '범주 오류(category mistake)'는 인간의 사고 중에서 가장 일반적인 잘못이다. 만약 우리들이 정상적인 변이의 원인을 병리학적인 원인과 동일시한다면, 그것은 전통적인 범주 오류를 범하는 셈이 된다(그룹 내에서 IQ는 보통 정도의 유전성을 가지기 때문에 그룹간의 평균 편차는 유전적이어야 한다는—이 점에 대해서는 책 끝부분에 실린 『벨 커브』에 대한 내 견해를 참조하라—식의 주장으로 범주 오류를 저지르게 된다). 그러므로 우리는 어떤 병의 유전적 원인이 확인되었다고 흥분할 수는 있지만, 그 설명 양식을 집단 전체의 행동상의 변이에 대한 설명으로 비약해서는 안 된다.

세계의 복잡성을 이해하지 못하게 방해하는 모든 잘못된 이분법들 중에서 천성이냐 후성이냐(nature vs nurture)의 이분법은 최소한 2, 3위 안에 들 것이다(이것은 nature와 nurture라는 단어가 주는 묘한 대비감일 뿐 실은 가짜 이분법에 불과하다). 흔히 생물학적 결정론자들이 제기하는 주장, 즉 "그러나 우리는 세련된 생물학적 결정론자이며, 우리의 반대자는 순수한 환경론자들로 후성만을 지지하고 있다. 우리는 행동이 천성과 후성의 상호작용에 의해 발생한다는 것을 인식한다"라는 말처럼 나를 화나게 하는 연막전술도 없다. 이 책에서 일관되게 제기하지만, 다시 한 번 강조하자면 논쟁에 참여하는 모든 당사자들은, 그리고 선의와 상당한 정보를 가진 사람들 모두 인간의 형태와 행동이 유전적 영향과 환경적 영향의 복잡한 혼합에 의해 발생한다는 당연한 주장을 지지한다.

환원주의와 생물학적 결정론의 잘못은 "지능은 60퍼센트가 유전적이고 40퍼센트가 환경적이다"라는 어리석은 언명을 채택하는 것이다. 지능의 60퍼센트가(또는 어떤 비율이라도) '유전성'이라는 주장은 성립되지 않는다. 우리 모두가 받아들이는 '상호작용설'은 "형질 X는 29퍼센트가 환경에서, 그리고 71퍼센트가 유전에서 온다"라는 식의 언명을 인정하지 않는다는 사실을 충분히 이해하게 될 때까지, 이 문제를 직접 다루지 않을 것이다. 원인이 되는 몇 가지 요인(가령 두 개 이상의)이 복잡한 상호작용으로, 성장을 통해, 성인(成人)을 만들었을 때, 우리는 원칙적으로 그 사람의 행동을, 멀리 떨어진, 근본 원인들의 양적(量的) 퍼센티지로 분해할 수 없다. 한 사람의 성인은 그만의 고유한 수준으로, 그리고 그의 고유한 총체성으로 이해되어야 하는 창발적(創發的) 실체이다. 여기서 제기되는 주제는 교정가능성과 유연성이지 퍼센티지로의 분할이라는 잘못된 개념이 아니다. 어떤 형질의 90퍼센트가 유전적일 수도 있지만, 그것은 교정가능하다. 시골 약국에서 산 20달러짜리 안경으로도 100퍼센트 유전적인 시력의 결함을 충분히 교정할 수 있다. "60퍼센트"의 생물학적 결정론은 교묘한 상호작용설이 아니고, "그저 조금 함축성을 갖는" 모형에 근거하는 결정론일 뿐이다.

예를 들어 머레이는 『벨 커브』에 대한 나의 서평에(마지막 장의 첫번째 에세이) 크게 분개해서 『월스트리트 저널』(1994년 12월 2일자)에 내가 자신에 대해 불공정한 평가를 내렸다고 썼다.

굴드는 "헤른슈타인과 머레이는 불가지론만이 허용될 수 있는 복잡한 하나의 사례를, 영속적이고 유전적인 차이라는 편향된 개요로 변질시켜 공정성을 어겼다"라고 말하고 있다. 여기에서 굴드의 이 발언과 리처드 헤른슈타인과 나의 유전자와 인종에 대한 견해를 요약한 다음의 결정적인 문장을 비교해보자. "만약 독자들이 지금 유전적 해석과 환경적 해석의 어느 한쪽이 다른쪽을 배제하는 데 성공했다고 확신한다면, 우리는 어느 쪽을 나타내는 데에도 성공하지 못한 것이다. 우리는 유전자와 환경 모두 인종 차이와 어떤 연관이 있을 가능성이 매우 높다고 생각한다. 과연 그 비율은 어느 정도일까?"

머레이 씨, 당신은 그 비율을 이미 얻지 않았는가? 나는 당신이 모든 차이를 유전으로 돌리고 있다고 말하지 않았다—여기에 대한 지식이 없는 사람도 그런 어리석은 이야기는 하지 않는다. 내가 인용한 글은 당신을 그런 식으로 비난하는 것이 아니다. 내 글은 당신이 "영속적이고 유전가능한 차이"를 옹호하는 것을 정확하게 지적한 것이지 당신이 모든 차이를 유전으로 돌린다고 말한 것이 아니다. 당신의 변명은 당신 스스로 핵심을 파악하지 못하고 있다는 것을 잘 보여준다. 당신의 발언은 여전히 이 문제를 두 편 사이의 싸움으로 묘사하고 있고, 잠재적으로 어느 한편이 결정적인 승리를 거둘 수 있다는 전제를 깔고 있다. 그런 일이 가능하다고 믿는 사람은 아무도 없다. 모든 사람들은 상호작용을 받아들이고 있다. 당신은 스스로 "유전자와 환경 모두 인종 차이와 어떤 연관이 있을 가능성이 매우 높다고 생각한다"라고 주장함으로써 학자로서의 조심성과 용감한 근대성(modernity)의 사도로서 자기자신을 표현하고 있다. 당신은 실제 문제와는 완전히 동떨어진 판에 박힌 소리를 늘어놓은 것에 불과하다. 당신이 행동적 발현의 유전가능성과 교정가능성을 적절하게 구분할 수 있을 때에야 비로소 우리는 말장난을 넘어 진정한 논쟁을 벌일 수 있게 될 것이다.

이 자리에서 장황하게 『벨 커브』에 대한 비판을 늘어놓을 생각은 없다. 그 작업은 책 말미에 실어놓은 '『벨 커브』에 대한 비판'이라는 두 편의 에세이에서 충분히 다루어지기 때문이다. 여기에서 말하려는 것은 이 책의 개정판이 생물학적 결정론의 최신 주기에 해당하는 한 일화에 대한 대응으로 출간되었다는 점이다. 15년 전에 쓰여진 한 권의 책이 1994년에 발표된 선언에 대한 반박으로 사용된다는 것이 조금은 기묘하게 생각될지도 모른다. 그러나 더 기묘한 것은 인과관계라는 가장 기본적인 개념이 그것에 의해 뒤집힐 수도 있다는 점이다. 게다가 원고를 다시 읽는 과정에서 오자(誤字)를 수정하고 출간 당시인 1981년에만 의미를 갖는 일부 참고문헌을 삭제한 것 이외에는 거의 내용을 바꾸지 않았기 때문에, 나는 15년이나 된 이 책이 『벨 커브』에 대한 반박으로 씌어졌다는 사실을 다시금 깨달을 수 있었다(이 말이 터무니없는 시대착오라고 생각되지 않도록, 1971년에 헤른슈타인이 월간 『애틀랜틱』에 게재한 논문의 핵심이 『벨 커브』의 개요와 이 책의 중요한 부분을 이루고 있다는 점을 우선 지적해야 할 것 같다). 그리고 내 행동은 좀더 중요한 또 한 가지 이유 때문에라도 터무니없는 시대착오가 아니다. 『벨 커브』는 아무것도 새로운 것을 보여주지 않는다. 이 800쪽에 달하는 선언문은 스피어맨(Spearman)의 g—지능을 머리 내부에 존재하는 단일하고, 서열화할 수 있으며, 유전학에 근거하고, 최소한의 변화가능성밖에 없는 실체로 보는 이론—를 강경한 어조로 되풀이한 것 이상은 아무것도 아니기 때문이다. 이 책은 바로 이러한 지능 이론을 반박하는 논리적·경험적 그리고 역사적인 주장이다.

물론 나는 미래에 상황이 어떻게 변화할지 알지 못한다. 그러나 다윈주의가 다윈과 동시대에 제기된 반(反)진화론이나 미래에 등장한 창조론의 에피소드를 반박하는 훌륭한 주장을 제공할 수 있었듯이, 만약 누군가가 미래에 아무런 새로운 증거도 없이 이미 사장된 이 이론을 다시 들고 나온다면, 나는 이 책이 그 파산한 이론에 대한 설득력있는 반론으로 유효할 것이라고 확신한다. 시간의 흐름 그 자체가 문제를 개선하는 연금술은 아니다. 만약 훌륭한 주장들이 시대를 초월할 수 없다면, 그때는 우리가 도서관을 용도폐기해야 할 것이다.

무엇이 가장 중요한가

1. 잘못된 이론에 대한 분노

이 책을 저술한 원래 이유는 한편으로는 개인적이고 다른 한편으로는 직업적인 것이었다. 우선 이 특정 주제에 대해 강렬한 관심이 있었다는 사실을 고백해야 할 것 같다. 나는 사회정의를 위한 운동에 참여하는 전통을 가진 가정에서 자랐다. 그리고 1960년대 초 폭발적으로 일어났던 시민권 쟁취운동이 큰 성공을 거둔 시기에 대학생으로 적극 활동했다.

학자들은 대개의 경우, 이러한 전력을 이야기하길 꺼려한다. 학자는 냉정한 공평무사함과 엄정하고 감정에 좌우되지 않는 객관성을 갖추어야 한다는 고정관념이 있기 때문이다. 나는 이런 고정관념이 내가 속한 직업군에 널리 퍼져 있는 가장 잘못되고, 심지어는 유해하기까지 한 편견 중 하나라고 생각한다. 공평무사함이란(설령 바람직하다 해도) 어쩔 수 없이 배경, 요구, 신념, 신앙, 그리고 갈망 등을 가지고 있는 인간으로서는 달성할 수 없는 무엇이다. 학자가 상상으로라도 완전한 중립성을 획득할 수 있다고 생각한다면, 그것은 매우 위험한 일이다. 그렇게 되면 그는 개인적 선호(選好)와 그 선호가 낳는 영향력에 더 이상 주의를 기울이지 않게 될 것이고, 따라서 자신의 편견에 휘둘리는 희생자로 전락할 것이기 때문이다.

객관성이란 선호의 부재가 아니라 자료의 공정한 처리를 통해 정의되어야 한다. 나아가 선호의 영향력을 알기 위해서는 불가피한 자신의 선호를 이해하고 인정할 필요가 있다. 그럼으로써 자료와 주장을 공정하게 다룰 수 있다. 자신에게 내재한 객관성에 대한 믿음만큼 고약한 자만심은 없다. 이런 사람들에게는 자신의 어리석음을 깨닫게 해주는 것이 최선의 처방이다(가령 유리겔라 같은 가짜 심령술사는 지극히 평범한 무대기술로 특히 과학자들을 속이는 데 성공해왔다. 왜냐하면 과학자들은 스스로 항상 엄밀하고 객관적인 시각으로 관찰한다는 오만한 착각에 빠져 있기 때문에 자신을 속이는 일은 결코 일어날 수 없다고 생각하기 때문이다. 반면 보통사람들은 뛰어난 연기자들이란 항상 사람을 속여먹을 방법을 찾기 마련이라는 사실을 완벽하게 이해한다). 객관성의 최선의 형태는 선호를 숨김없이 확인하는 것이다. 그럴 때에만 자신의 선호가 어떤 영향을 미치는지 인식할 수 있고 그 영향을 제거할 수 있다(우리는 자연의 사실성을 인정할 때면 언제나 자신의 선호를 부정한다. 나는 내가 죽는다는 사실이 싫지만, 나의 생물학적 견해는 이러한 혐오에 기초를 두지 않는다. 농담이 아니라, 나는 다윈이 비참한 법칙이라고 부른 졸렬하고 비효율적인 방식인 자연선택의 법칙보다 라마르크의 진화양식을 더 좋아한다. 그러나 자연은 나의 선호 따위는 아랑곳하지 않고 다윈의 방식대로 움직인다. 그렇기 때문에 나는 이 연구에 평생을 바치기로 결정했다).

우리는 선호가 자신의 연구에 영향을 미치지 않도록 하기 위해 스스로의 선호를 확인해야 한다. 그러나 어떠한 주제를 추구할 것인지 결정할 때에는 자신의 선호에 의지하면 엉뚱한 길로 빠지지 않을 수 있다. 인생은 짧고, 우리가 할 수 있는 연구는 무한하다. 스스로 가장 깊은 관심과 열정을 느끼는 분야에서 연구할 때 무언가 의미있는 성과를 이룰 가능성이 더 높다. 물론 이러한 전략은 편견이라는 위험성을 높이지만, 공정함이라는 가장 중요하고 보편적인 목적에 계속 관여하고, 개인적 편향을 끊임없이 경계하고 살핀다면 전념을 통해 얻는 것이 우려를 벌충하고도 남을 것이다(나는 미래의 만남을 위해 머레이 씨에게 공격할 무기를 주려는 생각이 전혀 없는데, 왜 그는 솔직하지 않은 다음과 같은 주장을 발표했는지 전혀 이해할 수가 없다. 그는 『벨 커브』의 주제에 개인적 이해관계나 선호를 가지고 있지 않으며, 단지 사심없는 개인적 호기심으로 연구했을 뿐이라고 말했다. 이 주장이 하버드정치학연구소에서 벌였던 우리의 논쟁에서 그를 무능하게 만들었고, 덕분에 그는 완전히 신뢰를 잃었다. 어쨌든 그의 정치적 입장을 보여주는 명백한 경력은 그와는 반대에 있는 내 입장보다 훨씬 강경하다. 그는 수년간 우익의 싱크 탱크로 활약했다. 그런 자리는 열렬한 자유주의자는 맡을 수 없다. 그는 『공통의 기반(Common Ground)』이라는 저서를 썼다. 이 책은 마이클 해링턴(Michael Harrington)의 『또 하나의 미국(Other America)』이 케네디가 이끄는 민주당에 영향력을 주었듯이 레이건의 바이블이 된 책이다. 만약 내가 그라면 이렇게 말했을 것이다. "그래, 나는 정치적으로는 보수주의자이다. 그리고 그것을 자랑스럽게 생각한다. 『벨 커브』의 주장은 나의 정치적 견해와 일치한다. 나는 그것을 처음부터 인정하고 있었다. 사실 이런 생각 때문에 내 책에 실린 자료분석에 특히 경계를 게을리하지 않고 세심한 주의를 기울일 수 있었다. 나는 내 책의 자료가 공정하고 주장이 논리적이며, 가용한 모든 정보가 내 견해를 지지한다고 믿고 있다. 더구나 나는 변덕스런 이유 때문에 보수주의자인 것은 아니다. 나는 세계가 정상분포곡선의 방식으로 작동하고 있고, 나의 정치적 견해는 이러한 현실을 고려하여 정부를 구성하는 것이 최선의 방법임을 밝히는 것이다." 이런 주장이라면 나도 존중할 수 있을 것이다. 물론 전제도 주장을 뒷받침하는 자료도 모두 틀렸고 잘못 해석되었지만 말이다). 나는 다른 정치적 견해를 가지고 있고, 그러한 견해가 획득가능한—필연적인 것은 아니지만 투쟁을 통해 획득가능한(이것은 신만이 알 것이다)—방식으로 사람들을 진화시켜왔다는 것을 믿기 때문에(만약 그렇지 않다면, 나는 그런 이상을 옹호하지 않을 것이다) 이 책을 쓴 것이다.

따라서 열정을 가지고 이 주제를 연구했다. 나는 시민권운동이 인종차별철폐운동으로 고조된 시기에 이 운동에 가담했다. 당시 나는 신시내티와 켄터키주 경계에 가까운 오하이오주 남부의 안티오키 대학에 갔었고, 1950년대 '변경'의 시골인 이 지역은 인종차별이 극심했다. 그곳에서 나는 인종차별을 철폐하는 많은 활동에 참가했다. 예를 들어 볼링장이나 스케이트 링크(과거에는 백인이 갈 수 있는 날과 흑인의 날이 분리되어 있었다), 영화관(과거에는 흑인은 2층, 백인은 아래층), 레스토랑, 그리고 특히 게그너(Gegner, 이 말은 독일어로 '적대자'라는 뜻이 있어서 상징적 의미를 갖는다)라는 이름의 완고한 남자(나는 기묘한 방식으로 그를 존경하게 되었다)가 경영하는 '옐로우 스프링'이라는 이발소 등이 그런 장소였다. 이 이발소 주인은 흑인의 머리카락을 어떻게 잘라야 하는지 모르기 때문에 흑인은 이발을 해주지 않겠다고 선언한 인물이다(처음에 나는 필도나휴를 만났다. 그는 당시 『데이턴 데일리 뉴스(Dayton Daily News)』의 풋내기 기자였고, 이 사태를 취재중이었다). 나는 대학 시절의 상당 기간을 영국에서 보냈고, 또 한 사람의 미국인과('나쁜' 억양 때문에 공식 대변인은 될 수 없었지만) 함께 영국에서 가장 큰 댄스홀인 브래드포드의 메카 로카르노 무도장의 인종차별철폐를 위한 폭넓은, 그리고 성공적인 운동에 참여해 많은 활동을 했다. 그 과정에서 나는 기쁨과 슬픔, 그리고 성공과 굴욕을 동시에 맛보았다. '비폭력 인종차별 반대 학생위원회 (Student Non-Violent Coordinating Committee)'의 흑인 리더들이 이해할 수 없는 편협함의 물결에 휩쓸려 조직에서 백인을 축출하기로 결정했을 때, 나는 하늘이 무너진 것처럼 낙담했다.

나의 조부모는 모두 이민자였고, 고더드와 그의 동료들이 엄격하게 이민제한을 했던 동유럽의 유대인 그룹에 속했다. 나는 이 책을 헝가리계였던 외할아버지와 외할머니에게 헌정했다(두 사람이 내가 아는 유일한 외가 친척이다).

두 분은 정규 학교교육을 받지 않았지만 멋있는 사람들이었다. 할머니는 4개 국어를 유창하게 구사할 수 있었지만 모국어가 아닌 영어만을 발음대로 쓸 수 있었다. 아버지는 불황, 스페인 내전 그리고 나치즘과 파시즘의 격동기에 성장기를 보내며, 다른 많은 이상주의자들과 마찬가지로 좌파가 되었다. 아버지는 스트레스로 건강이 악화될 때까지 정치 활동을 지속했고, 그후에도 정치적인 관여를 계속했다. 아버지는 이 책이 출판되어 나오는 모습을 끝까지 지켜보지 못했지만, 다행히 교정본을 읽고 학자인 아들이 자신의 근원을 잊지 않았다는 것을 알 수 있었다(나는 죽어가는 아버지에게 「콜 니드라이」를 불러준 알 졸슨[Al Jolson]의 마음을 충분히 헤아릴 수 있다).* 나는 아버지가 세상을 떠나기 전에 교정본을 읽었다는 사실에 눈물이 날 만큼 감사한다.

독자들 중에는 너무 감상적인 색채가 짙은 이 고백이 논픽션에 어울리지 않는다고 생각하는 사람도 있을 것이다. 그러나 이러한 열정이 책을 평범한 수준 이상으로 끌어올리기 위한 필수적이고 중심적인 요소이다. 또한 우리 문화에서 고전이나 스테디셀러로 꼽히는 논픽션은 대부분 그 중심에 저자들의 깊은 신념이 깔려 있다. 이 점에 대해서는 내기를 해도 좋다. 나는 대부분의 동료들이 과연 이렇게 열정에 사로잡힌 자전적 이야기를 할 수 있을지 의심스럽다. 또 하나 사회정의에 대한 신념에 관해 덧붙이자면, 나는 내 개인적인 삶과 활동의 중심이 된 보다 밀접한 신념에 대해서 훨씬 뜨거운 정열을 느끼고 있다. 그것은 내가 "학자라는 오래되고 보편적인 집단"의 구성원이라는 사실이다(이 멋있고 고풍스런 문장은 우리들의 박사학위 수여식에서 하버드 대학 총장이 한 말을 인용한 것이다). 이 전통은 인간의 선량함과 함께, 우리들이 '인간성'이라고 부르는 것을 규정하는 다양한 아름다운 치장의 밝은 면의 가장 위대하고, 가장 고상하고, 가장 오래 지속되는 특징을 나타내고 있다. 나는 선함보다 학문 쪽에 능하기 때문에 인간성의 선함에 대한 나의 충성을 학문분야에 쏟을 필요가 있다. 만약 내가 경험적인 진리를 뒷받침하는 증거에 가장 솔직한 평가나 최선의 판단을 내리는 데 실패한다면, 결국 지옥의 한가운데에 있는 악마의 입 속에서 배반자 유다나 브루터스, 그리고 캐시어스 옆에 나란히 서게 되지 않겠는가.

이 책을 쓴 직업상의 이유 역시 대부분 개인적인 것이다. 학문생활에

---

* 옮긴이 주 | 알 졸슨은 1920년대에 활동한 재즈 가수이다. 유대교 성가 가수로 태어난 그는 아버지의 반대를 무릅쓰고 재즈 가수가 되었다. 아버지와 반목한 상태에서 아버지가 죽음에 임박하자 유대교에서 '속죄의 날' 전야에 부르는 「콜 니드라이(Kol Nidre)」를 불러 아버지의 용서를 구했다. 「콜 니드라이」는 하나님의 약속 중에서 이루지 못할 것을 취소하고 모든 죄의 용서를 구하는 내용이다.

서 가장 슬픈 편협함—앞 절에서 이야기한 이상들과는 정반대로 우리를 우울하게 만드는—은 좀스러운 중상모략이다. 이러한 모략은 다른 분야에서 우수하다고 인정된 인물이 당사자의 세력권에서 벌어지는 활동에 말참견을 했을 때, 자신의 세계에 고착된 도량 좁은 사람들에 의해 이루어진다. 이런 일은 항상 벌어지며, 학문 연구가 주는 작은 즐거움과 큰 기쁨을 모두 희석시킨다. 과학자들 중에는 괴테에게 불만을 털어놓는 사람들이 있다. 그 이유는 '시인'은 경험적인 자연에 대한 글을 쓰지 말아야 하기 때문이란다(그러나 괴테는 광물학과 식물학에 흥미를 느껴 연구를 계속했다. 다행스럽게도 관대한 정신을 가진 뛰어난 과학자들에 의해 중상모략을 한 사람들은 차츰 꼬리를 내리게 되었다. 괴테의 지지자들 중에는 많은 생물학자, 특히 에티엔 제프로이 센-치렐[Etienne Geoffroy Saint-Hilaire, 프랑스의 박물학자로 괴테와 마찬가지로 생물의 형태구조에 일관된 계획이 존재한다고 생각했다/옮긴이]이 포함되어 있다). 또한 아인슈타인이나 폴링(노벨화학상과 노벨평화상을 받은 라이너스 폴링[Linus Pauling]을 말한다/옮긴이)이 인간성을 드러내거나 평화에 관한 글을 쓰면 다른 과학자들은 불평을 늘어놓기도 한다.

이 책에 대한 가장 편협한 불평은 내가 고생물학자이지 심리학자가 아니기 때문에 이 주제를 알 수 없고, 따라서 이 책이 허튼소리에 불과하다는 비난이다. 나는 이 터무니없는 불평에 대해 두 가지 분명한 반론을 제기하고 싶다. 그러나 먼저 내 동료들에게 저자의 이름이나 지위가 아니라 그 내용으로 저서를 평가한다면 립 서비스 이상의 무언가를 내놓아야 한다는 점을 주지시키고 싶다.

우선 첫번째 구체적인 반박을 위해, 내 신분을 관철하고 싶다. 사실 나는 심리학자가 아니며, 지능 테스트의 항목을 선택하는 전문적 방법이나 현대 미국에서 그 결과가 사회적으로 어떻게 이용되고 있는지에 대해서는 거의 모른다. 따라서 이러한 문제는 가급적 언급하지 않으려고 세심한 주의를 기울였다(만약 이런 문제가 나의 주장을 설명하기 위한 본질적인 소재가 되는 전문지식이라고 판단했다면 아예 이 책을 쓰지도 않았을 것이다). 덧붙여 말하자면, 내 책이 지능 테스트에 대한 일반적인 공격으로 간주돼 (억울하게도) 종종 칭찬을 받기도 했다. 하지만 이 책은 그런 시도가 아니며, 나는 지능 테스트 일반에 대해서는 불가지론적 자세(주로 무지에서 비롯된 입장이지만)를 견지했다. 만약 나의 비판자가 이 점을 의심해서 이 문장을 일종의 연막으로 읽는다면, 비네가 창안한 IQ 테스트에 대해 내가 피력했던 견해를 약간이라도 고려해주면 좋겠다―나는 그의 견해에 강력하고 전폭적으로 긍정적인 입장을 취했다(비네는 유전자 결정론적 해석을 거부했고, 특별한 보호를 필요로 하는 아이들을 구별하기 위한 도구로 테스트가 이용되기를 원했다. 이러한 인간적인 목적에 대해 어떻게 칭찬하지 않을 수 있겠는가). 이 책은 지능 테스트의 특정 방식을 특수하게 해석해서 지지받는 특정한 지능 이론에 대한 비판을 담고 있다. 즉 단일하고, 유전에 기초하며, 변하지 않는 지능이라는 이론에 대한 반박인 것이다.

이 책을 위해 내가 선택한 주제는 나의 직업적인 전문성의 중심 영역에 해당한다―사실 여기에서 한 걸음 더 나아가(다시 내 거만한 방식으로 돌아가서) 내가 지능 테스트의 역사를 쓴 많은 전문 심리학자들보다 이 분야를 훨씬 잘 이해하고 있다고 이야기하고 싶다. 왜냐하면, 그들은 이 지극히 중대한 주제에 대해 전문성을 거의 갖고 있지 않은 반면 나는 가지고 있기 때문이다. 나는 전문적인 훈련을 받은 진화생물학자이다. 변이는 진화생물학의 핵심 주제이다. 다윈이론에서 진화는 (잠시 전문적인 설명을 하자면) 집단 내의 변이를 집단간의 차이로 변환시킴으로써 발생한다. 다시 말해 개체 사이에는 차이가 있고, 이 개체 변이 중에서 몇 가지는 유전적 기초를 갖는다. 자연선택은 지역적인 환경변화에 보다 잘 적응할 수 있는 변이를 차별적으로 보존하는 방식으로 작동한다. 예를 들어 설명하자면, 시베리아에 얼음이 덮히기 시작했을 무렵에는 털이 더 많은 코끼리가 생존에 보다 유리했을 것이라는 사실이다. 그 결과 털북숭이 매머드가 선택에 의해서 최종적으로 진화한다. 이 선택은 절대적이지는 않지만, 세대를 거치는 동안 통계적으로 털이 더 많은 코끼리가 살아남는 방식으로 작동한다. 즉, 집단 내의 변이(언제나 다른 코끼리보다 털이 많은 코끼리가 있다)는 시간이 흐르면서 차이로 전환된다(보통의 털을 가진 코끼리의 자손이 털북숭이 매머드가 된 것이다).

그러면 이번에는 이 주제를 합쳐서 생각해보자. 즉 집단 내의 유전에 기초를 둔 변이와 집단간에 발생하는 차이를 함께 고려해보자. 과연 어떤 결과가 나타날까? 자, 보라! 그것이 바로 이 책의 주제이다. 내 책은 어떤 집단의 구성원 중에서 유전에 근거한다고 추정되는 지능의 변이에 대한 측정을 다루고 있다(IQ 검사관들이 교실의 모든 학생을 평가하거나 19세기의 두개계측학자가 공장노동자 전원의 머리를 측정하거나, 사망한 대학 동료의 뇌 무게를 측정한 경우 등이 이런 목표를 지향한 것이다). 또한 이 책은 그룹 사이에서 측정된 차이에서 추정된 원인을 다룬다(예를 들어 백인 대 흑인이라는 인종에 의한 원인, 가난한 사람 대 부자라는 계급에 의한 원인). 만약 내가 어떤 주제에 대한 전문적인 근거를 알고 있다면, 나는 그 소재를 가장 잘 이해하는 셈이다(그리고 많은 심리학자들은 유전에 근거한 변이의 측정이 그 생물에게 중심적이라고 생각하는 진화생물학과 같은 전문분야의 훈련을 받지 않았기 때문에 그 점을 이해할 수 없다).

두 번째 구체적인 반론으로, 나의 경력 중에서 흥미로운 시기였던 1960년대 중반, 나는 고생물학에 입문했다. 당시에는 화석생물에 대한 주관적이고 특이한 기술(記述)의 전통이 보다 정량적이고 일반화되고,

이론에 근거하는 접근방식으로 전환되어야 한다는 요구가 막 시작되고 있었다(나는 더 이상 정량화라는 가짜 미끼에 현혹되지 않는다. 그러나 나 역시 정량화의 훈련을 받았고, 한때 정량화의 진정한 신자였다). 이 운동의 급진개혁파인 우리 젊은이들은 모두 당시 고생물학자들에게 (혐오까지는 아니더라도) 가장 낯설었던 통계와 컴퓨터라는 두 분야에서 전문성을 계발했다.

이렇게 해서 나는 집단 내와 집단간의 유전에 근거한 변이의 통계적 분석에 대한 훈련을 받았다—이 점 역시 이 책의 핵심 주제이다(호모 사피엔스는 변이가능한 생물종이고, 이 점에 관한 한 내가 과거에 연구한 다른 모든 생물과 틀리지 않기 때문이다). 다시 말해서, 나는 필수불가결하고 지금까지 적용되지 않았던 전문기술을 사용해서 적절한 전문성을 통해 인간이라는 잘못된 척도에 접근했다고 생각한다. 이 전문성은 대부분의 경우 그 중심에 매우 가까운 주제에 대해서는 특별한 발언을 하지 않았다.

과학자의 삶에 대해 많은 에세이를 쓰면서, 나는 일반적인 주제나 체계 전체를 다루는 책이 대개 사소한 수수께끼나 작은 문제에서 비롯되며, 자연의 총체성을 알고 싶다는 식의 추상적이고 광범위한 갈망에서 시작되는 경우는 없다는 사실을 발견했다. 예를 들어, 성서에 입각해서 연구한 17세기의 지질학자 토마스 버넷(Thomas Burnet)은 지구에 대한 일반 이론을 수립했는데, 그 계기는 노아의 대홍수를 일으킨 물이 어디에서 왔는지 알고 싶었기 때문이었다. 18세기의 지질학자 제임스 허튼(James Hutton)도 그를 사로잡은 사소한 역설에서 시작해 포괄적인 체계를 개발했다. 만약 인류의 농업을 위해 신이 흙을 빚었다면? 그러나 흙은 암석의 침식으로 만들어진다. 만약 암석의 침식이 궁극적으로 대지를 파괴하고, 대지 전체를 물 속에 수장시킨다면 신은 왜 우리를 떠받치는 흙을 만든 방법을 우리의 멸망수단으로 선택했을까? (허튼은 깊은 곳에서 산이 융기하는 내적 힘의 존재를 유추하면서 이 물음에 답했다. 즉 침식과 복구의 순환이론을 제기한 것이다. 태고의 세계에는 시작의 흔적도 종말의 전망도 없었다는 것이다.)

이 책도 내게 깨달음의 전율을 느끼게 한 작은 통찰에서 시작되었다. 당시 고생물학의 젊은 급진개혁세대였던 나는 다변수분석(multivariate analysis) 기법을 배워 통계학과 컴퓨터를 연결시켰다. 다변수분석이란 생물에서 측정된 많은 특성들(아마도 화석종(化石種)의 뼈 길이나 인간이라는 잘못된 척도로 이루어진 무수한 지능 테스트의 성적) 사이에 있는 관계를 동시에 통계적으로 고찰하는 것이다. 이러한 기법은 개념적으로는 전혀 어려운 것이 아니다. 많은 방법들이 부분적으로 20세기 초에 구상되어 개발되었다. 그러나 실제로 이용하기 위해서는 엄청나게 긴 계산이 필요했다. 따라서 컴퓨터가 발달한 이후에야 그 적용이 가능했다.

나는 일차적으로 다변수분석 방법 중에서도 가장 오래된 방법(지금도 크게 유행하고 있고, 대단히 편리한 기법이다)을 훈련받았다. 그것은 요인분석(factor analysis)으로 나는 이것을 추상적 수학이론으로 배웠다. 그리고 요인분석을 여러 화석생물의 성장이나 진화 연구에 응용했다(예를 들어 1969년에 발표한 버뮤다 육지달팽이에 대한 나의 학위논문. 그리고 1967년에 발표한 펠리코사우루스목(目) 파충류(pelycosaurian reptile)의 성장과 형태에 대한 내 최초의 논문 중 하나가 그런 연구에 속한다—이 기묘한 생물은 등에 날개가 달려 있고, 플라스틱으로 된 공룡 완구세트에 항상 포함되지만 실제로는 포유류의 선조로 공룡이 아니다).

요인분석을 통해 개별적으로 측정된 변수의 모든 집합에 영향을 주는 공통축을 찾아낼 수 있었다. 예를 들어 동물이 성장하면서 대부분의 뼈도 길어진다. 따라서 일반적인 크기 증가는 한 종(種) 내에서 작은 것에서 큰 것으로 변화하는 일련의 생물의 뼈 길이로 측정된 정(正)의 상관관계 배후에 있는 공통요인으로 작용한다. 이 예는 아주 단순한 것이다. 좀더 복잡한 사례에는 많은 해석이 필요하며, 일반적으로 동일인물을 대상으로 한 복수의 지능 테스트 사이에서는 정의 상관관계가 측정된다. 다시 말해서 일반적으로, 많은 예외가 있지만, 한 종류의 테스트에서 좋은 점수를 받은 사람은 다른 테스트에서도 점수를 잘 받는 경향이 있다. 요인분석은 수학적 의미에서, 테스트 사이의 이러한 변량집합(變量集合) 속에 있는 공통요인을 포착하는 일반축을 검출할 수 있다.

나는 요인분석의 복잡성을 배우는 데 일 년이 걸렸다. 그 무렵, 나는 역사에 순진했고, 정치적으로도 거의 중요하지 않은 화석에 대해서만 적용했던 유용한 추상화가 사회적 맥락에서 지적 기능에 대한 특정 이론에 분명한 정치적 의미를 제공하리라고는 꿈에도 생각하지 못했다. 그러던 어느 날, 나는 우연히 지능 테스트의 역사에 대한 논문을 읽었다. 그리고 스피어맨의 g─지능의 단일이론의 핵심 주장이고, 이 개념이 지금까지 얻은 유일한 정당화(『벨 커브』는 기본적으로, 이 g에 대한 장황한 변호이고, 명백히 그렇게 말하고 있다)이다─가 지능 테스트 요인분석의 첫번째 주요 성분에 불과하다는 사실을 깨달았다. 더욱이 나는 스피어맨이 테스트 사이의 정의 상관관계의 배후에 있는 근거를 구체적으로 연구하기 위해 요인분석 기법을 고안했다는 것을 알았다. 또한 요인분석의 주성분이 수학적 추상개념으로 경험적 실재(實在)가 아니라는 사실, 나아가 요인분석의 대상이 되는 모든 매트릭스는 다른 의미를 갖는 다른 성분에 의해서도 마찬가지로 나타낼 수 있으며, 특이한 사례에 적용된 요인분석의 방식에 의존한다는 것도 알았다. 어떤 방식을 선택하는지는 주로 연구자의 선호 문제이기 때문에, 주성분이 경험적 실재를 가진다고 주장할 수는 없다(이러한 주장은 다른 종류의 확고한 자료에 의해 뒷받침할 수 없는 한, 수학적 증거만으로는 결코 충분하지 않다. 전혀 다른 의미를 갖는 다른 축을 생성할 수도 있기 때문이다).

학자의 인생에는 "유레카(알았다)!"를 외치는, 눈을 흐리게 하던 비늘이 떨어져 내리는 순간이 몇 차례 있다. 당시 내 연구에 힘을 준 방법으로, 내가 높이 평가하는 추상작용은 화석을 분석하거나 수학의 이상화된 즐거움을 추구할 만큼 발전하지 않았다. 따라서 스피어맨은 지능 테스트에 대한 확실한 해석을 밀어붙이기 위해 요인분석을 고안했던 것이다. 그리고 이 해석이 20세기에 생물학적 결정론의 함축을 갖는 유행병을 만연시킨 것이다(스피어맨은 요인분석을 고안하기 전에 다른 비다변수 (nonmultivariate) 방법을 사용해서 수년에 걸쳐 지능의 단일이론을 옹호했기 때문에, 나는 이 인과관계의 순서를 확신한다. 따라서 우리는 그가 그 이론을 뒷받침하기 위해 요인분석을 개발했다는 것을 알고 있다. 즉 이 이론은 요인분석의 최초의 결과에 의해 영감을 얻은 개념들 이후에 등장한 것이 아니다). 무언가에 홀린 듯한 느낌과 약간의 분노가 한데 뒤섞인 전율이 등골을 타고 흘렀다. 과거에 내가 가지고 있던 이상화된 과학의 상(像)이 무너지는 순간이었다(결국 그 상은 훨씬 더 인간적이고 분별있는 견해로 대체되었지만). 요인분석은 나의 신념이나 가치와는 정반대로 사회적 이용을 위해 고안되었던 것이다.

나는 개인적인 분노를 느꼈다. 그리고 이 책은, 그후 십여 년이 지난 다음에야 집필되었지만, 이러한 통찰과 분노에서 태어난 것이다. 결국 나는 이 책을 쓰지 않을 수 없었던 셈이다. 내가 가장 좋아하던 연구 도구가 전혀 낯선 사회적 이용을 위해 등장했던 것이다. 게다가 더욱 얄궂은 일은 IQ의 유전적 결정론이라는 유해한 해석이 비네가 박애적인 목적으로 테스트를 고안한 유럽이 아니라 평등주의의 명예로운 전통을 가지고 있는 내 조국 미국에서 개발되었다는 사실이다. 나도 내심으로는 애국자이다. 나는 이 잘못된 해석을 정정하고 진정한 이해를 구하기 위해 이 책을 쓰지 않을 수 없었다.

2. 과학의 오류를 바라보며

1981년에 처음 출간된 이 책이 전례를 찾을 수 없을 정도로 적극적이고 매력적인 역사를 가진 것은 확실하다. 이 책이 논픽션 부문 전미도서비평가협회상(National Book Critics Circle award)을 받았을 때, 나는 긍지를 느꼈다. 그 상은 비평가들에 의해 주어지는 것으로 전문가들로부터 평가받았다는 증거이기 때문이다. 이 책의 평가는 그 자체로 재미있는 패턴을 따라 전개되었다. 진지한 대중잡지들은 한결같이 호의적이었고, 심리학이나 사회과학 전문잡지의 반응은 이미 예상한 것처럼 각양각색이었다. 유전적 결정론의 전통에 선 대부분의 저명한 IQ 테스트론자들은 저마다 주요 잡지에 평론을 썼다. 그들의 공격이 얼마나 맹렬했을지는 충분히 추측할 수 있을 것이다. 가령 아서 젠센은 이 책을 좋아하지 않았다. 그러나 그밖의 전문적인 심리학자들의 논조는 대부분 칭찬 일변도였고, 종종 자세하게 내용을 소개하기도 했다.

그중에서도 둘째가라면 서러울 초보수적인 잡지 『퍼블릭 인터레스트(The Public Interest)』의 1983년 가을호에 실린 서평은 아주 최악이었다(그 터무니없는 평가에 일말의 유머가 들어 있기는 했지만). 우울하고 화를 잘내는 내 동료 버나드 D. 데이비스(Bernard D. Davis)가 나와 내 책에 대해 '신라이센코주의, IQ, 그리고 언론(Neo-Lysenkoism, IQ, and the Press)'이라는 제목의 글을 통해 우스꽝스러운 신상공격을 했던 것이다. 그의 논문을 간단히 요약하면 '굴드의 책은 대중지에서는 훌륭한 평가를 받았지만 학문적인 필자들은 하나같이 가차없이 비판했다'는 것이었다. 따라서 이 책은 정치적인 동기에서 씌어진 쓰레기에 불과하며, 나의 단속평형설(punctuated equilibrium)과 진화에 대한 개념들을 포함한 연구 전체가 신뢰할 수 없다는 것이었다.

정말 형편없는 이야기다. 나는 이런 한심한 이야기에는 답변할 가치가 없다고 확신했다. 침묵만큼 공격자를 혼란시키는 것은 없기 때문이다. 그러나 조금 도가 지나쳤기 때문에 나는 친구들의 의견을 물었다. 위대한 학자이자 휴머니스트인 철학자 노엄 촘스키와 분자생물학자인 살바도르 루리아는 기본적으로 같은 견해였다. 공격자들이 명백하게 잘못된 주장을 할 때까지는 결코 대응하면 안 되지만, 터무니없는 주장에 침묵으로 일관하면 그들의 주장이 "그 자체의 생명력"을 가질 수 있다는 이야기였다. 나는 데이비스의 격렬한 공격이 이런 종류에 속한다고 생각했다. 따라서 나는 1984년 봄에 같은 잡지에 회답했다(그런 종류의 잡지에 글을 쓴 것은 그때가 처음이었다).

내가 설명하고 글로도 썼듯이, 필경 데이비스는 자신이 좋아하는 간행물이나 그와 정치적 신념을 공유하는 친구들이 보내준 출판물에 실린 몇 가지 평론을 읽은 것이 고작이었을 것이다. 그러나 나는 고맙게도 출판사가 제공해준 방대한 양의 스크랩 덕분에 모든 비평을 읽을 수 있었다. 대학의 심리학 전문가가 쓴 24건—14건은 긍정적 입장, 3건은 긍정도 부정도 아닌 입장이고, 7건은 비판적이었다(이 비평은 거의 모두 유전적 결정론의 지능검사관들에 의한 것이었다. 과연 이들에게서 그 이상 무엇을 기대할 수 있겠는가?)—을 모두 읽었다. 특히 기뻤던 것은 크릴 버트가 창간한 유서깊은 잡지『브리티시 저널 오브 매쓰매티컬 앤드 스태티스티컬 사이콜로지(The British Journal of Mathematical and Statistical Psychology)』가 가장 긍정적인 기사를 실었다는 점이었다. "굴드는 사회과학에서 가장 중요한 논쟁의 논리적 기초를 폭로하는 가치있는 일을 해냈다. 이 책은 학생이나 실무자 모두가 읽어야 할 필독서이다."

이 책은 출간 이래 놀라운 판매고를 기록해서 현재 25만부를 넘어섰고, 10개 국어로 번역되었다. 나는 끊임없이 답지하는 격려와 반박의 편지들에(신나치즘이나 반유대주의자들이 보내는 협박을 포함해 혐오감을 드러낸 편지들 중에서도 적어도 몇 통은 나를 즐겁게 해주었다) 매우 만족한다. 돌이켜 생각하면, 출판물로 크게 성공을 거둘 수 없는 방법(가령 현안에 해당하는 뜨거운 쟁점에 대해 많은 인용문헌을 붙인 흥미로운 형태)을 선택했음에도 불구하고, 그런 형식이(원자료를 원어로 조사 분석해서 근본 토대가 되는 주장들에 초점을 맞춘) 책에 계속 힘을 불어넣어 주었다는 사실은 더할 나위 없이 기쁜 일이다.

이 책이 쉽게 읽을 수 있는 책은 아니지만, 나는 이 주제에 관심을 갖고 있는 모든 진지한 사람들을 위해 이 책을 기획했다. 나는 이 책을 쓰면서 두 가지 기본적인 규칙에 따랐다. 첫째, 개론에 쓸데없는 이야기를 중언부언하지 않는다(서론이 너무 길어지는 바람에 이 규칙을 어기지 않았는지 우려스럽지만, 이것은 분명 중년이라는 나이가 저지른 죄다!). 나는 사소하지만 매력적인 세부에 초점을 맞추었다. 이러한 세부사항은 사람들의 호기심을 자아내서 특정한 입장을 옹호하는 경향이 있는 명백한 논의보다 일반성을 드러내준다. 이 전략은 독자에게는 보다 좋은 책을 제공할 뿐만 아니라 나 자신에게도 훨씬 흥미로운 구성을 준다. 나는 모든 원본 자료를 읽었다. 브로카의 자료를 음미하면서 결점이나 무의식의 편견을 찾아내는 작업, 여크스의 육군 징병 테스트를 재구성하는 일, 그리고 납 탄환을 채운 두개골의 무게를 손으로 달아본 경험 등은 모두 즐거웠다. 이런 접근방식은 이차 자료(secondary source)에 안일하게 의지하거나 다른 주석자로부터 틀에 박힌 생각을 빌리는 것보다 훨씬 많은 보상을 얻을 수 있다.

둘째, 전문용어를 피하고 알기 쉽게 쓰면서도 개념의 질을 떨어뜨리지 않는다. 여기에는 어떤 타협도, 단순히 쉽게 고쳐 쓰는(dumbing down)

것도 허용되지 않는다. 대중화란 진지한 학문의 위대한 휴머니즘적 전통의 일부분이지 단지 즐거움이나 이익을 위해 쉽게 고쳐 쓰는 훈련이 아니다. 따라서 나는 어려운 개념이나 수학적 자료도 피하지 않았다. 지난 15년 동안 자숙해왔기 때문에, 다음 몇 단락에서 이 책에 대해 내가 가장 기쁘게 생각한 것들을 자랑해도 너그럽게 용서해주기 바란다.

20세기 지능 테스트의 역사에는 두 가지 중요한 요소가 있다. 그것은 평가와 서열화이다. 즉 IQ 테스트에 의해 표현된 정신연령으로 척도를 결정하고 순서를 매기고, 요인분석에서 나타난 지능 테스트 사이의 상관관계를 분석하는 것이다. 지능 테스트에 대한 인기있는 연구들은 빠짐없이 IQ의 상세한 여러 가지 관계를 효과적으로 설명하지만, 사실상 요인분석을 무시한다. 이 전략은 다음과 같은 명백하고 쉽게 이해할 수 있는 이유를 근거로 삼는다. 즉 IQ에 대한 이야기는 설명도 이해도 간단하지만, 요인분석과 다변수에 의한 사고방식은 일반적으로 너무 어렵고 상당한 수학적 배경이 없으면 설명할 수 없기 때문이다.

그렇지만 이처럼 틀에 박힌 연구로는 단일한 지능이라는 유전적 결정론의 역사를 충분히 제시할 수 없다. 이 유전적 결정론이라는 개념은 두 부분에 결정적으로 의존하고 있기 때문이다. 우리는 왜 지적 가치에—일반적으로 우리가 다루는 IQ와 연관된—의해 단선적인 서열화로 사람들에게 순서를 매길 수 있다고 생각하는지 그 이유를 이해하는 것이 필요하다. 그러나 그에 앞서 지능이 단일한 실체로(IQ와 같은 단일한 숫자로 측정할 수 있는) 해석할 수 있다는 주장의 논거를 알아야만 단일한 지능 이론을 이해하고 해석할 수 있다. 이 근거는 요인분석과 요인분석이 확인했다고 생각되는 스피어맨의 g—머릿속에 존재하는 단일한 실체—에서 도출되었다. 그러나 일반적으로 요인분석은 무시되었고, 그 결과 실질적인 이해가능성은 완전히 배제되어왔다.

나는 요인분석에 정면으로 대응하기로 결심했고, 이 주제를 일반 독자들이 쉽게 이해할 수 있게 바꾸려는 식의 노력은 절대 하지 않기로 작정했다. 나는 수학을 산문으로 번역할 수 없었기 때문에 실패를 거듭했다. 그러던 중 마침내 "아하!"라는 통찰의 하나로 일반적인 대수적 정식화가 아니라 공통점에서 방사(放射)하는 벡터(화살)로서 테스트와 축을 기하학적으로 표시하는 서스턴의 다른 방법을 사용할 수 있다는 사실을 깨달았다. 이 접근방식이 골칫거리를 해결해주었다. 많은 사람들이 수치보다는 그림을 더 잘 이해하기 때문이다. 그 결과로 탄생한 것이 7장이지만, 그래도 그리 쉽지는 않았다. 일반인들로부터 찬사를 받지는 못했지만, 지금까지 일반 독자들을 대상으로 썼던 책 중에서 이만큼 자부심을 느껴본 경우는 없다. 나는 요인분석을 표현하는 열쇠를 찾았으며, 20세기의 가장 중요한 과학적 주제들 중 하나는 이 주제를 다루지 않고는 이해할 수 없다고 생각한다. 몇 년에 걸쳐 전문적인 통계학자들로부터 예상치 못하게 많은 논평을 얻은 것만큼 기쁜 일도 없을 것이다. 그들은 내가 이 장을 쓴 것에 대해 감사했고, 요인분석 설명이 대성공이며 더구나 대단히 정확하고 이해하기 쉽다고 확인해주었다. 아직 충분한 준비는 되지 않았지만, 마침내 평온한 마음으로 시므온의 찬송("이제 말씀하신 대로 종을 평안하게 놓아주시는도다"라는 구절로 시작되는 찬송〔누가복음 2장 29절〕. 임무를 충실히 완수하고 떠나면서 부르는 찬송/옮긴이)을 부르기로 하자.
　마지막으로, 요인분석과 시릴 버트에 관한 지엽적인 문제가 하나 남아 있다. 요인분석을 다룬 장(章)은 '일란성 쌍둥이와 관련된 버트의 사기극'이라는 제목을 달고 있다. 긴 연구경력의 끝 무렵에 버트는 어린 시절에 헤어져서 서로 다른 사회적 환경에서 자란 일란성 쌍둥이를 연구했다. 그런데 그동안 버트는 그 자료를 처리하는 과정에서 명백한 조작을 가한 혐의를 받아왔다. 내 추측이지만, 최근 몇 사람의 평자들이 그 혐의에 의문을 제기하면서 버트를 복권시키려는 시도를 벌였다. 나는 이러한 시도가 근거가 박약하며 실패할 수밖에 없는 운명이라고 생각한다. 왜냐하면 나는 버트의 부정행위의 증거가 결정적이고 번복할 수 없을 만큼 압도적이라고 생각하기 때문이다. 이 시도가 불운하며 주의를 다른 곳으로 돌리려는 저의를 가지고 있고, 전혀 중요하지 않은 주제라는 점을 강조하고 싶다. 그리고 내가 쓴 장의 제목은, 그리 신통치 않은 말장난인지는 모르지만, 이러한 나의 견해를 나타낸 것이다. 연민을 느끼게 하는 한 노인이 했거나 하지 않은 일이 무엇이든 간에(사실 나는 그의 행적을 들추어내면서 고소해하기는커녕 오히려 그를 마음속으로 동정했다. 그리고 최종적으로 그의 행동의 원인이 개인적 고뇌나 정신적인 질환에 있다고 이해하게 되었다), 만년의 그의 연구는 지능 테스트의 역사에서 영향력을 유지하지 못했다. 오히려 그보다 앞서 그가 저질렀던 좀더 심각하고 솔직한 과오가 그의 경력에 매혹적이고 불길한 영향력을 미쳤다. 버트는 스피어맨 이후의 요인분석가들 중에서 가장 중요한 인물이기 때문이다(그는 스피어맨의 학문적 지위를 이어받았다). 그리고 요인분석의 결정적인 잘못은 물화(物化), 즉 추상을 추측에 불과한 실체로 변환시킨 데 있다. 나중의 쌍둥이 연구가 아니라, 유전자 결정론적 양식으로서의 요인분석이 버트의 '진정한' 과오를 나타내기—물화(reification)는 라틴어로 res, 즉 실체(real thing)라는 말에서 유래했다—때문이다.

  1981년에 이 책이 출판된 이래, 관심을 끄는 모든 주제에서 불가피하게 많은 변화가 있었다. 때로는 내게 유리한 경우도 있었고, 때로는 불리한 변화도 있었다. 그러나 단일하고, 서열화할 수 있고, 유전가능하며, 변하지 않은 지능이라는 주장의 기본적인 형태는 결코 흔들리지 않았고, 그 주장에 대한 비판 역시 비슷한 양상으로 통렬했다. 따라서 나는 이 책의 본문을 '그대로' 놔두기로 결정했다. 앞에서도 언급했듯이, 1981년에 화제가 되었던 몇 개의 인용문을 삭제했고, 오자나 사소한 사실적 오류를 수정했고, 1981년의 나와 현재의 나 사이에 약간의 대화를 터놓기 위해 몇 개의 각주를 더 넣었다. 그밖에는 이 개정판으로 초판의 내 책을 읽을 수 있다.

개정판에서 새로 덧붙인 부분은 샌드위치의 빵과도 같다. 그리고 원래 초판은 샌드위치의 고기에 해당한다. 새로운 부분이 초판의 본문을 앞뒤로 싸고 있는 형국이다. 앞에 새로 붙인 서문과 뒤에 덧붙인 에세이 부분이 새로 쓴 것이다. 나는 다섯 편의 에세이를 두 장으로 나누어 뒤에 덧붙였다. 첫번째 장에는 『벨 커브』에 대한 전혀 다른 두 편의 비평을 재수록했다. 첫번째 비평은 1994년 11월 28일 『뉴요커(The New Yorker)』에 게재되었던 것이다. 머레이 씨가 이 논문에 격노했고, 그토록 많은 사람들이 이 글을 포괄적이고 공정한(날카롭지만) 논평이라고 생각한 점은 더할 나위 없이 기쁜 일이다. 많은 평자들은 4부로 나뉘어진 『벨 커브』의 일반적 주장의 비논리성과 그 책의 경험적 주장의 부적절함을 비판했다는 점을(본문에서 잠재적인 지지를 공표하고 부록에서는 저자가 결정적으로 상반되는 자료를 어떻게 은폐했는지 밝힘으로써) 평가해주었다. 나는 이러한 비평이 책을 끝까지 읽은 사람들에 의해 이루어졌고, 실제 텍스트에 대한 비평에 기초를 둔 최초의 중요한 평가였다는 사실에 기쁨을 느낀다(『벨 커브』의 정치학에 관해 설득력있는 평가를 한 사람들도 있었지만, 대개 수학을 이해할 수 없다는 변명을 내세워 본문에 대한 평가를 포기했다!). 두 번째 장은 생물학적 결정론의 역사에서 『벨 커브』의 오류에 공명하는 다른 주장들을 고찰하고 그 오류에 대해 좀더 철학적인 맥락을 제공하려는 시도이다. 이 에세이는 『내추럴 히스터리(Natural History)』 1995년 2월호에 발표된 것으로, 비네와 IQ 테스트의 기원을 다룬 장에서는 이 책의 일부 주제를 반복한다. 그러나 이 책과는 다른 맥락에서 비네를 인용했기 때문에 독자들이 나름대로 새로운 재미를 느낄 수 있으리라고 판단해서 중복된 부분까지 그대로 실었다. 오늘날의 과학적 인종차별주의(scientific racism)의 할아버지뻘에 해당하는 고비노(Gobineau)에 대한 첫번째 절은 아마도 내가 처음 그 위치를 부여한 소재일 것이다. 이 주제는 이 책에도 실리지 않았다.

두 번째 장에는 17~19세기에 이르는 매 세기의 핵심 인물을 다룬 세 편의 역사 에세이를 담고 있다. 첫번째 에세이는 토마스 브라운(Sir Thomas Browne) 경과 "유대인에게서는 고약한 냄새가 난다"는 유언비어에 대해 그가 17세기에 제기했던 논박을 다룬다. 그러나 나는 무엇보다 브라운의 주장이 그후의 생물학적 결정론에 설득력있는 반론의 형식을 제공했다는 점에서 높은 가치를 부여한다—따라서 그의 오래된 반론은 오늘날에도 여전히 유효하다. 이 에세이는 인간의 기원에 대한 현대 유전학과 진화론의 데이터가 인종이나 인종의 의미에 관한 우리들의 개념에 부과하는 놀라운 수정을 개괄하면서 끝을 맺는다.

두 번째 에세이는 현대 인종분류의 기초가 된 자료를 분석한다. 그것은 18세기 말에 자유주의적인 성향의 독일인 인류학자 블루멘바흐(Blumenbach)에 의해 창안된 5인종 체계이다. 나는 이 에세이에서 이론이나 무의식적인 전제가 우리의 분석이나 객관적이라고 생각되는 데이터를 조직하는 데 많은 영향을 준다는 사실을 드러내고 싶었다. 블루멘바흐는 노골적인 악의가 아니라 좋은 의도에서 출발했지만 결국 기하학과 미학에 의거해서 인종의 계층성을 확인해주는 꼴이 되었다. 만약 여러분들이 왜 백인종이 러시아의 좁은 지역에 경의를 표하는 코카서스인종(Caucasian)이라고 명명되었는지 의아심을 품는다면, 이 에세이에 실린 블루멘바흐의 정의에서 그 답을 찾을 수 있을 것이다. 마지막 글은 인종 차이에 관한 다윈의 견해—때로는 틀에 박힌 양식의, 때로는 용기있는—를 정리하고, 역사적 인물을 우리의 시대착오적인 문헌 속에서가 아니라 그들의 시대적 맥락에서 이해하려는 희망을 담고 있다.

나는 진부한 이야기로 끝을 맺고 싶지 않기 때문에 이 책의 마지막 부분을 과거의 선집에서는 용납될 수 없었던 에세이로 매듭지으려 했다. 이 다섯 편 중 한 편만이 이전에 발간된 에세이집에 실렸던 것이다—그것은 다윈을 다룬 마지막 권인 『여덟 마리의 새끼돼지(Eight Little Piggies)』이다. 내 개인적인 영웅을 삭제하는 것은 도저히 용납할 수 없는 일이었기 때문이다. 이 다윈에 대한 마지막 에세이 덕분에 이 책은 첫머리를 다윈의 인용문에서 시작해 본문 역시 훌륭한 다윈의 구절로 마무리하는 대칭성을 유지할 수 있었다. 또 한 편의 에세이—『뉴욕 리뷰』의 『벨 커브』에 대한 비평—는 머레이와 헤른슈타인의 책에 대한 응답으로 곧바로 발표된 논집에 재수록되었다. 그 이외의 에세이들은 지금까지 에세이집으로 묶은 적이 없는 글이다. 나는 의도적으로 다음의 에세이집인 『건초더미 속의 공룡(Dinosaur in a Haystack)』을 위해 그 논문들을 남겨두었다.

생물학적 결정론이라는 이 책의 주제는 길고 복잡하게 뒤얽힌 논쟁의 역사를 가지고 있다. 우리는 추상적이고 학문적인 논쟁의 와중에서 자칫 길을 잃기 쉽다. 그러나 이러한 잘못된 주장에 의해 위축된 생명으로서의 인간의 의미를 결코 잊어서는 안 된다. 그리고 바로 이런 이유에서, 엉뚱한 사회적 목적으로 오용된 과학의 오류를 드러내야 한다는 결의를 결코 포기해서는 안 된다. 그런 의미에서 이 책에서 중요한 의미를 갖는 다음 문장으로 이 글을 맺기로 하자.

"우리는 이 세계를 단 한 차례 지날 뿐이다. 비극 중에서도 생명의 성장을 저지하는 것만큼 비참한 비극은 없다. 또한 불공평 중에서도 내부에 있다고 잘못 인식되어 외부에서 부과된 한계에 의해 노력할 기회나 희망을 가질 기회조차 부정되는 것만큼 심각한 불공평은 없다."

| 제1장 |

서문—좋은 시대와 나쁜 시대를 투영하는 거울

The
Mismeasure
of Man

서문—좋은 시대와 나쁜 시대를 투영하는 거울

소크라테스는 이렇게 주장했다. 공화국의 시민은 교육을 받고, 제각기의 장점에 따라 통치자, 보조자, 그리고 직공의 세 계급으로 배정되어야 한다. 이러한 서열이 지켜지고 시민들이 자기에게 부여된 지위를 받아들일 때 비로소 안정된 사회가 이루어진다. 그러나 이러한 묵종(默從)이 어떻게 지켜질 수 있을까? 논리적인 주장을 펼칠 수 없었던 소크라테스는 한 가지 설화를 꾸며냈다. 조금 망설이면서 그는 제자인 글라우콘(Glaucon)에게 이렇게 말했다.

너를 마주보고 어떻게 이런 이야기를 해야 할지, 그리고 이 대담한 허구를 표현하기 위해 어떤 말을 골라야 할지 모르겠지만, 네게 이야기하겠다. (……) 그들〔시민〕은 그들의 젊음이 꿈이며, 그들이 우리에게서 받는 교육과 훈련이란 한낱 외양에 불과하며, 실제 그들은 대지의 자궁 속에서 형성되고 키워지고 있다.

글라우콘은 곤혹스런 표정으로 대답했다.
"방금 선생님이 하신 거짓말을 그토록 부끄러워하신 데에는 충분한 이유가 있군요."
그러자 소크라테스는 이렇게 말했다.
"그렇다. 그러나 좀더 들어보아라. 나는 아직 절반밖에 이야기하지 않았다."

우리는 시민들에게 너희는 모두 형제이지만 신은 너희를 서로 다르게 만들었다는 것을 말할 것이다. 너희들 중 일부는 통치할 능력을 가지고 있고, 그러한 능력을 부여받는 과정에서 금을 섞어주었다. 그러므로 이들은 가장 존경받아야 할 사람들이다. 또한 이들을 돕는 보조자가 될 사람들에게는 은이 섞였고, 농사꾼과 장인들에게는 철과 구리를 섞어주었다. 이렇게 해서 너희들 모두는 동족의 관계이며, 너희들은 계속 자신과 흡사한 종의 아이를 낳을 것이다. (……) 신탁은 철이나 구리의 인간이 나라의 수호자가 되면 그 나라가 망한다고 말한다. 이것은 하나의 이야기이다. 이런 이야기를 시민들이 믿게 할 수 있는가?

글라우콘은 이렇게 대답했다.
"지금 세대에는 불가능합니다. 그러나 그 아들, 아들의 아들, 그리고 그들의 후손들에게는 이 이야기를 믿게 할 수 있을 것입니다."
글라우콘의 이 말은 하나의 예언이 되었다. 이같은 설화가 형태를 바꾸면서 세상에 퍼져나갔고, 오늘날까지 널리 믿어지고 있다. 타고난 가치(inborn worth)에 따라 그룹의 서열을 매기는 논거는 서양 역사의 흐름에 따라 변천해왔다. 플라톤은 변증법, 교회는 교의(敎義)에 의지했다. 최근 두 세기 동안 과학적 주장이 플라톤의 설화를 입증하는 데 일차적인 역할을 담당했다.

이 책은 플라톤 설화의 과학판(scientific version)에 대한 것이다. 그러한 주장 일반을 생물학적 결정론(biological determinism)이라고 불러도 좋을 것이다. 이 주장은 주로 인종, 계급, 성별 등 인간 집단들 사이에서 나타나는 각각의 행동규범이나 사회적, 경제적 차이 등이 유전적이고 타고난 구별로부터 생겨나며, 이러한 의미에서 사회는 생물학의 정확한 투영이라고 주장한다. 이 책은 역사적 관점에서 생물학적 결정론의 주요 주제, 즉 지능을 하나의 양(量)으로 측정해서 개인이나 집단의 가치를 나타낼 수 있다는 주장에 대해 논하는 것이다. 이 주제를 뒷받침하는 자료는 두개계측(頭蓋計測, craniometry, 두개골 측정)과 특정 종류의 심리학적 테스트의 두 원천에서 공급되었다.

금속이 유전자로 바뀌었지만(우리는 사람들의 가치를 '기질[mettle]'로 이야기하는 플라톤 설화의 흔적을 아직도 간직하고 있다) 그 기본적인 논거는 변하지 않았다. 다시 말해서 사회적·경제적 역할은 사람들이 타고난 구성(construction)을 정확히 반영한다는 것이다. 그럼에도 불구하고 지능에 대한 전략의 한 측면은 바뀌었다. 소크라테스는 자신이 거짓말을 하고 있다는 것을 알고 있었던 것이다.

결정론자들은 흔히 과학이 사회와 정치의 오염에서 자유로운 객관적 지식이라는 전통적 권위에 호소하며 자신들의 주장을 펴왔다. 이들은 스스로를 엄격한 진리의 징발관으로 묘사하고, 자신들에게 반대하는 사람들을 감상주의자, 공상가, 그리고 몽상적 사상가로 표현했다. 루이 아가시(Louis Agassiz)는 자신이 흑인을 다른 종으로 구분한 것을 변호하면서 이렇게 썼다(1850, p.111).

"자연주의자들은 인간의 육체에 관한 문제를 순수한 과학의 문제로서 생각하고, 그것을 정치나 종교와 연관짓지 않고 연구할 권리를 가지고 있다."

칼 C. 브리검(Carl C. Brigham)은 이른바 선천적인 지능을 측정할 수 있다는 테스트에서 낮은 점수를 얻은 남유럽과 동유럽의 이민자들을 배척해야 한다고 주장하면서 이렇게 말했다.

"현재 자신의 지적 능력을 유지하거나 높이기 위해 취해야 할 방법은 정치적 편의주의가 아니라 과학에 의해 명령되어야 한다(1923)."

또한 시릴 버트(Cyril Burt)는 실재하지도 않는 콘웨이 양(Ms. Conway)이라는 인물이 수집한 날조된 자료를 토대로, IQ의 유전적 기초에 대한 의구심을 제기하는 주장에 대해 "반대 견해를 지지하는 증거를 직접 검토한 것이 아니라 사회적 이념이나 비판에 대한 주관적 선호에 기반한 것처럼 보인다"라고 불평을 늘어놓았다(Conway, 1959, p.15).

이처럼 생물학적 결정론이 권력을 쥔 집단에게 명백한 유용성을 갖기 때문에 앞에서 인용한 부정에도 불구하고, 생물학적 결정론 역시 정치적 맥락에서 발생한 것이 아닌지 의심할 수 있을 것이다. 결국 만약 현상(現狀)이 자연의 연장이라면 어떠한 큰 변화도, 만약 그런 변화가 가능하다면, 사람들을 부자연스러운 위치에 억지로 밀어넣는 격이 되며, 개인에게는 정신적으로 사회에는 경제적으로 막대한 손실을 입히게 될 것이다.

스웨덴의 사회학자 군너르 뮈르달(Gunnar Myrdal)은 1944년 발간한 『미국의 딜레마(An American Dilemma)』라는 획기적인 저서에서 인간의 본성에 대한 생물학적·의학적 주장에 날카로운 공격을 가했다.

"그 주장은 세계의 다른 나라에서와 마찬가지로 미국에서도 보수적이고 때로는 반동적이기까지 한 이데올로기와 결부되어왔다. 오랜 권력 지배하에서 아무런 의문도 없이 생물학적 인과론을 가정하고, 거역할 수 없는 증거에 포위되어 협박받으며 사회적 설명을 받아들이는 경향이 존재해왔다. 정치적 문제에서 이러한 경향은 '무대책이 대책(do-nothing)'이라는 정책을 선호했다."

상당히 오래 전에 콩도르세(Condorcet)는 훨씬 간결하게 이렇게 말했다.

"그들은 자연 자체를 정치적 불평등이라는 죄의 공범자로 만들었다."

이 책은 결정론자들의 주장에서 나타나는 과학적인 약점과 그 정치적 맥락을 밝히려는 것이다. 그렇지만 과학적 객관성이라는 길에서 벗어난 결정론자와 편견이 없는 마음으로 자료에 접근해 진실을 밝혀내는 계몽된 반결정론자를 대비시킬 의도는 없다. 오히려 나는 과학 자체가 객관적 활동이고 과학자가 자신의 문화의 속박에서 벗어나, 있는 그대로 실재(實在)하는 세계를 볼 수 있을 때 비로소 과학이 올바르게 실행된다는 신화 자체를 비판하려는 것이다.

과학자 중에도 의식 있는 소수 이데올로그들은 이러한 논쟁의 어느 쪽에도 가담하지 않았다. 과학자들이 인생에 관해 널리 퍼진 이러한 견해를 숙고하기 위해서 자신의 계급이나 문화를 위한 분명한 변명자가 될 필요는 없다. 내가 말하고 싶은 것은, 생물학적 결정론자가 나쁜(bad) 과학자라거나 항상 틀렸다는 것이 아니다. 오히려 과학은 사회적 현상이고 용기 있는 인간 활동으로 이해되어야지, 순수한 정보를 모으기 위해 프로그램된 로봇의 작업으로 이해되어서는 안 된다. 내가 이런 견해를 제기하는 이유는 과학의 발전을 위한 것이지, 인간의 한계라는 제단에 바쳐진 숭고한 희망에 대한 음울한 비명(碑銘)을 쓰려는 것은 아니다.

과학은 인간이 반드시 수행해야 하는 활동이기 때문에 사회적으로 배태된(socially embedded) 활동이다.* 과학은 예감, 전망, 그리고 직관에 의해 진보한다. 과학이 시대에 따라 변화하는 것은 절대 진리에 좀더 가깝게 다가가기 때문이 아니라 과학에 큰 영향을 미치는 문화적 맥락이 변화하기 때문이다. 사실이란 순수하고 더럽혀지지 않은 정보의 조각이 아니다. 문화 역시 우리들이 보는 대상과 그 방식에 영향을 준다. 더욱이 이론은 사실로부터 얻어지는 냉엄한 귀납이 아니다. 가장 창조적인 이론은 사실에 상상적 관점이 가해진 것이며, 그 상상력의 근원 역시 대단히 문화적(strongly cultural)인 것이다.

이러한 주장은 현재 활동중인 많은 과학자들에게는 아직 금기(禁忌)로 여겨지지만, 거의 모든 과학사가들에게는 큰 무리 없이 받아들여지고 있다. 하지만 나는 일부 과학사가 그룹에서 인기를 얻고 있는 과대확장(overextension)에 대해서는 동조하지 않는다. 그것은 과학적 변화가 사회적 맥락의 변화를 반영하는 것에 지나지 않으며, 진리는 그 문화적 가정을 제외하면 무의미한 개념에 불과하기 때문에 과학은 영원한 답을 제공할 수 없다는 것이 나의 생각이다. 나 역시 현역 과학자의 한 사람으로서 동료들의 생각을 공유한다. 다시 말해 나는 사실에 근거하는 실재(factual reality)가 존재하며, 과학이 종종 둔감하고 엉뚱한 방식을 취하기도 하지만 그 실재를 알 수 있다는 것을 믿는다. 갈릴레오는 달의 운동에 대한 추상적인 논쟁으로 고통을 당한 것이 아니다. 그는 사회와 교의

---

* 옮긴이주 | 1980년대 이후 과학기술학(science technology studies, STS)은 과학을 사회적으로 배태된(socially embedded) 활동으로 분석했다. 이것은 과학이 사회와 무관하며 그 자체의 독자적인 논리에 따라 발전한다는 신비화된 과학관을 벗어나 과학을 있는 그대로 이해하려는 시도이다. 생물학자이면서 훌륭한 과학사 연구자이기도 했던 굴드는 이 책에서 시종일관 이러한 관점을 견지한다. 그는 이 구절에서 과학이 인간 활동에 없어서는 안 될 중요한 부산물이기 때문에 필연적으로 사회적인 맥락에서 배태될 수밖에 없음을 이야기하고 있다. 또한 그는 다음 구절에서 과학의 변화가 진리에 더 가깝게 가기 위해서가 아니라 과학 활동을 둘러싼 사회적, 문화적 맥락이 변하기 때문이라고 주장한다. 이것은 토마스 쿤(Thomas Kuhn)의 『과학혁명의 구조』에서 제기된 과학관을 반영한다.

(敎義)의 안정을 위해 교회가 유지해왔던 전통적인 논거를 위협했다. 그것은 지구가 우주의 중심에 위치하며 행성들이 그 주위를 돌고 있다는, 즉 사제는 로마 교황에게 종속되고 농노는 주인에게 종속된다는 정적(靜的)인 세계 질서에 대한 논거였다. 그러나 머지않아 교회는 갈릴레오의 우주론과 화해했다. 그들에게는 다른 선택의 여지가 없었다. 지구가 실제로 태양 주위를 돌고 있었기 때문이다.

그러나 숱한 과학적 주제에 관한 역사는 두 개의 주된 이유 때문에 실제로는 이러한 사실에 제약받지 않았다. 첫째, 일부 주제에는 엄청난 사회적 중요성이 부여되었지만, 신뢰할 수 있는 정보는 거의 주어지지 않았다. 사실과 그 사회적 영향의 비율이 극히 낮을 때, 과학적 태도의 역사는 사회적 변화의 간접적인 기록에 지나지 않는다. 예컨대 인종(人種)에 관한 과학적 관점의 역사는 사회적 움직임의 거울로 작용한다 (Provine, 1973). 이 거울은 좋은 시대와 나쁜 시대, 즉 평등의 신념을 간직한 시대와 심한 차별이 자행된 시대 모두를 투영한다. 뿌리 깊던 우생학이 미국에서 조종(弔鐘)을 울리게 된 것은 유전학에 관한 지식이 진보했기 때문이 아니라 한때 많은 사람들에게 선호되었던 단종(斷種)이나 인종 순화(racial purification)와 같은 주장들이 히틀러에게 이용되었기 때문이다.

둘째, 상당수의 적절한 답이 사회적 선호(選好)를 정당화시켜줄 수 있는 제한적 방식으로만 과학자들에 의해 정식화된다. 예를 들어, 정신적 가치의 인종적 차이를 둘러싸고 벌어진 많은 논쟁은 지능이 머릿속에 존재하는 하나의 실체(thing)라는 전제를 기초로 전개되었다. 이러한 관념이 완전히 사라지기 전까지는 아무리 많은 데이터가 집적되어도, 존재의 진보적인 사슬(progressive chain of being) 속에 관련항목들을 순서대로 배열하려는 서양의 강한 전통을 격퇴할 수 없다.

과학은 그 기묘한 변증법에서 벗어날 수 없다. 과학은 자기를 둘러싼 문화 속에서 배태됨에도, 자신을 키워낸 가정 자체를 문제삼거나 때로는 뒤엎기까지 하는 막강한 소작인인 셈이다. 과학은 데이터의 비율을 사회적 중요성으로 환원시키기 위해 정보를 제공할 수 있다. 과학자들은 동업자들의 문화적 전제를 확인하고, 서로 다른 주장하에서 답이 어떻게 정식화되는지 묻기 위해 노력한다. 과학자들은 독창적인 이론을 제출해서 동료들이 그동안 당연하게 여겼던 절차에 맞서게 하기도 한다. 그러나 과학자들이 객관성과 불변의 진리라는 두 개의 신화를 포기하지 않는 한, 과학에 가해지는 문화적 속박을 확인하는 도구로서의 과학의 잠재력은 충분히 인식될 수 없을 것이다. 실제로 사람들의 눈에 들어간 티끌을 제거하기 위해서는 그에 앞서 자기 눈에 들어 있는 들보를 확인하지 않으면 안 된다. 그렇게 하면, 그 들보는 장애물이 아니라 촉진제가 될 수도 있는 것이다.

군너르 뮈르달은 이 변증법의 양면을 포착하고 이렇게 말했다(1944).

지난 50년 동안 소수의 사회학자와 생물학자들은 양식 있는 사람들에게 어리석은 몇 가지 생물학적 오류를 포기하게 만들었다. 그러나 우리를 감싸고 있는 이 서양문화라는 안개로 인해 현대를 살아가는 사람들이 아직 간파할 수 없는 같은 종류의 잘못들이 무수히 일어나고 있다. 문화적 영향은 우리들이 출발점으로 삼은 마음, 몸, 그리고 우주에 관한 전제를 설정하고, 우리들이 묻는 문제를 제기하고, 우리들이 찾으려는 사실들에 영향을 주고, 그 사실의 해석과 결정에 대한 우리의 반응을 특정한 방향으로 이끈다.

생물학적 결정론은 한 사람이 한 권의 저서에서 다루기에는 지나치게 큰 주제이다. 생물학적 결정론은 근대 과학의 여명(黎明) 이래, 생물학과 사회 사이의 모든 상호작용에 관계하기 때문이다. 따라서 나는 생물학적 결정론이라는 구조물(edifice)에 중심적이고 다루기 쉬운 하나의 주장을 제기하는 것으로 논의를 국한하려고 한다. 이 논의는 두 개의 깊은 오류를 역사적으로 접근한 두 장(章)에서 다루어지고, 그후에는 공통된 양식으로 전개될 것이다.

이 논의는 하나의 오류에서 시작한다. 그것은 '물화(物化, refication)', 즉 추상적인 개념을 실체(reality)로 변환시키려는 경향을 가리킨다(refication의 어원은 'thing'을 뜻하는 라틴어 res에서 유래했다). 우리는 삶의 정신적인(mentality) 중요성을 인식하고, 그것을 특징으로 삼기를 원한다. 한편으로 이것은 문화적, 정치적 체제의 지시에 따라 사람들을 구분하기 위해서이다. 우리는 이 놀랄 만큼 복잡하고 다면적인 인간의 능력을 나타내는 것으로 '지능(intelligence)'이라는 말을 사용한다. 그 때문에 이 축약된 선호가 물화되고, 지능은 단일한 실체(unitary thing)라는 의심스러운 지위를 얻게 된다.

일단 지능이 하나의 실체가 되면, 과학의 일반적인 절차에 따라 지능이 존재하는 장소나 그 물리적 기질(基質, physical substrate)을 찾도록 요구받는다. 뇌는 정신이 자리하는 곳이기 때문에 지능도 거기에 존재하는 것이 틀림없다고 생각된다.

이 대목에서 두 번째 오류에 대해 살펴보자. 그것은 '서열화(ranking)'이다. 사람들에게는 복잡한 변이를 점차 상승하는 단계로 질서 있게 늘어세우려는 버릇이 있다. 진보와 이런 점진주의는 서양사상에 가장 깊이 스며든 은유이다 — 이 주제에 대해서는 러브조이(Lovejoy)의 존재의 대사슬(great chain of being)*에 관한 고전적 에세이(1936)나, 진보의 개념에 대한 버리(Bury)의 유명한 논문(1920)을 참조하라. 이 은유의 사회적 효용은 부커 T. 워싱턴(Booker T. Washington)의 미국 흑인에 대한 조언(1904, p.245)에서도 분명하게 나타난다.

우리 인종에서 한 가지 위험한 점은 지나치게 급하게 성장하려는 것이다. 독립해서 강해진 모든 인종이 따라야 하는 산업, 지능, 도덕, 그리고 사회발전이라는 건설 단계를 한 걸음씩 힘껏 밟는, 좀더 느리고 확실한 진전이 아니라 인위적이고 피상적인 노력에 의해 이루어질 수 있다고 생각한다.

그러나 서열화를 위해서는 모든 사람을 한 줄로 늘어세워야 하고, 그 속에서 제각기 어울리는 지위를 부여하기 위한 기준이 필요하다. 객관적 수치보다 더 나은 기준이 있을까? 따라서 이 두 개의 오류를 구현시키는 공통의 양식은 정량화(定量化, quantification)였다. 정량화란 각 개인에게 주어지는 하나의 수로 지능을 측정하는 방법이다.** 이 책은 하나의 실체로 지능을 추상화하고, 뇌 속에 그 위치를 부여하고, 개인별 수치로 정량화하고, 더욱이 억압받고 불리한 위치에 처한 집단들이—인종, 계급, 성별—선천적으로 열등하며 그들의 낮은 사회적 지위가 당연하다는 것을 찾아내기 위해 사람들을 하나의 가치체계 아래 서열화하는 데 이 수치가 이용된 문제를 다룰 것이다. 간단히 말하자면, '인간이라는 잘못

---

*옮긴이주 | 가장 하등한 것에서 인간에 이르기까지 자연계의 모든 생명이 연속적인 하나의 사슬을 이루고 있다는 생각으로, 생명을 연속적인 위계로 이해하는 사고의 뿌리에 해당한다.

**피터 메다워(Peter Medawar, 1977, p13)는 복잡한 양에 단일한 수치를 부여하려는 갈망에 대한 또 하나의 흥미로운 사례를 제시했다. 예컨대 인구통계학자가 인구 동향의 원인을 '생식력'이라는 단일한 척도에서 구하려고 하거나 토양학자가 토양의 '성질'을 하나의 수치로 추상화하려는 열망 등이 그런 경우이다.

된 척도'에 대해 논하려는 것이다.***

과거 두 세기 동안 서열화에 바쳐진 주장들은 모두 각각의 특징이 있다. 두개계측학 역시 19세기의 생물학적 결정론을 이끈 수리과학(numerical science)이었다. 2장에서는 다윈 이전에 뇌의 크기로 인종을 서열화하기 위해 수집된 대규모 자료, 즉 필라델피아의 사무엘 조지 모턴(Samuel George Morton)의 두개골 컬렉션을 다룬다. 3장에서는 19세기 말 유럽에서 개화된 폴 브로카(Paul Broca) 학파의 엄밀하고 존경받는 과학으로서의 두개계측학을 논한다. 그리고 4장에서는 19세기 생물학적 결정론에서 정량적 방법이 인체해부학에 미친 영향을 강조한다. 여기에서는 두 가지 사례연구를 소개할 것이다. 하나는 인간의 여러 집단을 단선적으로 서열화하기 위해 진화의 주된 기준으로 반복발생설(recapitulation)을 채택한 사례이고, 다른 하나는 살인을 비롯한 극악 범죄를 저지른 범인이 원숭이와 흡사한 형태학적 특성을 가진다고 주장하면서 범죄행위를 생물학적 귀선유전(歸先遺傳)으로 설명하려는 시도에 대한 것이다.

지능이(또는 최소한 그것에 해당하는 중요한 부분이) 단일하고, 선천적이며, 유전가능하고, 측정가능한 실체라고 가정할 때, 두개계측학이 19세기를 대표했다면 지능 테스트는 20세기를 대표했다. 이 책에서는 지능 테스트에 대한 이 빈약한 접근방식의 두 가지 구성요소를 5장(미국의 산물인 IQ 척도의 유전적 변형판)과 6장(요인분석이라는 수학적 방법에 의해 지능을 하나의 실체로 물화하려는 주장)에서 다룰 것이다. 요인

*** 나는 위에서 개괄한 주장에 대한 혹평을 조사하면서 두개계측학의 모든 이론을 취급할 생각은 없다(가령 나는 골상학을 다루지 않았다. 골상학은 지능을 하나의 실체로서 물화하지 않으며, 뇌와 연관된 복수의 기관을 찾는 것이기 때문이다). 마찬가지로 우생학처럼 지능을 뇌의 특성으로 측정하지 않는 결정론도 제외했다.

분석(factor analysis)은 전문가가 아닌 일반인을 대상으로 한 책에서는 예외없이 삭제되는 어려운 수학적 주제이다. 여기서는 숫자 대신 그림을 사용하는 방법으로 알기 쉽게 설명하려고 애썼다. 그래도 6장의 자료들이 '읽기 쉬운' 것은 아니다. 하지만 그렇다고 그 자료들을 생략할 수도 없었다. 왜냐하면, 지능 테스트의 역사는 요인분석의 논거를 파악해서 거기에 포함된 깊은 개념적 오류를 이해하지 않고서는 제대로 이해할 수 없기 때문이다. IQ 대논쟁은 전통적으로 간과되어온 이 주제 없이는 무의미하다고 할 수 있다.

나는 과학자나 역사가들의 전통적인 관점에서 벗어나는 방법을 사용해, 관습에 사로잡히지 않고 이러한 과제를 다루려고 시도했다. 역사가들이 일차자료 속의 수량적인 세부사항을 다루는 경우는 좀처럼 없다. 내게는 그런 능력이 없지만 역사가들은 사회적 맥락이나 전기 또는 일반적인 지적 역사를 서술한다. 과학자들은 동료의 자료를 분석하는 것에는 익숙하지만, 선배에게 그런 방법을 적용하기 위해 역사에 관심을 갖는 이들은 거의 없다. 따라서 많은 학자들이 브로카의 영향에 관해서 기술했지만, 그 수치를 다시 계산한 사람은 없었다.

나는 두개계측학과 지능 테스트의 고전적 자료들을 다시 분석하는 데 초점을 맞추었다. 그외에도 결실을 얻을 수 있는 방법이 많이 있겠지만, 다른 방법을 사용하기에는 힘이 부치고 지금까지와는 조금 다른 방식으로 분석해보고 싶다는 생각도 가지고 있었다. 그러나 이 방법을 채택한 데에는 두 가지 이유가 있다. 우선 첫번째 이유는 신과 마찬가지로 악마 역시 사소한 세부 속에 깃들어 있다고 생각하기 때문이다. 만약 과학에 대한 문화의 영향이 흔히 객관적이라고 생각되는 기계적인 정량화의 평범한 세부사항 속에서 발견될 수 있다면, 생물학적 결정론이 과학자들에 의해 그들의 특수한 매체를 통해 투영된 사회적 편견임을 확실히 알 수 있을 것이다.

양적 자료를 분석하려는 두 번째 이유는 수(數)가 가지는 특수성에서 기인한다. 과학을 신비화시키려는 사람들은 수가 객관성의 궁극적인 시금석이라고 주장한다. 분명 우리는 자신의 사회적인 선호를 기입하지 않고도 뇌의 무게를 달고 지능 테스트의 점수를 기록할 수 있다. 만약 이것이 엄격히 표준화된 방법으로 얻어진 견고한 수치로 나타난다면, 설령 그 수치가 우리들이 출발점이라고 믿고 싶어하는 것을 입증한다 해도, 그것이 현실을 반영하고 있음에 틀림없다. 반(反)결정론자들은 수가 갖는 특별한 권위를 이해했고, 그 위세에 대한 반박이 매우 힘들다는 것을 깨달았다.

브로카의 무리 중 유일하게 비(非)결정론자이자 뛰어난 통계학자였던 레온스 마누브리에(Leonce Manouvrier, 1903, p.406)는 여성의 작은 뇌에 대한 브로카의 데이터에 대해 이렇게 말했다.

여성들은 자신의 재능과 졸업증서를 과시했다. 그녀들은 철학적인 권위도 얻었다. 그러나 여성들은 콩도르세나 존 스튜어트 밀에게는 알려지지 않았던 수에 의해 반격을 받았다. 이 숫자는 불쌍한 여성들에게 내려친 거대한 망치와도 같은 치명타였다. 여기에 어떤 교회의 신부들이 퍼부은 여성을 증오하는 기도보다도 잔인한 비난과 빈정거림이 더해졌다. 과거의 신학자들은 여성에게 영혼이 있는지 없는지를 의심했다. 수세기가 지난 후, 일부 과학자들은 여성들에게도 인간적 지성이 있음을 인정하지 않으려고 했다.

만약—이미 내가 밝혔다고 믿고 있지만—정량적 데이터가 과학의 다른 측면과 마찬가지로 문화의 속박을 받는다면, 그러한 데이터는 궁극적으로 진리에 대해 어떤 특별한 주장도 하지 않는다.

　나는 이러한 고전적인 자료를 재분석하면서, 과학자들이 적절한 자료에서 타당하지 않은 결론을 내리거나 자료수집 자체를 왜곡시키는 선험적인(a priori) 편견을 갖고 있다는 사실을 밝혀냈다—일란성 쌍둥이의 IQ에 대한 시릴 버트의 자료 위조, 고더드가 칼리칵가(家)의 정신지체를 암시하기 위해 사진을 변조한 사실 등 몇 가지 사례를 통해 사회적인 편견이 고의적인 기만(fraud)을 일으켰음을 지적할 수 있다. 그러나 기만은 가십거리말고는 역사적으로 흥미를 끌지 못한다. 가해자는 자기가 무엇을 하고 있는지 잘 알고 있고, 교묘하고 피하기 어려운 문화의 속박을 기록하는 '무의식적' 편견은 잘 드러나지 않는 법이기 때문이다. 이 책에서 다루어진 많은 사례를 통해—종종 고의적인 기만 사례에서 악의적으로 드러나듯이—이러한 편견이 우리가 알아차리지 못하는 사이에 영향을 미치며, 과학자들은 스스로 순결무구한 진리를 추구하고 있다는 믿음을 갖고 있음을 확인할 수 있다.

　여기에서 거론된 많은 사례는 오늘날의 표준에 비추어 보면 너무도 명백하고, 심지어는 웃음기까지 하다. 따라서 주변 인물들의 비열한 행위를 고른 것이 아님을 강조해두고자 한다(3장 빈[Bean]의 사례는 예외이다. 나는 중요한 논점을 표현하기 위한 일종의 서두로 이 사례를 사용했다. 또한 2장의 카트라이트[Cartwright]의 주장도 무척 중요한 것이어서 배제할 수 없었다). 이런 종류의 비열한 행위들은 아주 긴 목록을 이룰 정도다. 야간의 주택침입자를 모두 탄산가스로 죽여야 한다고 생각한 우생학자 W. D. 맥킴(W. D. McKim) 박사의 사례(1900)를 비롯해서, 19세기 말 미국 여행길에 아일랜드인 한 사람이 흑인 한 사람씩을 죽이고 그 죄로 교수형을 당하면 인종문제는 말끔히 해결된다는 쓸데없는 조언을 했던 영국의 한 교수의 사례에 이르기까지 수없이 많다.* 비열한 행위는 가십

거리가 될 수는 있지만 역사는 아니다. 그런 행위들은 재미있지만 단명하고 역사에 거의 영향을 주지 않는다. 나는 자신의 시대에 영향력을 행사했던 저명한 과학자들에게 초점을 맞춰, 그들의 주된 연구를 분석했다.

나는 이 책에 실린 대부분의 사례연구에서 탐정 역할을 즐겼다. 그 과정에서 이미 출간된 편지에서 설명 없이 삭제된 구절을 발견하거나, 예상을 뒷받침하는 오류를 밝혀내기 위해 다시 계산을 했다. 또 적절한 자료가 선입관 때문에 왜곡된 경우을 발견하고, 읽고 쓸 능력이 없는 사람을 위해 고안된 육군 지능 테스트를 내 학생들에게 실시해 흥미로운 결과를 얻었다. 그러나 나는 모든 연구자가 세부적인 연구를 아무리 열심히 하더라도 일반적 메시지를 모호하게 만들지는 않는다고 생각한다. 가령 오늘날 수적으로 아무리 정교화되었다고 해도, 지능이라는 하나의 척도로 사람들을 서열화할 수 있다는 결정론의 주장은 사회적 편견의 기록에 지나지 않는다는 것이다—이러한 분석을 통해 과학의 본성에 대한 희망적인 무언가를 배울 수 있을 것이다.

만약 이 주제가 학자들의 추상적 관심사에 불과했다면, 나는 좀더 조심스러운 접근을 할 수 있었을 것이다. 그러나 수백만 명에 달하는 사람들의 생활에 이보다 더 직접적인 영향을 미치는 생물학적인 주제는 없다. 생물학적 결정론은 그 본질에서 '**제한 이론**(theory of limits)'이고, 각

---

* 역시 너무 중요해서 제외할 수 없는 비교적 최근의 사례로는, 의심쩍은 행동을 변호하는 데 생물학적 결정론을 들먹인 자칭 야구철학자인 빌 리(Bill Lee)를 들 수 있다. 그는 빈볼을 정당화하면서 이렇게 말했다(『뉴욕타임스』 1976년 7월 24일자). "나는 대학에서 『세력권의 명령(*Territorial Imperative*)』이라는 책을 읽었다. 남자는 항상 거리에 있는 그 무엇보다 주인의 집(home)을 강력하게 방어해야 한다. 나의 세력권은 타자에게서 멀리 떨어져 있다. 만약 타자가 그곳에서 나와 공을 치려 한다면, 나는 공을 그에게 가깝게 붙여 던지지 않을 수 없다."

그룹의 현재 지위를 당연하고 필연적인 기준으로 간주한다(가뭄에 콩나듯 극소수의 사람이 축복받은 생물학적 특성 덕분에 출세하는 것이 허용된다 해도).

나는 생물학적 결정론의 최근 부활 상황에 대해서는 거의 언급하지 않았다. 생물학적 결정론의 개별 주장은 일반적으로 수명이 무척 짧기 때문에 그런 주장에 대한 반론은 잡지나 신문 기사 정도로 족할 것이다. 누가 10년 전에〔1981년의 시점에서〕벌어졌던 뜨거운 논쟁의 주제를 기억이나 하겠는가? IQ 100 이하인 사람들이 자발적으로 단종(斷種)을 하면 보상금을 준다는 쇼클리(Shockley)의 제안이나 XYY 대논쟁, 또는 도시 폭동을 폭도의 신경증으로 설명하려는 시도 등이 그런 예에 해당한다. 우리 주위에서 여전히 횡행하고 있는 이러한 주장의 근원을 파헤치는 작업은 대단히 가치 있고 흥미로운 일이다. 최소한 이런 논의들은 우리들에게 많은 것을 깨닫게 해주는 중요한 오류들이다. 그러나 정치적인 경비 삭감의 시대에 언제나 그렇듯이, 생물학적 결정론이 다시 인기를 끌고 있기 때문에 나는 이 책을 집필해야겠다는 생각이 들었다. 칵테일 파티 주변은 늘상 그렇듯이 선천적 공격성, 성 역할, 그리고 벌거벗은 원숭이에 대한 심원한 이야기로 떠들썩하다. 오늘날 많은 사람들은 그러한 사회적 편견이 과학적 사실에 기초한 것인지에 대해 의심하고 있다. 그러나 새로운 데이터가 아니라 이러한 잠재적인 편견이 생물학적 결정론에 다시금 주의를 기울이게 하는 일차적인 원인이다.

사람은 이 세계를 단 한 차례 지날 뿐이다. 비극 중에서도 생명의 성장을 저지하는 것만큼 비참한 비극은 없다. 불공평함 역시 내부에 있다고 잘못 인식되어 외부에서 부과한 제한 때문에 노력하거나 희망을 가질 기회조차 부정되는 것만큼 심각한 불공평함은 없다.

키케로는 조피러스에 대해, 조피러스가 소크라테스의 골상(骨相)을 볼 때 그가 선천적으로 악덕을 가지고 있었던 것이 분명하다고 주장했다고 말한다. 조피러스의 제자들은 그 사실을 부정했지만, 소크라테스는 조피러스의 말을 변호하며 실제로 자신에게 악덕이 있지만 이성을 행사함으로써 그 영향을 상쇄시켰다고 말했다고 한다. 우리는 인간적 차이와 편향의 세계에 살고 있다. 그러나 이러한 사실을 엄밀한 제한 이론으로 외삽(外揷)하는 것은 이데올로기이다.

조지 엘리엇은 불이익을 당하는 사람들에게 생물학적 딱지를 붙이는 것이 얼마나 큰 비극인지를 충분히 인식하고 있었다. 그녀는 자신과 같은 사람들을 위해 그것을 표현했다. 즉, 비범한 재능을 가진 여성들을 위해서. 나는 이것을 꿈이 경멸당한 사람들뿐만 아니라 꿈을 꿀 수 있다는 사실조차 결코 깨닫지 못했던 사람들에게까지 좀더 폭넓게 적용할 것이다. 그러나 내 글은 그녀의 산문에는 (『미들마치[middlemarch]』 서문) 도저히 미칠 수 없을 것이다.

어떤 사람들은 이처럼 서투른 여성들의 삶이 조물주가 그 본성을 부자유스럽고 분명치 않게 지었기 때문이라고 생각해왔다. 만약 여성의 무능력 정도를, 예를 들어 3 이상의 수를 셀 능력이 없다는 식으로 엄밀하게 한정할 수 있다면 여성에게 할당되는 사회적 몫은 과학적 확실성으로 다루어질 수 있을지도 모른다. 하지만 변이의 한계는 여성들의 똑같은 머리 모양이나 좋아하는 산문과 운문의 천편일률적인 사랑타령에서 상상할 수 있는 것 이상으로 폭넓다. 갈색 연못 여기저기에서는 백조 새끼가 집오리 새끼들 틈에 섞여 불안스럽게 자라고 있지만, 자기처럼 물갈퀴가 달린 발을 가진 친구들과 동료애를 나누며 살아가는 모습은 결코 발견할 수 없다. 이곳저곳에서 무(無)의 여성창립자 테레사 수녀가 태어나고 있다. 그러나 도달하기 어려운 선(善)을 구하는 흐느낌과 사랑의 심장박동은 불안하게 떨리다가 오랫동안 남을 분명한 업적으로 모아지지 못하고 숱한 장애물들 속에서 산산이 흩어져버린다.

| 제2장 |

다원 이전의 미국
―백인보다 열등한 흑인과 인디언

다윈 이전의 미국
—백인보다 열등한 흑인과 인디언

질서는 신의 제1법칙이다. 그리고 이 법칙은 사람들의 일부가 나머지에
비해 우월하며, 그래야 한다는 것을 이야기해준다.
-알렉산더 포프, 『인간에 대한 에세이』(1733)

    기존의 위계체계를 정당하고 필연적인 것으로 합리화시키기 위해 이성이나 우주의 본질에 호소하는 일은 역사에서 종종 일어났다. 그러한 계층이 수세대 이상 계속되는 경우는 드물지만, 이 주장은 사회제도가 바뀌고 새로운 제도가 나타나도 다시 등장하며 영원히 순환한다.
    자연에 근거해서 위계체계를 정당화하려는 주장은 다양하고 폭넓다. 지배자와 피지배자 계급의 계층성을, 지구를 중심으로 그 주위를 서열에 따라 늘어선 천체들이 돈다는 프톨레마이오스의 우주론에 비유하거나, 아메바에서 신에 이르기까지 단일한 계열에 제각기 그 위치가 부여되어 있는 '존재의 대사슬(great chain of being)'의 정점에 여러 층으로 나뉘어진 인종과 계급이 포함되어 있다는 보편적 질서에 호소하는 주장 등이 그런 예에 해당한다. 여기에서 다시 알렉산더 포프의 시를 인용해보자.

만약, 이 올바른 단계가 없다면
이것이 저것에, 그리고 이 모두가 너에게 종속될 수 있을 것인가?
(……)
자연 사슬의 어떤 고리를 끊어도
그것이 열 번째든 만 번째든 사슬은 마찬가지로 파괴되는 것이다.

가장 비천한 신분이든 가장 고귀한 신분이든 우주 질서의 연속성을 유지하기 위해서는 제각기 맡은 역할과 정해진 임무가 있다.

이 책은, 많은 사람들이 놀랄지 모르지만, 최근에 제기된 주장인 생물학적 결정론을 다룬다. 이 개념에 의하면, 사회의 저변에 있는 사람들은 본질적으로 뒤떨어진 소재(빈약한 뇌, 나쁜 유전자 등)로 만들어져 있다. 앞에서 살펴보았듯이 플라톤은 『국가』에서 이 제안을 조심스럽게 제기했지만 결국에는 그것이 거짓이라고 낙인찍었다.

인종적 편견은 유사 이래 오랜 뿌리를 가지고 있지만, 이 생물학적 정당화는 그동안 부당한 대우를 받아온 집단에게 본질적으로 열등하다는 무거운 짐을 추가했고 개종이나 동화에 의한 구제를 방해했다. 이 '과학적'인 논의는 한 세기가 넘는 기간 동안 공격의 제1선을 형성해왔다. 많은 수량적 자료에 의해 뒷받침된 최초의 생물학적 이론인, 19세기 초의 두개계측학을 논하기 위해 먼저 인과관계에 대한 의문을 제기할 필요가 있다. 귀납적 과학(inductive science)이 도입됨으로써 인종의 서열화에 대한 초기 주장을 강화시키거나 변화시키려는 논리적 자료가 정당화된 것인가? 아니면 서열화에 대한 선험적인 관여가 이미 내려진 결론을 지지하기 위해 제기되는 '과학적' 물음을 부각시키고 심지어는 그 결론을 뒷받침하기 위해 수집해야 하는 자료 자체를 형성시킨 것인가?

흑인의 평등이라고! 허튼소리!

18세기와 19세기의 인종에 대한 견해에 과학이 어떤 영향을 주었는지를 평가하기 위해서는, 당시의 사회적 지도자와 지식인들이 인종 서열화의 타당성을 의심하지 않는 문화적 환경이 존재했다는 사실을 먼저 인식할 필요가 있다. 그들은 인디언이 백인보다, 그리고 흑인은 다른 모든 인종보다 낮은 위치에 있다고 생각했다(그림 2.1). 이러한 보편적인 상황 하에서 평등과 불평등을 대비시키는 논의는 보이지 않았다. 어떤 그룹은 —그들을 강경파라고 볼 수도 있다—흑인이 열등하고, 그 생물학적 지위는 노예화나 식민지화를 정당화한다고 생각했다. 다른 그룹은—이들을 온건파라고 하자—흑인이 열등하기는 하지만 사람이 자유로울 수 있는 권리는 그 사람의 지능 수준에 의거하는 것이 아니라고 생각했다. 토머스 제퍼슨은 "사람들의 재능이 어느 정도이든 그것이 그들의 권리를 측정하는 척도는 결코 아니다"라고 쓰고 있다.

온건파 내에도 흑인이 불이익을 당하는 본질에 대해 여러 가지 태도가 존재했다. 어떤 사람들은 적절한 교육과 표준적인 생활로 흑인을 백인 수준으로 "향상시킬" 수 있다고 주장했고, 어떤 사람들은 흑인이 영원히 어리석다고 주장했다. 그들은 흑인이 열등한 생물학적·문화적 근원에 대해서도 의견을 달리하고 있었다. 그럼에도 불구하고 유럽의 계몽주의나 미국독립전쟁의 평등주의 전통을 통틀어, 나는(최소한 립 서비스일지라도) 오늘날 자유주의자들의 진영에서 유행하는 '문화적 상대주의'에 희미하게라도 비슷한 입장을 찾아볼 수 없다. 그것에 가장 가까운 주장으로 흔하디 흔한, 흑인의 열등성이 순수하게 문화적인 것이며 교육에 의해 극복되어 코카서스 인종의 표준에까지 도달할 수 있다는 접근방식이 있기는 하다.

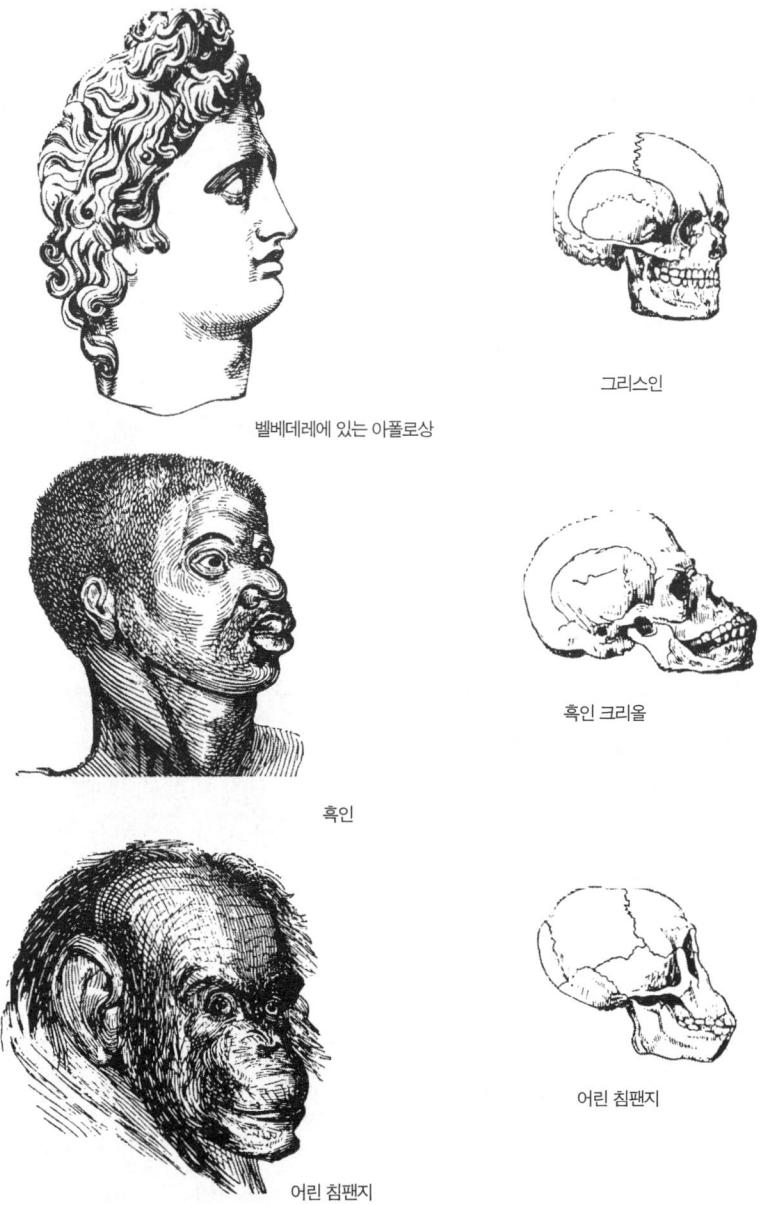

| 그림 2.1 | 노트와 글리든(Nott and Gliddon, 1868)에 의한 인종 및 인간의 하등한 친척들의 단선적(單線的) 척도. 침팬지의 두개골은 잘못 부풀려 있고, 흑인의 턱은 앞으로 돌출된 모습으로 묘사되었다. 그것은 흑인이 원숭이보다 낮은 위치라는 인상을 주기 위한 것이다.

미국의 모든 문화적 영웅들은, 공립학교에 대한 신화를 만든 사람들을 당황시키는 인종차별적 태도를 포용했다. 벤저민 프랭클린은 흑인의 열등성이 순수하게 문화적인 것이며 완전히 치유가능하다고 생각하고 있었지만, 그럼에도 불구하고 미국은 백인의 영토이며 바람직하지 않은 색깔로 희석되어서는 안 된다는 희망을 나타냈다.

나는 그들의 숫자가 불어나기를 희망한다. 우리는 미국의 삼림을 개간했고, 화성이나 금성의 거주자들이 지구의 이쪽 편을 눈부시게 느낄 정도로 우리의 행성을 씻어냈다. 그런데 왜 (……) 이 나라의 국민을 검게 물들여야 하는가? 왜 모든 흑인이나 황인종을 배제함으로써 사랑스러운 백인이나 북미 인디언을 증가시킬 가능성을 순조롭게 얻고 있는 미국에 아프리카의 아들들을 이민시켜 그 숫자를 늘리는가?*(『인류의 증가에 대한 관찰[Observations Concerning the Increase of Mankind]』, 1751)"

그 영웅들 중에는 생물학적 열등성을 지지하는 다른 사람들이 있었다. 토머스 제퍼슨은 망설이기는 했지만 이렇게 썼다.

"따라서 나는 흑인이, 처음부터 다른 인종이었든 시대나 환경에 의해

---

* 나는 인종적 편견의 근저에 이러한 미적 요구가 빈번히 깔려 있다는 강한 인상을 받았다. 인류학의 창시자인 J. F. 블루멘바흐는 두꺼비는 다른 두꺼비를 아름다움의 전형으로 볼 것이라고 주장했지만, 교활한 수많은 지식인들은 백색이 완벽함과 동일하다는 사실을 전혀 의심하지 않았다. 프랭클린은 미래의 미국에 원주민을 포함시키는 것에 대해 최소한의 관대함을 가지고 있었다. 그러나 한 세기 후의 인물인 올리버 웬델 홈스(Oliver Wendell Holmes)는 미적 근거를 기초로 인디언의 배제를 기뻐했다. "그렇게 빨간색 크레용으로 그린 스케치를 지우고, 캔버스는 신 자신의 이미지에 좀더 닮은 사람(manhood)의 그림을 그릴 준비가 되었다(Gossett, 1965, p.243)."

차이를 갖게 되었든 간에, 육체적으로나 정신적으로 백인보다 뒤떨어지는 것이 아닌가 하는 생각을 제기하고 싶다(Gossett, 1965, p. 44)."

북군에서 흑인병사들이 거둔 혁혁한 공적에 기뻐했던 링컨은 노예 신분에서 해방된 자유민이나 노예출신자들에 대한 인식을 크게 높였다. 하지만 자유가 생물학적인 평등을 함축하지는 않는다. 링컨 역시 더글러스 논쟁(Douglas debate, 1858)에서 강력하게 밝혔듯이, 이러한 기본적인 태도를 결코 버리지 않았다.

백인과 흑인 사이에는 육체적 차이가 있기 때문에 사회적·정치적 평등의 이름 아래 함께 생활하는 것은 영구히 불가능할 것이다. 그들이 그렇게 살 수 없는 한, 그리고 함께 할 수 없는 한 우열의 위치가 존재할 수밖에 없다는 것은 분명하다. 다른 사람들과 마찬가지로 나 역시 백인에게 우월한 위치를 부여하는 것을 지지한다.

이 발언이 단지 선거 캠페인용 수사에 불과하다고 간주하지 않기 때문에 나는 다음의 사적인 메모를 인용한다. 이 글은 1859년에 링컨이 종이조각에 휘갈겨 쓴 것이다.

흑인의 평등이라고! 허튼소리! 우주를 지으시고 그것을 지배하는 위대한 신의 통치하에서 언제까지 무뢰한들이 이 따위 저속한 선동을 계속 외쳐대고, 천치들이 괴상한 주장을 떠들어댈 것인가(Sinkler, 1972, p. 47).

케케묵은 벽장에 숨겨진 비밀을 폭로하기 위해 이러한 발언을 인용하는 것은 아니다. 18세기와 19세기 서구 여러 나라의 백인 지도자들이 인종 서열화의 타당함에 추호의 의심도 품지 않았다는 것을 보여주기 위해 그동안 최고의 존경을 한 몸에 받았던 인물들의 말을 인용하고 있는 것이다. 과학자들이 관습적인 서열화에 찬성한 것은 이러한 사회적 통념을 공유했기 때문이며, 열린 물음을 검증하기 위해 수집된 객관적 자료에 의해서가 아니었다. 그러나 역전된 인과관계를 갖는 호기심을 자아내는 한 사례에서는 이러한 발언이 정치적 맥락을 독립적으로 뒷받침하는 것으로 읽혀졌다.

모든 지도적 과학자들은 사회적 관습을 따랐다(그림 2.2와 2.3을 보라). 린네가 근대 분류학 용어로 처음 인종을 공식적으로 정의했을 때, 그는 성질과 해부학적 구조를 혼동했다(『자연의 체계〔Systema naturae〕』, 1758). 그는 호모 사피엔스 아페르(아프리카 흑인)는 "변덕에 의해 지배되며", 호모 사피엔스 유로파에스는 "관습에 의해 지배된다"고 주장했다. 또한 아프리카의 여성에 대해 "부끄러움을 모르고 유방에서 풍부한 젖을 낸다(mammae lactantes prolixae)"고 쓰고 있다. 또 아프리카의 남성들이 게으름뱅이며 기름으로 번들거린다고 덧붙였다.

19세기 위대한 세 명의 자연주의자도 흑인을 높이 평가하지 않았다. 프랑스에서 당대의 아리스토텔레스라고 불린, 지질학, 고생물학, 근대 비교해부학의 창시자인 조르주 퀴비에(Georges Cuvier)는 토착 아프리카인에 대해 "가장 퇴화한 인종으로 그 형태는 짐승의 그것과 흡사하며, 그 지능은 어느 모로 보나 질서정연한 통치에 도달하기에는 불충분하다"고 말했다(Cuvier, 1812, p.105). 또 근대 지질학의 창시자로 불리는 찰스 라이엘(Charles Lyell)은 이렇게 쓰고 있다.

> 부시맨의 뇌는 (……) 유인원의 뇌로 이어진다. 이것은 지능의 결여와 형태적 동화 사이의 연관성을 시사한다. 하등동물과 마찬가지로 각

알제리 흑인　　　　　　　사하라 흑인

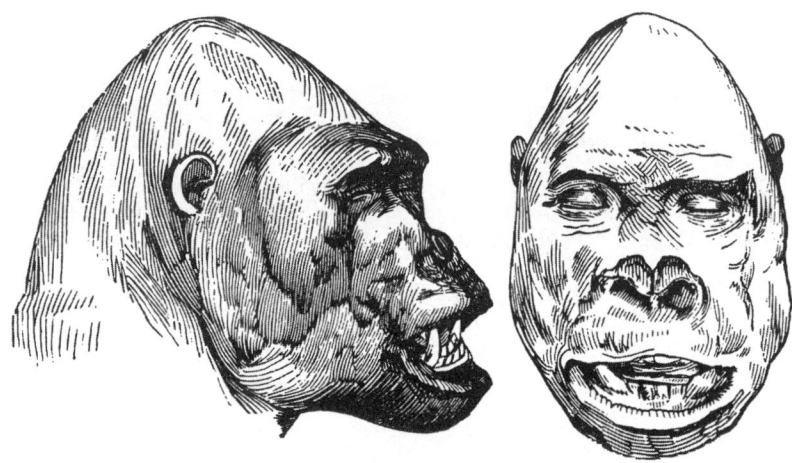

고릴라

|그림 2.2| 흑인과 고릴라 사이에 강한 유사성이 있다는 것을 보여주기 위한 노골적인 시도(Nott and Gliddon, Types of Mankind, 1854). 노트와 글리든은 이 그림에 다음과 같은 주석을 붙였다. "인류의 열등한 형태와 원숭이의 우수한 형태 사이에서 나타나는 분명한 유사성과 차이는 더 이상의 설명이 필요없다."

|그림 2.3| 노트와 글리든(1854)에 의한 흑인과 원숭이의 비교. 이 책은 주변적인 문헌이 아니라 인종 차이를 다룬 미국의 저명한 교과서다.

각의 인종에는 응분의 위치가 있다(Wilson, 1970, p.347).

인정 많은 자유주의자였고 정열적인 노예제 폐지론자였던* 찰스 다윈은 침팬지나 호텐토트인(Hottentot, 부시맨이나 흑인과 관계가 있는 것으로 생각되는 남아프리카 원주민/옮긴이)과 같은 중간형의 멸종이 예상되기 때문에 인간과 유인원 사이의 간격이 더욱 멀어지게 될 미래에 대해 이렇게 말한다.

그때가 되면 둘 사이의 간격은 더욱 넓어질 것이다. 오늘날 흑인이나 오스트레일리아 원주민과 고릴라 사이의 간격 대신, 아직은 희망이지만 코카서스 인종보다 더 문명화된 인간과 비비처럼 하등한 일부 원숭이 사이에서 더욱 큰 간격이 벌어질 것이기 때문이다(『인간의 유래〔Descent of Man〕』, 1871, p.201).

더 교훈적인 것은 종종 문화적 상대주의자나 평등론자로 인용되는 몇몇 과학자들의 신념이다. J. F. 블루멘바흐는 인종의 차이를 기후 탓으로 생각했다. 그는 아름다움이나 추정에 근거한 지적 능력으로 인종을 서열

---

*예를 들어 다윈은 『비글호 항해기』에서 이렇게 말했다. "나는 리우데자네이루 근처에서 자신의 여자 노예의 손가락을 으깨기 위해 나사못을 준비해둔 노부인의 맞은편에 살고 있었다. 또한 매일 잠시도 쉬지 않고 욕을 먹고, 매를 맞고 혹사당해서 그로 인해 이 최저동물의 마음이 파괴될 지경에 이른 어린 흑백 혼혈아 하인이 있는 집에 머물렀다. 나는 깨끗하지 않은 컵을 내게 주었다는 이유 때문에 (내가 나서서 말릴 때까지) 말 채찍으로 머리를 세 번이나 얻어맞은 6, 7세 가량의 소년을 보았다. (……) 이러한 행위는 자신을 사랑하듯이 이웃을 사랑하겠다고 고백하고, 신을 믿으며 신의 뜻이 땅에서도 이루어지기를 기도하는 사람들에 의해 저질러지고, 또한 변명되고 있다! 자유를 떠벌이는 우리 영국인과 우리에게서 파생한 미국인들이 그러한 죄를 범했고, 지금도 저지르고 있다는 사실을 생각하면 온몸의 피가 끓고 마음이 떨린다."

화하는 데 항의해서 흑인들이 쓴 저작을 모았다. 그렇지만 그 역시 백인이 기준이고 다른 인종은 그 기준에서의 일탈(逸脫)로 간주되어야 한다는 생각에 의문을 제기하지 않았다(블루멘바흐에 대한 자세한 내용은 이 책의 권말 에세이를 보라).

모든 생리학적 원리에 따라, 코카서스 인종은 이들 중요한 다섯 인종의 기본형 또는 중간형으로 생각되어야 한다. 그중에 극단적인 두 인종이 있다. 하나는 몽골족이고 다른 하나는 에티오피아 인종(아프리카의 흑인)이다(1825, p.37).

세계여행가이자 정치가, 그리고 19세기 과학의 최대 계몽가인 알렉산더 폰 훔볼트(Alexander von Humboldt)는 역사 속에서 자신의 선구자를 찾는 오늘날 모든 평등주의자들의 영웅이다. 당시 어떤 과학자보다 지적이었던 그는 정신적 또는 심미적 근거로 인간에게 순위를 매기는 것에 대해 오랫동안 강력하게 반론을 제기했다. 또한 자신의 신념을 정치적인 의견에 반영시켜 모든 형태의 노예제도와 종속제도를, 지적으로 발전하려는 사람들의 자연적인 노력을 방해한다는 이유로 반대했다. 그는 다섯 권으로 이루어진 『코스모스(Cosmos)』의 가장 유명한 구절에서 이렇게 말했다.

우리는 인간 종의 통일성을 주장하는 동시에 우월한 인종이나 열등한 인종이라는 식의 억압적인 가정을 배격한다. 다른 민족과 비교해서 문명화되기 쉬운 민족이 있을 수 있다. 그러나 그 자체가 다른 민족보다 뛰어난 민족이란 있을 수 없다. 모든 민족에게는 똑같은 자유가 주어져 있다(1849, p.368).

그러나 훔볼트조차도 인류사의 몇 가지 딜레마를 해결하기 위해 타고난 지적 차이를 원용했다. 『코스모스』 2권에서 그는 이런 질문을 던진다. '왜 남동 유럽의 스키타이인(Scythian)들은 여전히 과거의 생활방식을 고집하고 있는 데 비해 아랍인들은 이슬람교가 발생한 이후 얼마 지나지 않아 문화와 과학을 꽃피웠을까? 두 민족 모두 유목생활을 했고, 공통의 기후풍토와 환경을 공유하지 않았는가?' 훔볼트는 거기에 한 가지 문화적 차이가 있다는 것을 알아냈다. 그것은 아랍인들이 주위의 도시화된 문화와 보다 빈번하게 접촉했다는 점이다. 그러나 결국 훔볼트는 아랍인들에게 "지적 개화에 선천적 적응력"을 좀더 많이 가진 "보다 높은 재능을 부여받은 인종"이라는 이름표를 붙여주었다(1849, p.578).

다윈과 함께 자연선택이론을 발견한 알프레드 러셀 월러스(Alfred Russel Wallace)는 인종차별주의에 반대한 인물로 잘 알려져 있다. 실제로 그는 모든 사람들의 타고난 지적 능력이 거의 동등하다고 단언했다. 그러나 기묘하게도 바로 이 신념이 그로 하여금 자연선택이론을 포기하게 했으며, 인간 정신에 대한 설명에서 다윈이 그토록 혐오했던 신에 의한 창조설로 돌아가게 만들었다. 월러스는 자연선택이 동물에게 당장의 유용성*을 주는 구조를 만들어줄 수 있을 뿐이라고 주장했다. 노예의 뇌는 잠재적으로 우리들의 뇌와 동등한 능력을 갖는다. 그러나 그들 문화의 조잡함과 열등함이 보여주듯이, 그들은 그 잠재력을 충분히 활용하지 못한다. 오늘날의 노예들이 인간의 선조와 매우 흡사하기 때문에 우리의 뇌는 우리들이 그것을 활용하기 훨씬 이전부터 보다 높은 능력을 개발했

---

* 옮긴이주 | 당장의 유용성은 'immediately useful'을 번역한 것이다. 진화는 미리 예정된 필연적인 길을 따라 발전하는 것이 아니라 당장의 필요를 충족시키기 위해 땜질하는 것이라는 의미다. 월러스는 자연선택의 이러한 특성을 동물에게 국한시켰다.

음에 틀림없다는 것이다.

인종차별론의 두 가지 모습─에덴동산의 완벽함과 또 다른 아담

진화론이 등장하기 이전에 인종의 서열화에 대한 정당화는 두 가지 양상으로 전개되었다. 오늘날의 관점에서는 부적절한 정의지만 다시 사용하자면, 하나는 '온건한' 이론에 해당하며 모든 사람이 아담과 이브의 일회적인 창조에 결부된 통일성을 가지고 있다고 주장한다. 이러한 관점을 일원발생설(monogenism)이라고 부른다. 즉 인류가 하나의 근원에서 발생했다는 이론이다. 인류는 에덴동산의 완벽함이 퇴화된 산물이다. 여러 인종은 서로 다른 정도로 퇴화했는데, 백인은 그 정도가 덜하고 흑인은 크다는 것이다. 인종 차이의 주된 원인으로는 기후가 가장 빈번하게 거론되었다. 퇴화론자들 사이에서도 퇴화에 의해 발생한 오늘날의 결함을 개선할 수 있는지 없는지를 둘러싸고 의견이 엇갈렸다. 어떤 사람은 그 차이가 기후의 영향에 의해 점진적으로 발달한 것이지만, 오늘날에는 고정되어서 역전될 수 없다고 주장했다. 또 어떤 사람들은 그 차이가 점진적으로 발달했다면, 그것은 적절한 환경하에서 역전될 수 있음을 시사하는 것이라고 주장했다.

뉴저지 대학의 학장이었던(이후 프린슈테른 대학으로 옮겼다) 사무엘 스탠호프 스미스(Samuel Stanhope Smith)는 코카서스 인종의 기질에 적합한 기후에서 미국 흑인들이 곧 흰색으로 돌아올 것으로 기대했다. 그러나 다른 퇴화론자들은 바람직한 기후에서 일어나는 향상이 인류사에 충격을 줄 수 있을 만큼 급속하게 진행되지 않는다고 생각했다.

반면 '강경론'에서는 성서를 비유로 해석하고, 각 인종은 각기 달리 생물학적으로 창조된 서로 다른 아담의 자손이라는 주장을 제기했다. 흑인은 인간과는 다른 생물이기 때문에 굳이 '인간의 평등성'에 참여할 필요가 없다는 것이다. 이런 주장을 지지하는 사람들을 '다원발생론자(polygenist)'라고 부른다.

성서를 가볍게 무시해서는 안 된다는 이유 때문이었는지 모르지만, 여하튼 퇴화론이 더 인기가 높았다. 더욱이 모든 인종 사이에서 생식이 가능하다는 사실은, 뷰퐁의 기준에 따라 하나의 종임을 보증한다고 생각되었다. 뷰퐁은 동일 그룹 내에서는 서로 교잡(交雜)이 가능하지만 다른 그룹과는 교잡할 수 없다고 했다. 그 자신도 18세기 프랑스의 가장 위대한 자연주의자이자 강력한 노예제 폐지론자였다. 또한 그는 적절한 환경 하에서 열등인종을 개량할 수 있다고 생각한 대표적인 인물이었다. 그러나 그도 백인의 기준이 본질적으로 유효하다는 사실은 결코 의심하지 않았다.

가장 온화한 기후는 북위 40도에서 50도 사이에 걸쳐 있다. 그리고 이곳에서 가장 훌륭하고 아름다운 인간이 태어난다. 인류의 타고난 피부색이나 여러 등급의 미(美)에 대한 관념이 발생한 것은 바로 이 기후 때문이다.

퇴화론자 중에는 인간의 형제애라는 이름으로 적극적인 주장을 편 사람들도 있었다. 프랑스의 유명한 해부학자 에티엔 세레스(Etienne Serres)는 1860년에 하등한 인종이 완벽해질 수 있다는 사실은 인간이 자신의 노력에 의해 개량될 수 있는 유일한 종(種)이라는 것을 특징적으로 보여준다고 썼다. 그는 다원발생설을 코카서스 인종에 비해 문명이 발달하지 않은 인종을 노예로 삼는 행위를 과학적으로 뒷받침하는 "야만 이론"이라고 통렬하게 비판했다.

그들의 결론은 당나귀가 말이나 얼룩말이 아니듯이 흑인도 백인이 아니라는 것이다. 이 이론은 미국에서 실천에 옮겨졌다. 이것은 문명의 수치다(1860, pp.407~408).

그럼에도 불구하고 세레스는 보다 하등한 사람에게서 나타나는 열등성의 징후를 기록하기 위해 연구했다. 해부학자인 그는 자신의 전문분야에서 그 증거를 찾았지만 기준이나 데이터를 수립하는 데 어려움을 겪었다고 고백했다. 그는 고등한 동물은 성장과정에서 보다 하등한 동물의 성체(成體)단계를 되풀이한다는 반복발생설(recapitulation)에서 그 해결책을 구했다(제4장). 그는 성인(成人) 흑인이 백인 아이와 닮았고 몽골인종의 성인이 청년기의 백인에 해당한다고 주장했다. 그는 부지런히 조사를 계속했지만, 그의 표현에 따르면, "인간 배아기(胚芽期)의 지울 수 없는 징후인" 배꼽과 페니스 사이의 거리에 착안한 것이 고작이었다. 이 거리는 아기였을 때 모든 인종에서 키에 비해 상대적으로 짧다. 그리고 배꼽은 성장하면서 차츰 위쪽으로 이동하게 된다. 그러나 그 거리는 백인이 황인종보다 길며, 흑인의 경우에는 결코 늘어나지 않는다. 이것이 흑인이 백인 아이의 상태에서 영구히 멈추었다는 것을 나타내는 징표이며, 바로 흑인의 열등함을 알려준다는 것이다.

인기는 떨어지지만 다원발생설에도 유력한 지지자들이 있었다. 데이비드 흄(David Hume)도 순수한 사색으로 일생을 보내지는 않았다. 1766년에 영국식민지국의 사무장을 지낸 것을 비롯해서 정치적인 여러 직함을 거쳤다. 흄은 각각의 인종이 별개로 창조되었고, 백인종 이외의 인종은 천성적으로 열등하다고 주장했다.

나는 흑인을 비롯해서 모든 인종(넷이나 다섯 종으로 볼 수 있다)이 일반적으로 백인에 비해 천성적으로 뒤떨어지는 것처럼 보인다는 생각을 가지고 있다. 백인 이외에 다른 피부색을 가진 나라 중에는 문명화된 국가가 결코 발견되지 않으며, 행동이나 사색에서도* 개인적으로 탁월한 사람을 찾아볼 수 없다. 그들 중에는 뛰어난 수공업자, 예술가, 과학자도 없다. (……) 만약 이들 인간 계통 사이에서 자연이 원초적 구별을 하지 않았다면, 이렇듯 일정하고 항상적인 차이가 이렇게 많은 나라나 시대에 일어날 수 있었을까? 굳이 우리의 식민지를 거론하지 않더라도 유럽 전역에 흑인 노예들이 무수히 흩어져 있지만, 그들 중에서 독창적 능력의 징후를 발견한 예는 일찍이 없다. 다만 교육을 받지 못한 신분이 낮은 사람들이 우리들 사이에서 일을 시작해 눈부신 활동을 벌인 경우는 있지만 말이다. 실제로 자마이카에는 유능하고 박식한 흑인이 한 사람 있지만, 그는 고작 몇 마디를 따라하는 앵무새처럼 얼마 안 되는 성과로 과도한 칭찬을 받고 있는 것 같다(popkin, 1974, p.143, 다원발생론자로 흄을 길게 분석한 포프킨의 뛰어난 논문을 참조하라).

영국의 외과의사 찰스 화이트(Charles White)는 1799년에 『인간의 규칙적인 등급화에 대한 설명(Account of the Regular Gradation in Man)』을 통해 다원발생설을 강력하게 옹호했다. 화이트는 여우, 늑대, 자칼처럼 전통적으로 별개로 간주된 그룹 사이에서** 교잡이 성공했다는 사실을 지적하면서, 뷔퐁이 종(種)의 정의 기준으로 주장한 교잡가능성을 폐

---

* 인류문명에서 이런 류의 '귀납적' 주장들은 인종차별의 옹호라는 측면에서 결코 사멸하지 않고 있다. 아놀드 토인비는 그의 저서 『역사의 연구(Study of History)』(1934)에서 이렇게 이야기하고 있다. "인류를 피부색으로 분류한다면, 이 분류에 의거할 때, 우리의 21개 문명 중 그 어느 것에도 창조적 기여를 하지 않았던 유일한 주요 인종은 흑인종이다(Newby, 1969, p.217)."

기했다. 그는 기후가 인종의 차이를 낳는다는 생각에도 반대하고, 이러한 생각이 확장되면 종 사이의 진화라는 "형편없는 개념"에 이를 수도 있다고 주장했다. 그는 모든 정치적 동기를 버리고 "자연사의 명제를 연구한다"는 오염되지 않은 목적을 공표했다. 또한 "인류를 노예로 만드는 간악한 행위를 허용하기" 위해 다원발생설을 확장하려는 모든 시도에 분명히 반대했다. 서열화에 대한 화이트의 기준은 미학으로 기우는 경향이 있었고, 그의 주장에는 종종 인용되는 다음과 같은 말이 포함되어 있다. 그는 코카서스 인종 외에 어느 인종에서 이러한 특징을 발견할 수 있는지 묻고 있다.

(……) 이처럼 큰 용량의 뇌를 담고 있는 고상한 아치형 머리 (……) 다양한 특성, 풍부한 표정, 길게 늘어진 흐르는 듯한 고수머리, 위엄 있는 턱수염, 붉은 볼, 그리고 진홍색 입술을 어디에서 또 찾아볼 수 있을까? 그 당당한 걸음걸이는? 유럽의 아름다운 여성들의 부드러운 용모를 뒤덮은 홍조, 정숙함과 섬세한 감정의 표상인 발그레한 홍조를 지구상의 다른 어디에서 볼 수 있을까? (……) 유럽 여성의 가슴을 제외하

** 현대진화론은 종을 나누는 기준으로 교잡이라는 장애물에 호소하고 있다. 표준적 정의에 따르면 "종이란 공통의 유전자 풀을 공유하는 실질적 또는 잠재적 교잡집단이고, 그외의 다른 그룹과는 생식적으로 격리된다." 그러나 생식적 격리(reproductive isolation)는 개별 잡종(hybrid)이 발생하지 않는다는 의미가 아니라 두 종이 자연계에서 접촉하더라도 각기 독자성을 유지한다는 의미다. 잡종은 붙임이 될 수 있다(낭나귀가 그 예다). 번식력이 있는 잡종이 빈번하게 발생할 수 있을지 모르지만, 자연선택이 이들에게 선택적으로 불리하게 작용하기 때문에(구조적 설계의 열등성의 결과이거나 또는 각각의 종의 충분한 숫자의 구성원들을 짝짓기 상대로 삼을 수 없기 때문에) 잡종의 빈도는 증가하지 않고 두 종이 융합되는 일도 없을 것이다. 번식력이 있는 잡종이 실험실에서 만들어지는 경우는 종종 있지만(예컨대 일반적으로 연중 서로 다른 시기에 성숙하는 종들 사이에서 교배가 강제되는 식으로), 자연상태에서 동물들이 이러한 상황에 닥칠 가능성은 없다. 두 그룹이 야생에서 융합되지 않기 때문에 이러한 예가 별개의 종으로 분류되는 것을 반박하지는 않는다(연중 서로 다른 시기에 성숙하는 것은 생식격리의 유효한 수단이다).

고 어디에서 이처럼 풍만하고, 눈처럼 희고, 그리고 그 끝이 주홍빛으로 물든 두 개의 반구를 볼 수 있을까?(Stanton, 1960, p.17)

아가시의 다원발생설—흑인은 백인과 평등하게 살아갈 수 없다

랄프 왈도 에머슨(Ralph Waldo Emerson)은 정치적 독립에 이어 지적 해방이 이루어져야 한다고 주장했다. 더 이상 미국 학자들이 유럽의 방식이나 이론에 굴종해서는 안 된다는 것이다. 에머슨은 "너무도 오랫동안 유럽의 우아한 묵상에 귀 기울여왔다. 이제 스스로의 발로 걷고, 자신의 손으로 활동하고, 자신의 마음으로 이야기할 것이다"라고 말했다 (Stanton, 1960, p.84).

19세기 중반 초기에 막 형성되고 있었던 미국의 과학자 집단은 에머슨의 충고에 따라 스스로를 조직했다. 절충적인 아마추어들은 유럽 이론가들의 위신 앞에 굴복하면서도 토착 사상과 유럽에서의 지속적인 연료공급을 필요로 하지 않는 내부 동력을 갖춘 전문가 그룹이 되었다. 다원발생설은 이 전환에 중요한 기여를 했다. 이 이론이 유럽 과학자들의 관심과 존중을 이끌어낸, 미국에서 형성된 최초의 이론이었기 때문이다. 유럽인들은 다원발생설을 인류학의 '미국학파'라고 부를 정도였다. 이전에 유럽에서도 다원발생설을 주장한 학자들이 있었지만, 이론을 뒷받침하기 위해 인용되는 자료는 미국인들이 만들어냈고, 이후 그 교의(敎義)에 따라 많은 연구가 진행되었다. 나는 두 명의 저명한 다원발생론자에게 초점을 맞출 것이다. 한 사람은 이론가인 아가시이고, 다른 한 사람은 자료분석가인 모턴(Morton)이다. 또한 그들의 숨겨진 동기와 그들의 이론을 뒷받침하는 데 중심적인 역할을 했던 자료들의 날조를 파헤치기 위한 시도를 할 것이다.* 여전히 노예를 부리고 원주민을 고향땅에서 추방한 나라들이 흑인과 인디언은 백인과 다른 종이고 백인에 비해 열등하다는 이론의 근거를 제공한 것은 결코 우연이 아니다.

스위스의 위대한 자연주의자 루이 아가시(Louis Agassiz, 1807~1873)는 유럽에서 명성을 얻었다. 그는 원래 퀴비에 학파에 속했고, 물고기 화석의 연구자였다. 1840년대에는 미국으로 이주해 곧바로 미국 자연사 연구의 지위를 향상시키기도 했다. 처음 미국에 간 유럽의 이 위대한 이론가는 그곳에 머물 만한 충분한 가치가 있다는 것을 알았다. 아가시는 하버드 대학 교수가 되어, 비교동물학 박물관을 창설했고 1873년에 사망할 때까지 소장을 역임했다(현재 내가 사용하고 있는 사무실도 그의 건물에 있다). 아가시는 매력적인 인물이었다. 그는 보슈테른에서 찰스 타운에 이르는 사교 모임과 지식인 서클에서 명사 대접을 받았다. 그는 무한한 열정으로 과학을 대변했고, 자신의 건물, 수집품, 출간물 등을 유지하기 위한 자금을 모으기 위해 진력했다. 19세기 미국 생물학의 위신을 확립하고 높이는 데 그만큼 노력한 인물은 없을 것이다.

또한 아가시는 미국에서 다원발생설을 대변하는 지도적인 인물이었다. 그는 이 이론을 유럽에서 가지고 들어온 것이 아니다. 그는 미국 흑인을 처음 경험한 이후 사람에게 여러 종이 존재한다는 인종 이론으로 전향했다.

아가시는 정치적 교의에 따라 의도적으로 다원발생설을 받아들이지는 않았다. 인종 서열화의 타당성을 결코 의심하지 않았지만, 그는 자신이 노예제의 반대자라고 생각하고 있었다. 그가 다원발생설을 고집한 까닭은 그보다 앞서 다른 맥락에서 진행했던 그의 생물학 연구에서 쉽게 추

---

* 전체 '미국학파'에 대한 훌륭한 역사는 W. Stanton의 『표범의 반점(*The Leopard's Spots*)』을 참조하라.

측할 수 있다. 우선 그는 신앙심 깊은 창조론자였고, 진화론을 과학적으로 반대한 거의 유일한 일급 과학자로 꼽힐 만큼 장수했다. 1859년 이전의 과학자들은 대부분 창조론자였지만, 그들 모두가 다원발생설을 주장하지는 않았다(동일한 종 내에서의 인종적 차이는 특수 창조설을 위협하지 않는다. 그것은 개나 가축의 품종을 생각해보면 쉽게 알 수 있다). 아가시가 다원발생론자가 되기 쉬웠던 근본적인 원인은 그의 개인적 이론과 방법이라는 두 가지 측면에서 찾을 수 있다.

  1. 아가시는 동식물의 지리적 분포를 연구하여 '창조의 중심들(centers of creation)'에 대한 이론을 개발했다. 그는 각각의 종이 고유한 장소에서 창조되었고, 일반적으로 이러한 중심에서 멀리 이동하지 않았다고 믿었다. 그러나 다른 생물지리학자들은 생물이 한곳에서 창조되었고, 그후 대이동이 있었다고 주장한다. 따라서 원래 하나의 종이었던 것이 널리 분포하여 비교적 분명하게 구별되는 지리적 품종으로 분리되었다는 학설을 연구할 때에도, 아가시는 그것들이 별개의 기원의 중심(center of origin)에서 창조된 서로 다른 종이라고 생각하고 그에 따라 명명하는 경향이 있었다. 호모 사피엔스는 세계적으로 분포하며 변이가능한 종의 중요한 예다.

  2. 아가시는 분류학적 실행에서 극단적인 세분파(細分派, splitter)에 속했다. 대개 분류학자는 두 진영 중의 하나에 속한다. 하나는 '병합파 분류학자(lumper)'라고 불리는 그룹으로 유사성에 착안해서 작은 차이가 나는 그룹을 하나의 종으로 합병시키는 경향이 있는 사람들이고, 다른 하나는 '세분파'라고 해서 작은 차이에 초점을 맞춰 그 특징에 따라 종을 정하는 사람들이다. 아가시는 세분파 중에서도 세분파였다. 한번은 고생물학자들이 단일 개체에 속하는 변이된 치열(齒列)을 발견했는데, 그중 몇 개의 이를 바탕으로 물고기 화석에 세 가지 속(屬)의 명칭을 부

여한 적도 있었다. 또한 특정 담수어에 대해 동일한 종의 변이형에 속하는 특수한 개체를 바탕으로 수백 개나 되는 잘못된 종명(種名)을 붙이기도 했다. 생물이 분포범위 전반에 걸쳐 창조되었다고 생각하는 극단적인 세분파들은 인종 역시 개별적으로 창조되었다고 생각하고 싶은 유혹을 떨치기 어려운 모양이다. 그럼에도 불구하고, 아가시는 미국에 오기 전까지는 인간이 하나의 종이라고 주장했다. 물론 인간의 변이가 예외적이라고 생각했지만 말이다. 그는 1845년에 이렇게 말했다.

여기에서 새삼스레 인류가 우수하고, 자연으로부터 더 큰 독립성을 얻은 것이 분명해진다. 동물의 경우, 각기 속한 동물학상의 분포성에 별개의 종이 존재하는 데 비해 인간에게는 인종의 분기(分岐)가 보이지만, 지구 전역에 걸쳐 동일한 종이 존재한다(Stanton, 1960, p.101).

어쩌면 아가시는 생물학적 신념에 따라 다원발생설로 기울었는지도 모른다. 그러나 미국 흑인을 만나지 않았거나 다원발생설을 주장하는 동료들의 권유를 받지 않았다면, 이 신앙심 깊은 남자가 '아담은 한 사람'이라는 성서의 정통 교의를 버렸을지는 의심스럽다. 아가시는 이전까지 다원발생설을 위한 어떤 이론도 생성하지 않았다. 그의 전향은 친구들의 집요한 설득이 있은 직후 본능적인 판단에 의해 이루어졌다. 이후의 지지 역시 생물학 분야의 보다 깊은 지식에 의존한 것이 아니었다.

아가시는 유럽에서 한번도 흑인을 보지 못했다. 1846년 필라델피아의 한 호텔에서 하인으로 일하던 흑인을 처음 만났을 때, 그는 마음 깊은 곳에서 심한 혐오감을 느꼈다. 이 불쾌한 체험은 백인과 흑인의 잡혼(雜婚)에 대한 생식적인 우려와 겹쳐 그에게 흑인이 다른 종이라는 확신을 주게 되었다. 그는 미국에서 어머니에게 쓴 한 편지에서 이때 자신의 기분을 놀랄 만큼 솔직하게 털어놓고 있다.

흑인과 처음 오랜 시간 접촉을 가진 것은 필라델피아에서였습니다. 호텔에 고용된 사람은 모두 유색인종이었습니다. 그때 내가 받았던 고통스러운 인상을 어머니께 도저히 전할 수가 없군요. 특히 그들이 내게 불어넣은 감정은 인간형〔유형〕이나 인간의 고유한 기원에 대한 가톨릭 신도회의 형제애적 사고와는 상반되는 것이었기 때문입니다. 그러나 진실은 모든 것에 우선합니다. 퇴화되고 열등한 이 인종을 보았을 때 동정심을 금할 수 없었습니다. 그들이 실제로 인간이라는 것을 생각했을 때는 그들의 운명이 제게 연민을 불러일으키기도 했습니다. 그렇지만 우리와 같은 피가 그들의 몸 속에 흐르고 있을 리 만무하다는 감정을 억누르기란 도저히 불가능했습니다. 두꺼운 입술과 비뚤어진 이를 가진 얼굴, 곱슬머리, 굽은 무릎, 길다란 손, 크게 휘어진 손톱, 그리고 무엇보다도 납색을 띤 손바닥, 이 모든 것을 보며 내게서 멀리 떨어지라고 명령하기 위해 그들의 얼굴에서 눈을 뗄 수가 없을 정도였습니다. 특히 식사준비를 하려고 내 식기에 그 끔찍한 손을 뻗을 때면 그런 서비스를 받으며 저녁을 먹기보다 차라리 빵 한 조각으로 때우더라도 다른 곳으로 가는 편이 낫겠다는 생각까지 들었습니다. 이 나라에서 백인들이 자신의 존재를 흑인과 그토록 밀접하게 유지하며 생활할 수밖에 없다는 사실이 무척 불행하게 여겨집니다! 신이 우리에게 그러한 접촉을 면하게 해주셨습니다! (어머니에게 보낸 아가시의 편지, 1846, 아가시의 아내에 의해 편집된 표준판 『생애와 서간〔*Life and Letters*〕』에는 이 부적절한 부분이 삭제되어 있다. 다른 역사가들은 이 부분을 바꾸어 말하거나 무시했지만, 나는 하버드의 호튼 도서관에 있는 원본 수고(手稿)에서 이 부분을 발견해, 내가 아는 한 최초로 원본에 충실하게 번역했다.)

아가시는 1850년 「크리스찬 익재미너(*Christian Examiner*)」에서 인종에 대해 중요한 발언을 했다. 그는 자신을 이단자라고 비난할(복수〔複數〕의 아담이라는 이론을 주장하기 때문에) 신학자와 자신에게 노예제 옹호자라는 이름표를 붙일 수도 있는 노예제 폐지론자 모두를 선동가로 몰아붙이는 구절로 이 논문을 시작하고 있다.

여기에서 제기한 견해를 노예제 지지론이라고 비난하지만 (……) 과연 그것이 철학적 연구에 대한 공정한 반론인가? 여기에서 우리는 인간 기원의 문제만을 다루어야 한다. 그 결과를 통해 무엇을 할 수 있는지는 정치가나 인간사회에 대한 규율의 소임을 받았다고 자인하는 사람들에게 맡겨두자. (……) 그러나 우리는 정치적 색채를 띠는 어떤 문제와도 연관되기를 거부한다. 여기에서 인종에 관한 몇 가지 사실의 추적을 시도한 것은 사람들 사이에 존재하는 차이를 인정할 수 있는지, 그 결과로 그들이 지구상의 모든 곳에서 기원했다고 판단할 수 있는지, 만약 그렇다면 어떤 환경하에서 기원했는지의 문제와 연관되기 때문이다(1850, p.113).

그런 다음 아가시는 자신의 주장을 펼쳤다. 즉 다원발생설은 인간의 단일성이라는 성서의 교의를 공격하지 않는다는 것이다. 설령 각각의 인종이 별개의 종으로 창조되었다 해도 인간은 공통의 구조와 공감에 의해 맺어진다. 성서는 고대인들에게 알려지지 않았던 다른 지역에 대해서는 이야기하지 않는다. 아담의 이야기는 코카서스 인종의 기원만을 언급하고 있다. 오늘날 발견되고 있는 이집트 미라의 경우에서도 흑인과 코카서스 인종의 차이는 분명하다. 만약 인종이 기후의 영향에 의한 산물이라면, 3천 년이라는 시간적 경과가 큰 변화를 일으켰을 것이다(아가시는 고대인에 대해서는 암시조차 하지 않았다. 그는 3천 년이라는 기간에 인류 전체의 중요한 역사가 포함되어 있다고 믿었다). 현대에 각각의 인종이 차지하는 지역은 이주에 의해 그 경계가 희미해지거나 소멸되었지만, 일정하고 겹치지 않는다. 인종은 서로 분리된 지리적 범위를 가지며, 신체적으로 분명히 식별할 수 있고, 일시적으로 변하는 집단이 아니기 때문에 아가시가 정한 별개의 종을 위한 생물학적 기준에 모두 부합했다.

이러한 인종은 (……) 동일한 수리적 비율로, 그리고 오늘날 그들이 발견되는 것과 같은 지역에서 발생한 것이 분명하다. (……) 그들이 단일한 개체로 발생했을 수는 없고, 각 종의 특징적인 수적 조화에 의해 창조된 것이 틀림없다. 인간은, 꿀벌이 무리를 지어 발생하듯이 종족으로 발생했을 것이다(pp.128~129).

논문의 끝부분에서 아가시는—자신의 연구가 자연사의 객관적 탐구라고 주장하면서 자신의 연구를 정당화했음에도 불구하고—갑자기 입장을 바꿔 도덕적 주장을 제기한다.

지구상에는 여러 지역에 여러 인종이 살고 있다. 그들은 육체적으로 상이한 특징을 가지고 있다. 이 사실은 (……) 과학적 관점에서 이들 인종을 상대적으로 서열화하고, 각기 고유한 특징을 상대적으로 평가할 의무를 우리들에게 부과한다. (……) 철학자로서 그 과제를 직시하는 것이 우리의 의무이다(p.142).

아가시가 인종의 차이에 타고난 가치가 있다는 직접적 증거로 과감하게 제시한 것은 코카서스 인종의 문화적 전형의 표준집합 이상은 아니었다.

굴복하지 않으며 용기 있고, 자존심이 강한 인디언은 복종적이고 알랑거리고 흉내내기 잘하는 흑인, 교활하고 간사하고 비겁한 몽골인종에 비하면 얼마나 다른가! 이 사실은 서로 다른 인종을 자연 속의 같은 수준으로 서열화할 수 없다는 것을 보여주지 않는가?(p.144)

아가시는 어떤 객관적인 사다리에서든 흑인이 가장 낮은 곳을 차지할 것이라고 단언했다.

모든 인종이 같은 능력을 가지고, 같은 권력을 향유하며, 같은 자연적 성향을 갖는다고 가정하거나, 평등성에 따라 모든 인종이 사회에서 같은 지위를 누릴 권리가 있다고 가정하는 것은 거짓된 박애주의이며 가짜 철학이라고 생각된다. 역사가 그것을 말해주고 있다. (……) 이 아프리카라는 조밀한 대륙은 백인종과 끊임없이 교류해서 이집트 문명, 페니키아 문명, 로마 문명, 아랍 문명의 은혜를 향유해온 집단들을 보여주고 있다. (……) 그런데도 이 대륙에는 흑인에 의해 규율된 사회가 하나도 없다. 이 사실은 문명사회가 주는 이점에 대해 이 인종이 유달리 무관심하고 냉담하다는 것을 보여주지 않는가?(pp.143~144)

아가시는 자신의 정치적 태도를 명확히 밝히지 않았지만, 구체적인 사회정책을 제시하며 논문을 끝맺었다. 그는 타고난 능력에 맞는 교육을 해야 한다고 주장했다. 가령 흑인에게는 손으로 하는 작업, 백인에게는 지적 작업을 훈련시키는 식으로 말이다.

근본적인 차이가 있는 여러 인종에게 주어져야 하는 최선의 교육은 어떤 것일까. (……) 평등이라는 명목으로 유색인종을 다루기보다, 오히려 그들과 교류하면서 우리와 그들 사이에 존재하는 진정한 차이를 충분히 인식하고, 그들 속에서 두드러지게 나타나는 특성을 북돋우려는 열망을 가질 수 있다면, 유색인종에 대해 좀더 사려 깊은 인간적인 행동을 할 수 있으리라는 점을 추호도 의심하지 않는다(p.145).

흑인에게 "두드러지게 나타나는" 특성이 유순함, 아첨, 그리고 흉내내기 등이기 때문에, 아가시가 마음속에서 무엇을 생각하고 있었는지는 충분히 상상할 수 있다. 내가 이 논문을 상세하게 소개한 이유는 이것이 이러한 주장의 전형, 즉 사회정책의 제창이 과학적 사실의 냉정한 탐구로 둔갑하는 전형적인 예라고 생각하기 때문이다. 이런 전략은 오늘날에도 결코 사라지지 않았다.

그후 남북전쟁이 한창이던 무렵에 쓴 편지에서 아가시는 한층 더 강력하고 길게 자신의 정치적 견해를 표출했다(이 편지도 그의 아내에 의해 출판된 서간집의 표준판에는 아무런 설명 없이 삭제되어 있다. 다음에 소개하는 인용문도 하버드의 호튼 도서관에서 찾아낸 원본 편지에서 복원한 것이다).

링컨조사위원회(Lincoln's Inquiry Commission)의 위원이었던 S. G. 호우(S. G. Howe)는 아가시에게 재통일된 국가에서의 흑인의 역할에 대한 견해를 구했다(호우는 교도소 개혁과 맹인교육에 대한 연구로 잘 알려진 인물이었고, 『공화국의 전쟁 찬가[Battle Hymn of the Republic]』의 저자인 줄리아 워드 호우의 남편이기도 하다). 아가시는 길고 열정적인 네 통의 편지를 통해 자신의 입장을 피력했다. 아가시의 견해는 미국에서 흑인이 항구적인 대규모 집단으로 존재할 것이라는 사실을 엄혹한 현실로 인정하지 않으면 안 된다는 것이었다. 그는 굽히지 않는 자존심에 의해 지탱되고 있는 인디언은 싸우다 죽겠지만, "흑인은 선천적으로 유순하고, 환경에 동화하기 쉽고, 함께 생활하는 사람들을 잘 흉내내는 경향이 있다"고 말했다(1863년 8월 9일).

그는 법률상의 평등은 모든 사람에게 허용되어야 하지만 흑인들에게 사회적인 평등을 허용해서는 안 된다고 생각했다. 그렇게 될 경우, 백인종이 오염되고 희석화될 것이라고 믿었다. "내가 항상 마음에 품고 있는 사회적인 평등은 실행 불가능합니다. 그것은 흑인종의 성격 자체에서 비롯되는 자연스러운 불가능입니다(1863년 8월10일)." 왜냐하면 "다른 인종과 달리 흑인은 게으름뱅이고, 놀기 좋아하고, 감각적이고, 흉내내기 잘하고, 비굴하고, 사람이 좋고, 변덕스럽고, 목적이 바뀌기 쉽고, 쉽게 아무것에나 몰두하고, 금방 매료되기 때문입니다. 그들은 아이들과 비교할 수도 있을 정도입니다. 마치 정신은 어린아이인 채 몸만 어른으로 성장한 아이와 같습니다. (……) 따라서 그들이 사회적 혼란을 일으키지 않으면서 한 사회에서 백인과 평등하게 살아가기란 불가능하다고 생각됩니다(1863년 8월 10일)." 무분별하게 사회적 특권을 주어서 나중에 불화의 씨앗을 뿌리지 않도록 흑인을 통제하고 제약해야 한다는 것이다.

그것을 사용할 자격이 없다면 그에 대한 권리도 없습니다. (……) 흑인종에 대해 처음부터 너무 많은 것을 주지 않도록 주의해야 합니다. 그렇지 않으면, 우리들에게 손해를 입히고 자신들에게도 피해가 될 수 있는 몇 가지 특권을 폭력적으로 철회해야 하는 사태가 반드시 일어날 것입니다(1863년 8월 10일).

아가시에게는 교잡에 의한 혼혈보다 더 두려운 것은 없었다. 백인의 힘은 흑인과의 분리에 의해 지탱된다고 생각했기 때문이다. "혼혈아의 생산은 문명사회에서 근친상간이 인격의 순결함에 대한 죄인 것과 마찬가지로 자연에 대한 범죄입니다. (……) 혼혈이라는 개념은 우리들이 직면한 어려움의 자연스러운 해결이기는커녕, 내게는 가장 혐오스럽게 느껴집니다. 나는 그것이 모든 자연스러운 감정의 왜곡이라고 생각합니다. (……) 무엇이 보다 나은 본성과 상반되는지, 그리고 보다 높은 문명과 보다 순수한 도덕을 향한 발전인지 조사하기 위해 모든 노력을 아끼지 말아야 합니다(1863년 8월 9일)."

이제 아가시는 자신이 스스로를 궁지에 몰아넣는 주장을 했음을 깨닫는다. 인종(아가시에게는 다른 종) 사이의 교잡이 부자연스럽고, 혐오스러운 것이라면 왜 미국에서 '혼혈아'가 그토록 흔하게 발견되는가? 아가시는 이 한탄스러운 사태가 발생하는 이유를 성적(性的) 감수성이 예민한 하녀와 젊은 남부 신사의 순박함으로 돌린다. 하녀는 이미 혼혈이며 (우리는 그 하녀의 부모가 어떻게 자연스러운 혐오감을 극복했는지에 대해서는 듣지 못한다), 청년은 절반의 백인에게 끌린다. 그리고 이 과정에서 흑인의 유전적 특성이 보다 고등한 인종의 본능적인 억제를 완화시킨다. 일단 익숙해지면, 불쌍한 청년은 미끼에 걸리고 순수한 흑인에 대한 취향을 획득하게 된다.

남부의 청년은 성욕을 느끼게 되면서 곧, 가까이에 있는 유색[혼혈] 하녀에게 쉽게 욕망을 풀 수 있다는 사실을 알게 됩니다. (……) 이 사실이 청년의 좋은 본성을 둔감하게 만들고, 점차 자극이 강한 상대를 찾게 합니다. 방탕한 청년이 순수한 흑인을 찾는다는 이야기를 들은 적이 있습니다(1863년 8월 9일).

마지막으로 아가시는 피가 섞이고 나약해진 사람들의 궁극적인 위기를 경고하기 위해 강렬한 이미지와 은유를 결합시키고 있다.

만약 미국에 같은 혈족의 국가에서 온 씩씩한 사람들 대신 백인의 피가 섞인 혼혈 인종, 절반의 인디언, 절반의 흑인과 같은 나약한 자손들이 살게 된다면 공화국의 제도와 전체 문명의 장래가 어떻게 될지, 그 중대한 변화에 대해 조금 생각해봅시다. (……) 나는 그 결과를 생각하면 몸서리가 쳐집니다. 우리는 이미 진보의 과정에서 개인적인 명성과 상류사회에서 길러온 고상한 문화의 보배를 지키기 어려워졌기 때문에 보편적 평등의 영향에 반대해 싸워왔습니다. 만약 이러한 어려움에 그보다 훨씬 완고한 육체적 무능력의 영향이 더해진다면 상황은 어떻게 되겠습니까? (……) 하등한 인종의 피가 우리 아이들의 핏속에 자유롭게 흐르도록 허용한다면, 어떻게 그 하등한 인종의 오염을 근절할 수 있겠습니까?(1863년 8월 10일)*

아가시는 해방된 노예에게 법률상의 자유가 주어지면, 인종 사이의 엄격한 사회적 분리에 박차를 가해야 한다고 결론짓는다. 다행스럽게도, 자연은 윤리적 미덕과 같은 편이다. 선택의 자유가 주어지면 사람들은 자신이 태어난 고향의 기후에 자연스레 이끌린다. 덥고 습한 환경에서

---

* 미국의 저명한 고생물학자이자 진화생물학자인 E. D. 코프(E. D. Cope)는 1890년에 같은 주제에 대해 훨씬 강경한 견해를 피력했다(p. 2054). "가장 고등한 인종이 최하위 인종의 피와 섞여서 지금까지 수백 세기에 걸친 노고와 고난으로 획득한 이점을 상실하거나 더럽히는 것은 있을 수 없는 일이다. (……) 문명이 인도유럽인의 소질 속에 가꾸어놓은 훌륭한 감수성과 정신력을 아프리카인의 관능적 본성과 검은 마음으로 흐리게 하거나 소멸시킬 수는 없다. 그들의 정신은 정체되어 있을 뿐 아니라 그 속에는 단지 생존에 불과한 생활만이 들어 있다. 부활의 가능성은 의심스럽고 불가능한 무엇이 되었다."

태어난 흑인종은 남부의 저지대에 넓게 퍼질 것이다. 반면 백인들은 해안과 고지대에 대한 지배를 계속할 것이다. 새로운 남부에는 일부 흑인 주(州)가 유지될 것이다. 우리는 이 운명에 복종해 미국 속에서 그들을 허용해야 한다. 결국 우리는 이미 '아이티와 리베리아'를 모두 인정했다.* 그러나 상쾌한 북부는 더 따뜻한 지역을 위해 창조되었고, 부주의하고 게으른 사람들에게 알맞은 곳이 아니다. 순수한 흑인은 북부에서 점차 그 숫자가 줄어들고, 소멸해가는 완고한 잔류자들만을 남겨두고 남부로 이주해갈 것이다. "나는 그들이 인위적인 근거지만을 가지고 있는 북부에서 차츰 소멸해가기를 바라고 있습니다(1863년 8월 11일)." 흑백 혼혈에 관한 한, 노예라는 속박이 더 이상 부자연스러운 교잡의 가능성을 제공하지 않게 되면, "그들의 병약한 신체조건과 손상된 생식능력"에 의해 그들은 자연스럽게 소멸될 것이다.

아가시의 세계는 그의 생애 마지막 십 년 동안 붕괴했다. 제자들은 그를 따르지 않았고, 지지자들도 사라졌다. 그는 사회적으로 영웅 대접을 받았지만, 과학자들은 그를 다윈 조류 이전의 낡아빠진 신념을 강고하게 지키며, 점차 나이를 먹어가는 독단주의자로 간주하기 시작했다. 그러나 인종격리에 대한 그의 사회적 선호는 널리 퍼졌다. 이러한 현상은 자연발생적인 지리적 분리에 대한 그의 공상적인 희망이 들어맞지 않았기 때문에 더욱 확산되었다.

---

*흑인에 대한 험담을 퍼뜨리는 사람들이 모두 관대했던 것은 아니다. 이러한 잡혼(雜婚)이 천국에 이르는 길을 방해하지 않을까 우려했던(앞의 주를 참조하라) E. D. 코프는 모든 흑인을 아프리카로 돌려보내야 한다고 주장했다. "매년 받아들여야 하는 유럽의 빈농이라는 무거운 짐을 우리는 이미 충분히 지고 있지 않은가? 활기 넘치는 우리 몸의 바로 이 중심에 8백만 명의 죽은 물질을 담아도 안전할 만큼 우리 자신의 인종은 충분히 높은 수준에 있는가?"

객관주의자 모턴— '미국의 골고다'

아가시가 필라델피아에서 흑인 웨이터에 대한 험담을 늘어놓으며 모든 시간을 보낸 것은 아니었다. 어머니에게 보낸 같은 편지에서 그는 필라델피아의 저명한 과학자이자 의사인 사무엘 조지 모턴의 해부학 컬렉션에 몰두했던 시기에 대해 쓰고 있다. "과거에 미국에 살았거나 지금 살고 있는 모든 종족에 해당하는 6백 개 남짓한 인디언들의 두개골을 상상해보십시오. 이런 컬렉션은 어디에도 없습니다. 이 표본들 자체만으로 미국을 여행할 가치는 충분합니다."(아가시가 1846년 12월에 어머니에게 쓴 편지. 하버드 대학 호튼 도서관에 보관된 원본 편지를 번역한 것임.)

아가시는 자유롭게 그리고 길게 이 주제에 대해 고찰했다. 그러나 그는 자신의 다원발생설을 뒷받침할 만한 자료들을 모으지는 않았다. 필라델피아의 귀족이었고 두 개의 의학박사 학위를 가지고 있었던—하나는 당시의 최신 유행이었던 에든버러에서 획득했다—모턴은 다원발생설의 '미국학파'에게 세계적인 명성을 가져다준 '사실들'을 제공했다. 모턴은 1820년대부터 인간의 두개골을 모으기 시작해 1851년에 세상을 떠날 때까지 1천 개 이상을 수집했다. 친구들은(그리고 적들까지도) 그의 대납골당을 '미국의 골고다'라고 불렀다.

모턴은 미국과학의 위대한 데이터 수집가, 객관주의자, 미성숙의 기획을 공상적 추론의 수렁에서 구해낸 사람이라는 명성을 획득했다. 올리버 웬델 홈스(Oliver Wendell Holmes)는 그의 연구를 "엄밀하고 주의 깊은 성격"이며 이러한 연구는 "그 성격상 미래의 모든 민족지학 연구자들에게 영원한 자료가 된다"고 칭찬했다(Stanton, 1960, p.96). 모든 인종은 본질적으로 평등하다고 주장했던 훔볼트도 이렇게 쓰고 있다.

당신이 무척 운 좋게도 자신의 컬렉션에 포함시킬 수 있었던 두개계측학의 보물은 당신을 통해 훌륭한 해석자를 찾았다. 동시에 당신의 연구는 그 해부학적 관점의 심원함, 유기적 배열관계에 관한 수리적 상세함, 그리고 현대생리학에서는 신화적 통념인 공상적 사변이 없다는 점에서 괄목할 만하다(Meigs, 1851, p.48).

1851년에 모턴이 죽었을 때, 『뉴욕 트리뷴』지는 "모턴 박사만큼 전세계의 학자들 사이에서 명성을 얻은 미국 과학자는 없었을 것이다"라고 썼다(Stanton, 1960, p.144). 그러나 모턴이 두개골을 수집한 이유는 추상적 관심이라는 도락적 동기나 완전한 표현을 얻으려는 분류학자의 열의가 아니었다. 그에게는 확인하고 싶은 가설이 있었다. 그것은 뇌의 물리적인 특징, 특히 그 크기에 의해 객관적으로 인종을 서열화할 수 있다는 가설을 검증하려는 것이었다. 모턴은 아메리카 원주민에게 각별한 관심을 가졌다. 그의 친구이자 열렬한 지지자였던 조지 콤(George Combe)은 이렇게 말했다.

이 대륙의 역사에서 가장 특이한 점이 있다면, 거의 예외없이 원주민이 앵글로 색슨이 들어오기 전에 망하거나 지속적으로 쇠퇴하고 있었다는 사실이다. 앵글로 색슨과 대등하게 뒤섞이거나 그들의 생활방식이나 문명을 수용한 예는 없다. 이런 현상에는 분명 어떤 원인이 있을 것이다. 그 원인을 아메리카 원주민과 정복자 사이의 뇌에서 확인하는 것보다 더 흥미로운 철학적인 연구가 있을까?(Combe and Coates, 모턴의 『크라니아 아메리카나(*Crania Americana*)』에 대한 평론, 1840, p.352).

나아가 콤은 뇌로부터 정신적, 도덕적 가치를 읽을 수 있는 **경우에만**

모턴의 컬렉션이 진정한 과학적 가치를 획득할 수 있을 것이라고 주장했다. "만약 이 견해가 근거 없는 것이라면, 이 두개골은 사람들의 지적 속성에 관해 아무런 특별한 정보도 제공하지 않는 단순한 자연사의 사실에 지나지 않는다(모턴의 『크라니아 아메리카나』에 붙인 콤의 부록에서 인용. 1839, p.275)."

모턴은 처음에는 동요하는 입장을 보였지만, 곧 미국 다원발생론자들의 지도적 인물이 되었다. 그는 여러 편의 논문을 통해 인종이 별개로 창조된 종이라는 입장을 고수했다. 그는 다원발생설과 일원발생설 양쪽의 입장에서 반대자들과—모든 인종이 교잡가능하다는 점에서 반론을 펴는—논쟁을 벌였다. 또한 그는 일부 인종에서—특히 오스트레일리아 원주민과 코카서스 인종 사이에서—생식능력이 있는 자손이 아주 드물게 탄생한다는 여행객들의 보고에 의존했다(Morton, 1851). 그는 이 생식불능의 원인을 "기본적인 유기조직의 불일치"로 돌렸다. 그러나 그는 계속해서 어떤 경우든 뷰퐁의 '교잡가능' 기준이 폐기되어야 한다고 주장했다. 그 이유는 자연에서는 다른 속(屬)에 해당하는 종들 사이에서도 교잡이 흔하게 일어나기 때문이다(Morton, 1847, 1850). 모턴에 의하면 종은 "기본적인 유기체의 형태"로 재정의되어야 한다(1850, p.82).

아가시는 편지에서, "브라보, 친애하는 선생님, 선생님은 드디어 진정한 철학적인 종의 정의를 과학에 제공했습니다"라고 썼다(Stanton, 1960, p.141). 그러나 어떻게 기본적인 형태를 인식할 수 있는가? 모턴은 이 물음에 이렇게 답한다. "만약 기존의 어떤 생물 형태가 현재 우리가 보는 것과 비슷하지 않지만 '시간의 밤'까지 거슬러 올라갈 수 있다면, 그것들을 우리가 전혀 알지 못하는 고립된 원로의 줄기에서 그저 우연히 분리된 것으로 생각하기보다 원생적(原生的, aboriginal)인 것으로 인정하는 편이 더 합리적이지 않겠는가?(1850, p.82) 따라서 모턴은 개의 여러 계통을 별개의 종으로 간주했다. 이집트의 지하묘지에 묻혀 있는 개의 뼈도 오늘날의 개와 마찬가지로 다른 계통으로 식별할 수 있을 만큼 다르기 때문이다. 그 무덤에는 흑인과 코카서스인도 들어 있었다.

모턴은 노아의 방주가 아라라트산에 도착한 시기를 자신이 살던 시대로부터 4179년 전으로, 그리고 이집트의 무덤을 그로부터 1천 년 후라고 계산했다―이것은 노아의 자손들이 서로 다른 인종으로 분리되기에 충분한 시간이 아니다(그는 불과 1천 년 동안 인종이 그렇게 급격하게 변화했고, 그후 3천 년 동안 전혀 변하지 않았다는 사실을 어떻게 믿을 수 있는지 물었다). 따라서 인종은 처음부터 별개로 시작되었던 것이 분명하다는 것이다(Morton, 1839, p.88). 그러나 일찍이 최고재판소가 판결했듯이 서로 다르다는 것이 반드시 불평등을 의미하는 것은 아니다. 따라서 모턴은 '객관적인' 근거를 토대로 상대적 서열화를 확립하려고 시도한 것이다. 그는 고대 이집트의 그림을 조사해서 당시에도 흑인이 하인으로 묘사되었다는 사실을 발견했다―이것은 그들이 항상 자신들에게 걸맞는 생물학적 역할을 맡았다는 확실한 신호이다. "이집트에는 흑인이 많았다. 그러나 고대에 그들이 차지한 사회적 지위는 오늘날과 같고, 그 지위는 하인과 노예의 그것이다(Morton, 1844, p.158, 이것은 분명 기묘한 이론이다. 그가 말한 흑인들은 전쟁 포로들이었다. 반면 사하라 사막 남쪽의 사회에서는 흑인들이 지배자로 그려져 있다).

그러나 모턴이 과학자로 명성을 얻은 것은 두개골 컬렉션과 그것을 사용해서 인종을 서열화한 덕분이었다. 사람 두개골의 두개강(頭蓋腔)은 그 속에 들어 있는 뇌의 양을 충실히 나타낸다. 모턴은 뇌의 평균 크기로 인종을 서열화하는 작업에 착수했다. 그는 체로 거른 흰겨자씨를 두개강에 채워넣고, 다시 그 씨앗을 눈금이 매겨진 원통에 쏟아부어 두개골의 용량을 세제곱 인치로 읽었다. 하지만 시간이 지나면서 겨자씨로는 일관된 자료를 얻을 수 없음을 알게 되었다. 겨자씨는 너무 가볍고, 체질을 하더라도 크기의 편차가 심해서 두개골 속에 제대로 채워지지 않았다. 똑같은 두개골을 여러 차례 측정했는데도 5퍼센트 이상, 즉 평균용량이 80세제곱 인치 정도인 두개골에서 4세제곱 인치의 차이가 났다. 이후 그는 "BB라고 불리는 크기"인 지름 8분의 1인치의 납탄환을 이용해 같은 두개골에서 1세제곱 인치 이상의 오차가 나지 않는 일관된 결과를 얻을 수 있었다.

모턴은 인간의 두개골 크기에 관한 세 편의 주요 저서를 발표했다. 첫 번째는 1839년에 출판된 아메리카 인디언에 대한 『크라니아 아메리카나(Crania Americana)』로, 여기에는 아름다운 그림이 많이 들어 있다. 또한 1844년에는 이집트의 무덤에서 얻은 두개골에 대한 연구인 『크라니아 이집티아카(Crania Aegyptiaca)』를 발표했고, 마지막으로 1849년에 그의 모든 컬렉션에 대한 개요를 발표했다. 모든 저서에는 표가 들어 있는데, 인종에 따라 배열된 두개골의 평균용량이 정리된 것이다. 나는 이 책에 이 세 개의 표 모두를 재수록했다(표 2.1~2.3). 이 표들은 인종 서열화를 둘러싼 논쟁에서 미국의 다원발생설이 얼마나 중요한 기여를 했는지를 잘 보여주고 있다. 또한 이 표들은 개별 창조설(theory of separate creation)보다도 오랫동안 살아남아 19세기에 걸쳐 인종의 정신적 가치에 대한 반박할 수 없는 '견고한' 자료로 여러 차례 재발행되었다(152쪽을 보라). 굳이 언급할 필요도 없지만, 이 자료에는 백인이 정점에 위치하고, 인디언이 중간에 그리고 흑인이 최하위를 차지한다. 더욱이 백인 중에서도 튜턴족과 앵글로 색슨족이 정점에 놓이고, 유대인이 중간, 그리고 인도인이 맨 아래에 놓이기 때문에 양키들의 편견에 훌륭하게 부응하고 있다. 게다가 이 패턴은 유사 이래 계속 안정적인 것이었다. 고대 이집트에서도 백인은 흑인에 비해 우월한 지위를 차지하고 있

표 2.1 인종별 두개용량에 대해 모턴이 정리한 표

내부 용량 : 세제곱 인치(IN³)

인종	개수	평균	최대	최소
코카서스 인종	52	87	109	75
몽골 인종	10	83	93	69
말레이 인종	18	81	89	64
아메리카 인디언	144	82	100	60
에티오피아인	29	78	94	65

표 2.2 이집트의 묘지에서 발굴된 두개골의 용량

민족	평균용량(세제곱 인치)	개수
코카서스인		
펠라스기족	88	21
유대인	82	5
이집트인	80	39
흑인종	79	6
흑인	73	1

었기 때문이다. 모턴이 그린 미국에서의 지위나 권력에 대한 접근은 생물학적 가치를 충실히 반영하고 있었다. 그렇다면 어떻게 감상주의자나 평등주의자들이 자연의 명령을 거스를 수 있었을까? 모턴은 세계에서 가장 큰 규모의 두개골 컬렉션을 바탕으로 명백하고 객관적인 자료를 제공했다.

  1977년 여름의 몇 주일 동안 나는 모턴의 자료를 분석했다(자칭 객관주의자였던 모턴은 자신의 모든 원자료를 공개했다. 따라서 그가 어떻게 원래의 측정값에서 표를 이끌어냈는지를 분명하게 추론할 수 있었다). 냉정하게 이야기하자면, 모턴의 정리는 선험적인 확신을 억누르려는 뚜렷한 목적으로 속임수와 날조를 이어붙인 조각이불과 같다. 그러나 나는 이 의도적인 사기행위의 증거—이것이 이 사례의 가장 흥미로운 측면이지만

표 2.3 인종별 두개용량에 관한 모턴의 최종 정리

내부 용량 : 세제곱 인치

인종과 종족	개수	최대	최소	평균	평균
현대 코카서스 인종					
튜턴족					
독일인	18	114	70	90	
영국인	5	105	91	96	92
앵글로 미국인	7	97	82	90	
펠라스기족	10	94	75	84	
켈트족	6	97	78	87	
인도스탄족	32	91	67	80	
유대족	3	98	84	89	
나일족	17	96	66	80	
고대 코카서스 인종					
펠라스기족	18	97	74	88	
나일족	55	96	68	80	
몽골 인종					
중국인	6	91	70	82	
말레이 인종					
말레이인	20	97	68	86	85
폴리네시아인	3	84	82	83	
아메리카 인종					
톨테크족					
페루인	155	101	58	75	79
멕시코인	22	92	67	79	
바바러스족	161	104	70	84	
흑인종					
아프리카 원주민	62	99	65	83	83
미국태생 흑인	12	89	73	82	
호텐토트인족	3	83	68	75	
오스트레일리아 원주민	8	83	63	75	

―를 전혀 찾아낼 수 없었다. 실제로도 모턴이 고의적으로 날조했다면 그렇게 공개적으로 자신의 자료를 출간하지는 않았을 것이다.

과학에서 의도적인 사기는 드물다. 또한 그것은 과학 활동의 본질에 대해 거의 아무것도 가르쳐주지 않기 때문에 그다지 큰 관심을 끌지도 못한다. 만약 그런 사례가 발견된다면, 거짓말쟁이로 제명될 것이다. 과학자들은 자신의 전문직이 훌륭하게 자기통치되어왔다고 주장한다. 그 때문에 그들은 다시 연구로 돌아갔고, 신화는 상처를 입지 않고 객관적으로 정당화되었다. 다른 한편, 무의식적 사기의 만연은 과학의 사회적 맥락에 관한 일반적 결론을 시사한다. 만약 과학자들이 모턴과 같은 정도로 좋은 의도에서 자기기만에 빠진다면, 도처에서 편견이 발견될 것이기 때문이다. 심지어는 뼈의 측정이나 덧셈의 합계라는 기본 수치에서조차 말이다.

인디언의 열등성의 사례―크라니아 아메리카나*

모턴은 1839년에 발표한 자신의 첫 저서이자 가장 긴 저작인 『크라니아 아메리카나』를 통해 인종의 본질적인 특징에 관한 논의를 시작했다. 그의 발언은 자신의 선입관을 직접적으로 드러내고 있다. "그린랜드의 에스키모"에 관해서 그는 이렇게 말한다. "그들은 교활하고, 호색적이고, 은혜를 모르고, 완고하며 냉혹하다. 자신의 아이들에 대한 애정 또한 대부분 이기적인 동기에서 기인한다. 그들은 요리하지 않은 더럽고 메스꺼운 음식을 게걸스럽게 먹는다. 게다가 눈앞에 닥친 것 말고는 아무것

---

* 이 설명은 내 분석에 대한 통계적 세부사항을 상당부분 생략한 것이다. 완전한 이야기는 Gould, 1978을 참조하라. 이 책 pp. 120~138의 내용 중 일부 문장은 이 논문에서 인용한 것이다.

도 생각하지 않는 것 같다. (……) 태어나서 노인이 될 때까지 지적 능력은 어린아이 수준에 머무른다. (……) 대식가이며 이기적이고, 배은망덕하다는 점에서 다른 어떤 민족도 따르지 못할 것이다(1839, p.54)." 모턴은 다른 몽골 인종에 대해서도 거의 마찬가지 생각을 가지고 있었다. 그는 중국인에 관해서 이렇게 쓰고 있다. "그들의 감정이나 행동은 너무도 변덕스러워서 원숭이와 비교되어왔다. 원숭이는 하나에서 다른 것으로 끊임없이 관심을 옮긴다(p.50)." 또한 호텐토트에 대해서는 이렇게 말했다. 그들은 "더 하등한 동물에 가장 가깝다. (……) 그들의 안색은 황갈색을 띠는데, 여행자들은 그들을 황달 말기상태에 있는 유럽인의 안색에 비교했을 정도다. (……) 여성은 그 생김새가 남성보다 훨씬 역겹다(p.90)." 그런데 한 코카서스족을 "탐욕스러운 강도 무리(p.9)"라고 묘사하지 않을 수 없게 되자 모턴은 급히 "정당한 통치의 영향으로 그들의 도덕심이 훨씬 바람직한 양상으로 개선될 것이라는 점은 의심의 여지가 없다"라고 덧붙였다.

모턴이 요약한 표(표 2.1)는 『크라니아 아메리카나』의 '강경한' 주장을 나타내고 있다. 그는 144개의 인디언 두개골의 크기를 재서 82세제곱인치라는 평균값을 얻었다. 그것은 백인종의 평균값에 비해 5세제곱 인치 낮은 수치였다(그림 2.4와 2.5). 나아가 모턴은 인디언에게 '고도한' 지적 능력이 결핍되었다는 것을 시사하는 골상학적인 측정값을 덧붙이고 있다. 모턴은 이렇게 결론짓고 있다(p.82). "박애주의적인 사람이라면 인디언이 문명에 적합하지 않다는 사실을 유감스럽게 생각할지도 모르지만" 감상주의자는 사실에 굴복하지 않으면 안 된다. "그들의 정신구조는 백인의 그것과는 사뭇 다르고, 극히 한정된 규모에서라면 모를까 이 두 인종이 사회에서 조화로운 관계를 유지하기란 불가능하다." 인디언은 "교육받기를 싫어할 뿐만 아니라 대부분이 추상적인 주제에 대해

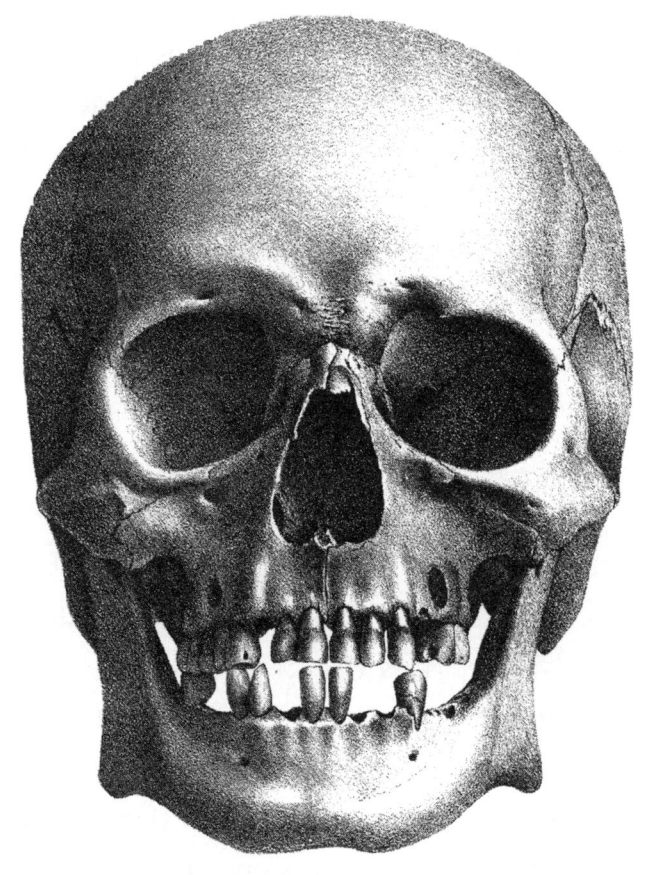

|그림 2.4| 아라우칸족(칠레 중부와 브라질 북부에 사는 남아메리카 인디언 종족/옮긴이)의 두개골. 이 석판화와 옆의 그림은 불행히도 오늘날 인정받지 못하는 위대한 과학 미술가인 존 콜린스(John Collins)가 그린 것이다. 이 그림들은 모턴의 『크라니아 아메리카나』(1839)에서 볼 수 있다.

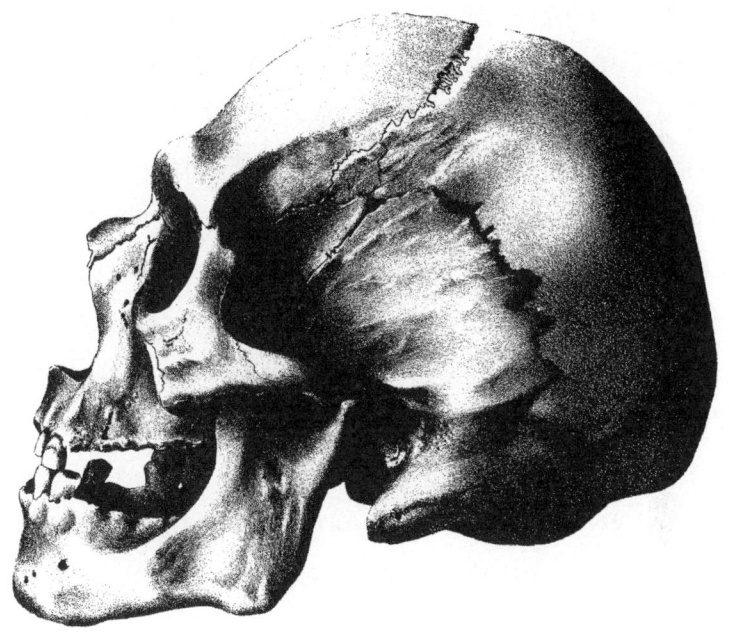

|그림 2.5| 휴런족(북아메리카 인디언의 한 종족/옮긴이)의 두개골. 모턴의 『크라니아 아메리카나』에 실린 존 콜린스의 석판화.

추론을 계속하기가 불가능하다(p.81)."

『크라니아 아메리카나』가 기본적으로 인디언의 열등한 능력에 대한 논문이기 때문에, 먼저 모턴이 인디언의 두개골 평균값을 82세제곱 인치로 기술한 것이 부정확하다는 점을 지적하고자 한다. 그는 인디언을 멕시코와 남아메리카의 '톨테크족(Toltecan)'과 북아메리카의 '바바러스족(Barbarous Tribe)'이라는 두 그룹으로 나누었다. 82세제곱 인치라는 값은 후자의 두개골 평균이고, 144개 전체 표본에서는 80.2세제곱 인치라는 평균값이 나온다. 즉, 인디언과 백인종의 평균 차이는 7세제곱 인치가 되는 셈이다(모턴이 왜 이런 기본적 오류를 저질렀는지 알 수 없다. 어쨌든 이러한 수치는 정점에 백인이 위치하고, 중간에 인디언, 그리고 맨 아래쪽에 흑인이 놓인다는 전통적인 존재의 연쇄를 그에게 허용해준다).

그러나 80.2세제곱 인치라는 '정확한' 수치는 너무 낮다. 왜냐하면 그것이 부적절한 방식으로 산출된 값이기 때문이다. 모턴의 144개 두개골은 인디언의 여러 그룹에 속해 있는 것으로, 이들 그룹간에는 두개골의 크기에 상당한 격차가 있다. 통계를 내기에 앞서 각각의 그룹을 동등하게 측정하지 않으면 안 된다. 그렇지 않으면 최종 평균값이 부표본의 불균등한 차이에 의해 한쪽으로 기울게 되기 때문이다. 예를 들어 두 사람의 기수(騎手), 이 책의 저자인 나(엄밀히 말하자면 보통 정도의 키), 그리고 전미야구협회 소속의 모든 선수라는 표본으로부터 인간의 평균 신장을 계산하는 경우를 생각해보자. 수백 명의 야구선수들은 나머지 세 사람을 압도해서 6.5피트 이상의 평균값이 얻어질 것이다. 그러나 만약 세 그룹(기수, 나, 그리고 야구선수들) 각각의 평균을 내고, 다시 그 값의 평균을 구하면 실제값에 가까운 수치를 얻을 수 있을 것이다. 모턴의 표본은 뇌가 작은 페루의 잉카족이라는 극단적인 그룹을 실제 비율 이상으로 과도하게 활용해 지나치게 편향된 결과를 낳았다(잉카족은 평균 74.36세제곱 인치의 두개용량을 가지고 있고, 전표본의 25퍼센트를 차지한다). 다른 한편 뇌가 큰 이로쿼이족(Iroquois, 뉴욕주에 살았던 아메리카 인디언/옮긴이)은 전체 표본 중에 세 개밖에(2퍼센트) 포함되지 않는다. 만약 우연히 표본수집 방식이 바뀌어서, 모턴이 사용한 표본 중에 이로쿼이족의 두개골이 25퍼센트로 늘어나고, 잉카족의 두개골 비율이 낮아졌다면 인디언의 평균값은 훨씬 높아졌을 것이다. 따라서 나는 네 개 또는 그 이상의 두개골로 대표되는 모든 종족의 평균값을 구해 가능한 한 이 편향을 바로잡았다. 그러자 인디언의 평균값은 83.79세제곱 인치로 높아졌다.

 이 수정된 값은 코카서스 인종의 평균값에 비하면 3세제곱 인치나 높다. 그런데 코카서스 인종의 평균을 낸 모턴의 방식에 놀랄 만한 모순이 있다는 사실을 발견하게 된다. 통계적 추론은 불과 100년 전에 만들어진 것이기 때문에 부표본의 불균등한 크기로 인한 편향을 고려하지 않았다고 주장함으로써 인디언의 평균값에 대한 모턴의 오류를 변명할 수 있을지도 모른다. 하지만 이제 우리는 그가 이 편향을 완전히 이해하고 있었다는 사실을 알게 되었다—모턴은 자신의 표본에서 뇌가 작은 인도인을 고의로 제외함으로써 코카서스 인종의 높은 평균값을 이끌어냈다. 그는 이렇게 쓰고 있다(p.261). "그럼에도 불구하고 인도인이 전체 숫자 중에서 불과 셋밖에 포함되지 않은 것은 적절하다. 그것은 그들의 두개골이 현존하는 다른 민족의 그것보다 작기 때문이다. 예를 들어 인도인 두개골 일곱 개의 크기는 평균 75세제곱 인치에 불과하며, 표 속에 포함된 세 개도 그 평균값을 나타내고 있다." 따라서 모턴은 뇌가 작은 사람들(페루 잉카족)의 부표본을 많이 포함시켜서 인디언의 평균값을 낮추고, 마찬가지 방식으로 작은 두개골을 가진 코카서스 인종의 다수를 제외하여 자기 그룹의 평균값을 높였다. 모턴이 자신이 한 일을 공공연히 밝혔기 때문에 스스로의 방식이 부적절하다고 생각하지 않았다고 가정할 수밖에 없다. 그러나 코카서스 인종의 평균값이 더 높을 것이라는 선험적인 전제를 가지고 있지 않았다면, 어떤 이론적 근거로 잉카인의 두개골을 포함시키고 인도인의 그것을 제외했겠는가? 일반적인 경우라면 인도인의 표본을 변칙으로 간주해서 버리고, 잉카인의 표본(어쨌든 인도인의 것과 같은 평균값을 갖는)을 불리한 입장을 가진 큰 그룹의 정상값의 최저값으로 받아들였을 것이기 때문이다.

나는 모든 그룹에 똑같은 가중치(weight)를 주는 동일한 방식을 사용해서 인도인의 두개골을 모턴의 표본에 부활시켰다. 모턴이 계산할 때 사용한 코카서스 인종의 표본에는 네 개의 하위 그룹 두개골이 포함되어 있었다. 따라서 인도인은 전체 표본의 4분의 1에 해당한다. 만약 인도인의 두개골 17개를 전부 부활시키면, 전체 표본 66개의 26퍼센트가 된다. 그렇게 되면 코카서스 인종의 평균값은 84.45세제곱 인치로 내려가고, 인디언과 코카서스 인종 사이의 두드러진 차이는 사라진다(모턴이 낮게 평가했음에도 불구하고, 에스키모의 평균값은 86.8세제곱 인치이며, 평균 83세제곱 인치의 몽골인종은 다른 하위 그룹과 섞여서 드러나지 않았다). 모턴이 말한 인디언의 열등성의 실상은 이러한 것이었다.

이집트 지하묘지의 사례—『크라니아 이집티아카』

모턴의 친구이자 다원발생설을 지지했던 조지 글리든(George Gliddon)은 카이로시(市)의 미국 영사였다. 그는 고대 이집트의 무덤에서 발굴한 100개가 넘는 두개골을 필라델피아로 이송했다. 모턴은 그에 대응해서 1844년에 두 번째 대저 『크라니아 이집티아카』를 출간했다. 모턴은 이미 정신적 능력에서 백인이 인디언을 압도한다는 것을 입증했다(또는 그렇게 생각했다). 이제 그는 백인과 흑인의 차이가 그보다 훨씬 크다는 사실, 그리고 이 차이가 3천 년 이상의 기간 동안 고정불변이었다는 것을 입증함으로써 자신의 이야기를 완성시키려고 했다.

모턴은 인종과 인종 내의 하위 그룹 모두를 두개골의 특징으로 확인할 수 있다고 생각했다(오늘날 대부분의 인류학자들은 이러한 분류가 명확하게 이루어질 수 있다는 사실을 부정한다). 그는 코카서스 인종의 두개골을 펠라스기족(고대 그리스인의 선조), 유대인, 이집트인으로 나누고, 여기에서도 앵글로 색슨족의 우월성을 확인했다(표 2.2). 비(非)코카서스 인종의 두개골은 '니그로이드(negroid, 준흑색인종, 백인보다 흑인 쪽에 더 가까운 흑백 혼혈)'나 순수한 흑인으로 분류되었다.

코카서스인의 두개골에 대한 모턴의 주관적 분류는 명백히 부당한 것이었다. 그는 단순하게 가장 둥근 두개골을 자신이 선호하는 펠라스기족으로, 그리고 가장 편편한 것을 이집트인으로 분류했기 때문이다. 게다가 그 이외의 하위 분류 기준에 대해서는 언급하지도 않았다. 만약 그가 세 그룹으로 분류한 것을 무시하고, 65개의 코카서스 두개골 전체를 하나의 표본으로 삼았다면, 82.15세제곱 인치라는 평균 용량을 얻었을 것이다(만약 의심스러운 점을 모두 모턴에게 유리하게 해석해서, 그의 미심쩍은 부표본을 동등하게 서열화하면—내가 『크라니아 아메리카나』에서 인디언과 코카서스 인종의 평균을 계산했던 것처럼 하면—83.3세제곱 인치의 평균값을 얻을 수 있다).

두 가지 수치 중 어느 쪽을 채택해도 니그로이드나 흑인의 평균값을 훨씬 상회한다. 모턴은 자신이 지능의 선천적 차이를 측정했다고 가정했다. 그의 앞에 또 다른 단순하고 명백한 설명이 있었음에도 불구하고, 그는 두개골 용량의 평균적인 차이에 대한 다른 제안은 결코 고려하지 않았다.

뇌의 크기는 뇌를 지탱하는 신체의 크기와 연관된다. 몸집이 큰 사람은 작은 사람에 비해 큰 뇌를 가지고 있다. 그렇다고 해서 몸이 큰 사람이 더 지능이 뛰어나다는 의미는 아니다. 그것은 코끼리의 뇌가 인간보다 크지만 지능이 더 높지 않은 것과 마찬가지다. 따라서 신체 크기의 차이를 적절히 보정(補正)할 필요가 있다. 일반적으로 남성이 여성보다 큰 신체를 가지며, 따라서 뇌도 크다. 신체에 대한 보정을 하면, 남성과 여성의 뇌는 거의 비슷한 크기가 된다. 모턴은 성별과 신체 크기 차이를 보정하는 데 실패했을 뿐만 아니라 그의 데이터가 크고 분명한 목소리로 외치고 있었음에도 불구하고 그 관계를 인정하지도 않았다(나는 그의 표에 이러한 데이터가 기록되어 있음에도 불구하고 모턴이 성별이나 신장으로 두개골을 나누지 않았다고 추측할 수 있을 뿐이다. 왜냐하면 그는 뇌 크기의 차이에서 직접 지능의 차이를 읽어내고 싶어했기 때문이다).

이집트인의 두개골은 대부분 미라로 만들어진 유해에서 얻어졌다(그림 2.6). 따라서 모턴은 그들의 성별을 분명하게 기록할 수 있었다. 만약 모턴의 구분을 받아들여 남녀 별개로 평균값을 산출하면(모턴은 그렇게 하지 않았지만) 우리는 다음과 같은 주목할 만한 결과를 얻을 수 있다. 24개의 코카서스인 두개골의 평균 용량은 86.5세제곱 인치이고, 22개의 여성 두개골은 평균 77.2세제곱 인치다(나머지 19개는 성별을 확인할 수 없다). 여섯 개의 니그로이드 두개골 중에서 모턴은 두 개를 여성의 것으로 식별하고 있다(각기 71과 77세제곱 인치). 나머지 네 개는 확인이 불가능하다(각기 77, 77, 87, 그리고 88세제곱 인치).* 만약 작은 쪽(77, 77)이 여성이고, 그보다 큰 두 개(87, 88)가 남성이라고 합리적인 추론을 한다면,

---

*1849년의 최종 카탈로그에서 모턴은 모든 두개골의 성별을 추측했다(5년 범위 내에서 연령까지). 이 연구에서 그는 77, 87, 88세제곱 인치의 것을 남성으로, 그리고 나머지 77세제곱 인치의 것을 여성으로 식별했다. 그러나 이 구분은 명백한 억측이었다. 내가 제기한 대안 역시 마찬가지로 설득력이 있다. 『크라니아 이집티아카』에서 모턴은 좀더 조심스럽게 미라가 된 유해의 표본에 대해서만 성별을 확인했다.

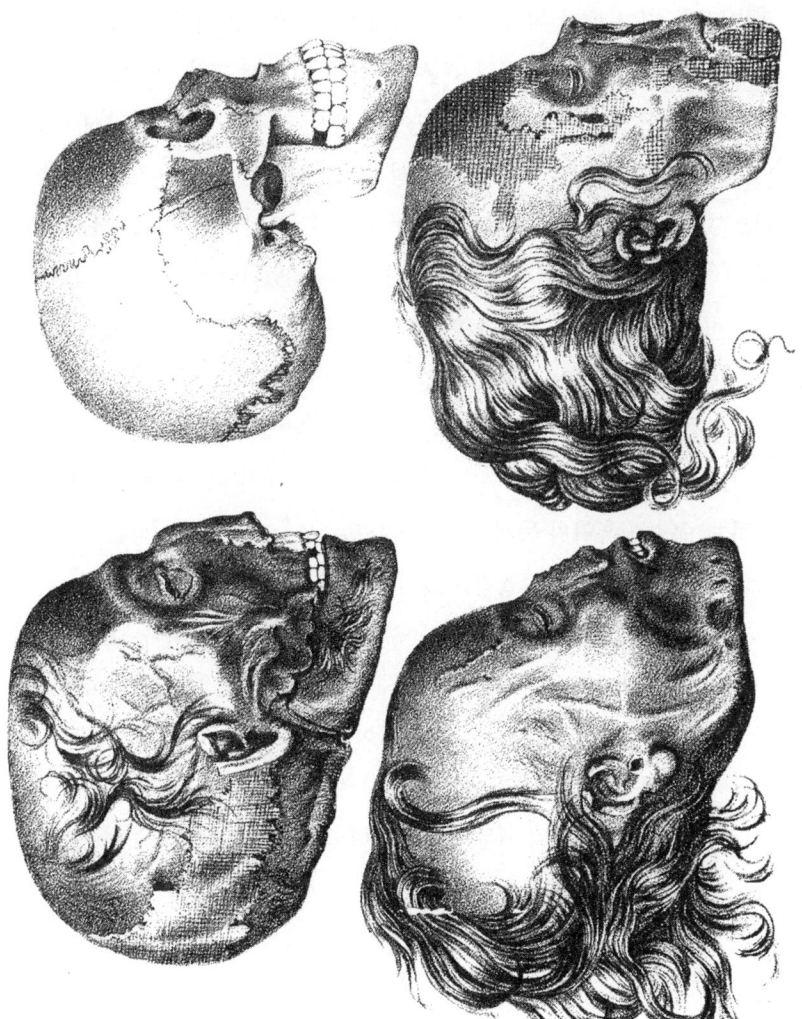

| 그림 2.6 | 이집트의 지하무덤에서 발굴된 두개골. 모턴의 『크라니아 이집티아카』(1844)에서.

니그로이드 남성의 평균은 87.5세제곱 인치가 되어 백인 남성의 평균 86.5세제곱 인치를 약간 상회하며, 니그로이드 여성의 평균은 75.5세제곱 인치가 되어 백인 여성의 평균 77.2세제곱 인치보다 약간 낮아진다. 모턴이 사용한 코카서스인의 표본과 니그로이드의 그것 사이에서 나타나는 4세제곱 인치라는 겉보기 차이는, 백인 표본은 절반이 남성이고, 니그로이드 표본은 3분의 1만이 남성이라는 사실을 기록한 것에 불과한지도 모른다(이 겉보기 차이는 모턴이 니그로이드의 평균을 계산할 때 80이 아니라 79로 잘못 낮춰 잡으면서 더욱 확대되었다. 앞으로 다시 살펴보겠지만, 모턴이 저지른 사소한 수치상의 잘못은 모두 그의 선입관에서 기인된 것이다). 이집트의 무덤에 매장되어 있던 코카서스인과 니그로이드 사이에서 나타나는 뇌 크기의 평균 차이는 성별에서 기인한 신장의 차이를 기록한 것에 불과하며 '지능'의 차이를 나타내기에는 역부족이다. 유일하게 순수한 흑인의 두개골(73세제곱 인치)이 여성의 것이라는 사실을 알더라도 이제 여러분은 놀라지 않을 것이다.

뇌와 신체의 상관관계는 앞서 논의한 『크라니아 아메리카나』에 남아 있던 문제를 함께 해결해줄 것이다. 즉, 인디언 종족간의 뇌 크기의 평균값 차이는 무엇에 근거하는 것인가? (이 차이는 모턴에게는 큰 골칫거리였다. 작은 뇌를 가진 잉카인이 어떻게 그토록 정교한 문명을 건설할 수 있었는지 이해할 수 없었기 때문이다. 그들이 정복자에 의해 순식간에 멸망했다는 사실로 위안을 삼기는 했지만 말이다.) 이번에도 그의 앞에 대답이 놓여 있었지만 모턴은 그것을 보지 못했다. 그는 여러 종족에 관한 기술에서 신장에 관한 주관적 자료를 제시하고 있지만, 나는 표 2.4에 있는 뇌 크기의 평균값과 함께 이 종족들의 신장을 분류했다. 뇌와 몸 크기 사이에 상관관계가 있다는 사실이 예외없이 확인된다. 코카서스 인종 중에서 인도인의 평균값이 낮은 것은 신장 차이에서 비롯된 것으로, 결코

'멍청한' 인디언의 또 다른 예가 아니다.

표 2.4 모턴이 키 순서로 정렬시킨 인디언 그룹의 두개용량

신장과 그룹	두개용량(세제곱 인치)	개수
대(大)		
세미놀-머스코기족	88.3	8
치피웨이족과 근연족	88.8	4
다코타족과 오세이지족	84.4	7
중(中)		
멕시코인	80.2	13
메노미니	80.5	8
마운즈	81.7	9
소(小)		
콜롬비아 리버 프랫헤즈	78.8	10
페루인	74.4	33

흑인의 평균값을 속인 사례

모턴은 『크라니아 아메리카나』에서 흑인 두개용량의 평균값을 78세제곱 인치로 기록했다. 5년 후 『크라니아 이집티아카』에서는 측정표의 각주에 "아프리카 태생 흑인의 79개 두개골이 있다. (······) 그중 58개는 성인의 것이고 (······) 뇌 크기의 평균값은 85세제곱 인치다(1844, p.113)"라고 기록하고 있다. 모턴은 1839년과 1844년 사이에 두개골을 측정하는 방법을 겨자씨에서 납 탄환으로 바꾸었다. 나는 이것이 흑인의 평균값이 높아진 원인이었을 것이라고 생각한다. 다행스럽게도 모턴은 대부분의 두개골을 하나 하나 직접 다시 측정했다. 또한 그의 여러 자료에는 겨자씨와 납 탄환을 이용해서 같은 두개골을 측정한 수치가 표로

정리되어 있다(상세한 내용은 Gould, 1978을 참조하라).

나는 겨자씨를 사용해서 측정한 쪽이 낮은 값을 나타낼 것이라고 예상했다. 종자는 체로 걸러도 크기에 편차가 있고 무엇보다 가볍다. 따라서 차곡차곡 쌓이지 않는다. 세게 흔들거나 엄지손가락으로 강하게 밀면 바로 가라앉아서 씨앗을 더 채워 넣을 수 있다. 그 때문에 씨앗을 사용한 측정에서는 편차가 컸다. 모턴 역시 같은 두개골을 여러 차례 측정한 결과 몇 세제곱 인치의 차이가 있었다고 보고했다. 결국 그는 측정 결과에 실망해서 조수를 해고하고, 표본 전체를 납 탄환으로 직접 다시 측정했다. 다시 측정한 결과 1세제곱 인치 이상 차이가 나는 경우는 없었다. 우리는 모턴이 납 탄환을 사용해서 측정한 결과를 객관적이고, 정확하고, 재현가능한 것으로 받아들일 수 있다. 그에 비해 겨자씨를 사용한 앞선 측정은 상당히 주관적이고 편차가 컸다.

그런 다음 나는 인종별로 겨자씨와 납 탄환 사이의 불일치를 계산했다. 예상대로 납 탄환 쪽이 겨자씨의 경우보다 항상 높은 값을 나타냈다. 인디언의 111개 두개골을 두 가지 방식으로 모두 측정했을 때, 납 탄환이 겨자씨보다 평균 2.2세제곱 인치 높은 수치를 보여주었다. 그러나 흑인과 코카서스인에 대한 데이터는 신뢰할 수 없었다. 모턴이 (겨자씨로 측정한)『크라니아 아메리카나』에서 이들 인종에 대해 두개골을 개별 측정하지 않았기 때문이다. 코카서스 인종의 경우, 19개의 식별가능한 두개골에서 납 탄환으로 측정한 수치가 겨자씨로 측정한 수치보다 평균값에서 겨우 1.8세제곱 인치의 차이를 나타낼 뿐이었다. 그럼에도 불구하고『크라니아 아메리카나』에 보고된 18개의 아프리카인 두개골을 재측정하자 납 탄환으로는 83.44세제곱 인치의 평균값을 얻어 1839년에 겨자씨로 측정한 평균값보다 5.4세제곱 인치나 높아졌다. 다시 말하면, 모턴의 선험적인 판단에 의해 어떤 인종이 더 '열등하게' 판단될수록 무의식적으로 쉽게 날조될 수 있는 주관적인 측정과 선입관에 물들지 않은 객관적인 측정 사이의 어긋남이 점점 더 커졌던 것이다. 이 불일치가 흑인에서는 5.4세제곱 인치, 인디언에서는 2.2세제곱 인치, 그리고 코카서스인에게서는 1.8세제곱 인치였다.

우리는 그럴듯한 시나리오를 쉽게 상상할 수 있다. 모턴이 종자를 사용할 때, 엄청나게 큰 흑인의 두개골에 씨앗을 가볍게 채우고 몇 번 흔드는 정도로 그친 반면 지독하게 작은 백인의 두개골에는 씨앗을 채운 후 세게 흔들고, 엄지손가락으로 강하게 눌러댄 것이다. 이러한 행위는 무의식중에 자연스럽게 이루어진다. 기대가 행위의 강력한 지침이 된 셈이다.

1849년의 최종적인 표

모턴이 1849년에 최종 자료를 표로 만들었을 때 그의 훌륭한 컬렉션에는 모두 623개의 두개골이 모여 있었다—이 표는 앵글로 색슨족이라면 누구나 기대하는 서열화를 압도적으로 확인해주었다.

그런데 코카서스 인종의 부표본들은 오류와 왜곡으로 점철되어 있었다. 개요에 90세제곱 인치로 보고된 독일인의 경우 카탈로그에 기재된 두개골을 하나씩 측정해보면 평균값이 88.4세제곱 인치였고, 앵글로 색슨인 미국인의 정확한 평균값은 90세제곱 인치가 아니라 89(89.14)세제곱 인치였다. 영국인의 96세제곱 인치라는 높은 평균값은 정확하지만, 적은 수의 표본 모두가 남성의 것이었다.* 만약 부표본들의 평균값을 나

---

*키에 의해 얼마나 큰 차이가 나타날 수 있는지 다시 한 번 보여주기 위해 모턴의 표로 복구된 이 추가 데이터를 보고하겠다. 그러나 이 데이터들은 그에 의해 계산되지 않았을 뿐 아니라 인식도 되지 않았다. 1)페루 잉카족에서는 53개의 남성 두개골 평균이 77.5세제곱 인치이고 61개의 여성 두개골 평균은 72.1세제곱 인치다. 2)독일인의 경우, 아홉 개의 남성 두개골 평균은 92.2세제곱 인치이고, 여덟 개의 여성 두개골 평균은 84.3세제곱 인치다.

의 계산법으로 표시하면 여섯 종류의 근대 코카서스 인종의 '족(family)'은 평균 87세제곱 인치라는 값을 나타낸다.** 고대 코카서스 인종 두개의 부표본의 평균은 84세제곱 인치다(표 2.5).

표 2.5 모턴의 최종표의 수정값

민족	두개용량(세제곱 인치)
몽골 인종	87
근대 코카서스 인종	87
아메리카 인디언	86
말레이족	85
고대 코카서스 인종	84
아프리카 인종	83

여섯 개의 중국인 두개골은 모턴에게 82세제곱 인치라는 몽골 인종의 평균값을 제공했다. 그러나 이 낮은 값은 묘하게도 선택적으로 작용하는 그의 두 가지 건망증의 사례를 기록한다. 첫째는 모턴이 마지막 중국인

** 내 원래 보고서(Gould, 1978)에는 근대 코카서스인의 평균이 85.3세제곱 인치로 잘못 기재되었다. 이러한 오류가 나타난 이유는 당황스럽지만 교훈적이기도 하다. 결국 그 오류가, 나를 희생물로 삼아, 이 책의 중요한 원리를 설명하고 있기 때문이다. 즉, 과학이 사회에 깊이 뿌리내리고 있고(sodal embeddedness) 기대와 추정되는 객관성이 상습적으로 결합된다는 것을 잘 보여주기 때문이다. 표 2.3의 7번째 줄에 모턴이 보고한 세 개의 유대족 견본에서 두개골 크기의 범위가 84에서 98세제곱 인치로 나타나 있다. 그러나 내 원래 논문에는 80이라는 평균값이 인용되었다. 가장 작은 두개골 측정값이 84라면, 이러한 숫자가 나타날 수 없다는 것은 자명하다. 나는 모턴의 원래 표의 복사본을 사용해서 연구했지만, 내 복사본에는 89라는 정확한 수치가 80으로 읽힐 수도 있을 만큼 희미해져 있었다. 그렇지만 바로 옆에 84부터 98까지라는 범위가 분명히 표시되어 있었다. 그러나 나는 그 모순을 알아차리지 못했다. 필경 80이라는 낮은 값이 표준 이하의 코카서스인 평균값을 위해 적합하리라는 나의 희망에 부합했기 때문일 것이다. 따라서 80이 옳게 '느껴졌고', 나는 더 이상 검토하지 않았다. 이 오류를 내게 지적해준 노스웨슈테른 대학의 어빙 클로츠(Irving Klotz) 박사에게 감사드린다.

표본(1336번인 98세제곱 인치의 두개골)을 제외한 것이다. 그가 개요를 발표했을 때, 이 표본은 컬렉션 속에 포함되어 있었던 것이 분명하다. 왜냐하면 번호가 더 높은 페루인의 두개골 상당수가 포함되어 있기 때문이다. 둘째, 모턴은 자신의 컬렉션에 에스키모의 두개골이 없다는 사실을 개탄했음에도 불구하고(1849, p.Ⅳ), 『크라니아 아메리카나』를 위해 측정한 세 개의 에스키모 두개골을 언급하지 않았다(이 두개골들은 친구인 조지 콤의 수집품이었고, 모턴의 최종 카탈로그에는 기재되지 않았다).

모턴은 이 두개골들을 납 탄환으로 재측정하지 않았다. 그러나 만약 겨자씨로 측정했을 때의 인디언의 평균값 86.8세제곱 인치에 2.2세제곱 인치의 보정값을 더하면 89세제곱 인치라는 평균값을 얻을 수 있다(1336번의 중국인 두개골을 추가하고, 에스키모 두개골을 보수적으로 보정한 경우). 이들 두 표본으로부터 몽골 인종의 평균값 87세제곱 인치가 얻어진다.

1849년에는 모턴이 계산한 인디언의 평균값이 79세제곱 인치로 내려갔다. 그러나 앞서의 예와 마찬가지로—부표본 사이의 수치 불균등 때문에—이번에는 너무 과장되어, 타당한 수치가 아니었다. 1839년의 표본에서는 머리가 작은(그리고 키가 작은) 페루인이 23퍼센트를 차지하고 있었다. 그러나 1849년에는 그 빈도가 대략 절반까지(338개의 두개골 중 155개) 증가했다. 만약 앞에서 언급했던 내 기준을 사용해서 모든 부표본을 동일한 가중치로 다뤄 평균값을 계산하면 인디언의 평균값은 86세제곱 인치가 된다.

흑인의 평균값을 내기 위해 우리는 모턴의 오스트레일리아 원주민을 생략해야 한다. 그는 아프리카 흑인의 지위를 평가하려 했지만 우리는 이 두 그룹 사이에 밀접한 관련이 있다는 것을 더 이상 인정하지 않기 때문이다—피부가 검은 인종은 인간 집단에서 한 차례 이상 진화했다. 나는 세 개의 호텐토트 표본도 제외했다. 그것은 모두 여성의 두개골이고, 호텐토트인의 키는 아주 작다. 단일 표본으로 혼합된 토착 흑인과 미국 태생 흑인의 경우, 82와 83 사이에서 83세제곱 인치에 가까운 평균값을 얻을 수 있다.

요약하자면 모턴이 편의적으로 매긴 순위를 수정한 결과 나는 그의 데이터에서(표 2.5) 인종간에 유의미한 차이를 발견할 수 없었다. 모든 그룹은 83에서 87세제곱 인치 사이에 위치하며, 코카서스 인종이 그 정점을 차지한다. 만약 서부 유럽인들이 자신들의 부표본(코카서스 인종 속의 게르만족과 앵글로 색슨족) 평균값이 높다는 사실을 통해 자신들의 우월성을 나타내려 한다면, 나는 몇 개의 인디언 부표본 역시 높은 평균값을 나타냈다는 점을 지적하고자 한다(그러나 모턴은 북아메리카 인디언을 모두 섞어서 다루었고, 하위 그룹의 평균값은 보고하지 않았다). 그리고 모든 튜턴족과 앵글로 색슨족의 평균값은 모턴의 표에서 잘못 계산되었거나 편향되어 있다.

결론

모턴의 속임수는 네 가지 일반적인 범주 속에서 그 위치를 부여할 수 있다.

1. 편의주의의 모순과 수시로 바뀌는 기준 : 모턴은 미리 예상한 그룹의 평균값에 부합하기 위해 종종 큰 부표본을 포함시키거나 제외했다. 인디언 평균값을 낮추기 위해 페루 잉카족의 표본을 포함시켰고, 코카서스 인종의 평균을 높이기 위해 인도인의 표본을 제외했다. 또한 자신이 원하는 결과와 일치시키기 위해 부표본의 평균을 나타내거나 계산하지 않았다. 튜턴족과 앵글로 색슨족의 우월성을 나타내기 위해 코카서스

인종에게 유리한 계산을 했고, 마찬가지로 높은 평균값을 갖는 인디언의 부표본에 대한 데이터는 나타내지 않았다.

2. 선입관을 향해 방향 지워진 주관주의 : 겨자씨를 이용한 모턴의 측정방법은 주관적 편향에 따라 폭넓은 영향을 받을 수 있어 부정확했다. 하지만 이후 납 탄환에 의한 측정은 재현가능한 데이터이며 객관적이라고 생각된다. 두 가지 방법으로 측정된 두개골 용량에서 납 탄환을 이용한 측정값이 항상 겨자씨를 이용한 측정값보다 컸다. 그러나 불일치의 정도는 미리 가정된 값과 일치했으며, 흑인은 5.4, 인디언은 2.2, 백인은 1.8세제곱 인치의 차이를 보였다. 다시 말하면 결과가 예상된 값으로 편향되어 흑인은 최저값을, 백인은 최고값을 향해 치우쳤다.

3. 우리에게는 명백하게 보이는 절차적 생략 : 모턴은 두개골의 크기 차이가 타고난 지능의 차이를 나타낸다고 믿었다. 그 자신의 데이터는 대부분 다른 해석을 요구하고 있었지만, 그는 결코 다른 가설을 고려하지 않았다. 모턴은 자신의 표 속에 성별이나 키에 대한 자료를 기록할 때에도 이집트 미라의 경우와 마찬가지로 성별이나 신장의 평균을 계산하지 않았다. 만약 키가 미치는 효과를 계산했다면, 그는 키가 그룹별 뇌 크기의 중요한 차이를 모두 설명해준다는 사실을 인정했을 것이다. 니그로이드는 그가 수집한 이집트인 두개골 중에서 코카서스인보다 낮은 평균값을 나타냈지만, 그 이유는 필경 키가 몹시 작은 여성들이 상당 비율 포함되어 있기 때문이지 흑인이 선천적으로 더 우둔하기 때문은 아닐 것이다. 그가 인디언 표본에 포함시킨 잉카인과 백인 표본에서 제외한 인도인은 모두 작은 키로 인해 뇌가 작은 사람들이었다. 모턴은 흑인의 우둔함을 입증하기 위해 세 명의 호텐토트 여성의 표본을 이용했고, 코카서스인의 우수함를 과시하기 위해 모두 남성으로 이루어진 영국인의 표본을 이용했다.

4. 잘못된 계산과 편의주의적인 생략 : 내가 찾아낸 계산 오류와 생략은 모두 모턴이 가진 편견의 산물이다. 그는 이집트 니그로이드의 평균값을 80세제곱 인치로 반올림하지 않고 79세제곱 인치로 내렸다. 독일인과 앵글로 색슨인의 경우에는 90세제곱 인치라는 평균값을 사용하고 있지만, 정확한 값은 88과 89세제곱 인치 사이다. 몽골인종에 대한 마지막 표에서는 큰 두개골의 중국인과 에스키모의 표본이 배제되었고, 그 때문에 평균값은 코카서스인의 그것보다 낮아졌다.

그러나 이러한 속임수를 통틀어 나는 사기나 의식적인 조작의 징후를 발견할 수는 없었다. 모턴 역시 자신의 흔적을 지우려고 시도하지 않았다. 나는 그가 자신이 남긴 흔적을 전혀 알아차리지 못했다고 가정할 수밖에 없다. 그는 자신이 거친 절차를 모두 설명했고, 원자료를 남김없이 발표했다. 내가 식별할 수 있는 것은 인종의 서열화에 대한 매우 강력한 선험적인 확신이 미리 설정된 선을 따라 그가 표를 작성하도록 이끌었다는 사실이다. 그러나 모턴은 당대에 객관주의자로 명성을 떨쳤고, 증거에 의해 뒷받침되지 않은 공상의 수렁에서 미국의 과학을 구한 인물로 칭송되었다.

과학보다 높은 곳에 있는 종교

미국의 저명한 다원발생론자들은 노예제도에 대한 태도에서 다양한 차이를 나타냈다. 대부분이 북부인들이었고 스퀴어(Squier)의 명언 "[나는] 흑인에 대해 빈약한 의견밖에 가지고 있지 않다. (……) 노예제도에 대해서는 더 빈약한 의견을 가지고 있을 뿐이다(Stanton, 1960, p.193)"라는 구절을 좋아했다.

그러나 흑인을 대등하지 않은 다른 종으로 인정하는 것은 노예제도 옹호론으로 상당히 매력적이었다. 저명한 다원발생론자인 조시아 노트(Josiah Nott)는 '흑인학(niggerology, 이것은 그가 붙인 명칭이다) 강의'로 특히 남부 청중들 사이에서 대단한 관심을 끌었다. 모턴의 『크라니아 이집티아카』는 남부에서 열렬한 환영을 받았다(Stanton, 1960, pp.52~53). 한 노예제도 지지자는 이 '특별한 제도'를 지키기 위해 더 이상 "유럽이나 미국 북부의 소리"에 "겁먹을" 필요가 없다고 쓰기도 했다. 모턴이 세상을 떠났을 때, 남부의 한 저명한 의학잡지는 이렇게 선언했다. "우리 남부인들은 그를 우리의 은인으로 생각해야 한다. 그는 흑인에게 열등 인종으로서의 참된 지위를 부여하는 데 가장 실질적인 도움을 주었기 때문이다(R. W. Gibbs, 『*Charleston Medical Journal*』, 1851, 출전; Stanton, 1960, p.44)."

그럼에도 불구하고, 다원발생론자들의 주장은 19세기 중반 미국의 노예제도 이데올로기에서 일차적인 지위를 차지하지 않았다. 거기에는 충분한 이유가 있었다. 대부분의 남부인에게 이 탁월한 주장은 너무 많은 대가를 수반했다. 다원발생론자들은 이러한 이데올로그들을 자신들의 순수한 진리 탐구에 장애가 된다는 이유로 배격했다. 그러나 다원발생론자들의 비판의 표적은 노예제도 폐지론자들보다 종종 목사들이었다. 그들의 이론은 인간창조의 복수성(複數性)을 주장한다는 점에서 인류가 한 사람의 아담에서 비롯되었다는 교의에 어긋나며, 성서가 문자 그대로 진리라는 생각에도 위배된다. 지도적 다원발생론자들 사이에서 다양한 종교적 태도가 나타났지만 무신론자는 없었다. 모턴과 아가시도 전통적인 독실한 신자였지만, 전문적인 훈련을 받지 않은 목사들이 과학적 주제에 쓸데없는 말참견을 하지 않고 자연주의적인 논쟁을 해결하기 위해 기록으로서의 성서를 들먹이는 짓을 그만둔다면 과학과 종교 모두 촉진될 것이라고 확신했다(물론 아가시와 모턴이 그렇게 노골적으로 이야기하지는 않았겠지만 말이다). 조시아 노트는 강력하게 자신의 목표를 제시했다. "(……) 인류의 자연사를 성서에서 분리시키고, [과학과 종교를] 각기 그 자신의 토대 위에 올려놓아서 충돌이나 방해가 일어나지 않게 하는 것이다(Stanton, 1960, p.119)."

다원발생론자들은 노예제도 옹호론자들을 당황하게 만들었다. 노예제도 옹호론자들은 종교의 영역을 제한하면서까지 과학의 강력한 주장을 받아들여야 할 것인가라는 딜레마를 해결하는 과정에서 대개 종교의 손을 들어주었다. 결국 노예제도를 지지하기 위한 성서의 논거에는 부족함이 없었던 셈이다. 노아의 차남인 함의 저주에 의해 흑인이 퇴화했다는 생각은 역사가 깊고 뛰어난 효력을 가진 원조자. 게다가 다원발생설은 노예제도 옹호로 이용될 수 있는 유일한 유사과학적(quasi-scientific) 주장이 아니었다.

예를 들어 존 바흐맨은 사우스 캐롤라이나주의 목사이자 뛰어난 자연주의자였지만, 적극적인 일원발생론자로 과학자로서의 경력 대부분을 다원발생설 비판에 쏟아부었다. 또한 그는 노예제를 옹호하기 위해 일원발생론의 원리를 사용하기도 했다.

지적 능력에서 아프리카인은 우리 종의 열등한 변종이다. 그들에게 자치능력이 없는 것은 그들의 역사를 보면 분명히 알 수 있다. 우리들이 손을 이끌어주는 아이들, 우리에게 보호와 지원을 구하는 아이들은 약하고 무지하지만 그래도 우리 자신의 혈족이다(Stanton, 1960, p.63).

노예제도를 '과학적'으로 변호한 비(非)다원발생론자 중에서 어리석기로는 남부의 저명한 의사인 S. A. 카트라이트(S. A. Cartwright)의 학설이 으뜸이다(나는 이것을 전형적인 사례로 인용하는 것이 아니다. 또한 많은 남부의 지식인들이 이 학설에 주목했다고 생각하지도 않는다. 다만 '과학적' 주장 중에서 극단적인 예를 제시하고 싶을 따름이다). 카트라이트는 흑인문제의 원인을 폐 속에서 일어나는 혈액의 탈(脫)탄소작용이 제대로 이루어지지 않은 탓으로(즉 핏속에서 이산화탄소의 제거가 불충분하기 때문) 돌렸다. "아프리카 사람들이 스스로를 돌볼 수 없게 만든 정신력 저하의 참된 원인은 (……) 두개골 속 대뇌물질의 결핍과 결합된 혈액의 (……) 불완전한 대기화(大氣化)이다(Chorover, 1979, 카트라이트로부터의 인용은 모두 1851년의 루이지애나의학협회[Louisiana Medical Association]의 학술회의에서 발표된 그의 논문에서 인용한 것이다)."

심지어 카트라이트는 이 현상에 디세스테시아(dysesthesia)라는 명칭을 부여하기까지 했다. 그것은 호흡기능이 불충분한 병이라는 뜻이다. 그는 노예에게 나타나는 이런 증상을 이렇게 설명했다. "일을 시켰을 때 (……) 자신에게 부과된 일에 경솔하고 부주의한 태도로 임한다. 재배하는 식물을 발로 밟아 짓이기고, 쓰고 있는 도구를 부수고, 그의 손이 닿는 것은 무엇이든 망친다." 무지한 북부인들은 이러한 행동을 "노예제도의 파괴적인 영향"으로 돌리지만, 카트라이트는 그것을 진정한 질병의 징후로 인식했다. 그는 고통에 대한 무감각을 다른 증상으로 식별했다. "불행한 사람은 벌을 받기 쉽고, 어떤 결과에 대해서도 고통을 느끼지 않으며 (……) 무감각함 이외에 아무런 불유쾌한 분노도 느끼지 않는다. 어떤 경우에는 (……) 거의 모든 감정을 완전히 상실한 것처럼 보인다." 카트라이트는 이런 증상에 대해 다음과 같은 치료법을 제안한다.

혈액의 탈탄소작용를 돕기 위해 (……) 간, 피부, 신장을 자극하는 활동을 할 필요가 있다. 피부를 자극하는 가장 좋은 방법은 우선 따뜻하게 데운 물과 비누로 환자를 잘 씻기는 것이다. 그런 다음, 전신에 기름을 발라 폭이 넓은 가죽띠로 때린다. 그리고 환자가 바깥 공기와 햇빛을 받으면서 조금 심한 종류의 일을 하게 한다. 가령 나무를 베거나 레일을 분리시키거나 가로톱이나 가는 톱으로 나무를 자르는 등의 작업은 폐를 확장시키는 데 도움이 된다.

그러나 디세스테시아로 카트라이트의 질병 목록이 끝난 것은 아니다. 그는 왜 노예들이 자주 도망치려고 하는지 그 이유를 궁금하게 여겼고, 그것을 자신이 드라페토마니아(drapetomania)라고 명명한 정신병, 즉 도망치고 싶은 광적인 열망에서 비롯된다고 생각했다. "아이들처럼 그들은 불변의 생리학적 법칙에 의해 자신에게 권위를 갖는 사람을 사랑하도록 강요되고 있다. 그 때문에 흑인들은 그 본성으로 인해 마치 아이들이 젖을 주는 여성을 사랑하지 않을 수 없듯이 친절한 주인을 사랑하지 않을 수 없다." 드라페토마니아에 빠진 노예에 대해 카트라이트는 몇 가지 행동요법을 권한다. 즉, 노예 소유주는 극단적인 관용과 극단적인 학대 모두를 삼가야 한다는 것이다. "도주를 막고 치료하기 위해서는 단지 그들을 그 상태로 유지해서 아이들처럼 다루지 않으면 안 된다."

노예제도 옹호론자는 다원발생설을 필요로 하지 않았다. 종교는 사회질서를 합리화시키는 가장 중요한 원천으로 여전히 과학보다 높은 곳에 위치하고 있었다. 그러나 미국에서 벌어진 다원발생설을 둘러싼 이러한 논쟁들은, 현상(現狀)을 수호하고 인간의 차이가 불변의 성질이라는 주장을 지키기 위해 과학적 양식의 주장들이 최전선을 이루지 않은 마지막 시대였는지도 모른다. 당시는 남북전쟁이 임박했고, 다윈의 『종의 기원』 (1859)이 출간되기 직전이었다. 노예제도, 식민주의, 인종차별, 계급구조, 성 역할에 관한 그후의 주장은 주로 과학이라는 깃발 아래에서 전개된다.

| 제3장 |

머리의 측정 — 폴 브로카의 전성시대

머리의 측정—폴 브로카의 전성시대

> 현실을 인지하는 이성적인 사람이라면 보통 흑인이 보통 백인보다 우수하거나 동등하다고 생각하지 않는다. 그리고 만약 이것이 사실이라 하더라도, 흑인의 여러 제약이 제거되고 보호자도 압제자도 없는 공평한 싸움이 벌어진다면, 턱이 튀어나온 우리들의 친척이 큰 뇌와 작은 턱을 가진 경쟁자에게 승리를 거둘 수 있으리라고는 믿기 힘들다. 이 싸움은 물어뜯는 이빨이 아니라 사고(思考)가 무기이다.
> —T. H. 헉슬리

숫자의 마력

서문

진화론은 일원발생설과 다원발생설 사이의 격렬한 논쟁을 뒷받침해온 창조론의 발판을 허물어뜨렸지만, 양 진영이 공유하는 인종주의를 지지하는 보다 나은 근거를 제공해줌으로써 모두를 만족시켰다. 단기원론은 정신적·도덕적 가치에 의거해서 인종의 선형적 계층을 계속 구축했고, 다른 한편 다원발생론자들은 유사 이전의 안개 속에서 공통의 선조를 인정했지만, 인종이 능력과 지능의 중요한 유전적 차이를 진화시키기에 충분히 먼 과거에 분기했다고 주장했다. 인류학사가인 조지 스토킹(George

Stocking)은 이렇게 말한다. "이 지적 긴장관계는 1859년 이후 단기원론이자 인종차별주의인 포괄적 진화론(comprehensive evolutionism)에 의해 해소되었다. 이 진화론은 검은 피부의 미개인을 원숭이에 가까운 지위로 강등시킴으로써 인류의 단일성을 확인했다(1973, p.ixx)."

19세기 후반이 인류학의 진화론만 주목받던 시대는 아니었다. 저항할 수 없는 또 하나의 조류가 엄청난 기세로 인문학을 휩쓸었다. 그것은 숫자의 유혹(allure of numbers)이었으며, 엄밀한 측정이 논박할 수 없는 정확함을 보증하고 주관적인 사변으로부터 뉴턴 물리학과 등가(等價)인 진정한 과학으로의 이행을 보장한다는 신념이었다. 진화론과 정량화가 부정한 동맹(unholy alliance)을 맺은 셈이다. 만약 과학의 정의가 과학을 가장 잘못된 방식으로 오해하고 있는 많은 사람들의 정의에 따라 내려진다면, 다시 말해서 방대한 숫자에 의해 표면적으로 뒷받침된 주장을 과학으로 정의한다면, 어떤 의미에서 이 동맹이 최초로 '과학적' 인종차별주의의 강력한 이론을 창안한 셈이다. 인류학자들은 이미 다윈 이전에도 그런 숫자를 제공했지만, 모턴 분석의 조잡함은(2장을 참조) 엄밀함에 대한 모든 요구를 배반하는 것이었다. 다윈의 세기가 끝나갈 무렵 표준화된 방법이나 점차 늘어난 통계학적 지식 덕택에 좀더 가치 있는 수리적 자료들이 범람하기 시작했다.

이 장은 한때 그 중요성에서 다른 모든 것을 능가한다고 생각되었던 숫자에 대한 이야기다. 즉 두개계측학(craniometry)의 데이터 또는 두개(頭蓋)와 그 내용물의 측정에 대한 것이다. 두개계측학의 지도자들은 정치적 의식을 가진 이데올로그는 아니었다. 그들은 스스로를 수(數)의 종복이자 객관성의 사도로 간주하고 있었다. 그리고 그들은 백인 남성들이 공유하는 안락한 편견—흑인, 여성 그리고 가난한 사람들은 자연의 가혹한 명령에 의해 종속적인 지위를 걸머지고 있다는—을 확인해주었다.

과학의 본령은 창조적 해석이다. 수는 시사하고, 강제하고, 거부한다. 수 자체가 과학이론의 내용을 규정하는 것은 아니다. 이론은 수의 해석이라는 토대 위에 세워지고, 해석자는 종종 자신의 수사(修辭)라는 덫에 걸린다. 해석자는 자신의 객관성을 확신하며, 때때로 자신이 얻은 수치와 일치하는 많은 해석들 중에서 하나의 해석을 고르게 하는 선입관을 간파하지 못한다. 오늘날 폴 브로카(Paul Broca)는 이미 먼 과거의 사람이다. 이제는 한 걸음 물러서서 그가 새로운 이론을 만들기 위해서가 아니라 선험적인 결론을 입증하기 위해 숫자를 이용했다는 사실을 밝힐 수 있다. 그렇지만 단지 우리가 대부분의 현역 과학자들과 문화적 맥락을 공유하고 그 영향을 객관적 진리로 착각하기 때문에 과거의 과학이 오늘과 다르다는 것을 믿어야 할까? 브로카는 전형적인 과학자로, 그만큼 세심한 주의를 기울여 정밀한 측정을 한 사람은 찾아보기 힘들 것이다. 그렇다면 무슨 권리로 그의 선입관을 우리의 편견과 다른 것으로 구별하고 오늘날의 과학이 문화나 계급과는 무관하게 독립적으로 작동한다고 주장할 수 있는가?

프랜시스 골턴—정량화의 사도

다윈의 유명한 사촌동생인 프랜시스 골턴(Francis Galton, 1822~1911)만큼 그 시대의 숫자에 대한 매료를 잘 표현한 사람은 없다. 상당한 재력가였던 골턴은 많은 에너지와 지능을 자신이 선호하는 측정이라는 대상에 쏟아부을 수 있었던 자유를 가진 드문 인물이었다. 근대 통계학의 선구자인 골턴은 충분한 노력과 재능만 있으면 무엇이라도 측정할 수 있으며, 측정이 과학 연구의 일차적인 기준이라고 믿었다. 심지어 그는 기도의 효과에 대한 통계적 연구를 제안하고 스스로 실행에 옮기기까지 했다! 골턴은 1883년에 '우생학(eugenics)'이라는 말을 만들어냈고,

양친의 유전적 소질에 따라 결혼과 가족 크기를 규율해야 한다고 주장했다. 그는 자신만의 기이하고 독특한 방법으로 측정에 대한 신념을 뒷받침했다. 예를 들어, 다음과 같은 방식으로 영국 제도의 '미인지도'를 만들기 위한 시도를 하기도 했다(1909, pp.315~316).

내가 만난 사람들을 '좋다, 보통, 나쁘다'의 세 등급으로 분류하고 그때마다 찌를 도구로 바늘을 준비해서 상대가 알아차리지 못하게 바늘로 종이에 구멍을 뚫는 것이다. 종이는 미리 긴 다리를 가진 십자가형으로 잘라놓고, 십자가의 위쪽에는 '좋다', 십자가의 팔에는 '보통', 그리고 아래쪽에는 '나쁘다'를 기록한다. 바늘구멍은 흔적이 뚜렷이 남기 때문에 쉽게 확인할 수 있다. 종이에는 대상, 장소, 날짜가 기록된다. 나는 이 계획을 나의 미인 자료를 위해 이용했다. 거리나 그밖의 장소에서 나를 지나친 여성들은 '매력적이다' '평범하다' 또는 '혐오스럽다'로 분류되었다. 물론 이것은 순전히 개인적인 평가였지만, 같은 집단에 대한 다른 평가 시도들과의 부합 여부를 판단해볼 때 일관되었다. 이렇게 해서 나는 런던이 미인 순위에서 최고라는 것을 알았다. 최하위는 애버딘이었다.

그는 유머를 섞어 따분함을 정량화하는 다음과 같은 기발한 방법을 제안하기도 했다(1909, p.278).

많은 심리적 과정들은 대략적으로 측정이 가능하다. 가령 사람들이 지루함을 느끼는 정도는 그들이 안절부절못하는 횟수를 세는 방법으로 측정할 수 있다. 나는 왕립지리학회 모임에서 종종 이 방법을 시도했다. 그 회의에서는 이따금씩 아주 지루한 연구논문이 발표되기 때문이다.

(……) 시계를 사용하면 사람들의 주의를 끌기 때문에 나는 분당 15회의 호흡수로 시간을 쟀다. 호흡은 머릿속에서 계산하는 것이 아니라 손가락을 순서대로 15회 꼽는 식으로 측정했다. 그리고 사람들이 안절부절못할 때에만 손가락을 꼽았다. 이 관찰은 중년에 이른 사람에게만 국한시켜야 한다. 아이들이 자리를 지키는 일은 좀처럼 없고, 늙은 철학자는 몇 분 동안 꼼짝하지 않을 것이기 때문이다.

정량화는 골턴의 신이었고, 그는 자신이 측정할 수 있는 거의 모든 것이 유전된다는 강한 신념을 가지고 있었다. 골턴은 가장 사회적으로 배태된 행동조차도 강한 선천적 구성요소들을 가지고 있다고 믿었다. 그는 이렇게 썼다. "상원의원의 대부분은 백만장자의 딸과 결혼하기 때문에 미래의 상원의원들은 지금보다 훨씬 더 약삭빠른 사업수완을 공유하게 될 것이고, 상업적 청렴함의 기준이 현재보다 훨씬 저하되리라는 것을 충분히 예상해봄직하다(1909, pp.314~315)." 그는 민족의 상대적 가치를 측정하기 위해 항상 새롭고 독창적인 방법을 찾았고, 흑인 족장과 백인 여행자의 만남을 역사적으로 연구해서 흑인과 백인을 평가할 것을 제안하기도 했다(1884, pp.338~339).

백인 여행자는 문명국의 최신 지식을 가져다준다. 그러나 이것이 우리가 흔히 상상하는 것처럼 중요한 이점은 아니다. 원주민의 족장은 사람을 지배하는 기술에 관해 훌륭한 교육을 받고 있다. 그는 끊임없이 개인적인 통치로 훈련되며, 매일같이 자신의 부하나 경쟁자에게 인격의 우월함을 나타냄으로써 자신의 지위를 유지한다. 미개한 국가를 여행하는 사람들도 어느 정도는 사령관의 역할을 하며, 모든 거주지에서 원주민의 족장들과 맞서야 한다. 그 결과는 충분히 짐작할 수 있다—백인 여행자들이 그들에게 굴복하는 경우는 거의 없다. 백인 여행자가 자기보다 뛰어나다고 느끼는 흑인 족장을 만났다는 이야기는 거의 들어본 적이 없다.

지능의 유전에 대한 골턴의 주요 저작은(『유전적 천재〔Hereditary Genius〕』, 1869) 지능의 척도로 인체측정(anthropometry)을 포함하고 있지만, 두개와 신체측정에 대한 그의 관심은 1884년의 만국박람회에 실험실을 세웠을 때 절정에 달했다. 박람회에서 사람들은 단돈 3펜스로 마치 컨베이어 벨트를 돌듯 검사와 측정을 받고 마지막으로 자신의 검사결과를 통보받았다. 박람회 이후에도 그는 6년 동안 런던박물관에 실험실을 계속 유지했다. 그 실험실은 유명해졌고, 글래드스턴(Gladstone)과 같은 많은 저명인사들의 주목을 끌었다.

글래드스턴 씨는 모자점 주인이 자신의 머리가 애버딘 지역 특유의 두상이라고 말했다는 이야기를 옮기면서 즐겁게 자기 머리의 크기를 역설했다. "이 사실은, 여러분도 잘 아시겠지만, 나의 스코틀랜드적 요소를 이야기해주기 때문에 잊을 수 없습니다." 그의 머리는 약간 낮기는 하지만 아름다운 형태를 띠고 있다. 그러나 둘레가 아주 큰 것은 아니었다(1909, pp. 249~250).

이 문장이 빅토리아 시대의 괴팍한 호사가의 흥미로 오해되지 않기 위해, 프랜시스 골턴 경이 당대의 저명한 지식인으로 진지하게 받아들여졌다는 사실을 지적해둘 필요가 있겠다. 미국의 유전설 신봉자이자 미국에서 IQ 테스트의 제도화에 가장 크게 공헌한 인물인 루이스 터먼(Lewis Terman)은 골턴 사후 그의 IQ를 200 이상으로 계산했지만, 다윈은 겨우

135, 코페르니쿠스는 100~110 정도밖에 인정하지 않았다(308~315쪽에 소개한 지능 테스트 역사상 가장 우스꽝스러운 사건을 참조하라).

유전론자들의 주장에 강한 의구심을 품었던 다윈은 『유전적 천재』를 읽은 후 이렇게 쓰고 있다. "당신은 어떤 의미에서 반대론자를 전향시켰습니다. 왜냐하면 나는 항상, 바보를 제외하고, 인간은 지능에 큰 차이가 없고 단지 열의와 노력에서만 차이가 있을 뿐이라고 주장해왔기 때문입니다(Galton, 1909, p.90)." 골턴은 이렇게 응수했다. "노력에 관한 그의 주장에 대한 내 답변은, 일에 대한 적성을 포함해서, 그 특징이 다른 모든 능력과 마찬가지로 유전가능하다는 것입니다."

개막극의 교훈—수는 진리를 보증하지 않는다

1906년에 버지니아주 의사인 로버트 베넷 빈(Robert Bennett Bean)은 미국의 흑인과 백인의 뇌를 비교한 긴 분량의 논문을 발표했다. 그는 일종의 신경학적 재능을 발휘해서 자기가 조사한 모든 사례에서 의미있는 차이를 발견했다—여기에서 의미있다는 말은, 그가 선호하는 방식으로, 흑인의 열등성을 확실한 수치로 표현했다는 뜻이다.

특히 빈은 좌우 양반구를 연결해주는 섬유조직을 포함하는 뇌의 내부구조인 뇌량(腦梁)에 대한 자신의 자료에 자부심을 나타냈다. 고도한 지적 기능은 뇌의 전두부에 위치하고, 지각운동능력은 후두부에 있다는 두개계측학의 기본적 견해에 따라 빈은 뇌량 내부 기관의 상대적 크기에 의해 인종을 서열화할 수 있다고 추론했다. 따라서 그는 뇌량의 앞부분에 해당하는 만곡부(genu)와 뒷부분인 팽대부(膨大部)의 길이를 비교했다. 그는 만곡부 대 팽대부를 플롯해서(그림 3.1), 비교적 많은 숫자의 표본을 통해 흑인과 백인의 뇌를 사실상 완벽하게 구분했다. 백인은 비교적 큰 뇌량 만곡부를 가지며, 따라서 지능의 자리(seat of intelligence)인

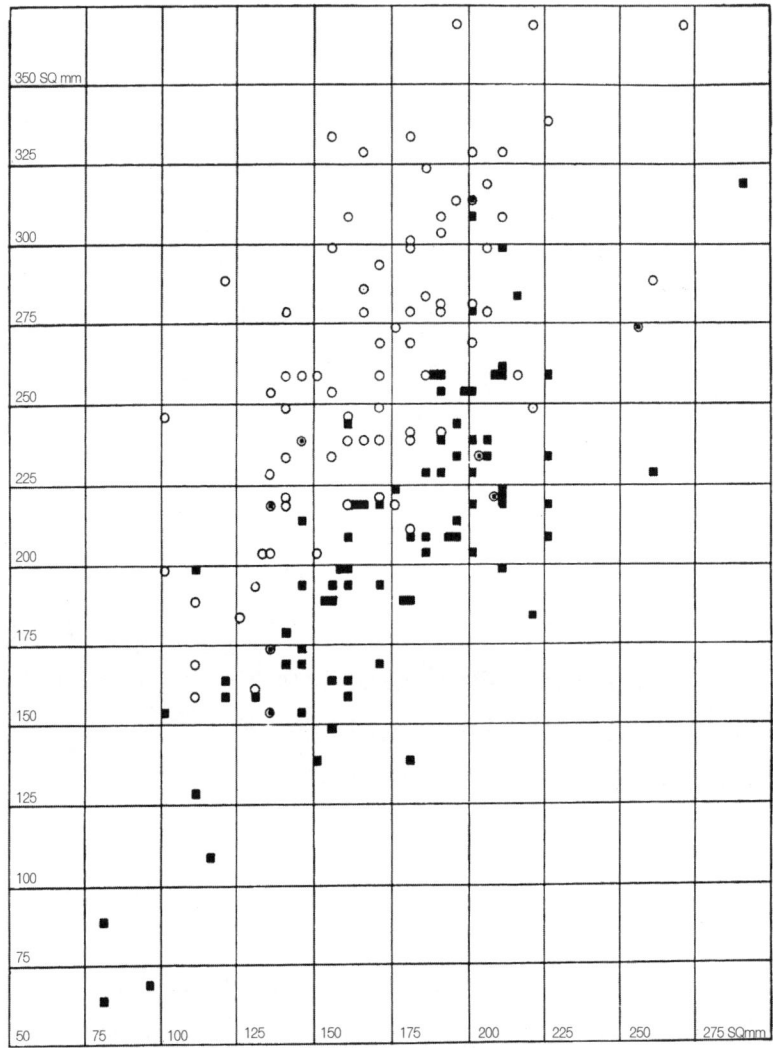

| 그림 3.1 | Y축이 뇌량 만곡부이고, X축이 팽대부인 빈의 플롯. 흰색 원은 백인의 뇌를, 검은색 사각형은 흑인의 뇌를 가리킨다. 백인이 큰 뇌량 만곡부를 가지고 있는 것처럼 보인다. 따라서 백인이 전두부가 크고, 지능이 더 높을 것으로 추측되었다.

전두부가 상대적으로 크다. 더 주목할 점은 빈이 뇌량 만곡부가 후각작용과 지능에 관여하는 섬유를 포함하고 있다고 주장한 사실이다(1906, p.390). 계속해서 빈은 흑인이 백인보다 후각이 예민하다는 사실은 이미 잘 알려져 있기 때문에 인종 사이에 실제로 지능 차이가 나타나지 않는다면, 흑인이 더 큰 뇌량 만곡부를 가지고 있어야 한다고 말했다. 그러나 흑인의 뇌량 만곡부는 뛰어난 후각에도 불구하고 백인보다 작다. 따라서 흑인의 지능이 실제로 부족한 것이 틀림없다는 것이다. 더욱이 빈은 성차(性差)에 대해서도 같은 결론을 제기했다. 모든 인종에서 여성이 남성보다 작은 뇌량 만곡부를 가진다는 것이다.

그런 다음 빈은 백인 뇌의 전두부가 두정부와 후두부에(옆쪽과 뒤쪽) 비해 상대적으로 큰 것에 대해 논의를 이어갔다. 전두부의 상대적 크기에서 흑인은 "인간(원문대로)과 오랑우탄"의 중간에 해당한다는 주장이다(1906, p.380).

긴 논문 전체에 단일한 공통 척도는 없는 것처럼 보인다. 빈은 고전적인 두개계측에서 선호된 기준인 뇌 자체의 크기에는 아무런 언급도 하지 않았다. 이것을 무시한 이유는, 부록에서 흑인과 백인의 뇌가 전체 크기에서는 차이가 없다는 표현으로 숨겨져 있다. 빈은 "무척 많은 요소들이 뇌의 무게에 관여하기 때문에 이 주제에 대한 논의가 이 자리에서 유익한지 아닌지는 의문이다"라고 모호한 태도를 나타냈다. 그러나 그는 궁지에서 벗어날 길을 찾아냈다. 그가 사용한 뇌는 의과대학에 들어온 무연고자의 사체에서 적출한 것이었다. 흑인에 비해 백인이 사체를 더 존중한다는 사실은 모두에게 잘 알려져 있다. 백인의 경우에는 가장 낮은 계층—매춘부나 불량배—의 사체만이 발견되었다. "흑인들 중에서는 그보다 나은 계층도 사체를 무시하는 경우가 있다." 따라서 실제 측정값 사이에 별다른 차이가 없다는 사실이 오히려 백인의 우위를 나타낼 수 있다. 왜냐하면 이 자료는 필경 "하층계급의 백인이 상층에 속하는 흑인보다 큰 뇌를 가진다는 사실을 나타내는 것이기 때문이다(1906, p.409)."

문제가 되는 부록 앞에 실린 개요에서 빈은 일반적인 편견을 과학적인 결론으로 주장하고 있다.

흑인은 무엇보다 애정이 풍부하고 대단히 감정적이고, 관능적이고, 자극을 받으면 격렬한 감정을 나타낸다. 겉치레를 좋아하고 선율적 표현능력이 뛰어나다. 예술적 능력이나 취향은 발달하지 않았으며—그러나 흑인이 뛰어난 장인이나 수공예 직공이 되기도 한다—성격이 불안정하고, 자제심을 잃기 쉽다. 특히 성적(性的) 관계에서 그런 경향이 현저하다. 더욱이 상황판단의 결여, 이른바 특유의 오만함을 통해 두드러지게 입증되었듯이 자신이 처한 환경와 그 상황에 대한 인지능력이 결여되어 있다. 이러한 특징은 흑인들의 뇌 후두부 전체가 크고, 전두부 전체가 작다는 사실을 통해 자연스럽게 예측할 수 있다.

빈은 자신의 견해를 전문 학술지에 발표했을 뿐만 아니라 1906년에는 두 편의 논문을 대중잡지에 발표해 상당한 주목을 끌었으며, 『아메리칸 메디신(American Medicine)』 1907년 4월호 편집자 서문의 주제가 되기도 했다(Chase, 1977, p.179에서 인용). 편집자 서문에서 언급되었듯이, 빈은 "높은 수준의 교육을 담당하는 흑인학교가 완전히 실패한 이유에 대한 해부학적 근거를" 제공했다. "말이 비례 계산을 이해할 수 없듯이 흑인의 뇌도 그것을 이해할 수 없다. (……) 모든 정당 지도자들은 이제야 인간의 평등이 잘못된 것임을 인정하고 있다. (……) 그 잘못을 수정해서 우리들의 번영에 대한 위협, 즉 두뇌가 없는 많은 유권자들을 배제하는 것이 현실적일 것이다."

그러나 존스홉킨스 대학에 재직하는 빈의 정신적인 스승 프랭클린 P. 몰(Franklin P. Mall)은 그의 견해에 회의적이었다. 그 이유는 빈의 데이터가 지나치게 훌륭하다는 것이었다. 그는 빈의 연구를 다시 반복해보았다. 그러나 이번에는 절차를 크게 달리했다. 그는 어떤 뇌가 흑인의 것이고 어떤 뇌가 백인의 것인지를 뇌 측정이 완전히 끝날 때까지 전혀 모르게 했다(Mall, 1909). 그 결과 빈의 측정방법을 사용해 106개의 뇌 표본을 조사했음에도 백인과 흑인의 뇌량 만곡부와 팽대부의 상대적 크기 차이를 전혀 발견할 수 없었다(그림 3.2). 여기에 사용된 표본은 빈의 표본에서 나온 18개의 뇌로 여덟 개가 백인, 여덟 개가 흑인의 것이었다. 빈의 뇌량 만곡부의 측정값은 백인 일곱 개에 대해서는 모두 몰의 측정값보다 크지만, 흑인의 경우에는 단 한 개만이 클 뿐이었다. 팽대부에 대한 빈의 측정값은 흑인 여덟 개 중에서 일곱 개가 몰의 그것보다 컸다.

내가 서두에 이 짧은 열광주의자의 이야기를 선택한 것은 이 내용이 이 장(章)과 이 책 전체의 중요한 핵심을 잘 보여주고 있기 때문이다.

1. 과학적 인종차별주의자나 성차별주의자는 종종 그들이 좋아하는 열등성이라는 딱지붙이기를 불이익을 당하는 처지의 한 그룹에 한정한다. 그러나 인종, 성, 계급은 함께 따라다니고, 각기 다른 차별에 대한 대용물로 작용한다. 개별 연구는 범위가 한정될지 모르지만 생물학적 결정론의 일반 철학은 지배적이었다. 다시 말해서, 수혜받는 층과 불이익을 당하는 층의 위계체계는 자연의 명령을 따르는 것이고, 계층은 생물학을 투영한다는 것이다. 빈은 인종을 연구했지만 자신의 가장 중요한 결론을 여성에게까지 확장했고, 나아가 사회계급의 차이까지 동원하면서 흑인과 백인의 뇌 크기가 같은 것이 흑인의 열등성을 나타낸다고 주장했다.

2. 그는 풍부한 숫자에 의거한 자료가 아니라 선입관에 따라 결론을

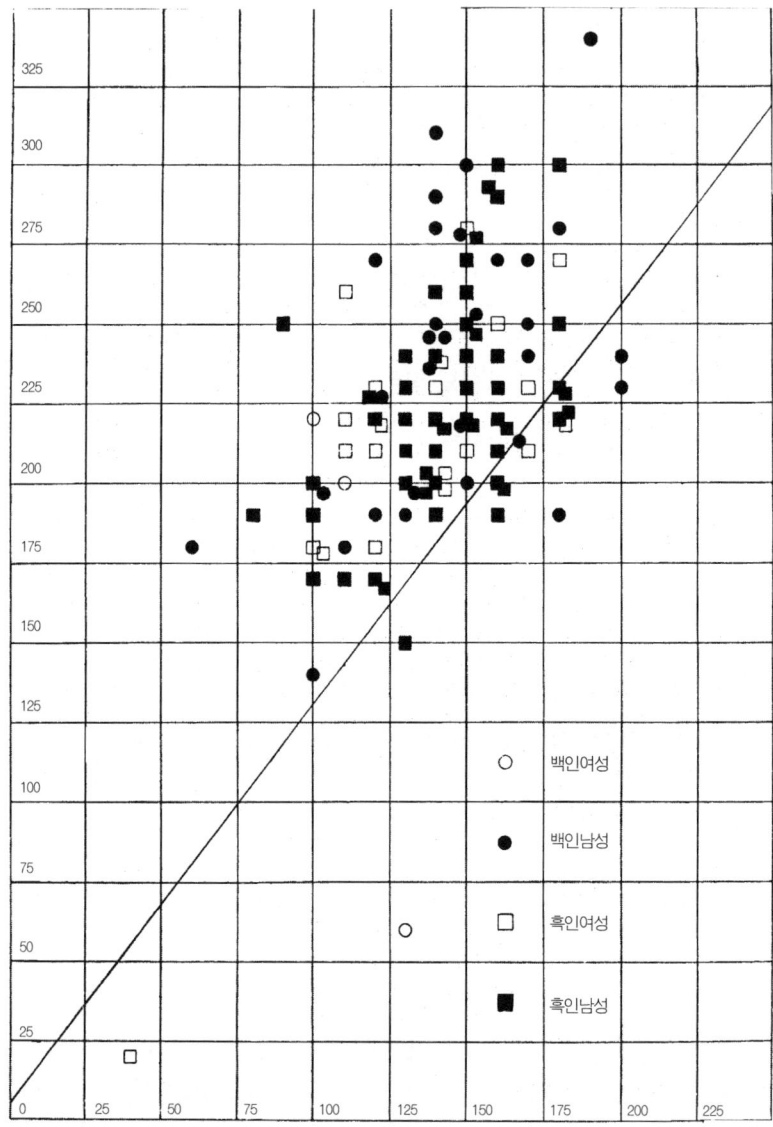

|그림 3.2| 뇌량 만곡부 대 팽대부에 대한 몰의 플롯. 몰은 뇌가 백인의 것인지 흑인의 것인지 모르는 상태에서 측정했고, 결국 인종간에 차이가 없다는 사실을 발견했다. 직선은 빈이 백인과 흑인을 분리한 선이다.

이끌어냈다. 흑인의 오만함에 대한 빈의 주장은 뇌의 전두부와 후두부의 자료에서 도출된 판단이 아니라 그가 객관성을 입증하려고 시도했던 조사에 선험적인 신념으로 투영되었다는 사실은 거의 의심의 여지가 없다. 더구나 동일한 뇌 크기에서 흑인의 열등성을 이끌어낸 특이한 논증은 어이없게도 흑인의 열등성에 대한 선험적인 신념의 공유된 맥락을 벗어나는 것이었다.

3. 숫자와 그래프는 측정의 정밀도, 표본 크기, 또는 조작의 복잡성이 증가한다고 해서 자동적으로 권위를 가지는 것이 아니다. 기본적 실험 설계에 결함이 있으면, 아무리 반복해도 오류가 수정되지 않는다. 복수(複數)의 가능한 결론 중 어느 하나에 우선적으로 전념하는 것은 종종 실험설계에 중대한 결함이 있음을 확인해준다.

4. 두개계측은 아카데미즘의 유희가 아니며, 전문 저널에 한정된 주제도 아니다. 그 결론들은 대중출판물에 범람했다. 이러한 결론은 일단 확고히 수립되면, 독자적인 생명력을 이어가고 이차자료에서 또 다른 이차자료로 끝없이 복제된다. 하지만 아무도 이 과정에서 원래 자료의 결함을 검토하지 않기 때문에 반증이 어려워진다. 몰은 막 싹을 틔우고 있던 상태에서 빈의 도그마를 잘라냈지만, 이미 영향력있는 잡지가 선천적 우둔함이라는 근거로 흑인에게 투표권을 주지 말아야 한다는 주장을 제기한 뒤였다.

나는 빈을 비롯한 유럽의 위대한 두개계측자들 사이의 결정적 차이도 함께 지적하고자 한다. 빈은 의식적인 사기 또는 극단적인 자기기만을 저질렀다. 그는 터무니없는 실험계획을 실행에 옮긴 불쌍한 과학자였다. 한편 위대한 두개계측자들은 당시 기준으로 볼 때 훌륭한 과학자들이었다. 빈과 달리, 그들의 수치는 전반적으로 옳았다. 그들의 편견은 어떤 해석을 선택할 것인지, 또는 어떤 수치를 먼저 집계할 것인지를 결정하는 경우처럼 극히 미묘하게 작용했다. 그들의 연구는 훨씬 잘 드러나지 않지만 같은 이유로 완전히 무효였다. 즉 선입관은 자료 속에 스며들어 한 바퀴를 돌아 똑같은 편견으로 이어졌다. 더구나 세심한 측정을 통해 얻어진 것처럼 보이기 때문에 권위를 획득한 확고한 체계였다.

빈의 이야기는, 그 세부적인 내용을 상세히 다루지는 않았지만, 여러 차례 거론되었다(Myrdal, 1944; Haller, 1971; Chase, 1977). 그럼에도 빈은 시골에 세워진 임시무대의 하찮은 조역에 불과하다. 반면 중심적인 드라마인 폴 브로카와 그의 학파의 자료에 대한 현대적인 분석은 찾아보기 힘들다.

폴 브로카―객관성을 가장한 주장 또는 조작

순환 논법

1861년, 아직도 해산의 진통을 겪고 있던 신생 학회의 몇 차례 모임에서 격렬한 논쟁이 벌어졌다. 의과대학 임상외과 교수였던 폴 브로카(Paul Broca, 1824~1880)는 1859년에 파리 인류학회(Anthropological Society of Paris)를 창립했다. 그리고 2년 후, 그 학회의 한 회의에서 루이 피에르 그라티오레(Louis Pierre Gratiolet)는 브로카가 가장 소중히 여겨온 신념에 도전하는 논문을 발표했다. 뇌의 크기가 지능과 아무런 관계도 없다고 대담하게 주장한 것이다.

브로카는 자신의 견해를 변호하기 위해, 만약 크기의 차이가 아무런 의미도 없다면, "인종의 뇌 연구는 그 흥미와 유용성을 대부분 잃게 된다"고 주장했다. 만약 인류학자의 연구결과가 인간의 여러 그룹을 묘사하거나 그 상대적 가치를 평가할 수 없다면, 인류학자는 왜 두개계측에 그렇게 많은 시간을 쏟아부었는가?

인류학회에서 지금껏 토론된 문제들 중에서, 지금 우리가 직면하고 있는 문제만큼 흥미롭고 중요한 문제는 없다. (……) 인류학자들은 두개계측의 중요성을 너무도 강하게 느끼고 있어서 대부분 두개 연구에 전념하기 위해 과학의 다른 영역을 무시해왔다. (……) 이러한 데이터 속에서 우리는 여러 인종의 지적 가치와 관련된 어떤 정보를 찾을 수 있기를 기대한 것이다(1861, p.139).

그런 다음 브로카는 자신의 자료를 공개했고, 불쌍한 그라티오레는 패주했다. 이 논쟁에 대한 그라티오레의 마지막 공헌은 일찍이 과학자에 의해 이루어진 발언 중에서 가장 비뚤어지고 비열한 발언으로 기록될 만한 것이었다. 그는 자신의 잘못을 철회하지 않았다. 그리고 아무도 자신의 주장이 담고 있는 미묘함을 제대로 이해하지 못했다고 주장했다(덧붙여 이야기하자면, 그라티오레는 왕당파였지 평등주의자가 아니었다. 그는 흑인과 여성의 열등성을 확증하기 위한 다른 측정값을 구했을 뿐이다. 가령 두개봉합선이 일찍 닫힌다는 사실이 그런 예에 해당한다).
브로카는 승리감에 도취되어 이렇게 결론지었다.

일반적으로 뇌는 노인보다 장년에 다다른 어른이, 여성보다 남성이, 보통 사람보다 걸출한 사람이, 열등한 인종보다 우수한 인종이 더 크다(1861, p.304). 다른 조건이 같으면 지능의 발달과 뇌 용량 사이에는 현저한 상관관계가 존재한다(p.188).

5년 뒤, 브로카는 더욱 자신을 갖고 백과사전의 인류학 항목에 이렇게 표현했다.

턱이 튀어나온 얼굴, 거무스름한 피부, 곱슬머리, 그리고 지적·사회적 열등성은 종종 서로 연관된다. 그에 비해 흰 피부, 곧은 머리털, 그리고 정악(正顎, 입언저리가 앞으로 돌출하지 않고 얼굴 옆모습이 거의 수직인/옮긴이) 형태의 얼굴은 인류의 가장 고등한 그룹의 일반적인 자질이다(1866, p.280). (……) 검은 피부, 곱슬머리, 턱이 돌출한 얼굴을 가진 그룹은 한번도 스스로 문명을 일군 적이 없었다(pp.295~296).

이것은 가혹한 말이고, 브로카 자신도 자연이 이러한 체계를 만든 것을 유감스럽게 생각했다(1866, p.296). 그러나 그가 무엇을 할 수 있었겠는가? 사실은 사실일 뿐이다. "인간 지식의 진보에 스스로 적응하지 못하고, 또한 진리 앞에 굴복하지 않는다면 아무리 훌륭한 신념도, 어떤 관심도 존재하지 않는다(Count, 1950, p.72)." 브로카의 뛰어난 제자이자 후계자였던 폴 토피나르(Paul Topinard)는 "나는 체계, 특히 선험적인 체계를 혐오한다"라는 말을 자신의 모토로 삼았다(1882, p.748).

브로카는 자신이 살았던 세기의 몇 안 되는 평등주의 과학자들을 비난의 대상으로 삼으며 유달리 가혹하게 비판했다. 그들이 윤리적 희망이나 정치적 꿈에 의해 자신들의 판단을 흐리고 객관적 진리를 왜곡함으로써 과학자라는 소명의 품위를 떨어뜨렸다고 생각했기 때문이다. "정치적·사회적 동기가 개입하는 것은 인류학에 종교적 요소가 개입하는 것만큼이나 유해하다(1855, Count, 1950, p.73)." 예컨대 독일의 위대한 해부학자인 프리드리히 티데만(Friedrich Tiedemann)은 흑인과 백인의 두개용량에 차이가 없다고 주장했다.

브로카는 내가 모턴의 연구에서 폭로했던 것과(113~138쪽을 보라) 똑같은 잘못을 티데만의 경우에서 찾아내 폭로했다. 모턴은 주관적이고 부정확한 추산방법을 사용해 같은 두개골을 같은 기법으로 측정할 때 흑인에 대해 체계적으로 용량을 줄여 계산했다. 그런데 티데만은 그보다 더 부정확한 추산법을 사용해서, 흑인의 평균값을 다른 과학자가 기록한 평균값보다 45cc 높게 계산했다. 그러나 백인 두개골의 측정값은 동료 과학자들에 의해 보고된 값보다 크지 않았다(모턴은 영웅이자 그의 모델이었지만, 브로카는 티데만을 폭로하는 기쁨에 들떠서 모턴의 수치를 전혀 검토하지 않은 것이 분명하다. 브로카는 모턴의 방법을 면밀히 분석한 100페이지 분량의 논문을 발표한 적이 있었다—Broca, 1873b).

왜 티데만은 잘못된 길로 들어서게 된 것일까? 브로카는 이렇게 쓰고 있다. "불행하게도 그는 선입관에 지배되어 있었다. 그는 모든 인종의 두개용량이 같다는 사실을 증명하려고 시도했다(1873, p.12)." 그러나 "사실이 이론에 우선해야 한다는 것은 모든 관측 과학의 원리다(1868, p.4)." 나는 브로카가 사실이야말로 유일하게 자신을 구속하는 것이며, 전통적인 서열화를 확증하는 데 성공한 것은 반복가능한 절차를 확립시킨 측정의 정확성과 세심함에서 비롯되었다고 믿고 있었다고 생각한다. 실제로 그의 논문을 읽은 사람이라면 누구나 브로카가 데이터를 생성할 때 기울인 세심한 주의에 경의를 표시하지 않을 수 없다. 나는 그의 숫자를 신뢰하고, 그 이전까지 그보다 훌륭한 데이터를 얻을 수 없었다고 생각한다.

브로카는 두개용량을 측정하는 데 사용된 이전의 모든 방법을 철저히 연구했다. 그는 "친애하는 모턴"이 주창했듯이(1861, p.183), 납 탄환이 가장 좋은 결과를 제공한다고 결론지었다. 그러나 두개골에 넣은 납 탄환을 다시 쏟아서 양을 재는 데 사용되는 원통의 형태와 높이, 두개에 납 탄환을 넣는 속도, 두개골에 납 탄환을 차곡차곡 채우고 더 들어갈 공간이 있는지 여부를 알기 위해 두개골을 두들기고 흔드는 방식 등의 여러 가지 요인들을 고려하면서 측정방법을 정교화시키는 데 수개월을 할애했다(Broca, 1873b). 브로카는 최종적으로 두개용량을 측정하는 객관적인 방법을 개발했다. 하지만 그보다 손수 사체를 해부해 직접 뇌의 무게를 측정하는 방법을 선호했다.

나는 브로카의 중요한 연구를 모두 탐독하는 데 1개월이 걸렸다. 특히 그의 통계적 절차에 초점을 맞추었고, 그 결과 그의 방법에 분명한 패턴이 있다는 것을 알게 되었다. 그는 사실과 결론 사이의 간격을, 일반적인 경로였을 것으로 생각되는 방식으로, 가로질렀다―그것은 완전히 정반대의 방식이었다. 먼저 결론이 내려졌다. 그리고 브로카의 결론은 당시 가장 성공적인 백인 남성들이 공유하던 가정이었다―그것은 자연이 베푼 행운으로 자신들이 정점에 위치하고, 그 뒤로 여성, 흑인, 가난한 사람들 순으로 온다는 가정이다. 그의 사실은 (모턴의 사실과는 달리) 신뢰할 수 있었다. 그러나 그 사실들은 선택적으로 수집되고, 미리 정해진 결론에 봉사하기 위해 무의식적으로 조작되었다. 이러한 경로를 통해, 그 결론은 과학의 은총뿐만 아니라 숫자의 권위까지도 획득했다. 브로카와 그의 학파는 어떤 사실을 결론을 속박하는 증거가 아니라 예증으로 사용한 것이다. 그들은 결론에서 출발해 사실을 주의깊게 관찰한 다음 한 바퀴를 돌아 똑같은 결론으로 돌아왔다. 그들이 제출한 실례는 면밀한 연구에 보답한다. 왜냐하면 모턴과는(무의식적으로 데이터를 조작한) 달리 그 사례들은 또 다른, 필경 더 공통된 경로로 그들의 편견을 반영했기 때문이다. 그 경로란 객관성을 가장한 주장이다.

의미있는 특징의 선택

파리에서 '호텐토트 비너스'가 죽었을 때, 위대한 과학자이자 후일 브로카가 프랑스인으로 가장 큰 뇌의 소유자라는 사실을 발견하고 무척 기뻐했던 조르주 퀴비에는 생전에 만났던 이 아프리카 여성에 대해 이렇게 회상했다.

우리들이 오랑우탄에서 관찰한 것과 똑같이 그녀의 입술은 앞으로 삐죽 튀어나왔다. 그녀의 움직임은 어딘지 퉁명스럽고, 변덕스러워서 원숭이의 행동을 연상시킨다. 그녀의 입술은 끔찍하게 크다(퀴비에는 원숭이의 입술이 얇고 작다는 사실을 잊은 것이 분명하다). 그녀의 귀는 많은 종류의 원숭이와 비슷하게 귓불이 아주 작고, 귓바퀴는 거의 보이지 않는다. 이것은 동물의 특징이다. 나는 이 여성의 얼굴만큼 원숭이와 흡사한 인간의 얼굴을 일찍이 본 적이 없다(Topinard, 1878, pp.493~494).

인간의 신체는 여러 가지 방법으로 측정할 수 있다. 어떤 그룹의 열등성을 미리 확신하는 연구자라면 누구나 그 그룹이 원숭이와 더 가깝다는 것을 나타내기 위해 몇 가지 측정 항목을 선택할 수 있다(물론 이런 절차는 백인 남성에 대해서도 마찬가지로 유효하다. 아무도 시도한 적이 없지만 말이다. 예컨대 백인은 얇은 입술을 가지고 있는데 이것은 침팬지와 공통된 특징이다. 대부분의 아프리카 흑인들의 입술은 더 두껍다. 따라서 흑인이 더 '인간적'인 입술을 가진 셈이다).

브로카의 근본적인 편향은 인종을 정신적 가치라는 선형적인 척도로 서열화할 수 있다는 가정이었다. 민속지학의 목적을 열거하면서, 브로카는 "인종의 상대적 지위를 결정하는 것"을 그 목적에 포함시켰다(Topinard, 1878, p.660). 인간의 다양성이 선형적이거나 계층적인 것이 아니라 여러 가지로 분기되거나 임의적이라는 생각은 그의 머리에 떠오르지 않았다. 또 그는 인종들의 순서를 알고 있었기 때문에, 인체측정을 통해 그 올바른 서열화를 나타내는 특징을 찾은 것으로, 이것은 선입관을 배제한 경험주의로서의 수리적 접근방식이 아니었다.

따라서 브로카는 "의미있는" 특징, 즉 이미 확립된 서열을 나타내는 특징을 찾기 시작했다. 가령 그는 1862년에 상완골(위팔뼈)에 대한 요골(전박[前膊]의 엄지손가락 쪽에 있는 뼈)의 비율을 조사해서 비율이 큰 것은 전완(팔뚝)이 길다는 뜻이라고—즉, 원숭이의 특징—추론했다. 처음에는 만사가 순조로웠다. 흑인에게서는 그 비율이 0.794, 백인에게서는 0.739로 나타났기 때문이다. 그러나 브로카는 바로 곤란에 직면했다. 에스키모에게서는 0.703, 오스트레일리아 원주민에게서는 0.709라는 비율을 얻었고, 퀴비에가 원숭이에 가깝다고 했던 호텐토트의 비너스(그녀의 골격은 파리에 보존되어 있었다)에서는 겨우 0.703으로밖에 측정되지 않았기 때문이다. 이제 브로카는 두 가지 중 하나를 선택할 수밖에 없었다. 즉, 자신이 사용한 기준에 따라 백인이 검은 피부를 가진 그룹들보다 낮은 위치에 있다는 사실을 인정하거나, 그 기준 자체를 포기하는 것이었다. 그는 호텐토트, 에스키모, 오스트레일리아 원주민이 대부분 아프리카 흑인 밑에 위치한다는 것을 알고 있었기 때문에(1862a, p.10) 후자를 선택했다. "전완이 더 길다는 사실을 퇴화나 열등성의 특징으로 간주하기는 힘들어 보인다. 왜냐하면, 이 설명에 의하면, 유럽인이 흑인과 호텐토트인, 오스트레일리아 원주민, 그리고 에스키모인의 중간 위치를 차지하게 되기 때문이다(1862, p.11)."

후일 그는 뇌 크기에 대한 그의 핵심 기준을 거의 포기했다. 그 이유는 열등한 황인종이 매우 높은 수치를 나타냈기 때문이다.

인종을 두개용량의 순서대로 한 줄로 늘어세운 표는 그 우열의 정도를 나타내는 것이 아니다. 그 크기는 단지 (인종을 서열화한다는) 이 문제들 중 하나의 요소를 나타내는 것에 지나지 않는다. 이 표에서는 에스키모, 라플란드인, 말레이인, 타르타르인, 그리고 몽골계의 다른 몇몇 인종이 유럽의 가장 문명화된 인종들을 능가하는 것으로 나타난다. 따라서 열등한 인종이 큰 뇌를 가질 수도 있다(1873a, p.38).

그러나 브로카는 전체적인 뇌 크기에 대한 그의 조잡한 측정으로부터 많은 가치를 구해낼 수 있다고 생각했다. 일부 열등한 그룹이 큰 뇌를 가지고 있기 때문에 표의 위쪽 부분은 의미를 상실할지 모르지만, 작은 뇌가 지능이 낮은 사람들과는 어느 정도 일치하기 때문에 표의 아래쪽은 여전히 유효하다는 것이다. 브로카는 계속해서 이렇게 말했다.

그러나 이것이 작은 뇌가 열등성의 표상이라는 가치를 파괴하는 것은 아니다. 이 표는 서부 아프리카 흑인의 두개용적이 유럽인종의 그것보다 약 100cc 적다는 것을 보여주고 있다. 이 수치에 우리는 카피르 흑인(Caffir), 누비아 흑인, 태즈메이니아인, 호텐토트인, 그리고 오스트레일리아 원주민을 더할 수 있다. 이러한 예는 뇌의 용적이 인종의 지능을 서열화할 때 결정적인 역할을 하지 않는다 해도, 대단히 중요한 것임을 입증하기에 충분하다(1873a, p.38).

이것은 논박할 수 없는 주장이다. 결론이 적합하지 않은 부분에 대해서는 그 결론을 부정하고, 다른 부분에서는 같은 기준을 적용해서 결론을 긍정한다. 브로카는 수치를 속이지 않았다. 그는 단지 숫자를 골라내 자신이 선호하는 결론에 부합하는 방식으로 해석했을 뿐이다.

측정값을 선택할 때, 브로카는 단지 선입관에 휘둘려 수동적으로 흘러간 것이 아니었다. 그는 명백한 기준에 의해 규정된 목표를 기초로 특성들을 선택할 것을 주창했다. 그의 수제자인 토피나르는 "아무런 명확한 의도를 갖지 않는 경험적" 특징과 "일부 생리학적 견해와 관계가 있는 합리적" 특징을 구별했다(1878, p. 221). 그렇다면 어떤 특징이 "합리적" 인지를 어떻게 결정할 수 있는가? 토피나르는 이렇게 대답한다. "그밖의 다른 특징들은, 옳든 그르든, 우세하게 관찰된다. 그러한 특징은 흑인의 경우 원숭이에게 나타나는 특징과 비슷하고, 원숭이에서 유럽인으로의 변천과정을 수립해준다(1878, p. 221)." 브로카도 이 문제를 그라티오레와의 논쟁중에 고찰했고, 같은 결론에 도달했다(1861, p. 176).

우리는 뇌를 비교하기 위해 지능 차이가 확연한 몇 개의 인종을 선택함으로써 이 문제를 쉽게 극복할 수 있다. 따라서 아프리카 흑인, 아메리카 인디언, 호텐토트인, 오스트레일리아 원주민, 그리고 오세아니아의 흑인들과 비교해서 유럽인이 우수하다는 사실은 뇌 비교의 출발점으로 충분한 가치를 갖는다.

예증을 위해 각 그룹을 대표하는 그룹을 선별할 때, 특히 괴상한 예들이 많이 있다. 30년 전 내가 어렸을 무렵 미국 자연사박물관의 인간 전시관에는 원숭이에서 백인에 이르기까지 단선적으로 배열된 여러 인종의 특징들이 전시되어 있었다. 이 세대까지도 표준 해부학적 예로 침팬지, 흑인, 백인의 순서로 그 특징들이 묘사되어 있었다. 가령 다른 개체를 비교하면 전혀 다른 순서―침팬지, 백인, 흑인 순으로―가 될 만큼 백인과 흑인의 개체변이가 항상 컸음에도 불구하고 말이다. 예를 들어, 1903년에 미국의 해부학자 E. A. 스피츠카(E. A. Spitzka)는 '저명인사'의 뇌 크기와 형태에 대한 장문의 논문을 발표했다. 그는 다음 그림(그림 3.3)을 이런 설명과 함께 논문에 실었다. "퀴비에나 새커리(Thackeray, 영국의 소설가/옮긴이)에서 줄루족이나 부시맨으로의 도약은 후자로부터 고

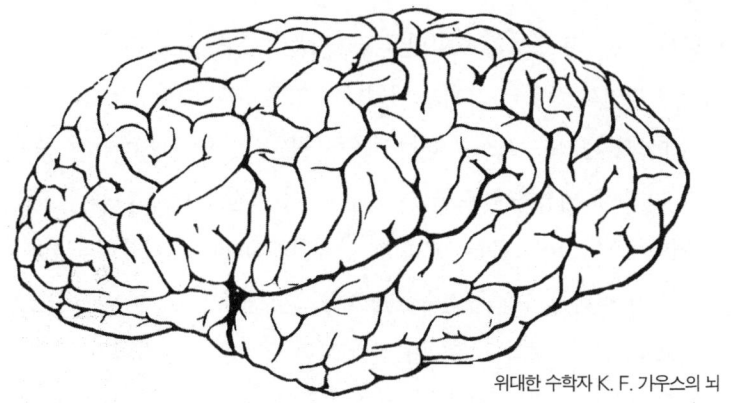
위대한 수학자 K. F. 가우스의 뇌

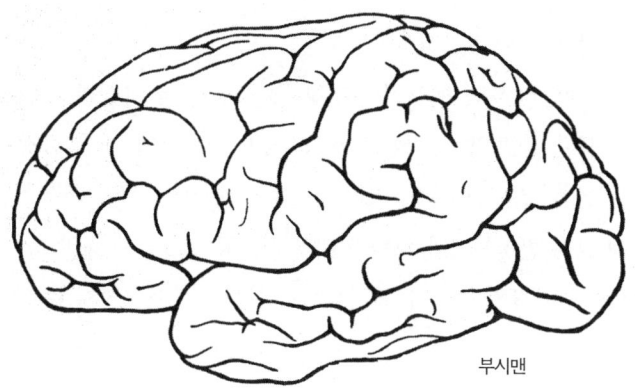
부시맨

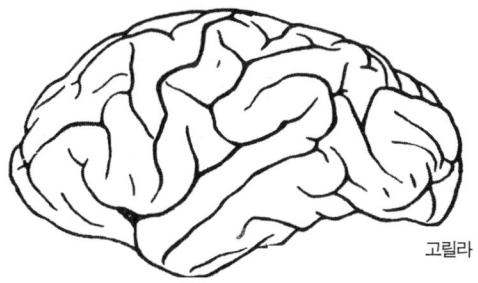
고릴라

|그림 3.3| 뇌 크기에 따른 스피츠카의 '존재의 사슬'.

릴라나 오랑우탄으로의 도약만큼 크지 않다(1903, p.604)." 그러나 그는 백인 저명인사들의 뇌 크기를 나타내는 같은 그림(그림 3.4)을 발표했을 때, 자신의 논거를 스스로 허물어뜨렸다는 사실을 알아차리지 못한 것 같다. 빈의 문제점을 폭로한 E. P. 몰은 이 그림에 대해 다음과 같이 쓰고 있다. "[그 그림들을] 비교하면, 강베타(Gambetta, 나폴레옹 3세에 반대해서 제3공화정 수립을 선포했던 프랑스의 정치가/옮긴이)의 뇌는 가우스(Gaus, 독일의 수학자/옮긴이)의 뇌보다 오히려 고릴라의 뇌에 흡사한 것처럼 보인다(1909, p.24)."

변칙사례 막기

브로카는 대단히 많은 이질적이고 정직한 자료들을 모았기 때문에 자신의 지침이 된 일반 원칙―뇌 크기는 지능을 나타내며, 좋은 환경의 백인 남성은 여성, 가난한 사람, 그리고 하등한 인종보다 큰 뇌를 가진다―에 대해 많은 변칙사례나 명백한 예외를 만들지 않을 수 없었다. 그가 명백한 예외들에 대해 어떻게 대처했는지 살펴보면 브로카의 주장과 추론방식에 대한 명쾌한 통찰을 얻을 수 있다. 또한 왜 데이터가 그의 전제를 결코 뒤엎을 수 없었는지에 대해서도 이해할 수 있다.

큰 뇌를 가진 독일인

그라티오레는 그의 필사적인 마지막 시도에 모든 노력을 기울였다. 그는 독일인의 뇌가 프랑스인의 뇌보다 평균 100그램 더 무겁다는 대담한 주장을 폈다. 그라티오레는 뇌 크기가 지능과 아무런 관계가 없다고 명백하게 주장했다! 브로카는 경멸적인 태도로 이렇게 응수했다. "그라티오레 씨는 우리의 애국적 감정에 호소했습니다. 그러나 내가 그에게 훌륭한 프랑스인이기를 포기하지 않으면서 뇌 크기에 얼마간의 가치를 부

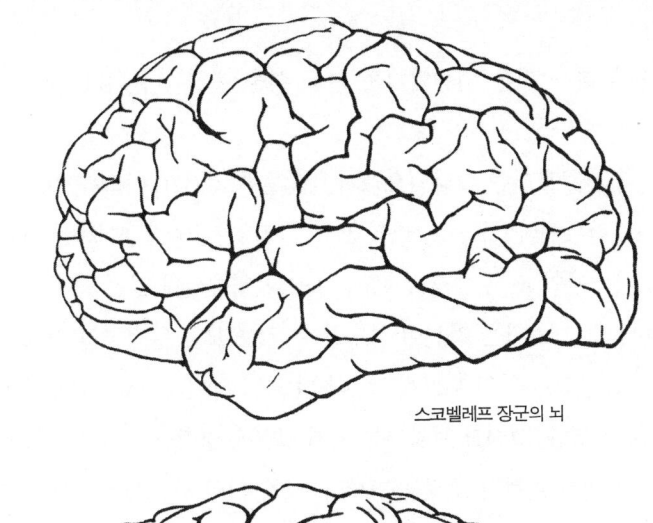

스코벨레프 장군의 뇌

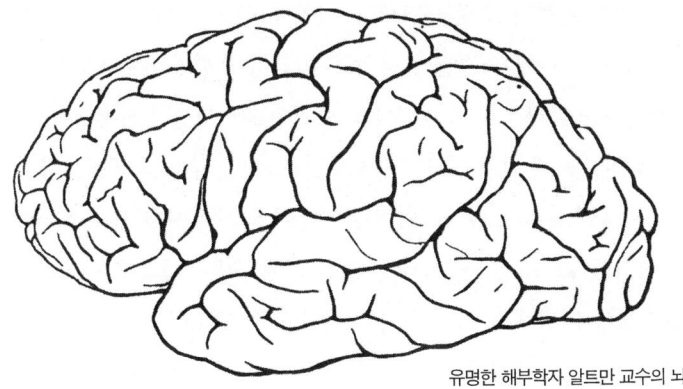

유명한 해부학자 알트만 교수의 뇌

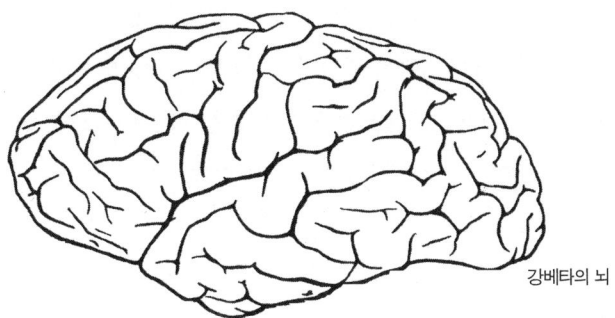

강베타의 뇌

| 그림 3.4 | 저명한 백인들에게서 나타나는 뇌 크기의 변이를 묘사한 스피츠카의 그림.

여할 수 있다는 것을 입증하기는 아주 쉬울 것입니다(1861, pp.441~442).″

그런 다음 브로카는 그라티오레의 방법을 똑같은 데이터를 기초로 체계적으로 검토했다. 우선 그라티오레가 제시한 100그램이라는 숫자는 독일의 과학자인 E. 후슈케(E. Huschke)의 입증되지 않은 주장에서 나온 것이었다. 브로카는 자신이 입수할 수 있는 모든 실질적인 자료를 대조했고, 그 결과 독일인과 프랑스인의 뇌 크기 차이가 100그램에서 48그램으로 감소했다. 그리고 브로카는 뇌의 크기에 영향을 미치는 지능 이외의 요소에 대해 일련의 보정을 가했다. 그는 뇌의 크기가 신체의 크기와 동시에 증가하고, 나이가 들면서 감소하며, 건강이 좋지 않은 기간이 길수록 감소한다는(따라서 왜 사형수의 뇌가 병원에서 퇴행성 질병으로 사망한 보통 사람의 뇌보다 큰지 설명할 수 있다고) 올바른 주장을 제기했다. 브로카는 표본에 포함된 프랑스인의 평균연령이 56.5세, 독일인이 50세라는 점을 지적했다. 그는 독일인과 프랑스인 사이에서 나타나는 뇌의 무게 차이 중에서 16그램은 이 연령차로 설명할 수 있으며, 그것으로 독일인의 우위를 33그램 줄일 수 있다고 추정했다. 그런 다음 독일인의 표본 중에서 폭행으로 사망한 사람과 처형된 개체를 모두 제거했다. 그 결과, 자연사로 죽은 독일인 20명의 평균 뇌 중량은 1,320그램이 되어 프랑스인의 평균값인 1,333그램을 밑돌았다. 그러나 브로카는 아직 독일인의 평균신장이 더 크다는 사실을 보정하지 않은 상태였다. 프랑스 만세!

브로카의 동료인 드 주방셀(de Jouvencel)은 브로카를 대신해서 불쌍한 그라티오레를 비판했고, 독일인의 근육이 더 많은 것이 뇌의 겉보기 차이를 설명한다고 주장했다. 평균적인 독일인에 대해 그는 다음과 같이 쓰고 있다(1861, p.466).

그들은 고형물과 음료를 우리들이 만족하는 양보다 훨씬 많이 소화한다. 이것은 독일인의 맥주소비량과도 관계가 있다. 독일은 심지어 와인 산지에서도 맥주가 애호되고 있다. 맥주 때문에 독일인은 프랑스인보다 훨씬 살이 많다—뇌 크기와 전체 중량 사이의 관계는 우리보다 월등하지만, 반대로 내게는 열등한 것처럼 보인다.

나는 브로카가 보정을 이용한 점을 비난하지 않지만, 자신의 입장이 위협받을 때에만 보정이라는 칼을 휘두르는 그의 탁월한 기술에 주목한다. 여성의 작은 뇌라는 같은 성질의 결론에 대해 그가 당연히 요구되는 보정을 교묘하게 회피했다는 사실을 살펴볼 때 이 점을 염두에 두었으면 좋겠다.

작은 뇌의 저명인사들

미국의 해부학자 E. A. 스피츠카는 저명인사들에게 과학을 위해 사후에 뇌를 기증해달라고 열심히 권유했다. "나로서는 무덤 속에서 진행되는 사체의 분해과정을 상상하는 것보다는 차라리 사체해부 쪽이 훨씬 덜 불쾌하다(1909, p.235)." 사망한 동료의 해부는 19세기의 두개계측학자들 사이에서는 그리 대수롭지 않은 가내공업과 같은 것이 되었다. 뇌는 관행적으로 사람들을 매료시키는 힘이 있기 때문에 목록들은 자랑스럽게 선전되었고, 거기에는 항상 불유쾌한 비교가 수반되었다(심지어 미국의 저명한 인류학자인 J. W. 포웰[J. W. Powell]과 W. J. 맥기[W. J. McGee]는 누가 더 큰 뇌를 가지고 있는지 내기를 했을 정도였다. 이것은 마치 코-코가 낸키-푸에게 사형 집행 후에 발사되는 불꽃에 대해 "너는 불꽃을 보지 못하겠지만, 그래도 역시 불꽃은 올라갈 것이다"라고 말한 것과 흡사하다).*

몇몇의 천재는 그의 가설을 훌륭하게 만족시켜주었다. 유럽인의 평균이 1,300∼1,400그램인 데 비해 위대한 퀴비에는 가장 무거운 1,830그램이었다. 퀴비에는 1883년에 러시아의 문호 투르게네프가 마침내 2,000그램의 장벽을 돌파할 때까지 최고기록을 유지했다(최상층을 점할 가능성이 있는 그밖의 후보들인 크롬웰과 스위프트는 기록 불충분으로 중간에 머물렀다).

다른쪽 끝은 좀더 혼란스럽고 당혹스러웠다. 월트 휘트맨은 불과 1,282그램으로 미국의 위대한 시인으로 추앙받았다. 그러나 무엇보다 가장 큰 모욕은 두 명의 골상학(phrenology)—국부화된 뇌의 크기로 여러 가지 지적 능력을 판단한다는 독창적인 '과학'—의 창시자 중 한 명인 프란츠 조지프 갈(Franz Josef Gall)이 겨우 1,198그램밖에 되지 않았다는 사실이다(그의 동료 J. K. 스푸르츠하임[J. K. Spurzheim]은 상당히 존경받을 만한 수치인 1,559그램이었다). 그리고, 물론 그 자신은 알지 못했지만, 브로카의 뇌는 불과 1,424그램으로 평균보다는 조금 무겁지만 자만할 수 있는 정도는 아니었다. 프랑스의 유명한 작가 아나톨 프랑스는 유명작가들의 뇌 용량 분포를 1,000그램 남짓한 영역으로까지 확장시켰다. 1924년에 명성과 걸맞지 않게 그의 뇌가 불과 1,017그램으로 측정되었기 때문이다.

유명인사들의 작은 뇌는 브로카에게 골치 아픈 문제였지만, 그는 조금도 흔들리지 않고 모든 표본을 설명하는 데 성공했다. 즉, 그런 뇌의 소유자가 노령에 죽었거나, 키와 체격이 아주 작았거나, 또는 보존상태가 나빴기 때문이라는 것이다. 그의 독일인 동료 루돌프 바그너(Rudolf Wagner)의 연구에 대한 브로카의 반응은 전형적인 것이었다. 바그너는

---

* 옮긴이주 | S. W. 길버트가 쓴 오페레타 「미카도(The Mikado)」(1885)에 등장하는 인물들로 코-코는 사형집행장관이고 낸키-푸는 황태자다.

1855년에 남들이 부러워할 만한 위대한 수학자 칼 프리드리히 가우스(Karl Friedrich Gauss)의 뇌를 손에 넣었다. 이 뇌는 평균보다 약간 무거운 1,492그램이었지만 당시까지 해부된 어떤 뇌보다 주름이 많았다(그림 3.5). 이 사실에 고무된 바그너는 저명인사들의 뇌 크기의 분포를 플롯하기 위한 시도로 자발적으로 사후에 뇌를 기증한 괴팅겐 대학 교수들의 뇌를 측정했다. 1861년에 브로카가 그라티오레와 논쟁을 벌이고 있을 무렵, 바그너는 네 명의 뇌를 더 측정했다. 퀴비에에 필적할 만한 사람은 아무도 없었지만, 두 사람의 뇌 크기는 분명 당혹스러운 것이었다. 철학교수였던 헤르만은 1,368그램이었고 광물학 교수 하우스만의 뇌는 1,226그램이었다. 브로카는 헤르만이 고령이었다는 점을 고려해 뇌의 무게를 보정했고, 그 결과 평균보다 1.19퍼센트 높아졌다. 브로카는 "언

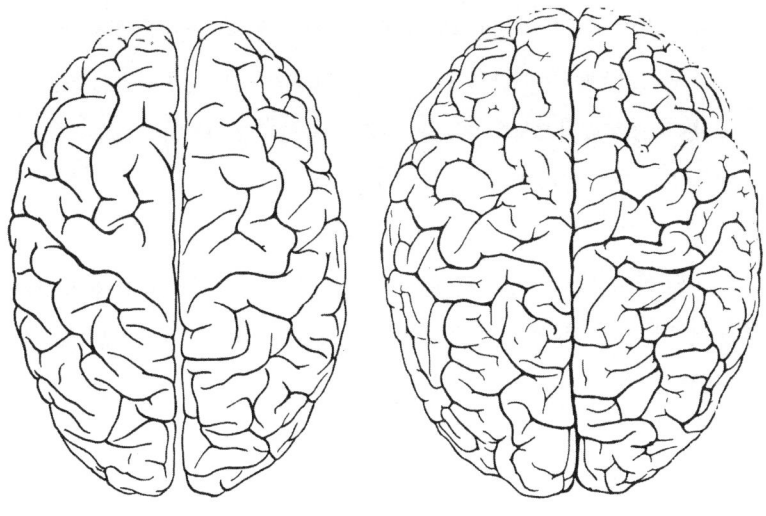

|그림 3.5| 위대한 수학자 K. F. 가우스의 뇌(오른쪽)는 1,492그램으로 평균을 간신히 넘는 수준이라는 사실이 밝혀졌다. 그러나 브로카는 다른 기준을 적용해서 그를 구해냈다. E. A. 스피츠카는 가우스의 뇌가 파푸아인의 뇌(왼쪽)보다 훨씬 주름이 많다는 사실을 보여주었다.

어학 교수로서는 그렇게 무거운 수치는 아니지만, 아직도 고려할 요소가 좀더 있다"라고 인정했다(1861, p.167). 하우스만의 경우에는 아무리 보정을 해도 보통 사람의 평균으로 올릴 수 없었지만, 브로카는 77세라는 존경할 만한 나이를 고려해서 그의 뇌가 노령으로 인해 일반적인 양보다 더 큰 폭으로 줄었을지도 모른다고 추측했다. 그는 "노령이 뇌에 미치는 쇠퇴는 매우 가변적이어서 계산이 불가능하다"라고 말했다.

그러나 브로카의 문제가 모두 해결된 것은 아니었다. 그는 낮은 수치는 피해갈 수 있었지만, 그 수치를 월등한 무게로 끌어올릴 수는 없었다. 따라서 아무도 반박할 수 없는 결론을 확보하기 위해서, 그는 빈정대는 어조로 바그너의 "가우스 이후의 피실험자들"은 결국 그렇게 우수하지 않았을 수도 있다고 주장했다.

다섯 명의 천재가 괴팅겐 대학에서 5년 이내에 사망했다는 것은 전혀 있을 법하지 않은 일이다. (……) 교수라고 해서 반드시 천재인 것은 아니다. 괴팅겐 대학에서도 몇 개의 교수좌는 그다지 탁월하지 않은 사람이 차지할 수도 있다(1861, pp.165~166).

이 대목에서 브로카는 입을 다물었다. 그는 "이것은 미묘한 문제이기 때문에 더 이상 내 주장을 강조해서는 안 된다"라고 쓰고 있다(1861, p.169).

큰 뇌의 범죄자들

범죄자들의 상당수가 큰 뇌를 가지고 있다는 사실은 항상 두개계측자와 범죄 인류학자들을 괴롭혀온 골칫거리였다. 브로카는 사형수의 경우 처형에 의한 급사(急死)로 오랜 투병 기간을 거쳐 세상을 떠나는 대부분의 선량한 사람들의 경우에서 나타나는 뇌 중량 감소가 일어나지 않는다는 주장으로 이 문제를 해결하려고 했다. 덧붙여 말하자면, 교수형으로 죽은 사람의 뇌는 충혈되어 실제보다 무겁게 나타나는 경향이 있다는 것이다.

브로카가 죽은 해에 T. 비스초프(T. Bischoff)는 119명의 암살자, 살인자, 그리고 도둑의 뇌에 대한 연구결과를 발표했다. 그들의 평균은 선량한 사람들의 그것보다 11그램이 무거웠고, 특히 그중에서 네 명은 1,500그램을, 다섯 명은 1,600그램을 넘어섰다. 지금까지 약 세 명의 천재만이 1,600그램 이상을 자랑할 수 있었던 데 비해, 암살자 르 펠리는 무려 1,809그램으로 퀴비에의 망령을 무색하게 만들었다. 측정된 여성 중에서 가장 큰 뇌(1,565그램)는 자신의 남편을 살해한 부인의 것이었다.

브로카의 후계자인 폴 토피나르는 이 자료에 당혹했고, 최종적으로 어떤 사람들에게 지나치게 훌륭한 것은 오히려 악이 된다고 결론지었다. 진정으로 영감에 의한 범죄행위는 전문적 안목과 마찬가지로 뛰어난 능력을 필요로 할 수 있다는 것이다. 가령 누가 모리아티와 홈스의 우열을 가름할 수 있단 말인가?* 토피나르는 다음과 같이 결론지었다. "일정 비율의 범죄자는 뇌 활동이 왕성하고, 따라서 크고 무거운 뇌를 가지고 있다는 사실에 의해 현재의 사회적 규칙으로부터 일탈하도록 강제되는 것처럼 보인다(1888, p.15)."

---

* 옮긴이주 | 모리아티(Moriarty)는 코난 도일의 소설에 나오는 등장인물로 주인공인 셜록 홈스의 숙적인 수학교수이다. 소설 속에서 두 사람은 대결을 벌이다가 함께 폭포에서 추락한다.

시대에 따른 증가 패턴의 결함

브로카의 연구 중에서, 남성과 여성의 차이에 대한 연구를 제외하면, 유럽문명이 중세에서 근대에 이르기까지 진보하면서 뇌의 크기도 점진적으로 늘어났다는 주장만큼 세인의 관심과 주목을 끈 경우는 없을 것이다(Broca, 1862b).

아마도 이 연구는 내가 지금까지 접한 것 중에서 결론에 대한 갈망을 가장 잘 드러낸 사례다. 따라서 상세히 분석할 만한 가치가 있다. 브로카는 자신이 특정 그룹을 현재 지위에 의거해 항구적인 열등 민족으로 선고하지 않았다는 점에서 스스로를 대견하게 생각했다. 여성은 사회적으로 두뇌를 많이 쓰지 않도록 강요되었기 때문에 시대가 흐르면서 뇌가 퇴화되었지만 사회적 상황이 변화하면 다시 증가할 것이고, 원시 인종은 뇌를 사용할 충분한 도전을 받지 않았지만 유럽인의 뇌는 문명 발전과 함께 착실히 성장했다는 것이다.

브로카는 파리에 있는 세 곳의 시민공동묘지에서 12세기, 18세기, 그리고 19세기의 두개골 표본을 대량으로 얻었다. 평균 두개용적은 각기 1,426·1,406 그리고 1,462cc였다. 이것은 시간이 지나면서 점차 증가한다는 확고한 결론을 뒷받침하는 증거가 되지 못했다(나는 통계학적 테스트를 위해 브로카의 원자료를 찾아낼 수 없었다. 그렇지만 최대와 최소 표본 사이의 평균 차이가 3.5퍼센트라는 점을 고려하면 세 표본 사이에 통계적으로 의미있는 차이는 전혀 없는 것 같다).

그러나 이처럼 제한된 자료—고작 세 곳에서 얻은, 게다가 주어진 기간의 변동폭에 관한 정보도 없고, 시간에 따른 명확한 패턴도 없는—가 어떻게 브로카를 자신이 원하는 결론으로 이끌었을까? 브로카는 18세기의 유적에서 중간값을 찾아낼 수 있으리라고 기대했기 때문에 처음에는 실망감을 숨기지 않았다(1862b, p.106). 그는 사회계급이 이 문제의 해답을 쥐고 있는 것이 분명하다고 주장했다. 특정 문화 속에서 성공적인 그룹들이 그러한 지위를 얻으려면 적어도 부분적으로라도 그들의 우월한 지능이 관여했을 것이기 때문이다. 12세기의 표본은 교회 묘지에서 얻은 것으로 분명 귀족을 대표한다. 18세기의 두개골은 공동묘지에서 나온 것이고, 19세기의 표본은 여러 가지가 섞여 있었다. 19세기의 표본 90개는 개인묘지에서 나온 것으로 평균 1,484cc, 공동묘지에서 얻은 35개는 평균 1,403cc였다. 브로카는 사회계급의 차이가 계산된 수치와 기대값과의 불일치를 설명해주지 못한다면 그 자료는 이해할 수 없는 것이라고 주장했다. 브로카에게 이해가능하다는 것은 시대에 따라 점진적으로 뇌의 무게가 늘어나는 것을 의미한다—이것은 데이터가 입증하기로 되어있는 명제이지 데이터에 의거한 명제가 아니다. 주객이 전도된 셈이다. 다시 브로카는 순환론에 빠진다.

> 이것(사회계급의 차이)이 없으면, 파리시민의 두개용량은 12세기 이래 수세기 동안 사실상 감소해왔다는 사실을 믿지 않으면 안 될 것이다. 그런데 이 기간은 (……) 지적·사회적 발달이 상당 정도로 진행되어서, 설령 문명 발전의 결과로 뇌가 성장했다고 확신하지는 못하더라도, 뇌의 크기를 감소시킬 수 있는 원인으로 이것을 생각하고 싶어할 사람은, 의심의 여지 없이, 아무도 없을 것이다(1862b, p.106).

그러나 브로카가 19세기의 표본을 사회계급에 의해 분류한 방식은 안도와 함께 혼란을 불러왔다. 그는 공동묘지에서 두개골의 표본을 얻었는데, 더 오래된 두개골의 평균용량이 더 컸기 때문이다. 19세기의 두개골이 1,403그램인 데 비해 18세기의 것은 1,409그램이었다. 그러나 브로카는 꺾이지 않았다. 그는 18세기 공동묘지에는 상류계급 사람들이 포함되어 있다고 주장했다. 혁명 이전인 그 시대에 교회 묘지에 매장될 수 있었던 사람은 아주 부자였거나 귀족이어야 했다는 것이다. 가난한 사람들의 잔해는 19세기에 1,403그램으로 측정되었다. 그런데 우수한 가계의 잔해도 100년 전에 거의 비슷한 수치를 나타냈다.

이러한 결과들은 브로카를 새로운 곤경으로 몰아넣었다. 공동묘지 내의 표본을 사회계급에 의해 나누었기 때문에 19세기 유적의 신원불명자에게서 얻은 일곱 개의 두개골이 개인묘지에서 나온 중류와 상류계급 사람들의 두개골 수치인 1,484cc보다 많은 1,517cc라는 사실을 인정하지 않을 수 없었던 것이다. 무연고로 버려진 신원불명의 사체가 어떻게 최상층 인사들을 능가할 수 있단 말인가? 브로카는 전혀 신빙성 없는 추론을 계속했다. 시체공시소는 강가에 있었으며, 필경 물에 빠져 익사한 신원불명자들을 수용했을 것이다. 게다가 상당수는 자살한 사람들이었다. 자살자의 상당수는 정신이상이고, 그들은 범죄자와 마찬가지로 놀랄 만큼 큰 뇌를 가지고 있다. 조금만 상상력을 동원하면, 아무것도 변칙이 아니라는 것이다.

전두부와 후두부

이 젊은 외과의사 리드게이트 씨에 대한 이야기를 해주십시오. 나는 그가 무척 유능하다는 이야기를 들었습니다. 확실히 그는 그렇게 보입니다. 정말 훌륭한 이마입니다.*
—조지 엘리엇 『미들마치』(1872)

---

* 옮긴이주 | 우리말과 달리 영어에서 'brow(이마)'는 흔히 지능의 정도를 나타내는 표현으로 사용된다. 가령 highbrow는 지식인이나 교양인을 뜻하고, middlebrow는 어느 정도 교양 있는 사람, 그리고 lowbrow는 지성이나 교양이 낮은 사람을 뜻한다. 따라서 엘리어트의 글에 나오는 fine brow는 외관상의 이마의 형태를 통해 그 사람의 지능이 높은 것을 뜻하는 중의적인 표현이다.

뇌 전체의 크기는 일반적으로는 유효하고 결정적이지만, 두개계측학의 내용을 모두 나타내는 것은 아니다. 골상학의 전성기 이후, 이미 뇌나 두개골의 특정 부분에 일정한 지위가 지정되어, 그룹의 서열화를 위한 일련의 보조적인 기준이 제공되었다(브로카는 의학자로서의 다른 경력에서 이 분야의 가장 중요한 발견을 했다. 그는 1861년에 실어증 환자가 왼쪽 아래 부분의 전두엽 뇌회(腦回, frontal gyrus), 즉 오늘날 브로카 중추(Broca's convolution)라고 불리는 영역에 손상이 있다는 사실을 발견하고, 기능이 대뇌피질에 국한된다는 개념[cortical localization of function]을 제기했다).

이러한 보조적인 기준들은 대부분 전두부가 우수하다는 단일 원칙으로 환원된다. 브로카와 그의 동료들은 보다 고도한 지적 기능은 대뇌피질의 전두부에 모여 있고, 후두부는 생명유지에 필수적이기는 하지만 불수의(不隨意) 운동, 감각, 감정과 같은 기본적 기능에 관여한다고 생각했다. 따라서 우수한 민족은 전두부가 크고, 후두부는 그보다 작을 것으로 생각되었다. 우리는 앞서 빈이 백인과 흑인의 뇌량(腦梁) 앞부분과 뒷부분에 대한 가짜 데이터를 만들었을 때 이 가설에 따랐다는 것을 살펴보았다.

특히 브로카는 자신의 자료에 의해 발생하는 난처한 상황에서 벗어나기 위해 종종 전두부와 후두부를 구분했다. 그는 인간 그룹을 '전두인종(前頭人種, racesfrontales, 뇌의 앞부분, 즉 전두엽이 고도로 발달한 백인)'과 '두정인종(頭頂人種, racesparietales, 두정엽과 중심부가 가장 현저한 몽골 인종)', 그리고 '후두인종(後頭人種, races occipitales, 뇌의 뒷부분이 가장 발달한 흑인)'으로 나눈 그라티오레의 분류를 그대로 채택했다. 브로카는 종종 열등한 그룹에 대해 연타 펀치를 날렸다. 그것은 작은 뇌와 돌출한 후두부에 대한 공격이었다. "흑인, 특히 호텐토트는 우리보다 단순한 뇌를 가지고 있고, 상대적으로 빈약한 뇌회(腦回)가 전두엽에서 관찰된다(1873a, p.32)." 보다 직접적인 증거로, 그는 타히티 사람들이 인공적으로 뒷머리를 부풀게 하기 위해서 일부 사내아이들의 앞머리를 변형시키고 있다고 주장했다. 이런 아이들은 용감한 전사가 되었지만, 그 모습은 백인 영웅들에게는 도저히 미치지 못했다. "전두부 변형은 맹목적인 격정, 광포한 본능, 그리고 동물적인 만용을 일으켰다. 이 모든 특성을 나는 기꺼이 후두 용기(occipital courage)라고 부를 것이다. 우리는 이것을 참된 용기, 즉 전두 용기(frontal courage) 또는 백인종의 용기와 혼동해서는 안 된다(1861, pp.202~203)."

또한 브로카는 뇌의 크기를 넘어 여러 인종의 전두 영역과 후두 영역의 특성을 평가했다. 따라서 그는 자신의 반대자들을 회유하기 위해서만이 아니라 그라티오레가 좋아했던 주장, 즉 열등 인종에서는 두개봉합선이 좀더 일찍 닫혀 그 결과로 뇌가 단단한 두개골 속에 들어가게 되고 이후의 교육효과를 제한한다는 가설을 받아들였다. 백인의 봉합선은 흑인보다 늦게 닫힐 뿐 아니라 닫히는 순서도 다르다는 것이다—과연 그 차이를 상상할 수 있는가? 흑인을 비롯한 그밖의 열등한 사람들은 먼저 전두봉합선이 닫힌 다음에 후두 봉합선이 닫힌다. 반면 백인의 경우에는 전두봉합선이 마지막으로 닫힌다. 그러나 두개봉합에 관한 오늘날의 포괄적인 연구결과는 인종간에 봉합 시기나 패턴에 아무런 차이도 없다는 사실을 밝혀주고 있다(Todd and Lyon, 1924와 1925).

브로카는 이 주장을 이용해서 심각한 문제를 모면할 수 있었다. 그는 호모 사피엔스의 최초 집단(크로마뇽 유형)의 두개 표본을 기술했고, 그 표본들이 현대 프랑스인을 능가한다는 사실을 발견했다. 그러나 다행스럽게도 그들은 전두봉합선이 먼저 닫혔기 때문에 그들의 선조 역시 열등할 수밖에 없었다. "이것은 열등성의 신호다. 우리는 모든 대뇌 활동이 물질적 생활에 사용되는 모든 인종에서 그 신호를 발견한다. 사람들 사이에 지적 생활이 발전하면서 전두봉합은 더 복잡해지고, 이전보다 오랫동안 열려 있게 된다(1873a, p.19)."

전두부와 후두부를 둘러싼 논의는 매우 유연하고 광범위하게 걸쳐 있기 때문에* 명백하게 모순된 사실에 직면했을 때 선입관을 정당화하는 강력한 도구로 이용된다. 다음의 두 가지 사례를 생각해보자.

두개지수

뇌의 크기 이상으로 두개계측학에서 가장 진부하고 가장 심하게 오용된 두 가지 측정값이 안면각(얼굴과 턱이 앞으로 돌출한 각도. 작을수록 우수하다)과 두개지수(頭蓋指數, cranial index)다. 두개지수는 측정이 간단함에도 불구하고 실제로 큰 지지를 획득하지는 못했다. 두개지수는 두개골의 최대 폭에 대한 최대 길이의 비율로 계산되었다. 상대적으로 긴 두개골(비율 0.75 이하)은 장두(長頭, dolichocephalic), 상대적으로 짧은 두개골(0.8 이상)은 단두(brachycephalic)라고 부른다. 두개지수를 보급시킨 스웨덴의 과학자 앤더스 레치우스(Anders Retzius)는 두개지수를 기초로 한 문명론을 수립했다. 유럽의 석기시대인은 단두였고, 후일 보다 진보한 청동기 시대의 인종(인도 유럽어족, 즉 아리안 장두 인종〔Aryan dolichocephalics〕)이 침입하여 원시적이었던 토착민들을 대체했다. 그리고 원래의 단두(短頭) 그룹 중 일부가 바스크인, 핀란드인, 라플란드인과 같은 미개한 인종들 중에서 살아남았다는 것이다.

---

*브로카는 뇌 여러 곳의 상대적 가치에 대한 자신의 주장을 전두부와 후두부의 차이로 한정하지 않았다. 사실 민족 사이에서 측정된 모든 차이에 대해 상대적 가치에 따른 선험적인 신념에 의해 특정한 값을 부여할 수 있다. 예컨대 브로카는 흑인이 백인보다 큰 뇌신경을 가지고 있기 때문에 지능에 관계하지 않는 뇌의 일부가 더 클 수도 있다는 주장을 하기도 했다(1861, p.187).

브로카는 석기시대의 두개골과 '원시' 종족의 현재 잔존자들 중에서 장두를 발견함으로써 이 인기 높은 이야기를 반증했다. 실제로 브로카는 북방인종이나 튜턴인 과학자들이 장두를 보다 고등한 능력의 상징으로 추켜세우려는 시도를 의문시할 충분한 이유를 가지고 있었다. 브로카 자신을 포함해서(Manouvrier, 1899) 대부분의 프랑스인들은 단두였기 때문이다. 흑인과 백인의 뇌가 동등하다는 티데만의 주장을 자신이 폐기시킨 것을 상기시키려는 듯한 문장에서 브로카는 레치우스의 학설을 경험적 진리가 아니라 이기적인 자기만족에 불과하다고 낙인찍었다. 과연 브로카는 자신도 같은 동기의 희생자일 수 있다는 가능성을 생각이나 해보았을까?

레치우스 씨의 연구 이래, 일반적으로 과학자들은 충분한 연구를 하지 않은 채 장두가 우월성의 징표라고 주장해왔다. 어쩌면 그럴지도 모른다. 그러나 장두나 단두라는 특징은 스웨덴에서 가장 먼저 연구되기 시작해 영국, 미국, 독일로 이어졌다. 하지만 우리는 이들 국가, 특히 스웨덴에서 장두 유형이 우세하다는 사실을 잊어서는 안 된다. 편견으로부터 자유로운 대부분의 사람들 사이에서조차 자신이 속한 인종에서 나타나는 두드러진 특징에 우월성이라는 딱지를 붙이려는 것은 모든 사람들에게 자연스런 경향이다(1861, p.513).

분명히 브로카는 단두와 선천적 우둔함을 동일시하는 것을 거부했다. 그럼에도 장두의 위력이 너무 강했기 때문에 브로카는 명백히 열등한 사람들에게서 장두가 나타났을 때 불쾌한 정도를 넘어서는 감정을 느꼈다—결국 이 불쾌감 덕분에 그는 가장 훌륭하고 견고한 주장을 발명해냈다. 두개지수는 이미 해결하기 어려운 장애물에 직면했다. 아프리카 흑인이나 오스트레일리아 원주민이 단순한 장두가 아니라 전세계에서 최장두 인종이라는 사실이 밝혀졌기 때문이었다. 더구나 엎친 데 덮친 격으로 크로마뇽인의 화석 두개골이 근대 프랑스인의 그것보다 클 뿐 아니라 더 장두였다.

브로카는 장두가 될 수 있는 몇 가지 방법을 추론했다. 튜턴족의 상징으로 기여했던 장두는 분명 전두부의 신장(伸張)으로 발생한 것이었다. 반면 열등하다고 알려진 사람들의 장두는 후두부의 신장, 그러니까 브로카의 용어로는 후두엽 장두에 의해 나타난 것이 틀림없다. 브로카는 단칼에 자신이 연구한 크로마뇽인 화석의 큰 두개용량과 장두라는 두 가지 문제를 일거에 해결한 것이다. "후두부 두개골의 보다 큰 발달에 의해 크로마뇽인의 두개용량은 일반적으로 우리들보다 커졌다(1873a, p.41)." 흑인의 경우에는 후두부의 신장과 전두부 폭의 감소가 일어났고, 그 결과 대개 흑인의 뇌는 상대적으로 작고 어떤 인종보다도 긴 장두(이것을 튜턴족의 장두와 혼동해서는 안 된다)가 되었다는 것이다. 프랑스인의 단두에 대해서는(튜턴족 지상주의자가 주장하듯이) 전두의 신장이 일어나지 않았던 것이 아니라 원래 훌륭한 두개골의 폭이 넓어진 것이라고 설명했다.

대후두공의 사례

대후두공(大後頭孔, foramen magnum)은 두개골 아래쪽에 있는 구멍이다. 척수가 이 구멍을 통해 뇌와 연결되고, 척추는 구멍 가장자리(후두과(後頭顆))에서 뼈와 연결된다. 모든 포유류의 발생과정에서 대후두공은 두개골 아래쪽에서 시작하며, 탄생할 무렵에 두개골 뒤쪽으로 이동한다. 인간의 경우, 대후두공은 약간 이동하는 정도이며, 성인이 되면 두개골 밑에 위치한다. 그에 비해 유인원의 성수(成獸)에서는 대후두공이 중간 위치에 있고, 인간만큼 앞쪽은 아니지만 다른 포유류만큼 뒤쪽도 아니다. 대후두공 배치의 기능적 의미는 분명하다. 호모 사피엔스와 같은 직립동물은 직립 자세에서 앞쪽을 보기 위해 두개골이 척추 꼭대기에 놓여야 한다. 반면 네발짐승은 척추가 두개골 뒤쪽에 위치해야만 네 발로 서 있는 일반적인 자세에서 앞쪽을 볼 수 있다.

이러한 차이는 불공평한 비교에 사용될 수 있는 매혹적인 근거를 제공한다. 열등한 사람들은 원숭이나 하등한 포유류와 마찬가지로 뒤쪽에 대후두공이 있을 것이다. 1862년에 브로카는 이 문제를 둘러싸고 이미 벌어지고 있던 논쟁에 뛰어들었다. 제임스 코울스 프리처드(James Cowles Pritchard)처럼 평등주의자에 가까운 사람들은 백인과 흑인 모두 대후두공이 두개골 중앙에 있다고 주장했다. 반면 J. 비레이(J. Virey) 같은 인종차별주의자는 고등한 인종일수록 대후두공이 앞쪽에 위치하는 단계적 편차를 발견했다. 그러나 브로카는 양쪽 모두 많은 자료를 확보하지 못했다는 사실에 주목했다. 특유의 객관적 태도를 발휘해서, 브로카는 중요하지는 않지만 성가신 이 문제를 해결하기 위한 작업에 착수했다.

브로카는 60개의 백인표본과 35개의 흑인표본을 모아 대후두공 앞쪽 가장자리의 앞부분과 뒷부분의 길이를 측정했다. 백인종과 흑인종 모두 두개골 뒷부분의 길이는 같았다—백인은 100.385밀리미터, 흑인은 100.857밀리미터(소수점 이하 세 번째 자리에 이르는 높은 정밀도를 주목하라). 그러나 백인은 앞부분의 길이가 훨씬 짧았다(90.736 대 100.304밀리미터). 따라서 백인의 대후두공은 보다 앞쪽에 위치하는 셈이다(표 3.1 참조). 브로카는 다음과 같이 결론지었다. "오랑우탄은 후두융기[posterior projection, 대후두공의 뒤쪽에 있는 두개골의 부분]가 훨씬 짧다. 따라서 다른 것과 마찬가지로 이 점에서도 흑인의 형태가 원숭이와 가까운 경향이 있다는 사실을 부정할 수 없다(1862c, p.16)."

그러나 브로카는 걱정이 들기 시작했다. 대후두공에 대한 표준적 논의는 두개 자체의 상대적 위치만을 언급할 뿐 두개 앞부분에 돌출한 얼굴에 대해서는 언급하지 않는다. 그런데 브로카는 두개골 앞부분을 측정할 때 안면부를 포함시켰다. 그는 오늘날 흑인의 얼굴이 백인보다 길다는 것은 주지의 사실이라고 쓰고 있다. 이것은 그 자체로도 원숭이와 흡사한 열등성의 징표이지만, 이것을 두개골 내부 대후두공의 상대적 위치와 혼동해서는 안 된다. 따라서 브로카는 자신의 측정값에서 안면이 차지하는 수치를 빼기 시작했다. 그는 흑인이 확실히 긴 안면을 가지고 있다는 사실을 발견했다—앞부분의 측정값에서 안면의 수치가 백인은 12.385밀리미터에 불과하고, 흑인은 27.676밀리미터나 되었다(표 3.1 참조). 안면의 길이를 빼자 브로카는 두개 앞부분에 대한 다음과 같은 수치를 얻었다. 백인 78.351, 흑인 72.628밀리미터. 다시 말해서 두개골에만 국한한다면 흑인의 대후두공은 훨씬 앞쪽에 위치하는 셈이다(브로카의 데이터를 기초로 계산한 두개 뒷부분에 대한 앞부분의 비율은 백인이 0.781이고 흑인은 0.720이다). 이 연구 이전에 명백하게 받아들여진 기준에 따르면 흑인이 백인보다 우수한 셈이다. 그 기준이 갑자기 바뀌지 않는 한에는 말이다. 그리고 실제로 그 기준은 곧 바뀌었다.

두개 앞부분과 뒷부분에 대한 존중할 만한 주장은 브로카 자신과 그가 대변하는 백인들의 위기를 구원한 것처럼 보였다. 정리하면, 흑인의 대

표 3.1 대후두공의 상대적 위치에 대한 브로카의 측정

	백인	흑인	흑인이 앞선 차이
앞부분	90.736	100.304	+9.568
안면부	12.385	27.676	+15.291
두개부	78.351	72.628	−5.723
뒷부분	100.385	100.857	+0.472

후두공이 더 앞쪽에 위치한다는 사실이 흑인의 우수성을 나타내는 것은 아니다. 그것은 단지 전두부의 기능 결여를 반영하는 것에 지나지 않는다. 백인에 비해 흑인은 전두부의 상당 부분을 상실한 반면 후두부가 조금 더 늘어났다. 따라서 대후두공의 앞부분과 뒷부분의 비율이 감소해서 마치 흑인이 우월한 것처럼 보였을 뿐이다. 그러나 전두부에서 상실한 중량이 모두 열등한 후두부에 덧붙여진 것은 아니다. 따라서 흑인은 백인보다 작고, 불균형한 뇌를 가지게 되었다는 것이다.

백인 두개골 앞부분의 융기는 흑인을 (……) 4.9퍼센트나 능가한다. (……) 따라서 흑인의 대후두공은 그들의 앞니〔얼굴을 포함해서 측정한 브로카의 이전 방식에서는 앞쪽 맨 끝에 해당하는 것이 앞니이다〕를 기준으로 하면 훨씬 뒤쪽이고, 반대로 뇌의 전두부 끝에서부터 측정하면 훨씬 앞쪽에 위치한다. 백인의 두개를 흑인의 두개로 바꾸려면, 턱을 앞쪽으로 이동시켜야 할 뿐만 아니라 두개 전면부를 깎아내야 한다. 즉, 뇌의 전두부를 축소시키고 대신, 불충분한 보완이지만, 깎아낸 부분을 두개 뒷부분에 보충해야 한다. 다시 말해, 흑인의 경우에는 안면과 후두부의 발달로 전두부의 손실이 일어난 것이다(1862c, p.18).

이것은 브로카의 연구 경력 중에서 작은 사건이었다. 그러나 이 사건만큼 그의 방식—올바른 자료를 사용해서 자신이 원하는 결론에 도달하기 위해 기준을 변경하는 방식—을 잘 보여주는 사례는 없을 것이다. 이것은 동전을 던졌을 때 앞면은 내가 우월한 것이고, 뒷면은 네가 열등한 것이라는 말과 다를 바 없다.

그리고 해묵은 주장은 결코 사라지지 않는 것 같다. 미국의 전두엽 절제 전문가(lobotomist)인 월터 프리만(Walter Freeman, 그는 1970년에

은퇴할 때까지 3만5천 명이나 되는 뇌의 전두엽 손상 실험을 직접 하거나 지도했다)은 만년에 다음과 같은 사실을 인정했다(Chorover, 1979에서 인용).

연구자들이 보다 고도한 지능을 가진 사람들에게서 대부분 놓치는 사실은, 특히 스스로를 내성(內省)하고, 사색하고, 철학하는 능력이다. (……) 대체로 정신병치료를 위한 뇌수술은 창조력을 감퇴시키거나 때로는 완전히 상실하게 만든다.

그리고 프리만은 "여성은 남성보다, 흑인은 백인보다 수술경과가 좋다"라고 덧붙였다. 바꿔 말하면 원래 전두엽이 그리 크지 않은 사람들은 수술로 전두엽이 크게 손상되지 않는다는 것이다.

여성의 뇌
여러 그룹 사이의 비교를 통해 브로카는 남성과 여성의 뇌에 대한 많은 정보를 수집했다. 그 이유는 그가 여성에 대해 특별한 적의를 품지 않아서가 아니라 입수하기가 쉬웠기 때문일 것이다. '열등한' 그룹들은 생물학적 결정론이라는 일반 이론 속에서 서로 대체 가능하다. 열등 그룹들은 연속적으로 병치되어 있으며, 한 그룹이 다른 모든 그룹들의 대표로 기능한다. 일반적인 전제는 사회가 자연의 섭리에 따르며, 사회계급은 선천적 가치를 반영한다는 생각을 받아들이기 때문이다. 그에 따라 독일의 인류학자 E. 후슈케(E. Huschke)는 1854년에 이렇게 썼다. "흑인의 뇌는 아이들이나 여성에게 나타나는 유형의 척수를 가지고 있고, 그밖에는 좀더 고등한 원숭이에서 발견되는 뇌 유형에 가깝다(Mall, 1909, pp.1~2)." 독일의 유명한 해부학자 칼 보그트(Carl Vogt)는 1864

년에 이렇게 썼다.

흑인의 뇌는 두정부가 둥글고 후두엽이 발달하지 않았다는 점에서 우리 아이들과 닮았고 두정엽이 융기했다는 점에서는 여성들과 흡사하다. (……) 성장한 흑인의 지적 능력은 백인 아이들, 여성, 노인의 특징과 공통점이 있다. (……) 일부 부족은 국가를 세우고 독특한 조직을 가졌다. 그러나 나머지는 과거와 현재 모두 인간성의 발달에 도움이 되거나 보존할 만한 가치가 있는 어떤 것도 이루지 못했다고 감히 주장할 수 있다(1864, pp. 183~192).

브로카의 동료인 G. 허브(G. Herve)는 1881년에 이렇게 썼다. "흑인 남성이 백인 여성보다 무거운 뇌를 가지고 있는 경우는 거의 없다(1881, p.692)." 나는 한 그룹의 투쟁이 우리 전체를 위한 것이라는 주장을 공허한 수사라고 생각하지 않는다.

근대 여성의 생물학적 지위에 대한 브로카의 주장은 두 가지 데이터에 근거하고 있었다. 그것은 근대 사회에서 남성이 보다 큰 뇌를 가졌다는 것, 그리고 남성과 여성의 뇌 크기의 차이는 시대와 함께 늘어났다는 것. 그는 파리에 있는 네 곳의 병원에서 행한 사체해부를 기초로 폭넓은 연구를 수행했다. 292개 남성 뇌의 평균은 1,325그램, 140개 여성 뇌의 평균은 1,144그램으로, 그 차이는 181그램이었다. 이것은 남성 뇌 중량의 14퍼센트에 해당한다. 물론 브로카는 이 차이가 남성의 몸이 더 크기 때문이라고 이해했다. 그는 이미 독일인의 우월성에 대한 주장에서 프랑스인을 구해내기 위해 그 보정을 사용했다(170쪽을 참조하라). 당시 그는 극도로 정밀하게 수치를 보정했다. 그러나 이번에는 몸 크기에 의한 영향을 측정하려는 시도조차 하지 않았다. 실제로 그는 그럴 필요가 없다고 말했다. 여성이 남성만큼 지적이지 않다는 것을 알고 있기 때문에 크기만으로 모든 차이를 설명할 수는 없다는 것이었다.

우리는 여성의 뇌가 작은 이유가 단지 몸집이 작기 때문인가라는 물음을 제기할 수 있다. 티데만은 이런 방식으로 설명했다. 그러나 우리는 여성이 평균적으로 남성보다 덜 지적이라는 점을 잊어서는 안 된다. 이 차이가 지나치게 과장되어서는 안 되지만, 그럼에도 불구하고 이것은 사실이다. 따라서 상대적으로 작은 여성 뇌의 크기는 한편으로는 신체의 열등성에서 기인하고, 또 한편으로는 지적 열등성에서 비롯되었다고 생각해도 무방할 것이다(1861, p.153).

시대가 변천하면서 그 간격이 더욱 늘어나리라는 예상을 확인하기 위해, 브로카는 롬 모르트(L'Homme Mort) 동굴에서 출토된 선사시대의 두개골 용적을 측정했다. 그 결과 남성과 여성의 차이가 불과 99.5cc라는 점을 발견했다. 한편 현대인에서의 차이는 129.5~220.7cc 범위다. 브로카의 수제자인 토피나르는 시간이 흐르면서 이 차이가 늘어나는 것은 지배적인 남성과 수동적인 여성에 대한 진화 압력이 서로 다르게 작용했기 때문이라고 설명했다.

생존경쟁에서 둘 이상의 사람들을 위해 싸우는 남성, 모든 책임을 지고 내일을 배려하는 남성, 그리고 환경이나 인간 경쟁자들과 적극적으로 맞서 싸우는 남성은 그가 보호하고 먹여 살려야 하는 여성보다, 그리고 지적인 활동이 결여되고, 아이들을 기르고 사랑하는 것이 그 역할인 수동적이고 정주적(定住的)인 여성보다 큰 뇌를 필요로 한다(1888, p.22).

브로카 학파 중에서 가장 격렬한 여성혐오주의자인 구스타브 르 봉(Gustave Le Bon)은 1879년에 이 데이터를 이용해 현대의 과학문헌들 중에서 여성에 대한 적의를 가장 현저하게 드러낸 논문을 발표했다(물론 아리스토텔레스에 필적하려면 아직도 한참 멀었지만 말이다). 그렇지만 르 봉은 주변적인 선동자는 아니었다. 그는 사회심리학의 창시자였고, 오늘날에도 널리 인용되고 존중받는 군중행동에 관한 저서를 썼다(『군중심리학[La psychologie des foules]』, 1895). 그의 책은 무솔리니에게도 강한 영향을 주었다. 르 봉은 이렇게 결론짓는다.

파리시민처럼 가장 지적으로 뛰어난 사람들 중에는 가장 발달한 남성의 뇌보다 고릴라에 가까운 크기의 뇌를 가진 여성들이 많이 있다. 이 열등성은 너무나 자명하기 때문에 조금이라도 그 주장을 반박할 수 있는 사람은 아무도 없다. 단지 그 정도만이 논의할 여지가 있다. 여성의 지능을 연구해온 심리학자뿐만 아니라 시인과 소설가들도 오늘날 여성이 인간 진화의 가장 뒤떨어진 형태를 대표하며, 교양 있는 남성보다 아이들이나 미개인에게 가깝다는 사실을 인정한다. 그녀들은 변덕이 심하고 불안정하며, 사고와 논리를 결여하고, 추론할 수 있는 능력이 없다. 몇몇 뛰어난 여성들이 있다는 것은 분명하고, 그들은 평균적인 남성들을 훨씬 능가한다. 그러나 이 여성들은, 예컨대 두 개의 머리를 가진 고릴라처럼 기형적으로 탄생한 예외에 지나지 않는다. 따라서 우리는 그런 여성들을 완전히 무시할 수 있다(1879, pp.60~61).

르 봉은 자신의 견해가 갖는 사회적 함축을 피하지 않았다. 남성과 동일한 기반 위에서 여성들에게도 고등교육을 인정하려는 미국의 개혁주의자들의 제안을 듣고 경악을 금치 못했다.

여성에게 동등한 교육을 베풀고, 그 결과 여성에게 똑같은 목적을 부여하려는 희망은 위험천만한 망상이다. (……) 자연이 자신에게 부과한 하등한 직무를 오해해서 여성이 가정을 떠나 우리들의 투쟁에 참여하는 날, 그날부터 사회변혁이 시작되고 가족이라는 신성불가침한 결속을 유지하는 모든 것이 사라지게 될 것이다(1879, p.62).

이 말이 왠지 친숙하게 들리는가?* 나는 이들 주장의 근거가 되는 브로카의 데이터들을 다시 조사했다. 나는 브로카의 수치가 타당하지만 최소한, 그의 해석은 그렇지 못하다는 사실을 발견했다. 시대와 함께 뇌 크기의 차이가 증대된다는 주장은 쉽게 폐기시킬 수 있다. 브로카는 롬 모르트 동굴의 표본에만 의존해서 자신의 주장을 제기했다. 그 표본은 남성이 일곱 개, 여성이 여섯 개였다. 이렇게 적은 숫자의 표본에서는 많은 것을 끌어낼 수 없다!

1888년에 토피나르는 파리의 병원들을 기초로 수집된 브로카의 좀더 포괄적인 데이터를 발표했다. 브로카는 뇌 크기 이외에 신장과 연령도 함께 기록했기 때문에 우리는 현대적인 통계방법을 사용해서 이러한 요인들이 미치는 영향을 제거할 수 있었다. 뇌의 무게는 나이를 먹으면서 점차 줄어든다—브로카가 표본으로 삼은 여성들은 평균적으로 사망 연령이 남성보다 훨씬 높았다. 또한 뇌 중량은 키가 클수록 늘어난다—브

---

*10년 뒤에 미국의 저명한 진화론자인 E. D. 코프(E. D. Corp)는 "반항정신이 여성들 사이에서 보편화되는" 결과를 크게 우려했다. 그는 이렇게 썼다. "만약 국가가 이런 종류의 공격을 받게 된다면 (……) 그것은 마치 질병처럼, 이후 여러 세대에 걸쳐 그 흔적을 남기게 될 것이다(1890, p.2071)." 그는 "남성이 적당히 술을 마시고 담배를 피우지 못하게 하기 위해" 여성들이 행사하는 압력 속에, 그리고 나아가 여성 참정권을 지지하는 분별없는 남성들의 태도 속에서 이러한 무정부 상태의 단초를 발견했다. 그는 이렇게 말했다. "이런 남성들 중 일부는 여자처럼 나약하고 머리가 길다."

로카가 다룬 남성들의 평균 신장은 여성에 비해 대략 15센티미터 가량 컸다. 나는 다중회귀(multiple regression) 방법을 사용했다. 이 방법은 뇌 크기에 미치는 신장과 연령의 영향을 동시에 평가할 수 있다. 여성에 관한 데이터의 분석을 통해 나는 남성의 평균신장과 평균연령에 상응하는 여성의 뇌가 1,212그램이라는* 사실을 알아냈다. 신장과 연령을 보정하자 181그램의 차이는 3분의 1 이상 줄어 113그램이 되었다.

그러나 브로카의 데이터에는 뇌 크기에 결정적 영향을 주는 것으로 알려진 다른 요인에 대한 어떤 정보도 포함되어 있지 않기 때문에 남아 있는 차이를 평가하기는 힘들다. 예를 들어 퇴행성 질병은 종종 상당한 뇌 중량 감소를 수반하기 때문에 그것이 사망원인이라면 뇌 용량에 큰 영향을 미친다. 역시 브로카의 자료에 대해 연구한 유진 슈라이더(Eugene Schreider, 1966)도 사고로 사망한 남성의 뇌가 전염병으로 죽은 남성보다 평균 60그램 더 무겁다는 사실을 발견했다. 내가 (미국의 병원에서) 찾을 수 있었던 최근 자료에 의하면, 퇴행성 심장병에 의한 사망과 사고사나 변사로 목숨을 잃은 사람 사이에는 100그램의 차이가 났다. 브로카의 조사대상이 대부분 나이든 여성이었기 때문에, 우리는 장기간의 퇴행성 질병이 남성보다 여성에게 흔하게 나타났다고 가정할 수 있다.

좀더 중요한 사실은, 뇌 크기를 조사하는 현대 연구자들 사이에서 신체 크기의 현저한 영향을 배제하기 위한 적절한 수치가 아직도 합의되지 못하고 있다는 점이다(Jerison, 1973; Gould, 1975). 키는 어느 정도 적합하지만, 같은 신장의 남성과 여성이 같은 체격을 가진 것은 아니다. 체중은 신장보다 더 문제가 많다. 대부분의 편차가 그 사람의 고유한

---

*내가 계산한 식은 다음과 같다. y를 뇌의 크기(그램), X_1을 나이(세), 그리고 X_2를 신장(센티미터)으로 하면, $y = 764.5 - 2.55X_1 + 3.47X_2$.

체중에서 기인하는 것이 아니라 영양 상태를 반영하기 때문이다—살찐 체격이나 여윈 체격은 뇌에 전혀 영향을 주지 않는다. 레온스 마누브리에는 1880년대에 이미 이 주제를 다루며 근육량과 힘이 고려되어야 한다고 주장했다. 그는 이 파악하기 힘든 특성을 측정하기 위해 여러 가지 방법을 시도했고, 같은 신장의 남성과 여성의 경우 남성에게 현저하게 유리한 차이를 발견했다. 그가 "성차(性差)에 따른 양(sexual mass)"이라고 부른 값을 수정하면, 여성이 뇌의 크기에서 남성을 근소한 차이로 앞선다.

따라서 보정된 113그램의 차이도 분명히 너무 큰 것이다. 필경 실제 수치는 영(0)에 가깝고, 남성과 여성 모두에게 유리할 것이다. 덧붙여 이야기하자면, 브로카의 자료*에서는 162.5센티미터인 남성과 193센티미터인 남성 사이의 평균차가 정확히 130그램이다. 키가 큰 남성이 더 지능이 높다고 말하는 사람은 없을 것이다. 요약하자면, 브로카의 자료는 남성이 여성보다 큰 뇌를 가진다는 어떤 독단적인 주장도 인정하지 않는다.

마리아 몬테소리(Maria Montessori)의 활동은 아이들의 교육개혁에 한정되지 않았다. 그녀는 로마대학에서 수년간 인류학 강의를 했고, 『교육학적 인류학(Pedagogical Anthropology)』(영국판, 1913)이라는 영향력 있는 책을 저술했다. 그녀는 아무리 조심스럽게 이야기해도 평등주의자는 아니었다. 그녀는 대부분의 브로카 저작을 지지했고, 자신과 조국이 같은 체사레 롬브로소(Cesare Lombroso, 제4장에서 다루어진다)가 제기

---

*브로카의 자료 중에서 가장 큰 남성 표본에 대해 나는 뇌의 상대 성장의 이변량분석(二變量分析)을 하는 데 선호되는 다음과 같은 지수함수를 사용해서 계산했다. $y=121.6X^{0.47}$ 여기에서 y는 뇌의 무게(그램), x는 신장(센티미터)이다.

한 선천적 범죄이론을 지지했다. 그녀는 자신의 학교에서 아이들의 머리 둘레를 측정했고, 가장 가능성이 높은 아이들을 큰 뇌의 소유자라고 추론했다. 그러나 그녀는 브로카가 여성에 대해 내린 결론은 인용하지 않았다. 그녀는 마누브리에의 연구를 길게 논했고, 적절한 보정이 이루어지면 여성의 뇌가 약간 크다는, 그의 불확실한 주장을 중시했다. 그녀는 여성이 남성보다 지적으로 우수하지만, 지금까지는 육체적 힘에 의해 남성이 우세한 지위를 점했다고 결론지었다. 기술이 권력의 도구로 육체적인 힘의 차이를 무력화시키면 곧 여성의 시대가 도래하리라는 것이었다.

"이러한 시대에는 진정한 의미에서 우수한 인류가 출현할 것이고, 도덕적으로나 감정적으로 강한 남성이 존재하게 될 것이다. 아마도 이런 방식으로 여성의 지배가 가까워지면, 그때에는 여성의 인류학적 우월성이라는 수수께끼가 풀릴 것이다. 여성은 항상 인간의 감정, 도덕, 명예의 수호자였다(1913, p. 259)."

몬테소리의 주장은 특정 그룹의 체격적인 열등성이라는 '과학적인' 주장에 대한 하나의 해독제였다. 생물학적 차이의 타당성을 인정할 수 있지만, 그 결과에 이해관계로 얽혀 있는 편견을 가진 남성에 의해 그 자료가 잘못 해석되었고 불리한 그룹이 실제로는 더 우수하다고 주장할 수도 있다. 근년에 엘레인 모건(Elaine Morgan)은 그녀의 저서 『여성의 유래(Descent of Woman)』에서 이 전략을 따라 여성의 관점으로 인류의 선사시대를 순이론적으로 재구성했다—이것은 남성을 위한 남성에 의한 허풍 섞인 이야기와 마찬가지로 터무니없는 이야기다.

나는 이 책에 다른 지위를 부여하려 한다. 몬테소리와 모건은 브로카의 방법을 답습해서 비슷한 결론에 도달했다. 오히려 나는 어떤 목적에서든 여러 그룹에 생물학적 가치를 부여하려는 모든 시도에 대해 부적절하고, 지적으로 불건전하고, 고도로 유해하다는 딱지를 붙일 것이다.

후기 : 뇌의 크기가 지능과 연관된다는 신화

두개계측과 연관된 주장들은 지난 20세기에 이미 빛을 잃었다. 그것은 결정론자들이 충성의 대상을 지능 테스트로—지적 가치에 의해 집단을 서열화한다는, 마찬가지로 타당하지 않은 목적이라는 좀더 '직접적인' 경로로—바꾸었고, 과학자들이 머리의 형태나 크기를 다룬 많은 문헌에 팽배하던 터무니없는 편견을 폭로했기 때문이다. 예를 들어 미국의 인류학자 프란츠 보아스(Franz Boas)는 전설적인 두개지수에 대한 간단한 연구를 통해 두개지수가 단일 그룹의 성인들 사이에서, 그리고 개인의 일생에서도 큰 폭으로 변동한다는 것을 보여주었다(Boas, 1899). 더욱이 그는 이민자 양친과 미국에서 태어난 그들의 자식들 사이의 두개지수에서 유의미한 차이를 발견했다. 단두(斷頭)인 남부 유럽인들의 머리에서 나타나는 불변의 뭉툭함이 겨우 한 세대의 환경 변화에 의해 장두인 북유럽 표준으로 바뀐 것이다(Boas, 1911).

1970년에 남아프리카의 인류학자 P. V. 토비아스(P. V. Tobias)는 뇌 크기에 따른 그룹 사이의 차이가 지능과 연관된다는 신화를 폭로하는 논문을 썼다. 실제로 그는 신체의 크기나 그밖의 편향 요인과 무관하게 뇌의 크기가 그룹 사이에서 다르다는 사실은 지금까지 한 번도 증명된 적이 없다고 주장했다.

특히 이 결론은 뇌의 크기에 대해 발표된 엄청난 양의 자료에 능통한 유명한 과학자가 내린 것이기 때문에 독자들에게 낯설게 느껴질 수도 있다. 뇌를 측정하는 것보다 더 간단한 방법이 있을 수 있는가? 뇌를 꺼내서 저울 위에 올려놓기만 하면 되는데 말이다. 어려운 것은 측정 자체와 연관된 다음과 같은 문제들이다. 뇌를 어떤 수준에서 척추로부터 절단할 것인가, 수막(髓膜)을 제거할 것인가(수막이란 뇌를 덮고 있는 막이며, 뇌

척수경막(dura mater), 즉 뇌와 척수를 둘러싸고 있는 두꺼운 외피의 무게는 50~60그램 정도다), 사후(死後) 어느 정도 시간이 경과한 다음에 적출할 것인가, 무게를 달 때까지 뇌를 어떤 액체 속에 보존할 것인가, 만약 보존한다면 어느 정도의 기간 동안 몇 도에서 보존할 것인가. 대부분의 문헌은 이러한 것들을 적절하게 규정하지 않고 있다. 그리고 서로 다른 과학자들에 의해 행해진 연구는 일반적으로 비교가 불가능하다. 설령 우리가 동일한 대상을 동일조건하에서 동일한 방법으로 측정했다고 확신할 수 있을 때조차도. 여기에는 이차적인 편향이 개입하기 때문이다. 즉 지능이나 인종관계에 대해 희망했던 속성과 직접 관계가 없는 요인들(성별, 신체의 크기, 연령, 영양 상태, 영양 이외의 환경, 직업, 사인(死因) 등)이 뇌의 크기에 미치는 영향이 그것이다. 따라서 지금까지 발표된 수천 개의 보고서와 수만 개에 이르는 실험대상에도 불구하고, 토비아스는 우리가—설령 그것이 문제가 된다 하더라도—평균적으로 흑인이 백인보다 뇌가 큰지 작은지 알 수 없다고 결론지었다. 하지만 백인의 뇌가 크다는 것은 극히 최근까지 백인 과학자들 사이에서는 이론의 여지가 없는 '사실'로 받아들여졌다.

많은 연구자들은 인간의 뇌 크기가 그룹마다 차이가 있다는 문제에 비상한 관심을 집중해왔다. 그러나 그들이 아무런 해답을 얻지 못한 것은 애당초 해답이 존재하지 않았기 때문이 아니라 그 답을 얻기가 지극히 힘들고, 선험적인 신념이 너무도 분명하고 압도적이었기 때문이다. 브로카와 그라티오레가 벌인 격렬한 논쟁의 와중에서, 브로카의 옹호자 중 한 사람이, 분명 난처한 쟁점이었지만, 두개계측학의 모든 전통에 내재했던 동기를 훌륭하게 요약하는 지적을 했다. 드 주방셀(de Jouvencel)은 이렇게 말했다. "나는 일반적으로 뇌 용량의 지적 중요성을 부정하는 사람의 머리가 유독 작았다는 사실을 오랫동안 주목해왔다(1861,

p.465)." 그 이유가 무엇이든 간에, 이기주의는 처음부터 이 골치 아픈 문제에 대한 견해의 원천으로 작용해왔다.

제4장

신체의 측정
― '바람직하지 않은 사람들'의 원숭이성

신체의 측정
— '바람직하지 않은 사람들'의 원숭이성

진화라는 개념은 19세기에 걸쳐 인간의 사고에 변화를 가져왔다. 생명과학에서 제기되는 거의 모든 문제들은 진화가 밝히는 빛 아래로 재편되었다. 이 관념만큼 폭넓게 사용되면서, 동시에 오용된 경우도 찾아보기 힘들 것이다(가령 빈곤의 불가피성을 진화론적 근거로 정당화하기 위해 '사회다윈주의[social Darwinism]'가 이용된 것이 그 한 가지 예다). 창조론자(아가시와 모턴)와 진화론자(브로카와 골턴) 모두 뇌의 크기에 대한 데이터를 이용해서 그룹간의 차이에 대한 근거 없고 불공평한 주장을 제기했다. 그러나 진화론에 의거한 보다 직접적인 부산물로 그밖에도 몇 가지 정량적인 주장들이 더 있다. 이 장에서는 이것들 중 널리 유포된 대표적인 두 가지 주장을 그 사례로 제시하겠다. 이 사례들은 현저한 대조를 나타내면서 동시에 흥미로운 유사성을 보여준다. 첫번째 사례는 그룹의 서열화를 위한 가장 일반적인 진화론적 옹호론이다. 이것은 종종 당황스러울 정도로 발음이 꼬이는 "개체발생은 계통발생을 되풀이한다(ontogeny recapitulates phylogeny)"라는 말로 요약되는 반복발생설이다. 두 번째 사례는 인간의 범죄행위를 생물학적 본질로 설명하려는 특수한 진화론적 가설, 즉 롬브로소의 범죄인류학에 대한 이야기다. 두 가지 이론 모두 정량적이고, 또한 진화론적이라고 가정된 방법에 기반을 둔 것이다. 이것은 바람직하지 않다고 생각되는 그룹 속에서 원숭이와 흡사한 형태의 징후를 찾으려는 시도이다.

생명의 나무를 재구성하다

일단 진화라는 사실이 확립되자 19세기의 자연주의자들은 진화가 거쳐온 실제 경로를 추적하는 작업에 몰두했다. 다시 말해서, 생명의 나무를 재구성하려는 것이었다. 그리고 오늘날 생물 형태의 실제 선조를 기록하고 있는 화석이 그 증거를 제공해줄 수 있을 듯싶었다. 그러나 화석 기록은 극도로 불완전했다. 생명 계통수(系統樹)의 굵은 줄기나 큰 가지는 모두 화석으로 보존될 수 있는 딱딱한 부분이 진화하기 이전에 발생한 것이었기 때문이다. 따라서 무언가 간접적인 기준을 찾아내지 않으면 안 되었다. 독일의 위대한 동물학자 에른스트 헤켈(Ernst Haeckel)은 창조론에 의한 생물학의 낡은 이론을 일신하고, 고등한 생물의 배아(胚芽) 발생에서 생명의 나무를 직접 읽을 수 있다고 주장했다. 그는 "개체발생이 계통발생을 되풀이한다"라고 선언했다. 영어로 발음하면 혀가 잘 돌아가지 않는 이 구절은 한 개체가 그 자체의 발생과정에서 성장한 선조형을 정확한 순서대로 나타내는 일련의 단계를 거친다는 것이다. 간단히 말해 개체가 그 자신의 계통수를 타고 올라간다는 뜻이다.

반복발생설은 19세기 말의 과학에서 가장 영향력 있는 개념으로 받아들여졌다. 이 이론은 발생학, 비교형태학, 고생물학을 포함한 몇몇 전문분야의 연구를 지배했다. 이 분야들은 모두 진화의 계통을 재구축한다는 강박관념에 매달려 있었고, 반복발생설이 이러한 추구를 위한 열쇠로 간주되었다. 인간의 초기 배아에서 아가미 틈(gill slit)이 나타나는 것은 물고기가 인간의 선조라는 것을 나타내며, 이후 단계에서 일시적으로 꼬리가 나타나는 것은 파충류나 포유류가 사람의 선조임을 보여준다는 것이다.

반복발생설은 생물학에서 시작해 점차 여러 분야에 결정적인 방식으로 영향력이 확산되었다. 지크문트 프로이트(Sigmund Freud)나 C. G. 융(C. G. Jung)은 모두 확신을 가진 반복발생론자였으며, 헤켈의 개념은 정신분석학 이론의 발전에 적지않은 영향을 주었다(예를 들어, 『토템과 타부(Totem and Taboo)』에서 프로이트는 어린 소년의 오이디푸스 콤플렉스가 제공하는 중심적인 단서를 토대로 인류사의 재구성을 시도했다. 프로이트는 부친 살해 충동이 선조의 성인들 사이에서 실제로 일어났던 일로 추론해 선조의 아들들이 여성을 얻기 위해 자신의 부친을 죽인 것이 틀림없다고 생각했다). 19세기 말에는 많은 숫자의 초등학교 커리큘럼이 반복발생설의 영향으로 재편되었다. 여러 학교의 교육위원회는 저학년에서 '하이아워서의 노래(Song of Hiawatha)'*를 가르치도록 했다. 아이들이 미개했던 과거 선조의 단계를 통과하므로 그 시에 일체감을 느낄 것이라고 생각했기 때문이다.**

반복발생설은 인간을 고등한 그룹과 열등한 그룹으로 서열화하려는

---

* 미국의 저명한 시인 롱펠로의 시. 하이아워서는 실재한 인디언 추장의 이름이다.
** 헤켈과 그의 동료들이 반복발생설을 옹호하기 위해 주장했던 정당화나 그후 반복설의 위상이 실추한 이유에 관심을 가진 독자들은 내가 쓴, 조금 지루하지만 매우 상세한, 『개체발생과 계통발생(Ontogeny and Phylogeny)』(Harvard University Press, 1977)을 참조하라.

과학자들에게 매혹적인 기준을 제공했다. 뒤떨어진 그룹의 성인은 우수한 그룹의 아이들과 흡사한 것이 분명하다. 아이들은 원시시대 선조의 성인 상태를 나타내기 때문이다. 만약 흑인이나 여성 성인이 백인의 사내아이와 비슷하다면, 그들은 백인 남성의 진화과정에서 선조의 단계를 나타내는 살아 있는 표본이다. 인종 서열화를 위한—머리만이 아니라 신체 전체를 바탕으로 한—해부학 이론이 세워진 것이다.

반복발생설은 생물학적 결정론의 일반적인 이론으로 기여했다. 인종, 성별, 계급에서 모든 '열등한' 그룹들은 백인의 사내아이와 비교되었다. 반복발생설의 메커니즘을 해명했던(Gould, 1977, pp.85~91) 저명한 미국의 고생물학자 E. D. 코프는 이 기준에 의거해 다음 네 그룹을 하등한 인간 형태로 규정했다. 비(非)백인종, 모든 여성, 북유럽 백인에 대한 남유럽 백인, 그리고 우수한 인종 내부의 하층계급이 그것이다(1887, pp.291~293—특히 코프는 '하층계급인 아일랜드인'을 경멸했다). 코프는 북유럽인의 우월성이라는 교의를 전파하며 유대인이나 남유럽인의 미국 이민자 수를 줄이라고 선동했다. 또한 남유럽인의 열등성을 반복발생설의 개념으로 설명하기 위해 따뜻한 기후에서 사람이 일찍 성숙한다는 주장을 펴기도 했다. 성숙은 신체 발달의 정지와 완화의 신호이기 때문에 남유럽 사람들은 아이와 같은 원시적인 상태에서 어른이 되고, 우월한 북유럽 사람들은 늦은 성숙에 의해 발육이 멈추기 전에 좀더 고등한 단계로 진행한다는 것이다.

인도 유럽어족의 경우, 북부지역보다 열대지역 쪽이 일부 측면에서 빨리 성숙한다는 데에는 거의 의심의 여지가 없을 것이다. 많은 예외가 있지만, 거기에는 하나의 규칙으로 간주할 만한 충분한 일반성이 있다. 따라서 분별력을 가지고 비교했을 때, 우리는 그 인종에게서—적어도 유럽과 미국의 좀더 따뜻한 지역에서는—감정적인 성향의 활동이 많은 여성들에게서 일반적으로 나타나는 몇 가지 특성을 발견하게 된다. (……) 아마도 북부 지역에서는 그러한 성질을 이미 어렸을 때 거쳤을 것이다 (1887, pp.162~163).

반복발생설은 인종의 서열화에 대한 인체측정학적 주장, 특히 두개계측학적 주장에 일차적인 초점을 맞춘다. 여기에서도 뇌가 지배적인 역할을 수행했다. 루이 아가시는 이미 창조론자의 입장에서 흑인 성인의 뇌와 7개월 된 백인 아기의 뇌를 비교했다. 우리는 앞에서 보그트의 이러한 놀랄 만한 주장을 인용했다(141~142쪽). 보그트는 흑인 성인과 백인 여성의 뇌를 백인 사내아이의 뇌와 동일시했고, 이것을 토대로 흑인들이 주목할 만한 가치를 가진 어떠한 문명도 수립할 수 없었던 이유를 설명했다. 또한 코프는 두개골, 특히 "잘 발달한 코와 턱수염이라는 미(美)의 중요한 요소"에 초점을 맞추었다(1887, pp.288~290). 이런 이유로 그는 흑인의 장딴지 근육조직이 불완전하다는 사실을 비웃었다.

전형적인 인도 유럽어족 흑인의 가장 두드러진 두 가지 특징은 미성숙 단계에 나타난다. 불완전한 장딴지는 유아 단계 초기의 특징이다. 그러나 그보다 더 중요한 사실은 편평한 콧날이나 짧은 비골(鼻骨)과 같은 특징이 인도 유럽어족에서는 보편적으로 미성숙한 상태에서 나타난다는 점이다. (……) 일부 인종, 가령 슬라브인들은 이런 미발달 상태가 다른 인종에 비해 나중까지 계속된다. 콧날이 높은 그리스인의 코는 심미적인 아름다움에 부합할 뿐 아니라 완전히 발달한 것이다.

1890년에 미국의 인류학자 D. G. 브린턴(D. G. Brinton)은 측정에 대한 찬가를 덧붙여 다음과 같은 주장을 제기했다.

태아나 유아, 또는 원숭이와 비슷한 특징을 보다 많이 가지고 있는 성인이 그들보다 발달이 더 진행된 사람에 비해 뒤떨어진다는 것은 의심의 여지가 없다. (······) 이 기준으로 측정하면, 유럽인 또는 백인종이 목록의 맨 앞에 오고 아프리카인이나 흑인은 최하위에 위치한다. (······) 인종에 대한 비교해부학의 과학을 세우기 위해 인체의 모든 부분이 정확히 조사되고, 그 크기와 무게가 측정되었다(1890, p.48).

만약 해부학이 반복발생설의 견고한 주장을 세웠다면, 정신적 발달은 그것을 확증하는 풍부한 장(場)을 제공했다. 미개인이나 여성이 정서적으로 아이들과 비슷하다는 주장은 새로운 것이 아니다. 과거에도 멸시받는 그룹이 아이들과 비교된 적이 있었지만, 반복발생설은 이 낡고 진부한 이야기에 주류 과학이론의 권위를 부여해주었다. "그들은 마치 아이들 같다"라는 말은 더 이상 고집스러움에 대한 은유가 아니다. 이제 그 말은 문자 그대로 열등한 그룹이 우월한 그룹의 선조 단계에 머물고 있다는 이론적 주장을 표현하는 말이 되었다.

당시 미국의 저명한 심리학자였던 G. 스탠리 홀(G. Stanley Hall)은 1904년에 다음과 같은 일반론을 폈다. "대부분의 미개인은 여러 측면에서 아이들과 같다. 좀더 정확하게 말하자면, 성적(性的) 성숙함 때문에 어른의 크기를 한 아이다(1904, vol.2, p.649)." 그의 수제자였던 A. F. 체임벌린(A. F. Chamberlain)은 온정주의적 태도로 이렇게 말했다. "원시적인 사람들이 없다면, 세계는 하찮으나마 어린아이로 축복받지 못하는 곳이었을 것이다."

반복발생론자들은 이 주장을 인간의 능력이라는 놀라운 방향으로 확장했다. 코프는 선사시대의 그림을 아이들이나 현재 '원시인'의 스케치와 비교했다(1887, p.153). 우리가 알고 있는 가장 초기 인종의 역작(力作)이 교육받지 않은 유아가 칠판 위에 그린 그림이나 미개인이 절벽의 바위에 그린 작품과 아주 흡사하다는 것이다. 영국의 저명한 심리학자인 제임스 설리(James Sully)는 아이들과 미개인의 미적 감각을 비교한 결과 아이들이 더 우수하다는 평가를 내리기도 했다(1895, p.386).

아이들의 미적 감각이 처음 표출된 미숙한 표현에서, 우리는 그 인종이 선호하는 최초의 표현들과 마주치게 된다. 선명하게 빛나거나 화려한 물건, 강렬한 색채의 대조, 그리고 특정한 형태의 동작과 깃털―선호하는 개인 장식―등에 대한 열광은 미개인의 특징으로 잘 알려져 있고, 이러한 취향은 문명인의 눈에 마치 어린아이와 같은 유치함으로 비친다. 한편, 꽃의 아름다움에 대해 미개인들이 아이들이 느끼는 것과 마찬가지의 감정을 가지는지는 의심스럽다.

사회다윈주의를 주창했던 허버트 스펜서(Herbert Spencer)는 자신의 주장을 다음과 같이 간결하게 제기했다(1895, pp.89~90). "문명화되지 않은 사람들의 지적 특징은 (……) 문명사회의 아이들에게 되풀이해서 나타나는 특징이다."

반복발생설이 생물학적 결정론의 일반 이론에서 핵심이 된 이래, 많은 남성과학자들은 이 논의를 여성의 문제로 확장시켰다. E. D. 코프는 여성의 "형이상학적 특징"에 대해 이렇게 말했다.

[여성의 형이상학적 특징은] (……) 남성이 성장 초기에 나타내는 그것과 본질적인 성격에서 매우 흡사하다. (……) 여성은 감수성이 강한

것이 특징이고, 논리보다 감정에 따라 움직이기 쉽고, 바깥 세계에서는 겁 많고 변칙적인 행동을 한다. 이러한 특징은 일반적으로 남성의 경우에도 생애의 한 시기에서 관찰된다. 다만 개인에 따라 서로 다른 시기에 그 특성을 상실한다. (……) 필경 대부분의 남성들은 감정적인 본성이 지배했던 어린 시절—좀더 성숙하기 이전에는 괴로움을 느꼈을 때 쉽게 감정이 움직이는 시기가 있었다는 것을 기억할 것이다.(……) 아마도 모든 남성들은 영웅을 숭배하던 청년기를—보다 강한 사람이 필요하다고 느껴 자신에게 공감해주고 도움을 주는 강한 친구를 우러러보기 좋아하던 시기를 기억할 수 있을 것이다. 이것이 '여성의 단계(woman stage)'의 특징이다(1887, p.159).

생물학적 결정론의 보고서 중에서 가장 터무니없는 주장의 하나지만, G. 스탠리 홀—다시 한 번 강조하지만 그는 괴짜가 아니라 미국 최고의 심리학자였다—은 여성이 진화적으로 원시적인 단계임을 보여주는 근거로 높은 자살율을 거론했다(1904, vol.2, p.194).

이것은 남녀 사이에서 나타나는 깊은 정신적 차이의 한 표현이다. 여성의 육체와 정신은 계통발생적으로는 더 오래되고 원시적이다. 반면 남성은 좀더 새롭고, 변이가 풍부하며, 덜 보수적이다. 여성은 항상 낡은 습관과 사고방식을 보존하는 경향이 있다. 여성은 수동적 방법을 선호한다. 중력과 같은 자연의 힘에 몸을 맡겨 높은 곳에서 몸을 던지거나 독약을 먹는 자살법에서는 남성을 능가한다. 하블록 엘리스(Havelock Ellis)는 물에 빠져죽는 투신 자살이 빈번해지고 있으며, 그것이 여성들이 좀더 여성다워지는 증거라고 생각했다.

제국주의의 정당화로 반복발생설은 너무도 많은 전망을 제공했기 때문에 아카데믹한 주장에 머물러 있을 수 없었다. 나는 이미 아프리카 흑인에 대한 칼 보그트의 저급한 의견, 즉 흑인의 뇌와 백인 아이들의 뇌를 비교한 주장을 인용했다. B. 키드(B. Kidd)는 이 주장을 열대 아프리카로 식민지를 확대하려는 정책을 정당화하는 데 사용했다(1898, p.51). 그는 이렇게 썼다. "아이들이 개체발달과정에서 나타내는 것과 같은 단계로 인종발달단계에서 나타내는 사람들을 취급한다. 그 때문에 열대 원주민들 스스로의 힘으로는 개발되지 못할 것이다."

필리핀을 병합시키는 권리를 둘러싼 논쟁에서, 미국의 저명한 제국주의자 레브 조시아 스트롱(Rev. Josiah Strong)은 "우리의 정책은 국가적인 야망이나 상업적인 고려로 결정되어서는 안 된다. 그것은 전세계에 대한, 특히 필리핀인에 대한 우리의 의무에 의해 결정되어야 한다"라는 위선적인 주장을 제기하기도 했다(1900, p.287). 그에게 반대한 사람들은 신이 자기 통제력이 없는 사람을 창조하지 않았을 것이라는 헨리 클레이의 말을 인용하면서, 자선적인 보호는 전혀 불필요하다고 주장했다. 그러나 클레이의 발언은 진화론이나 반복발생설이 등장하기 이전의 과거 잘못된 시대의 발언으로 치부되었다.

클레이의 생각은 (……) 개인이 몇 년에 걸쳐 성장하듯이 인종이 몇 세기에 걸쳐 성장하며, 자기 통제력이 없는 미발달한 인종은 신의 모습의 반영이 아니라 자기 통제력이 없는 미성숙한 아이들이라는 사실을 근대과학이 밝히기 이전에 형성된 것이다. 오늘날의 계몽된 시대에 살고 있는 사람들 중에서 필리핀인도 다른 사람들과 마찬가지로 자기통제가 가능하다고 믿는 견해는 일고의 가치도 없다.

제국주의를 찬양한 시인 루드야드 키플링(Rudyard Kipling)도 백인의 우월성을 변호한 그의 유명한 시의 첫 구절에서 반복발생설의 논리를 사용했다.

> 백인의 의무를 다하라
> 너희들이 기른 가장 좋은 것을 보내라
> 가라, 그리고 사로잡힌 자들의 요구에 부응하기 위해
> 너희들의 아들들을 고국에서 쫓아 보내라
> 힘겨운 시련 속에서 갈팡질팡하는 사람들과
> 야생에 봉사하기 위해—
> 너희들이 새로 잡은 굼뜬 사람들은
> 절반은 악마이고 절반은 아이이다

테디 루스벨트(Teddy Roosevelt)도 항상 날카로운 판단을 내리지는 못했던 것 같다. 그는 헨리 캐봇 로지(Henry Cabot Lodge)에게 쓴 편지에서 이 시에 대해 "형편없지만, 팽창주의적 관점에서는 바람직하다"라고 썼다(Weston, 1972, p.35).

만약 지난 20세기에 새로운 사고의 전환이 이루어지지 않았다면, 이 이야기는 19세기의 어리석음과 편견에 대한 증명으로 그 효력을 계속 유지했을지도 모른다. 반복발생설은 1920년에 붕괴했다(Gould, 1977, pp.167~206). 그리고 얼마 후 네덜란드의 해부학자 루이스 볼크(Louis Bolk)가 정반대의 이론을 제기했다. 반복발생설에 따르면 선조인 성인의 특징이 자손에서는 더 빨리 발달해 아이들의 특징이 되어야 한다. 따라서 오늘날 아이들의 특징은 선조인 성인의 원시적인 특징이다. 그러나 진화에서 종종 나타나듯이, 반대의 과정이 일어난다고 생각해보자. 선조

의 아이들의 특징이 자손에서는 아주 늦게 발달해 성인의 특징이 되었다고 생각해보자. 이러한 지체발생(retarded development) 현상은 자연계에서는 일반적으로 나타나는 것으로, 네오테니(neoteny, 문자 그대로 '어린 상태를 유지한다'는 뜻)라고 불린다. 볼크는 인간이 본질적으로 네오테니의 특성을 가지고 있다고 주장했다. 그는 인간의 성인과 원숭이의 태아 또는 새끼에서 공통적으로 나타나지만, 다 자란 원숭이에게서는 사라진 일련의 인상적인 특징을 열거했다. 그것은 둥근 두개골, 몸의 크기에 비해 상대적으로 큰 뇌, 작은 얼굴, 머리와 겨드랑이 그리고 음부에만 한정적으로 나는 체모, 회전하지 않는 큰 발가락 등이다. 이미 나는 앞에서 인간에게 나타나는 네오테니의 가장 중요한 징후들 중 하나를 언급했다(185~189쪽). 그것은 두개골 아래쪽에 있는 대후두공의 위치가 태아의 상태 그대로 유지된다는 점이다.

이번에는 인간 그룹의 서열화에서 네오테니가 어떤 의미를 갖는지 생각해보자. 반복발생설에서는 열등한 인종의 성인이 우수한 인종의 아이들과 비슷하다. 그러나 네오테니는 이 주장을 정반대로 뒤집는다. 네오테니의 맥락에서는 아이들의 특징이 계속 유지되면서 느리게 발달하는 편이 '좋은', 즉 더 진보적이고 우수한 것이다. 따라서 우수한 그룹은 성인이 되어도 아이들과 같은 특성을 유지하고, 열등한 그룹은 보다 고등한 아이들의 단계를 지나 원숭이와 흡사한 상태로 퇴화해가는 셈이다. 그러면 백인이 우수하고, 흑인이 열등하다는 백인과학자들의 관습적 편견에 대해 생각해보자. 반복발생설에서는 흑인 성인이 백인 아이들과 비슷하고, 네오테니의 관점에서는 백인 성인이 흑인 아이들과 흡사하다.

지난 70년 동안 반복발생설의 지배하에서 과학자들은 흑인 성인, 여성, 하층계급의 백인이 상류계급의 백인 사내아이와 비슷하다는 주장을 떠벌이면서 많은 객관적 자료를 수집해왔다. 그런데 새롭게 유행하고 있는 네오테니의 관점에서 보면 이러한 견고한 데이터들은 단 한 가지 사실을 의미할 수밖에 없다. 그것은 상류층 성인 남성이 열등하다는 사실이다. 그것은 다른 그룹들은 계속 보유하고 있지만 상층계급의 성인 남성은 어린아이의 우수한 특징을 상실했기 때문이다. 이것은 도저히 피할 수 없는 결론이다.

최소한 한 사람의 과학자 하블록 엘리스는 이 명백한 함축을 받아들여 여성이 우수하다는 사실을 인정했다. 그러나 그도 흑인에 대해서는 같은 결론을 내리지 않았다. 심지어 시골과 도시의 남성을 비교하며, 도시 남성이 여성의 해부학적 구조로 전개되고 있다는 사실을 발견하고 도시생활이 우월하다는 주장을 폈다(1894, p.519). "도시문명의 남성은 큰 머리, 섬세한 얼굴, 섬약한 뼈를 가지고 있지만, 이런 것들은 미개인보다 전형적인 여성에 더 가까운 특징이다. 큰 뇌뿐만 아니라 큰 골반이라는 특징에서도 현대 남성은 맨 처음 여성에 의해 정해진 경로를 따르고 있다." 엘리스의 주장은 인습 타파적이고 논쟁을 불러일으키는 성격을 지녔고(그는 성에 대한 최초의 체계적 연구서를 집필했다), 성차(性差)에 네오테니를 적용했지만, 그 시대에 큰 충격을 주지는 못했다. 그러는 동안 네오테니의 지지자들은 인종 차이와 관련해 보다 일반적인 다른 전술을 채택했다. 그들은 70년에 걸쳐 수집한 견고한 자료를 포기하고, 흑인의 열등성을 확인하기 위해 새로운 정반대의 정보를 찾았다.

인간 네오테니의 옹호자인 루이스 볼크는 네오테니가 가장 강하게 나타나는 인종이 우수하다고 선언했다. 좀더 아이들에 가까운 특징을 유지함으로써, 그들은 "원숭이와 흡사한 인간 선조"로부터 훨씬 멀리 떨어진 위치를 유지한다(1929, p.26). "이러한 관점에서 볼 때, 인류를 고등한 인종과 하등한 인종으로 나누는 것은 충분히 정당화된다(1929, p.26). 내 이론을 바탕으로 인종의 불평등성을 확신하기는 충분하다(1926,

p.38)." 볼크는 해부학의 보물 주머니에 손을 뻗어 흑인 성인이 유년기의 특징적 비율에서 좀더 멀리 벗어났다는 것을 보여주는 몇 가지 특징을 추출했다. 이러한 새로운 사실에 의해 오래되고 안락한 결론에 도달한 볼크는 "백인종이 가장 성장이 느리기 때문에 가장 진보한 것처럼 보인다"고 주장했다(1929, p.25). 자신을 '자유주의자'라고 생각한 볼크는 흑인을 영구적으로 어리석은 인종으로 격하시키는 생각은 거부했다. 그는 미래의 진화가 그들에게 자비를 베풀 것으로 기대했다.

> 모든 인종이 오늘날 백인종이 차지하고 있는 발달의 정점에 도달하는 것은 가능하다. 그러기 위해 오직 필요한 것은 인류발달론(anthropogenesis)의 생물학적 원리(즉, 네오테니)가 이러한 인종에 계속 전진적으로 작용하는 것이다. 흑인은 태아의 발생과정에서 백인의 경우 이미 최종단계가 된 지점을 통과한다. 따라서 흑인의 경우에도 지체가 계속되면 아직 과도기적인 단계가 언젠가는 최종단계가 될 것이다(1926, pp.473~474).

볼크의 주장은 두 가지 이유에서 진실하지 않은 방향으로 기울고 있다. 하나는 코프가 격찬했던 그리스인의 코나 풍부한 턱수염처럼 반복발생론자들이 백인을 아이들의 단계와 먼 위치에 부여하며 완강하게 강조했던 모든 특징을 편리하게 잊고 있는 것이다. 두 번째는 백인이 아니라 동양인이 가장 네오테니적인 인종이라는 엄연하고 당황스러운 사실을 회피했다는 점이다(볼크는 두 인종의 네오테니적인 특징을 골라 목록을 만들어 그 차이가 크지 않음을 주장했다. 보다 공정한 평가를 위해서는 Ashley Montagu, 1962를 참조하라). 더욱이 여성은 남성보다 더 네오테니적이다. 설령 내가 동양인 여성의 우월성에 대한 강조를 거부하고, 그 대신 네오테니적인 정도를 바탕으로 그룹을 서열화하는 모든 시도가 근본적으로 옳지 않다고 주장한다 해도 내가 속물 백인 옹호자로 비쳐지지는 않을 것이라고 믿는다. 투르게네프 뇌 무게의 겨우 절반 정도밖에 되지 않는 아나톨 프랑스나 월트 휘트먼 같은 작가들도 그처럼 작품을 쓸 수 있었듯이, 만약 인종간의 네오테니의 정도에서 볼 수 있는 작은 차이가 지능이나 정신적 가치와 어떤 연관성이 있다면 나로서는 적지 않게 놀라운 일이다.

그럼에도 불구하고, 낡고 오래된 주장은 결코 죽지 않는다. 1971년에 영국의 심리학자이자 유전자 결정론자인 H. J. 아이젱크(H. J. Eysenck)는 흑인의 열등성을 제기하기 위해 다시 네오테니를 끄집어냈다. 그는 세 가지 사실을 토대로 하나의 이야기를 이끌어내기 위해 네오테니를 사용한 것이다. 1)흑인 아기나 유아는 백인 아기나 유아보다 운동감각의 발달이 빠르다. 즉, 태아상태에서 일찍 벗어나기 때문에 네오테니의 정도가 덜하다. 2) 백인의 평균 IQ가 3세까지 흑인의 평균 IQ를 상회한다. 3)생후 1년의 운동감각 발달과 그 이후의 IQ 사이에는 얼마간 부(負)의 상관관계가 있다. 일찍 성장하는 아이들은 낮은 IQ에 머무는 경향이 있다는 것이다. 아이젱크는 이렇게 결론지었다(1971, p.79). "이러한 발견은 중요하다. 유아기가 길어질수록 그 종의 인지능력이나 지적 능력이 더 높다는 것이 생물학의 매우 일반적인 견해(네오테니 이론)이기 때문이다. 이 법칙은 특정한 종 내에서도 작동하는 것처럼 보인다."

아이젱크는 자신의 주장이 인과관계가 아닌 상관관계에 기초하고 있다는 사실을 깨닫지 못했다(인과관계가 아닌 상관관계는 통계적 추론에서는 극히 위험하다. 자세한 내용은 제6장을 참조하라. 그것은 수학적 의미에서 완전한 '참(true)'이더라도 아무런 인과관계도 나타내지 않는다. 예를 들어 지난 5년간의 세계 인구증가와 대륙이동에 의해 유럽과 북아메리카의 거리가 벌어진 사실 사이에서 우리는 놀라운 상관관계를—최대값 1.0에 근접하는 숫자—계산할 수 있다). 흑인의 IQ가 낮은 이유가 순전히 빈곤한 환경의 결과라고 상상해보자. 운동감각의 이른 발달은 어떤 사람을 흑인이라고 판단하는 하나의 잣대가 될 수는 있지만 피부색보다는 덜 정확한 방법이다. 빈곤한 환경과 낮은 IQ 사이의 상관관계는 인과관계일 수도 있다. 그러나 운동감각의 이른 발달과 낮은 IQ 사이의 상관관계는 인과적이지 않다. 왜냐하면 이 맥락에서는, 운동감각의 이른 발달만을 가지고 어떤 사람을 흑인으로 확인하는 것에 불과하기 때문이다. 아이젱크의 주장은 인종차별이 지배하는 사회에서 흑인 아이들이 일반적으로 가난한 환경에서 생활하며 그로 인해 IQ가 낮아진다는 사실을 간과했다. 결국 아이젱크는 유전학자로서 자신의 편향이 투영된 인과성 없는 상관관계에 이론적 의미를 덧붙이고, 자신의 주장에 인과론적 지위를 부여하기 위해 네오테니를 원용한 것이다.

우리들 중 누군가 속에 존재하는 원숭이—범죄인류학

귀선(歸先)유전과 범죄성

톨스토이의 마지막 위대한 소설 『부활(Resurrection)』(1899)에서 냉혹한 모더니스트인 검사보는 억울하게 살인누명을 쓴 매춘부에게 유죄 선고를 내리기 위해 자리에서 일어났다.

> 검사보는 아주 긴 변론을 늘어놓았다. (……) 그의 말에는 당시 그 사회에서 유행했던, 그리고 지금도 과학적 지혜의 금과옥조로 받아들여지고 있는 최신 유행어들이 모두 포함되어 있었다. 그중에는 유전, 선천적 범죄성, 롬브로소와 타드(Tarde) 같은 학자들의 이름, 진화, 생존을 위

한 투쟁 등이 모두 들어 있었다. (……) "저 사람, 너무 벗어나는 것 아닌가?" 재판장은 미소를 머금은 채 근엄한 얼굴을 하고 있는 동료 쪽으로 몸을 구부려서 이렇게 말했다. 그러자 엄숙한 동료는 이렇게 대꾸했다. "정말 끔찍한 바보로군!"

브럼 스토커(Bram Stoker)의 『드라큘라(*Dracula*)』(1897)에 등장하는 반 헬싱 교수는 미나 하커에게 사악한 드라큘라 백작이 어떤 인물인지 묘사해보라고 재촉한다. "그 빛나는 눈으로 당신이 보는 냉혹한 과학자에 대해 (……) 우리에게 이야기해주세요." 그녀는 이렇게 대답한다. "드라큘라 백작은 범죄자이고, 범죄의 한 유형입니다. 노다우(Nordau)와 롬브로소는 그를 그렇게 분류합니다. 범죄자이기 때문에 그는 불완전한 정신을 가지고 있습니다."*

마리아 몬테소리는 1913년에 전투적인 낙관론을 표명했다(p.8). "범죄라는 현상은 저지나 원조 없이도 확산된다. 어제까지도 그 현상은 우리에게 혐오와 증오감만을 불러일으켰다. 그러나 이제 과학이 이 도덕적 궤양에 손을 댔고, 과학은 전인류가 협동해서 범죄와 맞서 싸울 것을 요청하고 있다."

---

*『주석판 드라큘라(*Annotated Dracula*)』(1975, p.300)에서 레오나르드 울프(Leonard Wolf)는 조나단 하커(Jonathan Harker)의 드라큘라 백작에 관한 초기의 서술은 롬브로소의 선천적 범죄자에 대한 설명을 기초로 삼았다고 말한다. 울프는 하커와 롬브로소의 표현을 다음과 같이 대비했다.
    하커: 그〔백작〕의 얼굴은 (……) 독수리 같고 코는 매부리코다. 두껍지는 않지만 콧대가 높고, 콧구멍은 아치 모양이다.
    롬브로소: 〔범죄자의〕 코는 (……) 대개 맹금류의 부리와 비슷한 매부리코이다.
    하커: 그의 눈썹은 아주 짙어서 거의 코에 닿을 정도다. (……)
    롬브로소: 눈썹이 짙고, 코를 가로지르는 경향이 있다.
    하커: 그의 귀는 핏기가 없이 창백하고, 끝이 극단적으로 뾰족하다. (……)
    롬브로소: 뒤쪽 가장자리 윗부분에 융기가 있고 (……) 끝이 뾰족하다. (……)

이처럼 상이한 평가의 공통된 주제는 아마도 인체측정학의 전통에서 비롯된 가장 영향력 있는 교의에 해당할 C. 롬브로소의 『범죄자(l'uomo delinquente)』의 이론이다. 이탈리아의 의사 롬브로소는 천성적인 범죄성에 대한 그의 이론, 그리고 그가 확립한 범죄인류학이라는 전문분야로 그를 이끈 통찰에 대해 묘사한다. 그는 1870년에 "훌륭한 성공을 거두지는 못했지만" 범죄자와 정신이상자 사이의 해부학적 차이를 찾아내려고 시도했다. 그런 다음 "12월의 어느 음울한 아침"에 유명한 산적 비헬라(Vihella)의 두개골을 조사했고, 그 결과 뛰어난 발견과 기괴한 발명을 가져온 즐거운 통찰력의 섬광을 보았다. 그는 그 두개골 속에서 현재 인간의 모습이라기보다는 원숭이와 흡사한 과거의 모양을 상기시키는 일련의 귀선유전(atavistic)의 특징을 본 것이다.

이것은 단지 생각에 불과한 것이 아니라 영감의 번뜩임이다. 그 두개골을 보는 순간, 나는 불타는 하늘 아래 펼쳐진 광대한 평원처럼 돌연 모든 것이 밝게 빛나는 느낌을 받았다. 나는 순간적으로 범죄자의 본성이라는 문제를 깨달았던 것이다. 그것은 원시인이나 열등한 동물의 잔인한 본능이 그 범죄자에게 재현된 귀선유전의 현상인 것이다. 따라서 이 본성은 해부학적으로 설명된다. 범죄자나 미개인, 그리고 원숭이에게 나타나는 이러한 특징은 큰 턱, 높은 광대뼈, 돌출된 미모릉(眉毛陵, 눈썹 위의 돌출부), 이어지지 않고 고립된 손금, 아주 큰 안구공(眼球孔, 눈구멍), 손잡이 모양의 귀, 통증에 대한 무감각, 극도로 예민한 시력, 문신, 지독한 게으름, 떠들썩한 주연을 즐기는 성향, 자신을 위해서라면 나쁜 일이라도 서슴지 않는 무책임성, 그리고 희생자의 목숨을 끊을 뿐만 아니라 사체를 잘라서 고기를 찢고 피를 마시려는 잔학한 갈망 등이 그런 특성에 해당한다(Taylor et al., 1973, p.41).

롬브로소의 이론은 범죄가 유전된다는—이러한 주장은 당시 일반적이었다—불확실한 선언에 그치는 것이 아니라 인체측정학적인 데이터에 기초한 구체적인 '진화론'이었다. 범죄자는 우리들 속에 들어 있는 진화적인 귀선유전이다. 선조의 과거를 품은 배아가 우리들의 유전형질 속에 들어 있는 것이다. 그리고 그 과거는 불행한 개인들에게 다시 소생한다. 이러한 사람들은 천성적으로 보통의 원숭이나 미개인들이 함직한 행동을 하도록 유도된다. 그러나 그 행동은 우리 문명사회에서는 범죄로 간주된다. 다행스럽게도 우리는 선천적 범죄자를 식별할 수 있다. 그들에게는 원숭이와 흡사한 해부학적 특징이 나타나기 때문이다. 그들의 귀선유전은 육체적·정신적 측면 모두에서 나타나지만, 롬브로소가 낙인 (stigma)이라고 부른 육체적 징후는 명확하다. 범죄적 행동은 정상인에게도 일어날 수 있지만, 해부학적 특징을 통해 '선천적 범죄자'를 알 수 있다. 사실 해부학적 특징은 숙명적이고, 선천적 범죄자는 그 유전적 특성에서 벗어날 수 없다. "우리는 결코 그 영향이 중지되지 않고, 법전에 기록된 어떤 법률보다 큰 권위로 사회를 통치하는 무언의 법률에 의해 지배되고 있다. 범죄는 (……) 마치 자연현상처럼 보인다(Lombroso, 1887, p.667)."

선천적 범죄자로서의 동물과 미개인

범죄자 속에서 원숭이와 같은 귀선유전의 특징을 찾아낸다고 해서 롬브로소의 주장이 확증되는 것은 아니다. 왜냐하면 육체적인 원숭이성 (apishness)이 인간의 야만적 행동을 설명하기 위해서는 미개인이나 하등 동물의 자연적 성향이 범죄적이어야 하기 때문이다. 만약 어떤 사람이 원숭이와 닮았다고 해도, 원숭이가 범죄와는 거리가 먼 온순한 동물이라면 이 주장은 실패로 끝난다. 따라서 롬브로소는 자신의 주요 저서

(『범죄자[Criminal Man]』, 1876년 초판 발간)의 첫 부분을 동물의 범죄적 행동에 대한 분석에 할애하고 있다. 이것은 지금까지 출판된 의인화(擬人化)의 저작 중에서 가장 우스꽝스러운 일탈에 해당할 것이 틀림없다. 예를 들어, 그는 격노해서 진딧물을 죽이고 그 몸을 갈기갈기 찢는 개미, 애인과 공모해서 남편을 살해한 불륜의 황새, 따돌림 당하는 친구를 죽이기 위해 집단 범죄를 저지르는 비버들, 생식력이 있는 암컷 개미에게 접근하지 않고 생식기관이 퇴화된 (암컷) 일개미를 범하고 그들에게 큰 고통과 죽음을 안겨주는 수캐미 등을 인용한다. 또한 특정 식물이 벌레를 먹는 행위를 "범죄와 같은 행위"라고까지 언급하고 있다(Lombroso, 1887, pp.1~18).

그런 다음 롬브로소는 다음의 논리적 단계로 진행한다. 그것은 범죄자와 '열등한' 그룹의 비교이다. 프랑스의 한 지지자는 "나는 범죄자를 귀선유전에 의해 현대사회에 나타난 미개인에 비교한다. 우리는 그가 미개인으로 태어났기 때문에 타고난 범죄자라고 생각할 수 있다"(Bordier, 1879, p.284)라고 말했다. 롬브로소는 범죄성이 열등한 사람들에게서 나타나는 정상적인 행위임을 확인하기 위해 과감하게 민족학으로까지 뛰어들었다. 그는 나일강 상류의 딩카(Dinka)라는 작은 부족에 대한 소논문을 썼다(Lombroso, 1896). 그 논문에서 그는 딩카족의 요란한 문신과 아픔을 견디는 놀라운 인내심에 대해 이야기했다—성년이 되면 그들은 직접 망치로 자신의 앞니를 부순다. 그는 또 그들이 해부학적으로 원숭이와 비슷한 낙인을 나타낸다고 주장했다. "그들의 코는 (……) 납작할 뿐만 아니라 세 갈래로 갈라져 있어서 원숭이의 코와 흡사하다." 그의 동료 G. 타드는 일부 범죄자들이 "아메리카 인디언의 한 부족에게 도덕적으로 추앙받는 인물이었을 것이다"라고 쓰고 있다(Ellis, 1910, p.254). 하블록 엘리스는 범죄자와 열등한 사람들이 대개 얼굴을 붉히지 않는다는 주장을 중요시했다. "얼굴을 붉히지 않는다는 것은 범죄와 파렴치에 수반되는 특성으로 간주되어왔다. 얼굴을 붉히는 일은 백치나 미개인 사이에서는 매우 드문 일이다. 스페인 사람들은 남아메리카 인디언에 대해 '얼굴을 붉힐 줄 모르는 사람들을 어떻게 신용할 수 있는가'라고 말하곤 했다(1910, p.138)." 그렇다면 잉카인들은 피사로(Pizarro, 잉카제국을 정복했던 스페인의 군인/옮긴이)를 신뢰해서 무슨 득을 보았는가?

실제로 롬브로소는 자신의 모든 주장을 패배를 배제하는 방식으로 수립해 과학적으로는 무의미한 것으로 만들었다. 그는 자신의 연구에 객관적 분위기를 가미하기 위해 많은 정량적 자료를 인용했지만, 그의 연구는 너무도 공격받기 쉬운 것이어서 심지어는 브로카 학파의 사람들까지도 대부분 귀선유전 이론에 적대적이었다. 롬브로소는 자신의 이론에 어긋나는 사실이 드러날 때마다 그것을 자신의 체계 속에 포괄하기 위해 몇 가지 지적 훈련을 실행했다. 이러한 태도는 열등한 사람들의 타락에 대한 그의 주장에서 분명히 나타난다. 그는 자신이 모욕하려 했던 사람들의 용기와 업적에 대한 이야기를 반복적으로 접해왔다. 그러나 그는 이런 이야기들을 모두 자신의 체계 속에 밀어넣었다. 예컨대, 바람직한 특성을 인정하지 않을 수 없을 경우에는 그것을 경멸스러운 다른 특성과 결부시켰다. 자신의 결론을 위해 타키투스의 고색창연한 문구를 인용하면서, 그는 이렇게 말했다. "미개인들 사이에서 명예, 정절, 동정 등의 특성이 발견될 때에도 충동성이나 게으름이 사라지지는 않는다. 미개인들은 연속적인 일을 싫어하기 때문에 그들에게는 활동적이고 체계적인 노동으로의 이행이 선택이냐 노예냐의 도상에 있다(1911, p.367)." 집시라는 열등하고 범죄적인 인종에 대한 찬양을 시샘하는 그의 발언을 한번 보자.

그들은 모든 비행자들이 그렇듯이 허영심이 강하다. 그러나 그들에게는 불안감이나 부끄러움이 없다. 자신이 번 돈은 모두 술을 마시거나 장신구를 장만하는 데 써버린다. 그들은 맨발처럼 보이지만 밝은 빛깔이나 레이스로 장식된 옷을 입고, 스타킹을 신지 않은 채 노란 구두를 신는다. 그들은 미개인이나 범죄자와 마찬가지로 절약 정신이 없다. (……) 그들은 반쯤 썩은 고기를 게걸스럽게 먹는다. 그들은 떠들썩한 주연(酒宴)을 즐기고 소음을 사랑하며, 시장에서는 큰 소리로 떠든다. 그들은 강도짓을 위해 냉혹하게 사람을 죽이고, 과거에는 식인(食人) 풍습까지 가지고 있었다고 의심받았다. (……) 이 인종은 도덕적으로 뒤떨어지고, 문화적으로나 지적으로도 발전가능성이 없다. 게다가 어떤 산업도 이룰 수 없고, 시(詩)에서는 가장 형편없는 서정시 이상의 수준을 획득하지 못한다. 이런 인종이 헝가리에서는 믿을 수 없는 정도의 음악을 창조했다. 이것은 귀선유전과 혼합되어 범죄자 중에서도 천재가 발견된다는 새로운 증거다(1911, p.40).

만약 칭찬에 덧붙일 만한 혐오스러운 특성이 없으면, 그는 '원시인' 속에서 나타나는 분명히 가치 있는 행동의 동기를 간단히 무시해버렸다. 고문을 받으면서도 용감하게 죽어간 백인 성자는 영웅 중의 영웅으로 추앙하면서, 같은 위엄을 나타내며 죽어간 '미개인'에 대해서는 단지 고통을 느끼지 않기 때문으로 간주했다.

그들[범죄자들]의 육체적인 고통에 대한 불감증은 미개인들이, 백인이라면 결코 견딜 수 없을, 고통을 감내하는 모습을 연상시킨다. 여행자들이라면 누구나 흑인과 미국의 미개인들이 고통에 대해 무감각하다는 것을 알고 있다. 흑인들은 노동을 면하려고 스스로 자신의 손을 자르고도 태연히 웃고, 인디언들은 고문대에 묶여 천천히 화형을 당하면서도 흥겹게 자기 종족을 찬양하는 노래를 부른다(1887, p.319).

우리는 귀선유전 범죄자들과 동물, 미개인, 그리고 열등한 인종의 사람들에 대한 이러한 비교가 앞에서 설명한 반복발생설의 기본적 주장에 기반하고 있다는 것을 인식하게 된다. 이 연쇄를 완성시키기 위해 롬브로소는 단지 아이들이 유전적으로 범죄성을 가지고 있다고 주장하기만 하면 되었다—아이들은 과거의 성인이고, 살아 있는 원시인이므로 롬브로소는 이 필연적인 함축을 제기하는 데 주저하지 않았다. 그는 문학에서 전통적으로 순진하게 표현되는 아이들에게 범죄자라는 낙인을 찍었다. "내 학파가 이룬 가장 중요한 발견 중 하나는 특정 연령에 도달하기까지 아이들에게서 범죄자의 가장 고약한 성향이 나타난다는 것이다. 비행이나 범죄성의 싹은 인생의 최초 시기에서조차 일반적으로 발견된다(1895, p.53)." 아이들이 순결하다는 인상은 계급적 편견으로, 현재 부족함이 없는 우리의 아이들이 자연적 성향을 억누르고 있는 것뿐이다. "상류계급에서 생활하는 사람들은 알코올 음료를 좋아하는 아기에 대해 별반 관심이 없다. 그러나 하층계급에서는 아기가 포도주나 술을 마시는 모습을 보는 것은 흔한 일이다(1895, p.56)."*

여러 개의 낙인들: 해부학적, 생리학적 그리고 사회적 낙인

롬브로소가 생각한 해부학적 낙인(그림 4.1)은 대부분 병리적인 것이 아니며, 불연속적인 변이도 아니다. 다만 유인원에서 나타나는 것과 동일한 특징의 평균값에 근접하는 정규분포곡선의 극단적인 값에 해당한다(오늘날 개념으로는 이것이 롬브로소가 저지른 오류의 근원이다. 팔 길이는 사람마다 다르다. 침팬지의 팔은 평균적인 사람의 팔보다 길지만 이것이

| 그림 4.1 | 롬브로소의 『범죄자(*Criminal Man*)』 도해서의 권두에 실린 범죄자의 얼굴들. 그룹 E는 독일의 살인범, 그룹 I는 밤도둑(롬브로소는 중절모를 쓴 사람의 왼쪽에 있는 남자가 가짜 코를 붙여 수년 동안이나 검거를 피했다고 말한다). H는 지갑 날치기, A는 가게 좀도둑, B, C, D, F는 사기꾼. 한편 그는 맨 아래 줄에 가짜로 파산선고를 한 신사들을 따로 분류했다.

상대적으로 팔이 긴 사람이 유전적으로 원숭이와 흡사하다는 것을 증명하지는 못한다. 한 집단 내의 정규분포와 집단 사이의 평균값의 차이는 생물학적으로 다른 현상이다. 이러한 오류가 여러 차례 반복되어 나타난다. 아서 젠센이 미국 백인과 흑인의 IQ 평균값 차이가 주로 유전에서 비롯된다고 주장했을 때의 오류도 이것을 바탕으로 한 것이다—267~268쪽을 참조하라. 진정한 귀선유전은 불연속적이며, 유전에 기반한 선조적 특성을 가진다—이따금씩 기능적 측지〔側指, side toe〕를 가진 말이 태어나는 것처럼). 롬브로소가 열거했던(1887, pp.660~661) 원숭이와 흡사한 낙인들은 두꺼운 두개골, 두개봉합의 단순성, 큰 턱, 두개골보다 앞쪽으로 돌출한 안면, 상대적으로 긴 팔, 조숙하게 나타나는 주름, 낮고 좁은 이마, 큰 귀, 벗겨지지 않는 머리, 검은 피부, 뛰어난 시력, 통증에 대한 무감각, 혈관반응의 결여(얼굴이 붉어지지 않는 특징) 등이다. 1886년의 국제범죄인류학회 회의에서 그는 매춘부의 발이 원숭이와 닮아서(엄지발가락이 다른 발가락과 크게 벌어져 있다) 때때로 파악력(把握力)을 가지기도 한다(엄지발가락과 그밖의 발가락 사이의 거리가 벌어져 있어서 발가락으로 물건을 쥘 수 있다는 의미이다/옮긴이)는 주장을 펴기까지 했다(그림 4.2).

---

* 『드라큘라』에서 반 헬싱 교수는, 도저히 남이 흉내낼 수 없는 엉터리 영어로, 백작에게 고집 센 아이라는 낙인을 찍어(따라서 원시적이고 범죄적이라는 낙인을 찍어) 반복발생설의 주장을 극찬했다.
"아! 그토록 오랫동안 어른으로 살아왔고, 신의 기품을 잃지 않았던 우리 인간의 뇌가 수세기 동안 그의 무덤 속에서 잠자고 있었고 아직 우리의 상태로까지 성장하지 않은, 그래서 버릇없고 그 때문에 마치 아이와 같은 그의 뇌보다 뛰어나기를 바랐다. (……) 그는 슬기롭고, 교활하고, 그리고 지력이 풍부하다. 그러나 그는 뇌에 관한 한 어른의 상태가 아니다. 상당부분 어린이의 뇌를 가지고 있다. 이제 우리들의 범죄자는 죄를 짓도록 운명지워져 있다. 그는 아이의 뇌를 가지고 있으므로 그의 행위는 아이의 행위다. 작은 새, 작은 물고기, 어린 동물들은 원리로 배우는 것이 아니라 경험으로 배운다. 그리고 그런 행동을 배울 때, 그에게는 더 많은 죄를 저지를 수 있는 기반이 되는 셈이다."

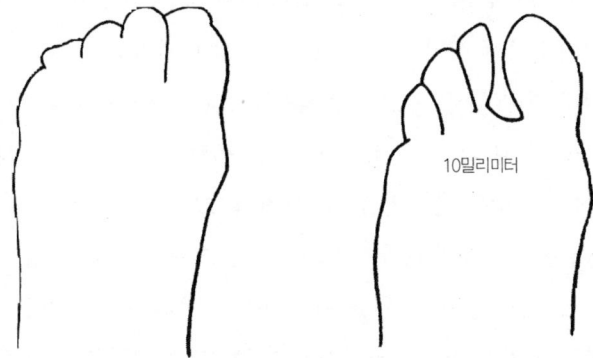

|그림 4.2| 매춘부의 발. 이 그림은 L. 줄리앙(L. Jullien)이 1896년 국제범죄인류학회 회의에 제출한 것이다. 이 그림에 대해 롬브로소는 "이러한 관찰은 매춘부의 형태학적 특징이 범죄자의 그것보다 더 특이하고, 특히 발의 형태가 귀선유전의 변칙적인 형태를 나타내고 있다는 것을 보여준다. 파악력을 가진 발은 귀선유전이기 때문이다"라고 평했다.

그밖의 낙인에 대해 롬브로소는 더 거리가 멀고 '원시적인' 생물과 유사한 특성을 찾기 위해 원숭이보다 더 하등한 동물로 내려갔다. 돌출한 송곳니나 편평한 구개(口蓋)를 여우와 설치류의 해부학적 구조에 비교했고, 기묘한 형태를 띤 후두관절구(두개골과 척추의 관절부분)를 소나 돼지의 정상적인 관절구에 비교했다(1896, p.188). 또한 비정상적인 심장을 해우목(희귀한 해양 포유류의 일종)의 정상적인 심장과 비교하기도 했다. 심지어 그는 어떤 범죄자의 안면 비대칭이 몸 표면에 두 개의 눈을 모두 가진 넙치와 비슷하다는 점에서 의미가 있다고 가정하기도 했다!(1911, p.373)

롬브로소는 특정한 결함에 관한 자신의 연구를 범죄자의 머리나 신체와 같은 일반적인 인체측정학적 조사로 보강했다. 사망한 범죄자의 두개골 383개의 표본을 조사했고, 생존자 중에서도 3,839명의 전체비율을 측정했다. 롬브로소의 방식을 나타내는 예시로 가장 중요한 의미를 갖는 수적 근거에 대해 살펴보자. 그것은 소수의 범죄자들이 아주 큰 뇌를 가지고 있다고 해도 일반적으로 범죄자들의 뇌는 정상인보다 작다는 주장이다(176쪽을 보라).* 롬브로소(1911, p.365)와 그의 제자들(예를 들어, Ferri, 1897, p.8)은 이 주장을 되풀이했다. 그러나 롬브로소의 자료는 그러한 사실을 나타내지 않았다. 그림 4.3은 그가 측정한 121명의 남성 범죄자와 328명의 일반인 두개용량의 빈도분포를 나타낸 것이다. 통계학을 몰라도 두 분포가 거의 차이가 나지 않는다는 사실을 알 수 있을 것이다. 그럼에도 롬브로소는 범죄자의 경우 "작은 용량이 지배적이고, 극단적으로 큰 경우는 드물다"라고 결론지었다(1887, p.144).

나는 각 계급 내의 비율을 나타낸 롬브로소의 표를 토대로 원래의 데이터를 재구성해서, 범죄자 두개용적의 평균값을 1,450cc, 일반인들의 두개용적 평균값을 1,484cc로 계산했다. 두 분포의 표준편차에서는(평균값으로부터 분포한 척도) 유의미한 차이가 나타나지 않았다. 일반인의 표본에서 나타나는 편차의 범위가 더 크다는 사실은—범죄자의 최대값보다 일반인의 그것이 100cc가량 상회한다는 것은 롬브로소에게 중요한 점이었다—단지 그들의 표본수가 더 많은 데서 나온 인위적인 결과일 수도 있다는 것을 뜻한다(표본수가 많으면 많을수록 극단적인 값이 포함될

---

*그밖의 표준적인 인체측정학적 주장들도 종종 범죄인류학에 의해 제시되었다. 예를 들어, 1843년 초에 보이신(Voisin)은 머리 앞부분과 뒷부분의 형태로 인종의 우열을 가늠하는 고전적인 주장(180~189쪽 참조)을 원용해서 범죄자에게 동물과 같은 위치를 부여했다. 그는 500명의 젊은 범죄자의 뇌를 조사해 전두부와 두정부의—도덕성과 합리성의 자리라고 생각되는 위치—결함에 대해 보고했다. 그는 이렇게 말했다(1843, pp.100~101). "그들의 뇌는 앞부분과 윗부분의 발달이 최소화되어 있다. 이 두 부분이야말로 인간이 동물보다 나은 차이를 부여하는, 우리를 인간으로 만들어주는 무엇이다. 그것들[범죄자의 뇌]은 본성에 의해 그 위치가 부여된다. (……) 그것은 완전히 사람이라는 종을 벗어나는 위치이다."

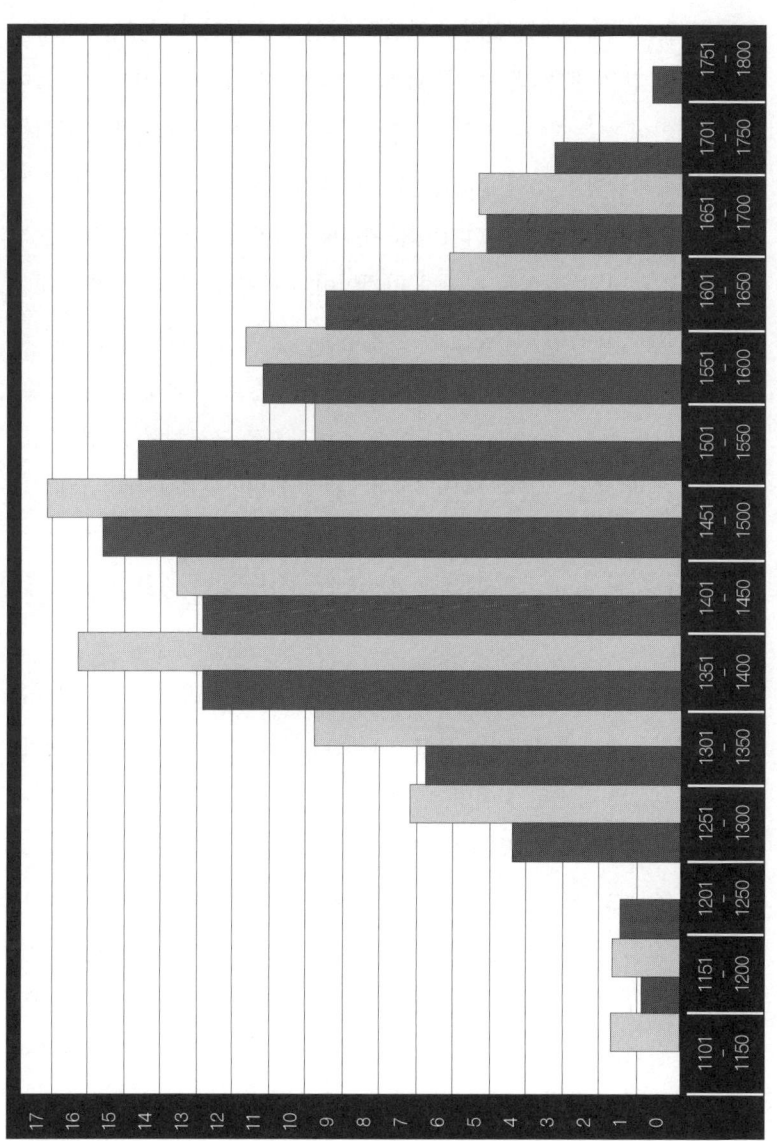

|그림 4.3| 장인인의 두개골용적(검은색)과 변화지(평행선을 친 부분)를 비교한 표. y축은 실제 숫자가 아니라 백분율이다.

가능성이 높아진다).

롬브로소의 낙인에는 일련의 사회적 특성도 포함되어 있었다. 특히 그는 다음과 같은 점을 강조했다. 1)범죄자들이 사용하는 은어는 아이들이나 미개인이 쓰는 말과 아주 유사한 고도의 의성어(擬聲語)를 포함하는 그들만의 독특한 언어이다. "귀선유전은 다른 어떤 것보다 이 은어에 기여한다. 그들은 다르게 느끼기 때문에 다른 언어를 사용한다. 그들은 찬란한 유럽문명 속에 있는 진정한 미개인이기 때문에 미개인처럼 말하는 것이다(1887, p.476)." 2)문신은 범죄자가 고통에 무감각하다는 것과 장식을 좋아한다는 점에서 모두 귀선유전을 반영한다(그림 4.4). 롬브로소는 범죄자의 문신이 나타내는 의미를 정량적으로 조사해서, 일반적으로 문신이 무법(無法, '복수')이나 변명('불행한 별자리에서 태어났다'거나 '운이 없다')을 뜻한다는 사실을 발견했으며, "프랑스 만세, 프렌치 프라이드 포테이토 만세"라고 독해할 수 있는 문신도 하나 찾아냈다고 설명했다.

그렇지만 롬브로소가 모든 범죄자의 행동 원인을 귀선유전의 낙인을 가진 사람들에게 돌린 것은 결코 아니었다. 그는 범죄자의 약 40퍼센트가 유전적으로 강제된 것이며, 나머지는 격정, 격노, 절망에서 비롯된 것이라고 결론지었다. 얼핏 생각하면 그가 타고난 범죄자와 순간적인 범죄자를 구분하는 것을 타협이나 후퇴의 표시로 생각할 수도 있다. 그러나 롬브로소는 그러한 구분을 반대 방향으로 사용했다. 자신의 체계를 반증(反證)으로부터 지키기 위한 수단으로 활용한 것이다. 오늘날에는 사람들을 그런 행위로 규정짓는 것이 불가능해졌다. 살인은 사람의 몸속에 있는 가장 열등한 원숭이의 행위일 수도, 아내의 부정에 격노한 가장 고결한 남편의 정당한 분노에 의한 행위일 수도 있다. 모든 범죄행위는 두 가지로 포괄된다. 즉, 타고난 본성에 의해 그들에게 찍힌 낙인을 가진 사

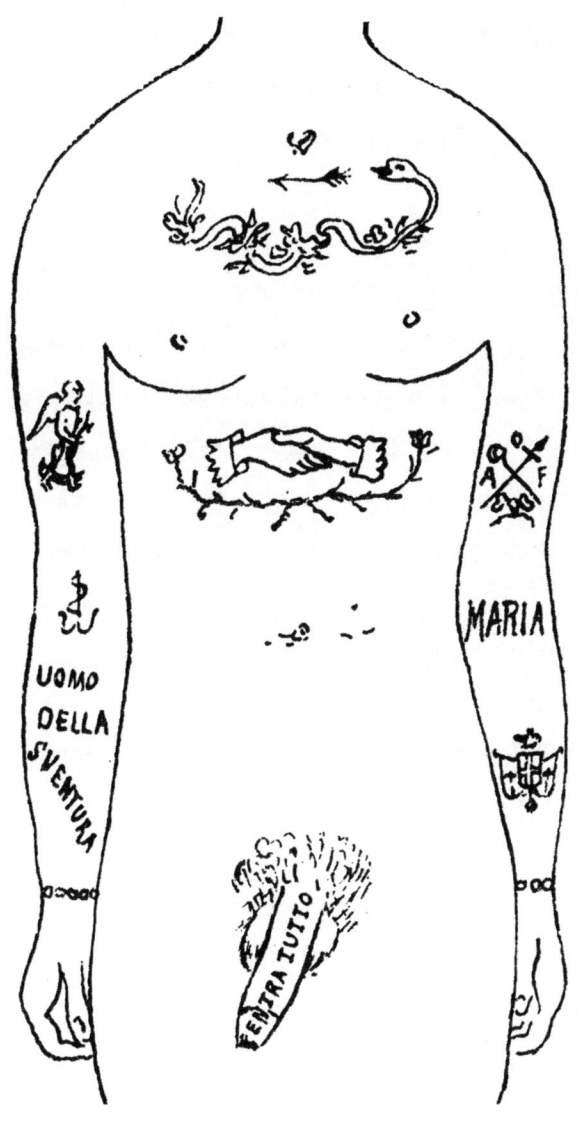

|그림 4.4| 롬브로소는 문신을 천성적인 범죄성을 나타내는 신호로 간주했다. 롬브로소의 『범죄자』에 실린 이 무뢰한의 팔에는 '불행한 남자'라는 문신이 새겨져 있다. 성기에는 '무엇이든 뚫고 들어간다'라는 뜻의 글자가 적혀 있다. 롬브로소는 그림 설명에서 악수하는 손의 문신이 남색한(**男色漢**)들에게서 흔히 볼 수 있는 것이라고 했다.

람의 행위와 환경의 힘에 의해 낙인이 없는 사람이 행하는 범죄가 그것이다. 롬브로소는 자신의 체계 속에 들어 있는 예외를 분류함으로써 잠재적인 모든 반증가능성을 배제했다.

롬브로소의 후퇴

롬브로소의 귀선유전 이론은 엄청난 소란을 일으키며 19세기의 가장 뜨거운 과학논쟁의 하나로 대두되었다. 그는 자신의 연구성과를 여러 권의 저서로 출판했지만, 다른 연구자들은 냉정한 객관성에는 경의를 표하지 않았다. 폴 브로카의 제자들인 많은 선험주의자들(priorist)조차 과학적이라기보다는 변화에 가까운 접근방식에 비판을 가했다. 폴 토피나르는 이렇게 평했다(1887, p.676). "그는 이렇게 말하지 않았다. '내게 일반적 결론을 시사하는 사실이 여기에 있다. 내가 실수를 했는지 살펴보자. 엄밀하게 조사를 진행하자. 사실을 수집하고, 그밖의 다른 사실도 덧붙이자. (……)' 결론은 미리 내려졌다. 그는 증거를 찾아서 자신의 테제를 수호한다. 마치 스스로를 설득해서 종결짓는 변호사처럼 말이다. (……) [롬브로소는] 지나치게 확신에 차 있었다."

집중포화를 맞은 롬브로소는 서서히 후퇴했다. 그러나 그 방식은 마치 노련한 군지휘관 같았다. 그는 단 한순간도 범죄가 생물학적이라는 자신의 핵심 개념을 타협하거나 포기하지 않았다. 단지 그는 선천적 요인의 범위를 확대했을 뿐이다. 그의 원래 이론은, 범죄자는 우리들 속에 들어 있는 원숭이로 귀선유전의 특징을 갖고 있다는 단순하면서도 명확하고 독창적이라는 장점을 가지고 있었다. 그의 이론의 나중 버전은 더 폭넓게 확산되었고, 보다 포괄적인 것이 되었다. 귀선유전은 범죄행위의 중요한 생물학적 요인에 머물렀지만, 롬브로소는 그 요인 속에 선천적 질병이나 퇴행 같은 몇 가지 범주를 덧붙였다. 그는 이렇게 썼다. "우리는 범죄자

속에서 미개인, 그리고 동시에 병자를 본다(1887, p.651)." 후일 롬브로소는 범죄성의 징표로 간질에 특히 주목했다. 결국 그는 대부분의 "타고난 범죄자"는 어느 정도 간질 증상을 나타낸다고 주장했다. 롬브로소의 이론으로 수천 명이나 되는 간질환자들에게 덧씌워진 무거운 짐은 헤아릴 수 없는 고통이었다. 롬브로소가 간질환자들의 병을 도덕적 퇴화의 징표로 설명했기 때문에 그들은 우생학적 연구의 중요한 표적이 되었다.

오늘날 대부분의 사람들에게는 잘 알려지지 않았고 고작해야 호기심을 자아내는 이야깃거리에 불과하지만, 퇴화와 인종 서열화를 단지 추정에 의해 연관짓는 이 사고방식은 우리들에게 적어도 하나의 유산을 남겼다. 그것은 '몽골 인종 백치(Mongolian idiocy)', 조금 부드럽게 표현하자면 '몽고증(mongolism)'이라는 명칭이다. 몽고증은 오늘날 '다운증후군(down's syndrome)'이라고 알려진 염색체 이상으로 나타나는 유전병이다. 영국의 귀족이었던 존 랭던 하이든 다운(John Langdon Haydon down) 박사는 「백치의 인종적 분류에 대한 관찰(Observations on an ethnic classification of idiots)」(1866)이라는 제목의 논문에서 이 증후군을 확인했다.

다운은 많은 선천성 '백치(idiot, 이 말은 그 시대에는 욕이라기보다 준(準)전문용어였다)'가 부모에게는 결여되었지만 열등한 인종의 특징으로 생각되는 해부학적 현상들을 나타내고 있다고 주장했다. 그는 '에티오피아인 변종' ―"유럽인의 후손이기는 하지만 화이트 니그로(white negro, 혼혈 등으로 피부가 흰 흑인/옮긴이)"(1866, p.260)―의 백치, 말레이인 유형의 백치, 그리고 "원래 미국대륙에 살고 있었던 이마가 좁고 광대뼈가 돌출하고, 눈이 움푹하게 들어가고, 코가 원숭이와 비슷한 인종과 유사한" 백치를 발견했다(p.260). 그밖의 백치는 "상당수의 몽골계"와 유사했다. "선천적 백치의 대단히 많은 숫자가 전형적인 몽골인이다

(p.260)." 그런 다음 자신을 시중들던 소년에게서 나타나는 다운증후군의 특징을 상세히 기술하기 시작했다. 몇 가지 측면에서 동양인과 우연히 닮은 유사성(비스듬히 기울어진 눈과 약간 노란 피부)이 있지만, 대부분의 특징은 비슷하지 않았다(갈색의 성긴 머리털, 두터운 입술, 주름진 이마 등). 그럼에도 불구하고, 그는 이렇게 결론지었다(1866, p.261). "그 소년의 용모는 유럽 아이들이라고 보기 어려울 정도지만, 이러한 특징들이 너무 자주 나타나기 때문에 이것이 퇴화의 결과라는 점은 의심의 여지가 없다." 다운은 이 병에 걸린 아이들의 행동을 설명하기 위해 자신의 인종적 통찰을 사용하기도 했다. "그들은 흉내내기에 탁월하다"—이것은 다운이 살았던 시대에 관습적으로 통용되었던 인종차별주의적 분류에서 전형적인 몽골인종의 특성으로 가장 빈번하게 인용되었다.

다운은 자신을 인종문제에 관한 한 자유주의자로 묘사했다. 그는 열등한 인종의 특징이 고등한 인종의 퇴화에서 나타난다는 것을 입증함으로써 인류의 단일성을 증명한 것이 아니었을까?(1866, p.262) 실제로 그는 롬브로소가 범죄성에 대해 곧 달성하게 될 것을 병리학의 측면에서 이루었던 것에 불과했다. 즉, 바람직하지 않은 백인을 하등한 그룹의 생물학적 대표로 낙인찍어 관습적인 인종주의의 서열화를 확립한 것이다. 롬브로소는 "유럽의 범죄자를 오스트레일리아 원주민이나 몽골인종의 유형에 비유한다"는 의미에서 귀선유전에 대해 이야기했다(1887, p.254). 그러나 다운이 붙인 명칭은 오늘날까지 유지되었고, 더 이상 사용되지 않게 된 것은 극히 최근의 일이다. 피터 메다워(Peter Medawar) 경은 그와 몇 사람의 동양인 연구자들이 1970년대 후반에 『런던 타임스』에 '몽고증'이라는 용어를 더 이상 사용하지 말고 '다운증후군(Down's syndrome)'이라는 표현을 사용하도록 설득했다고 말했다. 지금은 그 훌륭한 의사의 이름을 딴 병명이 널리 사용되고 있다.

롬브로소가 범죄인류학에 미친 영향

롬브로소의 논적으로 유명한 프랑스의 달마뉴는 1896년에 롬브로소의 영향력에 경의를 표하며 이렇게 말했다.

그의 생각은 우리들의 의견을 변혁시켰고, 모든 곳에 유익한 감정을 불어넣었으며 모든 종류의 연구에 선의의 경쟁을 일으켰다. 지난 20년 동안 그의 생각은 많은 논의를 불러왔다. 이 이탈리아의 대가는 모든 논쟁에서 항상 중심적인 위치를 차지했다. 그의 사상에 관심의 초점이 모아졌고 모든 곳에 특별한 활기가 흘러넘쳤다.

달마뉴는 단지 외교적 수사를 늘어놓은 것이 아니라 실제 사실을 기록하고 있었다. 범죄인류학은 학계 인사들 사이에서 활발하게 논의되는 정도에서 그치지 않았다. 그것은 몇 년 동안 법률이나 형법에 관계하는 사람들 사이에서 중요한 주제였다. 범죄인류학은 수많은 "개혁을 일으켰고" 제1차 세계대전까지 과학자들은 물론 재판관, 법률가, 정부기관을 위해 4년마다 한 번씩 열리던 국제회의의 의제이기도 했다.

이러한 특별한 영향 이외에도 롬브로소의 범죄인류학은 범죄자와 그를 둘러싼 환경의 역할에 관한 생물학적 결정론의 기본적인 주장을 강화하는 데 크게 기여했다. 그의 주장은 범죄자는 타고난 천성에서 비롯된다는 것으로, 범죄를 이해하려면 범죄자를 연구해야지 그 사람이 자라난 환경이나 교육, 절도나 약탈을 하게 만든 곤궁한 상황 따위에는 관심을 기울일 필요가 없다는 것이었다. "범죄인류학은 범죄자의 본성을 연구하는 것이다. 다시 말해서, 생물학이나 병리학 분야의 연구이다(롬브로소의 제자 세르기[Sergi], Zimmern, 1898, p.744에서 인용)." 이것은 보수적인 정치적 주장으로 반박이 불가능하다. 사악하거나 어리석거나 가난하거나 공민권을 빼앗기거나 타락하는 것은 그들이 그렇게 타고났기 때문이라는 것이다. 사회제도는 자연을 반영하므로 비난받아야 할(그리고 연구해야 할) 대상은 이러한 사람들이지 그들의 환경이 아니라는 말이다.

예를 들어, 이탈리아 군대는 우리들이 '상관살상(fragging)'이라고 부르는 여러 사례로 괴로움을 당했다. 그것은 상관을 살해한 미스데아(Misdea)라는 병사의 이름을 따서 미스데이스모(misdeismo)라고 불리기도 한다(그림 4.5). 롬브로소는 이 병사를 조사한 결과 "신경성 간질증상을 나타내고 (……) 유전적 결함의 영향을 강하게 받고 있다"고 결론지었다(Ferri, 1911). 롬브로소는 간질병 환자는 군대에 보내지 말아야 한다고 충고했다. 그리고 페리에 따르면, 그의 충고 덕분에 미스데이스모가 사라졌다고 한다(나는 제2차 세계대전 기간 동안 이탈리아 군대에서 간질병이 아닌 사람에 의해 한 번도 상관살해가 일어나지 않았다고는 생각하지 않는다). 어쨌든 아무도 신병의 권리나 상황을 고려해야 한다는 생각은 하지 못했던 것 같다.

롬브로소의 이론에서 가장 의심스러운 결론, 즉 낙인을 가진 사람들은 그들이 범죄를 저지르기 전에 미리 조사해서 격리시켜야 한다는 주장은 법적으로 실현되지 않았고, 그의 지지자들도 그런 주장을 제기하지 않았다. 그러나 페리는 죄를 범했기 때문에 3세대에 걸쳐 처형된 가족전원이 그후 추방된 것에 대한 플라톤의 옹호를 "실질적으로 올바르다"고 인정했다(1897, p.251). 그렇지만 롬브로소는 아이들의 사전 조사(pre-screening)를 주장했다. 그렇게 하면, 교사들이 미리 대처할 수 있고 낙인이 찍힌 학생들의 행동을 예측할 수 있다는 것이었다.

인류학적인 조사는 범죄자의 유형, 신체의 조숙한 발생, 대칭성의 결

P. C. 브리간드

볼레르 피몬타이스

인센디아르 드 페사로

미스데아

|그림 4.5| 자신의 상관을 살해한 악명 높은 미스데아를 포함한 네 명의 '타고난 범죄자들'.

여, 작은 머리, 지나치게 큰 얼굴 등의 특성을 알려주며, 그런 낙인을 가진 아이들의 성적이나 생활지도의 결점을 설명해준다. 그들을 다른 축복받은 친구들로부터 빠른 시기에 격리해야 자기 분수에 맞는 삶을 살 수 있게 될 것이다(1911, pp.438~439).

우리는 롬브로소의 낙인이 수많은 형사재판에서 중요한 판단기준이 되었다는 사실을 잘 알고 있다. 우리는 얼마나 많은 사람들이 단지 몸에 문신을 했거나, 얼굴을 붉히지 않거나, 기이하게 턱이 크거나 팔이 길다는 이유만으로 부당하게 처벌받았는지 알지 못한다. 롬브로소의 수제자 E. 페리는 이렇게 쓰고 있다(1897, pp.166~167).

범죄의 인류학적 요인에 대한 연구는, 유죄를 결정하기 위한 새롭고 확실한 방법을 법의 수호자와 행정관들에게 제공한다. 문신, 인체측정학, 인상학, 골상학, 육체적 정신적 상태, 감수성에 대한 기록, 반사행동 능력, 혈관운동신경 반응, 시야의 범위, 범죄통계학 (······) 등은 경찰이나 치안 판사의 취조에 과학적 지침을 제공하기에 충분하다. 지금까지 경찰이나 판사들은 전적으로 개인적 통찰력과 지적인 기민함에 의존해왔다. 증거 불충분으로 처벌을 피한 많은 범죄자나 위반자, 또는 단지 상황증거에 기반해서 유죄 선고를 받는 경우가 비일비재하다는 사실을 상기할 때, 범죄사회학과 형사 절차의 기본적 결합이 실제로 얼마나 유효한지는 쉽게 밝혀질 것이다.

롬브로소는 전문가 증언에 나섰던 자신의 경험을 자세히 설명한다. 두 의붓아들 중 누가 어머니를 살해했는지 판단하는 데 도움을 주기 위해 법정에 섰을 때, 롬브로소는 한 아들이 "실제로 선천적 범죄자의 가장 완벽한 유형, 즉 큰 턱, 이마의 만곡, 광대뼈, 얇은 윗입술, 큰 앞니, 매우 큰 머리(1,600cc〔다른 맥락에서는 천재성의 상징이지만, 여기에서는 전혀 다르게 해석된다〕), 감각기의 마니시니즘(manicinism)에 의한 무딘 촉감 등의 특징을 가지고 있었고, 결국 그에게 유죄가 선고되었다(1911, p.436)"라고 말했다.

다른 사례로 롬브로소는 모호하고 정황적일 수밖에 없는 증거를 기반으로 부유한 농민을 살해한 혐의로 기소된 파지오라는 사람의 유죄판결을 지지했다. 한 소녀가 피살자 근처에서 자고 있던 파지오를 보았다고 증언했고 이튿날 아침 경찰관이 접근하자 파지오는 숨었다. 그가 유죄라는 그밖의 증거는 제출되지 않았다.

심문이 이루어질 때, 나는 이 남자가 두드러진 귀, 큰 턱뼈와 광대뼈, 여우와 흡사한 돌기, 전두골의 분열, 나이보다 일찍 나타난 주름, 악의를 풍기는 인상, 오른쪽으로 굽은 코 등의 특징, 즉 범죄자 유형의 골상을 가졌다는 사실을 알았다. 동공은 조금밖에 움직이지 않았다. (……) 그의 가슴에는 '셀리나 로라(그의 처)의 추억'이라는 글자가 새겨진 큰 그림이, 팔에는 소녀의 그림이 각각 문신되어 있다. 이 남자에게는 간질을 앓는 숙모와 신경이상인 사촌들이 있었다. 게다가 조사결과 이 남자는 도박꾼에 게으름뱅이였다. 생물학적인 모든 면에서, 이 사건은 범죄자에게 관대하지 않은 나라였다면 다른 증거와 결부해 유죄선고를 내리기에 충분한 암시를 제공하고 있다. 그럼에도 이 남자는 무죄를 선고받았다(1911, p.437).

얻는 것이 있으면 잃는 것도 있다(공교롭게도, 롬브로소의 영향력을 억제한 것은 법률학의 자유로운 특성이 아니라 오히려 보수적인 특성이었다.

많은 재판관과 법률가들은 오래 전부터 자신의 고유한 영역이었던 판결에 정량적 과학이라는 개념이 침입하는 것을 참을 수 없었던 것이다. 그들은 롬브로소의 범죄인류학이 사이비 과학이라는 사실을 몰랐다. 다만 그것이 충분히 논리적인 연구라도 자신의 영역에 들어오는 것을 거부했던 것이다. 또한 범죄의 사회적 원인을 강조했던 프랑스의 롬브로소 비판가들도 롬브로소의 조류가 범람하는 것을 막는 데 일조했다. 특히 마누브리에와 토피나르는, 롬브로소와 더불어 숫자까지 회피할 수 있었기 때문이다).

사형을 논할 때, 롬브로소와 그의 제자들은 범죄자란 타고난 천성으로 죄를 저지른다는 확신을 피력했다. "귀선유전은 타고난 범죄자에 대한 처벌의 비효율성을 보여주고 있고, 그들이 불가피하게 주기적으로 죄를 저지르는 이유를 설명해준다(Lombroso, 1911, p.369)." "이론적인 윤리관은 마치 기름이 대리석 표면에 스며들지 않고 흘러가듯이, 이들의 병든 뇌에 스며들지 않는다(Lombroso, 1895, p.58)."

1897년에 페리는 다른 많은 학파들의 주장에 반대하며, 롬브로소 학파의 범죄인류학자들은 모두 사형을 합법화하는 데 찬성한다고 말했다(1897, pp.238~240). 롬브로소는 이렇게 쓰고 있다(1911, p.447). "악을 위해 태어난 일단의 범죄자들이 존재한다는 것은 사실이다. 그들에게는 어떤 사회적 치료를 베풀더라도, 마치 거대한 바위에 맞서듯 아무런 효과가 없다. 이러한 사실이 설혹 사형을 통해서라도 우리로부터 그들을 완전히 배제하도록 강요한다." 그의 친구이자 철학자인 히폴리트 테인(Hippolyte Taine)은 더 극적으로 이렇게 표현했다.

당신은 우리들에게 인간의 얼굴을 음탕하고 흉포한 오랑우탄으로 보여주었다. 그들이 다른 행동을 할 수 없다는 것은 자명하다. 가령 강탈하거나, 훔치거나, 살인을 했다 하더라도, 그것은 그들의 본성에 의한 것이고 그들의 과거가 그렇게 시키는 것이다. 그러나 그들이 언제까지나 오랑우탄으로 남게 될 것이라는 사실이 입증되면, 그들을 박멸할 이유가 더 분명해진다(이 구절은 롬브로소가 즐겨 인용했다. 1911, p.428)."

페리도 다윈이론을 끌어들여 사형의 정당성을 논리정연하게 주장했다 (1897, pp.239~240).

> 사형은 자연에 의해 예정되었고, 우주 운행의 모든 순간에 작동하는 것처럼 생각된다. 진화라는 보편적 법칙은 모든 종류의 결정적인 진보가 생존투쟁에 적합하지 않지만, 죽음을 통한 지속적인 선택에 의해 이루어진다는 사실을 우리에게 보여준다. 그런데 이 선택은 하등한 동물에서처럼 인간의 경우에도, 자연적이거나 인위적일 수 있다. 그 때문에 인간 사회에서도 인위적인 선택에 의해 반사회적이고 조화될 수 없는 사람들은 배제해야 한다.

그럼에도 불구하고, 롬브로소와 그의 동료들은 천성적인 범죄자를 사회에서 배제하기 위해 죽음 이외의 다른 방법을 선호했다. 일찍부터 시골 같은 곳으로의 격리를 통해 타고난 성품이 부드러워질 수도 있고, 철저하고 지속적인 감독으로 사회에 유용한 삶으로 이끌 수도 있다는 것이다. 교정할 수 없는 범죄자의 경우에는 죄수 유형지로 이주시키거나 추방하는 편이 사형보다 인도주의적인 해결이 될 수 있다고 생각했다. 그러나 유형은 반드시 종신형이어야 하고, 취소할 수 없어야 한다고 주장했다. 페리는 이탈리아의 죄수 유형지가 작다는 점에 주목하고, 풍토병인 말라리아 때문에 경작되지 않는 토지로의 '국내추방'을 주장했다. "설령 말라리아의 만연으로 많은 사람이 희생되더라도 정직한 농민보다 범죄자가 희생되는 편이 훨씬 나을 것이다(1897, p.249)." 마지막으로 그는 아프리카 유형지인 에리트레아(아프리카 북동부 지역으로 에티오피아의 자치령이다/옮긴이)로의 국외추방을 권고했다.

롬브로소 학파의 범죄인류학 연구자들은 편협한 사디스트나 파시스트의 선구자가 아니었고, 보수적인 성향의 정치적 이데올로그도 아니었다. 오히려 그들은 자유주의나 사회주의적인 경향에 가까웠고, 스스로를 과학적으로 계몽된 모더니스트라고 평가했다. 그들은 근대 과학이 자유의지와 경감될 수 없는 도덕적 책임이라는 낡아빠진 철학적 인습을 쓸어내는 빗자루로 사용되기를 원했다. 그들은 스스로를 범죄학의 '실증주의' 학파라고 불렀다. 그것은 그들이 확신을 가졌기 때문이 아니었다(물론 실제로 그들은 그렇게 확신하고 있었지만). 그것은 사변적이기보다 오히려 경험적이고 객관적인 철학적 의미에서였다.

롬브로소의 주된 반대자인 '고전학파'는 형벌이 범죄의 성질에 엄격히 비례해서 주어져야 하며, 모든 사람이 자신의 행동에 응분의 책임을 져야 한다고(정상참작이 아니라) 주장하면서, 과거 처벌 관행의 변덕스러움에 맞서 싸웠다. 롬브로소는 생물학을 끌어들여 형벌이 범죄자에 합치되어야지 길버트의 희가극 「미카도(Mikado)」에서처럼 범죄에 합치되어서는 안 된다고 주장했다.

정상적인 사람도 순간적으로 질투심에 불타 살인을 저지를 수 있다. 그러나 이 사람을 처형하거나 감옥에 가둔들 무슨 도움이 되겠는가? 그에게는 교정이 필요없다. 그의 본성은 선량하다. 그를 사회에서 격리시킬 필요도 없다. 그가 다시 죄를 저지르지는 않을 것이기 때문이다. 타고난 범죄자가 가벼운 범죄로 피고석에 앉을 수도 있다. 그러나 선의로 내려진 짧은 형기가 무슨 소용이 있는가? 그는 교정이 불가능하기 때문에 단기간의 선고는 다음에 그가 좀더 큰 범죄를 저지르기까지의 시간을 줄이는 역할밖에 하지 못할 것이다.

최근까지도 실증학파는 계몽적이고 '자유주의적'이라고 간주된 일련의 개혁과 부정기형(indeterminate sentencing, 형기를 고정하지 않고 '몇 년 이상 몇 년 이하'라는 식으로 선고하는 것/옮긴이)의 원칙을 포함하는 모든 조치에 대해 가장 견고하고 효과적인 캠페인을 벌였다. 그들은 대부분의 주장에서 승리를 거두었지만, 가석방, 조기석방, 부정기형이라는 현대의 여러 제도가 부분적으로는, 타고난 범죄자와 우발적인 범죄자를 차등 처벌해야 한다고 주장한 롬브로소의 캠페인에서 유래했다는 사실은 아는 사람은 거의 없다. 페리는 1911년에 범죄인류학의 주된 목표가 "범죄의 객관적 중대함 대신 범죄자의 개인적 특성(personality)을 형벌 정의 규칙의 첫번째 대상과 원리로 삼는 것"이라고 썼다(p.52).

> 형벌의 제재는 범죄자의 인격에 (……) 부합해야 한다. (……) 이 주장의 논리적 귀결은 부정기형이지만, 지금까지 고전적이고 형이상학적인 범죄학자들은 부정기형을 사법적 이단(異端)으로 간주해서 강력하게 반대해왔고 사정은 지금도 마찬가지다. (……) 사전에 형기가 확정된 선고는 사회적 방어수단으로 불합리하다. 그것은 마치 병원의 의사가 입원 기간을 질병에 따라 부여하기를 원하는 것과 마찬가지다(Perri, 1911, p.251).

초기 롬브로소주의자들은 '타고난 범죄자'에게 가혹한 처벌을 해야 한다고 주장했다. 이처럼 인체측정학과 진화론이 잘못 적용된 것은 한층 더 비극적이다. 왜냐하면 롬브로소의 생물학적 모형이 전혀 터무니없는 것이고, 더구나 이러한 주장이 많은 사람들의 관심을 범죄의 사회적 토대에서 범죄자의 선천적 경향으로 잘못 이끌었기 때문이다. 그러나 실증주의자들은 롬브로소의 확장된 모형에 호소하고, 궁극적으로는 범죄의 원인을 생물학뿐만 아니라 유아기 교육에까지 확대시켜서 부정기형이나 정상참작에 의한 형량 경감(mitigating circumstance)이라는 개념을 적용하기 위한 캠페인에 큰 영향을 미쳤다. 그들의 신념은 오늘날 대부분 실행되고 있기 때문에 우리는 그들을 인간적이고 진보적인 사람들로 보는 경향이 있다. 자선사업을 하던 롬브로소의 딸은 미국을 칭찬의 대상으로 선택했다. 미국은 이미 고전파 범죄학의 지배에서 벗어났고, 항상 개혁을 받아들이는 모습을 보여주었기 때문이다. 많은 주(州)에서 실증학파의 계획을 채택했고, 교정시설, 보호관찰제도, 부정기형 등을 확립했다(Lombroso-Ferrero, 1911).

그러나 설령 실증주의자들이 미국과 자신들을 자화자찬하더라도, 그들의 연구에는 근대의 많은 개혁가들이 롬브로소의 부정기형의 인간적인 본성을 의심하게 만들고, 고전파의 범죄학이 생각한 확정 형기 선고로의 복귀를 주장하게 만드는 불신의 씨앗이 포함되어 있다. 미국의 저명한 실증주의자인 모리스 파밀리(Maurice Parmelee)는 치안문란 행위, 치안문란 영업(매춘), 마약중독, 부랑죄 등의 위반에 대해 3년 이내의 부정기형을 결정한 1915년의 뉴욕 주법(州法)에 대해 지나치게 가혹하다며 격렬히 비난했다(Parmelee, 1918). 롬브로소의 딸은 몇 개 주에서 어린 위반자들의 장래를 지도하는 민간봉사 여성이 위반자들의 기분이나 행위를 완전히 기록해서 작성한 서류를 크게 칭찬했다. 롬브로소-페레로는 이렇게 말했다. 그런 기록은 "아이들이 죄를 저질렀을 때, 선천적인 범죄자와 상습적 범죄자를 구별하는 데 도움이 됩니다. 그렇지만 그 아이들은 그런 기록이 있다는 사실을 알지 못합니다. 따라서 그 기록은 아이들이 거의 완전히 자유롭게 자랄 수 있게 허용해줄 것입니다(1911, p.124)." 또한 그녀는 일부 보호관찰제도에 곤혹스럽고 부끄러운 요소들이 포함되어 있다는—특히 평생 계속될지도 모르는 무기한의 가석방 제도가 있는 매사추세츠주—사실을 인정했다. "보슈테른의 중앙보호관찰소에서 나는 피보호자들에게서 쏟아져 온 많은 편지를 읽었습니다. 그들은 끊임없이 감시하는 보호자들로부터 괴롭힘을 당하느니(또는 그녀가 불어로 표현했듯이 "그 굴레에 묶여 있느니") 차라리 교도소로 돌아가고 싶다고 호소했습니다(Lombroso-Ferrero, 1911, p.135)."

롬브로소주의자에게 부정기형은 선량한 생물학과 국가보호의 극대화를 모두 구현하는 것이다. "형벌이 범죄에 대한 응보가 되어서는 안 되며, 오히려 범죄자에 의해 구체화될 위험에 대응하는 사회적 방호(防護)가 되어야 한다(Ferri, 1897, p.208)." 위험인물은 좀더 긴 형을 받고, 형기를 끝낸 후의 생활도 더 엄격하게 감시된다. 그리고 부정기형 제도는—롬브로소의 유산—모든 측면에 걸쳐 복역자의 생활에 보편적이고 강력한 통제력을 행사한다. 복역자의 조사서류는 그의 운명을 확장하고 지배한다. 그는 교도소 안에서 감시되고, 그의 행동은 눈앞에 매달린 조기석방이라는 당근에 의해 심사된다. 또한 이 제도는 위험을 격리시킨다는 롬브로소의 원래 의미에서 사용되고 있다. 롬브로소에게 위험이란 원숭이와 비슷한 낙인을 가진 선천성 범죄자를 의미했다. 오늘날 그것은 종종 반항자, 가난뱅이, 그리고 흑인을 뜻한다. 『솔대드 형제(*Soledad Brother*)』의 저자인 조지 잭슨(George Jackson)은 롬브로소의 유산에 의해 죽었다. 그는 주유소에서 70달러를 훔친 죄로 '1년에서 종신형까지'의 부정기형을 언도받았고, 11년이 지난 후에(그중 8년 동안은 독방에서 지냈다) 탈옥을 시도하다가 목숨을 잃었다.

종결

톨스토이가 롬브로소주의자들에게 절망한 것은 그들이 가능한 해결책으로 사회개혁을 요구하던 보다 깊은 문제를 회피하기 위해 과학을 끌어들였기 때문이다. 그는 과학이 종종 기존제도를 옹호하는 강한 동맹관계를 이룬다는 사실을 깨달았다. 그의 주인공 네플류도프(『부활』의 주인공)공은 과거 자신이 유린했던 한 여성을 유죄로 잘못 판결한 제도를 파헤치기 위해 범죄인류학의 연구결과를 공부했지만 아무런 대답도 찾을 수 없었다.

또한 그는 한 명의 부랑자와 한 명의 여성과 마주쳤다. 그들 모두 얼빠진 듯한 무감각함과 잔인하게 보이는 외모로 그에게 불쾌감을 주었지만, 그는 그들에게서조차 이탈리아학파가 기술한 것과 같은 범죄자의 전형을 발견할 수 없었다. 그는 감옥 밖에서 연미복을 입고, 견장을 차고, 레이스 장식을 한 사람들 속에서 눈에 띈 그들에게서 그저 개인적으로 불쾌한 사람을 보았을 뿐이었다. (……) 처음에 그는 이 문제에 대한 해답을 책 속에서 찾을 수 있으리라는 희망을 품었고, 그 주제를 다룬 온갖 책을 사들였다. 그는 롬브로소, 갈로파로[이탈리아의 귀족이자 롬브로소의 제자], 페리, 리츠트, 모슬레이, 타드 등의 저서를 사들여 탐독했다. 그러나 읽으면 읽을수록 점점 환멸감이 일었다. (……) 과학은 형법과 연관된 매우 미묘하고 복잡한 수천 가지나 되는 물음들에 답을 주었지만, 그가 해결하려는 문제에 대해서는 단 한 가지 답도 주지 않았다. 그의 물음은 지극히 단순한 것이었다. 도대체 무슨 이유로, 그리고 어떤 권리로 한 인간이 다른 인간을 감금하고, 괴롭히고, 추방하고, 채찍질하고, 죽이는가? 그들은 자신이 괴롭히고, 채찍질하고, 죽이는 사람보다 나은가? 그리고 그 답으로 그는 인간이 자유의지를 가지는지 여부에 대한 주장들을 접하게 되었다. 두개골이나 그밖의 측정에 의해 범죄 성향을 알아낼 수 있을까? 유전은 범죄에서 어떠한 역할을 할까? 선

천적인 부도덕성이란 도대체 어떤 것인가?(톨스토이의 『부활』 중에서)

선천적인 부도덕성이란 존재하는가

우리는 무척 기묘한 시대에 살고 있다. 그러나 기본적인 논의는 결코 변하지 않는 것 같다. 두개지수의 조잡함은 지능 테스트의 복잡성에 굴복했다. 선천적 범죄성의 징표를 더 이상 조잡한 해부학적 낙인 속에서 찾지 않게 되었고, 20세기의 기준, 즉 유전자와 뇌의 미세한 구조가 새로운 대상으로 부상했다.

1960년대 중반에 XYY형으로 알려진 남성의 염색체 이상을 폭력적 범죄행위와 연관시키는 논문이 등장하기 시작했다(정상적인 남성은 어머니로부터 하나의 X 염색체, 아버지로부터 하나의 Y 염색체를 받고, 정상적인 여성은 양친으로부터 각기 하나씩의 X 염색체를 받는다. 그런데 때로는 아버지에게서 2개의 Y 염색체를 받는 경우가 있다. XYY를 가진 남성은 정상으로 보이지만, 키가 평균보다 조금 크고, 피부가 약하고, 평균적으로 지능 테스트의 성적이 조금 낮은—이 점에 대해서는 지금도 논쟁이 계속되고 있다—경향이 있다). XYY를 가진 개인들에 대한 한정된 관찰이나 일회적인 보고, 그리고 범죄자 정신병원에 XYY형의 사람이 수용되는 빈도가 높은 점 등을 기반으로 범죄염색체에 관한 이야기가 탄생했다. 이 이야기는 시카고에서 여덟 명의 간호사 훈련생들을 죽인 살인자 리처드 스펙(Richard Speck)의 변호사가 범인의 염색체가 XYY형이라는 사실을 주장하며 형량을 낮추었기 때문에 대중들 사이에서 폭발적으로 퍼져나갔다(그러나 실제로 그는 정상적인 XY형이었다). 『뉴스위크』지는 '선천적 범죄자'라는 제목의 기사를 실었고, 각종 간행물들은 롬브로소와 그의 낙인이 환생했다는 수많은 보고서를 발간했다. 한편 학문적인 연구도 진행되어, 지금까지 XYY를 가진 사람의 행동에 대한 수백 편의 논문이 발표되었다.

선의에서 출발한, 그러나 내 견해로는 순박한, 보슈테른의 의사 그룹이 남자 신생아들에 대한 대규모 유전자 검사를 시작했다. 그들은 유전자 검사를 통해 XYY를 가진 남아들의 표본을 대량으로 확보해서 그 유전자형과 공격적 행위 사이에 연관관계가 있는지 확인하고자 했다. 그러나 이것이야말로 자기실현적인 예언이 아닌가? 왜냐하면 그 부모에게 사실이 통지되었고, 학문적 가설을 아무리 많이 쌓아올려도 신문보도와 모든 아이들이 이따금씩 나타내는 공격적 행위 때문에 걱정하는 부모들의 추론을 극복할 수는 없기 때문이다. 더구나 만약 이 연결이 거짓이라면—그것이 사실이 아니라는 것은 거의 확실하다—양친이 받은 고통은 도대체 어떻게 보상할 수 있단 말인가?

이론적으로는 XYY형과 공격적 범죄성 사이의 관계를 가정하는 것은 보통 남성이 여성보다 공격적이므로, 여자에게 없는 Y 염색체가 공격성을 나타내는 유전자라는 생각 때문이다. 이것은 Y 염색체가 두 개 겹치면 공격성도 두 배로 나타날 것이라는 지극히 단순한 생각이다. 한 연구자 그룹은 1973년에 이렇게 주장했다(Jarvik et al., pp.679~680). "Y 염색체는 남성을 결정하는 염색체이고, 따라서 여분의 Y 염색체가 그 개인에게 특출한 장신(長身), 왕성한 생식력 (……) 그리고 강한 공격 성향과 같은 특징을 나타내는 고양된 남성성(heightened masculinity)을 제공한다는 것은 그리 놀랄 일이 아니다."

오늘날에는 XYY형이 범죄성의 낙인라는 이야기가 신화에 불과하다는 것이 널리 폭로되었다(Borgaonkar and Shah, 1974; Pyeritz et al., 1977). 이러한 연구들은 XYY형과 범죄성의 관련을 주장하는 많은 문헌에 방법상 기본적인 결함이 있다는 것을 드러낸다. XYY형의 남성이 범죄자 정신병원에 특이할 정도로 많은 것처럼 보이지만, 일반 감옥에서도 빈도가 높다는 충분한 증거는 없다. 미국의 XYY형 남성 중 최대 1퍼센트가 범죄자 정신병원에서 인생의 일부를 보낼 것이다(Pyeritz et al., 1977, p.93). 덧붙여 말하자면, XYY형의 남성이 일반 감옥에 수용되는 빈도는 정상적인 XY형 남성과 같다. 초로버(Chorover, 1979)는 XYY형 남성의 96퍼센트가 정상적인 삶을 누리며, 경찰당국의 관심을 전혀 끌지 않고 있다고 추정했다. 그렇다면 XYY가 범죄성 유전자라는 주장은 얼마나 터무니없는 것인가! 게다가 범죄자 정신병원에 XYY형이 상대적으로 빈도가 높은 것과 타고난 공격성의 수준이 높은 것 사이에 관계가 있다는 어떠한 증거도 없다.

다른 과학자들은 특정부위의 뇌 활동 부진에서 범죄적 행위의 원인을 찾으려고 시도했다. 1967년 여름, 유대인 거주지구(ghetto)에서 대폭동이 일어난 후 세 명의 의사가 권위 있는 저널인 『미국의학협회지(*Journal of the American Medical Association*)』에 편지를 썼다(Chorover, 1979에서 인용).

수백만 명이 거주하는 슬럼가 주민 중 소수의 사람들이 폭동에 가담했다는 것과 이들 폭도 중에서 극소수만이 방화, 저격, 폭행을 저질렀다는 사실을 인식할 필요가 있다. 그러나 만약, 슬럼가의 환경이 폭동을 촉발한 유일한 원인이었다면 어떻게 슬럼가의 대다수 주민들이 억제되지 않은 폭동의 분위기에 휩쓸리고 싶은 유혹에 저항할 수 있었을까? 폭동 가담자들에게는 평화로운 그들의 이웃과 다른 무언가가 있는 것일까?

우리는 자신의 전문분야에서 사물을 일반화하는 경향이 있다. 이 세 명의 의사들은 정신과 전문의이다. 그러나 일부 국회의원이나 대통령의 부패와 폭력에 대해서는 그와 비슷한 이론을 들먹이지 않으면서, 유독 자포자기와 절망에 빠진 사람들의 폭동만을 그들의 뇌와 관련한 이상과 결부시키는 이유가 무엇인가? 인간집단은 모든 종류의 행동에 대해 지극히 가변적인 대응을 한다. 어떤 사람은 그런 행동을 하지만 다른 사람은 하지 않는다는 이 단순한 사실이야말로 행위자의 뇌의 특정 장소에 위치가 부여되는 특별한 이상이 존재한다는 증거가 없음을 보여준다. 우리는 어떤 사람—희생양을 만들어 비난을 퍼붓는 결정론적 철학을 따르는 사람—의 폭력에 대한 근거 없는 공상에 주의를 기울여야 할 것인가, 아니면 먼저 게토를 건설하는 억압과 실업자의 불안을 제거하기 위해 노력해야 할 것인가?

| 제5장 |

미국의 발명품, IQ

The Mismeasure of Man

미국의 발명품, IQ

비네의 원칙—딱지를 붙이지 마라

비네, 두개계측에 손을 대다

소르본 대학의 심리학실험실 실장이었던 알프레드 비네(1857~1911)는 지능측정 방법을 연구하기로 결심했다. 그는 자연스럽게 19세기 말에 선호되던 방법이었던, 같은 프랑스 출신의 위대한 학자 폴 브로카에게 눈길을 돌렸다. 결국 그는 브로카 학파의 기본적 결론에 아무런 의심도 품지 않고 두개측정을 시작했다.

 피실험자의 지능과 머리 크기 사이에 관계가 있다는 사실은 (……) 매우 명백하고, 체계적으로 연구한 모든 사람들에 의해 예외없이 확인되었다. (……) 이러한 연구는 수백 명의 피실험자들에 대한 관찰을 포함하기 때문에 [머리 크기와 지능 사이에 상관관계가 있다는] 전제는 이론의 여지가 없는 것으로 간주되어야 한다(Binet, 1898, pp.294~295).

그는 이후 3년 동안 두개계측에 대한 아홉 편의 논문을 1895년에 자신이 창간한 잡지인 『심리학 연보(L'Année psychologique)』에 발표했다. 그러나 이 작업이 끝날 무렵 그의 확신은 흔들리고 있었다. 초등학생의 머리에 대한 다섯 편의 연구는 그가 가지고 있던 신념을 무너뜨렸다.

비네는 여러 학교를 찾아갔고, 교사들이 가장 뛰어난 학생과 가장 우둔한 학생으로 지명한 학생들의 머리를 브로카가 추천한 방법으로 측정했다. 계속적인 연구를 통해 그는 표본을 62명에서 230명으로 늘렸다. 그는 이렇게 썼다. "나는 지적 우수성은 뇌의 용적과 연관되어 있다는 다른 많은 과학자들의 연구에 의해 내게 각인된 개념에서 출발했다(1900, p.427)."

비네가 차이를 발견했지만 그것은 주목받을 만큼 크지 않았고, 우수한 학생이 더 큰 평균신장을 기록한 것에 지나지 않았다(1.401 대 1.378미터). 대부분의 측정값은 우수한 학생에게 유리했지만, 우수한 학생과 그렇지 않은 학생의 평균적인 차이는 몇 밀리미터에 불과했다. 비네 자신도 이 차이를 "극히 사소하다"라고 썼다. 그는 두개골의 전두부에서도 그 이상의 차이를 발견하지 못했다. 그곳은 보다 고도한 지능이 위치하는 자리라고 생각되었고, 브로카가 항상 우수한 사람들과 그렇지 않은 사람들간의 중대한 차이를 발견한 장소였다. 그런데 더 골치아픈 것은 지능 평가에서 항상 결정적이라고 판단된 일부 측정값이 형편없는 학생들에게 유리하게 나타났다는 점이다. 두개골 앞뒤 방향의 길이가 열등한 학생이 3밀리미터 더 길었기 때문이다. 따라서 대부분의 결과가 '옳은' 방향을 가리킨다고 해도, 이 방법은 개인을 평가하는 데 유용하지 않음이 분명했다. 차이가 너무 작았고, 열등한 학생들이 우수한 학생들보다 편차가 커 최소값은 항상 열등한 학생들의 몫이었지만, 때로는 최대값도 열등한 학생들에게서 나타났다.

비네는 자신의 피암시성(suggestibility)—무의식적 편향에 의한 집착 또는 '객관적인' 정량적 자료가 선입관에 이끌려 다르게 해석될 수 있는 경향성—에 대한 비범한 연구를 통해 스스로에 대한 회의에 박차를 가했다. 이것은 이 책의 기본적 주제에 해당하는 실험이다. 비네는 이렇게 썼다. "나는 지능이 뛰어난 머리와 그렇지 않은 머리의 부피 차이를 찾아내기 위한 의도로 머리를 측정하는 과정에서 무의식적으로 그리고 선의에 의해 우수한 머리의 크기를 크게 측정하고 뒤떨어지는 머리를 작게 측정한 것은 아닌지 두렵다(1900, p.323)." 그는 편향이 감추어지고 과학자가 자신의 객관성을 확신할 때 더 큰 위험이 도사리고 있다는 것을 인식했다. "피암시성은 (……) 충분히 의식하는 행동보다 어중간하게 의식하는 행동에서 더 두드러지게 나타난다. 피암시성이 위험한 것은 바로 그 때문이다(1900, p.324)."

만약 모든 과학자가 이처럼 자신을 솔직하게 검증했다면 상황은 훨씬 나아질 수 있었을 것이다. 비네는 이렇게 썼다(1900, p.324). "나는 나 자신에 대해 관찰한 것을 솔직하게 털어놓을 작정이다. 다음에 기술한 세부사항은 대부분의 저자들이 발표하지 않은 것이고, 다른 사람들에게 알려지기를 원치 않는 것이다." 비네와 그의 제자 사이몬은 사이몬이 인턴으로 일하던 병원에서 '백치와 치우(癡愚)'의 머리를 각기 측정했다. 비네는 중요한 측정에서 사이몬의 측정값이 일관되게 자신의 수치보다 낮았다고 썼다. 따라서 비네는 같은 사람들을 다시 측정했다. 비네는 첫 번째 측정에서 "나 자신의 방법에 충실한 것 이외에 어떤 선입관도 없이 기계적으로 측정했다"고 인정했다. 그러나 두 번째에는 "나는 다른 종류의 선입관을 가지고 있었다. (……) 나는 [사이몬과 나 자신의 측정결과의] 차이 때문에 고민했다. 나는 이 차이를 정확한 값으로 줄이고 싶었다. (……) 이것이 자기암시다. 중요한 사실은, 수치를 줄이고 싶다는 바람을 가지고 이루어진 두 번째 측정값이 당연히 최초 측정에서 얻은 값보다 작았다는 것이다." 사실 한 사람을 제외하면, 모든 피실험자의 머리 크기가 두 차례의 측정을 통해 축소되었고 평균 차이는 3밀리미터였다. 이것은 그가 과거에 연구했던 우수한 학생과 열등한 학생간의 평균값보다 훨씬 큰 것이었다. 비네는 자신의 낙담을 숨김없이 털어놓았다.

나는 내가 다루기 힘든 문제를 공략했다고 확신했다. 그 측정은 여행을 포함해서 온갖 종류의 지루한 절차를 필요로 했다. 더구나 지능이 뛰어난 학생과 그렇지 않은 학생의 뇌 측정값 차이가 1밀리미터도 되지 않는 실망스러운 결과로 끝났다. 머리의 크기로 지능을 측정한다는 것은 우스꽝스러운 생각 같다. (……) 나는 이 연구를 포기하는 지점에 와 있으며, 이 연구에 대해 한 줄도 발표하고 싶지 않다(1900, p.403).

결국 비네는 패배의 구렁텅이에서 작고 불안한 승리를 건져올린 셈이다. 그는 자신의 모든 표본을 다시 조사해서, 각 집단의 최고값과 최저값에 해당하는 다섯 명의 학생을 분리하고 중간에 해당되는 모든 표본을 배제했다. 양극단의 차이는 훨씬 크고, 더 일관적이었다. 평균 3~4밀리미터의 차이가 났다. 그러나 이 차이도 피암시성에 의한 잠재적인 편향을 넘어서지는 못했다. 19세기 객관주의의 보배로 간주되었던 두개계측학은 더 이상 찬양의 대상이 될 수 없었다.

비네 척도와 IQ의 탄생

비네는 1904년에 다시 지능 측정에 도전했는데, 과거의 좌절을 기억하고 다른 방법으로 전환했다. 그는 자신이 두개계측의 '의학적' 접근방식이라고 불렀던 기존의 방법과 롬브로소의 해부학적 낙인 연구를 포기하고, 대신 '심리학적' 방법을 채택했다. 당시까지 지능 테스트에 대한 문헌은 비교적 적었고, 지능 측정 역시 불확실한 분야였다. 골턴이 이미 일련의 측정을 통해 실험을 하기는 했지만 두드러진 성공을 거두지는 못했다. 더구나 그의 실험은 추론의 테스트라기보다는 대부분 생리학적인 기록이나 반응시간에 대한 측정이었다. 비네는 추론에 관한 여러 측면을 보다 직접적으로 평가할 수 있는 과제를 만들기로 결정했다.

1904년에 비네는 교육부장관으로부터 구체적이고 실용적인 목적을 위한 연구를 위임받았다. 그것은 보통 학급에서 학습성적이 떨어지는 학생들을 식별하는 기술을 개발하는 것으로, 일종의 특별교육의 필요성을 암시하는 것이었다. 비네는 순전히 실용적인 방식을 선택했다. 그는 일상생활과 연관된 단순한 과제들(예컨대 동전 세기나 어떤 얼굴이 '더 예쁜지'를 판단하는 것)을 모으기로 했다. 이러한 과제들은 "지시력(질서), 이해력, 창조력, 비판력(바로잡기)"이라는 기본적인 추론과정을 포함한다고 생각되었다(Binet, 1909). 읽기처럼 이미 학습된 능력은 두드러지게 다루어지지 않았다. 테스트는 훈련받은 검사관에 의해 개별적으로 관리되었다. 검사관은 피실험자들이 난이도별로 분류된 일련의 과제를 수행하게 했다. 정신이라는 특수하고 독립적인 '능력'의 측정을 목적으로 한 과거의 테스트와 달리 비네의 척도는 다양한 활동들의 뒤범벅이었다. 그는 여러 가지 능력에 대한 테스트를 충분히 혼합하면, 아이들의 일반적인 능력을 단일한 점수로 추출할 수 있을 것이라고 생각했다. 그는 "테스트의 수가 많으면, 그 테스트가 무엇인지는 거의 문제되지 않을 것이다(1911, p.329)"라는 유명한 언명에 의거해서 자기 연구의 경험적인 성격을 강조했다.

비네는 1911년 세상을 떠날 때까지 이 척도의 세 가지 버전을 발표했다. 1905년의 최초 버전에서는 단지 난이도 순서로 과제들을 배열했고, 1908년의 버전은 오늘날 이른바 IQ를 측정하는 데 사용되는 기준을 확립했다. 비네는 각각의 과제에 특정 연령수준을 지정해서, 보통 정도의 능력을 가진 아이들이 그 과제를 성공적으로 해결할 수 있는 최저연령을 정했다. 피실험자인 어린이는 가장 낮은 연령의 과제에서 비네 테스트를 시작해 순서대로 더 이상 과제를 해결할 수 없을 때까지 계속했다. 이때 그 아이가 수행한 마지막 과제에 해당하는 것이 '정신연령'이 되며, 일반적인 지능수준은 생활연령(chronological age, 역년령(曆年齡)이라고도 하며 우리가 일반적으로 사용하는 나이를 뜻한다/옮긴이)에서 정신연령을 빼는 방법으로 계산되었다. 이때 정신연령이 생활연령보다 크게 낮은 아이들은 특별 교육프로그램이 필요하다고 판정되었다. 따라서 비네는 교육부장관이 위임한 책임을 다한 셈이다. 1912년에 독일의 심리학자 W. 슈테른(W. Stern)은 정신연령과 생활연령의 차(差)가 아니라 정신연령을 생활연령으로 나눈 값*이 되어야 한다고 주장했고, 그 결과 지능지수(intelligence quotient), 즉 IQ가 탄생했다.

IQ 테스트는 20세기에 엄청나게 중요한 결과를 가져왔다. 이러한 견지에서 만약 그 창시자가 살아 있어 이런 결과에 우려를 나타냈다면, IQ

---

* 나누기가 더 적합한 이유는 여기에서 중요한 것이 절대적인 값이 아니라 상대적인 값이고, 정신연령과 생활연령 사이의 차의 크기이기 때문이다. 정신연령 2세와 생활연령 4세 사이의 2년의 차는 정신연령 14세와 생활연령 16세의 차인 2년보다 훨씬 큰 결함을 나타낼 수 있다. 비네의 뺄셈 방법은 두 사례에 같은 결과를 주지만, 슈테른의 IQ 측정법에 의하면 처음 사례는 50, 두 번째 사례는 88이 된다(슈테른은 실제 지수에 100을 곱해서 소수점을 없앴다).

테스트의 오용으로 인한 비극을 피할 수 있었을지 비네의 진의를 탐구할 필요가 있다.

지능에 대한 비네의 일반적인 접근방식과는 대조적으로, 그의 척도에서 가장 호기심을 불러일으키는 측면은 그것이 실천적이고 경험적인 쪽에 초점을 맞추고 있다는 점이다. 많은 과학자들이 마음에서 우러난 확신으로, 또는 두드러진 경향으로 이 방법을 연구에 이용하고 있다. 그들은 이론적 사변이란 허무하며, 진정한 과학은 정교한 이론을 검증하는 것이 아니라 기본적 사실들을 모으기 위해 추구되는 단순한 실험들로부터의 귀납에 의해 진보한다고 믿는다. 그러나 비네는 원래 이론가였다. 그는 큰 의문을 제기했고, 자신의 전공을 둘러싼 중요한 철학적 논쟁에 열정적으로 참여했다. 1886년에 그는 '추론의 심리학'에 관한 첫 저서를 출판했고, 이어 1903년에는 유명한 『지능의 실험적 연구(*Experimental Study of Intelligence*)』를 발간했다. 이 저서들에서 그는 이전의 접근방식을 깨끗이 버리고, 인간의 사고를 분석하기 위한 새로운 구조를 개발했다. 그러나 비네는 자신이 가장 좋아했던 주제인 지능 척도라는 포괄적이고 중요한 연구에 대한 어떤 이론적 해석도 단호하게 거부했다. 왜 위대한 이론가가 그처럼 기이하고 모순된 방법을 채택했을까?

비네는 자신의 척도에서 "타고난 지능과 학습을 분리하려고" 시도했다(1905, p.42). "그 아이들이 받은 교육의 정도를 가능한 한 무시하고 오직 지능만을 측정하려는 것이다. (……) 우리는 아이들에게 읽거나 쓰는 과제를 부여하지 않고, 암기식 학습으로 성공할 수 있는 어떠한 테스트도 배제한다(1905, p.42)." "이 테스트에서 특히 흥미로운 점은 필요할 경우, 이 테스트가 뛰어난 선천적 지능의 소유자를 학교의 속박에서 해방시킬 수 있다는 점이다(1908, p.259)."

그러나 비네는 획득된 지식의 표면적인 영향을 제거하려는 뚜렷한 갈망 이상으로 아이들에게 주어진 수치의 의미를 규정하거나 생각하기를 거부했다. 비네는 지능이 단일한 수치로 포착하기에는 너무 복잡하다고 단언했다. 후일 IQ라고 불리게 된 이 수치는 한정된 실용적인 목적을 위해 고안된 개략적이고 경험적인 지침에 지나지 않는다.

정확히 말하면, 이 척도는 지능의 척도로 허용되지 않는다. 지능의 성질은 위아래로 구분할 수 있는(superposable) 것이 아니어서, 일직선으로 늘어세우듯 측정할 수는 없기 때문이다(1905, p.40).

더구나 그 숫자는 수많은 행동의 평균에 불과해, 그 자체가 실체가 될 수는 없다. 그는 지능이 키처럼 측정가능한 무엇이 아니며, 단일하지 않다는 것을 우리에게 상기시켜준다. 비네는 다음과 같이 우리의 주의를 촉구한다. "우리는 이 사실을 반드시 강조해야 한다고 생각한다. 왜냐하면, 이제부터 표현을 단순화하기 위해 7세나 9세의 지능을 가진 8세의 아이들에 대해 이야기할 것이기 때문이다. 이런 표현은 자의적으로 받아들일 경우 오해를 부를 수도 있다(1911)." 비네는 존 스튜어트 밀이 이야기한 논리적인 오류, 즉 "어떻게 받아들여지든 간에 명칭이 하나의 실체, 즉 존재자이고 그 자체의 독립된 존재를 가진다고 믿는" 오류를 범하기에는 너무 훌륭한 이론가였다.

비네가 이처럼 신중한 자세를 취한 데에는 그만한 사회적 동기가 있었다. 그는 자신의 실용적인 고안물이 하나의 실체로 물화(物化)될 경우, 도움을 필요로 하는 아이들을 식별하기 위한 지침이 아니라 오히려 지울 수 없는 낙인으로 왜곡되어 악용될 가능성을 크게 두려워했다. 또한 그는 "지나치게 열광적인" 교사가 IQ를 편리한 변명거리로 이용할 수 있는 사태에 대해서도 우려했다. "그들이 다음과 같이 생각할지도 모른다.

'이것이야말로 우리의 속을 썩이는 아이들을 모조리 제거할 더없이 좋은 기회.' 또한 진정한 비판정신이 결여된 채 단순히 교사들이 학교에 관심이 없고 다루기 힘든 아이들을 솎아내는 수단이 될 수도 있다(1905, p.69)." 그러나 비네는 "예언의 자기실현"이라 일컬어져온 것을 훨씬 크게 우려했다. 그것은 고식적인 딱지 붙이기가 교사의 태도를 결정하고, 결국 아이들의 행동을 예언한 방향으로 향하게 만들 수도 있기 때문이다.

미리 경고를 받았을 때, 어떤 사람의 우둔함의 징후를 찾아내기란 무척 간단하다. 이것은 드레퓌스가 유죄라고 믿어졌을 때, 드레퓌스의 필적에서 배반자, 즉 스파이의 특징을 찾아낸 필적학자의 행위와도 같은 것이다(1905, p.170).

비네는 IQ를 선천적인 지능으로 인정하는 것은 거부했을 뿐만 아니라, IQ를 정신적 가치에 따라 모든 학생을 서열화하는 일반적인 장치로 사용하는 것도 거부했다. 그는 자신의 척도를 오직 교육부장관으로부터 위임받은 한정된 목적에 활용하기 위해서만 고안한 것이었다. 다시 말해서 특별한 교육을 필요로 하는 능력이 뒤떨어진 아이들—오늘날 우리가 학습불능아 또는 약한 정신지체아라고 부르는 아이들—을 식별하기 위한 실용적인 지침으로 국한했다. 비네는 다음과 같이 쓰고 있다(1908, p.263). "우리가 생각하는 이 척도의 가장 가치 있는 이용은 정상적인 학생이 아니라 지능이 낮은 단계의 학생에게 적용하는 것이다." 비네는 성적이 낮은 원인에 대해 생각하기를 거부했다. 어쨌든 비네의 테스트로는 그 문제를 해결할 수 없었다(1905, p.37).

우리의 목적은 그 아이가 정상인지 지체인지 알기 위해 데려온 아이들의 지적 능력을 측정하는 것이다. 따라서 그 시점에서의 아이들의 상태를 연구해야 한다. 우리의 연구는 그 아이들의 과거나 미래와는 아무런 관계도 없다. 따라서 그 아이들의 원인론은 무시하고, 후천적 백치인지 선천적 백치인지의 구별도 하지 않을 것이다. (……) 그 아이들의 장래와 관련된 문제에 대해서도, 마찬가지로 판단을 자제할 것이다. 우리는 예측하거나 예후를 준비하려는 시도도 하지 않는다. 이러한 지체가 치료가능한지 여부, 심지어 개선가능한지 여부에 대한 답도 보류한다. 우리는 현재 그 아이의 지적 상태에 대한 진실을 확인하는 것으로 스스로를 한정할 것이다.

그러나 비네는 한 가지에 대해서만큼은 확신을 품었다. 그것은 낮은 학업 성적의 원인이 무엇이든 간에, 자신이 만든 척도의 목적이 제한을 가하기 위한 딱지붙이기가 아니라 학생들에게 도움을 주고 능력을 향상시키기 위한 식별이라는 점이다. 어떤 아이들은 천성적으로 정상적인 성적을 얻을 수 없을지도 모르지만, 특별한 도움이 주어진다면 성적이 나아질 수 있다는 것이다.

엄밀한 유전적 결정론자와 그 반대자와의 차이는 일부 풍자만화가 시사하듯이, 아이들의 성적이 모두 선천적이라거나 또는 전적으로 환경과 학습의 영향을 받는다는 확신이 아니다. 나는 가장 확고한 반(反)유전적 결정론자가 아이들 사이에서 나타나는 선천적인 다양성마저 부정했다고는 생각하지 않는다. 오히려 양자의 차이는 사회정책이나 교육적인 실천의 문제에서 찾을 수 있다. 유전적 결정론자는 지능의 측정값이야말로 불변의 도장, 즉 선천성의 한계라고 이해한다. 이렇게 낙인찍힌 아이들은 그들의 유전적 자질에 따라 차별적인 훈련을 받음으로써 자신의 생물학적 수준에 적합한 직업을 갖도록 유도되어야 한다는 것이다. 이 맥락에서 지능 테스트는 제한이론(theory of limit)이 된다. 반면 비네와 같은 반유전적 결정론자들은 식별과 도움을 위한 목적으로 검사를 한다. 어떤 훈련을 받더라도 모든 아이들이 뉴턴이나 아인슈타인과 같은 사람이 될 수 없다는 명백한 사실을 부정하지는 않지만, 반유전적 결정론자들은 종종 광범위하고 전혀 예기치 않은 방법으로 모든 아이들의 학력을 증대시키는 창조적 교육의 위력을 강조한다. 이 경우에 지능 테스트는 적절한 교육을 통해 잠재능력을 높이기 위한 이론이 된다.

비네는 유전적 결정론자의 근거없는 가정에 의해 잘못된 회의주의에 빠진 선량한 교사들에 대해 이렇게 웅변한다(1909, pp.16~17).

> 내 경험에 의하면 (······) 그들은 학급에 가장 우수한 아이들과 가장 열등한 아이들이 있다는 것을 피할 수 없는 자연스러운 현상이라고 생각하고, 교사가 그러한 사실을 지나치게 의식해서는 안 된다는 것을 암묵적으로 인정하는 것 같다. 그것은 한 사회에 부자와 가난뱅이가 공존하는 것이나 마찬가지라는 것이다. 이 얼마나 잘못된 생각인가.
>
> 생물학적 선언으로 아이들에게 학업 불능이라는 딱지를 붙인다면, 우리가 어떻게 아이들을 도울 수 있겠는가?
>
> 만약 우리들이 아무것도 하지 않는다면, 적극적으로 그리고 효과적으로 개입하지 않는다면, 그 아이들은 계속 시기를 놓칠 것이다. (······) 그리고 결국에는 절망에 빠지고 말 것이다. 이러한 상황은 그 아이들에게 매우 중대하고, 더구나 그 아이들이 예외적인 경우가 아니기 때문에 (단지 이해력에 결함이 있는 경우가 많기 때문에), 그것이 우리 모두 나아

가 사회 전체에 심각한 문제라고 말할 수 있다. 교실에서 공부하는 데 의욕을 잃은 아이들은 한번 학교를 떠나면 다시는 공부할 기회를 얻지 못할 위험이 매우 높다(1909, p.100).

비네는 "한번 바보는 영원한 바보(quand on est bête, c'est pour longtemps)"라는 모토를 맹렬하게 공격했고, 지능이 낮은 학생들에게 관심을 보이지 않는 교사들에 대해 "학생을 동정하거나 존중하지 않으며, 그들의 면전에서 '이런 아이는 전혀 아무것도 할 수 없고 (……) 선천적으로 무능하고 (……) 지적 능력이 떨어진다'라는 이야기를 공공연하게 한다. 나는 이처럼 분별없는 말을 자주 들었다(1900, p.100)"라고 개탄했다. 그리고 비네는 자신이 대학입학 자격시험을 치렀을 때의 일화로 어떤 시험관이 그에게 '참된' 철학적 정신이 완전히(never) 결여되었다고 했던 말을 인용했다. "완전히(never)! 이 얼마나 무서운 말인가. 최근 몇몇 사상가들은 개인의 지능이 고정된 양(fixed quantity), 향상될 수 없는 양이라는 주장을 인정함으로써 이 한심스러운 결론을 도덕적으로 지지해주었다. 우리는 이 잔혹한 비관론을 비판하고 그에 맞서 나가지 않으면 안 된다. 우리는 그런 주장이 아무런 근거도 없다는 것을 입증하기 위한 시도를 해야 한다(1909, p.101).

비네의 테스트에 의해 식별된 아이들은 지울 수 없는 낙인이 찍힐 대상이 아니라 도움을 받아야 할 대상인 것이다. 비네는 확고한 교육학적 입장을 가지고 있었고, 그 대부분은 실행에 옮겨졌다. 우선 그는 재능을 부여받지 못한 아이들의 개별적 요구에 부응하는 특별한 맞춤교육이 이루어져야 한다고 확신했다. 그 교육은 "그 아이의 성격이나 경향과 맞아야 하고, 우리 자신을 그들의 요구와 능력에 적응시킬 필연성"을 토대로 삼아야 한다는 것이다(1909, p.15). 당시 공립학교에서는 통상적으로 가난한 아이들이 한 반에 60명에서 80명까지 포함되었지만, 비네는 15명에서 20명 사이의 소규모 학급을 권고했다. 특히 그는 자신이 "정신적 교정학(mental orthopedics)"이라고 부른 프로그램을 포함하는 특별한 교육방법도 주창했다.

그들이 맨 처음 배워야 하는 것은 일반적으로 가르치는 과목이 아니다. 설령 그것이 아무리 중요하다 하더라도 말이다. 그들에게는 의지, 주의력, 그리고 단련의 교육이 주어져야 한다. 문법 연습을 하기 전에 그들은 정신적 교정학에 대한 훈련을 받을 필요가 있다. 다시 말해서, 그들은 어떻게 배우는지를 배워야 하는 것이다(1908, p. 257).

비네의 정신적 교정학이라는 흥미로운 프로그램에는 그가 학문적 주제를 배우기 위한 필수조건이라고 생각한 의지, 주의력, 단련을 지적 능력으로 전환시켜 개선하기 위해 고안된 일련의 육체적 훈련이 포함되어 있다. 가령 '동상(銅像) 연습(l'exercise des statues)'이라고 불린 훈련은 주의지속 시간을 늘리기 위한 것으로 아이들이 활발하게 움직이다가 일단 명령이 내려지면 동상처럼 움직이지 않는 자세를 유지하는 활동이다 (나는 어렸을 때 뉴욕의 거리에서 이런 놀이를 했다. 우리도 그것을 '동상놀이'라고 불렀다). 매일 동작을 멈춘 채 그대로 지속하는 시간이 늘어났다. 속도를 향상시키기 위한 다른 훈련에서 아이들은, 할당된 시간 내에 가능한 많은 점을 한 장의 종이에 찍기도 했다.

비네는 자신의 특별학급이 거둔 성공담을 이야기하는 것을 무척 좋아했다(1908, p. 104). 그리고 이런 훈련을 받은 아이들이 지식을 늘렸을 뿐만 아니라 지능도 높아졌다고 주장했다. 지능은, 이 말이 가진 모든 의미에서, 좋은 교육에 의해 높아질 수 있으며 고정된 선천적인 양(量)이 아니다.

아이들의 지능이 높아졌다는 것은 실천적 의미이고, 그것이 우리가 접근할 수 있는 유일한 의미이다. 우리는 학생들의 지능을 구성하는 요소, 즉 가르침에 동화되고 배울 수 있는 능력을 향상시켰다.

미국에서 왜곡된 비네의 의도

요약하자면, 비네는 자신의 테스트를 이용하기 전에 염두에 두어야 할 세 가지 기본 원리를 강조했다. 그러나 훗날 그의 충고는 미국의 유전적 결정론자들에 의해 모두 무시되었다. 그들은 비네의 척도를 모든 아이들을 테스트하기 위한 틀에 박힌 문서형식의 고안물로 바꾸어버리고, 아래와 같은 그의 의도를 깡그리 뒤집었다.

1. 수치는 실용적인 고안물이며, 어떠한 지능이론도 뒷받침하지 않는다. 이 수치는 천성적이거나 항구적인 그 무엇도 규정하지 않는다. 우리는 이 수치로 '지능' 또는 그밖의 어떤 물화된 실체의 척도를 측정하는 것을 원하지 않는다.

2. 이 척도는 특별한 도움을 필요로 하는 경미한 지체아들이나 학습불능아들을 식별하기 위한 조잡하고 경험적인 지침이다. 이 척도는 정상적인 아이들을 서열화하기 위한 고안물이 아니다.

3. 도움이 필요하다고 확인된 아이들이 겪는 어려움의 원인이 무엇이든, 특별한 훈련을 통해 개선될 수 있다는 가능성에 중점이 두어져야 한다. 낮은 득점이 아이들의 선천적 무능을 나타내는 데 사용되어서는 안 된다.

비네의 이 원칙들이 지켜지고 그의 테스트가 원래의 의도로 이용되었다면, 우리는 금세기 가장 큰 과학의 악용을 피할 수 있었을 것이다. 얄

굳게도 오늘날 많은 미국의 교육위원회들은 완전히 한바퀴를 돌아 IQ 테스트를 비네가 처음 권고했던 의미에서만 사용하고 있다. 그것은 학습에 문제가 있는 아이들을 평가하는 도구로 국한된 이용이다. 개인적인 생각을 이야기하자면, 나는 IQ와 같은 유형의 테스트는 학습불능자인 내 아들을 진단하는 적절한 방법으로 도움이 된다고 생각한다. 내 아들의 평균값, 즉 IQ 자체는 아무런 의미도 갖지 않는다. 왜냐하면 매우 높은 점수와 극히 낮은 점수가 혼재하기 때문이다. 그러나 낮은 수치들의 패턴은 그가 어떤 영역에서 결함이 있는지를 보여준다.

지능 테스트의 오용은 테스트 그 자체의 발상에 내재되어 있는 것이 아니다. 이 잘못된 사용은 주로 사회적 서열화와 차별을 유지할 목적으로 테스트를 이용하려는 사람들에 의해 열광적으로(또는 그런 것처럼 보이는) 신봉된 두 가지 오류에서 기인한다. 그것은 물화(物化)와 유전적 결정론이다. 물화—테스트의 점수가 머릿속에 있는 단일하고 측정가능한 일반 지능(general intelligence)이라 불리는 것을 나타낸다는 가정—에 대한 논의는 다음 장에서 다루어질 것이다.

유전적 결정론의 오류는 IQ가 어느 정도 '유전성'이라는 단순한 견해가 아니다. 유전성의 정도는 열광적인 유전적 결정론자에 의해 과장된 것이 분명하지만, 나는 유전가능성에 대해서는 의문을 품지 않는다. 넓은 의미에서 아무런 유전적 구성요소를 갖지 않는 인간 행동이나 해부학적 구조를 찾아내기는 어렵다. 유전적 결정론의 오류는 이 기본적 사실에서 기인한 두 가지 잘못된 함축 속에 들어 있다.

1. '유전성'을 '피할 수 없는' 것과 동일시하는 가정. 생물학자에게 유전성이란 유전적 전달의 결과로 가계를 통해 그 특성이나 경향이 전해지는 것이다. 그러나 유전성은 이러한 특성이 환경에 의해 변화되는 범위의 폭에 대해서는 거의 아무것도 말해주지 않는다. 일상 언어에서 '유전

되었다'는 말은 흔히 '피할 수 없다'는 의미를 갖는다. 그러나 생물학자에게는 그렇지 않다. 유전자는 직접 신체의 특정한 부분을 만드는 것이 아니라, 일련의 환경조건하에서 일정 범위의 형태를 코드화하는 것이다. 더욱이 어떤 특성이 형성되어 이미 설정된 이후에도 환경적 개입은 여전히 유전적 결함을 수정할 수 있다. 수백만 명의 미국인들은 선천적인 시력의 결함을 교정해주는 렌즈를 통해 정상적으로 세상을 볼 수 있다. IQ가 상당부분 '유전성'이라는 주장은 질적으로 향상된 교육을 통해, 우리가 일상적으로 '지능'이라고 부르는 것을 향상시킬 수 있다는 신념과 모순되지 않는다. 부분적으로 유전된 낮은 IQ는 적절한 교육에 의해 크게 개선될 수 있다. 물론 그렇지 않을 수도 있다. IQ의 유전성이라는 단순한 사실만으로는 아무런 결론도 내릴 수 없다.

 2. 집단 내 유전과 집단간 유전의 혼동. 유전적 결정론의 중요한 정치적 영향은 테스트 점수가 유전할 수 있다는 판단에서 기인하는 것이 아니라 논리적으로 타당하지 않은 확장에서 발생한다. IQ의 유전성에 대한 연구는 친척들의 IQ 점수와 비교하거나, 생물학적 부모와 법률상의 부모가 모두 있는 입양아의 점수를 비교하는 식의 전통적 방법에 의해 이루어진다. 이것은 모두 '집단 내(within-group)' 연구 유형에 해당한다. 즉, 단일하고 일관된 집단(예컨대 백인 미국인) 내의 유전성을 평가할 수 있게 해준다. 일반적인 오류는 집단 내의 개체 사이에서 나타나는 일정 비율의 변이가 유전에 의해서 설명가능하다면, 집단간—예컨대 백인과 흑인이라는—평균 IQ의 일정 비율 차이도 마찬가지로 유전에 의해 설명할 수 있다는 가정에서 발생한다. 그러나 한 집단 내의 개체들 사이에서 나타나는 변이와 집단간의 평균값 차이는 전혀 별개의 현상이다. 한 항목이 다른 항목에 대한 추측을 허용하지는 않는다.

 가설적이지만 논쟁이 벌어지지 않는 예는 숱하게 찾아볼 수 있다. 사람의 키는 지금까지 IQ에 제안된 어떤 수치보다 높은 유전성을 갖는다. 서로 다른 두 남성 집단을 생각해보자. 첫번째 그룹은 평균신장이 178센티미터이며 부유한 미국 도시에 살고 있다. 두 번째 집단은 168센티미터이고 제3세계의 마을에 살고 있다. 유전성은 95퍼센트로 모두 똑같다. 이 말은 상대적으로 키가 큰 아버지를 둔 아들은 키가 크고, 비교적 키가 작은 아버지를 둔 아들은 키가 작다는 것을 의미할 뿐이다. 키가 큰 집단 내의 유전성은 다음 세대의 영양상태가 향상될 경우, 제3세계의 마을에 사는 사람의 평균신장이 부유한 도시에 사는 미국인의 평균신장보다 높아질 가능성에 대해 긍정도 부정도 하지 않는다. 마찬가지로 IQ도 집단 내에서 유전성이 높을 수는 있다. 하지만 미국의 백인과 흑인 IQ의 평균적인 차이는 흑인들이 생활환경에서 겪는 불리함의 기록에 불과할 수도 있다는 사실을 배제할 수는 없다.

나는 이런 말을 했을 때 나오는 다음과 같은 반응에 종종 실망하곤 한다. "아! 당신이 무슨 말을 하는지 이해할 수 있어. 이론적으로 당신은 옳아. 논리상으로는 아무런 필연적 연관성이 없을지 모르지만, 그래도 집단간에 나타나는 평균 IQ의 차이가 집단 내 변이라는 같은 원인을 가질 가능성이 더 높지 않을까?" 이 물음에 대한 나의 답은 여전히 "아니다"이다. 각 집단 내의 유전성이 증가해 집단간의 차이가 확대될 가능성이 높아진다고 해도 집단 내 유전과 집단간 유전이 결부되는 것은 아니다. 이 두 가지 현상은 전혀 별개이다. 옳은 것처럼 '생각되지만' 입증할 수 없는 주장만큼 위험한 것은 없다.

알프레드 비네는 이러한 오류를 피하기 위해 세 가지 원칙을 고수했다. 미국의 심리학자들은 비네의 의도를 왜곡해서 IQ의 유전적 결정이론을 발명했다. 그들은 비네의 점수를 물화함으로써, 그것이 지능이라고 불리는 실체에 대한 측정값이라고 생각했다. 그들은 지능이 대체로 유전적이라고 가정하여, 선천적 특성과 문화적 차이를 혼동시키는 일련의 그럴싸한 주장을 전개했다. 그들은 유전적인 IQ 점수가 사람들이나 집단에 피할 수 없는 사회적 지위를 결정해준다고 믿었다. 그리고 그들은 집단간의 평균 IQ 차이가, 그 집단간의 엄청난 생활의 질의 편차에도 불구하고, 대부분 유전의 산물이라고 믿었다.

이 장에서는 미국의 선구적인 유전적 결정론자들인 세 사람의 주요 연구를 분석하겠다. H. H. 고더드(H. H. Goddard)는 비네 척도를 미국에 도입해 그 점수를 선천적 지능으로 물화했다. L. M. 터먼(L. M. Terman)은 스탠퍼드-비네 척도(Stanford-Binet scale)를 개발해서 IQ 점수에 의해 직업을 할당하는 합리적인 사회를 꿈꾸었다. R. M. 여크스(R. M. Yerkes)는 제1차 세계대전 당시 미국의 육군을 설득해 175만 명의 군인을 테스트해서 유전적 결정론자의 주장을 정당화했고, 1924년에는 열등한 유전자를 가진 나라에서 오는 이민자 수를 낮게 억제하는 이민제한법(Immigration Restriction Act)을 이끌어냈다.

IQ의 유전적 결정론은 미국의 독자적인 발명품이다. 이 주장이 평등주의의 전통을 가진 이 나라에서 역설적이라고 생각된다면, 제1차 세계대전 당시의 호전적 애국주의를 상기할 필요가 있을 것이다.

이것은 유럽 남부나 동부에서 밀려오는 이민자들의 값싼(종종 정치적으로 급진적인) 노동력의 유입에 직면한 기존 미국인들의 두려움 그 자체이고, 무엇보다 미국의 완고하고 고유한 인종차별주의를 나타내는 것이다.

사진을 조작한 고더드―정신박약아의 위협

멘델 유전자로서의 지능

고더드, 노둔(魯鈍)을 식별하다

이제 정신박약(feeble-mindedness)을 결정하고, 지능지수(intelligence quotient)이론을 완성하는 과제가 누군가에게 남겨졌다.
―H. H. 고더드, 1917, 터먼(1916)에 대한 논평 중에서

분류학은 항상 뜨거운 논쟁이 벌어지는 주제이다. 이 세계가 질서정연한 작은 패키지로 우리에게 다가오지 않기 때문에 지능장애에 대한 분류는 20세기 초에 건강한 논쟁을 일으켰다. 분류된 세 종류 중에서 두 범주는 일반적으로 받아들여졌다. 백치(idiot)는 원활한 의사소통을 할 수 없으며, 정신연령이 3세 이하다. 치우(痴愚, imbecile)는 문자언어를 이해할 수 없으며, 정신연령이 3~7세 사이다(백치와 치우라는 두 용어는 오늘날 욕설의 일상적 표현으로 굳어졌기 때문에 일반적으로 오랜 심리학의 전문용어로 인식되지 않고 있다). 대부분의 전문가들은 백치와 치우를 식별하고 분류할 수 있는데 그들의 고통이 병리학적 진단을 보증할 정도로 심하기 때문이다. 그들은 우리와 다른 것이다.

그러면 '고도 지능장애자(high-grade defective)'라는 모호하고 좀더 위협적인 영역에 속하는 사람들을 살펴보자. 그들은 훈련에 의해 사회활동을 할 수 있으며, 병리(病理)와 정상 사이에 걸쳐 있는 사람들이다. 따라서 그들은 분류체계를 위협하는 부류다. 이러한 사람들은 정신연령이 8~12세에 해당하며 프랑스어로는 '데빌(débile, 허약한)', 영미에서는 보통 '정신박약(feeble-minded)'이라고 부른다. 이 용어는 다른 심리학자들에 의해 '고도 지능장애'뿐만 아니라 지능장애 전체를 나타내는 포괄적인 용어로 사용되고 있기 때문에 정신박약이라는 용어는 모호한

표현이 되어버렸다.

분류학자들은 흔히 새로운 명칭을 고안함으로써 문제가 해결되었다고 착각한다. 뉴저지주에 있는 정신박약 소년소녀를 위한 비네랜드 특수학교(Vineland Training School for Feeble-Minded Girls and Boys)의 정력적이고 개혁적인 지도자였던 H. H. 고더드 역시 이런 결정적인 잘못을 범했다. 그는 '고도 지능장애자'를 위한 명칭을 고안했다. 그 말은 덩달이 시리즈나 참새 시리즈에 비견할 만큼 우스운 일련의 농담을 통해 우리 언어 속에 굳어졌다. 이러한 농담의 고풍스런 느낌 때문에 많은 사람들은 이 말이 오래된 기원을 가지는 것으로 생각할지도 모른다. 그러나 고더드는 20세기에 이 말을 창안했다. 그는 이 사람들에게 희랍어로 바보를 의미하는 '노둔자(魯鈍者, moron, 지능지수가 50~70 사이로 백치, 치우보다 높은 수준/옮긴이)'라는 명칭을 부여했다.

고더드는 비네 척도를 미국에 처음 보급시켰다. 그는 비네의 논문을 영어로 번역해서 비네 테스트를 실시했고, 그 테스트를 널리 이용하도록 열심히 권장했다. 그는 이 테스트가 정상범위 바로 아래에 위치한 사람들—자신이 새롭게 노둔자라고 명명한 사람들—을 식별하는 데 가장 유효하다는 비네의 생각에 동의했다. 그러나 비네와 고더드의 의견이 일치하는 지점은 여기까지였다. 비네는 그의 점수가 '지능'을 결정하는 것으로 사용되기를 거부했고, 다만 도움을 원하는 사람들을 식별하는 도구가 되기를 원했다. 그러나 고더드는 그 점수를 단일하고 선천적인 실체의 척도라고 생각했다. 그는 국외 이민자나 국내 정신박약자들의 왕성한 번식에 의해 위협받고 있는 미국인의 혈통이 더 이상 열화(劣化)되는 것을 막기 위해 지능의 경계를 인식하고, 격리하고, 번식을 억제하기 위한 식별을 원했다.

지능의 단선적 척도

 지능장애, 즉 백치에서 치우, 노둔으로 이어지는 단선적(unilinear) 척도를 확립하려는 시도는 이 책에서 다루어지는 대부분의 생물학적 결정론에서 공통되는 다음과 같은 두 가지 오류를 내포하고 있다. 하나는 앞에서 이미 언급했듯이 지능을 단일하고 측정가능한 실체로 물화(物化)하는 것이고, 다른 하나는 모턴의 두개골(113~138쪽을 보라)에서 젠센(Jensen)이 이야기한 일반 지능의 보편적 척도화(universal scaling of general intelligence, 500~505쪽을 보라)로까지 확장되는 가설, 즉 단선적 진보에 대한 진화의 이야기다. 이것은 원시에서 진보된 상태로 상승하는 단일한 척도가 다양성을 질서화하는 최선의 방법이라는 가설이다. 진보의 개념은 오랜 유래를 가진 뿌리깊은 편견이고(Bury, 1920), 진보의 개념을 단호하게 거부하는 사람들에게까지 교묘한 영향력을 미친다(Nisbet, 1980).

 과연 지능장애라는 제목하에 모여 있는 수많은 원인과 현상들을 한 가지 요소의 상대적 양에 의해 서열화하는 것이 가능하겠는가? 그리고 지능장애가 보통 사람보다 그 양이 적다는 의미를 포함해서 단일한 척도 위에 효과적으로 순서를 매기는 것이 가능하겠는가? 한때 고도 지능장애자의 범주와 혼동되었던 일부 현상에 대해 생각해보자. 그중에는 일반적인 낮은 수준의 정신지체자와 특수한 학습불능자 등이 포함되었지만, 실제로 그 원인은 국소적인 신경손상, 불리한 환경조건, 문화적 차이, 검사관에 대한 적의 등이었다. 또 그 잠재적인 원인들로는 유전된 기능패턴, 가계에서 전달된 것이 아닌 우발적으로 발생한 유전적 병리현상, 임신 기간 중 모체의 질병에 의한 선천적 뇌손상, 출생 당시의 외상, 신생아기나 유아기의 영양부족, 출생 직후와 그 이후의 환경적 불리함 등을 생각할 수 있다. 그러나 고더드에게는 정신연령이 8~12세인 모든 사람이 노둔자였고, 이 사람들은 모두 비슷한 취급을 받아야 했다. 즉 그들은 특정 시설에 수용되어 세심하게 관찰되고, 그들의 한계에 맞게 행복하게 해주어야 하며, 무엇보다 특히 생식을 막아야 할 대상이었다.

어쩌면 고더드는 가장 무딘 유전적 결정론자였는지도 모른다. 그는 지능이 하나의 실체라는 것을 확인하기 위해 자신의 단선적인 지능장애 척도를 사용했다. 또한 지능에 관해 가장 중요한 사실은 그것이 선천적이며 가계 내에서 유전한다는 사실이라고 가정했다. 그는 1920년에 다음과 같이 썼다(Tuddenham, 1962, p.491에서 인용).

가장 대담하게 표현하자면, 우리의 테제는 인간행동의 중요한 결정요인이 흔히 지능이라고 부르는 분할할 수 없는 지적 작용이며, 이 작용은 타고난 신경기구에 의해 조건지워진다는 것이다. 또한 이 신경기구에 의해 달성되는 효율성의 정도와 개개인의 지적 또는 정신적 수준의 필연적 단계는 난자와 정자의 수정에 따른 염색체의 종류에 의해 결정된다는 것이다. 더욱이 이 기구의 일부가 파괴될 정도로 중대한 사건이 일어나는 경우 이외에는 그 이후의 어떠한 영향에도 좌우되지 않는다는 것이다.

고더드는 선천적 지능의 차이에 의해 발생하는 사회현상의 범위를 확장하여, 마침내 인간행동에 대한 거의 모든 사항을 지능에 포함시켰다. 노둔자에서 시작한 척도를 더욱 정교화해서 대부분의 바람직하지 않은 행동의 원인을 범죄자의 유전적 지능장애로 돌렸다. 범죄자의 문제는 어리석음 그 자체가 아니라 결핍된 지능과 부도덕의 결합에 의해 일어난다는 것이다.* 이것은 뛰어난 지능은 셈을 하게 해줄 뿐만 아니라 모든 도덕적 행위의 기초가 되는 올바른 판단을 낳는다는 것을 의미한다.

지능은 감정을 제어하며, 감정은 지능의 정도에 상응해서 제어된다. (……) 따라서 지능이 거의 없다면 감정은 제어되지 않을 것이고, 그 결과 감정의 강약 여부는 그 행동으로 규제되지 않고 제어되지 않는다. 그리고 이것은 경험으로부터 분명히 알 수 있듯이, 항상 바람직하지 않은 결과를 낳게 될 것이다. 그 때문에 어떤 개인의 지능을 측정하여, 흔히 정신박약이라고 부르는 집단에 들어갈 정도로 그 수치가 낮다면, 우리는 그 사람에 대한 가장 중대한 사실을 확인하게 된 셈이다(1919, p.272).

많은 범죄자, 즉 대부분의 알코올 중독자, 매춘부, 단순한 부적응자인 '무뢰한'조차도 노둔자이다. "우리는 정신박약이 무엇인지 알고 있다. 그리고 자신의 환경에 적응할 수 없는 사람이나 사회의 규칙에 따라 생활할 수 없는 사람, 즉 현명하게 행동할 수 없는 정신박약자들을 모두 의심하게 되었다(1914, p.571)."

어리석음의 다음 수준에서 우리는 땀흘리며 일하는 육체노동자들을 발견하게 된다. 고더드는 이렇게 말한다. "지루하고 단조로운 천역(賤役)을 하는 사람들은, 대개 그들에게 적합한 위치에 있는 것이다(1919, p.246)."

다음에 우리는 남자들의 많은 부분을 차지하는 육체노동자 집단이 있다는 것을 알아두어야 한다. 그들은 아이들보다 약간 높은 수준이다. 그

---

* 도덕과 지능의 관계는 우생학이 즐겨 다룬 주제이다. 손다이크(1940, pp.264~265)는 모든 전제군주가 무뢰한이라는 일반적인 인상을 부정하면서, 유럽 왕실의 남성 269명의 도덕성과 지능의 상관계수가 0.56이라고 말한다.

들에게는 무엇을 할 것인지 명령하고, 그 일을 하는 방법을 보여주어야 한다. 참사를 피하려면, 그들이 자신의 판단에 의해 행동하지 않을 수 없는 상황에 놓아두어서는 안 된다. (……) 그들 중에 지도자는 극소수에 지나지 않으며, 지도자의 대부분도 명령에 따르는 사람들이다(1919, pp.243~244).

척도의 가장 위쪽에 있는 지적인 사람들은 안락하게, 그리고 당연하게 지배권을 가진다. 고더드는 1919년에 프린슈테른 대학의 학부생들 앞에서 다음과 같이 선언했다.

여러분들이 20세의 지능을 가지고 있다면, 실제로 노동자들은 10세의 지능에 불과하다고 할 수 있다. 그들에게도 여러분들이 향유하는 가정(家庭)이 필요하다는 말은 모든 노동자가 대학의 연구원 지위를 누려야 한다는 것만큼이나 터무니없다. 지적 능력이 이처럼 큰 편차를 가진다면, 과연 사회적인 평등 같은 것이 존재할 수 있을까?

고더드는 이렇게 주장했다. "민주주의란 사람들에게 행복해지기 위해 무엇을 할 것인지 이야기할 수 있는 가장 현명하고, 가장 지적이고, 가장 인간적인 사람을 선출함으로써, 국민이 통치하는 것을 뜻한다. 따라서 민주주의는 진정한 의미에서 선의의 귀족정치(aristocracy)에 도달하는 방법이다(1919, p.237)."

척도를 멘델의 구성요소로 분해하다

만약 지능이 단일하고 나눌 수 없는 척도라면, 우리를 괴롭히는 사회 문제를 어떻게 해결할 수 있을까? 한편에서는 낮은 지능이 반사회적인 이상성격자들을 낳지만, 다른 한편에서는 산업사회의 기계를 작동하고 낮은 보수에 만족하는 유순하고 우둔한 수준의 노동자들이 필요하다. 우리는 어떻게 분할할 수 없는 척도를 이 결정적인 지점에서 두 범주로 분리하고, 게다가 지능이 유전하는 단일한 실체라는 생각을 유지할 수 있을까? 이 물음을 통해 우리는 고더드가 왜 그토록 노둔에 주목했는지 이해할 수 있다. 노둔은 바람직하지 못한 사람들 중에서는 가장 높은 위치에 있기 때문에, 만약 구별되지 않으면, 번성해서 자손을 퍼뜨릴 수 있어 민족의 건강을 위협한다. 우리는 백치와 치우를 식별할 수 있고 무엇을 해야 하는지 인식하고 있다. 다시 말해서, 이 척도는 노둔의 수준 바로 위에서 분리되어야 한다.

> 우리에게 가장 중요한 문제는 백치가 아니다. 물론 꺼림칙한 존재이지만 (……) 그럼에도 불구하고 백치는 자신의 생명이 다한 다음에는 그걸로 끝난다. 백치는 아이를 낳아서 자신과 같은 사람들의 계열을 이어나가지 않는다. (……) 우리들에게 가장 큰 문제는 노둔자이다(1912, pp.101~102).

고더드가 연구를 하던 시기는 멘델 법칙의 재발견과 유전성에 대한 기본적 해독이 환영받고 그 흥분감이 처음으로 꽃피우던 시기였다. 오늘날 우리는 신체의 모든 주요한 특징이 많은 유전자들의 상호작용, 그리고 유전자와 외부환경의 상호작용을 통해 나타난다는 사실을 알고 있다. 그러나 초기의 많은 생물학자들은 인간의 모든 특징이 멘델이 사용한 완두콩의 색깔, 크기, 주름처럼 나타날 것이라고 순진하게 가정했다. 그들은 신체의 가장 복잡한 부분들까지도 단일 유전자에 의해 구성되고, 해부학적 구조나 행동의 변이는 이들 유전자의 우성이나 열성의 형태를 표현하는 것이라고 믿었다. 우생학자들은 이 어리석은 개념을 탐욕스럽게 움켜잡았다. 이 개념을 토대로 바람직하지 않은 모든 특성이 단일 유전자에서 기인하며, 번식을 엄격하게 제한함으로써 그 특징을 제거할 수 있다고 주장할 수 있었기 때문이다. 초기의 우생학 문헌들은 상상과 억측으로 가득 차 있다. 거기에는 공들여 편집하고 날조한 계보, 해군 대령의 가계를 추적한 방랑벽에 대한 유전자나 어떤 사람에게는 안도감을 주고 다른 사람들에게는 압도감을 주는 기질에 대한 유전자 등이 들어 있다. 오늘날의 관점에서는 어리석기 짝이 없는 생각이지만, 이런 개념들은 일시적이나마 정통 유전학의 자리를 차지했고 미국에 중대한 사회적 영향을 미쳤다.

고더드는 지능의 물화에 대한 시도에서 궁극적인 단계를 나타내는 것이 분명한 이 가설을 받아들여 일시적인 악대차에 편승했다. 그는 비네랜드 학교에서 지능장애아의 가계를 추적해 '정신박약'이 멘델의 유전법칙을 따른다고 결론지었다. 따라서 정신적 결함은 명백한 실체이고 단일 유전자에 의해 지배되며, 정상적인 지능에 비해 열성임이 틀림없다고 결론지었다(1914, p.539). 고더드는 결론적으로 이렇게 말했다. "정상적인 지능은 단일한 형질이고, 멘델의 방식으로 전달되는 것처럼 보인다(1914, p.ix)."

고더드는 갈망이나 편견이 아닌 증거의 압박에 의해 이처럼 있음직하지 않은 결론을 내릴 수밖에 없었다고 주장했다.

여기에서 제기된 모든 이론과 가설은 자료 자체에서 제기된 것이며, 자료를 구성한다고 생각되는 것을 이해하려는 노력에서 도출되었다. 일부 결론은 저자에게도 놀랄 만한 것이었고, 저자가 받아들이기 힘들었 듯이 많은 독자들도 마찬가지일 것이다(1914, p.viii).

과연 우리는 고더드가 그의 전체적인 이론체계에 그토록 훌륭하게 부합하고 그의 가장 시급한 문제를 말끔하게 해결해준 가설로 강제적으로, 그리고 어쩔 수 없이 개종했다는 주장을 진지하게 받아들일 수 있는가? 정상적인 지능에 관여하는 단일 유전자라는 생각은 지능을 측정가능한 단일한 실체로 나타내는 단선적인 척도와 지능장애를 분리해서 하나의 범주로 확인하고 싶다는 갈망 사이에 잠재하는 모순을 해결했다. 고더드는 자신의 척도를 적절한 지점에서 두 부분으로 나누었다. 노둔자는 나쁜 열성 유전자를 두 배로 가지고 있지만, 우둔한 노동자는 최소한 하나의 정상 유전자를 가지고 있기 때문에 기계 앞에 세울 수 있다. 더욱이 이제 정신박약이라는 재앙은 손쉽게 계획을 세울 수 있는 번식체계에 의해 제거될 수 있게 되었다. 단 하나의 유전자는 추적이 가능하고, 위치를 확인할 수 있고, 제거할 수 있다. 만약 100개의 유전자가 지능을 지배한다면, 우생학적 육종은 실패하거나 어찌할 도리가 없는 게으름뱅이들과 함께 갈 수밖에 없을 것이다.

노둔자에 대한 적절한 관리와 부양(번식이 아닌)

지능장애가 단일 유전자의 결과라면, 그 궁극적인 제거를 위한 방법은 이미 우리 앞에 분명히 놓여 있다. 즉 그들이 아이들을 갖지 못하게 하는 것이다.

> 만약 양친이 모두 정신박약이라면, 그 아이들 역시 정신박약이다. 이러한 결혼이 허용되지 않아야 한다는 것은 자명하다. 모든 정신박약자는 절대로 결혼하거나 부모가 되어서는 안 된다. 이 규칙이 실행되려면, 사회의 지성인들이 그것을 강제하지 않으면 안 된다(1914, p.561).

만약 노둔자가 인류를 위해 자신의 성충동을 제어하고 억제할 수 있다면, 우리와 함께 자유롭게 생활하도록 허용될 것이다. 그러나 그들은 그렇게 할 수 없다. 부도덕과 어리석음은 뗄레야 뗄 수 없이 결합되어 있기 때문이다. 현명한 사람들은 이성적인 방식으로 성욕을 억제할 수 있다. "성적 감정에 대해 생각해보자. 이것은 모든 인간 본능 중에서 가장 억제하기 힘든 것으로 일컬어진다. 그러나 지적인 사람들은 그런 본능조차 억제할 수 있다는 사실이 잘 알려져 있다(1919, p.273)." 노둔자는 그처럼 모범적이고 금욕적인 방식으로 행동할 수 없다.

그들은 제어력이 결여되어 있을 뿐만 아니라 도덕적 품성에 대한 지각력도 종종 결여되어 있다. 설령 그들에게 결혼을 허용하지 않더라도, 그들이 부모가 되는 것을 막을 수는 없다. 따라서 정신박약자가 부모가 되는 것을 완전히 막기 위해서는, 단지 결혼을 금지하는 것 이외의 무언가가 반드시 행해져야 한다. 이 목적을 위한 두 가지 제안이 있다. 첫번째는 특별격리(colonization)이고, 두 번째는 단종(sterilization)이다 (1914, p.566).

고더드는 단종(斷種)에 반대하지 않았지만, 사회의 전통적 감수성이 아직 그 정도로 분별력을 갖지 못해서 많은 사람들에 대한 광범위한 신체상해를 받아들이지 못할 것이기 때문에 현실적이지 않다고 생각했다. 따라서 뉴저지주의 비네랜드에 있는 그의 시설과 같은 전형적인 수용소로의 격리가 가장 선호된 해결책이었음이 틀림없다. 이런 장소에서만 노둔자들의 생식을 저지할 수 있었다. 감금을 위한 새로운 센터들을 많이 건설하는 데 들어가는 상당한 비용에 대한 여론의 반대가 있다 하더라도, 그 비용은 그 자체로 간단히 벌충할 수 있었다.

만약 이러한 격리시설이 지역공동체에 거주하는 뚜렷한 정신박약자들을 모두 관리하는 데 필요한 숫자만큼 제공된다면 현재의 양로원이나 감옥을 대체할 수 있고, 특히 그 시설들은 정신병원의 수를 크게 감소시킬 것이다. 이러한 시설은 책임감이 없는 이들의 행동에 의해 입는 재산과 생명의 연간손실을 감소시킬 것이고, 그 결과 새로운 시설의 건설비 상당부분, 또는 전부를 상쇄하기에 충분할 것이다(1912, pp.105~106).

격리시설에서는 노둔자들의 성충동이라는 생물의 기본적 욕구만이 부정되며, 생물학적으로 정해진 수준에서 만족하게 생활할 수 있다. 고더드는 지능장애의 원인을 논한 그의 저서 말미에서 시설에 수용된 노둔자들의 관리 필요성을 다음과 같이 호소했다. "그들은 정신연령에 따라 아이들처럼 다루어져야 한다. 항상 칭찬하고 격려해야 하며, 결코 낙담시키거나 꾸짖어서는 안 된다. 그리고 그들을 항상 행복하게 해주어야 한다(1919, p.327)."

노둔자의 이민과 번식 금지

고더드는 정신박약의 원인을 단일 유전자에서 찾았기 때문에 그 치유책도 지극히 간단한 것처럼 보였다. 그것은 노둔자들이 아이를 낳지 못하게 하는 것과 외국인 노둔자들을 내쫓는 방법이었다. 2단계로 고더드와 그의 동료들은 "여러 가지 조건을 관찰하고, 지능장애자를 색출하기 위해 이민자를 보다 철저하게 검사하기 위해 취할 수 있는 조치가 무엇인지 제안하기 위해서" 1912년에 엘리스섬을 방문했다(Goddard, 1917, p.253).

고더드가 묘사했듯이, 그날 뉴욕 항구는 안개가 짙어서 이민자가 아무도 상륙할 수 없었다. 그러나 고더드가 개입했을 때, 이미 100명이 떠날 준비를 마치고 있었다. "우리는 지능장애라고 생각되는 한 젊은이를 골라내서 통역자를 사이에 두고 테스트를 받게 했다. 검사 결과 그 청년은 비네 척도로 8세였다. 통역은 '내가 이 나라에 처음 왔을 때에는 이런 검사를 하지 않았다'고 말했다. 아마도 그 테스트를 부당하다고 생각하는 것 같았다. 우리는 이 소년이 지능장애라는 사실을 통역자에게 납득시켰다(Goddard, 1913, p.105)."

미국에서 비네 척도가 적용된 이 최초의 사례에 고무된 고더드는 좀더 철저한 조사를 위한 약간의 기금을 모았고, 1913년 봄에 두 명의 여성을 2개월 반 동안 엘리스섬에 보냈다. 그녀들은 외관상 정신박약자를 골라내도록 교육받았다. 그것이 고더드가 그 여성들에게 기꺼이 부여한 임무였다. 그는 그 여성들에게 선천적으로 뛰어난 직관력이 있다고 인정했다.

이 일로 상당한 경험을 쌓으면, 대부분의 경우 정신박약자가 누구인지 식별할 수 있는 감각을 얻게 된다. 따라서 멀리 떨어져서도 정신박약자를 알아볼 수 있게 된다. 이런 일에 가장 적합한 사람, 그리고 내가 이런 일을 담당해야 한다고 믿는 사람은 여성이다. 여성은 남성보다 세심하게 관찰하는 것 같다. 이 두 여성이 비네 테스트의 도움을 전혀 받지 않으면서 어떻게 정신박약자를 골라낼 수 있는지 다른 사람들은 도무지 이해할 수 없을 것이다(1913, p.106).

고더드가 임무를 부여한 여성들은 유대인 35명, 헝가리인 22명, 이탈리아인 50명, 러시아인 45명을 테스트했다. 이 그룹을 무작위 표본(random sample)으로 간주하기는 힘들 것이다. 왜냐하면 정부측 공무원이 이미 "장애자로 판별된 사람들을 제외시켰기" 때문이다. 이런 편향을 수정하기 위해 고더드와 그의 협력자들은 "분명히 정상이라고 생각되는 사람들을 통과시켰다. 따라서 '평균적인 이민자(average immigrants)'의 큰 집단이 남은 것이다(1917, p.244)." (나는 객관적이라고 생각되는 설명 속에 무의식적으로 스며드는 편견에 계속 놀라고 있다. 여기에서 말하는 평균적 이민자란 정상 이하이고, 적어도 분명히 정상이 아니라는 사실에 주목하라. 이것은 그의 선험적인 주장이 아니라 고더드가 테스트하고 있다고 생각한 전제였다.)

앞에서 언급한 네 집단에 관한 테스트는 놀랄 만한 결과를 가져왔다. 유대인의 83퍼센트, 헝가리인의 80퍼센트, 이탈리아인의 79퍼센트, 러시아인의 87퍼센트가 정신박약이었다. 다시 말해서 비네 척도로 12세 이하였다. 이 사실에 고더드도 몹시 놀랐다. 한 나라 국민의 5분의 4가 노둔자라는 사실을 누가 믿을 수 있단 말인가? "앞서 이루어진 자료 평가를 통해 얻어진 결과는 너무 놀라운 것이어서 받아들이기 힘들다. 데이터 자체도 타당하다고 생각되지 않는다(1917, p.247)." 통역자가 그 테스트를 적절하게 설명하지 않았던 것일까? 그러나 유대인들은 이디시어(yiddish, 독일어에 슬라브어와 헤브루어를 섞어서 사용하는 말로 유럽과 미국의 유대인 사이에서 사용된다/옮긴이)를 사용하는 심리학자가 테스트했지만, 그 결과도 다른 집단에 비해 그리 높지 않았다. 최종적으로 고더드는 테스트를 조작해서 그 수치를 40~50퍼센트 가량 낮추었지만, 그래도 문제는 해결되지 않았다.

고더드의 수치는 두 가지 이유, 하나는 명백하고 다른 하나는 그렇지 않은 이유에서 훨씬 더 터무니없는 것이었다. 우선 명백하지 않은 이유를 설명하자면, 고더드가 처음 번역한 비네 척도는 너무 엄격해서 일반적으로 정상으로 간주되는 사람들까지도 노둔자로 분류했다. 1916년에 터먼이 표준 비네 척도를 고안했을 때, 그는 고더드의 척도가 자신의 척도보다 사람들을 훨씬 낮게 평가한다는 사실을 발견했다. 터먼은 자신의 기준으로 테스트한 성인 104명의 정신연령은 12~14세 사이이지만(이것은 낮기는 하지만 정상적인 지능이다), 고더드의 척도에 의하면 50퍼센트나 노둔자가 된다고 보고했다.

명백한 이유로 영어를 구사할 수 없고, 삼등선실에서 대서양 항해를 견딘 겁먹은 남녀 무리를 생각해보자. 대부분은 가난해서 학교 문턱에도 가본 적이 없고, 연필이나 펜을 손에 쥐어본 경험도 없는 사람들이다. 그들은 배에서 내리자마자 고더드의 직관력이 풍부한 여성들 중 한 명에 의해 인솔되어 자리에 앉혀지고, 연필을 쥐고 방금 전에 보았던 숫자를 종이 위에 쓰라고 요구받았다. 그들의 실패가 선천적인 우둔함이 아니라 검사가 이루어진 조건의 불충분함, 공포감, 정신적 혼란 등의 결과는 아니었을까? 고더드도 이러한 가능성을 고려했지만, 곧 부정했다.

다음 문제는 '기억을 더듬어 그림을 그리는 것'이다. 이 검사를 통과한 사람은 50퍼센트에 불과했다. 초심자에게는 그리 놀라운 일이 아니다. 왜냐하면 그 과제는 무척 힘든 것처럼 보였고, 정상적인 10세의 아이들이 힘들이지 않고 통과한다는 사실을 잘 아는 사람도, 많은 이민자들이 그렇듯이, 한번도 펜이나 연필을 잡아본 적이 없는 사람들이 그림을 그릴 수 없다는 사실을 충분히 이해할 수 있을 것이다(1917, p.250).

이러한 실패를 너그럽게 허용한다 하더라도, 3분 동안 자기 나라 말로 60단어 이상을 이야기할 수 없다는 사실을 우둔함 이외에 무엇으로 설명할 수 있을까?

정상적인 11세의 아이들은 대개 3분 동안 200단어를 말할 수 있는 데 비해, 같은 시간 동안 60단어를 말할 수 있는 사람이 겨우 45퍼센트에 불과하다는 사실을 어떻게 해석해야 할 것인가! 지능의 결여 또는 어휘의 결여 이외의 이유를 찾아내기는 어렵다. 성인에서 나타나는 이러한 어휘 결여는 지능 결핍을 의미할 것이다. 3분 동안 확실히 기억할 수 있는 60개의 단어를 포함해서 수백 개의 이름을 배우지 않고 어떤 환경에서 15년 동안 생활할 수 있단 말인가?(1917, p.251)

날짜, 또는 심지어 연도나 달조차 몰랐는가?

미국으로 이민한 유럽 농민들은 시간의 경과에 아무런 주의를 기울이지 않았다고 다시 결론내려야 할까? 삶의 고역이 너무 힘들어서 지금이 6월인지, 1912년인지 1906년인지 관심도 없었던 것일까? 상당한 지능을 가진 사람이라도 환경의 특수성 때문에, 또는 대륙에서는 일반적으로 달력이 사용되지 않기 때문에, 설령 사용되었더라도 러시아의 경우처럼 복잡하다는 이유 때문에 이처럼 당연한 지식조차 습득하지 못하는 것이 가능할 수 있을까? 만약 그렇다면 도대체 그 환경은 얼마나 혹독한 것인가!(1917, p.250)

유럽이나 그 인접 지역의 환경이 이처럼 어처구니없는 실패를 설명할 수 없기 때문에 고더드는 이렇게 선언했다. "우리는 이들 이민자들의 지능이 놀랄 만큼 낮다는 일반적 결론을 피할 수 없다(1917, p.251)." 노둔자의 비율이 높다는 사실이 여전히 고더드를 괴롭혔지만, 그는 최종적으로 그 원인을 이민의 성격 변화에서 구했다. "최근의 이민이 초기의 이민과 그 성격이 판이하게 다르다는 점에 주목해야 한다. (……) 오늘날의 이민자는 그 민족에서 가장 형편없는 사람들이다(1917, p.266)." "평균적으로 '삼등선실' 이민자의 지능은 낮으며, 대부분 노둔자의 수준이다(1917, p.243)." 아마도 고더드는 일등선실에서는 사태가 훨씬 나을 것이라고 큰 소리로 외치고 싶었을 것이다. 그러나 그는 부유한 고객들은 검사하지 않았다.

그렇다면 어떻게 해야 하는가? 모든 노둔자들을 처음 출발했던 곳으로 돌려보내야 하는가? 그로부터 10년 이내에 입법화될 이민제한법을 예고라도 하듯이, 고더드는 자신의 결론이 "미래에 이루어질 과학적·사회적·법률적인 조치를 위한 중요한 고찰을 제공한다"고 주장했다(1917, p.261). 그러나 이 무렵 고더드는 노둔자를 특별격리해야 한다는 초기의 엄격한 입장을 많이 누그러뜨렸다. 아마도 그 이유는 사람들이 기피하는 힘든 일을 할 많은 숫자의 둔감한 노동자가 부족했기 때문일 것이다. 노둔자는 끊임없이 충원될 필요가 있었다. "그들은 아무도 하려들지 않는 많은 일을 한다. (……) 우리 사회에는 누군가 해야 하는 엄청난 양의 고역(苦役)들이 있고, 그들보다 지능이 높은 노동자들을 확보하면서까지 많은 보수를 지불하고 싶지 않은 일들이 있다. (……) 노둔자들이 차지하는 위치가 바로 그런 자리일 것이다(1917, p.269)."

그럼에도 불구하고, 고더드는 입국기준을 전체적으로 강화하는 것을 찬성했다. 그는 지능장애자의 국외 추방이 1913년에 과거 5년 평균보다 350퍼센트나 증가했고, 1914년에는 570퍼센트로 폭증했다고 보고했다.

이것은 지능 테스트가 정신박약 외국인을 색출하는 데 이용될 수 있다는 신념을 가진 의사들의 지치지 않는 노력 덕택이었다. (……) 미국 대중이 정신박약 외국인의 배제를 원한다면, 입국 항구에 필요한 시설을 설치하도록 의회에 요청해야 한다(1917, p.271).

한편, 국내에서는 정신박약자를 식별해 아이를 낳지 못하게 하는 조치가 필요했다. 여러 연구를 통해, 고더드는 만약 정신박약의 선조가 단종되었다면 결코 태어나지 않았을 사람들, 국가와 공동체에 부담을 주는 쓸모없는 수백에 달하는 가계를 발표해서 노둔자에 대한 위협을 표면화했다. 고더드는 뉴저지주의 송림 황무지에 정착한 빈민과 부랑자 집단을 발견했고, 그들의 선조를 추적해서 고결한 남성과 정신박약이라고 추정되는 선술집의 매춘부의 부정한 결합에까지 그 계통을 밝혀냈다. 후에 이 남성은 퀘이커 교도인 훌륭한 여성과 결혼해 선량한 시민으로 이루어진 또 다른 가계의 출발점이 되었다. 그 남성이 동시에 훌륭한 가계와 열등한 가계의 출발점이 되었기 때문에, 고더드는 아름다움(kallos)과 악(kakos)이라는 두 그리스어를 합성해 그에게 마틴 칼리칵(Martin Kallikak)이라는 가명(假名)을 붙여주었다. 고더드의 칼리칵가(Kallikak family)는 수십 년에 걸친 우생학 운동의 최초의 신화로서 그 역할을 다했다.

고더드의 연구는 처음부터 예정된 결론에 뿌리를 둔 억측에 불과했다. 그의 방법은 항상 그렇듯이, 외관으로 정신박약을 식별하는 직관력있는 여성의 훈련에 의존했다. 고더드는 소나무 황무지에 선 오두막집에서 비네 테스트를 하지 않았다. 시각적 식별에 대한 고더드의 신념은 멈출 줄 몰랐다. 1919년에 그는 에드윈 마캄(Edwin Markham)의 시 「괭이를 든 남자(*The Man With The Hoe*)」를 분석하기도 했다.

> 수백 년의 중압에 굽은 채,
> 그는 괭이에 기대어 대지를 응시한다
> 그의 얼굴에 시대의 허무함이 드리우고
> 그의 등에는 세계의 무거운 짐이 지워져 있다.
> (……)

마캄의 이 시는 제목이 같은 밀레의 유명한 그림에서 착상을 얻은 것이었다. 그러나 고더드는 이 시가 "마치 밀레가 그렸던 남자가 그의 사회적 상황에 굴복한 나머지 자기가 경작하는 하찮은 흙덩어리처럼 되어버렸다는 것을 암시하는 것처럼 보인다"며 불만을 터뜨렸다(1919, p.239). 고더드는 그 시가 터무니없다고 말했다. 가난한 농부들은 대부분 자신의 정신박약 때문에 고통받는 것이며, 밀레의 그림이 그것을 증명한다는 것이었다. 마캄은 농부에게 정신적인 장애가 있다는 것을 알 수 없었는가? "밀레의 괭이를 든 남자는 정신발달이 정지한 사람이다. 그 그림은 치우의 완벽한 상(像)을 보여주고 있다(1919, pp.239~240)." "누가 이 남자의 뇌 속에 타오르는 불빛을 껐을까?"라는 마캄의 날카로운 질문에 대해 고더드는 정신의 불이 한 번도 타오른 적이 없다고 대답했다.

고더드는 한 장의 그림을 살펴보고도 지능장애의 정도를 결정할 수 있었기 때문에, 살아 있는 사람과 연관된 어려움을 전혀 예측하지 않았던 것이 분명하다. 그는 이후 엘리스섬에서 계속 활동하게 될 공포스러운 카이트 양을 송림의 황무지로 파견해서 금세 열악한 가계의 불쌍한 선조를 만들어냈다. 고더드는 카이트가 식별한 한 가지 사례에 대해 이렇게 쓰고 있다(1912, pp.77~78).

비참함과 타락을 보는 데 이골이 난 그녀였지만, 집안의 참상에 그녀도 망연자실할 따름이었다. 강건하고 어깨가 넓은 남자인 아버지는 한 구석에 무기력하게 앉아 있었다. (……) 세 아이들은 넝마 같은 옷과 간신히 발에 붙어 있는 신발을 신고 있었고, 입을 헤죽 벌리고 있는 모습이 영락없는 정신박약이였다. (……) 이 가족은 법으로 의무교육을 시행해 강제적으로 결핍 가정을 바람직한 시민으로 만들려는 시도가 무익한 노력이라는 것을 웅변하는 살아 있는 증거였다. (……) 아버지 자신은 강건하고 정력적이었지만, 그의 얼굴은 그가 아이들 정도의 지능밖에 가지지 못했음을 보여주었다. 불결한 걸레조각을 걸친 어머니 역시 어린아이였다. 이 극빈 가정에서 유일하게 확실한 한 가지 전망은 이들이 인류 진보의 바퀴를 가로막을 수 있는 더 많은 정신박약아들을 낳게 될 것이라는 사실뿐이었다.

이 순간적인 식별이 너무 조급하고 수상쩍게 생각된다면, 이미 죽었거나 그밖의 다른 이유로 직접 측정할 수 없는 사람의 지능 정도를 추정하는 고더드의 방법을 살펴보자(1912, p.15).

어느 정도 경험을 쌓으면, 현장 조사관은 그녀가 본 사람을 기술하는 데 사용한 말의 유사성을 통해 그 사람들의 조건을 추론하는 전문가가 된다.

이처럼 터무니없는 일에 비하면 작은 항목일지도 모르지만, 나는 좀더 의도적으로 이루어진 부정을 발견했다. 내 동료인 스티븐 셀던(Steven Selden)과 나는 칼리칵에 대한 고더드의 책을 조사했다. 권두화에는 열악한 계통의 한 구성원으로 고더드의 비네랜드에 수용되어 타락을 면했던, 고더드가 데보라라고 부른 아름다운 여성의 사진이 실려 있다(그림 5.1). 그녀는 흰 드레스를 입고 조용히 앉아 책을 읽고 있다. 고양이가 그녀의 무릎 위에서 기분좋게 졸고 있다. 다른 세 장의 사진은 시골 오두막집에서 빈곤에 허덕이며 살아가고 있는 열악한 가계의 사람들을 보여주고 있다. 모두 불량스러운 모습을 하고 있다(그림 5.2). 그들의 입가에는 악의가 서려 있고, 눈은 가느다랗게 찢어져서 음험한 분위기를 풍긴다. 고더드의 책은 약 70년 전의 것이며, 잉크는 색이 바랬다. 그러나 격리되

| 그림 5.1 | 고더드 수용소에 살았던 칼리칵가의 후손 데보라의 우아한 사진.

| 그림 5.2 | 뉴저지의 소나무숲 황무지에 살고 있는 가난한 칼리칵가 사람들에 대한 조작된 사진. 입과 눈썹이 사악하고 우둔한 이미지를 나타내기 위해 짙게 강조되어 있는 점에 주목하라. 그 효과는 고더드의 책에 실린 원래 사진보다 훨씬 선명하다.

지 않은 열악한 가계의 사진에 악마적인 모습을 분명히 하기 위해 눈이나 입에 검은 선을 짙게 덧칠해 변조된 것이 분명해 보였다. 반면 데보라의 세 장의 사진은 손을 대지 않은 것이었다.

셀던은 이 책을 스미소니안 연구소의 사진부 책임자인 제임스 H. 월러스 2세에게 가지고 갔다. 월러스 씨는 이렇게 보고했다(셀던에게 보낸 편지, 1980년 3월 17일).

칼리칵가 사람들의 사진이 수정되었다는 것은 의심의 여지가 없습니다. 이 수정은 특히 눈, 눈썹, 입, 코, 머리카락 등 얼굴 부분의 조작에 한정된 것처럼 보입니다.

오늘날의 수준에서 볼 때, 이 수정은 무척이나 조잡하고 자명합니다. 그러나 이 책이 처음 출간되었을 때, 우리 사회는 시각적으로 전혀 정교하지 않았습니다. 사진이 널리 보급되지 않았기 때문에, 당시 우연히 사진을 볼 기회를 얻은 사람들도 현재 십대 이전의 아이들 정도의 비교능력도 갖추지 못했을 것입니다. (······) 이러한 거친 묘사는 음험하고, 상대를 노려보는 듯한 표정, 때로는 사악하게 보이고 때로는 정신지체로 간주되는 외양을 줍니다. 보는 이들에게 나쁜 인상을 줄 목적 이외에는 왜 이런 수정이 이루어졌는지 이해하기 힘듭니다. (······) 나는 사진의 다른 부분이 수정되지 않았다는 사실이 이 점에서 중요하다고 확신합니다. 그리고 이 사진들이 사진 조작의 대단히 흥미로운 일례라고 생각합니다.

고더드, 자신의 주장을 철회하다

1928년이 되자 고더드는 마음을 바꾸어 자신이 처음에 곡해했던 알프레드 비네의 옹호자가 되었다. 무엇보다 고더드는 노둔의 상한을 너무 높게 책정한 것을 인정했다.

한때 정신연령이 12세 이하로 판정된 모든 사람들이 정신박약자라고 부주의하게 가정된 때가 있었다. (……) 물론, 현재 우리는 테스트에서 12세로 판정된 사람들의 극히 적은 비율만이 실제 정신박약이라는 사실을 알고 있다. (……) 즉 정신박약자는 통상적인 신중함으로 자신의 일을 처리할 수 없거나 생존투쟁에서 이겨낼 수 없는 사람들이다(1928, p.220).

그러나 재정의된 수준에서도 여전히 진정한 노둔자의 숫자는 많았다. 이 사람들을 어떻게 해야 할까? 고더드는 노둔이 유전된 정신성이라는 자신의 신념을 버리지 않았지만 비네의 방침을 채택해서, 전부는 아닐지라도 대부분의 노둔자가 훈련을 통해 사회에 유용한 삶을 살 수 있다고 주장했다.

노둔은 교육과 훈련의 문제다. (……) 이런 주장이 여러분들에게 놀랍게 들릴 수도 있을 것이다. 그러나 솔직하게 일반적으로 절반밖에 옳지 않은 교육체계가 노둔자들에게 대처해온 방식을 볼 때, 적절한 교육이 주어진다면 스스로를 돌보지 못하고 자신의 일을 처리할 수 없고 생존투쟁을 이겨낼 수 없는 노둔자는 사라질 것이라고 결론내릴 수 있다. 덧붙여 우리가 모든 사람에게 문자 그대로 기회를 줄 수 있는 사회질서를 갈망한다면, 나는 그 결과를 완전히 확신한다(1928, pp.223~224).

그러나 노둔자를 사회 속에서 마음대로 살게 한다면, 그들이 결혼해서 아이를 낳지 않겠는가? 이런 사태는 이전에 고더드가 극도로 경계했던 일이 아닌가?

　어떤 사람들은 이 계획이 문제시되는 우생학적 측면을 간과하고 있다고 반대할 것이다. 공동체 속에서 이들 노둔자가 결혼해 아이를 가지게 될 테니까. 설령 그렇다고 해도 무엇이 문제인가? (……) 노둔자 부모가 치우나 백치인 자식을 낳을 가능성이 있다는 주장은 반박될 수 있다. 그것이 사실이라는 증거는 그리 많지 않다. 아마도 그 위험은 무시할 수 있을 정도일 것이다. 최소한 일반 모집단 내에서 발생하는 빈도 이상이라고는 생각되지 않는다.* 나는 여러분 대다수가 나와 마찬가지로, 지금 한 이야기를 올바른 견해로 인정하지 않을 것이라고 생각한다. 그것은 우리가 너무 오랫동안 낡은 개념을 토대로 연구해왔기 때문이다 (1928, pp. 223~224).

　고더드는 과거에 자신의 이론체계를 떠받치던 두 개의 기둥을 스스로 무너뜨렸고, 다음과 같이 결론내렸다(1928, p. 225).

　　1. 정신박약(노둔)은 **불치가 아니다**(강조는 고더드).
　　2. 정신박약은 일반적으로 특수시설에 격리될 필요가 없다.

　고더드는 "내 입장에 대해 이야기하자면, 적군에 투항했다고 생각한다"라고 솔직하게 고백했다(p. 224).

---

　* 이 말을 고더드가 의도한 것 이상으로 확대해석하면 안 된다. 그는 노둔이 유전한다는 자신의 신념을 포기하지 않았다. 노둔자 부모는 다시 노둔자 아이를 가지겠지만 그들은 교육에 의해 유용한 사람이 될 수 있으며, 다만 노둔자 부모가 특별히 더 낮은 지능장애자를—백치나 치우—낳지 않는다는 것뿐이다.

터먼의 직업별 IQ—직업에서 성공하기 위한 지능이란?

임신에서 유치원 연령에 이르기까지 일어난 모든 일에 대한 데이터를 제공하지 않고, 그들은 수천 개의 질문지를 토대로 자신들이 유전에 의해 결정되는 인간의 정신적 특성을 측정하고 있다고 큰소리 친다. 이것은 분명 연구에 의해 획득된 결론이 아니다. 그것은 단지 믿고자 하는 의지가 심어준 결과이다. 나는 그 결론의 대부분이 무의식적으로 주입된 것이라고 생각한다. (……) 만약 이러한 테스트가 정말 지능을 측정하는 것이고, 아이들의 능력에 대한 일종의 최종 판정이며, 더구나 미리 결정된 아이들의 능력을 과학적으로 나타낸다는 인상이 깊어진다면, 지능 테스트 검사관과 모든 질문지들은 사르가소해(海) 속으로 아무런 예고도 없이 가라앉는 편이 수천 배는 더 바람직할 것이다.
—월터 리프맨과 루이스 터먼의 논쟁 중에서

대중에게 실시된 스탠퍼드-비네 테스트

루이스 M. 터먼(Lewis M. Terman)은 인디애나주 한 농가에서 열네 명의 형제들 중 열두 번째 아이로 태어났다. 그가 지능연구에 관심을 갖게 된 계기는 아홉 살에서 열 살 무렵 그의 집을 방문했던 보따리 서적상인이자 골상학자였던 어떤 사람 때문이라고 할 수 있다. 그 사람은 터먼의 두개골 융기를 만져보고 길조(吉兆)를 예언했다. 터먼은 어린 시절의 관심을 계속 추구했고, 측정가능한 정신적 가치가 인간의 머릿속에 들어 있다는 사실을 추호도 의심하지 않았다. 1906년에 쓴 박사논문에서 터먼은 일곱 명의 '슬기로운' 소년과 일곱 명의 '어리석은' 소년을 조사하고, 인종과 민족에 따른 정형(定型)이라는 표준적인 카탈로그에 호소해서 자신의 테스트가 지능의 척도가 된다고 주장했다. 그는 자신이 창안한 테스트에 대해 이렇게 말했다. "우리는 흑인을 에스키모인이나 인디언과 비교하고, 오스트레일리아 원주민을 앵글로 색슨인과 비교하는 것만으로 일반적인 지적 능력과 독창적인 능력 사이에 분명한 연관이 있다는 사실을 깨달았다(1906, p.14)." 수학적 능력에 대해서 그는, "민속학이 민족의 진보가 수학적 개념이나 수학적 관계를 다루는 능력의 발달과 밀접하게 병렬된다는 사실을 잘 보여준다"고 주장했다(1906, p.29).

터먼은 유전적 결정론의 토대로 267쪽에서 확인된 두 가지 오류를 모두 포함하면서 자신의 연구에 대한 결론을 내렸다. 그는 두 가지 가능한 입장 중에서 첫번째를 지지했고, 테스트의 평균점수를 일반 지능이라 불리는 '실체'로 물화했다(1906, p.9). "지적 능력이란 자신의 목적을 위해 마음대로 인출할 수 있는 은행예금과 같은 것인가, 아니면 특별한 목적을 위해 발행할 수는 있지만 서로 바꿀 수 없는 한 다발의 수표와 같은 것인가?" 그리고 그는 자신의 방법을 뒷받침하는 실질적인 증거를 제출할 수 없음을 인정하면서도 지능이 선천적이라는 관점을 옹호했다(1906, p.68). "이 문제에 대해 실증적 자료를 거의 제시할 수 없지만 이 연구는 같은 동료들 사이에서 한 개인의 지적 순위를 결정하는 요소로 훈련보다 타고난 소질이 더 중요하다는 내 관점을 뒷받침한다."

고더드가 비네 척도를 미국에 도입했다면, 터먼은 그 척도를 대중적으로 보급시킨 가장 중요한 기획자였다. 비네의 1911년 최종 버전에는 54개의 과제가 포함되어 있고, 유아기에서 십대 중반까지 여러 단계가 있다. 터먼이 내놓은 1916년의 첫 버전은 "뛰어난 성인(superior adult)"까지 척도를 확장했고, 과제 수를 90개로 늘렸다. 당시 스탠퍼드 대학의 교수였던 터먼은 이 개정판에 20세기의 유행어가 된 스탠퍼드-비네(Stanford-Binet)라는 이름을 붙였다. 이것은 사실상 그후 고안된 모든 'IQ 테스트'의 표준이 되었다.*

이 자리에서는 그 내용에 관한 상세한 분석을 하지 않고(자세한 내용은 Block and Dworkin, 1976, 또는 Chase, 1977을 참조하라), 터먼 테스트가 기대된 대답과의 일치를 강조하고 독창적인 반응을 경시했음을 보여주는 두 가지 사례를 소개하겠다. 그 기대가 사회적 규범인 경우, 그 테스트는 추론이라는 추상적 능력을 측정하는 것인가, 아니면 단지 관습적 행동에 대한 친숙함의 정도를 측정하는 것인가? 터먼은 다음과 같은 문항을 비네 테스트에 추가했다.

난생 처음 거리로 내려온 인디언이 길에서 탈것에 타고 있는 백인을 보았다. 그 백인과 엇갈린 인디언은 이렇게 말했다. "백인은 게으르다. 그는 앉은 채 걷는다." 인디언이 "앉아서 걷는다"라고 말한 백인의 탈것은 무엇인가?

터먼은 자동차나 그밖의 탈것이 아니라 '자전거'를 이 물음에 대한 유일한 정답으로 간주했다. 그 이유로 다른 탈것에서는 다리가 위아래로 움직이지 않기 때문이라고 말했다. 말이 정답이 아닌 이유는 자존심이 강할 정도의 정신적 능력을 가진 인디언이라면 그가 보고 있는 것이 무엇인지 알 것이기 때문이라고 설명했다(여담이지만 나는 이 문항을 보고 정답을 '말'이라고 생각했다. 인디언을 머리가 좋은 풍자가라고 생각하는 나는 인디언이 활기없는 거리에 사는 사람들을 풍자하고 있다고 생각했기 때문이다). '휠체어에 탄 신체장애자'나 '누군가의 등에 업힌 사람'과 같은 독창적인 대답도 물론 틀린 답이다.

터먼은 다음 문항도 비네 테스트의 원래 버전에서 받아들였다. "이웃

---

*터먼은 스탠퍼드-비네 테스트에 의해 포착할 수 있는 일반 지능의 여러 가지 속성을 담은 긴 일람표를 제공했다(1919). 거기에는 다음과 같은 항목들이 포함된다. 기억력, 언어이해, 어휘의 양, 공간과 시간의 방향인식, 눈과 손의 협동, 친숙한 사물에 대한 지식, 판단력, 유사성과 차이, 수학적 추리력, 어려운 상황에서 발휘되는 기지와 독창성, 불합리함을 간파하는 능력, 개념을 결부시키는 속도와 풍부함, 여러 조각으로 나뉘어진 판을 맞추거나 개념 집합을 하나로 통일시키는 능력, 특수를 일반화하는 능력, 연관된 사실들에서 규칙을 연역하는 능력 등.

집에 몇 명의 기묘한 방문객이 있었다. 맨 처음에 의사, 그리고 변호사, 다시 목사가 방문했다. 이웃집에서 무슨 일이 일어났다고 생각하는가?" 터먼은 '초상(初喪)' 이외에는 거의 모든 답을 인정하지 않았다. 다만 의사가 상대가 적당한지 판단하기 위해서, 변호사가 결혼을 준비하기 위해서, 그리고 목사가 결혼식을 위해 왔다고 대답한 소년의 '결혼'이라는 대답을 인정했을 뿐이다. 터먼은 그 소년을 "뛰어난 어린 우생학자"라고 기술했다. 네바다주의 리노에 있는 한 동료가 이 답이 "지극히 자주 나오는 답"이라고 보고했음에도 불구하고, '이혼과 재혼'이라는 조합도 정답으로 간주되지 않았다. 또한 그럴듯하지만 정교하지 않은 답인 만찬 또는 누군가가 죽어가면서 결혼을 하려고 하고, 유언장을 만들고 있다라는 독창적인 답도 인정하지 않았다.

그러나 터먼이 미친 가장 중요한 영향은 비네 척도를 강화하거나 확대한 것이 아니다. 비네 테스트의 과제는 한 번에 한 아이를 대상으로 실시하며 훈련된 검사관에 의해 관리되어야 했다. 비네 척도는 일반적인 서열화의 도구로 사용될 수 없었다. 그러나 터먼은 모든 아이들을 삶의 적절한 위치에 분류할 수 있는 선천적 능력의 서열화를 수립하고자 했기 때문에 모든 아이들을 테스트하고 싶었다.

어떤 학생을 검사할 것인가? 그 답은 모두이다. 만약 선발된 아이들만 테스트한다면, 가장 조정이 필요한 많은 아이들이 간과될 것이다. 테스트의 목적은 우리가 아직 모르는 사실을 알려주는 것이기 때문에 명백하게 평균 이상이나 이하라는 사실이 알려진 학생들만을 대상으로 하는 것은 잘못이다. 가장 놀라운 일은 평균에 가깝다고 생각된 학생들을 테스트할 때 발생한다. 전반적인 테스트는 충분한 근거가 있다(1923, p.22).

스탠퍼드-비네 테스트는 그 이전의 테스트와 마찬가지로 여전히 개인용 검사이지만, 사실상 이후에 개발된 모든 필답 검사의 모범이 되었다. 세심한 조작과 삭제를 거쳐,* 터먼은 척도를 '평균적인' 아이들이 각각의 연령에서 100점이 되도록 표준화했다(정신연령과 생활연령이 일치하도록). 또한 터먼은 각 생활연령에서 15~16점의 표준편차를 정하고, 아이들에게서 나타나는 변이를 균등하게 분포시켰다. 평균 100, 표준편차 15를 기준으로 한 스탠퍼드-비네 테스트는 그후 우후죽순으로 난립한 대중조사용 필답 검사를 판정하는 중요한 기준이 되었다(여러 가지 측면에서 그 기준은 지금도 남아 있다). 스탠퍼드-비네 테스트가 지능 척도이기 때문에 이것과 밀접하게 관계되는 모든 필기 테스트 역시 지능의 척도가 된다는 근거없는 주장이 횡행했던 셈이다. 지난 50년 동안 검사관들에 의해 이루어진 많은 정교한 통계연구는 이 검사들이 지능을 측정한다는 전제에 개별적으로 어떤 확증도 제공하지 못했음을 보여준다. 다만 미리 받아들여져서 전혀 의문시되지 않은 표준과의 상관관계를 재확인한 것에 지나지 않았다.

그후 얼마 지나지 않아 지능검사는 수백만 달러의 산업으로 성장했다. 하지만 마케팅 회사는 터먼의 표준과 상관관계를 증명할 수 없는 테스트에 대해서는 굳이 위험을 감수하려 들지 않았다. 육군 알파 테스트(Army Alpha, 자세한 내용은 322~364쪽을 보라)가 집단 테스트의 효시이지만, 전쟁이 끝난 후 불과 몇 년 사이에 숱한 검사들이 경쟁적으로 학교 관리자들에게 선보였다. 후일 발간된 터먼의 책(1923)에 첨부된 광고를 잠깐 훑어보기만 해도, 설령 모든 아이들을 테스트하고 싶다는 터먼의 희망이

---

*삭제 그 자체는 속임수가 아니며, 연령 수준에 걸친 평균점수와 변이의 균일성을 수립하는 타당한 통계적 절차이다.

실현되었다 해도, 비용과 시간의 압박하에서 세심하고 긴 평가를 강조했던 터먼의 신중한 문항들이(예컨대, 1919, p.299와 같은) 어떻게 휴지조각이 될 수 있는지를 부지불식간에, 그리고 극적으로 보여준다(그림 5.3). 만약 학교들이 1923년에 발간된 터먼의 책에서 선전되고 손다이크, 여크스, 그리고 터먼 자신을 포함하는 위원회에 의해 작성된 다음과 같은 테스트를 채택했다면, 30분 동안 이루어지는 다섯 종류의 테스트가 아이들에게 평생의 낙인을 찍었을 것이다.

3~8등급용 국민지능 테스트

육군 테스트의 방법을 학교의 요청에 적용한 직접적인 성과. (……) 이 테스트는 통계 전문가들에 의해 시범적으로 시도되고 세심한 분석이 이루어진 후에 여러 테스트 중에서 선발된 것이다. 준비된 두 개의 척도는 각기 다섯 개의 테스트(실제 연습을 포함해서)로 이루어지며, 모두 30분 동안 치러진다. 이 테스트는 간단히 적용할 수 있고, 신뢰성이 높으며, 지적 능력에 따라 아이들을 3~8등급으로 분류하는 데 직접 사용할 수 있다. 채점은 매우 간단하다.

만약 비네가 살아 있다면 틀림없이 이처럼 피상적인 평가에 대해 통탄했을 것이고, 터먼의 의도에 강력하게 항의했을 것이다. 터먼은 이 테스트가 고도 지능장애자를 식별하는 데 가장 적합하다는 비네의 생각에 동의했다. 그러나 그가 동의한 이유는, 비네가 지체아들을 분리해서 도움을 주려고 했던 갈망에 비하면 소름 끼칠 정도로 두려운 것이었다(1916, pp.6~7).

가까운 장래에 지능 테스트가 수만 명에 달하는 고도 지능장애자를

Prepared under the auspices of the National Research Council

NATIONAL INTELLIGENCE TESTS

By M. E. HAGGERTY, L. M. TERMAN, E. L. THORNDIKE G. M. WHIPPLE, and R. M. YERKES

THESE tests are the direct result of the application of the army testing methods to school needs. They were devised in order to supply group tests for the examination of school children that would embody the greater benefits derived from the Binet and similar tests.

The effectiveness of the army intelligence tests in problems of classification and diagnosis is a measure of the success that may be expected to attend the use of the National Intelligence Tests, which have been greatly improved in the light of army experiences.

The tests have been selected from a large group of tests after a try-out and a careful analysis by a statistical staff. The two scales prepared consist of five tests each (with practice exercises), and either may be administered in thirty minutes. They are simple in application, reliable, and immediately useful for classifying children in Grades 3 to 8 with respect to intellectual ability. Scoring is unusually simple.

Either scale may be used separately to advantage. The reliability of results is increased, however, by reexamination with the other scale after an interval of at least a day.

Scale A consists of an arithmetical reasoning, a sentence completion, a logical selection, a synonym-antonym, and a symbol-digit test. Scale B includes a completion, an information, a vocabulary, an analogies, and a comparison test.

Scale A: *Form* 1. 12 pages. Price per package of 25 Examination Booklets, 2 Scoring Keys, and 1 Class Record $1.45 net.
Scale A: *Form* 2. Same description. Same price.
Scale B: *Form* 1. 12 pages. Price per package of 25 Examination Booklets, Scoring Key, and Class Record $1.45 net.
Scale B: *Form* 2. Same description. Same price.
Manual of Directions. Paper. 32 pages. Price 25 cents net.
Specimen Set. One copy of each Scale and Scoring Keys and Manual of Directions. Price 50 cents postpaid.

Experimental work financed by the General Education Board by appropriation of $25,000

WORLD BOOK COMPANY
YONKERS-ON-HUDSON, NEW YORK
2126 PRAIRIE AVENUE, CHICAGO

|그림 5.3| 터먼과 여크스에 의해 작성된 테스트를 이용한 대중지능 테스트의 광고.

사회의 감시와 보호하에 두게 될 것이라고 예견해도 무방하다. 이 조치는 궁극적으로 정신박약자의 생식을 감소시켜 엄청난 양의 범죄, 빈궁, 그리고 산업 비효율성을 제거하게 될 것이다. 굳이 강조할 필요도 없지만, 오늘날 너무도 자주 간과되고 있는 고도 지능장애자들의 경우 엄밀한 의미에서 국가가 그들의 보호감독을 맡는 것이 가장 중요하다.

터먼은 고도 지능장애자들의 한계와 그 불가피성을 가혹하게 역설했다. 그는 IQ 75의 아이 때문에 고통받는 "훌륭한 교육을 받은" 양친의 피나는 노력을 헛수고로 만들고, 그들의 희망을 물거품으로 만드는 데 채 한 시간도 걸리지 않았다.

이상한 일이지만, 이 어머니는 아들이 읽고 쓰기를 배우는 모습을 보고 고무되어 희망을 가진다. 그녀는 아들의 나이로 3년 이내에 고등학교에 입학해야 한다는 사실을 전혀 깨닫지 못하는 것처럼 보인다. 40분간의 테스트는 이 지적인 어머니가 11년 동안 매일, 그리고 매시간 관찰해오면서 알 수 있는 것 이상으로 이 소년의 지적 능력에 대해 많은 것을 이야기해주었다. 왜냐하면, X는 정신박약아이기 때문이다. 그는 중학교도 제대로 마칠 수 없을 것이다. 그는 결코 유능한 노동자나 분별 있는 시민이 될 수 없을 것이다(1916).

당시 젊은 저널리스트였던 월터 리프맨(Walter Lippmann)은 터먼이 발표한 숫자에서 그가 내심 의도하고 있는 문제의 핵심을 꿰뚫어보고 분노에 찬 어조로 이렇게 썼다.

지능 테스트의 위험성은 대규모 교육체계에서 충분한 지식을 갖추지 못하고 선입관에 빠진 사람들이, 학생의 등급을 나누는 데 몰두해 자신의 의무가 교육이라는 사실을 망각하는 것이다. 그들은 아이들의 지체 원인과 싸우는 대신 지체아들을 여러 등급으로 나눌 것이다. 왜냐하면 지능 테스트를 토대로 한 선전선동의 전반적인 경향은 지능지수가 낮은 사람들을 선천적 열등자, 희망없는 낙오자로 간주하려는 것이기 때문이다.

터먼이 제시한 IQ에 따른 직업

만약 그것이 옳다면, 지능 테스트 검사관의 감정적이고 세속적인 만족감은 대단했을 것이다. 만약, 그가 정말 지능을 측정하는 것이라면, 또한 지능이 고정된 유전적 양(量)이라면 한 아이가 학교에서 차지하는 위치뿐만 아니라, 고등학교에 진학해야 하는지, 대학에 가야 하는지, 어떤 직업을 가져야 하는지, 그리고 손재주를 필요로 하는 직종을 선택해야 하는지 아니면 막노동을 해야 하는지를 말해줄 수 있을 것이기 때문이다. 검사관이 자신의 주장을 입증할 수 있다면, 신권정치(神政, theocracy)의 붕괴 이래 어떤 지식도 향유할 수 없었던 권력을 차지할 수 있게 될 것이다. 이러한 예상은 매력적이다. 상상해보는 것만으로도 도취감에 빠질 정도이다. 지능이 유전성에 의해 고정되어 있고 검사관이 그것을 측정할 수 있다는 사실이 증명될 수 있기만 하다면, 아니 최소한 사람들이 그렇게 믿을 수만 있다면, 그 얼마나 꿈 같은 미래인가! 이 무의식적인 유혹은 과학적 방법을 비판적으로 옹호할 수 없게 만들 정도로 강렬하다. 미묘한 통계적 착각이나 복잡하게 뒤얽힌 논리적 오류, 또한 몰래 가지고 들어온 부수적 의견* 등의 조력을 받아 대중을 속이기 위한 사전준비로서의 자기기만이 거의 자동적으로 행해질 것이다.
— 월터 리프맨와 루이스 터먼의 논쟁 중에서

플라톤은 철인(哲人), 즉 왕이 통치하는 이상국가를 꿈꾸었다. 터먼은 이 위험한 환상을 부활시켜 그의 지능검사관 부대에게 왕위찬탈을 감행하게 했다. 모든 사람들을 테스트해서, 그 지능에 따라 적합한 역할을 지정해줄 수 있다면, 역사상 최초로 공정하고 무엇보다도 효율적인 사회가

---

* 옮긴이주 | obiter dicta. 재판관이 판결 때 이야기하는 부수적 의견으로, 여기에서는 검사관의 편견이나 선입관이 검사과정에 스며드는 것을 뜻한다.

구축될 것이다.

터먼은 사회 저변층을 극단적으로 폄하해서, 우리가 효율적이고 도덕적인 삶을 영위하기 위해서는 먼저 지능이 극도로 낮은 사람들을 제한하고 배제해야 한다고 주장했다. 사회병리의 일차적인 원인은 선천적인 정신박약자이다. 터먼은 해부학적인 외관이 범죄행위를 기록할 수 있다고 생각한 롬브로소를 비판했다(1916, p.7). 물론 선천성이 그 원천이지만, 그 직접적인 징후는 긴 팔이나 돌출된 턱이 아니라 IQ라는 것이다.

롬브로소의 이론은 지능 테스트 결과 완전히 그 근거를 상실하게 되었다. 이 테스트는 의문의 여지 없이, 미국 범죄자의 최소한 25퍼센트가 가진 중대한 특징이 정신박약이라는 사실을 밝혀주고 있다. 죄수들 사이에서 공통적인 육체적 이상은 범죄성의 낙인이 아니라 정신박약에 따른 육체적 속성이다. 이 육체적 속성은 그것이 지능장애를 나타내는 징후라는 사실 이외에는 아무런 진단상의 중요성도 없다(1916, p.7).

정신박약자는 불운한 유전에 의해 이중의 짐을 진다. 지능의 결여만으로도 버거운데 그것이 다시 부도덕성으로까지 연결되기 때문이다. 만약 우리가 사회적 병리를 배제하려 한다면, 반사회적 이상성격자의 생물학적 원인 그 자체를 밝혀낸 후 수용소에 격리시키고, 특히 결혼과 자손의 생산을 금지해야 한다는 것이다.

모든 범죄자가 정신박약인 것은 아니지만, 모든 정신박약자는 적어도 잠재적인 범죄자다. 정신박약의 여성들이 모두 잠재적 매춘부라는 사실은 누구도 반박할 수 없을 것이다. 사업적이나 사회적인 판단, 또는 그 밖의 다른 종류의 보다 고도한 사고과정과 마찬가지로, 도덕적인 판단

도 지능의 활동이다. 지능이 유아기에 머물면, 도덕은 꽃을 피워 열매를 맺을 수 없다(1916, p.11)

사회적 무능이라는 의미에서 정신박약자는 사회의 자산이라기보다는 분명한 짐이다. 경제적인 측면에서 뿐만 아니라 그들이 비행이나 범죄를 저지를 가능성이 높기 때문에 더욱 그러하다. (……) 이 희망없는 정신박약자를 다루는 유일하게 효과적인 방법은 항구적인 보호와 관찰이다. 공립학교의 책무는 단지 열등할 뿐인 좀더 희망적인 아이들의 집단에게 있다(1919, pp.132~133).

보편적인 테스트를 위한 변명으로, 터먼은 다음과 같이 썼다(1916, p.12). "미국에서만 매년 비행과 범죄로 인해 지출되는 5억 달러라는 엄청난 비용을 생각하면, 심리 테스트가 가장 유용한 방법이라는 것은 자명하다."

지능 테스트는 사회에서 반사회적인 이상성격자를 배제하고, 생물학적으로 수용가능한 사람들을 그 지능 수준에 적합한 직업으로 선별하는 데 이용될 수 있다. 터먼은 그의 검사관들이 "주요 직업에서 성공하기 위해 필요한 최저 '지능지수'를 결정"할 것이라고 기대했다(1916, p.17). 성실한 교수라면 누구나 자신이 지도하는 학생에게 일자리를 찾아주려고 노력하겠지만, 새로운 사회질서의 사도로 자신의 제자들을 팔아먹을 만큼 뻔뻔스러운 사람은 거의 없다.

산업계의 우려가 임무를 수행하는 데 적합하지 않은 지능의 소유자들을 고용함으로써 입을 엄청난 손실이라는 점은 의심의 여지가 없다. (……) 예를 들어, 대형 백화점처럼 500명에서 1천 명 가량의 종업원을 고용하는 기업은 이 방식을 채택할 경우, 숙련된 심리학자에게 지불하는 월급의 몇 배나 되는 비용을 절감할 수 있을 것이다.

실제로 터먼은 IQ 100 이하의 사람들을 사회적 지위와 금전적 보수가 좋은 직업에서 내몰았다(1919, p.282). 그리고 "실질적인 성공"은 IQ 115에서 120 이상을 필요로 한다고 주장했다. 그러나 그는 지능척도의 낮은 문턱에 위치한 사람들을 서열화하는 데 훨씬 큰 관심을 나타냈다. 거기에는 그가 "약간 뒤떨어지는(merely inferior)"이라고 표현한 사람들이 몰려 있었다. 현대 산업사회는 성서에 쓰여진 목가적인 시대의 비유—나무 패며 물 긷는 자*—에 상응하는 오늘날의 하급노동자들을 필요로 한다. 그리고 그런 사람들은 많이 있다.

기계화에 의한 근대 산업의 발전으로 지능이 뒤처지는 사람들의 활용이 점차 늘어날 수 있게 되었다. 생각하고 계획을 세울 수 있는 한 사람이, 지시에 따라 움직이며 기지나 독창성을 거의 필요로 하지 않는 10~20명의 노동자를 지도하는 것이다(1919, p.276).

IQ 75 이하는 비숙련 노동의 범위가 된다. 75~85는 "명백히 반숙련 노동의 범위"이다. 좀더 구체적인 판정도 이루어졌다. "이발사의 경우, IQ 85 이상은 아마도 낭비일 것이다(1919, p.288)." "IQ 75는 운전사나 차장으로는 안전성이 의심되고, 불만을 낳는다(1919)." 적절한 직업 훈련과 배치가 이들 "70~85 등급"의 사람들에게 필수적이다. 그렇지 않으면, 그들은 학교를 떠나 "반사회적인 계층으로 간단히 이행하거나 볼셰

---

* 옮긴이주 | 무리에게 이르되 그들을 살리라 하니 족장들이 그들에게 이른 대로 그들이 온 회중을 위하여 나무 패며 물 긷는 자가 되었더라(여호수아서 9장 21절).

비키의 불평분자 집단에 가세하게 될 것이다(1919, p. 285).″

터먼은 직업별 IQ를 조사해서 지능에 의한 불완전한 할당이 이미 자연스럽게 발생했다는 만족스러운 결론을 발표했다. 그는 골치아픈 예외가 나타나도 능숙하게 발뺌했다. 가령 그는 운송회사의 종업원 47명을 조사했다. 그는 그들이 단순 반복작업에 종사했기 때문에 "독창성을 발휘하거나 개인적 판단을 내릴 기회조차 극도로 제한되었다(1919, p.275)"고 말했다. 그러나 그들의 IQ 중간값은 95였고, 25퍼센트가 104 이상이었기 때문에 지능 서열에서 상위를 차지하고 있었다. 터먼은 무척 곤혹스러웠지만, 그들의 낮은 지위를 "정서적, 도덕적 또는 그밖의 바람직한 특성"의 결여로 돌렸다. 그러나 그는 그들이 "좀더 힘든 일을 준비하기 전"에 "경제적 압박(economic pressure)"에 의해 학교를 그만둘 수밖에 없었을지도 모른다고 인정했다(1919, p. 275). 다른 연구에서 터먼은 팔로 알토의 '떠돌이 노동자 합숙소'에서 256명의 뜨내기 일꾼과 실직자들의 표본을 수집했다. 그는 그들의 평균 IQ가 그의 목록에서 최하위일 것이라고 기대했지만, 89라는 평균은 그들이 상당한 지능의 소유자임을 시사했다. 이것은 운전사, 여점원, 소방대원, 그리고 경찰관보다 높은 수치였다. 터먼은 그 표를 교묘하게 배열하는 방법으로 이 사실을 은폐했다. 떠돌이 노동자들의 평균은 상당히 높았지만 다른 어떤 집단보다 변이가 컸고, 수치가 낮은 사람들이 많이 포함되어 있었다. 따라서 터먼은 각각의 집단에서 최하 25퍼센트의 수치로 목록을 재배열하는 방법으로 떠돌이 노동자들을 최하위에 위치시켰다.

설령 터먼이 실력에 기반한 능력주의(meritocracy)를 옹호한 것에 불과하더라도 그의 엘리트주의는 비난받았을 것이다. 반면 그가 옹호한 것이 강한 동기부여와 힘든 일에 대한 기회가 주어져야 하는 체계였다면 박수갈채를 받았을지도 모른다. 그러나 터먼은 계급의 경계가 선천적인 지능에 의해 구획된다고 믿었다. 직업, 명성, 봉급의 등급이 서열에 따라 조정된다는 그의 생각은 기존 사회계급의 생물학적 가치를 반영했다. 가령 이탈리아인이 더 이상 이발사를 하지 않더라도, 이발사는 여전히 가난한 사람들 중에서 나오고, 그들에게 어울리는 직업이라는 것이다.

교양 있는 가정의 아이들이 단지 가정환경이 좋기 때문에 테스트에서 좋은 점수를 얻는다는 일반적인 견해는 전혀 근거 없는 가정이다. 지적 수행능력에 대한 본성과 교육의 영향에 관해 지금까지 행해진 거의 모든 연구는 그 원인이 환경보다 타고난 자질이라는 데 합의하고 있다. 우리 주변에서 흔히 관찰되는 사실은 어떤 가족이 속한 사회계급이 우연보다는 부모의 지성이나 성격과 같은 선천적 특성에 크게 의존한다는 것을 시사한다. (……) 성공을 거둔 교양 있는 부모를 둔 아이들이 불행하고 무지한 가정의 아이들보다 높은 점수를 얻는 것은 그들이 유전적으로 더 우수하다는 단순한 이유 때문이다(1916, p.115).

과거 천재들의 화석 IQ

한 사회는 기계를 돌리기 위해 수많은 "약간 뒤떨어지는" 사람들을 필요로 한다. 그러나 터먼은 한 사회의 번영이 높은 IQ를 가진 소수의 천재들의 지도력에 결정적으로 의존한다고 생각했다. 터먼과 그의 동료들은 스탠퍼드-비네 척도에서 최상위를 차지하는 사람들을 추적하기 위한 시도로 전5권에 달하는 『천재에 대한 유전적 연구(Genetic Studies of Genius)』라는 저서를 발간했다.

그중 한 권에서 터먼은 과거로 거슬러올라가 정치인, 군인, 지식인 등 역사를 움직인 중요한 인물들의 IQ를 측정하려고 했다. 만약 그들의 IQ가 최고 수준이라는 것이 확인된다면, IQ는 틀림없이 궁극적 가치를 갖는 단일한 척도가 될 것이기 때문이다. 그러나 젊은 시절의 코페르니쿠스를 마법으로 불러내서 백인이 무엇을 타고 있었느냐고 묻지 않는 한, 화석 IQ(fossil IQ)를 어떻게 측정할 수 있단 말인가? 하지만 대담하게도 터먼과 그의 동료들은 과거 저명인사의 IQ 복원을 시도했고, 한 권의 두꺼운 책으로 출간했다(Cox, 1926). 그것은 이미 온갖 터무니없는 주장으로 점철된 문헌 중에서도 가장 진기한 시도였다. 그럼에도 불구하고, 젠센을 비롯한 그밖의 사람들은 그 주장을 여전히 진지하게 받아들였다 (1979, pp.113~355).*

터먼은 이미 프랜시스 골턴에 대한 예비적 연구를 발표했고(1917), 이 지능검사의 선구자에게 200이라는 경이적인 IQ 수치를 부여했다. 따라서 그는 동료들에게 좀더 대규모 조사를 계속 진행하도록 격려한 셈이다. J. M. 캐텔(J. M. Cattell)은 인명사전에 기록되어 있는 수록어의 길이를 측정해서 역사를 움직인 주요 인사 1천 명의 서열을 발표했다. 터먼의 동료인 캐서린 M. 콕스(Catherine M. Cox)는 그 목록을 282명에서 자른 다음, 청년기까지의 상세한 전기(傳記) 정보를 결합해서 개인별로 두 종류의 IQ를 평가했다. 그는 태어난 후 7세까지의 IQ를 A_1 IQ, 7세에서 26세까지를 A_2 IQ라고 불렀다.

콕스는 처음부터 정면으로 문제에 대응했다. 그녀는 터먼을 포함한 다섯 명의 동료들에게 자신의 연구결과를 살펴보고 각 인물들에 대한 두 종류의 IQ 수치를 평가해 달라고 부탁했다. 다섯 명 중 세 명은 A_1 IQ가 135 가량이고 A_2 IQ가 145에 가까운 두 수치의 평균값에 대체로 동의했

---

*젠센은 다음과 같이 썼다. "어린 시절에 대한 충분한 증거를 토대로 신뢰할 만한 평가가 이루어진 300명의 역사적인 인물들의 평균 IQ는 155였다. (……) 따라서 만약 그들이 IQ 테스트를 받았다면, 이들 저명인사의 대부분이 어린 시절부터 지적으로 탁월했다는 사실이 인정되었을 가능성이 높다(Jensen, 1979, p.113)."

다. 그러나 나머지 두 사람의 견해는 크게 달랐다. 한 사람은 평균 IQ을 훨씬 높게 부여했고, 다른 한 사람은 훨씬 낮은 값, 즉 보통 수치로 평가했다. 콕스는 이 두 사람의 수치를 간단히 제외시켰지만, 그 결과 자기 자료의 40퍼센트를 포기하는 셈이 되었다. 그녀는 이 높은 값과 낮은 값이 어쨌든 평균을 중심으로 균형을 이루고 있다고 주장했다(1926, p.72). 그러나 같은 연구 그룹에 속하는 다섯 명이 동의할 수 없었다면, 일관성이나 균일성에 대한—객관성이 아닌—희망은 어디에서 찾을 수 있을까?

이렇듯 번거로운 실제적인 어려움을 차치하더라도, 이 연구의 기본적 논리는 처음부터 구제할 수 없는 결함을 포함하고 있었다. 콕스가 피실험자들에게 기록했던 IQ의 차이는 그 사람들의 다양한 업적을 측정한 것이 아니었고, 그들의 타고난 지능을 나타낸 것도 아니었다. 이 차이는 콕스가 대상 인물들의 유년기와 청년기에 대해 수집할 수 있었던 다양한 질(質)의 정보를 토대로 만들어낸 방법론적 인공물(methodological artifact)이었다. 우선 콕스는 각 인물들에게 기본 점수로 IQ 100을 할당했다. 그런 다음, 평가자가 제공된 자료에 기초해서 이 값에 점수를 더해갔다(또는, 극히 드물지만 빼기도 했다).

콕스의 자료는 조숙함의 사례를 강조하면서 유년기와 청년기의 업적을 한데 모아놓은 잡동사니 목록과도 같았다. 그녀의 방법은 기본값 100을 기초로 주목할 만한 각각의 항목들을 하나씩 더해나가는 방식이었기 때문에, 평가된 IQ는 가용한 정보의 총량을 기록하는 것에 불과했다. 일반적으로 낮은 IQ는 정보량의 부재, 그리고 높은 값은 포괄적인 목록을 반영한다(심지어 콕스는 자신이 진정한 IQ를 측정한 것이 아니라 단지 한정된 자료를 토대로 연역할 수 있는 것만을 측정했다는 사실을 인정하기도 했다. 그러나 이러한 포기선언은 일반적인 설명으로 번역될 때에는 늘상 자취를 감추었다). 이러한 절차에 의해 '천재'들 속에서 IQ의 올바른 순위가 복원될 수 있다고, 설령 잠시라도 믿기 위해서는, 대상자 전원의 어린 시절이 대략 비슷한 주의력에 의해 관찰되고 기록되지 않으면 안 된다. 따라서 유년기에 기록된 조숙함의 부재는 굳이 기록할 만큼 특별한 재능이 없거나, 기록할 가치가 없는 평범한 삶이라고 주장해야 한다(실제로 콕스도 그렇게 주장했다).

콕스 연구의 두 가지 기본적 귀결은, 그녀가 추론한 IQ가 천재들의 진정한 업적이라기보다는 역사적 사건의 기록을 반영하는 것에 지나지 않는다는 강한 회의를 불러일으킨다. 그 결론은 다음과 같다. 첫째, IQ는 한 사람의 평생 동안 큰 변화를 보이지 않는다고 생각한다. 그러나 그녀의 연구에서 나온 평균 A_1 IQ는 135이고, 평균 A_2 IQ는 그보다 상당히 높은 145이다. 그녀의 자료를(Cox, 1926에 상세히 포함되어 있다) 상세히 검토한 결과, 그 이유는 분명해졌다. 그녀의 방식은 분명 인위적인 것이었다. 그녀는 대상자의 유년기보다 청년기의 정보를 더 많이 얻을 수 있었다. 둘째, 콕스는 세르반테스와 코페르니쿠스를 포함한 몇몇의 탁월한 인물들에 대해 우려스러울 정도로 낮은 IQ를 부여했다. 두 사람 모두 105였다. 그녀의 자료는 그 이유를 분명하게 보여준다. 그들의 경우, 거의 또는 전혀 유년기 정보를 얻을 수 없었고, 그 때문에 기본값 100에 더할 자료가 없었던 것이다. 그녀는 자신이 뽑아낸 수치에 대한 신뢰도를 7단계로 나누었다. 일곱 번째 단계는 "아무런 자료에도 기초하지 않은 순전한 추측", 즉 '믿거나 말거나'였다.

이후 이루어진 명백한 테스트로, 가난한 환경에서 태어난 천재들의 경우를 생각해보자. 이러한 환경에서는 조숙하고 대담한 행동을 고무시키고 기록할 개인교사나 서기가 없다. 존 스튜어트 밀은 유년기에 그리스어를 배웠을지 모르지만, 과연 마이클 패러데이(Michael Faraday, 영국의 화학, 물리학자/옮긴이)나 버니언(Bunyan, 영국의 작가/옮긴이)에게도 그런 기회가 있었을까? 가난한 아이들은 이중의 불이익을 당한다. 어린 시절을 기록할 사람이 없을 뿐더러 빈곤의 직접적인 결과로 그 지위를 강등당하기 때문이다. 콕스는 우생학자들이 선호했던 방법을 채택해서 직업이나 사회적 신분을 토대로 부모의 선천적 지능을 추정했다! 그녀는 직업을 척도로 부모를 1에서 5까지의 등급으로 나누었다. 그리고 부모의 등급이 3일 경우 그 아이들에게 IQ 100을 부여했고, 그보다 한 단계 위나 아래인 경우 10점을 가감했다. 따라서 아이가 17세가 될 때까지 특기할 만한 일이 없는 경우라도 부모의 재산이나 직업적인 지위 덕분에 120의 IQ를 획득할 수 있었다.

나폴레옹 휘하의 위대한 장군이었지만 가난했던 마세나(Massena)의 경우를 생각해보자. 그의 IQ는 100보다 낮게 추정되었다. 그의 어린 시절에 대해서는 삼촌의 배로 두 차례 긴 항해를 할 때 캐빈보이(1, 2등실 급사/옮긴이)로 일했다는 사실밖에 알려지지 않았다. 콕스는 다음과 같이 쓰고 있다(p.88).

전함 지휘관의 조카라면 아마도 100을 조금 넘는 정도라고 추정할 수 있을 것이다. 그러나 두 번의 장기 항해에서 계속 캐빈보이를 면치 못했고, 17세까지 급사 이외의 기록이 남아 있지 않은 사실을 고려하면 그의 평균 IQ는 100 이하였을 것이다.

그밖의 훌륭한 대상들도 부모가 가난하거나, 기록이 빈약하다면 100 이하라는 불명예스러운 수치를 받을 수밖에 없을 것이다. 그러나 콕스는 임기응변과 속임수로 그들의 IQ를 간신히 세 자리 수 이상으로 끌어올렸다. 먼 친척에 의해 겨우 구제를 받아 A_1 IQ를 105로 평가받은 불운한 생시르(Saint-Cyr)의 사례를 살펴보자. "아버지는 백정일을 하다가 그후 가죽 무두질을 한 사람이었다. 그의 직업은 아들에게 90에서 100 사이의 IQ를 주었을 것이다. 그러나 먼 친척 중 두 사람이 주목할 만한 무공훈장을 받았기 때문에 우수한 가계로 간주되었다(pp. 90~91). 존 버니언은 그의 유명한 저서 『천로역정(Pilgrim)』에도 불구하고 가족이 장애가 되었다. 그러나 콕스는 조작을 통해 그에게 105의 IQ를 부여하는 데 성공했다.

버니언의 부친은 놋갓장이나 땜장이였지만, 마을에서 인정받는 땜장이였다. 어머니도 비열한 가난뱅이가 아니라 "나름대로 고상하고 훌륭한 사람"이었다. 이것은 90에서 100이라는 판단을 이끌어낼 충분한 근거가 된다. 그러나 기록은 더 많은 것을 이야기해준다. 우리는 그의 부모가 "비천하고 보잘것없었음에도" 불구하고 아들에게 "읽고 쓰기"를 배우도록 학교에 보냈다는 것을 알 수 있다. 이것은 그가 자라면서 땜장이가 되는 것보다 뛰어난 무언가를 보여주었다는 것을 시사한다(p. 90).

마이클 패러데이도 간신히 105를 받았다. 심부름꾼 소년으로서의 신용과 모든 일에 질문을 던지던 성격이 조금 고려되어 부모의 불리한 지위를 극복할 수 있었다. 그의 A_2 IQ가 150으로 상승한 것은 좀더 유명해진 그의 청년기에 대한 정보가 증가한 것에 불과하다. 그러나 콕스는 한 사례에서만은 자신의 방법이 제시하는 불유쾌한 결과를 도저히 기록할 수 없었다. 비천하게 태어나 유년 시절에 대해 아무것도 알려지지 않은 셰익스피어의 점수는 100 이하가 될 수밖에 없었다. 따라서 콕스는 마찬가지로 유년기 기록이 불충분한 다른 사람들을 포함시켰음에도 불구하고, 유독 셰익스피어의 경우는 제외하지 않을 수 없었다.

콕스와 터먼의 사회적 편견을 반영하는 IQ 수치 산정의 기묘함 중에서, 몇 사람의 조숙한 소년들은(특히 클라이브, 리비히, 스위프트)* 고전학습을 싫어했고 학교에서 반항적이었다는 이유로 그 지위가 강등되었다. 또한, 권말 목록에서 최하위인 군인 바로 위에 작곡가들이 (그룹으로) 배열된 것으로 미루어 콕스가 예술 활동에 적대감을 가졌던 것이 분명해 보인다. 모차르트를 과소평가한 다음 문장을 살펴보자(p.129). "3세에 피아노를 배우고, 그 나이에 음악교육을 받을 수 있었고, 14세에 가장 어려운 대위법을 익혀 연주할 수 있는 아이라면 아마도 그가 속한 사회집단의 평균보다는 높은 수준일 것이다."

나는 콕스가 자신의 연구의 불안한 토대를 자각했음에도 고집스럽게 자신의 주장을 밀고 나갔다고 생각한다. 명성의 순위(캐텔 목록에서의 순위)와 그가 얻은 IQ와의 상관관계는 지극히 실망스러운 것이었다. 저명도와 A_2 IQ와의 상관관계는 고작 0.25에 불과했고, A_1 IQ와의 상관관계는 수치가 전혀 기록되지 않았다(내 계산에 의하면, 더 낮은 0.20이다). 그 대신 콕스는 그녀가 조사한 대상 중에서 가장 저명한 열 명의 A_1 IQ가 평균 4점으로—그렇다, 고작 4점이다—가장 저명도가 낮은 열 명보다 높다는 점을 중시했다.

콕스는 A_2 IQ 수치와 대상자에 대한 입수가능한 정보량을 나타내는 '신뢰도 지수(index of reliability)' 사이에 대단히 강한 연관(0.77)이 있음을 계산했다. 이것은 콕스의 IQ 수치가 자료량의 차이에 관한 한 인위적인 것이며, 선천적 능력, 더구나 재능 그 자체를 측정한 것이 아님을 입증하는 것이다. 콕스도 이 점을 인정했고 최후의 노력으로 자료가 적

---

* 옮긴이주 | 로버트 클라이브(Robert Clive, 영국의 인도지배권을 확립한 군인이자 정치가), 유스투스 폰 리비히(Justus von Liebig, 독일의 화학자), 조너선 스위프트(Jonathan Swift, 아일랜드 태생의 영국 소설가)

은 대상자들을 A₁ IQ 135, A₂ IQ 145라는 집단 평균까지 끌어올려 정보가 없는 대상의 점수를 '보정'하려고 시도했다. 이러한 조정은 평균 IQ를 크게 향상시켰지만 다른 혼란을 불러왔다. 수정되지 않은 점수에서 가장 저명한 50명의 A₁ IQ가 평균 142이고, 가장 저명도가 낮은 50명은 그보다 낮은 133이었다. 그런데 수정을 거친 후, 앞의 50명은 160점, 후자의 50명은 165점이 되었다. 결국 괴테와 볼테르만이 IQ와 저명도에서 최상위에 가까운 점수를 얻었다.

볼테르의 신에 대한 유명한 경구**를 바꾸어 말하면, 가령 역사상 저명인사의 IQ에 대한 충분한 정보가 존재하지 않더라도, 미국의 유전적 결정론자들이 그것을 날조한 것은 아마도 필연이었다고 결론내릴 수 있을 것이다.

사회적 지위와 IQ의 상관관계

터먼의 경험적 연구는 통계학자들이 IQ의 "집단 내 편차(within-group variance)"라고 부르는 모집단(예를 들어, 한 학교의 모든 어린이) 내에서의 점수 차이를 계산한 것이다. 그러나 그는 기껏해야 IQ 테스트에서 높은 득점 또는 낮은 득점을 얻은 아이들이 모집단의 증가와 함께 다른 아이들과의 관계에서 그 순위가 일반적으로 유지된다는 것을 보여줄 수 있을 뿐이었다. 터먼은 제 정신을 가진 사람이라면 누구나 후성보다 천성의 우위(nurture by nature)를 인정한다는 주장 이외에는 별다른 근거도 없이 아이들에게서 나타나는 차이의 대부분을 생물학적 소질의 편차로 돌렸다. 이런 종류의 유전적 결정론은 엘리트주의나 그에 수반되

** 옮긴이주 | "만약 신이라는 것이 존재하지 않았다면, '그'를 창조할 필요가 있었겠는가"라는 볼테르의 말을 뜻한다.

는 수용소 보호와 강제적인 생식 금지 등의 주장을 제기하기 때문에 오늘날 우리의 감성에는 불쾌감을 일으킬 수도 있다. 그러나 그 주장 자체는 집단간의 천성적인 차이를 주장하는 그보다 더 논쟁적인 논점을 수반하지는 않는다.

터먼은 모든 유전적 결정론자들이 저질렀고, 지금도 저지르고 있는 이 어처구니없는 외삽(外揷)을 실행에 옮겼다. 그리고 진정한 병리학적 이상의 원인과 정상적인 행동에서 나타나는 변이의 원인을 혼동해서 자신의 오류를 한층 복잡하게 만들었다. 예컨대 다운증후군과 연관된 정신적 지체가 특정한 유전적 결함(하나의 잉여 염색체) 때문이라는 것은 이미 잘 알려진 사실이다. 하지만 그 때문에 명백히 정상적인 많은 아이들의 낮은 IQ가 선천적인 생물학적 원인에 기인한다고 말할 수는 없다. 마찬가지로, 일부 사람들의 비만 원인이 호르몬 불균형 때문이라는 이유로 모든 비만자들이 구제불능이라고 주장할 수도 없다. 터먼은 모든 IQ 수치를 정규분포곡선의 우산 아래로 몰아넣으려고 시도했고(1916, pp.65~67), 따라서 모든 변이가 단일한 실체를 더 많이 또는 더 적게 소유하는지 여부의 공통된 근원을 가지고 있다고 주장했다. 그럼에도 불구하고, 성장하는 아이들의 집단 내에서의 IQ 순위가 항상 안정된다는 터먼의 데이터는 생물학적으로 고통받는 사람들이 항구적으로 낮은 IQ에 머물 것이라는 생각에 크게 의존하는 것이었다. 요약하자면, 집단 내의 변이를 집단간 변이로까지 외삽하는 것은 전혀 타당하지 않다. 또한 집단 내의 정상적인 변이가 선천적인 원인에 기인한다는 근거로서 병리적 개인들의 선천적인 생물학적 특성을 이용하는 것은 이중의 의미에서 타당하지 않다.

그러나 IQ 유전적 결정론자들은 최소한 그들의 선배격인 두개학자들이 여성에 대해 내린 가혹한 판정은 따르지 않았다. 여자아이들의 IQ 점수는 남자아이들보다 낮지 않았다. 그리고 터먼은 여성들의 제한된 취업 기회가 지적 재능을 잘못 이용하고 허비하기 때문이라고 주장했다(1916, p.72; 1919, p.288). 그는 IQ에 상응한 금전적 보수를 당연하다고 생각했고, 일반적으로 IQ가 100에서 120인 여성은 교사나 고급 속기사로, IQ 85인 남성이 운전사, 소방대원, 경찰관으로 받고 있는 것과 같은 수준의 보수를 받고 있다고 쓰고 있다(1919, p.278).

그러나 터먼은 인종과 계급에 대해서는 유전적 결정론자의 사고방식을 답습했고, 그 정당화가 자기 연구의 일차적인 목적이라고 선언했다. IQ의 이용에 대한 장을 끝맺으면서(1916, pp.19~20) 터먼은 다음과 같은 세 가지 질문을 던지고 있다.

사회와 산업계의 이른바 하층계급은 그들이 타고난 열등한 자질의 결과인가, 아니면 하등한 학교교육이나 가정의 결과인가? 천재는 무지하고 가난한 계급의 아이들보다 교육받은 계급의 아이들에게서 더 많이 나오는가? 열등한 인종은 정말 열등한 것인가, 아니면 불행하게도 교육받을 기회가 없었던 것인가?

사회적 지위와 IQ의 상관관계가 겨우 0.4에 불과한데도 불구하고, 터먼은(1917) "문제시되는 여러 가지 특성의 본질을 결정하는데, 환경은 타고난 소질만큼 중요하지 않다(p.91)"라는 주장을 뒷받침하는 다섯 가지 주된 근거를 제시했다. 처음 세 가지 근거는 부가적인 상관관계에 근거를 둔 것이며, 따라서 선천적 원인에 대한 어떤 근거도 추가하지 못한다. 터먼은 다음과 같이 계산했다. 1)사회적 지위와 교사의 지능평가 사이의 상관관계는 0.55이다. 2)사회적 지위와 학업 사이의 상관관계는 0.47이다. 3) '연령에 따른 발달'과 사회적 지위 사이의 상관관계는 그보다 더 낮지만, 이 결과는 발표되지 않았다.* 이 다섯 가지 특징—IQ, 사회적 지위, 교사의 평가, 학업, 연령에 따른 발달—은 모두 복잡하고 밝혀지지 않은 동일한 원인에 대한 쓸데없이 장황한 측정일 수 있기 때문에 아무리 다른 조합으로 그 상관관계를 덧붙이더라도 IQ와 사회적 지위 사이의 상관관계 0.4라는 기본적 결론에는 아무런 변화도 없다. 만약 0.4의 상관관계가 선천적 원인에 대해 어떤 증거도 제공하지 않는다면, 이러한 부가적 상관관계들 역시 아무런 근거도 되지 못한다.

네 번째 주장은 터먼 자신도 근거의 취약함을 인정했으며(1916, p.98), 아마도 그가 병리적인 이상과 정상적인 변이를 혼동했던 것 같다. 따라서 앞에서도 이야기했듯이, 무의미한 주장이다. 정신박약아는 부자인 부모나 지적으로 성공한 부모에게서도 자주 태어나기 때문이다.

다섯 번째 주장은 터먼의 유전적 결정론에 대한 강한 신념과 환경의 영향력에 대한 놀랄 정도의 둔감함을 확실하게 보여준다. 터먼은 캘리포니아의 고아원에서 20명의 아이들의 IQ를 측정했다. 그중에서 고작 세 명만이 "충분히 정상"이었고, 나머지 17명은 75에서 90이었다. 터먼은 이들의 낮은 IQ의 원인을 부모가 없는 생활로 돌릴 수 없다고 주장했다. 터먼은 그 이유를 다음과 같이 설명했다(p.99).

> 문제의 고아원은 비교적 양호한 시설이고, 중산층의 평균적 가정생활과 마찬가지로 정상적인 지적 발달을 자극하는 환경이다. 아이들은 이 고아원에 살면서 캘리포니아 마을에 있는 공립학교에 다니고 있다.

---

* 터먼의 연구에서 나타나는 짜증스러운 특징은 상관관계가 자신에게 유리하게 나타날 때에는 그 수치를 인용하지만, 그의 가설에 불리하게 낮을 경우에는 실제 수치를 인용하지 않는다는 점이다. 이러한 편법은 앞에서 다룬 콕스의 사후(死後) 천재에 관한 연구나 터먼의 직종과 IQ의 상관관계에 관한 분석에서도 즐겨 사용되었다.

따라서 그는 낮은 IQ가 이러한 시설에 맡겨진 아이들의 생물학적 특징을 반영하는 것이 분명하다고 생각했다.

이런 시설에서 이루어진 일부 테스트는, 고학년과 중간 학년에 정상 이하의 지능을 가진 아이들이 고아원에서 자주 발견된다는 사실을 보여준다. 설령 전부는 아니지만, 대부분의 아이들은 낮은 사회계급의 아이들이다(p.99).

터먼은 20명의 아이들이 고아원에 있다는 사실 이외에는 아이들의 생활에 대한 직접적인 증거를 제공하지 않고 있다. 심지어 아이들이 모두 "낮은 사회계급" 출신이라는 그의 주장도 확실한 것이 아니었다. 그가 품고 있던 최소한의 전제도, 낮은 IQ의 아이들이 가진 명백히 공통된 사실—고아원에서 살고 있다는—과 연관시키고 있는 것이 분명하다.

터먼은 개인에서 사회계급으로, 나아가 인종으로 쉽게 이동했다. 70~80 사이의 IQ가 빈번하게 나타나는 점에 대해 고심하면서, 그는 다음과 같이 한탄했다(1916, pp.91~92).

노동자와 하녀 중에는 이런 사람들이 수천 명이나 된다. (……) 테스트는 진리를 이야기해주었다. 이런 소년들은 극히 초보적인 훈련 이상으로는 교육시킬 수 없다. 아무리 많은 학교교육으로도 그들을 지적인 유권자나 유능한 시민으로 키울 수는 없을 것이다. (……) 그들은 남서부의 스페인계 인디언이나 멕시코인 가족, 또는 흑인들 사이에서 공통적으로 나타나는 지능수준을 보여준다. 그들의 나태함은 인종적인 것이거나 최소한 그들 가계의 고유한 것으로 생각된다. 인디언, 멕시코인, 흑인에서 이러한 유형이 매우 높은 빈도로 발견된다는 사실은 지적 특징 속에서 인종적 차이라는 전체적 문제가 새롭게 인식되어야 하고, 실험적 방법에 의해 다루어져야 한다는 것을 강하게 시사한다. 필자는 이러한 새로운 접근을 통해 인종에 따라 일반 지능의 큰 차이가 발견될 것이고, 그 차이는 어떠한 정신문화의 시책에 의해서도 개선될 수 없으리라고 예언한다. 이런 집단의 아이들은 특수학급에 격리되어 구체적이고 실용적인 교육을 받아야 한다. 그들은 추상적 개념을 배울 수는 없지만, 종종 유능한 노동자가 되기도 하며 스스로를 돌볼 수도 있다. 우생학적 관점에서는 그들의 왕성한 번식력이 큰 사회문제로 인식되고 있지만, 현재 그들이 아이를 낳지 못하게 막아야 한다는 것을 사회적으로 설득하기는 불가능하다.

터먼은 스스로도 선천성에 대한 자신의 주장이 설득력이 약하다는 것을 느끼고 있었다. 그러나 그것이 무슨 대수겠는가? 그처럼 명백한 상식을 굳이 입증할 필요가 있을까?

결국, 상식적 관찰은 지능이나 성격과 같은 타고난 특징이 우연보다는 그 가족이 속한 사회계층에 의해 결정된다는 것을 보여주지 않는가? 유전에 대해 이미 알려진 사실을 통해, 우리는 유복하고, 교양 있고, 성공한 부모의 아이들이 슬럼가나 빈곤한 환경에서 자란 아이들보다 우수한 자질을 가지고 있을 것이라고 자연스럽게 기대하지 않는가? 이런 물음에 대한 긍정적 답은 우리가 얻을 수 있는 거의 모든 과학적 증거에 의해 시사되고 있다(1917, p.99).

누구의 상식인가?

터먼의 후퇴

터먼이 1937년에 쓴 스탠퍼드-비네 테스트의 개정판은 얼핏 보면 같은 저자의 것으로 생각되지 않을 정도로 1916년의 초판과는 사뭇 다르다. 그러나 이미 시대가 바뀌었고, 감정적인 애국주의나 우생학이라는 지적 유행은 대공황이라는 수렁에 깊이 빠졌다. 1916년에 터먼은 성인의 정신연령을 16세로 정했다. 테스트를 위한 그보다 나이 많은 남학생의 무작위 표본을 구할 수 없었기 때문이다. 1937년에서야 이것을 18세로 올릴 수 있었다. "테스트가 이루어진 당시에 고용상황이 극도로 악화되어 일반적으로 14세 이후에 늘어나기 시작하는 중퇴자가 크게 감소되었고, 그런 이유로 조사가 용이해졌기 때문이다(1937, p.30)."

터먼은 명시적으로 과거의 결론을 포기하지는 않았지만, 그 결론을 침묵의 베일로 덮었다. 몇 가지 신중한 발언 이외에는 유전성에 대해 한마디도 들을 수 없다. 집단간 차이의 모든 잠재적인 이유는 환경적 관점에서 다루어졌다. 터먼은 사회계급간의 IQ 평균차를 나타내기 위해 그가 이전에 만들었던 곡선을 제출했지만, 평균적인 차이가 너무 작아서 개인에 대한 예측적 정보를 제공할 수 없다는 점을 경고했다. 우리도 이러한 평균적 차이를 유전적 영향과 환경적 영향으로 어떻게 배분해야 할지 알지 못한다.

이러한 수치는 평균값을 언급할 뿐이고, 각 집단 내의 IQ가 변하기 쉽다는 관점에서 보면, 각각의 분포는 서로 크게 겹치고 있다는 사실을 강조할 필요도 없다. 또한 이러한 데이터는 그 자체로, 관찰된 평균적인 차이를 결정하기 위해 유전적 요인과 환경적 요인의 상대적 기여를 나타내는 어떠한 결정적 증거도 제공하지 않는다. 이 점은 굳이 지적할 필요가 없을 것이다.

몇 페이지 뒤에서 터먼은 시골에 사는 아이들의 IQ가 더 낮은 점을 지적하고, 시골 아이들의 IQ는 취학 후 연령 증가와 함께 하강하는 데 비해 도시의 반숙련 노동자나 미숙련 노동자의 아이들은 상승한다는 기묘한 발견을 언급하면서 시골 아이들과 도시 아이들의 차이를 논한다. 그는 확고한 견해를 표명하지는 않았지만, 그가 검증하려는 가설이 이제는 환경적인 것임을 시사하고 있다.

시골 아이들의 IQ가 낮은 이유가 지역 공동체의 교육시설이 상대적으로 취약하기 때문인지, 경제적으로 낮은 계층 출신 아이들의 IQ가 높은 것이 학교에 의해 주어지는 지적 환경의 풍부함 때문인지를 결정하기 위해서는 그 목적을 위해 신중하게 계획된 광범위한 연구가 필요할 것이다.

시대가 변하면 풍속도 바뀌기 마련인 모양이다.

IQ 시대의 도래에서 이민제한법 통과까지

심리학의 급성장

로버트 M. 여크스는 1915년, 갓 마흔을 넘을 무렵 실의에 빠졌다. 그는 1902년 이래 하버드 대학의 교수였고 뛰어난 조직가였으며 자신의 분야를 확장하기 위해 노력하는 달변의 선전가였다. 그러나 아직 심리학은, 과학이기는 해도 '부드러운(soft)' 과학이라는 세간의 인식에서 벗어나지 못하고 있었다. 일부 대학에서는 심리학의 존재를 아예 인정하지 않았고, 또 다른 대학들은 인문학에 포함시켜 심리학자를 철학과로 발령하기도 했다. 무엇보다 여크스는 심리학이 물리학과 마찬가지로 엄밀한 과학이 될 수 있다는 사실을 입증해서 자신의 분야를 확립하고 싶었다. 여크스를 비롯한 동시대 사람들은 대부분 엄밀함(rigor)을 숫자와 정량화를 다루는 과학과 등치시켰다. 여크스는 풍부하고 객관적인 수치를 얻을 수 있는 가장 유망한 원천이 이제 갓 태어난 지능 테스트라는 분야라고 생각했다. 만약 심리학이 과학의 우산 밑에서 인간의 가능성에 대한 문제를 다룰 수 있다면, 심리학의 시대가 도래해 재정적·제도적 지원을 받는 진정한 과학으로 받아들여질 것이라고 여겼다.

우리는 대부분 인간의 미래가 생물과학이나 사회과학과 같은 다양한 학문의 발달에 크게 의존할 것이라고 확신한다. (……) 우리는 (……) 지능측정법을 더욱 개량하기 위해 노력해야 한다. 인간행동의 연구가 갖는 실천적 중요성뿐만 아니라 그 이론적 중요성에 대한 의구심이 더 이상 존재하지 않기 때문이다. 우리는 심리학적 의미와 사회학적 의미를 갖는 행동의 모든 형태와 양상들을 능숙하게 측정하는 방법을 개발해야 한다(Yerkes, 1917a, p.111).

그러나 지능 테스트는 충분치 못한 지원과 그 자체의 내적 모순으로 난관에 봉착했다. 그 가장 큰 이유는 지능검사가 거의 훈련받지 않은 비전문가들에 의해 광범위하게 실시되었고, 그에 따른 어처구니없는 결과로 이 기획 전체가 오명을 뒤집어쓰게 되었기 때문이다. 1915년에 시카고에서 열린 미국심리학회 연례회의에서 한 비판자는 시카고 시장이 지능 테스트를 받은 결과 비네 척도의 한 버전으로 노둔자에 해당하는 평가를 받았다고 보고했다. 여크스는 그 회합에서 벌어진 토론에서 비판자들 편에 가세하면서 이렇게 말했다. "우리는 과학을 수립하고 있다. 그러나 누구나 작동할 수 있는 메커니즘을 고안해내지는 못했다(Chase,

1977, p. 242에서 인용).”

두 번째 이유는 적절하게 적용될 때에는 가용한 여러 척도가 현저하게 다른 결과를 낳을 수 있다는 것이었다. 앞에서 설명했듯이, 스탠퍼드-비네 척도에서는 비록 낮은 값이지만 정상에 포함되는 사람들의 절반이 고더드 버전의 비네 척도에서는 노둔자로 판정되었다. 마지막으로 지원이 너무 불충분했고, 조정이 지나치게 산발적으로 이루어져 확신에 도달할 정도로 풍부하고 균일한 데이터 풀을 형성할 수 없었다(Yerkes, 1917b).

전쟁은 항상 숨겨진 동기를 가진 군대의 추종자들을 만들게 마련이다. 대부분은 단순한 건달이나 폭리를 취하는 상인들이지만, 그중에는 좀더 야심찬 이상을 품은 사람들도 있다. 제1차 세계대전의 동원령이 가까워지자 여크스는 과학의 역사를 추진시킨 '빅 아이디어(big idea)' 중 하나를 떠올렸다. 심리학자들이 신병 전원에게 지능 테스트를 실시하도록 육군을 설득할 수 있지 않을까 하는 것이었다. 만약 그것이 실현된다면, 지능 테스트는 심리학의 현자의 돌(philosopher's stone, 연금술사들이 비금속을 금으로 바꾸는 능력이 있다고 믿은 상상의 돌/옮긴이)이 될지도 몰랐다. 그 풍부하고, 유용하고, 균일한 숫자들이 의심스러운 기술을 훌륭한 과학으로 전환시킬 동력을 제공할 수 있을 것으로 생각했다. 그는 동료와 정치계의 동조자들을 규합해 목적을 달성했다. 여크스는 대령으로 제1차 세계대전 중에 175만 명의 신병에게 실시된 지능 테스트를 총괄했다. 후일 그는 지능 테스트가 "전쟁을 승리로 이끄는 데 도움을 주었다"고 공언하며 이렇게 덧붙였다. "동시에 지능 테스트는 전쟁을 통해 과학으로 확립되었고, 인간공학에서 진지하게 고려되어야 할 분야임을 입증했다(Kevles, 1968, p. 581에서 인용)."

여크스는 육군지능 테스트 문항을 작성하기 위해 미국 정신측정학(psychometric) 분야의 주요 유전적 결정론자들을 모두 소집했다. 1917

년 5월에서 7월까지, 그는 터먼, 고더드 그리고 그밖의 동료들과 함께 뉴저지주의 비네랜드에 있는 고더드의 훈련학교에서 연구를 진행시켰다.

그들은 이 테스트를 세 종류로 나누어 진행했다. 글을 읽고 쓸 수 있는 신병은 육군 알파 테스트라 불리는 필기시험을 치르게 했고, 문맹(文盲)이거나 알파 테스트에 떨어진 신병에게는 육군 베타 테스트(Army Beta)라 불리는 그림을 이용한 테스트가 부과되었다. 또 베타 테스트에 실패한 사람에게는 대개 비네 척도 중 일부 버전을 이용한 개인 테스트를 실시했다. 육군의 심리학자들은 신병을 A에서 E까지(각 등급의 플러스와 마이너스를 포함해서) 다섯 단계로 나누고, 등급에 따라 보직을 지정해서 배치하도록 권고했다. 여크스는 C등급에 해당하는 신병의 경우 "낮은 수준의 평균지능—보통 병졸"이라고 표시해야 한다고 주장했고, D등급은 "특수한 기능, 신중한 고려, 지력(智力) 또는 지속적인 경계를 요하는 임무에는 거의 적합하지 않음", D와 E에 해당하는 병사는 "문서로 된 지시를 읽거나 이해하는 일"을 기대할 수 없다고 지적했다.

나는 육군이 그 테스트를 적극적으로 활용했다고는 생각하지 않는다. 기본적인 훈련도 받지 않고 장교 계급장을 단 건방진 애송이 심리학자들이 초청도 받지 않고 들이닥쳐서 지능검사를 하기 위한(설령 그 검사가 가능하다 하더라도) 장소로 건물을 징발하고, 많은 신병들을 한 시간 동안 조사한 다음 여러 군사적 임무에 어떤 사람이 적절한지 판단하는 장교의 전통적 권한을 침해한다면, 직업 장교들이 어떤 느낌을 받았을지 미루어 짐작할 수 있기 때문이다. 여크스의 특수대는 일부 부대의 노골적인 적대감에 시달려야 했고, 다른 부대에서는 여러 가지 방식으로 더 심한 보복을 당했다. 그들은 정중한 대우를 받았고, 적당한 시설이 주어졌지만, 그런 다음에는 대개 무시되었다.* 일부 육군장교들은 여크스의 의도에 의혹을 품고, 테스트 계획에 관련된 각기 독립된 세 가지 조사에 착수했다. 그중 한 보고서는 "어떤 이론가도 (……) 학술적인 조사연구와 인종의 장래 이익을 위한 데이터를 얻기 위해 이런 오락 같은 일을 벌이지는 않을 것이다"라고 비난하면서 이 활동이 통제되어야 한다고 결론지었다(Kevles, 1968, p. 577에서 인용).

그러나 이 테스트는 일부 분야, 특히 장교훈련을 결정하는 심사위원에게 상당한 영향을 미쳤다. 전쟁이 시작될 무렵, 육군과 주방위군에는 9천 명의 장교가 있었다. 종전(終戰)까지 20만 명의 장교가 임관했고, 그중 3분의 2가 바로 이 테스트가 이루어진 훈련소에서 군대 생활을 시작했다. 일부 부대에서는 C 이하의 성적을 받은 사람은 장교훈련 대상에서 제외되기도 했다.

그러나 여크스의 테스트가 육군에만 중요한 영향을 미친 것은 아니었다. 여크스는 육군을 승리로 이끌지 않았을지는 모르지만, 자신의 전투에서는 확실히 승리했다. 당시 그는 75만 명의 균일한 데이터를 얻었고, 대량으로 이루어진 최초의 지능 필기 테스트인 알파 테스트와 베타 테스트를 고안했다. 그후 학교와 기업에서 문의가 쇄도했다. 엄청난 분량의 모노그래프인 「미국에서의 심리 테스트(*Psychological Examining in the United States Army*)」(Yerkes, 1921) 96쪽에서 여크스는 이후 심대한 사회적 중요성을 가진 발언을 마치 농담을 하듯 슬그머니 끼워넣었다. "기업, 교육기관, 그리고 개인들로부터 육군심리 테스트를 이용하거나 특수

* 여크스는 제1차 세계대전에서 거둔 업적에도 불구하고 군심리학(military psychology)이 정당한 존경을 받지 못했다고 평생 동안 불평을 늘어놓았다. 제2차 세계대전 동안에도 늙은 여크스는 여전히 투덜거리면서, 나치가 지능검사의 올바른 사용과 군 인사(人事)에 지능 테스트를 장려하는 측면에서 미국을 능가하고 있다고 주장했다. "독일인은 군심리학의 발전에서 훨씬 앞서고 있다. (……) 나치스는 군의 역사에서 아무도 필적할 수 없는 업적을 달성했다. (……) 독일에서 실행되고 있는 일은 우리 육군에서 1917~1918년에 시행했던 심리학적·인사적 활동의 논리적 연속이다(Yerkes, 1941, p. 209)."

한 용도로 응용하게 해달라는 의뢰가 밀어닥쳤다." 모든 학생을 테스트하는 기술이 개발되었기 때문에 이제 비네의 목적은 우회적으로 달성된 셈이다. 테스트는 모든 사람을 서열화하고, 능력별로 편성할 수 있게 되었다. 대중 테스트의 시대가 시작된 것이다.

육군지능 테스트의 결과

지능 테스트의 주된 영향은 육군이 개인들의 IQ 점수를 무기력하게 활용했기 때문이 아니라 여크스의 통계결과를 요약한 보고서에 수반된, 일반인들을 대상으로 한 선전에서 비롯되었다(Yerkes, 1921, pp. 553~875). 후일 유명한 심리학자가 되었지만, 당시에는 여크스의 부관(그리고 육군 대위)이었던 E. G. 보링(E. G. Boring)은 파일에서 6만 명의 사례를 뽑아 1920년대에 강경한 유전적 결정론을 퍼뜨린 자료를 만들었다. 그의 작업은 경이로운 것이었다. 보링이 단 한 명의 조수의 도움을 받아 수집한 표본은 엄청나게 방대한 것이었다. 더구나 세 종류의 테스트 척도(알파 테스트, 베타 테스트, 개인 테스트)는 공통의 기준으로 변환되어야 했다. 그래야만 저마다 각각의 테스트를 받은 비율이 다른(예를 들어, 흑인은 거의 알파 테스트를 받지 않았다) 대상자들의 표본에서 인종이나 국가별 평균을 얻을 수 있었기 때문이다.

보링이 수집한 숫자들의 바다에서 다음과 같은 세 가지 '사실(fact)'이 수면 위로 부상했고, 그 사실은 이들 테스트의 근원이 잊혀진 후에도 오랫동안 미국의 사회정책에 계속 영향을 주었다.

1. 미국 백인 성인의 평균 정신연령은 놀랍게도 노둔보다 약간 높은 13세에 불과했다. 과거에 터먼은 표준을 16세로 설정했다. 이 새로운 수치는 가난뱅이와 정신박약자의 결혼, 흑백 잡혼(雜婚)에 의한 흑인 혈통의 확산, 특히 남유럽과 동유럽의 인간 쓰레기들의 이민을 억제하지 못

함으로써 야기되는 지적인 토착민(앵글로 아메리칸을 뜻한다/옮긴이) 혈통의 열화(劣化)와 지능 저하를 개탄하고 암울한 미래를 예견했던 우생학자들을 모이게 하는 집결점이 되었다. 여크스는 이렇게 쓰고 있다.*

> 일반적으로 성인의 평균 정신연령은 약 16세로 알려져 있다. 그렇지만 이 수치는 고작 62명을 대상으로 한 테스트에 기초한 것이다. 그들 중 32명은 16~20세 사이의 고등학생이었고, 30명은 "보통 정도의 성공을 거두었고, 상당 수준의 교육을 받은 회사원"이었다. 집단 크기가 너무 작아서 이 결과는 신뢰할 수 없고 전형적이지도 않을 것이다. (……) 백인 신병을 대상으로 한 주요 표본의 지능은 알파 테스트와 베타 테스트를 정신연령으로 변환할 경우 약 13세(13.08)이다(1921, p.785)."

그러나 여크스 자신도 말했듯이, 그는 이 말이 논리적으로 터무니없다는 사실을 느끼기 시작했다. 평균은 평균이다. 평균이 그래야 하는 것보다 세 살 아래가 될 수는 없다. 따라서 여크스는 생각을 바꾸어 이렇게 덧붙였다.

> 그렇지만 이 신병들이 평균보다 3세 아래의 정신연령이라고 확실하게 이야기할 수는 없다. 실제로 부수적 근거를 토대로, 신병들 자체가 고교생이나 회사원 집단보다 미국의 평균지능을 더 잘 대표한다고 주장할 수도 있을 것이다(1921, p.785).

---

* 나는 과연 여크스가 1921년에 발표된 엄청난 분량의 논문을 처음부터 끝까지 혼자 썼을지 의심스럽다. 그러나 그는 이 공식적인 보고서의 유일한 저자로 표기되어 있고, 간단한 표기를 위해 그리고 다른 정보가 부족하기 때문에 이후 계속 이 보고서를 여크스의 것으로 간주하겠다.

만약 정신연령 13.08세가 백인 평균이고, 8~12세의 정신연령이 노둔이라면 미국 국민의 거의 절반이 노둔인 셈이다. 여크스는 이렇게 결론지었다(1921, p.791). "현재의 정의에 따른다면, 노둔자를 모두 몰아내기란 전혀 불가능할 것이다. 왜냐하면 백인의 37퍼센트, 흑인의 89퍼센트가 13세 이하이기 때문이다."

2. 유럽 이민자는 출신국에 따라 등급을 부여할 수 있다. 많은 나라의 평균적인 사람들이 노둔자이다. 피부색이 짙은 남유럽인이나 동유럽의 슬라브인들은 서유럽과 북유럽의 피부가 흰 사람들보다 지능이 낮다. 북유럽인의 탁월성은 맹목적 애국주의자의 편견이 아니다. 평균적인 러시아인은 정신연령이 11.34세이고, 이탈리아인은 11.01세, 폴란드인은 10.74세이다. 폴란드인에 대한 농담은 노둔자를 빗댄 농담과 똑같이 타당성을 갖는다. 실제로 그 농담에서는 둘 다 동물로 묘사된다.

3. 흑인의 정신연령은 10.41세로 척도에서 맨 아래이다. 일부 부대에서는 분석을 좀더, 그리고 명백하게 인종차별적 방향으로 진전시키려고 시도했다. 캠프 리(Camp Lee)에서는 흑인들이 피부색의 농도에 따라 세 집단으로 나뉘어졌으며, 검은 빛이 옅은 집단이 더 높은 점수를 얻었다(p.531). 여크스는 장교들의 견해가 자신의 수치와 일치한다고 보고했다(p.742).

모든 장교들이 한결같이 흑인이 솔선수범하는 능력이 결여되고, 지도력이 거의 또는 전혀 없으며, 책임감이 없다는 데 동의한다. 일부 장교들은 이러한 결함이 남부 흑인일수록 심해진다고 지적했다. 더욱이 모든 장교가 흑인이 쾌활하고 순종적인 병사이고, 천성적으로 비굴하다는 점을 인정하는 것처럼 보인다. 이러한 성질은, 좀도둑이나 성병(性病)이 백인 병사들보다 많기 때문에, 양질의 훈련을 위해서는 반드시 필요하지 않지만 당장의 복종에는 유리하다.

이러한 방식에 따라 여크스와 그의 동료들은 그밖의 몇 가지 사회적 편견을 실험했다. 그중 일부, 특히 대부분의 범죄자가 정신박약이라는 일반에 유포된 우생학적 개념에 대한 실험은 성공을 거두지 못했다. 정치적 이유로 신념에 의해 병역을 기피한 사람들 중에서, A등급을 받은 사람은 59퍼센트였다. 심지어는 명백한 명령불복종자도 평균보다 훨씬 높은 점수를 받았다(p. 803). 그러나 그밖의 결과는 그들의 편견을 뒷받침해주었다. 그들 자신이 비전투 종군자(camp follower, 야영부대를 따라다니는 인부, 상인, 매춘부 등을 가리키는 말/옮긴이)였던 여크스 부대는 자신들보다 오랜 전통을 자랑하는 현지 매춘부들을 조사하기로 결정했다. 그리고 그들의 53퍼센트(백인 44퍼센트, 흑인 68퍼센트)가 고더드 버전 비네 척도에서 10세 이하라는 사실을 발견했다(그들은 고더드의 척도가 다른 비네 테스트보다 사람들을 낮게 평가한다는 점을 인정했다). 여크스는 이렇게 결론지었다(p. 808).

매춘부에 대한 육군 테스트 결과는 미국 내 여러 지역에서 매춘부를 대상으로 이루어진 민간 조사결과를 확인해주었다. 30~60퍼센트의 매춘부들이 지능장애자이고, 대부분이 심한 노둔자이다. 또한 전체 매춘부의 15~25퍼센트는 지능이 낮기 때문에 정신박약자를 위한 시설에 영구 격리하는 것이 현명한(그리고 대부분 주의 현행법상 가능한) 조치일 것이다.

사람들은 800쪽에 달하는 통계 논문을 읽는 부담을 덜어주기 위한 약간의 유머에 감사할 것이다. 육군의 전직원이 해당 지역의 매춘부들을 모두 모아 자리에 앉히고 비네 테스트를 받게 한다는 생각은 나를 몹시 즐겁게 해주었지만, 그런 즐거움 이상으로 그 여성들을 어리벙벙하게 만들었을 게 분명하다.

순수한 수치로서, 이 데이터는 아무런 본질적인 사회적 메시지도 전하지 않았다. 이러한 자료는 기회균등성을 고무시키고, 많은 미국인들에게 부과된 불리한 처지를 강조하기 위해 사용되었을 수도 있다. 여크스는 13세라는 정신연령이라는 것이 상당수의 신병들이 고등학교를 졸업하거나 심지어는 입학할 기회도 얻지 못했다는 사실을 반영한다고 주장했을 수도 있다. 그는 일부 전국적인 집단에서 낮은 평균이 나온 이유를 그 나라 출신 대부분의 신병이 영어를 구사할 수 없고 미국문화에 친숙하지 않은 최근 이민자라는 사실에서 찾을 수도 있었을 것이다. 또한 그가 흑인의 낮은 점수와 노예제도나 인종차별주의의 역사 사이의 연관성을 인식했을 수도 있다.

그러나 800쪽에 달하는 논문 중에서 그는 환경적 영향의 역할에 대해서는 단 한 마디도 언급하지 않았다. 그 테스트는 이 장(章)의 앞부분에서 설명했듯이, 미국의 저명한 유전적 결정론자들을 모두 망라한 위원회에 의해 작성되었다. 테스트는 선천적 지능을 측정하도록 만들어진 것이기 때문에 당연히 그 틀 속에서 측정이 이루어졌다. 결국 악순환의 고리는 단절될 수 없었다. 모든 주요 발견에 대해 유전적 결정론에 기초한 해석이 가해졌고, 종종 명백한 환경적 영향을 무시하기 위해 경이로울 정도로 기발한 변명이 덧붙여졌다. 캠프 그린리프의 군심리학학교(School of Military Psychology at Camp Greenleaf)에서 발행된 회람에는 다음과 같은 주장이 들어 있다(문법상의 오류는 너그럽게 이해해주기 바란다). "이러한 테스트들은 직업적 적성을 측정하는 것도 교육 성취도를 측정하는 것도 아니다. 그것은 지적 능력을 측정한다. 후자는 군인적 가치를 평가할 때 중요하다는 점이 입증되었다(p.424).″ 그리고 책임자 자신도 이렇게 주장했다(Yerkes, Chase, 1977, p.249에서 인용).

알파 테스트와 베타 테스트는 외국 태생으로 교육을 받지 못해 영어 사용에 능숙하지 않은 사람들의 불리한 조건을 최소화하기 위해 만들어졌고 관리되었다. 이러한 집단 조사는 원래 선천적 능력을 측정하는 것을 목적으로 하며, 오늘날 그 사실이 분명히 알려져 있다. 이러한 테스트는 교육의 습득에 의해 어느 정도 영향을 받는다. 그러나 대체로 병사의 선천적 지능이 육군에서의 지적 서열이나 계급을 결정하는 것이며, 환경의 우연성에 의해 결정되지는 않는다.

육군지능 테스트에 대한 비판
테스트 내용
알파 테스트는 8개, 베타 테스트는 7개의 항목으로 이루어졌다. 각각의 소요시간은 한 시간 이내이며, 대규모 집단을 대상으로 실시할 수 있다. 알파 테스트에 포함된 대부분의 항목은 이후 IQ 검사를 받는 모든 세대에게 친숙한 문항들, 즉 유추, 연속한 숫자의 다음 숫자 넣기, 순서가 뒤섞인 문장들을 제대로 배열하기 등이었다. 이러한 유사성은 우연이 아니다. 육군 알파 테스트가 상징적으로든 실제로든, 모든 필답 지능 테스트의 토대가 되었기 때문이다. 여크스의 제자 중 한 사람인 C. C. 브리검(C. C. Brigham)은 후일 대학입학시험위원회(College Entrance Examination Board)의 위원장이 되었고, 육군 테스트를 모형으로 삼아 대학진학적성시험(Scholastic Aptitude Test, SAT)을 개발했다. 여크스의 논문을 살펴보다가 어디선가 본 듯한 특이한 느낌을 받는다면, 그것은 아마 학생 시절의 대학진학적성시험을 볼 때 느끼던 불안감이 떠올랐기 때문일 것이다.

　이 친숙한 문항들은 특별히 문화적 편향에 빠져 있다는 식의 비난을 전혀 받지 않았다. 그것은 지금이나 그때나 마찬가지다. 물론 그 문항들은 일반적인 의미에서 읽고 쓸 수 있는 능력을 테스트한다. 그러나 이 능력은 유전적 능력이라기보다 교육의 결과이다. 더욱이 동년배의 같은 학교 경험을 가진 아이들을 테스트하기 때문에 부분적으로 아이들의 타고난 생물학적 특성을 기록할 수도 있다는 교사의 주장이 육군의 신병에게는 적용되지 않는다. 신병들은 저마다 교육을 받을 수 있는 기회가 달라 그들의 점수는 학교교육 기간의 차이를 나타내는 기록에 불과하기 때문이다. 몇 가지 항목은 "선천적 지능을 측정한다"는 여크스의 주장을 만족시키는 것도 있기는 하다. 알파 테스트의 비유를 생각해보자. "워싱턴대 애덤스(미국의 제2대 대통령/옮긴이)는 첫번째에 대한 몇 번째인가?"

　그러나 각 테스트의 한 항목은 여크스의 분석법을 감안한다면 우스꽝스러울 뿐이다. 다항식 선택문제가 나음과 같은 문항들로 이루어져 있다면, 어떻게 여크스와 그 동료들이 최근 이민자들의 낮은 점수를 선천성 우둔함의 증거로 돌릴 수 있겠는가?

　　크리스코는? 특허 의약품, 소독약, 치약, 식료품
　　카피르말의 다리 숫자는? 2, 4, 6, 8
　　크리스티 매튜슨은 무엇으로 유명한가? 작가, 예술가, 야구선수, 코미디언

　나는 마지막 문제를 맞출 수 있었지만, 뉴욕에서 자라난 지식인 내 동료는 당시 뉴욕을 연고지로 한 세 개의 주요 야구팀 영웅들의 이름을 전혀 모르고 있었기 때문에 대답하지 못했다.

　여크스는 최근 이민자들이 대개 알파 테스트보다 베타 테스트를 받았

다고 응수할지도 모른다. 그러나 베타 테스트는 같은 주제를 그림으로 나타낸 것이다. 이러한 그림 완성시키기 테스트에서는 처음 문항들이 충분히 일반적이라고 변명할 수 있을지도 모른다. 가령 얼굴에 입을 그려 넣거나 토끼에게 귀를 그리는 식으로 말이다. 그러나 다음 항목들은 주머니칼의 리벳, 전구의 필라멘트, 축음기의 확성기, 테니스 코트의 네트, 볼링선수의 손에 있는 공을 그릴 것을 요구하고 있다(만약 대상자가 볼링 레인에 공을 그려넣으면 틀린 답이다. 여크스는 그 이유를 볼링선수의 자세를 볼 때 공이 아직 손에서 떠나지 않은 것을 알 수 있기 때문이라고 설명한다). 초기의 비판자인 프란츠 보아스(Franz Boas)는 시실리섬 출신 신병의 사례를 들었다. 이 신병은 자신이 태어난 고향에서는 집집마다 지붕에 십자가가 있기 때문에 문제에서 굴뚝을 그려야 할 위치에 십자가를 그려넣었다. 물론 그 답은 틀린 것으로 간주되었다.

테스트 시간은 엄격하게 제한되었다. 다음 50명이 문 밖에서 차례를 기다리고 있었고 실제로 신병들이 모든 문제를 풀고 답을 쓰리라고 기대하지도 않았다. 알파 테스트를 받는 사람들에게는 그 사실이 설명되었지만, 베타 테스트의 경우에는 설명되지 않았다. 여크스는 왜 그렇게 많은 신병들이 그처럼 많은 설문에서 0점을 받았는지 의아해했다(이것은 테스트가 아무런 가치도 없다는 것을 말해주는 가장 뚜렷한 증거이다. 353~357쪽을 참조하라). 불안하고 긴장된 데다 많은 사람들이 운집된 상태에서 시험이 치러진다면(설령 그렇지 않다 해도), 다음과 같은 알파 테스트 1번 설문을 단 한 차례 주어지는 지시를 이해하고 10초 이내에 답할 수 있겠는가?

주목! 4번을 보시오. 내가 '시작'이라고 말하면 삼각형이나 사각형 속이 아니라 원 속에 숫자 1을 쓰시오. 그런 다음 사각형 속이 아니라 삼각형과 원 속에 숫자 2를 쓰시오. 시작.

주목! 6번을 보시오. 내가 '시작'이라고 말하면, 두 번째 원 속에 '1년은 몇 개월인가'의 올바른 답을 쓰시오. 세 번째 원에는 아무것도 쓰지 마시오. 네 번째 원에는 당신이 방금 대답했던 문제의 정답이 아닌 숫자를 쓰시오. 시작.

불충분한 조건들

여크스의 규칙은 엄격하고 까다로운 것이었다. 검사관은 불합격자가 다른 테스트를 받게 하기 위해 사람들을 신속하게 분석하고 즉석에서 대상자들을 여러 등급으로 나누어야 했다. 게다가 몇몇 캠프의 고급 장교들로부터 은근한 적대감이 감지되었기 때문에 여크스의 검사관들은 자신들이 약속했던 일정과 절차를 간신히 마치는 것 이상의 조사를 할 수 없었다. 따라서 그들은 필요에 따라 계속 타협하고, 철회하고, 변경했다. 절차는 부대에 따라 크게 달랐기 때문에 그 결과를 서로 대조하거나 비교하기란 거의 불가능했다. 여크스의 잘못이 비실용성과 과도한 야심 이상은 아니었지만, 이 시도 전체는 큰 혼란에 빠졌다. 그 상세한 내용은 여크스의 방대한 논문 속에 모두 기록되어 있지만, 그것을 읽은 사람은 거의 아무도 없었다. 단지 요약된 통계수치만이 인종차별주의자나 우생학자들의 중요한 사회적 무기가 되었다. 그들의 주장에서 가장 취약한 핵심이 논문 속에 그대로 노출되어 있었지만, 거죽이 만족스러운 메시지로 황홀하게 빛나고 있을 때 누가 그 내용을 들여다보겠는가?

육군은 여크스의 검사를 위해 전용 건물을 제공하거나 심지어 새로 건설하도록 명령했지만, 현실은 전혀 달랐다(1921, p.61). 검사관들은 사용가능한 시설을 받아들일 수밖에 없었다. 가구 하나 없고, 음향상태와 조명도 형편없는 비좁고 엉성한 방을 배정받는 경우도 흔했다. 한 주임 검사관은 이렇게 불평을 늘어놓았다(p.106). "이처럼 정답율이 낮은 이유 중 하나는 콩나물 시루 같은 방에서 테스트가 이루어졌기 때문일 것이다. 그 결과 방 뒤쪽에 앉아 있는 사람은 검사관의 말을 또렷하게 들을 수 없고, 지시를 이해할 수도 없었다."

여크스의 검사관들과 정규 장교들 사이에서도 갈등이 빚어졌다. 커스터 캠프의 주임 검사관은 이렇게 불평했다(p.111). "이 문제에 대한 일반 장교들의 무관심은 그들의 무지와 같은 수준이다." 여크스는 검사관들에게 자제와 화해를 촉구했다(p.155).

검사관들은 특히 군사적 관점을 취하기 위해 노력해야 한다. 결과의 정확성과 연관된 확실치 않은 주장은 가급적 피해야 한다. 일반적으로 솔직하고 상식적인 언명이 기술적 묘사, 통계적 표현, 또는 학문적 주장보다 훨씬 설득력이 높다는 것을 깨닫게 될 것이다.

마찰이 심해지고 의혹이 비등하자 국방장관은 여크스의 테스트에 대한 의견을 묻기 위해 모든 부대의 지휘관들을 대상으로 여론조사를 실시했다. 그는 모두 100통의 회답을 받았지만 대부분 회의적이었다. 여크스도 "극소수를 제외하고는 심리학 연구에 호의적이지 않았고, 일반 참모들은 이 연구가 군을 위해 거의 가치가 없으며, 더 이상 계속되어서는 안 된다는 결론을 내렸다"고 인정했다(p.43). 여크스가 백방으로 노력한 끝에 간신히 현상유지를 할 수 있었다(그러나 처음에 약속했던 후원, 명령권 위임, 인원 고용 등은 이루어지지 않았다). 그의 연구는 의혹의 구름 속에서 진행되었다.

사소한 문제들도 그치지 않았다. 잭슨 캠프에서는 질문지 양식이 떨어져 즉석에서 백지에 문제를 내야 했다(p.78). 그외에도 중요하고 지속적인 어려움이 이 활동 전체를 집요하게 따라다녔고, 지금부터 설명하겠지만, 결국 요약 통계를 완전히 무의미한 것으로 만들었다. 신병들에게는 저마다 적합한 테스트가 할당되어야 했다. 학교를 다니지 않았거나 외국 태생으로 문맹인 사람들은 베타 테스트를 받아야 했다. 해당자는 처음부터 베타 테스트를 받도록 지시받은 사람이거나 알파 테스트에 불합격해서 다시 베타 테스트를 받게 된 경우이다. 여크스의 특수대는 이 절차를 엄수하기 위해 필사적인 노력을 기울였다. 그들은 적어도 세 부대에서 인식표에 표시를 하거나 불합격자의 몸에 직접 글자를 써넣기까지 했다. 이것은 계속 다른 검사를 받아야 하는 사람을 곧바로 식별하기 위한 방법이었다(p.73, p.76). "D등급의 해당자 목록은 집단 테스트 후 여섯 시간 이내에 징집 사무소 사무관에게 보내진다. 징집관은 D등급에 해당하는 사람이 오면 몸에 P라는 글자를 찍는다(그것은 정신과 의사가 추가 검사를 할 필요가 있다는 뜻이다)."

그러나 알파 테스트와 베타 테스트를 나누는 기준은 부대마다 달랐다. 여러 부대에 대한 조사 결과, 알파 테스트의 초기 버전의 최저 점수(베타 테스트를 받아야 하는 점수)는 20에서 100까지 큰 차이가 있었다(p.476). 여크스는 그 사실을 다음과 같이 인정했다(p.354).

> 일관된 선별과정의 결여는 분명 유감스러운 일이었다. 그러나 테스트를 위한 설비와 대상자의 질이 상당한 편차를 나타냈기 때문에 모든 부대에 균일하게 적용할 수 있는 기준을 수립하기란 불가능한 것이었다.

여크스의 가장 열렬한 숭배자인 C. C. 브리검까지도 불만을 터뜨렸다.

> 베타 테스트를 받을 사람을 선별하는 방법은 부대마다 달랐다. 때로

는 같은 부대에서조차 주(州)마다 변하기도 했다. 문맹의 기준도 정해진 게 없고, 문맹자를 선별하는 일관된 방법도 없었다.

게다가 부대간의 비일관성 이상의 심각한 문제가 있었다. 끈질기게 지속된 로지스틱 곡선의 어려움이 흑인과 이민자들의 평균점수를 크게 저하시키는 체계적인 편향을 만들어냈던 것이다. 크게 두 가지 이유로 많은 사람들이 알파 테스트만을 받았고, 그 결과 점수는 0점이나 그에 가까운 수준이었다. 그것은 그들이 선천적으로 우둔했기 때문이 아니었다. 그들이 문맹인데도 여크스의 프로토콜에 따라 베타 테스트를 받아야 했기 때문이었다. 첫번째 문제는, 신병이나 징집병들의 교육기간이 여크스가 평균적으로 예상했던 것보다 짧다는 것이었다. 그 때문에 베타 테스트를 받을 사람들의 줄이 계속 늘어났고, 이러한 병목현상으로 전체적인 검사가 지체되었다. 또 능숙하지 않은 검사관들에 의해 알파 테스트의 대상이 확대되기도 했다. 어떤 부대에서는 초등학교 3학년 정도의 학력이 되어야 알파 테스트를 받을 수 있었지만, 다른 부대에서는 학력을 불문하고 영어를 읽을 수 있다고 대답한 사람은 모두 알파 테스트를 받았다. 딕스 캠프의 주임 검사관은 이렇게 보고했다(p.72). "과도하게 많은 사람들이 베타 테스트를 받는 것을 피하기 위해 알파 테스트의 허용 기준을 내렸다."

두 번째는 더 중요한데, 시간적인 압박과 정규직 장교들의 적개심으로 알파 테스트에서 불합격한 사람들이 다시 베타 테스트를 받지 못하는 경우가 자주 발생했다. 여크스는 그 점을 다음과 같이 인정했다. "연속된 소환이 (……) 불가피하기 때문에 부대 기동훈련을 여러 번 방해하더라도 반드시 재조사가 허용되어야 함에도 불구하고, 실제로는 거의 이루어지지 않았다(p.472)." 상황이 더 어려워지자 문제는 훨씬 심각해졌다.

딕스 캠프의 주임 검사관은 이렇게 불만을 털어놓았다. "6월에 개별 테스트 목록에 오른 1천 명을 모두 소환하는 것이 불가능하다는 사실이 밝혀졌다. 7월에는 흑인 중에서 알파 테스트 불합격자들이 호출되지 않았다(pp.72~73)." 앞서 이야기한 프로토콜은 흑인에게는 거의 적용되지 않았다. 일반적으로 흑인에 대해서는 아무도 관심을 기울이지 않았고 무시되는 경향이 높았다. 예를 들어, 베타 테스트에 합격하지 못한 사람은 개별 테스트를 받아야 했다. 그러나 흑인의 절반이 베타 테스트에서 D 등급을 받았지만, 이중에서 고작 5분의 1만이 2차 소환을 받았고 나머지는 더 이상 검사를 받지 않았다(p.708). 그러나 우리는 정해진 프로토콜을 따랐을 때, 흑인들의 점수가 크게 개선되었다는 사실을 알고 있었다. 한 부대의 경우(p.736), 알파 테스트에서 D를 받은 사람들의 약 14.1퍼센트만이 베타 테스트에서 그보다 높은 등급을 받는 데 실패했다.

    이러한 체계적인 편향이 여크스가 요약한 통계수치를 사용한 보링의 실험에 영향을 준 것은 명백하다. 그는 알파와 베타 테스트를 받은 4,893명의 사례를 추출했다. 그리고 그 점수를 공통의 척도로 변환해서 알파에 대한 평균 정신연령은 10.775세, 베타에 대해서는 12.158세로 산출했다(p.655). 그는 자신의 개요에서 베타 테스트 점수만을 이용했다. 여기에서도 유리한 방식을 채택하는 여크스의 편리한 장치가 작동한 것이다. 그러나 베타 테스트를 받아야 함에도 불구하고 알파 테스트밖에 받지 못하고, 그 결과 형편없는 점수를 받은 많은 사람들—제대로 교육받지 못한 흑인과 영어를 잘 구사하지 못하는 이민자들—이 존재했다. 그리고 그들의 낮은 점수가 후일 유전적 결정론을 둘러싼 어처구니없는 소동을 일으켰다.

의심스럽고 편향된 진행방식—하버드대 학생들을 대상으로 한 실험

학자들은 종종 자신이 일차자료로 삼는 문서기록이 실제 경험을 부족하고 불완전한 정도로만 보여준다는 사실을 잊곤 한다. 상당부분은 눈으로 보고, 손으로 만져보고, 직접 맛보아야 한다. 까막눈인 흑인이나 외국에서 태어난 신병이 시험이라는 전혀 낯선 경험에 직면했을 때 얼마나 당황스럽고 불안했을지, 더구나 시험을 보는 이유나 시험결과가 무엇인지조차—제대인지 아니면 최전방으로 가는 것인지—알지 못했을 때 그들은 과연 어떤 느낌이었을까? 한 검사관은 1968년에 (Kevles에서 인용) 자신이 베타 테스트를 실시했을 때의 경험을 이렇게 회상했다. "태어나서 지금까지 연필이라곤 손에 쥐어본 적도 없는 사람들이 답안을 써넣기 위해 (……) 필사적인 노력을 기울이는 모습은 감동적이었다." 여크스는 중요한 무언가를 간과했거나 의도적으로 무시했다. 베타 테스트는 그림, 숫자, 그리고 기호로만 이루어졌다. 그러나 여전히 연필을 사용해야 했고, 일곱 개의 설문 중에서 세 가지가 숫자에 관한 지식과 숫자 쓰는 법을 알아야 풀 수 있었다.

여크스의 논문은 이 두 종류의 시험을 치르는 절차가 모든 검사관과 조교에 의해 마치 안무된 동작처럼 재현가능하도록 철저하게 준비되었음을 보여주고 있다. 그는 자신의 논문에 테스트 용지를 실물 크기로 복사하고, 검사관이 사용한 모든 설명자료를 그대로 실어놓았다. 검사관의 동작이나 표준화된 설명이 완전하게 재현되었다. 나는 테스트를 실시하는 느낌과 테스트를 받는 느낌이 어떤 것인지 가능한 한 정확히 알고 싶었다. 따라서 '사회적 무기로서의 생물학'이라는 주제의 내 강좌를 신청한 하버드 대학 학부생 53명을 대상으로 베타 테스트(문맹자를 위한 테스트)를 실시했다. 나는 여크스의 프로토콜을 상세한 부분까지 철저히 따르려고 노력했다. 그리고 한 가지 중요한 조건 이외에는 원래 상황을 정확하게 재현했다고 자부한다. 유일한 차이는 내 학생들이 자신이 하고 있는 일이 무엇인지 알고 있고, 답지에 이름을 쓸 필요가 없기 때문에 테스트에 대해 특별한 이해관계를 갖지 않았다는 점이다(나중에 한 동료는 이름을 써서 제출하도록 요구해서 일부러 약간의 불안감을 야기시키는 편이 나았을 것이라고 지적했다).

사실 나는 그 실험을 시작하기 전부터, 내적인 모순과 선입관 때문에 여크스가 그 결과에서 이끌어내려고 했던 유전적 결정론의 결론이 완전히 무효라는 사실을 알고 있었다. 보링도 만년에 이러한 결론이 "앞뒤가 바뀐 것"이라고 말했다(1962년 인터뷰, Kevles, 1968에서 인용). 그러나 그전까지 나는 어떻게 테스트의 가혹한 조건이 신병들 자신의 선천적 능력을 기록하는 정신적 틀 속에 놓일 수 있다는 전혀 터무니없는 주장의 근거가 될 수 있는지 제대로 이해하지 못했다. 결국, 대부분의 사람은 완전한 혼란상태에 빠지거나 잔뜩 겁에 질리게 마련이었다.

신병들은 방으로 인도되어 시험관 앞에 앉는다. 설명자가 교단 위에 서 있고, 여러 명의 조교들이 마루에 서 있다. "대상자의 기분이 상하면 시험을 거부할 수 있기" 때문에 시험관은 "부드러운 태도로" 테스트를 실시하도록 지시받았다(p.163). 신병은 검사의 목적에 대해 아무런 이야기도 듣지 못한다. 검사관은 대상자에게 이런 말을 할 뿐이다. "여기에 용지가 있습니다. 지시가 있을 때까지 보거나 표시를 해서는 안 됩니다." 그런 다음 대상자들은 자신의 이름, 나이, 학력을 써넣는다(문맹인 사람은 도움을 받아서). 이러한 예비절차가 끝난 후, 시험관은 곧바로 테스트에 들어간다.

주목! 이 사람을 주목하라!(설명자를 가리킨다) 그가 (다시 설명자를 손가락으로 가리키면서) 여기에 (지시봉으로 흑판을 두드린다) 여러분들이 (대상자들을 한 사람씩 가리키면서) 답안지에 써야 할 것을 쓸 것이다 (이 대목에서 시험관은 사람들 앞에 놓여 있는 답안지를 한 장 집어들어 칠판 가까이로 가져간다. 그런 다음 답안지를 뒤집고, 설명자와 칠판을 가리킨 후 다시 대상자와 용지를 가리킨다). 질문은 하지 말라. 내가 '시작!'이라고 말할 때까지 기다려라(p.163).

그에 비하면, 알파 테스트를 받는 사람들에게는 훨씬 많은 정보가 주어지는 셈이다(p.157). 가령 알파 테스트의 검사관은 이렇게 말한다.

주목! 이 시험의 목적은 여러분들이 기억하고, 생각하고, 명령을 수행할 수 있는 능력을 알아보기 위한 것이다. 우리는 미친 사람을 찾아내려는 것이 아니다. 목적은 육군 당국이 여러분들에게 가장 적합한 임무가 무엇인지 찾아주려는 것이다. 여러분의 시험 성적은 적성 카드에 기록되고, 소속 중대의 지휘관에게도 보내진다. 문제 중에는 쉬운 것도 있고 어려운 것도 있다. 여러분이 만점을 받을 것이라고 생각하지는 않지만, 최선을 다해주기 바란다. (……) 잘 듣기 바란다. 질문은 받지 않는다.

베타 테스트 검사관의 설명을 극도로 제한시킨 것은 베타 테스트 대상자가 우둔하기 때문에 이해할 수 없으리라는 여크스의 잘못된 견해를 반영했기 때문만은 아니었다. 많은 숫자의 베타 테스트 대상자들은 영어를 구사할 수 없는 최근 이민자들이었기 때문에 지시는 가능한 한 그림이나 몸짓을 통해 전달되어야 했다. 여크스는 이렇게 조언했다. "어떤 부대에서는 '무언극 배우'를 설명자로 이용해서 성공을 거두었다. 이런 일에는 배우가 될 필요가 있다(p.163)." 그러나 베타 테스트에서는 가장 중요한 정보가 전달되지 않았다. 그것은 테스트 중에서 최소한 세 개의 문항은 실제로 대상자들이 완성하기 힘들고, 시험관들도 그것을 기대하지 않았다는 사실이다.

교단 위에 설명자가 커튼으로 가려진 칠판 앞에 서 있다. 시험관은 설명자 옆에 서 있다. 일곱 개의 테스트가 하나씩 시행되기 전에 커튼이 올라가면서 연습문제가 주어진다(그림 5.4에 이 문제가 모두 실려 있다). 시험관과 설명자는 일종의 판토마임으로 올바른 절차를 알려준다. 그런 다음 시험관이 순서를 알려주고 설명자는 커튼을 닫고 궤도를 넘겨 다음 예제로 넘어간다. 첫번째 테스트는 미로 찾기로, 다음과 같은 지시가 주어진다.

설명자는 최초의 미로를 크레용으로 천천히, 그리고 더듬거리면서 그려간다. 다음에 시험관이 두 번째 미로를 따라가면서, 설명자에게 계속 진행하라고 몸짓으로 신호를 보낸다. 설명자는 왼쪽 위편의 막힌 길로 들어가는 실수를 한다. 시험관은 설명자가 막힌 길의 끝부분에 도달할 때까지 별다른 주의를 주지 않는다. 그런 다음, 시험관은 머리를 심하게 흔들며 "아니야, 아니야(No-no)"라고 말하면서 설명자의 손을 잡고 그가 다시 제대로 길을 찾을 수 있는 지점으로 되돌려놓는다. 설명자는 애매한 지점에서만 어디로 갈지 주저하는 듯한 시늉을 하면서 나머지 미로를 따라간다. 미로를 빠져나오면 시험관이 "잘했어(Good)"라고 말한다. 그런 다음, 아무것도 쓰지 않은 빈 답안지를 집어들고 "여기를 보라"고 말하고, 그 페이지에 인쇄된 각각의 미로에서 왼쪽에서 오른쪽으로 가상의 선을 그린다. 그리고 "좋다, 시작하라. 선을 그려라(대상자를 가리키고, 그런 다음 책을 가리킨다). 서둘러라"라고 말한다.

이 구절은 웃음이 나올 정도로 재미있다(실제로 내 학생들 중 일부도 그

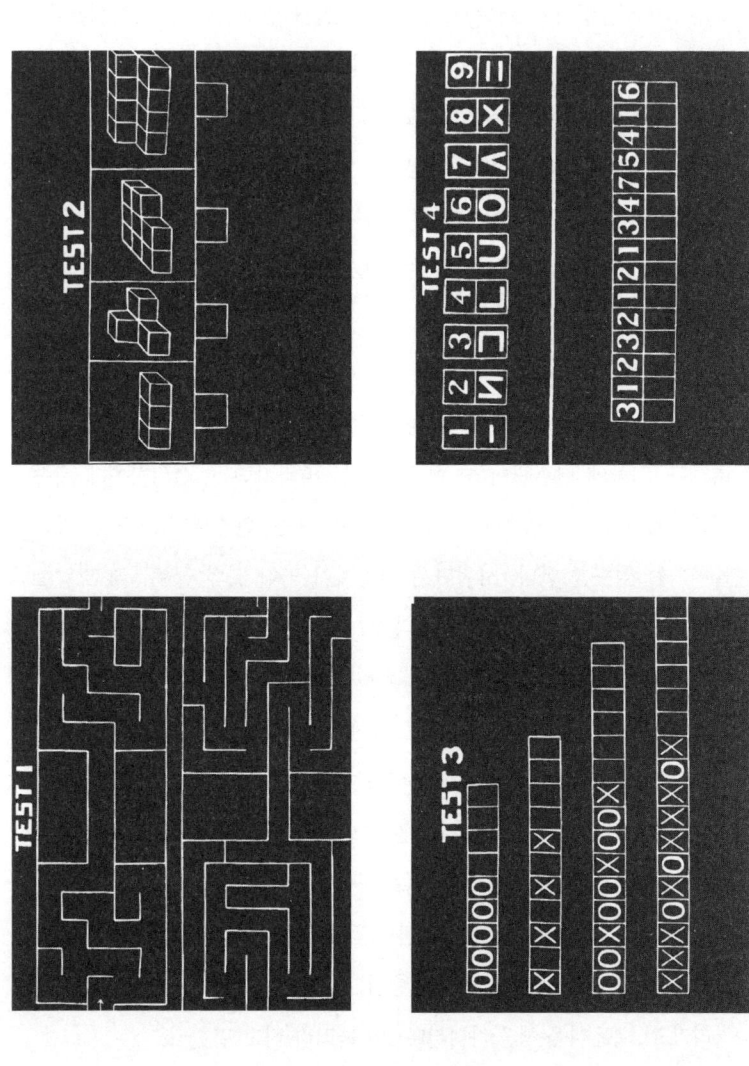

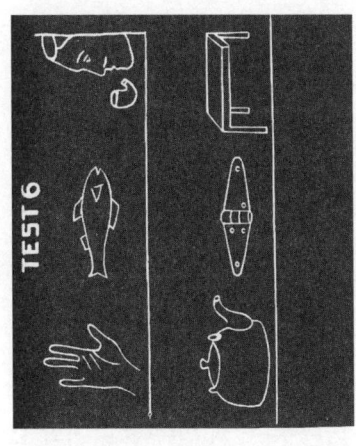
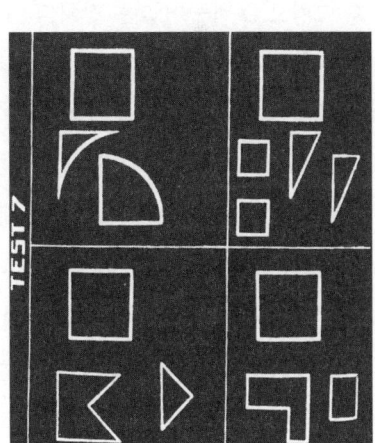

| 그림 5.4 | 철판을 이용한 일곱 개 문항에 대한 설명(Yerkes, 1921).

렇게 느꼈다). 그에 비하면 다음 문장은 조금 잔혹하다.

급하게 문제를 풀어야 한다는 생각이 미로 테스트가 진행되는 동안 대상자들에게 각인되어야 한다. 시험관과 조교들은 돌아다니면서 문제를 풀지 않고 있는 신병들에게 몸짓으로 "어서 서둘러라, 빨리"라는 신호를 보낸다. 2분이 지나면 시험관은 "그만! 2번 테스트 문제지를 펼쳐라"라고 말한다.

시험관은 3차원 모형으로 된 입체 숫자를 세는 두 번째 테스트를 보여준다(내 아들은 이미 아기 시절에 이런 놀이를 그만두었다). 숫자를 쓸 수 없는 신병들은 모든 입체 숫자를 정확히 세었어도 0점을 받는다는 사실을 염두에 두어야 할 것이다. 3번 테스트는 X-O의 연속이다. 거의 모든 사람들이 알고 있는 "다음에 나올 숫자는 무엇인가"라는 수열 테스트를 그림으로 바꾸어놓은 것이다. 4번 테스트는 아홉 개의 숫자를 그에 상응하는 기호로 변환시키는 것이다. 쉬울 것 같지만, 테스트에는 90개의 문항이 있어서 2분 동안 완료하기는 거의 불가능하다. 숫자를 쓸 수 없는 사람들은 두 개의 기호 조합이 낯설게 느껴지기 때문에 이번에도 역시 불이익을 당하게 된다. 5번 테스트는 숫자 비교이다. 길게는 11자리나 되는 두 줄로 늘어선 숫자를 비교하는 것이 문제이다. 신병들에게는 두 줄에서 같은 숫자가 발견되면, 그 옆에 × 표를 하라는 지시가 (몸짓으로) 주어진다. 50개나 되는 숫자쌍을 3분 동안 비교해야 하기 때문에 대부분의 신병들은 답을 완성할 수 없다. 이번에도 숫자를 쓸 수 없거나 식별할 수 없으면 사실상 문제를 풀기가 힘들다.

    6번 테스트는 그림 완성하기다. 알파 테스트의 다항식 선택 문제를 그림으로 바꾸어놓은 것이다. 목적은 신병에게 여러 도시와 주(州)의 주요 산업, 유명한 운동선수, 영화배우, 상품을 물어서 선천적 지능을 검사하려는 것이다. 이 테스트의 지시문은 상세히 살펴볼 필요가 있다.

"이것이 6번 테스트이다. 주목. 많은 그림이 있다." 모든 대상자들이 그림 위치를 찾은 다음, "잘 보라"고 지시한다. 시험관은 손으로 설명자를 가리키면서 말한다. "그림을 완성하라." 설명자는 잘 모르겠다는 표정을 지으며 아무것도 하지 않는다. 시험관은 그림의 손을 가리킨 다음, 손가락이 없는 곳을 지적하면서 설명자에게 말한다. "완성하라. 완성하라." 그러면 설명자가 그림에 손가락을 그려넣는다. 시험관은 "맞았다"라고 말한다. 그런 다음 시험관이 물고기를 가리키고, 눈이 있는 장소를 가리키며 이렇게 말한다. "완성하라." 설명자가 그림에서 빠져 있는 눈을 그려넣으면, 시험관은 나머지 네 개의 그림을 가리키면서 말한다. "이 그림들을 모두 완성하라." 설명자는 힘들게 노력하는 모습을 보이면서 천천히 그림들을 완성시킨다. 그림이 모두 완성되면, 시험관은 "잘했다. 계속해라. 서둘러라"라고 말한다. 테스트가 진행되는 동안 조교들은 방을 돌아다니면서 문제를 풀지 않는 사람을 찾아내 문제가 있는 페이지를 가리키며 "완성하라"고 말하면서, 모든 대상자가 문제를 풀게 한다. 3분이 경과하면 시험관은 "그만! 아직 다음 페이지를 펼치지 말라"고 말한다.

시험문제도 그대로 실을 가치가 있을 것이다(그림 5.5). 돼지 꼬리, 게 발, 볼링공, 테니스 네트, 그리고 다이아몬드가 빠진 트럼프의 잭 카드, 축음기의 확성기(내 학생들이 가장 어려워한 문제가 바로 이것이었다)가 가장 높은 정답율을 나타냈다. 여크스는 등급을 분류하기 위해 다음과 같은 지시를 내렸다.

| 그림 5.5 | 선천적 지능을 측정하기 위한 베타 테스트의 여섯 번째 문제.

각 문항의 채점 규칙

문항 4—오른손에 어떤 각도든 숟가락을 쥐고 있으면 정답으로 간주하고, 숟가락이 왼손에 쥐어졌거나 바닥에 놓여 있으면 틀린 답이다.

문항 5—굴뚝은 반드시 올바른 위치에 그려져야 한다. 연기는 불필요하다.

문항 6—첫번째 귀와 같은 방향으로 붙은 귀는 정답이 아니다.

문항 8—적당한 우표 위치면 단순한 사각형이든 비스듬한 형태이든 모두 정답으로 간주한다.

문항 10—빠진 부분은 리벳이다. '손잡이'의 선은 생략되어도 무방하다.

문항 13—빠진 부분은 발이다.

문항 15—볼링공은 반드시 남자의 손에 그려져야 한다. 여성의 손이나 레인에 그린 공은 틀린 답이다.

문항 16—네트를 나타내는 선이 그려지면 모두 정답.

문항 18—확성기를 나타내는 모든 그림이 정답. 어느 쪽을 향하고 있어도 무방하다.

문항 19—손과 분첩이 적당한 위치에 그려져야 한다.

문항 20—빠진 부분은 다이아몬드. 칼에 칼자루를 그려넣지 않아도 틀린 답으로 간주하지 않는다.

마지막 7번 테스트는 기하학적 구성을 요하는 문제이다. 여러 조각으로 나뉘어진 사각형을 원래 모습으로 짜맞추는 것이다. 10개를 맞추는 데 주어진 시간은 2분 30초였다.

테스트가 이루어진 조건과 테스트의 기본적 성격을 고려한다면, 베타 테스트를 지능이라는 딱지가 붙을 만한 내적 상태의 측정이라고 믿는 것은 정말 어리석은 일이다. 강압적이지 않은 부드러운 분위기에서 테스트를 실시해야 한다고 강조했지만, 실제 테스트는 허둥지둥 서둘러 진행되었다. 대부분의 설문은 주어진 시간 내에 끝낼 수 없었다. 그러나 신병들에게는 사전에 이런 사실이 전혀 통보되지 않았다. 내 학생들이 일곱 개의 설문을 완성한 기록은 다음과 같다(표 참조). 테스트 중에서 두 문항, 즉 숫자를 기호로 바꾸는 문제와 숫자 비교는(문항 4와 5) 설령 프로토콜이 명확했어도 대부분의 학생들이 90개와 50개의 문제를 모두 끝낼 수 있을 만큼 빨리 쓸 수 없었다. 대상자 대부분이 완성하지 못한 3번 테스트, 즉 입체의 숫자를 세는 문제(2번 문항)는 주어진 시간 안에 풀기가 매우 힘들었다.

요약하자면, 많은 신병들이 시험관을 보거나 들을 수 없었다. 일부는 지금까지 한 번도 시험을 본 적이 없거나, 심지어 난생 처음 연필을 쥐어 본 사람도 있었다. 많은 사람들이 지시된 내용을 이해하지 못하거나 혼란스러운 상태였다. 내용을 이해한 사람들도 할당된 시간으로는 테스트의 극히 일부밖에 완성할 수 없었다. 이러한 불안과 혼란이 테스트 결과를 완전히 무효로 만들 만큼 심각한 수준은 아니었다 해도, 테스트가 진

테스트	완성	미완성
1	44	9
2	21	32
3	45	8
4	12	41
5	18	35
6	49	4
7	40	13

행되는 동안 조교들이 계속 돌아다녔고, 모든 대상자들에게 메시지를 전달하는 과정에서 지나치게 큰 소리로 개별 신병들을 지목하고 서두를 것을 명령했다. 더구나 6번 테스트와 같은 노골적인 문화적 편향 이외에도 숫자를 쓸 수 없는 사람이나 숫자든 문자든 한번도 써본 적이 없는 사람들에게 불리한 방향으로 작용하는 미묘한 편향들은 그들에게 혼란만을 줄 뿐이었다.

테스트의 불합리성은 요약된 통계결과에 잘 나타난다. 그럼에도 불구하고 여크스와 보링은 그 통계를 다른 의미로 해석했다. 모노그래프는 각 설문별로 득점의 빈도 분포를 싣고 있다. 여크스는 선천적 지능이 정규분포에 따른다고(중간에 해당하는 점수가 하나의 최빈값을 갖는 '표준' 패턴이고, 빈도는 최빈값에서 양쪽 방향으로 멀어짐에 따라 대칭적으로 감소한다) 믿었기 때문에 각각의 테스트 점수도 마찬가지로 정규분포할 것이라고 기대했다. 그러나 미로와 그림 완성시키기 두 설문(설문 1과 6)만이 정규분포에 가까운 모양을 나타냈을 뿐이다(이것은 내가 테스트했던 학생들도 제일 쉽다고 생각한 것이고, 따라서 완성도가 가장 높았다). 다른 테스트는 모두 두 개의 최빈값을 가진 분포를 나타냈다. 하나의 정점이 중앙값, 그리고 다른 하나가 최저 점수인 영(0)에 놓여 있었다(그림 5.6).

두 개의 최빈값을 갖는 분포를 상식적으로 해석하면, 신병들이 테스트에 대해 두 가지 다른 반응을 나타냈다는 것을 알 수 있다. 일부는 과제의 의미를 이해해서 여러 가지 방식으로 문제를 풀었지만, 나머지는 이유가 무엇이든 간에, 지시의 의미를 제대로 이해하지 못해 결국 0점을 받았다는 것이다. 극도의 불안감, 지시를 듣거나 볼 수조차 없을 정도의 가혹한 상황, 그리고 대부분의 신병이 그와 비슷한 테스트를 받은 경험이 전무했던 점 등을 감안하면, 0점을 단 몇 점이든 점수를 받은 사람보다 낮은 지능과 선천적인 우둔함의 증거로 간주하는 것은 얼빠진 해석에

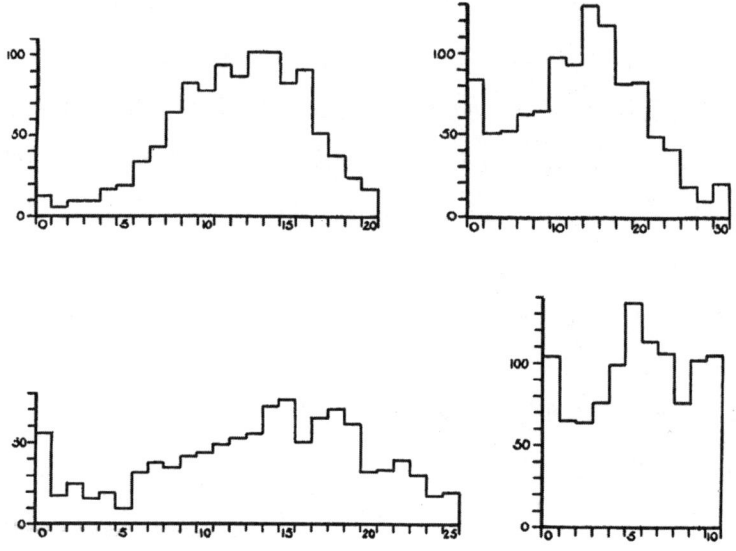

|그림 5.6| 네 가지 베타 테스트의 빈도 분포. 4번, 5번, 그리고 7번 테스트에서 0점에 현저하게 최빈값이 형성되어 있는 점을 주목하라.

불과하다. 그렇지만 여크스는 이 난국을 벗어났다(내 학생들의 경우도 여크스의 표본에서 0점에 두 번째 최빈값이 형성되었던 테스트에서—4번과 5번 테스트—가장 낮은 점수가 나왔다. 이 패턴의 유일한 예외는 학생들 대부분은 답을 완성했지만 육군 표본에서는 극단적인 형태로 영(0)에 최빈값이 형성된 3번 테스트이다. 그러나 3번 테스트는 "연속된 수열의 다음 수는 무엇인가"라는 수열 테스트를 시각적으로 대체한 것이었다. 이 테스트는 내 학생들 모두 자신이 기억한 것보다 시간이 많이 걸렸다).

통계학자들은 복수(複數)의 최빈값을 가진 분포를 의심하도록 훈련받는다. 대개 이런 분포는 그 체계의 불균질성을 나타낸다. 좀더 이해하기 쉬운 말로 표현하자면, 각각의 최빈값에는 저마다 다른 원인이 있다는 것이다. 사과와 오렌지를 섞는 것이 능사가 아니라는 속담은 이 경우에도 적용된다. 여크스는 복수의 최빈값이 나타나는 현상을 보고, 자신의 테스트가 지능이라는 단일한 실체를 측정하는 것이 아닐 수도 있다는 의구심을 품었어야 했다. 그러나 오히려 동료 통계학자들은 유전적 결정론의 가설에 유리한 방식으로 0점을 재분포시키는 방법을 찾아냈다(다음 절을 참조하라).

내가 테스트한 학생들이 어떤 점수를 받았을지 궁금해하는 사람이 있을 것이다. 물론 그들은 훌륭하게 해냈다. 그러나 모든 테스트가 그들이 이전에 받아왔던 테스트를 지극히 단순화시킨 것이라는 점을 감안할 때, 그밖의 다른 사실들은 충격적이었다. 전체 53명 중에서 A등급을 받은 사람이 31명, B등급이 16명이었고, 놀랍게도 10퍼센트 이상(53명 중 6명)이 C등급의 경계에 해당하는 점수를 받았다. 일부 부대의 기준에 의하면, 이들은 최하급인 이등병의 임무밖에 수행할 수 없다.

요약된 통계수치 속이기—0점 처리 문제

베타 테스트가 0점과 제2최빈값이라는 돌부리에 채여 비틀거렸다면, 알파 테스트도 같은 이유로 돌이킬 수 없는 재앙에 직면했다. 광범위하고 철저한 실패였다. 0 최빈값은 베타 테스트에서 두드러지게 나타났지만 중앙값의 제1최빈값의 높이에 도달한 적은 한 번도 없었다. 그러나 여덟 번의 알파 테스트 중 여섯 번에서 0점이 가장 높은 최빈값을 나타냈다(단 한 차례의 테스트만이 중앙에 최빈값이 나타난 정규분포이고, 다른 하나는 0점의 위치에서 중앙값보다 낮은 최빈값이 형성되었다). 0 최빈값은 종종 다른 모든 값보다 훨씬 높게 나타났다. 한 테스트에서는 전체 점수의 약 40퍼센트가 0점이었다(그림 5.7a). 다른 테스트에서는 0점이 유일한 공통값이고 나머지 점수들은 고득점 영역으로 가면서 완만한 감소세가 시작될 때까지 거의 평탄한 분포를(0점을 받은 숫자의 약 5분의 1 수준으로) 나타냈다(그림 5.7b).

다시 한 번 0점이 많은 사실을 상식적으로 해석하면, 상당수의 사람들이 테스트 방식에 관한 지시를 이해할 수 없었던 상황으로, 이것은 테스트 결과 자체가 무효임을 시사한다. 여크스의 모노그래프에는 시험관들이 0점의 높은 빈도를 크게 우려했고, 테스트를 실시하는 과정에서 방금 해석했던 것과 같은 상식적 측면에서 이 현상을 이해하려는 경향이 있었음을 보여주는 문장들이 수두룩하게 들어 있다. 그들은 베타 테스트에서 몇 가지 테스트를 제외했다(p. 372). 그 문항들에서 무려 30.7퍼센트나 0점이 쏟아졌기 때문이다(그러나 더 높은 빈도로 0점을 낸 알파 테스트의 문항도 있었다). 그들은 "0점의 숫자를 줄이기 위해" 몇 개 테스트의 앞부분에 들어 있던 문항들의 난이도를 낮추었다(p. 341). 그들은 베타 테스트에 대한 시험 수행기준에 다음과 같은 말을 포함시켰다. "0점의 퍼센트를 낮추기 위해 예시를 알기 쉽게 한다(p. 373)." 시험관들은 0점이 높은 빈도로 나오는 이유가 신병의 우둔함 때문이 아니라 설명부족을 반영하는 것임을 여러 차례 인정했다. "0점이 많은 것은 테스트 방식에 대한 설명이 장교들에게조차 만족스럽지 않다는 것을 나타낸다(p. 340)." "초기 보고서들을 짓눌렀던 주된 부담은 〔테스트의〕 개념을 전달하는 것'이었다. 어떤 테스트라도 0점이 높은 빈도로 나온다는 사실은 '그 테스트를 이해시키는 데' 실패한 것으로 간주되기 때문이다(p. 379)."

많은 사람들이 이러한 사실을 인정했기 때문에, 보링은 최종 통계자료에서 0점인 사람들을 제거하거나 신병들이 테스트 방식을 이해했다면 대부분 어느 정도 점수를 얻었을 것이라는 가정을 토대로 0점을 보정(補正)하는 결정을 내렸어야 한다. 그러나 그는 정반대 방향으로 0점을 '수정했다'. 상당수의 0점을 마이너스 영역으로 격하시킨 것이다.

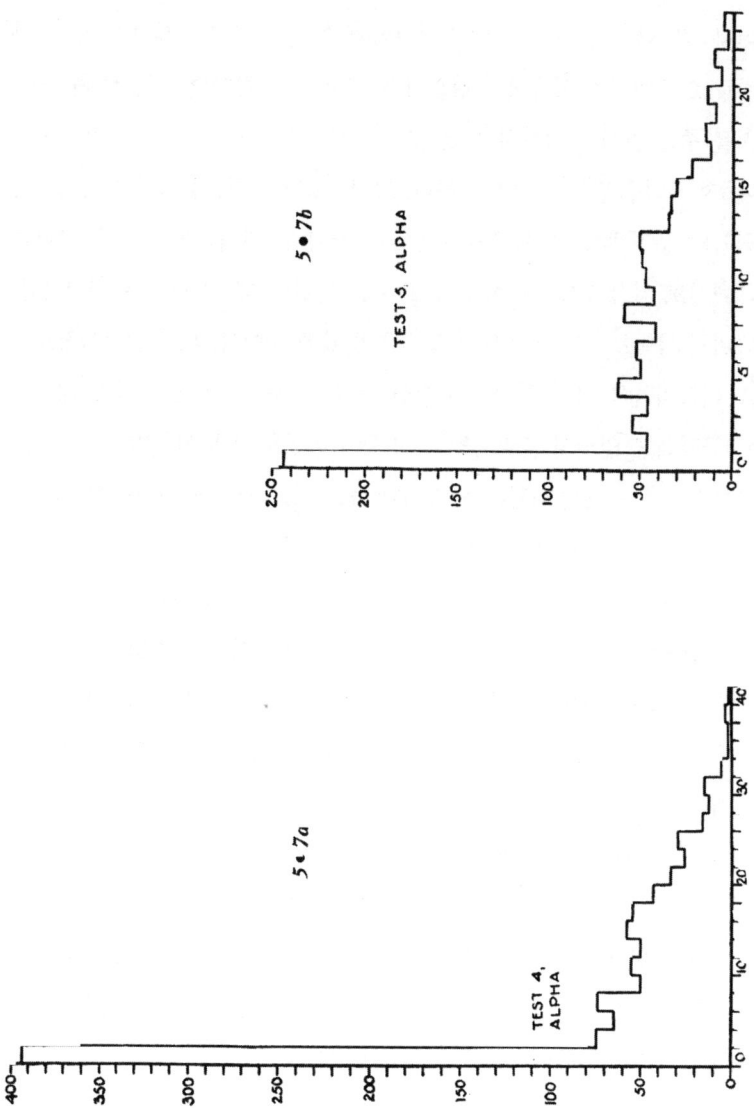

|그림 5.7a, 5.7b| 수치레의 알파 테스트에서 가장 많이 나온 점수는 0점이었다.

보링은 모든 결과를 무효로 처리하는 유전적 결정론의 가설에서 출발했다. 그것은 정의에 따르면, 테스트가 선천적 지능을 측정한다는 가정이다. 따라서 0점 집단은 너무 우둔해서 어떤 문항도 이해할 수 없는 사람들로 구성되어 있음이 틀림없다는 것이다. 그렇다면 그들 모두에게 0점을 주는 것이 공평하지 않겠는가? 물론 그중 일부는 명백히 우둔했기 때문에 0점을 받는 것이 타당하다. 그러나 0점을 최소화했다면 나머지는 최악의 운명에서 구원받을 수 있었을 것이다. 만약 0점을 받은 사람들 내에서도 차등화가 가능할 정도로 쉬운 문항이 테스트에 포함되었다면, 나머지 사람들은 그보다 나은 점수를 받았을 것이다. 보링은 논리적으로 그 이하가 없는 본질적인 최소값인 진정한 '수학적 0점'과 특정 테스트가 규정하는 임의의 출발점인 '심리학적 0점'을 구별했다(일반적 언명으로는 보링의 주장이 타당하다. 그러나 육군지능 테스트라는 특수한 맥락에서 그의 말은 터무니없는 것이다).

따라서 0점은 완전한 무능력을 의미하는 것이 아니며, 측정된 점수의 중단점(discontinuance)을 뜻하는 것도 아니다. 그것은 측정 수단, 즉 테스트의 중단점을 의미한다. (……) 0점을 받은 개인과 점수를 받은 개인은, 실제로는 자신의 우둔함에 직접 비례해서 그 값이 달라지는 보너스를 받게 된다(p.622).

따라서 보링은 같은 사람이 점수를 받았던 다른 테스트에 대한 척도를 수정하는 방식으로 0점을 '수정'했다. 만약 그 사람이 다른 테스트에서 일정한 점수를 얻었다면, 그가 받은 0점에 대해 이중의 불이익은 받지 않았다. 반대로 다른 테스트에서도 형편없는 점수를 받으면 0점이 마이너스 점수로 변환되었다.

이 방법에 의해, 여크스의 기본적 절차에 포함된 결함에 다른 편향들이 부가되어 한층 강화되었다. 0점은 지능과 무관한 일련의 이유들 때문에 많은 사람들이 자신이 무엇을 해야 하는지 이해하지 못했다는 것을 보여주었다. 여크스는 이 사실을 인정해야 했다. 왜냐하면 자신이 작성한 보고서가 집단 테스트에서 0점을 받았던 사람들도 개인 테스트나 그와 유사한 테스트에서는 혼란이나 불안감이 감소하면서 거의 전원이 그보다 높은 점수를 얻을 수 있었음을 입증했기 때문이다. 그는 이렇게 썼다(p.406). "그린리프에서의 미로 테스트 0점 비율이 베타 테스트에서는 28퍼센트였지만 개인 테스트의 성적 척도로는 2퍼센트까지 감소했다. 마찬가지로 숫자-기호 테스트에서 나왔던 0점의 비율도 49퍼센트에서 6퍼센트로 줄어들었다."

그러나 정작 0점을 무시하거나 적절하게 재분포시켜 이러한 편향을 수정할 기회가 주어졌을 때, 여크스의 통계학자들은 정반대로 반응했다. 그들은 대부분의 0점을 마이너스로 떨어뜨려 이중의 불이익을 강요했다.

처리된 통계값의 조작─환경과의 명백한 상관관계를 비켜가다

여크스의 모노그래프는 '지능 테스트'의 성적과 환경의 상관관계를 탐구하려는 사람에게는 귀중한 정보의 보고이다. 여크스가 환경의 인과적 역할을 강하게 부정하고 테스트가 선천적 지능을 측정한다고 주장했기 때문에 앞에서 한 말이 모순으로 들릴지도 모른다. 어떤 사람은 여크스가 그 점을 보지 못했기 때문에 자신의 정보를 제대로 읽어낼 수 없었다고 생각할 수도 있다. 그러나 실제상황은 훨씬 더 기이하다. 여크스는 매우 신중하게 데이터를 독해했다. 그는 환경적 상관관계에 관한 모든 문제에 대해 의문을 품었고, 때로는 거의 터무니없는 주장으로 그 관계를 설명하기도 했다.

그의 모노그래프에는 사소한 사례가 한두 페이지씩 분산되어 실려 있다. 여크스는 모두 네 개의 범주로 평균점수와 십이지장충 감염 사이에서 강한 상관관계를 찾아냈다.

	감염자	비감염자
백인 알파 테스트	94.38	118.50
백인 베타 테스트	45.38	53.26
흑인 알파 테스트	34.86	40.82
흑인 베타 테스트	22.14	26.09

이러한 결과는 건강상태, 특히 빈곤과 관계있는 질병이 점수에 일정한 영향을 준다는 사실을 확인해줄 수도 있다. 여크스는 이 가능성을 부인하지 않았지만, 또 하나의 설명을 강조했다(p.811). "천성적으로 뒤떨어진 능력이 십이지장충 감염을 낳는 생활조건을 초래할 수 있다."

여크스는 직업별 점수 분포를 연구해서 지능이 그 자체로 보상을 주기 때문에 테스트 점수는 전문성의 증가와 함께 높아질 것이라고 추측했다. 그는 모든 직업의 종사자들을 견습, 장인(匠人), 전문가로 분류하고 각 집단 사이에서 점수가 상승하는 경향을 찾아내려고 했다. 그러나 어떤 패턴도 찾을 수 없었다. 그는 자신의 가설을 포기하지 않고 오히려 사람들을 세 범주로 분류한 자신의 방식에 결함이 있다고 판단했다(pp.831~832).

견습단계에서 장인으로, 그리고 장인에서 전문가로 승진하기에 지적으로 좀더 기민한 사람을 선발하는 과정이 산업 내에서 작동하고 있다고 생각하는 편이 합리적일 것이다. 지적으로 열등한 사람들은 낮은 수준의 기능에 머물거나 특정한 직업에서 제외될 것이다. 이러한 가정을 토대로 할 때, 인사담당자의 면접 절차가 정확한지 아닌지에 의문을 품게 된다.

여크스는 주요 패턴 중에서 학교교육을 받은 기간과 지능 사이의 관련성을 발견했다. 그는 테스트 점수와 교육년수(年數) 사이에서 0.75의 상관계수를 산출했다. 알파 테스트에서 평균점 이하를 얻는 348명 중 대학(치과대학 학생으로)에 진학한 사람은 단 한 명밖에 없었다. 고등학교를 졸업한 사람은 네 명, 고등학교에 다닌 적이 있는 사람은 열 명이었다. 그러나 여크스는 학교교육이 길어지면 점수가 높아진다는 식의 결론을 내리지는 않았다. 그 대신, 선천적으로 지능이 높은 사람들이 학교교육에 많은 시간을 쏟는다고 주장했다. "선천적인 지능이 학교교육이 계속될 수 있는 가장 중요한 조건 중 하나라는 이론은 이 축적된 데이터를 통해 확실히 뒷받침될 수 있다(p.780)."

여크스는 흑인과 백인의 차이를 살펴보면서 학교교육과 점수 사이에 아주 강한 상관관계가 있다는 사실을 주목했다. 그는 의미있는 사회적 관찰을 했지만, 항상 그렇듯이 천성주의자의 왜곡이 가미된 것이었다(p.760).

외국에서 태어난 백인 징집병들은 짧은 기간밖에 학교교육을 받지 못했다. 이 집단의 절반 이상이 5학년 이상 교육을 받지 못했고, 8분의 1, 즉 12.5퍼센트는 학교에 다닌 경험이 없는 것으로 보고되었다. 그런데 초등교육이 모든 사람들에게 선택이 아닌 의무사항인 미국에서 자라난 흑인 신병들의 경우에도, 학교에 다니지 않은 사람들의 비율이 놀랄 만큼 높게 보고되었다.

그는 흑인이 학교에 가지 않았다는 사실이 선천적으로 낮은 지능에 기인한 학습 혐오를 반영한다고 주장했다. 인종차별(공식적으로는 금지되었지만 당시 일반적으로 횡행하던)이나 흑인 학교의 열악한 상황, 그리고 가난한 가정형편 때문에 아이들도 일을 해야 하는 경제적 압박 등에 대해서는 단 한 마디의 언급도 없었다. 여크스는 학교의 질이 다양할 수 있다는 점은 인정했지만 그 영향력은 작을 것이라고 생각했고, 흑인의 선천적 우둔함을 뒷받침하는 가장 중요한 증거로 같은 기간 학교교육을 받은 백인과 비교할 때 흑인의 점수가 낮다는 사실을 거론했다(p.773).

물론 학년의 기준 역시 미국 전역에서 동일하지 않다. 특히 백인 학교와 흑인 학교 사이에는 상당한 차이가 있다. 따라서 같은 '4학년'이라도 그룹에 따라 그 의미가 다르다. 그러나 이 차이가 집단간의 명확한 지능 차이를 분명하게 설명해주지는 않는다.

여크스의 모노그래프에는 자신의 생각을 바꾸게 했을 수도 있는(만약 그가 유연한 자세로 연구에 임했다면) 자료가 도표로 작성되어 있지만, 그 자료는 이용되지 않았다. 여크스는 흑인 교육에 지역차가 있다는 것을 지적했다. 흑인 신병의 절반이 남부 주 출신이고 초등학교 3학년이 되기 전에 학교를 그만두었다. 그러나 나머지 반은 북부의 여러 주 출신이었고, 5학년까지 학교에 다녔다(p.760). 남부 출신은 겨우 7퍼센트만이 초등학교를 나왔지만, 북부에서는 25퍼센트가 졸업했다. 또한 여크스는 "남부 집단이 북부 집단보다 알파 테스트를 받은 비율이 극도로 적고, 베타 테스트를 받은 비율이 매우 높다"라고 지적했다(p.734). 몇 년 후에 앙리 몬터규는 여크스가 제출한 모노그래프의 내용을 토대로 표를 만들어 여크스가 주장했던 패턴을 확인했다(1945). 즉 알파 테스트의 평균 점수는 13개의 남부 주 출신 흑인이 21.31이고, 9개의 북부 주 출신은 39.90이었다. 그런 다음 몬터규는 가장 점수가 높은 네 개 북부 주 출신 흑인의 평균점(45.31)이 9개의 남부 주 출신 백인의 평균(43.94)을 상회한다는 사실에 주목했다. 그는 동일한 패턴을 베타 테스트에서도 발견했다. 북부 여섯 개 주의 흑인 평균은 34.64이고, 남부 14개 주의 백인 평균은 31.11이었다. 이 결과에 대해서도 유전적 결정론자들이 항상 그렇듯이, 거침없이 대답했다. 최고의 흑인들만이 북부로 이주할 수 있었다는 것이다. 그러나 상식을 가진 사람들에게는 교육의 질에 대한 해석이 훨씬 설득력있게 들린다. 왜냐하면 몬터규도 주의 교육비 지출과 그 주 출신 신병의 평균점수 사이에서 매우 높은 상관관계를 발견했기 때문이다.

또 하나 끈질기게 따라 다니는 상관관계가 여크스의 유전적 결정론에 대한 신념을 위협했다. 그리고 자기변명을 위해 그가 늘어놓은 주장은 이후 이민을 제한하는 정치적 캠페인에서 중요한 사회적 무기가 되었다. 테스트 점수를 출신국별 도표로 만들어서 북부 지상주의자들의 심금을 울리는 소중한 패턴을 만들어낸 것이다. 그는 신병들을 출신국별로 양분했다. 하나는 영국인, 스칸디나비아인, 독일인이고 다른 하나는 라틴계와 슬라브계였다. 그리고 "두 집단 사이에서 상당한 차이(정신연령으로 2년이라는 극단적인 차이)가 나타났다"라고 말했다(p.699). 물론 북부 출신이 우수하게 나타났다.

그러나 여크스는 그 밑에 내재하는 문제를 인정했다. 대부분의 라틴계와 슬라브계는 최근에 이민했기 때문에 영어를 거의 또는 전혀 구사할 수 없었다. 독일계 이민의 전성기는 이미 오래 전에 지났다. 하지만 여크스의 프로토콜에 의하면, 그것은 문제가 되지 않았다. 영어를 할 수 없는 사람도 전혀 불리하지 않기 때문이다. 그들은 그림을 이용해서 읽고 쓰는 능력이나 언어와는 무관한 선천적 능력을 측정하는 베타 테스트를 따로 받았다. 그렇지만 데이터는 여전히 영어에 친숙하지 않은 사람들이 명백히 불리하다는 것을 말해주고 있다. 알파 테스트에서 E등급을 받아 다시 베타 테스트를 받은 백인 신병 중에서 영어를 할 수 있는 사람의 베타 테스트 평균점수는 101.6인 반면, 영어를 구사할 수 없는 사람의 평균점수는 겨우 77.8이었다(pp.382~383). 베타 테스트의 불안과 혼란을 제거하는 개인 테스트 성적 척도에서는 미국 출신과 외국 출신 사이에서 차이가 나타나지 않았다(p.403). (그러나 개별 테스트를 받은 사람은 극소수에 불과했기 때문에 그들이 국가별 평균점수에 영향을 미치지는 않았다.) 여크스는 "언어구사의 어려움이나 문맹이라는 핸디캡을 가진 사람은 그렇지 않은 사람에 비해 베타 테스트에서 상당한 정도로 불이익을 당한다는 것을 시사하는 측면이 있다"라고 인정하지 않을 수 없었다(p.395).

또 하나의 상관관계는 훨씬 큰 혼란을 야기했다. 여크스는 외국 출신 신병의 테스트 평균점수가 미국 체재 기간이 길수록 상승한다는 사실을 발견했다.

체재기간(년)	평균 정신연령
0~5	11.29
6~10	11.70
11~15	12.53
16~20	13.50
20~	13.74

이 사실은 선천적 지능이 아니라 미국적 방식에 대한 친숙함이 점수에

영향을 미친다는 것을 보여주는 것이 아닐까? 여크스는 이 가능성을 인정했지만, 유전적 결정론으로 이 난국을 극복할 수 있다는 희망을 강하게 피력했다(p.704).

분명히 이 나라에서 오랫동안 거주했던 집단일수록 지능검사에서 좀 더 높은* 점수를 받는 경향이 있다. 하지만 이 차이에서 철저하게 미국화된(americanized) 집단이 테스트 상황에 더 익숙해졌기 때문에 높은 점수가 나왔다거나 그밖의 다른 요인이 작동했을 가능성을 찾기는 어렵다. 가령 좀더 지능이 높은 이민자들이 성공을 거두었고, 그 결과로 이 나라에 오래 거주하게 되었을 수도 있다. 그러나 이 가능성은 상당히 많은 숫자의 성공한 이민자들이 다시 유럽으로 돌아간다는 사실에 의해 근거를 잃는다. 우리가 할 수 있는 최선의 조치는 이 차이가 지능의 본질적인 차이를 나타내는 것인지 아니면 시험방법에 따른 인위적인 차이인지를 향후 과제로 남겨두는 것이다.

게르만족 지상주의자들이라면 금방 그 물음에 답했을 것이다. 최근 이민자들은 유럽의 쓰레기들, 즉 라틴계와 슬라브계 하층 계급이 몰려온 것이고, 그에 비해 장기간 체재하고 있던 이민자들은 주로 우수한 북방계 사람들이라는 것이다. 미국 체재기간과의 상관관계는 그 유전적 지위를 기초로 한 인위적인 산물일 뿐이다.

육군지능 테스트는 환경적으로 불리한 조건이 수백만 명에 달하는 사

---

*언어의 선택이 어떻게 편향의 암시로 기여할 수 있는지 살펴보자. 여기에서는 정신연령 2.5세의 차이(13.74~11.29)를 "조금 높은(somewhat better)" 성적이라고 표현하고 있지만, 앞에서는 북방-게르만과 라틴-슬라브 사이의 2세라는 그보다 작은 (필경 유전적) 차이를 "상당한(considerable)"이라고 표현했다.

람들에게서 그들이 지적 능력을 발달시킬 기회를 박탈했음을 분명히 보여주기 때문에 사회개혁의 동력을 제공할 수도 있었을 것이다. 데이터들은 여러 차례 반복적으로, 테스트 점수와 환경 사이에 강한 상관관계가 있음을 드러냈다. 그럼에도 불구하고, 테스트를 만들고 직접 실시한 사람들은 자신들의 유전적 결정론의 편견을 옹호하기 위해 비비꼬인 임기응변식 설명을 날조했다.

 터먼, 고더드, 여크스 등의 유전적 결정론자들의 선입관은 눈앞에서 벌어지는 상황을 보지 못할 정도로 맹목적이었다! 터먼은 훌륭한 고아원이 원아들의 IQ를 하락시킬 수 있는 모든 환경적 원인을 제거했다고 진지하게 주장했다. 고더드는 삼등선실에서 힘든 뱃여행을 막 끝낸 겁먹고 혼란스러운 이민자들을 대상으로 테스트를 하고는 자신이 선천적 지능을 측정했다고 믿었다. 여크스는 신병들에게 질문을 퍼부어 괴롭히고, 혼란과 불안의 증거인 수많은 0점자들을 속출시키며 인종과 민족 집단의 선천적 능력에 관한 자료를 만들었다. 이러한 모든 결론을 불가사의한 '시대적 분위기' 탓으로 돌릴 수만은 없을 것이다. 왜냐하면, 동시대의 비판자들도 그 결론이 터무니없다는 사실을 간파했기 때문이다. 그 시대의 기준으로도 미국의 유전적 결정론자들은 교조주의자들이었다. 그러나 그들의 도그마가 유리한 시대적 조류에 편승해서 일반적으로 수용되었고 비극적인 결과를 초래했다.

육군지능 테스트 결과의 정치적 충격

민주주의는 평균 정신연령 13세로도 유지될 수 있는가?

 여크스는 백인 신병의 평균 정신연령이 13.08세라는 사실에 무척 곤혹스러워했다. 이 수치는 여크스의 선입관이나 미국에서 오랫동안 살아온 성공한 백인들의 우생학적 우려에 부합하는 것이었지만, 너무 딱 맞아떨어져서 사실로 받아들이기가 힘들었다. 어쩌면 너무 낮아서 믿어지지 않았는지도 모른다. 여크스는 우수한 인재들—"전시 산업 활동에 필요해서 징집을 면제받은 전문가나 기업인들" 그리고 입대한 장교들—이 표본에서 제외되었다는 점을 인식했다(p.785). 그러나 명백한 지체자와 정신박약자들이 테스트 이전에 이미 선별되어 검사에서 제외되었기 때문에 전체적으로는 균형이 유지된 셈이었다. 따라서 평균 13세라는 정신연령은 조금 낮기는 하지만 전혀 터무니없는 잘못은 아니었다(p.785).

여크스에게는 두 가지 선택의 여지가 있었다. 우선 그 수치를 잘못된 것으로 간주하고 무의미한 값이 나온 결함의 원인을 자신의 방법론 속에서 찾는 것이었다. 만약 그가 이쪽을 선택했다면, 세 가지 큰 편향이 공모해서 평균값을 터무니없이 낮추었기 때문에 그 원인을 너무 먼 곳에서 찾아서는 안 된다. 첫째, 지능 테스트는 선천적 지능이 아니라 교육 수준과 미국문화에 대한 친숙도를 측정한 것이다. 그리고 지능과 무관하게 많은 신병들이 학교 근처에도 가보지 못했고, 미국에 온 지 얼마 되지 않아서 극도로 빈곤했기 때문에 매튜슨(Mr. Mathewson)*의 놀라운 성과 (1909년에 기록한 방어율 1.14를 포함해서)를 충분히 이해할 수 없었다. 둘째, 여크스가 표명했던 프로토콜이 지켜지지 않았다. 백인 표본의 약 3분의 2가 알파 테스트를 받았지만 0점이 속출했다. 이것은 많은 사람들이 다시 베타 테스트를 받아야 했음을 보여준다. 그러나 시간부족과 고급 장교들의 무관심 때문에 실현되지 않았고, 그 결과 많은 신병들이 재검사를 받지 못했다. 마지막으로 보링의 0점에 대한 처리는 이미 충분히 (그리고 인위적으로) 낮은 점수에 한술 더 뜬 불이익을 얹어주고 있다.

* 옮긴이주 | 크리스티 매튜슨(Christy Mathewson)은 미국의 유명한 야구선수.

두 번째 선택은 그 수치를 인정하고 어정쩡한 상태를 계속 유지하는 것이다. 물론 그는 이 두 번째 전략을 선택했다.

현재 우리는 임상적인 경험을 토대로 정신연령 13세인 사람의 능력과 지능이 어느 정도 수준인지 대략 알고 있다. 지금까지 그 사람의 정신적 능력이 미국의 평균이거나 그에 가까운 것이라고 생각한 적은 한 번도 없었다. 노둔자는 정신연령이 7세에서 12세 사이로 정의되어왔다. 만약 이 정의가 최근 결정된 13세 이하의 정신연령을 가진 사람을 의미하는 것으로 해석된다면, 백인 징집병의 거의 절반(47.3퍼센트)이 노둔자인 셈이다. 따라서 현재의 정의에 따르면, 정신박약이 과거에 생각되어왔던 것보다 훨씬 높은 빈도로 발생하고 있는 것이 분명하다.

여크스의 동료들도 마찬가지로 혼란스러웠다. 고더드는 스스로 만든 노둔의 기준에 의심을 품기 시작했다. "우리는 헤어날 수 없는 딜레마에 빠진 것 같다. 인구의 절반이 정신박약이거나 아니면 정신연령 12세가 정신박약의 범위에 들어가지 않거나 둘 중 하나일 것이다(1919, p.352)." 그 역시 여크스의 해결책을 따랐고, 미국의 민주주의에 경종을 울렸다.

만약 보통 사람의 지능이 16세가 아니라 13세라는 최종 결론이 내려진다면, 그것은 일부 사람들이 처음 의심했던 사실을 확인시켜준 것에 불과할 것이다. 즉 보통 사람은 적절한 분별력으로 자신의 문제를 처리할 수 있고, 적당한 수준으로 생활할 수 있을 만큼 소득을 얻고, 스스로 계획을 세우려고 시도하기보다 다른 사람의 지시에 따르는 편이 훨씬 잘살 수 있다는 것이다. 바꾸어 말하자면, 그것은 우리가 인간사회에서 볼 수 있는 여러 조건에 하나의 기본적인 이유가 존재하며, 더욱이 그 조건들을 바꾸기 위해 우리가 기울이는 대부분의 노력이 평균적인 사람들의 본질을 이해하지 못했기 때문에 쓸모없는 일이라는 것을 보여주고 있다(1919, p. 236).

불행하게도 13세라는 정신연령은 사회복지 개선운동을 억제하고자 했던 사람들 사이에서 결정적인 숫자가 되었다. 만약 평균적인 사람들이 노둔자 수준에서 벗어나지 못한다면, 결국 빈곤의 뿌리는 근본적으로 생물학에 닿아 있으며, 교육이나 고용의 기회균등을 위한 노력도 빈곤을 경감시킬 수 없게 되기 때문이다. '미국은 민주주의를 구할 수 있는가'라는 제목의 유명한 강연에서 하버드 대학의 심리학과장은 이렇게 말했다(W. McDougall, Chase, 1977, p. 226에서 인용).

육군지능 테스트 결과는 인구의 약 75퍼센트 가량이 일반적으로 고등학교 과정을 졸업하기 위한 지적 발달에 필요한 선천적 능력을 갖추지 못하고 있다는 것을 보여주었다. 터먼 교수와 그의 동료들이 매우 폭넓은 학생층을 대상으로 한 테스트도 이 결과와 일치했다.

1922년에 콜게이트 대학의 총장 G. G. 커튼(G. G. Cutten)은 취임연설에서 "우리는 평균적 지능이 13세가 조금 넘는 사람들 사이에서는 실질적인 민주주의가 아니라 그보다 위험한 형태의 혼돈이 벌어지는 상황을 생각하지 않을 수 없다"라고 말했다(Cravens, 1978, p. 224에서 인용).
이번에도 사람들의 관심을 끌기 쉬운 수치적 '사실'이 객관적 과학의 발견으로 화려하게 등장했다. 그러나 다른 한편 이 사실을 선전했던 사람들은 결코 읽지 않았지만, 그 사실을 완전히 무효로 만든 오류와 기만

이 800쪽에 달하는 모노그래프 속에 숨겨져 있었다.

육군지능 테스트와 이민제한 소동―미국인의 지능에 대한 브리검의 모노그래프

13세의 평균연령은 정치적 충격을 주었지만, 사회 혼란을 초래한 그 잠재적인 힘은 인종이나 국가 차이를 이끌어낸 여크스의 수치에 비하면 작은 것이었다. 마침내 유전적 결정론자들이 선천적 지능이 집단에 따라 다르다는 사실과 그 정도를 확립했다고 주장할 수 있게 되었기 때문이다. 여크스의 제자이고, 당시 프린슈테른 대학의 심리학 조교수였던 C. C. 브리검은 이렇게 말했다(1923, p.xx).

우리는 지금까지의 모든 조사결과보다 100배나 신뢰성이 높은 조사결과를 가지고 있다. 이 육군자료는 우선 지적 특성이 인종에 따라 다르다는 연구에 실로 중요한 공헌을 했다. 그리고 그 결과는 우리의 결론에 과학적 근거를 주고 있다.

1923년에 브리검은 한 권의 책을 집필했다. 이 책은 모든 선전선동가들에게 읽히고 사용될 수 있을 만큼 노골적인 내용을(어떤 사람은 명쾌하다고 표현할 수도 있을 것이다) 담고 있었다. 『미국인의 지능에 대한 연구(A Study of American Intelligence)』는 집단간의 차이에 대한 육군 테스트 결과를 사회운동으로 번역해낸 최초의 사례였다(Kamin, 1974와 Chase, 1977을 보라). 여크스는 직접 이 책의 서문을 써서 브리검의 객관성을 칭송했다.

저자는 이론이나 의견이 아니라 사실을 제시한다. 우리는 마땅히 그 신뢰성과 의미를 숙고해야 할 것이다. 왜냐하면 한 사람의 시민으로 우리 모두가 인종 열화(劣化)의 위협, 즉 국가의 진보와 번영에 대한 이민의 중요한 영향을 무시할 수 없기 때문이다(Brigham, 1923, p.vii).

브리검은 집단간의 차이에 대한 '사실'을 모두 육군 테스트 결과에서 도출했기 때문에 우선 여크스의 테스트가 선천적 지능에 대한 순수한 측정이 아닐 수 있다는 주장을 기각할 필요가 있었다. 그는 알파 테스트가 영어를 읽고 쓸 수 있는 능력을 요구했기 때문에 선천적 능력 이외에도 교육의 효과가 섞여 있었다는 점을 인정했다. 그러나 베타 테스트는 순수하게 선천적 지능만을 측정한다고 간주했다. "베타 테스트에는 전혀 영어가 포함되어 있지 않았기 때문에 어떤 의미에서도 교육의 효과를 측정하는 것으로 이해될 수 없다(p.100)." 어쨌든 그는 여크스가 "좀더 철저하게 미국화된 집단일수록 이 테스트에 더 잘 적응한다"라고 과거에 말한 것이 이 테스트에도 반영되는지 여부는 거의 문제가 되지 않는다고 덤으로 덧붙였다(p.93). 그리고 그 이유를 이렇게 밝혔다(p.96).

만약 사용된 테스트에 "전형적으로 미국적인" 무언가 이해할 수 없는 상황이 포함되어 있다면, 우리는 무척 운이 좋은 셈이다. 왜냐하면 이곳은 미국이고, 우리의 조사 목적은 미국으로 들어오는 이민자들의 특징에 대한 척도를 얻는 것이기 때문이다.* "전형적으로 미국적" 상황에 대응할 수 없다는 것은 분명 바람직하지 않은 특성이다.

일단 테스트가 선천적 지능을 측정할 수 있다는 것을 증명하자, 브리

---

* 브리검은 이 책의 다른 부분에서도 줄곧 자신의 목적이 지능의 천성적인 차이를 측정하고 해석하는 것이라고 주장했다.

검은 이 기본적인 가정을 위협할 수 있는 일반적인 인식을 몰아내는 데 자신의 책의 대부분을 할애했다. 예컨대 육군 테스트에서는 유대인(주로 최근 이민자)의 지능이 매우 낮게 평가됐다. 이 발견은 대부분의 유대인 학자, 정치가, 연주가들이 거둔 괄목할 만한 업적과 모순되지 않는가? 브리검은 유대인이 다른 그룹보다 변이의 폭이 큰 것이 분명하다고 추측했다. 따라서 낮은 평균값이 상위 범주에 속하는 소수의 천재들의 존재를 부정하지는 않는다는 것이다. 어쨌든, 그는 소수의 위대한 유대인들의 유산이 우리를 놀라게 한다는 이유로 우리가 그들의 능력을 과대평가하는 것일지도 모른다고 덧붙였다. "유능한 유대인들은 그들의 능력 때문만이 아니라 그가 유능하고 유대인라는 이유로 일반적으로 인정된다. (……) 따라서 우리가 얻은 수치는 오히려 유대인의 지능이 높다는 통념을 반박하는 것일 수도 있다(p. 190)."

그러면 남부 흑인에 비해 북부 흑인의 점수가 높은 이유는 어떻게 설명해야 할까? 여크스는 북부 흑인들이 평균적으로 남부 흑인보다 취학 기간이 몇 년 더 길다는 것을 인정했다. 그렇다면 그 점수 차이는 선천적 능력 이상으로 작용하는 교육의 차이를 반영하는 것이 아닌가? 브리검은 교육이 어느 정도 영향을 준다는 것을 부정하지 않았다(p. 191). 그러나 북부 흑인의 점수가 높은 이유에 대해 주로 더 우수한 생물학적 측면에서 기인하는 두 가지 이유를 제시했다. 첫째, 북부 흑인들에게는 "백인의 피가 더 많이 섞여 있다"는 것이다. 둘째, "상대적으로 더 높은 임금, 보다 나은 생활환경, 백인과 같은 학교에 다닐 수 있는 권리, 그리고 비교적 적은 사회적 차별 등의 사회적·경제적 힘들이 작용해서 보다 능력있는 흑인을 북부로 끌어당기는 경향이 있다"는 것이다(p. 192).

브리검은 이민문제에서 유전적 결정론에 대한 가장 큰 도전에 직면했다. 심지어 여크스조차도 미국에서 오랫동안 살았던 이민자들의 점수가 지속적으로 높아지는 원인에 대해 불가지론을 표명했다(362쪽을 보라). 그가 심각하게 선천적 생물학에 대한 대안을 고려한 것은 이때가 유일하다. 미국에서 오랫동안 살았다는 사실의 영향은 확실히 크고 놀랄 만큼 규칙적이었다. 거의 예외없이 5년의 거주기간은 테스트의 점수를 높였고(362쪽의 표를 보라), 최근 이주자들과 가장 오랫동안 거주했던 사람들의 전체적인 정신연령의 차이가 2.5년이나 되었다.

브리검은 소름끼치는 환경결정론의 가능성을 순환논법으로 피해갔다. 그는 자신이 증명하려 했던 것을 전제로 삼았다. 그는 알파 테스트가 읽고 쓰는 능력을 필요로 하더라도 베타 테스트는 진정한 의미에서 선천적 지능을 측정할 수 있다는, 논쟁의 여지가 다분한 주장을 증명된 것으로 받아들여 환경이 영향을 미칠 수 있는 가능성을 선험적으로 부정했다. 그렇게 결합된 척도에서의 점수 하락이 알파 테스트만으로 생긴 인위적인 차이가 아니라는 것을 보여줌으로써 최근 이민자의 점수 저하가 생물학적인 것임을 증명할 수 있게 되었다.

거주기간이 늘어남에 따라 지능이 높아진다는 가설은 지능측정방법의 오류라는 가설과 동일시될지도 모른다. 왜냐하면 우리는 선천적 지능, 즉 타고난 지능을 측정한다고 가정해야 하며, 그밖의 다른 요인에 기인한 점수 증가는 오류로 간주될 수 있기 때문이다. (……) 만약 거주기간이 5년인 집단의 모든 사람들이 같은 비율로 알파 테스트, 베타 테스트, 그리고 개인 테스트를 받았다면, 모든 사람들이 비슷하게 다루어져 그 관계를 어떤 오류 가능성도 없이 나타낼 수 있기 때문이다 (p.100).

거주기간이 다른 집단들 사이의 차이가 선천적인 것이 아니라면, 그 차이는 알파 테스트와 베타 테스트의 대상자 비율의 차이를 바탕으로 합성해 척도를 만들었을 때의 기술적 결함을 반영한다. 이 차이는 테스트 자체의 결함에서 발생할 수 없으며, 따라서 당연히 미국적 습관이나 언어에 대한 친숙도의 증가를 나타내는 환경적 지표일 수 없다.

브리검은 알파 테스트와 베타 테스트의 성적을 조사해서, 거주기간별 집단간 차이가 베타 테스트에서 나타나고 있다는 것을 발견했고, 보다 최근의 이주자는 선천적 지능이 낮다는 반직관적인 가설을 발표했다. "각 유형의 시험[알파와 베타 양쪽] 점수는 대략 같다. 이것은 5년 동안 거주한 집단들이 실제로 선천적 지능에서 차이가 있고, 언어나 교육의 불리한 조건으로 인해 고통받는 것이 아니라는 사실을 보여준다."

우리가 얻은 곡선의 의미를 거주기간의 증가와 함께 지능이 상승한다는 것과는 정반대로 받아들이지 않을 수 없다. 우리는 이 곡선이 1902년 이래 5년 동안 연속해서 미국에 온 이민자들이, 육군 테스트에 의하면, 점차 열화되었다는 것을 보여준다는 가설로 받아들이지 않을 수 없다(pp. 110~111). (······) 계속 몰려오는 이민자들의 평균지능은 점차 저하되었다(p. 155).

그러나 최근 이민자들의 지능이 더 낮은 이유는 무엇인가? 이 어려운 문제를 풀기 위해 브리검은 당시 저명한 인종차별주의자였던 미국의 매디슨 그랜트(Madison Grant, 『위대한 인종의 종언[*The Passing of the Great Race*]』의 저자)와 프랑스의 두개계측학 전성기의 낡은 유물인 조르주 바셰 드 라포주(Georges Vacher de Lapouge) 백작을 끌어들였다. 브리검은 유럽인의 기원이 세 인종이며 이들이 혼합되어 유럽인이 되었다고 주장했다. 1)북유럽인(Nordics). "군인, 선원, 모험가, 탐험가로, 지배자, 조직가, 봉건제의 특권계급, 귀족계급의 인종이다. (……) 유럽인들의 인종적 긍지는 대부분 이들 북방계에서 추적할 수 있다." 그들은 "지배적인 태도, 개인주의, 독립성 등의 특징을 가지며 (……) 그 결과 일반적으로 프로테스탄트이다(Grant, Brigham, p.182에서 인용)." 2)알프스 인종(Alpines). "정치적으로나 종교적으로 권위에 복종하며, 대개 로마 카톨릭이다(Grant, Brigham, p.183에서 인용)." 바셰 드 라포주에 의하면 "전형적인 노예, 이상적 농노, 모범적 백성"으로 기술되어 있다(p.183). 3)그랜트가 인정한 지중해인종(Mediterranean). 고대 그리스 로마의 위업을 이룬 인종이지만, 브리검은 그들의 평균점수가 알프스 인종보다 조금 낮았기 때문에 그들을 경멸했다.

그런 다음 브리검은 여러 유럽인의 북방계, 알프스계, 지중해계의 혼혈 정도를 평가하려고 시도했고, 출신국별이라는 정치적 수단이 아니라 과학적인 인종차별적 근거에 기초해 육군 테스트의 점수를 계산하려고 시도했다. 그는 각 인종의 평균지능으로 다음과 같은 값을 제시했다. 북방인종 13.28세, 알프스 인종 11.67세, 지중해인종 11.43세.

따라서 5년 동안 거주했던 집단들의 지능이 점차 저하한 사실은 선천적 요인으로 쉽게 설명되었다. 지난 20년 동안 이민자의 성격은 크게 변화했다. 20년 전에는 압도적으로 북방인종이 많았다. 그 이후 차츰 알프스 인종과 지중해인종의 수가 증가했고, 이민자의 중심이 과거 독일, 스칸디나비아, 영국 제도에서 남유럽과 동유럽인—이탈리아인, 그리스인, 터키인, 헝가리인, 폴란드인, 러시아인 그리고 그밖의 슬라브계(여기에는 유대인도 포함된다. 브리검은 유대인을 인종적으로 "알프스계 슬라브인〔Alpine Slavs〕"으로 정의했다)의 하층민으로 옮아갔다. 이들 새로운 이민자의 열등성은 의심의 여지가 없었다(p.202).

독립기념일의 연설자는 높은 연단에서 코시치우슈코(Kosciusko, 폴란드 군인으로 미국 독립혁명군에서 활약한 인물/옮긴이)의 이름을 외쳐대면서 폴란드인의 지적 수준에 대한 대중적인 믿음을 높일 수 있을지는 모르지만, 폴란드 이민자의 지능 분포 자체를 바꿀 수는 없다.

그러나 브리검은 자신의 천성주의적 주장에 여전히 두 가지 난점이 있다는 것을 깨달았다. 그는 육군 테스트가 선천적 지능을 측정했다는 것을 증명했지만, 무지한 반대자들이 북방인종의 높은 점수의 원인을 그 그룹에 영어를 구사할 수 있는 사람이 많이 포함되어 있다는 사실로 돌릴 수 있다는 점을 우려했다.

따라서 그는 북방인종을 두 집단으로 나누었다. 하나는 캐나다와 영국제도 출신으로 영어를 모국어로 삼는 사람들로, 그들의 평균지능은 13.84세였다. 다른 하나는 주로 독일, 네덜란드, 스칸디나비아 출신으로 이루어진 '비영어권' 사람들로 평균지능은 12.97세였다. 다시금 브리검은 육군 테스트가 미국의 언어나 습관에 대한 친숙도를 측정했다는 환경결정론자들의 주장을 사실상 입증한 셈이었다. 그러나 이번에도 그는 선천성에 대한 거짓 이론을 꾸며냈다. 영어를 사용하는 북방인종과 비영어권 북방인종 사이의 차이는 북방인종 전체와 지중해인종 차이의 절반이었다. 북방인종 사이의 차이가(브리검이 인정했듯이) 언어와 문화라는 환경요인에 의해 설명될 수 있다면, 유럽인종들 사이에서 나타나는 차이를 같은 원인으로 설명해서 안 될 이유는 무엇인가? 결국, 이른바 비영어권 북방인종이 평균적으로 미국적 방식에 더 익숙했고, 따라서 이 사실만으로도 알프스 인종이나 지중해인종보다 높은 점수를 얻는 것이 당연했다. 브리검은 그들을 '비영어권(non-English)'이라고 불렀고, 자신의 언어가설을 시험하는 시금석으로 삼았다. 그러나 실제로 그는 그들의 출신국을 알았을 뿐으로, 그들의 영어에 대한 친숙도를 알았던 것은 아니다.

평균적으로 이른바 '비영어권' 북방인종은 알프스 인종이나 지중해인종보다 미국에서 훨씬 오랫동안 살아왔다. 많은 사람들이 영어를 유창하게 구사했고, 볼링, 상품, 영화배우 등에 능통할 만큼 충분한 기간 동안 미국에 거주했다. 만약 비영어권 북방인종이 미국문화에 대한 지식의 부족으로 영어권 북방인종보다 정신연령이 약 1세 낮다면, 알프스 인종이나 지중해인종의 약 2세 낮은 값은 그들이 미국적 방식에 일반적으로 친숙하지 않기 때문이라고 말할 수는 없을까? 연속되는 결과에 같은 설명을 되풀이한다면 빈약한 설명이 될 수도 있다. 그 대신 브리검은 북방인종들 사이의 불일치에 환경적 원인이 있다는 것을 인정했다. 하지만 자신이 경멸하는 남부와 동부 유럽인의 낮은 점수를 설명하는 데는 선천성 이론을 사용했다(pp.171~172).

물론 비영어권 북방인종 이민자의 열등성을 설명하는 설득력있는 역사적·사회적 근거는 존재한다. 한편으로 여러 가지 사실에도 불구하고, 언어적 요인이 테스트를 받을 때 북방인종 이민자들에게 이해할 수 없는 방식으로 유리하게 작용한다는 이유에서 북방인종의 우수함를 부정하기를 원한다면, 북방인종에서 영어권 북방인종을 분리해도 무방할 것이다. 하지만 역시 알프스 인종이나 지중해인종에 비해 비영어권 북방인종이 두드러지게 우수하다는 것을 알 수 있을 것이다. 이 사실은 우리들이 입증한 선천적 차이의 근본적 원인이 언어가 아니라 인종임을 분명하게 보여주고 있다.

이 도전에 대처한 후, 브리검은 도저히 방어할 수 없는 또 하나의 도전을 받았다. 그는 5년마다 연속해서 거주집단의 점수가 내려가는 이유를 북방인종의 구성비가 감소하기 때문이라고 주장했다. 그러나 그는 골칫거리인 시대착오를 인정하지 않을 수 없었다. 북방인종의 이민 러시는 이미 오래 전에 퇴조했고, 가장 최근에 이주한 2,3세대의 5년 거주집단은 알프스 인종과 지중해인종을 거의 일정한 비율로 포함하고 있었기 때문이다. 그러나 점수는 인종 구성비가 일정함에도 불구하고 하강을 계속했다. 이것은 최소한 언어나 문화의 영향을 나타내는 것이 아니었을까? 결국 브리검은 북방인종 집단간의 실질적인 차이를 설명하는 과정에서 생물학을 회피했다. 그렇다면, 왜 알프스 인종이나 지중해인종에게서 나타나는 비슷한 차이를 같은 방식으로 다루지 않았을까? 이번에도 선입관이 상식을 굴복시켰고 그 자신도 인정했듯이, 직접적인 증거도 없이 터무니없는 설명을 날조했다. 알프스 인종과 지중해인종의 점수가 계속 하락했기 때문에 이들 낙오자들의 모국(母國)이 해를 거듭하면서 생물학적으로 더 열악한 사람들을 보내고 있는 게 분명하다는 설명이었다 (p.178).

지능 저하는 두 가지 요인에 기인한다. 하나는 이 나라에 이민 오는 인종의 변화이고, 다른 하나는 그 인종 중에서도 점점 뒤떨어진 사람들이 이민자로 보내진다는 부가적인 요인이다.

브리검은 미국의 전망이 암울하다고 한탄했다. 유럽인들의 위협은 매우 심각했고, 미국은 보다 심각하고 특수한 문제에 직면했다(p.xxi).
이들 유럽인들의 움직임과 병행해서, 이 대륙의 역사에는 흑인의 수입(importation of the negro)이라는 가장 불길한 사건이 있었다.

브리검은 당시 가장 뜨거운 두 가지 정치쟁점이었던 이민제한과 우생학적 생식통제를 유전적 결정론의 입장에서 옹호하면서 정치적 변명으로 자신의 소책자를 끝맺었다(pp. 209~210).

미국인의 지능 저하는 유럽 각국의 지능 저하보다 훨씬 빠르게 진행될 것이다. 그 이유는 이곳에 흑인이 있기 때문이다. 이것은 불쾌하더라도, 우리의 연구가 보여주는 엄연한 사실이다. 그렇지만 미국인의 지능 열화는 그것을 저지하기 위한 대중적 움직임이 일어난다면, 꼭 피할 수 없는 운명은 아니다. 발전을 향한 연속적인 상승을 보증하기 위해 합법적 대책을 강구하지 못할 이유는 전혀 없다.

물론 현재 우리의 지적 능력을 보존하고 증대시키기 위해 취해져야 할 대책은 정치적 방편이 아니라 과학에 의해 명령되어야 한다. 이민은 제한될 뿐만 아니라 고도로 선별되어야 한다. 이민과 귀화에 관한 법률 개정은 지금 우리가 직면한 어려움을 조금쯤 완화시켜줄 것이다. 정말 중요한 다음 조치는 현재 국민들 중에서 결함을 가진 가계의 구성원들이 계속 아이를 생산하지 못하도록 유도하는 것이다.

여크스는 브리검에 대해 "저자는 이론이나 견해가 아니라 사실을 제시한다"라고 말했다.

이민제한법의 승리

육군 테스트는 다양한 사회적 수요를 낳았다. 그중에서도 가장 지속적인 영향을 미친 것은 지능 테스트 분야였다. 그것은 최초의 필기식 IQ 테스트였고, 상당한 사회적 관심을 끌었다. 그리고 이 테스트는 비네의 소망과는 반대로 모든 아이들을 테스트해서 서열화시킬 것을 주장한 유전적 결정론자들의 이데올로기를 만족시키는 데 필수적인 기법을 제공했다.

다른 선동가들은 인종차별을 옹호했고, 흑인이 고등교육을 받는 것을 제한하기 위해 육군 테스트 결과를 이용했다. 코넬리아 제임스 캐넌(Corelia James Cannon)은 1922년에 월간 『애틀랜틱(*Atlantic Monthly*)』에 테스트 결과 흑인의 89퍼센트가 노둔자였다고 주장했다(Chase, 1977, p. 263에서 인용).

> 초등학교의 발전이나, 일상활동, 습관, 그리고 높은 수준의 재능을 필요로 하지 않는 직업훈련에 중점이 두어져야 한다. 특히 남부에서는 (……) 백인과 유색인종이 다른 학교에서 교육을 받고 있지만, 이것은 인종적 편견에 의해 만들어진 학교와 달리 정당화될 수 있을 것이다. (……) 공립학교 제도는 전체의 50퍼센트가 결코 정신연령 10세에 도달하지 못하는 인종의 아이들을 위한 것이지만 앞으로 좀더 완전해져야 하는 제도이다.

그러나 육군 테스트의 결과는 이민을 둘러싼 대논쟁과 미국 내의 중요한 정치현안에 직접적이고 중대한 충격을 주었다. 이민제한정책이 떠돌고 있었고, 이것은 과학적 지지가 없었더라도 충분히 일어났음직한 움직임이었다(다수의 저임금 노동자들의 유입을 두려워하는 전통적인 동업조합, 이민자 대다수에게 폭탄을 던지는 아나키스트로 간주해서 사코와 반제티*를 희생양으로 만드는 데 조력한 강경 외교정책 지지자나 미국우선주의 당원들**에 이르기까지 제한주의자들이 불러낼 수 있었던 폭넓은 스펙트럼의 지지자들을 생각해보라). 그러나 1924년의 이민제한법이 통과된 시점, 그리고 특히 그 독특한 성격은 분명 과학자와 우생학자들의 로비와 그들의 가장 강력한 무기가 된 육군 테스트 결과를 반영한다(Chase, 1977,

Kamin, 1974, Ludmerer, 1972).

컬럼비아 대학의 이사이자 미국자연사박물관 관장이었던 헨리 페어필드 오스본(Henry Fairfield Osborn)은 1923년에 다음과 같은 성명을 발표했다. 나로서는 제1차 세계대전의 엄청난 사망자 숫자를 생각할 때 몸서리가 쳐지는 내용이었다.

> 이러한 테스트가 미국의 지능 결여나 미국으로 유입되는 여러 인종의 지능 정도를 누구도 편견의 결과라고 말할 수 없는 확실한 방법으로 우리 국민들에게 분명히 보여주는 데 도움이 된다면, 그 테스트는 인간의 생명을 포함해서 전쟁이 치른 희생에 값할 정도로 가치가 있다고 믿는다. (……) 우리는 흑인이 우리와 다르다는 것을 분명히 알았다. 그리고 유럽의 많은 인종과 아인종(亞人種)에 대해서도, 과거에 우리보다 지능이 우수하다고 믿어온 어떤 인종〔유대인〕이 훨씬 뒤떨어진다는 사실을 알았다.

1924년 이민제한법의 통과로 이어진 미국의회의 논쟁에서도 육군 테스트의 자료는 빈번하게 들먹여졌다. 우생학자들은 이민을 제한하기 위해서 뿐만 아니라 열등한 민족의 국가에 대해 가혹한 이민자 수를 할당해서 이민자의 질을 바꾸려고 시도했다. 육군 테스트 자료와 우생학자들의 선동이 없었다면 1924년의 이민제한법은 고사된 채 고려조차 되지

---

* 옮긴이주 | Sacco and Vanzetti, 이탈리아의 무정부주의자였던 두 사람은 매사추세츠주 제화공장에서 강도살인 죄목으로 1927년에 처형되었다. 이후 증거불충분으로 국제적인 항의운동이 일어났다.

** 옮긴이주 | America firster, 1942년에 결성되어 고립주의와 인종차별을 주장하는 미국 우선주의 정당의 당원들.

못했을 것이다. 결국 남유럽인과 동유럽인, 즉 육군 테스트에서 최저 점수를 받았던 알프스계의 여러 나라와 지중해계의 나라들이 내쫓기는 처지가 되었다. 우생학자들은 미국의 역사에서 과학적 인종차별주의라는 최대의 승리를 쟁취했다. 1921년 최초의 이민제한법은 모든 나라에 대해서 연간 이민자 수를 당시 미국에 거주하던 사람들의 3퍼센트로 할당했다. 우생학자들의 선동 공세로 제정된 1924년의 법률은 1890년 인구 조사에서 기록된 각국 이민자 수의 2퍼센트로 재조정됐다. 1890년의 수치가 1930년대에도 여전히 사용되었다. 제한법이 통과된 것이 1924년인데 왜 1920년이 아니라 1890년의 자료가 사용되었을까? 1890년은 이민의 역사에서 분수령과도 같은 해였다. 당시까지 남부와 동부 유럽인 이민자가 비교적 소수였지만, 이 해를 기점으로 지배적인 비중을 차지했다. 캘빈 콜리지(Calvin Coolidge)는 법안에 서명하면서 냉소적이지만 확실한 어조로 "미국은 계속 미국으로 남아야 한다"라고 선언했다.

브리검의 후퇴

브리검의 자료가 국가별 이민자 수 할당에 실질적인 영향을 준 지 6년이 지나서 그는 완전히 자신의 견해를 바꾸었다. 테스트 점수가 그 사람의 머릿속에 있는 실체로 물화될 수 있는 무엇이 아님을 인정한 것이다.

이 테스트를 실시하는 심리학자들은 테스트 점수에서 테스트에 붙여진 명칭이 나타내는 가설적인 능력으로 부지불식간에 미끄러질 수 있는 오류를 범해왔다. 따라서 그들은 정확하고 객관적인 테스트 상황이라고 말하면서, 감각적 식별력, 지각력, 기억력, 지능 등을 이야기한다.

게다가 브리검은 마침내 육군 테스트의 데이터가 두 가지 이유에서 선천적 지능의 척도로서 무가치하다는 것을 인정했다. 그는 과학문헌에서는 찾기 힘들 정도로 비굴하게 자신의 잘못을 사과했다. 첫째, 그는 알파 테스트와 베타 테스트가 그와 여크스가 인종이나 국가별 평균을 얻을 때 사용했던 것과 같은 단일 척도로 합성될 수 없다는 것을 인정했다. 두 테스트는 각기 다른 것을 측정하며, 각각의 테스트는 어떤 경우에도 내적으로 일치하지 않는다, 각국은 서로 다른 비율로 알파 테스트와 베타 테스트를 받은 징집병들의 표본에 의해 대표되어 있다. 따라서 국가별 비교는 전혀 불가능하다는 것이다(Brigham, 1930, p.164).

합성척도를 만들기 위해 알파 테스트와 베타 테스트를 융합시키는 이 방법은 초기 육군 테스트 분석을 위해 필자에 의해 이용되었고, 외국 출신 징집병 표본에 적용되었다. 따라서 인종 차이에 관해 전적으로 가설적 구조물에 기반한 이 연구는 완전히 붕괴한다.

둘째, 브리검은 테스트가 선천적 지능이 아니라 미국의 언어와 문화에 대한 친숙도를 측정했음을 인정했다.

개인이나 집단을 비교하기 위한 목적에서, 그 나라의 일상어로 표현된 테스트는 그 테스트에 사용된 언어를 습득하는 데 동등한 기회를 가진 개인에게만 적용되어야 한다. 따라서 테스트에 채택된 일상언어를 사용하지 않는 가정 또는 두 언어가 사용되는 가정에서 자란 사람들에 관해 비교연구를 하는 데 이 테스트를 이용할 수 없다. 부모가 서로 다른 언어를 사용하는 미국 출신 아이들에 관한 연구에서도 이 마지막 조건이 종종 지켜지지 않는다. 2개 국어 사용(bilingualism)의 영향이 아직까지 밝혀지지 않은 상태에서 이 점은 특히 중요하다. (……) 다양한 국가와 인종집단에 대한 비교연구는 기존의 테스트로는 불가능하다. (……) 이러한 인종 비교연구에서 가장 대표적으로 거론되었던 연구는 —필자 자신의 연구—완전히 그 기반을 상실하게 되었다(Brigham, 1930, p. 165).

브리검은 자신의 개인적 부채를 변제할 수 있었지만, 이미 엎질러진 물을 되담을 수는 없었다. 다시 말해서, 테스트가 낳은 결과는 어찌할 수 없었다. 이민 쿼터는 여전히 유지되었고, 남유럽과 동유럽의 이민자 수는 줄어들었다. 1930년대에 유대 난민들은 대량학살을 겁내 미국에 이주하려 했지만 받아들여지지 않았다. 법으로 지정된 쿼터와 계속된 우생학자들의 선전선동에 의해 북부와 서부 유럽 여러 나라에 대해 확대된 할당 인원수가 다 차지 않은 해에조차도 유대인은 내쫓겼다. 체이스는 (1977) 1924년부터 제2차 세계대전이 발발한 시점까지 600만 명의 남부, 중부, 그리고 동부 유럽인들이 쿼터에 의해 입국 금지되었을 것으로 추정했다(이민이 1924년 이전 비율로 계속되었다고 가정할 때). 우리는 외국으로 떠나고 싶지만 아무 데도 갈 곳이 없는 사람들에게 어떤 일이 일어났는지 잘 알고 있다. 파괴에 이르는 길은 종종 간접적이지만, 사상은 총이나 폭탄과 마찬가지로 확실한 수단이 될 수 있는 것이다.

| 제6장 |

일란성 쌍둥이와 관련된 버트의 사기극

The Mismeasure of Man

일란성 쌍둥이와 관련된 버트의 사기극

> 수학적 분석이라는 이 장치가 지능 테스트를 신뢰할 수 없는
> 속임수에서 과학적 정확성을 갖춘 공인된 도구로 변모시켰다.
> 이것은 프랜시스 골턴 경 이래 영국 심리학파의 괄목할 만한 공적이었다.
> ─시릴 버트, 1921, p. 103

요인분석의 아버지로 불리기를 바란 버트

만약 게으르고 편안한 생활을 보내고 싶다면, 태어나자마자 형제와 떨어져서 서로 다른 사회계급 속에서 자라난 일란성 쌍둥이가 되기를 바라야 할 것이다. 이 형제는 많은 사회과학자들에게 고용될 수 있고, 보수를 요구할 수도 있다. 왜냐하면 유전적으로는 같지만 서로 다른 환경에서 자라났기 때문에, 환경적 영향과 유전적 영향을 구분하려는 자연적인 실험에서 극히 희귀하고 실질적으로 유일하게 적절한 표본이기 때문이다.

따라서 서로 떨어져서 자란 일란성 쌍둥이에 대한 연구는 IQ의 유전에 대한 문헌에서 매우 중요한 지위를 차지할 수밖에 없다. 한 가지 문제는 이런 경우가 좀처럼 나타나지 않는다는 것이다. 20쌍 이상의 쌍둥이를 모았던 연구자는 거의 없었다. 그다지 가치있는 연구는 아니지만, 그

래도 눈에 띄는 한 연구가 있다. 그것은 시릴 버트 경(Sir Cyril Burt, 1883~1971)의 연구이다. 그는 지능 테스트의 원로이고, 교육심리학 분야의 이론과 실천 양면에서 탁월한 경력의 소유자다. 그는 20년 동안 런던의 학교들에서 이루어진 지능 테스트를 관리하고, 그 결과를 해석하는 책임을 진 런던 주의회(London County Council)의 심리학자였다. 그리고 찰스 스피어맨의 뒤를 이어 영국 심리학계에서 가장 영향력있는 런던 대학의 교수좌(1932~1950)를 계승했다. 오랜 퇴직 기간 동안 시릴 경은 서로 떨어져 자라난 일란성 쌍둥이의 IQ 사이에 매우 높은 상관관계가 있다는 것을 인용해 유전적 결정론을 뒷받침하는 여러 편의 논문을 발표했다. 버트의 연구가 주목받은 이유는 그의 연구가 과거의 모든 시도에서 수집된 것보다 두 배 이상이나 많은 53쌍의 쌍둥이를 찾아냈기 때문이다. 아서 젠센이 미국의 백인과 흑인간의 지능 격차가 유전적이기 때문에 근절할 수 없다고 주장한 그의 악명높은 논문에서 버트 경이 발표한 수치를 사용했다는 것은 전혀 놀랍지 않다.

버트의 사기 행각은 오늘날에는 진부한 이야기에 불과하다. 우선 프린슈테른 대학의 심리학자 레온 카민(Leon Kamin)은 버트가 일련의 논문에서 쌍둥이 표본을 20쌍 이하에서 50쌍 이상으로 증가시키면서 쌍둥이의 평균 IQ 상관값이 소수점 이하 셋째 자리까지 변화하지 않았다는 점을 지적했다. 이것은 통계적으로는 있을 수 없는 일이고, 우리의 전문용어인 '불가능의 정의'와 일치한다. 따라서, 1976년에 런던『선데이 타임스(Sunday Times)』의 의학전문 기고가인 올리버 길리(Oliver Gillie)는 이것이 부주의가 아니라 의식적인 사기라고 비난의 도를 높이기도 했다. 길리는 두 여성 '협력자'인 마가렛 하워드(Margaret Howard)와 J. 콘웨이(J. Conway)가 버트를 위해 자료를 수집하고 처리했다고 되어 있지만, 그런 사람은 실재하지 않는 완전한 가공인물들이거나 최소한 버트가 그녀들과 연명으로 논문을 쓰고 있던 동안 그녀들과 한 번도 접촉한 적이 없거나 둘 중 하나일 것이라는 사실을 발견했다. 이러한 고발 때문에 강경한 유전적 결정론자의 입장을 뒷받침하는 버트의 '증거'들은 한층 철저하게 재검토되었다. 사실 그밖의 중요한 연구들도 마찬가지로 사기였으며, 특히 가까운 친척들 사이의 IQ 상관관계에 대한 그의 주장(그가 제시한 수치는 너무도 완벽해서 의구심을 자아냈다. 자연적인 측정이라기보다는 이상적인 통계 분포를 기초로 인위적으로 조작된 것이 분명해 보인다―Dorfman, 1978)과 영국의 지능수준 저하에 대한 데이터 등이 그러했다.

처음에 버트의 지지자들은 이런 고발을 레토릭(rhetoric)에 의해 유전적 결정론자들을 공격하려는 얄팍한 베일을 쓴 좌경분자들의 음모로 보는 경향이 있었다. H. J. 아이젱크는 버트의 여동생에게 "이 모든 사태는 과학적 사실을 이용해서 정치적 게임을 하려고 작정한 일부 극좌 환경주의자들의 의도된 노력이라고 생각한다. 미래가 버트 경의 명예와 고결함을 한 점 의혹없이 밝혀줄 것으로 확신한다"라고 썼다. 버트를 "타고난 귀족" "세계의 가장 위대한 심리학자 중 한 사람"이라고 부른 아서 젠센은 일란성 쌍둥이에 대한 자료가 부정확한 것은 대수롭지 않은 부주의에서 기인한 것이라고 했지만, 그럼에도 그 데이터를 신뢰할 수 없다는 결론을 내리지 않을 수 없었다.

나는 L. S. 헨쇼(L. S. Hearnshaw)가 최근 출판한 버트에 대한 훌륭한 '공식' 전기(1979)가, 그 자료가 허용하는 한, 이 문제를 해결했다고 생각한다(헨쇼는 이런 폭로가 있기 전에 버트의 여동생으로부터 전기를 써달라는 의뢰를 받았다). 버트의 절대적인 찬미가로 출발해 그의 지적 태도를 공유하는 경향을 나타냈던 헨쇼는 결국 모든 폭로가 사실이며 실상은 그보다 훨씬 지독했다고 결론지었다. 게다가 헨쇼는 내게 다음과 같은 사실을 털어놓았다. 즉 속임수를 통한 버트의 극악한 범죄성과 기괴함은, 모든 것이 끝났다는 것을 알았을 때 유전적 결정론자로서의 자신의 교의를 구하기 위해 시도한 '합리적인' 계획이 아니라(솔직히 고백하자면, 나 자신도 처음엔 그렇게 생각했다), 병들고 뒤틀린 사람의 행위로밖에 볼 수 없다는 것이다(물론 이 모든 것이, 그처럼 명백하게 날조된 데이터가 그토록 오랫동안 문제시되지 않은 이유, 그리고 그것을 믿으려는 의지가 우리의 유전자 결정론적 전제의 근거에 대해 무엇을 함축하는가와 같은 좀더 깊은 문제는 건드리지 못하고 있다).

헨쇼는 버트가 이 사기극을 시작한 것이 1940년대 초로, 그보다 앞선 연구는 비교적 정직한 것이었다고 믿었다. 물론 그것도 그의 선험적인 강고한 확신과 결합되어 있었고, 심지어 당시 기준으로도 변명할 수 없을 만큼 너절하고 피상적인 것이었지만 말이다. 버트의 세계는 전쟁중에 붕괴하기 시작했다. 그 책임의 일부는 스스로에게 있었다. 연구자료는 런던 공습으로 소실되었고, 그는 결혼에도 실패했다. 또한 정년이 되었을 때 명예롭게 퇴진하지 않고 계속 지배력을 유지하려다가 자신이 속한 학부에서 내쫓기는 처량한 신세가 되었다. 더구나 스스로 정한 기한 내에 편집권을 넘기지 않는 바람에 자신이 창간한 저널의 편집자 자리에서도 밀려났다. 그의 유전적 결정론의 교의는 이제 막 유대인 대량학살을 목도한 시대 정신에는 더 이상 어울리지 않았다. 게다가 버트는 평형감각에 이상이 발생하는 메니에르병(Menieres)에 걸렸고, 그 결과 인격적으로도 부정적인 장애가 빈발했다.

헨쇼는 그후 버트의 경력에서 나타난 네 가지 사기행위를 인용했다. 그중 세 가지는 이미 내가 언급한 것들이다(일란성 쌍둥이에 대한 자료 위조, 가까운 친척들 사이의 IQ 상관관계, 영국인의 지능수준 저하에 대한 이야기). 그런데 네 번째는 여러 가지 점에서 가장 기이하다. 그의 사기행위가 너무도 자명해서 곧 폭로되었기 때문이다. 그것은 이성적인 사람이 할 행동이 아니었다. 버트는 자신의 선배이자 정신적 스승인 찰스 스피어맨 대신 자신이 심리학 분야에서 '요인분석(factor analysis)'의 아버지로 불리기를 갈망하며 지적 반역행위를 저질렀던 것이다. 스피어맨은 1904년에 발표한 유명한 논문에서 이미 이 방법을 창안했다. 스피어맨이 후일 버트가 차지하게 된 런던 대학의 교수좌에 있던 동안, 버트는 이 기법의 우선권에 전혀 도전하지 않았다. 오히려 그는 스스로 그 사실을 끊임없이 확인했다. 실제로 요인분석에 대한 그의 유명한 저서(1940)에서 버트는 "스피어맨의 탁월함은 모든 요인분석가들로부터 인정되고 있다"라고 썼다(1940, p.x).

버트가 역사를 다시 쓰려는 시도를 처음 시작했을 때, 스피어맨은 아직 살아 있었다. 버트의 전임자인 이 명예교수로부터 신랄한 반응이 나온 것은 물론이다. 버트는 즉각 자신의 주장을 철회하고, 복종과 아첨에서 타의 추종을 불허할 만큼 나긋나긋한 편지를 스피어맨에게 보냈다. "선생님에게 우선권이 있다는 것은 분명합니다. (⋯⋯) 제가 정확히 어느 대목에서 혼란에 빠졌는지 생각해왔습니다. 제가 쓴 글에 번호를 붙이면 제일 간단하겠지요. 그러면 오래 전 학창시절의 제 담임 선생님처럼 선생님의 학생인 제가 틀린 곳에 ×자 표시를 하시고, 선생님의 견해가 정확하게 해석된 곳에는 ○표를 하실 수 있을 것입니다."

그러나 스피어맨이 세상을 떠나자 버트는 "점차 거리낌없고, 망상적이고 터무니없는" 캠페인을 벌이기 시작했다(Hearnshaw, 1979). 그 이후 버트의 삶에 대해 헨쇼는 이렇게 말했다. "1930년대 말에는 버트의 스피어맨에 대한 비판이 간신히 들을 수 있는 속삭임 정도였지만 차츰 그를 격하시키는 시끄러운 캠페인으로 커졌고, 결국 버트는 스피어맨의 명성을 몽땅 자기 것으로 만들었다. 실제로 버트는 점점 더 우선권 문제에 집착하게 된 것 같다. 그리고 차츰 성마르고 독선적인 성격이 강해졌다."

(1979, pp. 286~287) 버트의 거짓말은 지극히 단순했다. 즉 칼 피어슨(Karl Pearson)이 스피어맨의 논문보다 3년 빠른 1901년에 요인분석 방법을(또는 그에 아주 가까운 방법) 고안했지만, 그것을 심리학 문제에 응용하지는 않았다는 것이다. 버트는 그 함축을 인정했고, 같은 방향에서 몇 가지 결정적인 변경과 개량을 했다. 따라서 그 흐름은 피어슨에서 버트로 이어졌고, 스피어맨이 1904년에 발표한 논문은 하나의 곁가지에 불과하다는 것이다.

버트는 이 이야기를 수없이 반복했다. 심지어 그가 썼던 수많은 가명 중 하나를 사용해서 자신이 편집자로 있던 잡지에 편지를 쓰기도 했다. 그 편지에는 전혀 알려지지 않은 프랑스의 심리학자 자크 라피트(Jacques Lafitte)라는 서명이 되어 있었다. 볼테르와 비네를 제외하고, 라피트는 영문 원전만을 인용해서 자신의 주장을 제기했다. "분명히 최초의 공식적이고 적절한 발표는 1901년에 이루어진 주축법(method of principal axes)에 관한 칼 피어슨의 증명이었다." 그러나 누구라도 한 시간만 노력하면 버트의 이야기가 허구임을 폭로할 수 있었을 것이다. 왜냐하면 버트는 1947년 이전의 자신의 연구에서 피어슨의 논문을 한 번도 인용하지 않았기 때문이다. 그에 비해 요인분석에 관한 그의 초기 연구에서 스피어맨의 공적을 인정했고, 버트 자신의 방법이 파생적인 성격임을 분명히 했다.

만약 버트가 명성을 노리고 자신을 요인분석의 발명자로 올려놓기 위해 역사를 새로 쓰려고 시도했다면, 요인분석이 매우 중요한 것이었음이 분명하다. 그러나 지능 테스트의 역사에서 IQ에 관한 대중용 문헌들이 많이 발표되었지만, 요인분석의 역할이나 영향, 그리고 그 의미에 대해서는 사실상 어떤 문헌도 주목하지 않았다(전문가들을 대상으로 한 경우를 제외하면). 나는 요인분석이 무시된 주된 이유가 이 기법의 난해한 수학적 특성 때문이라고 생각한다. 원래 개략적이고 경험적인 척도로 만들어진 IQ라는 선형적인 척도는 이해하기가 쉽다. 반면 추상적인 통계이론에 근거해서 많은 자료의 행렬 속에 '내재하는' 구조를 찾아내려는 시도인 요인분석은, 조금 심하게 이야기하자면, 까탈스럽다. 그러나 요인분석에 대한 무관심은 금세기 지능 테스트의 역사와 지금까지 지속될 수 있는 근거를 이해하려는 사람에게는 중대한 태만이다. 왜냐하면, 버트가 정확하게 지적했듯이(1914, p.36), 지능 테스트의 역사에는 연령-척도법(age-scale, 비네의 IQ 테스트)과 상관관계법(correlational method, 요인분석)이라는 두 개의 중요하고 상호연관된 요소가 포함되기 때문이다. 게다가 스피어맨이 평생 동안 강조했듯이, IQ라는 선형적인 척도를 사용하기 위한 이론적인 정당화는 요인분석 그 자체에 있다. 버트는 자신이 벌인 캠페인에서는 편벽한 모습을 나타냈을지 모르지만, 그가 선택한 전술은 옳았다. 심리학의 명예의 전당에 마련된 영원한 상석은 요인분석의 개발자를 위한 자리인 것이다.

나는 화석 파충류의 진화를 연구하는 데 요인분석을 사용하면서 생물학자로서 첫발을 디뎠다. 나는 이 방법이 순수한 논리를 사용하는 첫번째 원리에서 개발된 것으로 배웠다. 사실 이 방법의 거의 모든 절차는 지능에 대한 특별한 이론을 정당화하기 위해 태어난 것이었다. 요인분석은 순수한 연역적 수학이라는 지위에도 불구하고, 사회적 맥락 속에서 분명한 목적을 위해 창안되었다. 그리고 그 수학적 기초는 의심의 여지가 없지만, 지속적으로 지능의 물리적 구조에 대한 학습장치로 사용되었다는 사실은 그 방법을 출발부터 깊은 개념적 오류의 진흙탕에 빠뜨리는 결과를 낳았다. 실제로 이 핵심적인 오류는 이 책의 중심적인 주제인 물화(物化)를 포함하고 있다. 여기서는 지능처럼 애매하게 사회적으로 정의된 개념이 뇌의 특정 위치에 존재하고, 분명하게 유전되는 '사물'로 인정된다는 개념, 그리고 그것이 단일한 수치로 측정될 수 있으며, 따라서 그것을 소유하는 양에 따라 사람들을 선형적으로 서열화할 수 있다는 개념이다. 스피어맨과 버트는 수학적인 요인축을 '일반 지능(general intelligence)'이라는 개념과 동일시해서 비네가 개괄적이고 경험적인 지표로 제안했던 선형적인 척도에 대한 이론적 정당화를 제공했다.

시릴 버트의 연구를 둘러싼 격렬한 논쟁은 그의 말년의 속임수에만 초점이 맞추어져와다. 그러나 이러한 관점은 지능을 실재하는 단일한 '사물'로 간주하는 요인분석 모형에 헌신했던 가장 강경한 지능검사관 시릴 버트 경의 훨씬 큰 영향력을 제대로 파악하지 못한 것이다. 버트의 헌신성은 물화라는 오류에 뿌리를 내리고 있다. 말년의 속임수는 패배자의 뒷궁리였다. 그리고 그보다 앞선 시기의 이른바 '정직한' 잘못은 지난 한 세기에 걸쳐 풍미하며 수백만 명의 사람들의 삶에 영향을 주었다.

상관관계, 인과관계 그리고 요인분석

상관과 인과

플라톤의 사상은 오랫동안 소멸하지 않았다. 그동안 우리는 이 세상에서 보고 측정할 수 있는 것은 그 밑에 내재하는 실재(reality)의 표면적이고 불완전한 표상(表象)에 지나지 않는다는 철학적인 전통에서 벗어날 수 없었다. 통계가 주는 매력의 상당부분은 많은 데이터를 요약한 추상적 척도가 데이터 그 자체보다 실제적이고 근본적인 무엇을 나타낼 것이라는 본능적인 느낌 때문이다―그렇지만 그런 느낌을 절대 믿지 말라(통계학의 전문적 훈련에는 이런 감정을 막기 위한 의식적 노력이 포함되어 있다). 상관관계 기법은 특히 그러한 오용에 많이 휘둘려왔다. 왜냐하면 상관관계가 인과관계를 추론하는 길을 제공한다고 생각되었기 때문이다

(실제로 그런 경우도 있지만, 극히 드물다).

상관(correlation)이란 한 측정값이 변화할 때 다른 측정값이 함께 변화하는 경향을 뜻한다. 예컨대, 아이들이 성장하면 팔이나 다리가 길어진다. 이처럼 같은 방향으로 함께 변화하는 경향을 정(正)의 상관(positive correlation)이라고 부른다. 그러나 성장이 진행되는 동안, 몸의 모든 부분이 정의 상관을 나타내지는 않는다. 가령 이는 한번 돋아나면 그 다음에는 더 이상 자라지 않는다. 열 살에서 성인기까지의 첫번째 앞니의 길이와 다리 길이의 상관은 영(0)이다. 다리는 길어지지만 이는 전혀 자라지 않는다. 또 하나의 상관은 부(負)의 상관(negative correlation)으로 한 측정값이 증가하면 다른 측정값은 감소하는 것이다. 서글프게도 우리는 이른 나이에 뉴런(신경세포)을 잃기 시작하고, 신경세포는 더 이상 재생되지 않는다. 따라서 유년기 중반 이후의 다리 길이와 뉴런 숫자 사이에는 부의 상관이 나타난다. 즉 다리는 길어지지만 뉴런 숫자는 줄어든다. 여기에서 내가 인과관계(causality)에 대해 아무것도 언급하지 않은 점을 주목하라. 우리는 이러한 상관관계가 존재하거나 또는 존재하지 않는 이유를 알지 못한다. 단지 그러한 상관이 나타나거나 나타나지 않는다는 것을 알 뿐이다.

상관관계의 표준 척도는 피어슨의 적률상관계수(Pearson's product moment correlation coefficient) 또는 간단히 상관계수라 불리며, r이라는 기호로 표시한다. 이 상관계수는 완전한 정의 상관이 +1, 상관이 없는 경우가 영(0), 완전한 부의 상관이 −1이며, +1에서 −1까지의 범위에서 변화한다.*

개략적으로 말하자면, r은 플롯된 점들로 이루어진 타원의 형태를 측정하는 것이다(그림 6.1을 보라). 이 타원이 가늘고 길면 높은 상관을 나타내는데, 가장 가는 형태인 직선이 되면 r은 1.0이 된다. 원에 가까운 둥근 타원은 낮은 상관을 나타내며, 가장 둥근 원은 영(0)의 상관이다(한 측정값이 증가해도 다른 측정값이 증가할지 감소할지, 또는 변화하지 않고 그대로 유지될지는 전혀 예측할 수 없다).

계산이 용이함에도 불구하고, 상관계수는 해석의 오류 때문에 수많은 문제에 시달려왔다. 다음 사례가 그 점을 잘 보여줄 것이다. 한 어린이의 성장기간 동안 팔과 다리 길이의 관계를 플롯했다고 가정하자. 여기에서 우리는 두 가지 흥미로운 함축을 담고 있는 높은 상관을 얻게 된다. 첫번째는 단순화이다. 나는 두 영역(다리 길이와 팔 길이)에서 출발했고, 이제 두 영역을 한 영역으로 효과적으로 환원시켰다. 여기에서는 상관이 매우 높기 때문에 우리는 이 직선 자체(1차원)가 원래 2차원으로 제공된 대부분의 정보를 대표한다고 말할 수 있을 것이다. 둘째, 이 경우에 우리는 1차원으로 환원된 원인에 대해 합리적인 추론을 할 수 있을 것이다. 팔 길이와 다리 길이는 밀접하게 상관되어 있다. 둘 다 그 밑에 내재하는 생명현상, 즉 성장의 부분적 척도이기 때문이다.

그러나 혹여 사람들이 상관관계가 인과관계를 명확하게 확인하는 마술이라고 착각할 위험이 있어서, 내 나이와 지난 10년간의 휘발유값의 관계를 예로 들어보자. 둘 사이의 상관은 완전에 가깝다. 그러나 그 원인은 아무도 지적할 수 없다. 상관은 원인에 대해 아무런 의미도 갖지 않는다. 강한 상관이 약한 상관보다 그 원인을 잘 나타낸다는 생각조차 사실

* 피어슨의 r이 모든 종류의 상관에 적합한 척도는 아니다. 그것은 통계학자들이 두 측정값 사이의 선형적 관계의 세기(intensity of linear relationship)라고 부르는, 즉 모든 점이 단일한 직선 위에 놓이는 경향만을 평가하기 때문이다. 엄밀한 의존상태인 다른 관계는 r값이 1.0 미만일 것이다. 예를 들어 하나의 변수가 두 단위만큼 증가할 때 다른 변수가 2의 제곱으로 증가한다면, 설령 두 개의 변수가 전문적 의미에서 완전히 '상관된다' 하더라도 r은 1.0보다 작은 값이 되기 때문이다. 두 변수를 플롯하면 직선이 아니라 포물선이 된다. 다시 말해서 피어슨의 r은 선형적(1차방정식) 관계의 세기만을 측정하는 것이다.

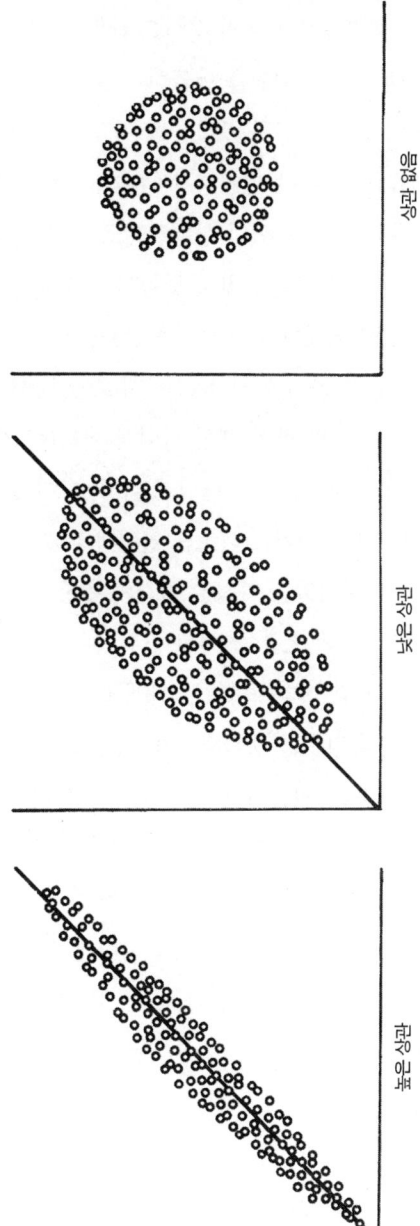

| 그림 6.11 | 점들로 이루어진 타원형이 함수로 나타나는 상관의 세기. 타원의 형태가 길수록 상관이 높다.

이 아니다. 내 나이와 휘발유값 사이의 상관은 대략 1.0이다. 앞에서 팔 길이와 다리 길이에 대해 내가 원인을 언급한 것은 양자의 상관이 높기 때문이 아니라 내가 이 문제에 관한 생물학적 지식을 가지고 있기 때문이다. 따라서 원인에 대한 추론은 단순한 상관관계가 아니라 다른 곳에서 이루어져야 한다. 예상하지 못했던 상관관계로 그 원인을 탐색할 수는 있지만, 그 시도는 우리가 원인을 찾지 못할 수도 있다는 점을 인식하는 한에서만 가능하다. 이 세계에서 나타나는 상관관계의 대부분은 인과관계와 무관하다. 이것은 의문의 여지가 없는 사실이다. 과거 수년 동안 계속 감소한 모든 것은 지구와 핼리 혜성 사이의 거리(이 거리는 최근에도 계속 감소했다)와 강한 상관관계를 가질 것이다. 그러나 어떤 엉터리 점성술사도 둘 사이에 인과관계가 있다고는 인정하지 않을 것이다. 상관이 원인을 암시한다는 터무니없는 가정은 인간의 추론에서 빚어지는 두세 가지 가장 중대하고 공통된 오류 중 하나이다.

연령-휘발유값 상관과 같은 터무니없는 관계에 속을 사람은 거의 없을 것이다. 그러면 중간의 경우를 생각해보자. 나는 20명의 아이들이 얼마나 멀리 공을 치고 던질 수 있는지를 나타내는 자료표를 받았다. 나는 이 데이터를 그래프로 그려 높은 값의 r을 계산했다. 대부분의 사람들은 이것이 의미없는 상관이 아니라는 내 직관에 공유할 것이다. 그러나 더 이상의 정보가 주어지지 않는다면, 상관 자체는 나에게 그 밑에 깔려 있는 원인에 대해 아무것도 알려주지 않는다. 나는 이 상관에 대해 최소한 세 가지 합리적인 인과적 해석을 제안할 수 있다(아마도 진짜 이유는 몇 가지 해석의 복합일 것이다).

1. 아이들은 단지 연령이 다를 뿐이며, 상대적으로 나이가 많은 아이들이 더 멀리 치거나 던질 수 있다.
2. 이 차이는 연습과 훈련의 차이를 나타낸다. 어떤 아이들은 리틀 야

구 리그의 스타였던 로저스 혼스비가 4할2푼4리의 타율을 기록한 해가 언제인지도 알고 있으며(그 해는 1924년이고, 당시 나는 이 아이들과 마찬가지로 개구쟁이 꼬마였다), 다른 아이들은 라이트 맥주 선전에 등장한 인물로만 빌리 마틴을 알고 있다.

3. 이 차이는 집중 훈련에 의해서도 메워질 수 없는 선천적인 능력의 차이를 나타낸다(만약 이 표본에 일반적인 양육과정을 거친 소년 소녀가 모두 포함되어 있다면 상황은 훨씬 더 복잡해질 것이다. 그 경우, 상관은 오로지 제4의 원인인 성차(性差)에 기인할 것이다. 따라서 우리는 한술 더 떠 성차의 원인에 관해서도 고민하지 않을 수 없게 된다. 즉 훈련이나 타고난 체질, 또는 선천적인 요소와 후천적인 요소의 조합 등을 모두 고려해야 한다).

요약하자면, 대부분의 상관에는 인과관계가 없다. 상관이 인과적일 때에도, 그 상관관계가 존재한다는 사실이나 상관의 세기가 원인의 본질을 밝혀주는 경우는 드물다.

2차원 이상의 상관

지금까지 이야기한 2차원의 예는 쉽게 이해할 수 있다(그러나 해석하기는 어렵다). 그러면 측정값이 두 개 이상일 때의 상관은 어떨까? 우리 몸은 팔이나 다리 외에 더 많은 부분으로 이루어져 있다. 그리고 성장과정에서 이들 사이의 얼마나 많은 측정값이 상호작용하는지 알고 싶을 것이다. 이야기를 간단하게 하기 위해 또 하나의 측정값인 머리 길이를 더해서 3차원 체계를 만든다고 가정해보자. 우리는 이 세 가지 측정값 사이의 상관구조를 다음과 같은 두 가지 방법으로 그릴 수 있다.

1. 한 쌍의 측정값 사이의 모든 상관계수를 하나의 표로 모으는 방법. 즉 상관계수의 행렬을 만드는 방법이다(그림 6.2). 왼쪽 위와 오른쪽 아래를 잇는 선은 필연적으로 각각의 변수와 완전한 상관을 나타낸다. 이

선을 주대각선(principal diagonal)이라고 부르고, 이 선 위에서 나타나는 상관은 모두 1.0이다. 제1측정값과 제2측정값의 상관은 제2측정값과 제1측정값의 상관과 같기 때문에 행렬은 주대각선을 중심으로 대칭을 이룬다. 따라서 주대각선의 위나 아래에 있는 세 값이 우리가 찾는 상관이 된다. 세 값이란 팔 대 다리, 팔 대 머리, 다리 대 머리의 상관계수이다.

2. 모든 개인에 대한 점들을 3차원 그래프로 플롯하는 방법(그림 6.3). 상관은 모두 정(正)이기 때문에 그 점들은 타원(또는 럭비공) 형태로 분포한다(2차원에서는 타원형을 나타낸다). 럭비공의 주축을 따라 달리는 직선은 측정값 사이에 강한 정의 상관이 있음을 나타낸다.

3차원인 경우는 머릿속에 그림을 그려 이해할 수 있겠지만, 20차원이나 100차원이라면 어떻게 될까? 만약 성장하는 몸의 100곳을 부분 측정했다면, 이 상관행렬은 1만 개의 항목을 가지게 될 것이다. 이 정보를 플롯하기 위해서는 원래의 측정값을 나타내는 서로 직각을 이루는 100개의 축을 가진 100차원 공간에서 작업을 해야 한다. 이 100개의 축은 수학적으로는 전혀 문제가 되지 않지만(전문용어로 표현하면 이 축들은 초공간(hyperspace)을 형성한다), 우리가 살고 있는 3차원 유클리드 세계에서는 그것을 플롯할 수 없다.

성장중인 몸에 대한 100개의 측정값이 서로 다른 100개의 생물학적 현상을 나타내지는 않을 것이다. 3차원의 예에서 대부분의 정보를 1차원(럭비공의 장축)으로 나타낼 수 있듯이 100개의 측정값의 경우도 몇 차원 낮게 단순화시킬 수 있다. 그러나 분명 그 과정에서 우리는 일부 정보를 잃게 될 것이다. 여전히 3차원 구조를 이루고 있는 길쭉한 럭비공을 그 장축인 하나의 직선으로 찌그러뜨릴 때와 마찬가지로 말이다. 그러나 단순화와 우리가 생물학적 용어로 계속 유지시키는 차원들의 설명가능성을 교환조건으로 삼는다면, 우리는 이 손실을 기꺼이 받아들일 수 있

	팔	다리	머리
팔	1.0	0.91	0.72
다리	0.91	1.0	0.63
머리	0.72	0.63	1.0

|그림 6.2| 세 개의 측정값에 대한 상관행렬.

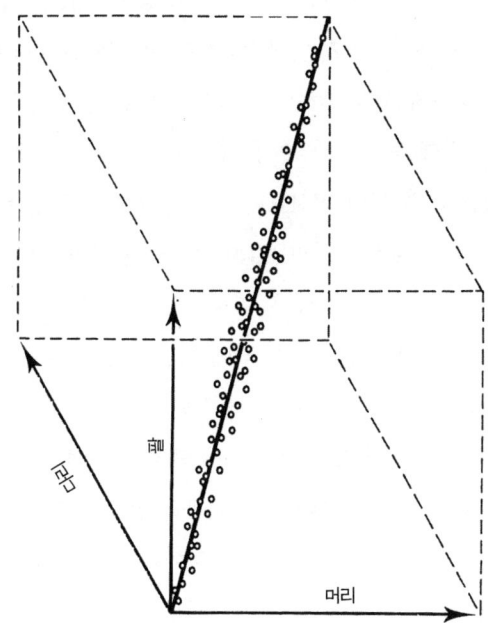

|그림 6.3| 세 개의 측정값의 상관을 보여주는 3차원 그래프.

을 것이다.

요인분석과 그 목적

이 사례를 통해 우리는 **요인분석**이 시도하는 핵심에 도달한다. 요인분석은 복잡한 상관체계를 그보다 작은 차원으로 환원하는 수학적 방법이다. 이 방법은 말 그대로 행렬, 대개는 상관계수의 행렬을 인수분해하는 식으로 작동한다(고등학교 대수 시간에 연습했던 '인수분해'를 상기해보자. 인수분해로 모든 항에 공통하는 승수를 제거하면 복잡한 식을 단순하게 만들 수 있었을 것이다). 기하학적으로 인수분해과정은 점으로 이루어진 럭비공 안쪽에 축을 설정한다. 100차원의 경우, 럭비공의 장축(長軸)에 설정한 하나의 직선—이 직선을 제1주성분이라고 부른다—에 모든 정보를 완전히 재현시키기란 불가능하다. 따라서 보조축이 필요하다. 편의상 제1주성분에 수직인 하나의 직선으로 두 번째 차원을 나타내기로 하자. 이 두 번째 축, 즉 제2주성분은 제1주성분에 대해 직각이 되도록 그릴 수 있는 다른 어떤 직선보다도 남은 변량을 많이 분해하는 직선이라고 할 수 있다. 예컨대 만약 초(超)럭비공이 넙치처럼 납작해졌다면, 제1주성분은 머리에서 꼬리까지 그 중앙을 달릴 것이고, 제2주성분은 중앙을 좌우로 관통할 것이다. 그 뒤에 오는 직선들은 앞의 모든 축에 대해 직각이 되며, 점차 감소하는 나머지 변량을 분해할 것이다. 우리는 초럭비공에 포함된 거의 모든 변량을 분해하는 다섯 개의 주성분을 찾아낼 수 있다. 즉 5차원에 그려진 초럭비공은 원래의 정보와 충분히 비슷해서 우리를 만족시킨다. 그것은 마치 2차원에 그려진 피자나 넙치가 원래 3차원이었지만 우리가 필요로 하는 정보를 모두 나타내는 것과 마찬가지다. 만약 우리가 5차원에서 멈춘다면, 정보의 손실을 최소화할 수 있는 합리적인 수준에서 상당한 단순화를 달성할 것이다. 우리는 5차원을 개

넘적으로 파악할 수 있으며, 생물학적으로도 해석할 수 있다.

인수분해는 상관행렬 상에서 수행되기 때문에 그 기법이 작동하는 방식을 더 알기 쉽게 설명하기 위해 상관계수 자체를 기하학적으로 나타내 보자. 원 측정값은 공통점에서 방사하는 단위길이*의 벡터로 나타낼 수 있다. 만약 두 측정값이 높은 상관을 가지면, 그 벡터들은 서로 접근한다. 두 벡터 사이의 코사인(cosine) 각도는 둘 사이의 상관계수를 나타낸

* (관심있는 독자를 위한 각주—통계에 그다지 관심이 없는 사람들은 건너뛰어도 무방하다.) 여기에서 나는 '주성분분석'이라고 불리는 절차에 대해 전문적인 논의를 하겠다. 이것은 요인분석과 완전히 동일하지 않다. 주성분분석에서는 원 측정값의 모든 정보를 보존하고 주성분 정위(principal component orientation)에서 요인분석에 사용되는 것과 같은 기준에 의해 새로운 축을 그것에 적합시킨다. 즉 제1축은 다른 축보다 많은 자료를 설명한다. 그리고 후속 축들은 다른 모든 축과 직각으로 놓이며, 포함하는 정보의 양은 점차 줄어든다. 진정한 요인분석에서는 요인축 상에 모든 정보가 포함되지 않도록 (여러 가지 방식으로) 사전에 결정된다. 그러나 주성분 정위에서의 요인분석 및 주성분분석이라는 두 가지 기법은 같은 개념적인 역할을 하며, 단지 계산방식이 다를 뿐이다. 두 경우 모두, 제1축은(지능 테스트의 경우 스피어맨의 g) 다른 축들보다 벡터 집합 속에 포함된 더 많은 정보를 분해하는 '최적(best fit)' 차원이다.

지난 10년 동안, 통계학자들 사이에서는 의미의 혼란이 확장되었다. '요인분석'이라는 말이 일반적으로 주성분을 계산한 후에 수행되는 축의 회전으로 국한되거나 '주성분분석'이라는 말이 진정한 주성분분석(모든 정보가 보존되는)과 주성분 정위에서의 요인분석(차원을 감소시키기 때문에 정보 손실이 일어나는)이라는 두 가지 방법으로 확장되었기 때문이다. 이러한 정의의 변화로 인해 이 주제와 용어의 역사는 완전히 사라져버렸다. 스피어맨, 버트, 그리고 그밖의 많은 통계심리학자들은 서스턴(Thurstone)과 그밖의 사람들이 축의 회전이라는 방법을 발명하기 전에 이미 이 분야에서 수십 년 동안 연구를 진행해왔다. 그들은 주성분 정위로 모든 계산을 했고, 그것을 '요인분석'이라고 불렀다. 그 때문에 나는 축의 모든 정위를 포함하기 위해서—주성분 축이든 회전한 축이든, 직각으로 교차하는 축이든 사각(斜角)으로 교차하는 축이든— '요인분석'이라는 말을 원래 의미로 계속 사용할 것이다.

또한 나는 요인축의 역할을 논할 때 조금 복잡하더라도, 일반적인 속기법을 계속 사용할 것이다. 전문적으로 이야기하자면, 요인축은 원래의 측정값 속에 있는 분산을 분해한다. 종종 그렇게 표현되지만, 나는 요인축이 정보를 '설명한다'거나 '분해한다'는 식으로 말할 것이다—이것은(전문적인 의미에서는 그렇지 않지만) 정보의 구어적 의미에서 그러하다. 즉 최초의 변수 벡터가 요인축 집합에 강하게 투영될 때, 그 요인축이 시스템 외부의 보다 고차적인 차원으로 분해되지 않은 채 존재하는 변량은 거의 없다.

다. 만약 두 벡터가 겹치면, 코사인 0도는 1.0이기 때문에 상관은 완전하고, 그 계수는 1.0이 된다. 만약 두 벡터가 직각이면, 둘은 완전히 독립적이고 상관은 영(0)이다. 코사인 90도가 0이기 때문이다. 만약 두 벡터가 서로 반대방향을 가리키면, 상관은 완전히 마이너스, 즉 -1.0이 된다. 코사인 180도는 -1.0이다. 플러스의 높은 상관계수를 가진 행렬은 벡터의 클러스터로 나타날 것이다. 이때 각각의 벡터는 작은 예각으로 떨어져 있게 된다(그림 6.4). 주성분을 계산해서, 이러한 클러스터를 그보다 낮은 차원으로 인수분해할 때, 우리는 최대의 분해력을 가진 축, 즉 모든

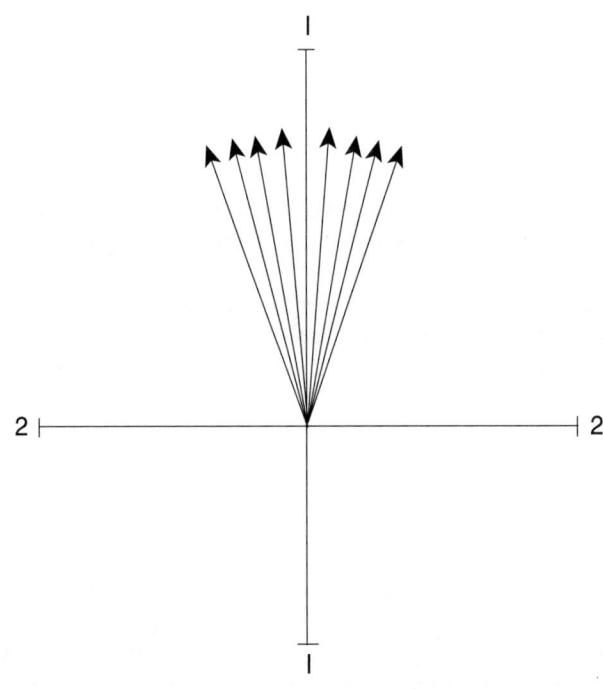

|그림 6.4| 모든 상관계수가 높고 정으로 나타나는 경우, 여덟 개의 테스트 사이에서 나타나는 상관관계의 기하학적 설명. 숫자 1로 표시된 제1주성분은 모든 벡터에 가까이 위치하고 있지만, 숫자 2로 표시된 제2주성분은 제1주성분과 직각으로 위치해서 벡터에 포함된 대부분의 정보를 설명하지 않는다.

벡터 중에서 일종의 총평균(grand average)을 제1성분으로 선택한다. 분해력은 각각의 벡터를 주성분축으로 투영하는 방법으로 평가한다. 이것은 벡터의 꼭지점에서 축으로 수직선을 그리는 방법으로 이루어진다. 벡터의 실제 길이에 대한 축으로 투영된 길이의 비율이 그 축에 의해 분해된 벡터가 가진 정보의 퍼센트를 나타낸다(이것을 말로 표현하기는 어렵다. 그림 6.5를 보면 분명하게 이해할 수 있을 것이다). 만약 하나의 벡터가 축 가까이 위치한다면, 그것은 고도로 분해되어 있고, 그 축이 대부분의 정보를 포괄하고 있는 셈이 된다. 벡터가 축에서 최대한인 90도 방향으

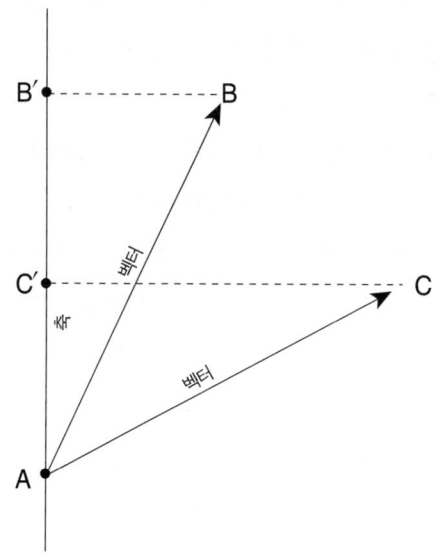

| 그림 6.5 | 축에 의해 설명되는 벡터 속의 정보량 계산. 벡터의 꼭지점에서 수직선을 그린다. 축에 의해 분해된 정보량은 벡터의 진짜 길이에 대한 축으로 투영된 길이의 비율이다. 벡터가 축에 가깝게 위치하면, 이 비율은 높고 벡터에 포함된 대부분의 정보는 그 축에 의해 분해된다. 벡터 AB는 축에 가깝고, 벡터 AB에 대해 투영된 AB'의 비는 높다. 벡터 AC는 축에서 멀리 떨어져 있고, 벡터 자체인 AC에 대해 그것이 투영된 길이인 AC'의 비는 낮다.

로 놓여 있으면, 그 축은 적은 정보만을 분해한다.

우리는 다른 축에 비해 모든 벡터 속에서 정보를 보다 많이 분해할 수 있도록 제1주성분(또는 축)의 위치를 부여한다. 높은 정의 상관계수를 가지는 행렬에서는 긴밀하게 결합된 한 쌍의 클러스터에 의해 표현되기 때문에, 그 경우, 제1주성분은 그 클러스터의 중앙을 관통한다(그림 6.4). 제2주성분은 제1주성분과 직각을 이루며, 나머지 정보의 최대량을 분해한다. 그러나 이미 제1주성분이 모든 벡터의 대부분의 정보를 분해했다면, 제2주성분이나 그 이하의 주성분 축은 나머지 얼마 안 되는 정보량을 분해할 수 있을 뿐이다(그림 6.4).

자연에서는 이처럼 높은 정의 상관관계 시스템이 빈번하게 발견된다. 가령 요인분석에 대한 내 최초의 연구에서 나는 펠리코사우루스 파충류(盤龍目, 등지느러미를 가진 화석 네발동물로 흔히 공룡과 혼동되지만 사실은 포유류의 선조이다)의 22종의 뼈에 대해 14회 측정했다. 당시 14개의 벡터에 포함된 정보의 97.1퍼센트가 제1주성분에 의해 분해되었고, 나머지 축이 분해한 정보는 고작 2.9퍼센트뿐이었다. 내가 얻은 14개의 벡터는 극도로 조밀한 클러스터를 형성했으며(실제로는 모두 중첩되었다), 제1축은 이 클러스터 중앙을 관통했다. 펠리코사우루스의 몸 길이는 61센티미터 이하에서 335센티미터 이상에 이르는 변이폭을 가지고 있었다. 그 표본들은 모두 비슷했고, 몸집이 큰 동물인 만큼 14개 뼈의 측정값 또한 모두 컸다. 각각의 뼈와 다른 뼈 사이의 상관계수는 모두 매우 높았고, 최소값도 0.912라는 놀라운 것이었다. 그러나 그다지 놀랄 일은 아니다. 결국 큰 동물에게는 큰 뼈가 있고, 작은 동물에게는 작은 뼈가 있는 것이다. 나는 내가 얻은 제1주성분을 추상화된 크기 요인으로 해석할 수 있다. 따라서 내가 얻은 14개의 원 측정값을 증가하는 몸 크기로 해석한 하나의 차원으로 환원시킬 수 있었다(정보 손실을 최소화시켜서).

이 경우, 요인분석은 단순화와 설명을 모두 이룬다. 우선 차원을 감소시켜(14차원에서 1차원으로, 효율적으로) **단순화**를 얻을 수 있으며, 크기 요인으로 제1축의 합리적인 생물학적 해석에 의한 **설명**을 가능하게 한 것이다.

그러나―여기에서는 특히 그러나―요인분석이 복잡한 상관체계를 이해하기 위한 만능약이라고 기뻐하거나 칭송하기 전에, 앞에서 상관계수 자체에 대해 검토했던 것과 동일한 경고의 반대적인 측면이 요인분석에도 마찬가지로 적용될 수 있다는 점을 인식해야 한다. 나는 이후 계속되는 절에서 이 두 가지 중요한 문제를 살펴볼 것이다.

물화의 오류

제1주성분은 모든 상관계수 행렬에 대해 계산할 수 있는 수학적 추상으로, 물리적 실체를 가지는 '사물(thing)'이 아니다. 요인분석가들은 종종 모든 강한 주성분에 물리적인 의미를 부여하려는 물화의 유혹에 빠져 그것의 포로가 되곤 한다. 그리고 때로는 이러한 시도가 정당화되기도 한다. 나의 첫번째 연구였던 펠리코사우루스의 경우, 나는 축을 크기 요인으로 해석한 것이 성공이었다고 믿고 있다. 그러나 그런 생각이 수학에 의해서만 가능한 것은 아니다. 그것은 측정값 자체의 물리적 성질에 관한 부가적인 지식을 통해서만 가능하다. 아무런 의미도 없는 상관체계 역시 주성분을 가지며, 다른 체계들이 의미있는 성분을 분해하는 것보다 더 많은 정보를 분해할 것이기 때문이다. 내 나이, 멕시코의 인구, 스위스 치즈의 값, 내가 기르고 있는 거북의 무게, 그리고 과거 10년 동안의 은하들의 평균거리 사이의 5 대 5 상관행렬에 대한 요인분석에서도 강력한 제1주성분이 나타날 것이다. 이 성분은―모든 상관이 강한 정의 관계를 나타내기 때문에―필경 나의 펠리코사우루스 연구에서의 제1축과 같이 높은 퍼센트로 정보를 분해할 것이다. 그러나 이 분석은 어떤 물리적 의미도 밝혀주지 않는다.

지능 연구에서 요인분석은 지능 테스트들 사이의 상관행렬에 이용되어왔다. 예컨대 100명에 대해 각기 열 차례의 테스트가 이루어진다고 하자. 10 대 10 상관행렬에서 유의미한 문항은 100명에게 각기 이루어진 두 테스트 점수 사이의 상관계수다. 초기 테스트 이래 우리는 대부분의 상관계수가 정이라는 사실을 알고 있다. 그리고 아무도 그 사실에 놀라지 않을 것이다. 즉 한 테스트에서 높은 점수를 기록한 사람은 다른 테스트에서도 평균적으로 높은 점수를 얻는 경향이 있다. 지능 테스트의 경우 대부분의 상관행렬은 정의 문항이 우위를 차지한다. 이 기본적 관찰이 요인분석의 출발점으로 기능했다. 찰스 스피어맨은 사실상 지능 테스트의 상관행렬에서 원인을 추론하기 위한 방법으로 1904년에 이 방법을 고안했다.

이 행렬 속에 있는 대부분의 상관계수가 정이기 때문에 요인분석은 당연히 강력한 제1주성분을 생성할 수밖에 없다. 스피어맨은 1904년에 간접적으로 이러한 성분을 계산했고, 그후 계속 요인분석을 괴롭혀온 근본적으로 타당하지 않은 추론을 해왔다. 그는 그것을 '실체(entity)'로 물화했고, 그것에 명확한 인과적 해석을 부여하려고 시도했다. 그는 그것을 g, 즉 일반 지능(general intelligence)이라고 불렀고, 모든 인지적 정신 활동의 뿌리를 이루는 단위가 되는 특성을 찾아냈다고 생각했다. 하나의 수로 표현할 수 있다는 특성이었고, 이후 지적 가치를 나타내는 선형적 척도로 사람들의 순위를 매기는 데 사용되었다.

스피어맨의 g—지능 테스트 상관행렬의 제1주성분—는 성장에 대한 많은 연구에서(내가 연구했던 펠리코사우루스의 경우에서처럼) 제1주성분이 수행하는 탁월한 역할을 결코 획득하지 못했다. 기껏해야 지능 테스트의 행렬에 포함되는 모든 정보의 50~60퍼센트를 분해하는 정도였다. 일반적으로 지능 테스트 사이의 상관은 성장하는 몸의 두 부분 사이의 상관보다 훨씬 약하다. 대부분의 경우, 지능 테스트 행렬에서의 최고 상관값은 내가 연구했던 펠리코사우루스에서 얻었던 행렬의 최저값인 0.912에도 근접하지 못했다.

일부 성장 연구에서 g가 제1주성분의 세기에 결코 필적하지 못했지만, 나는 그것의 상당한 분해력이 우연이라고 생각하지는 않는다. 대부분의 지능 테스트에서 볼 수 있는 정의 상관관계의 배후에는 인과적인 이유가 존재한다. 그렇다면 그 이유는 무엇일까? 하나의 상관계수의 원인을 그 크기로부터 귀납할 수 없듯이, 하나의 강력한 제1주성분에서도 그 이유를 추론할 수 없다. 그와 독립된 설득력있는 정보를 갖지 않는 한, 상관이라는 사실 자체를 넘어 g를 '실체'로 물화할 수는 없다.

지능 테스트의 상황은 내가 앞에서 가상의 예로 들었던 야구에서의 던지기와 치기 사이의 상관과 흡사하다. 투타(投打)의 관련성은 강하며, 우연적인 것이 아니라고 간주해도 무방하다. 그러나 그 상관에서 원인을 추론할 수는 없다. 그 원인은 분명 더 복잡할 것이기 때문이다.

만약 다음과 같은 두 개의 거의 상반되는 인과가설들이 모두 스피어맨의 g와 일치한다면, 스피어맨의 g는 특히 해석의 모호함에 허점을 드러낼 것이다. 1)g가 정신적 예민함의 유전 수준을 반영한다는 가정(어떤 사람은 선천적으로 머리가 좋기 때문에 테스트에서 좋은 성적을 얻는다). 2)g가 환경적 유리함이나 결핍을 기록한다는 가정(어떤 사람들이 테스트에서 좋은 결과를 얻는 것은 좋은 교육을 받았고, 충분한 영양분을 섭취하고, 집에 책이 많고, 부모의 사랑을 받으면서 자랐기 때문이다). 만약 g의 존재가 순수한 유전적 결정론자의 입장이든 순수한 환경론자의 입장이든 이론적으로 설명될 수 있다면, 그 단순한 존재가—심지어는 그 합리적인 세기까지도—어떤 식으로든 정당하게 물화로 이어질 수는 없다. 물화에 대한 유혹은 참으로 강하다. 큰 집합의 상관계수의 존재라는 외부성(externality)에 '내재하는' 무언가, 아마도 표면적인 측정보다 더 실재에 가까운 무언가를 찾아냈다는 생각은 충분히 매혹적일 것이다. 그것은 플라톤이 말하는 본질이고, 표층적 외관의 근저에 깔려 있는 추상적이고, 영원한 실체이다. 그러나 그것은 우리가 저항해야 할 유혹이다. 그것은 자연의 진리가 아니라 먼 옛날부터 사고에 대해 빚어진 편견의 반영이기 때문이다.

회전, 그리고 주성분의 비필연성

주성분이 인과적 실체로 자동적으로 물화될 수 없는 또 하나의 이유는 좀더 전문적인 논의에 의해 분명하게 밝혀진다. 만약 주성분(분석)이 상관행렬을 단순화하는 유일한 방법이라면 당연히 주성분에 대한 특별한 지위가 요구될 것이다. 그러나 주성분은 다차원 공간에 축을 삽입하는 많은 방법들 중 하나에 지나지 않는다. 주성분은 그것을 그리는 데 사용되는 기준에 의해 정해진 한정적인 기하학적 배치를 가지고 있다. 즉 제1주성분은 한 쌍의 벡터가 가지는 정보를 최대한 분해하고, 계속되는 성분들이 서로 직각을 이루며 삽입되는 배치이다. 그러나 이 기준에서 신성불가침한 것은 아무것도 없다. 벡터는 그 공간 내의 어떤 축의 집합들에 의해서도 분해될 수 있다. 어떤 경우에는 주성분이 통찰을 줄 수 있지만, 다른 경우에는 다른 기준이 더 유용할 수도 있다.

축의 위치에서 다른 방식이 유리한 경우를 생각해보자. 그림 6.6에서 나는 네 가지 정신 테스트, 즉 언어적 소질에 대한 두 테스트와 수학적 소질에 대한 두 테스트의 상관관계를 나타냈다. 모든 테스트가 정의 상관관계를 가지고 있지만, 두 개의 '클러스터'는 분명히 나타난다. 이러한 클러스터를 요인분석으로 밝히는 경우를 가정하자. 만약 주성분을 사용한다면, 우리는 주성분을 전혀 인식할 수 없을 것이다. 제1주성분(스피어맨의 g)은 두 개의 클러스터 중앙을 똑바로 관통한다. 그것은 클러스터의 어느 벡터에도 인접하지 않으며, 각각의 클러스터가 가지는 정보량을 거의 비슷하게 분해한다는 의미이다. 따라서 오히려 주성분이 언어 클러스터와 수학 클러스터의 존재를 가린다. 그렇다면 이 성분은 실체일까? 과연 '일반 지능'은 존재하는가? 아니면 이 경우, g는 두 유형의 정보를 타당하지 않게 융합한 무의미한 평균에 불과한가?

우리는 언어 클러스터와 수학 클러스터를 제2주성분 상에 올려놓을 수 있다(각각의 벡터가 제1주성분의 양쪽에 위치할 때에는 플러스와 마이

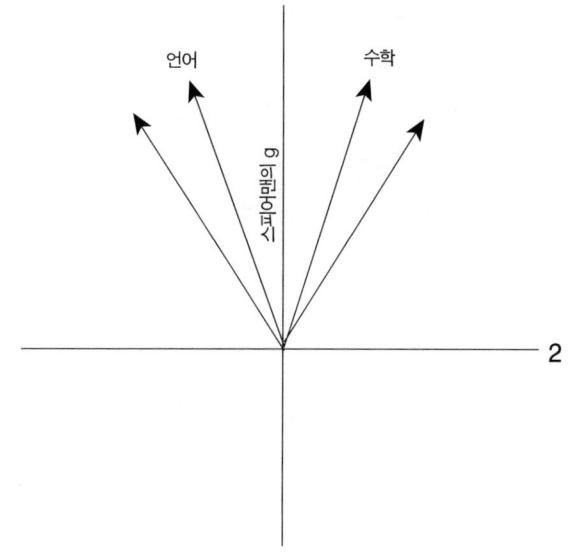

|그림 6.6| 네 개의 지능 테스트의 주성분분석. 모든 상관은 높고 제1주성분, 즉 스피어맨의 g는 전체에 걸친 상관(전상관)을 나타내고 있다. 그러나 언어적·수학적 소질에 대한 군(群) 요인은 이 분석 방식에서는 잘 분해되지 않는다.

너스로 투영할 수 있기 때문에 '2극 요인(bipolar factor)'이라고 부른다). 이 경우, 언어 테스트는 제2주성분의 마이너스 축에 투영되고, 수학 테스트는 플러스 방향에 투영된다. 그러나 만약 제1주성분이 모든 벡터들을 지배한다면, 이 클러스터 전체를 구별하지 못할 수도 있다. 왜냐하면 그렇게 될 경우, 제2주성분에 대한 투영이 작아져서 그 특징이 쉽게 사라질 수 있기 때문이다(그림 6.6을 보라).

1930년대에 요인분석가들은 이 딜레마를 극복하는, 주성분이 확실하지 않은 벡터의 클러스터를 식별하는 방법을 개발했다. 그들은 요인축을 주성분 정위에서 새로운 위치로 회전시키는 방법으로 문제를 해결했다. 몇 가지 기준을 통해 수립된 이 회전 기법은 축을 클러스터에 가깝게 위치시킨다는 공통된 목적을 가지고 있었다. 예를 들어, 그림 6.7에서는 축들을 전체 집합 중에서 끝이나 바깥쪽 위치를 점하는 벡터에 가깝게 위치시킨다는 기준이 사용됐다. 만약 이렇게 회전된 축에서 모든 벡터가 분해되면, 우리는 클러스터를 쉽게 찾아낼 수 있을 것이다. 이것은 수학 테스트가 회전축 1에 높게 투영되고 회전축 2에는 낮게 투영되는 데 비해 언어 테스트는 회전축 2에 높게 투영되고, 회전축 1에는 낮게 투영되기 때문이다. 게다가 g는 사라졌다. 이제 더 이상 지능의 '일반 요인'을 발견할 수 없게 되었고, 더구나 모든 능력을 나타내는 하나의 수로 물화할 수 있는 것은 아무것도 없다. 그러나 그렇더라도 정보를 잃지는 않는다. 회전된 두 축은 두 주성분이 분해했던 것과 같은 양의 정보를 네 개의 벡터로 분해한다. 이 축들은 동일한 정보를 분해축 상에 다른 형태로 분포시켰을 뿐이다. 만약 g가 벡터 집합 내에서 축에 위치를 부여하는 복수의 방법들 중 하나에 불과하다면, 어떻게 g가 하나의 실체로 물화된 지위를 가진다고 주장할 수 있을까?

요약하자면, 요인분석은 차원을 감소시켜 보다 적은 차원에서 정돈된

구조를 인식하기 위해 부분적인 정보 손실이라는 비용을 치르고 데이터의 큰 집합을 단순화시키는 방법이다. 단순화의 도구로서, 요인분석은 여러 학문분야에서 높은 가치를 가진다는 사실이 증명되었다. 그러나 많은 요인분석가들은 단순화를 넘어 요인을 인과적 실체로 정의하려고 시도했다. 이러한 물화의 오류가 탄생 이래 계속 이 방법을 괴롭혀왔다. 이 잘못은 스피어맨이 지능 테스트의 상관행렬을 연구하기 위해 요인분석을 창안한 후 주성분을 g, 즉 타고난 일반 지능으로 물화했던 "창조의 순간부터 존재"해온 셈이다. 요인분석은 상관이라는 수학을 넘는 정보로 우리를 이끌어 원인을 이해하는 데 도움을 줄지도 모른다. 그러나 요인 그 자체는 실체가 아니며 원인도 아니다. 그것은 수학적 추상이다. 같은

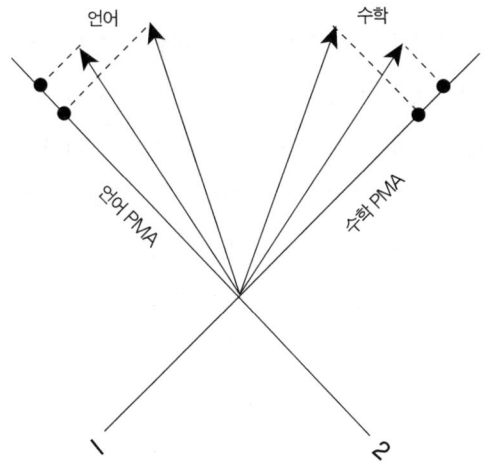

|그림 6.7| 그림 6.6에 표현된 것처럼 네 개의 지능 테스트에 대해 회전된 요인축들. 이 그림에서 축들은 클러스터 주변에 있는 벡터에 가깝게 위치하고 있다. 이번에는 언어적 소질과 수학적 소질에 대한 군 요인이 잘 식별된다(점선으로 이어진 축 위에 이루어진 높은 투영을 보라). 그러나 g는 소멸했다.

벡터 집합(그림 6.6과 6.7)이 g와 그보다 작은 잔여축으로 분할될 수 있거나, 또는 언어 클러스터와 수학 클러스터를 구별해서 g를 완전히 불필요하게 만드는 세기가 같은 두 개의 축으로 분할될 수 있기 때문에, 스피어맨의 '일반 지능'이 지능 테스트들 사이에 필연적으로 내재하거나 그 원인이 되는 불가항력의 실체라고 주장할 수 없다. 설령 우리가 g를 우연이 아닌 결과로서 선택했다 해도, 그 세기와 기하학적 위치 모두 그것이 인과적 측면에서 무엇을 의미하는지 밝힐 수는 없다. 왜냐하면 g의 특징이 지능에 대한 극단적인 유전론자와 극단적인 환경론자의 견해 모두와 모순되지 않기 때문이다.

g의 발명자, 스피어맨

2요인론

오늘날 상관계수는 뉴욕에 흔한 바퀴벌레만큼이나 도처에서 눈에 띈다. 가장 값싼 휴대용 계산기의 버튼을 누르기만 하면 상관계수를 계산할 수 있다. 피할 수 없는 일이지만, 상관계수는 둘 이상의 측정값을 다루는 통계 분석에서 저절로 따라오는 부속품처럼 당연시되고 있다. 이런 상황에서 우리는 한때 상관계수가 연구의 돌파구로, 또한 가공되지 않은 측정값으로 만든 표에 내재하는 구조를 발견하기 위한 새롭고 흥분에 찬 도구로 환영받았다는 사실을 쉽게 잊곤 한다. 미국의 위대한 생물학자이자 통계학자인 레이몬드 펄(Raymond Pearl)의 초기 논문을 읽으면 이 흥분감을 고스란히 느낄 수 있다(Pearl, 1905, 1906 그리고 Fuller, 1905를 참조하라). 펄은 세기의 전환기에 자신의 박사논문을 완성했고, 새로운 장난감을 받고 눈을 반짝거리는 행복한 소년처럼 눈에 띄는 모든 것에서 상관성을 찾으려고 시도했다. 지렁이의 몸 길이와 체절 숫자의 관계(그는 둘 사이에 아무런 상관관계가 없다는 사실을 발견했고, 길이가 늘어남에 따라 체절 수가 증가하는 것이 아니라 체절 자체가 길어진다고 가정했다)에서 사람의 머리 크기와 지능의 관계(여기에서 그는 아주 작은 상관을 찾아냈지만, 그 원인을 보다 나은 영양섭취의 간접적 효과로 돌렸다)에 이르기까지 다양한 연구를 했다.

저명한 심리학자이자 뛰어난 통계학자였던 찰스 스피어맨도 이 들뜬 시대에 지능 테스트 사이의 상관을 연구하기 시작했다.* 그는 많은 사람들에게 두 종류의 지능 테스트를 부과하면, 두 테스트의 점수 사이에 항상 정의 상관이 있다는 사실에 주목했다. 그는 이 결과를 숙고했고, 그것이 함축하는 보다 고도한 일반성이 무엇인지 알고 싶어했다. 정의 상관은 각각의 테스트가 지적 기능에 대해 독립적인 속성을 측정하는 것이 아님을 분명히 보여주었다. 이처럼 만연한 정의 상관 배후에 무언가 좀 더 단순한 구조가 존재하는 것 같았다. 과연 그것은 어떤 구조일까? 스피어맨은 두 가지 가능성을 생각했다. 첫째는 정의 상관이 독립적인 속성의 작은 집합으로—골상학자와 초기 심리학의 다른 학파에서 이야기한 '능력(faculty)'—환원될 수 있는 가능성이다. 이 가정에 따르면, 정신에는 각기 수학, 언어, 공간의 재능에 해당하는 구분된 '구획'이 있다. 스피어맨은 지능에 대한 이 이론을 '과두정치적 이론(oligarchic)'이라고 불렀다.

둘째, 정의 상관이 단일하고 근본적인 일반 요인으로 환원될 수 있는 가능성이다. 그는 이 개념을 '전제군주적(monarchic)'이라고 불렀다. 스피어맨은 어느 이론이든 간에 근본적인 요인—소수이거나(과두정치) 단

---

*스피어맨은 상관문제에 특별한 관심을 가졌고, 두 변수들 사이의 관계 척도로 피어슨의 r에 이어 두 번째로 유용하게 꼽힐 척도를 발명했다. 이른바 스피어맨의 서열상관계수(rank-correlation coefficient)가 그것이다.

일한(전제군주)—이 수많은 지능 테스트에서 정의 상관행렬에 들어 있는 모든 정보를 포괄하지 못한다는 점을 인식했다. 각각의 테스트에 고유하고, 다른 테스트와 무관한 '잔여변량(residual variance)'이 남게 된다는 것이다. 다시 말해 각각의 테스트에는 '무정부주의적(anarchic)' 성분이 포함된다는 것이다. 스피어맨은 이 잔여변량을 그 테스트의 s, 즉 '특수정보'라고 이름붙였다. 따라서 스피어맨은 근본 구조에 대한 연구를 통해 각각의 테스트에 고유한 정보(s)가 포함되고, 그가 g 혹은 일반 지능이라고 부른 단일하고 근본적인 요인의 작용을 반영하는 '2요인 이론'에 도달할 수 있다고 생각했다. 그리고 각각의 테스트가 특수한 정보를 포함해서, 독립적이고 근본적인 능력(faculty)들 중에서 하나 또는 그 이상의 능력을 나타내는 다요인 이론(many-factor theory)에 도달할 수도 있다고 추정했다. 만약 가장 단순한 2요인론이 지지되면, 지능에 대한 모든 공통된 속성은 단일하고 근본적인 실체로 환원된다. 이 실체야말로 개인에 대해 측정가능하고, 정신적 가치에 의해 서열화하기 위한 명확한 기준이 될 수도 있는 진정한 '일반 지능'이다.

찰스 스피어맨은 상관계수 행렬의 공통 분산이 하나의 '일반' 요인으로 환원될 수 있는지, 아니면 몇 개의 독립된 '군(group)' 요인으로 환원될 수 있는지를 결정해서 2요인론과 다요인론 중 어느 쪽을 사용할 것인지 판단하기 위한 절차로 요인분석을 개발했다. 오늘날에도 요인분석은 다변량 통계학(multivariate statistics)에서 가장 중요한 기법으로 사용되고 있다. 결국 그는 단일한 '지능'을 발견했고, 2요인론을 채택했다. 그리고 1904년에는 후일 그 중요한 결과에 반대했던 한 사람으로부터 다음과 같은 평가를 받은 논문이 발표되었다. "지능 테스트의 역사에서 일어난 어떤 사건도 스피어맨의 유명한 2요인론의 제창만큼 중요성을 갖지 못했다는 것을 입증했다(Guilford, 1936, p.155)." 득의양양해진 스피어맨은 그 특유의 뻔뻔스러운 태도로 자신의 논문에 '객관적으로 측정되고 결정된 일반 지능'이라는 용감한 제목을 달았다. 10년 후(1914, p.237), 그는 자만심에 사로잡혀 이렇게 말했다. "앞으로 능력의 유전에 대한 연구에서 '2요인론'은 그 중심이 될 것이다. 오직 2요인론만이 사실들이 뒤얽힌 혼돈을 명쾌한 질서로 바꿀 수 있으며, 2요인론을 통해서만이 문제가 명료해진다. 여러 가지 측면에서 그 답은 이미 예고되었다. 그리고 모든 면에서 그 답이 궁극적이고 결정적으로 해결될 수 있다는 가능성이 나타나고 있다."

4분차법

그의 원 논문에서 스피어맨은 이 책의 400~405쪽에서 다룬 주성분법을 사용하지 않았다. 그 대신, 아직 컴퓨터가 개발되지 않아서 모든 계산을 손으로 할 수밖에 없었던 시대에 걸맞는 지루하지만 보다 단순한 방법을 개발했다.* 그는 모든 테스트쌍 사이의 상관계수 전체 행렬을 계산해서, 네 개 측정값의 가능한 모든 조합을 취했다. 그리고 각각에 대해 그가 '4분차(tetrad difference)'라고 이름붙인 것을 계산했다. 4분차를 정의하기 위해서, 그리고 행렬의 공통분산이 하나의 일반 요인으로 환원될 수 있을지, 아니면 몇 개의 군 요인으로밖에 환원될 수 없을지 결정하는 데 스피어맨이 이 방법을 어떻게 사용했는지 설명하기 위해 다음과 같은 예를 들기로 하자.

생쥐에서 다 자란 쥐에 이르기까지 여러 시기의 쥐를 이용해서 다리 길이, 다리 폭, 꼬리 길이, 꼬리 폭이라는 네 가지 측정값을 취하고, 그

---

*4분법으로 계산된 g는 400~405쪽에서 설명했다. 그것은 오늘날의 요인분석에 사용된 제1주성분과 개념적으로 같으며 수학적으로도 거의 동가이다.

측정값의 4분차를 계산한다고 가정하자. 우리는 변수쌍의 모든 상관계수를 계산했고, 놀라운 일은 아니지만 모두 정(正)이라는 것을 발견했다—쥐가 성장하면서 모든 부분이 커지기 때문이다. 그러나 우리는 정의 상관에서의 공통분산이 모두 단일한 일반 요인—성장 자체—을 반영하는지, 아니면 성장에 대한 두 개의 독립된 성분을(이 경우에는, 다리라는 요인과 꼬리 요인, 또는 길이 요인과 폭 요인) 구별해야 하는지 알고 싶을 때 스피어맨은 이 4분차에 대해 다음과 같은 식을 제시한다.

$$r_{13} \times r_{24} - r_{23} \times r_{14}$$

여기서 r은 상관계수, 아래첨자로 표시된 두 개의 숫자는 상관된 두 측정값(이 경우, 1은 다리 길이, 2는 다리 폭, 3은 꼬리 길이, 4는 꼬리 폭이다. 따라서 r_{13}은 첫번째와 세 번째 측정값인 다리 길이와 꼬리 길이 사이의 상관계수이다)을 나타낸다. 이 예에서 4분차는 다음과 같다.

(다리 길이와 꼬리 길이) × (다리 폭과 꼬리 폭) − (다리 폭과 꼬리 길이) × (다리 길이와 꼬리 폭)

스피어맨은 4분차가 0인 것은 단일한 일반 요인의 존재를 의미하며, 4분차가 정이나 부(負)의 값을 나타낼 때는 군 요인의 존재를 인정해야 한다고 주장했다. 가령 전체적인 몸 길이와 전체적인 폭에 대한 군 요인이 쥐의 성장을 지배하는 경우를 생각해보자. 이 경우, 4분차는 상당히 높은 정의 값이 될 것이다. 길이와 다른 길이 또는 폭과 다른 폭의 상관계수가 폭과 길이 사이의 상관계수보다 높은 경향이 있기 때문이다(4분차 방정식의 왼쪽에는 길이와 길이 또는 폭과 폭만이 포함되어 있는 데 비해 오른쪽에는 길이와 폭이 포함되어 있는 점을 주목하라). 그러나 만약 단일한 일반 성장 요인만이 쥐의 크기를 조절한다면, 길이와 폭은 길이와 길이나 폭과 폭의 경우와 마찬가지로 높은 값을 나타낼 것이다. 그리고 4분차는 0이 될 것이다. 그림 6.8은 4분차가 0이 되도록 네 개의 측정값을 설정한 가상의 상관행렬이다(이 수치는 스피어맨이 다른 맥락에서 사용한 사례에서 빌어온 것이다. 1927, p.74). 또한 그림 6.8은 4분차가 정이 되는 다른 가상행렬(만약 다른 4분차가 같은 패턴을 나타내면)과 길이와 폭에 대한 군 요인을 인정해야 한다는 결론을 보여주고 있다.

그림 6.8 위쪽의 행렬은 심리학에서 사용된 요인분석의 전 역사에 울려퍼진 또 하나의 중요한 점을 예증하고 있다. 4분차가 0임에도 불구하고, 상관계수가 반드시 같을 필요가(거의 항상) 없는 점을 주목하라. 이 경우, 다리 폭과 다리 길이의 상관은 0.80이고, 꼬리 폭과 꼬리 길이의 상관은 겨우 0.18이다. 이러한 차이는 4분차가 0일 때 g, 즉 단일한 일반 요인에 따라 변화하는 '포화도(saturation)'를 반영하는 것이다. 다리의 측정값은 꼬리의 측정값보다 포화도가 높다. 즉 그 측정값들은 g에 더 가깝거나 g를 더 잘 반영하고 있다(오늘날의 용어로는 그림 6.6과 같은 기하학적 표현에서, 제1주성분에 더 가깝게 위치한다고 표현한다). 꼬리의 측정값은 g에 강한 부하를 갖지 않는다.* 그 측정값은 거의 공통분산을 포함하지 않으며, 일차적으로 각 측정값의 고유 정보인 s에 의해 설명되어야 한다. 그러면 다시 주제를 지능 테스트로 바꾸기로 하자. 만약 g가 일반 지능을 나타낸다면, g와 가장 포화된 지능 테스트는 일반 지능의 가장 좋은 대용물인 반면, g 부하가 낮은(그리고 s값이 높은) 지능 테스트

---

* '포화'와 '부하'는 테스트와 요인축 사이의 상관을 가리키는 말이다. 만약 어떤 테스트가 특정 요인에 강한 '부하'를 가지고 있으면, 대부분의 정보가 그 요인에 의해 설명된다.

	LL	LW	TL	TW
LL	1.0			
LW	0.80	1.0		
TL	0.60	0.48	1.0	
TW	0.30	0.24	0.18	1.0

4분차:
0.60×0.24−0.48×0.30
0.144−0.144 = 0

군 요인 없음

	LL	LW	TL	TW
LL	1.0			
LW	0.80	1.0		
TL	0.40	0.20	1.0	
TW	0.20	0.40	0.50	1.0

4분차:
0.40×0.40−0.20×0.20
0.16−0.04 = 0.12

길이와 넓이에 대한 군 요인

|**그림 6.8**| 네 개의 측정값에 대한 가상의 상관행렬에서 계산한 4분차. 위는 4분차가 0이고, 아래는 정(正)의 값이다. LL은 다리 길이, LW는 다리 폭, TL은 꼬리 길이, TW는 꼬리 폭이다. 4분차가 정인 것은 다리와 폭에 대한 군 요인이 존재한다는 것을 시사한다.

는 일반적인 정신적 능력을 측정하는 데 적합하지 않게 된다. g-부하의 세기는 특정 지능 테스트(예를 들어 IQ)가 일반 지능의 측정에 적합한지 여부를 판단하는 기준이 된다.

상관행렬 속에 많은 테스트가 포함되어 있을 경우, 스피어맨의 4분차법은 적용이 쉽지 않다. 각각의 4분차를 따로 계산해야 하기 때문이다. 만약 공통분산이 단일한 일반 요인만을 반영한다면 4분차는 0과 같을 것이다. 그러나 모든 통계 기법이 그렇듯이, 모든 경우가 기대값과 일치하는 것은 아니다(동전 던지기에서는 앞과 뒤가 절반씩 나올 것으로 기대된다. 그러나 6회 던지기를 64회 반복할 때, 여섯 번 계속해서 앞이 나오는 것은 대략 한 번이다). 어떤 계산에서는 단일한 g가 존재해서 기대값이 0일 때에도 4분차가 정이 되거나 부가 될 것이다. 따라서 스피어맨은 모든 4분차를 계산해서, g가 존재하는 테스트로 평균 4분차가 0인 정규빈도분포를 찾았다.

스피어맨의 g와 심리학의 대부흥

찰스 스피어맨은 모든 4분차를 계산해서 0에 아주 가까운 평균값을 가진 정규분포와 유사한 분포를 발견했다. 그리고 지능 테스트에서의 공통분산은 단일한 근본적인 요인—스피어맨의 g, 즉 일반 지능—을 기록하고 있다고 선언했다. 스피어맨은 기쁨을 감추지 못했다. 자신이 붙잡기 힘든 실체를 발견했고, 그것이 심리학을 진정한 과학으로 만들 것이라고 생각했기 때문이다. 그는 지능의 선천적 요소, 즉 그것을 연구하기 위해 고안된 모든 표면적이고 불충분한 측정값에 내재하는 근본적인 실체를 찾아냈다고 믿었다. 스피어맨의 g는 심리학의 현자의 돌, 즉 정량화시킬 수 있는 견고한 '실재'였다. 그것은 심리학을 물리학과 같이 확고하고 기본적인 엄밀과학(exact science)으로 나아갈 길을 닦아줄 기본 입자였다.*

1904년 논문에서, 스피어맨은 지적이라고 판단되는 모든 과정에 g가 존재한다고 선언했다. "지적 활동의 모든 분야에는 공통된 하나의 기본적 기능이 있다. (……) 어떤 경우에도 남는 이 특수한 요인은 다른 모든 요인과는 전혀 다른 것처럼 생각된다. (……) 이 g는 실제로 상호관련성이 측정되고 특정한 표에 기록되는 일부 능력에 국한되는 것이 아니라 그것이 무엇이든 간에 모든 능력 속에 포괄되는 것이다."

전통적인 학교 교과가 단순한 정보의 획득이 아니라 소질을 반영하는 한, 그것은 불투명한 유리를 통해 내부의 단일한 본질을 들여다보는 것에 불과하다. "여러 감각능력에 대한 시험, 학교에서 치르는 시험, 그리고 그밖의 특정 능력을 검사하는 모든 시험은 하나의 크고 공통된 지적 기능(Intellective Function)을 각기 독립적으로 평가한 결과라고 간주될 수 있다(1904, p.273)." 따라서 스피어맨은 영국의 엘리트를 대상으로 한 일반 교육이 안고 있는 전통적인 딜레마를 해결하려고 시도했다. 그 딜레마란 보다 우수한 군인이나 정치가를 양성하기 위해 왜 고전을 학습시켜야 하는가에 대한 문제이다. "희랍어 구문론에서 높은 점수를 얻었다고 해서 훌륭한 군인이나 정치가가 되는 것이 아니라는 주장을 앵무새처럼 되풀이하는 대신, 우리는 마침내 일반 지능을 측정하는 여러 가지 수단의 정밀도를 결정할 것이다(1904, p.277)." 결실없는 주장 대신 라틴어 문법과 군사적 능력의 g-부하를 결정해야 한다는 것이다. 만약 둘

---

*옮긴이주 | 뉴턴 역학체계가 확립된 이후 자연과학은 물론 사회학, 심리학, 경제학과 같은 다른 학문분야들도 물리학의 높은 설명력을 동경했다. 과학의 경계에 위치하는 심리학과 같은 분야들은 물리학을 따라 환원가능한 기본 요소를 찾으려고 시도했다. 엄밀과학이 되려면 그것을 토대로 이론체계를 구축하고 정량화할 수 있는 벽돌로서의 기본 입자(fundamental particle)가 필요했기 때문이다. 따라서 스피어맨의 g는 물리학의 원자와 같은 기본 요소인 셈이다.

다 g에 가깝다면, 동사의 활용능력이 미래의 지휘관으로서의 능력에 대한 훌륭한 평가가 될 것이다.

과학을 수행하는 데에는 몇 가지 방식이 있다. 그 방식들은 모두 타당하고, 부분적으로 유효하다. 새로운 종마다 그 특징을 기록하며 즐거워하는 딱정벌레 분류학자는 환원, 종합, '딱정벌레성(beetleness)'의 존재—만약 그런 것이 존재한다면 말이다!—등에는 별반 관심이 없을 것이다. 이 분류학자의 반대편 끝에 스피어맨이 서 있다. 그 극단에서는 세계의 외재성이란 보다 단순하고 근본적인 실재로 우리를 이끄는 표면적인 안내에 지나지 않는다. 가장 일반적인 이미지에서(물론 일부 전문가들은 그런 상을 버렸지만), 물리학은 우리가 살고 있는 물질세계의 복잡성을 생성하는 기본적이고 정량화 가능한 원인으로 환원하는 궁극적인 과학이다. 스피어맨과 같은 환원주의자들, 즉 생물학, 심리학, 사회학과 같은 이른바 부드러운 과학(soft science) 분야에서 연구하는 사람들은 종종 '물리학에 대한 선망(physics envy)'에 시달렸다. 그들은 단순화가 가능한 법칙과 기본 입자를 찾기 위해 물리학에 대한 혼란스런 환상에 따라 자신의 과학을 실행하려고 노력했다. 스피어맨은 인지과학에 대한 그의 심원한 희망을 이렇게 피력했다(1923, p.30).

> 과학의 도움 없이도 식별할 수 있는 사건의 균일성보다 더 깊고, 다른 것들보다 더 난해하지만 그만큼 더 포괄적인 다른 것들을 그것[과학]은 발견한다. 거기에 법칙이라는 명칭이 하사된다. (……) 이 이상(理想)에 가까이 다가가기 위해 주위를 둘러보면, 운동 3법칙에 기반한 물리학에서 발견할 수 있는 것과 같은 종류의 무언가를 실제로 발견할 수 있다. 이 '물체의 물리학(physica corporis)'과 대등하게, 우리는 오늘날 '영혼의 물리학(physica animae)'을 연구하고 있다.

정량화된 기본 입자 g를 사용함으로써, 심리학은 진정한 과학의 반열에서 정당한 자리를 얻을 수 있었다. 그는 1923년에 이렇게 말했다. "이러한 원리에 따라, 우리는 오랫동안 갈망했던 심리학의 순전한 과학적 기초를 마련하려는 희망을 반드시 실현해야 한다. 그렇게 되면, 금후 심리학은 견고한 토대를 가진 다른 과학, 심지어는 물리학과도 어깨를 나란히 할 수 있을 것이다(p.355)."

그는 자신의 연구를 "코페르니쿠스적 발상의 전환(1937, p.411)"이라고 불렀고, "과학의 이 신데렐라는 성공한 물리학의 수준을 획득하기 위해 대담한 노력을 계속해왔다"고 기뻐했다(1937, p.21).

스피어맨의 g와 IQ의 이론적 정당화

이론가이며, 근본적인 원인으로의 환원을 통해 통일성을 찾으려 했던 연구자인 스피어맨은 IQ 검사관들의 공식적인 주장을 노골적으로 비판하곤 했다. 그는 IQ를 "이유도 까닭도 없이 골라내고 그러모은 보조 테스트의 단순 평균에 지나지 않는다(1931)"라고 혹평하기도 했다. 그는 이 "테스트 잡동사니"에 지능이라는 명칭을 부여한 것을 비난했다. 사실 그는 1904년에 그의 g를 일반 지능으로 기술했지만, 나중에는 지능이라는 말을 쓰지 않았다. 그 이유는 지능 테스트 검사관들의 끝없는 주장과 모순된 방법이 지능이라는 말을 치유불가능한 모호성으로 오염시켰기 때문이다(1927, p.412; 1950, p.67).

그러나 그를 IQ 테스트의 반대자로 생각하는 것은 옳지 않다. 그것은 스피어맨의 견해와 정반대일 것이다. 그가 경멸했던 것은 검사관들의 비논리적인 경험주의였다. 그들은 명백히 무관한 문항들을 모아서 테스트를 만드는 경향이 있었고, 게다가 그 테스트가 좋은 결과를 가져왔다고 주장할 뿐 그 기이한 방법의 근거를 제기하지도 않았다. 그러나 스피어맨은 비네 테스트가 작동했다는 것을 부정하지 않았고, 이렇게 만들어진 지능 테스트의 부활에 기뻐했다. "이 하나의 위대한 연구[비네 척도]에 의해 전체적인 상황이 변화했다. 테스트는 최근까지 경멸되었지만, 이제야 모든 나라들이 열광적으로 받아들이고 있다. 또한 모든 곳에서 그 실제적인 응용이 빛나는 성공을 거두고 있다(1914, p. 312)."

스피어맨을 초조하게 만든 것은, IQ 검사관들이 별개의 문항들을 하나의 척도로 합쳐놓은 것은 적절했지만, 그 절차의 배후에 있는 이론을 인정하지 않고 자신들이 하는 일을 임시변통의 경험주의로 간주한다는 점이었다.

스피어맨은 비네 테스트를 정당화하는 것이 모든 인식 활동의 근저에 단일한 g가 존재한다는 자신의 이론이라고 열심히 주장했다. IQ 테스트가 작동한 것은, 그것을 만든 사람은 알지 못했지만, 그들이 상당히 정확하게 g를 측정했기 때문이라는 것이다. 개별 테스트는 g-부하와 그 자체의 특수한 요인(즉 s)을 갖지만, g-부하는 0에서 100퍼센트에 이르는 폭을 가지고 있다. 그런데 공교롭게도 g의 가장 정확한 측정값이 가장 다양한 종류의 개별 테스트를 모은 대집단의 평균값이었다. 각각의 테스트는 어느 정도까지 g를 측정한다. 이 편차가 개별 테스트의 s-요인들이 가능한 모든 방향으로 변화해서 서로를 상쇄하도록 보증한다. 그리고 오직 g만이 모든 테스트에 공통된 요인으로 남게 된다. IQ 테스트가 작동하는 것은 그것이 g를 측정하기 때문이다.

온갖 잡동사니가 뒤섞여 기술되어 있는 테스트를 한데 모은다는 (……) 기이한 방법의 성공에 대해 하나의 설명이 주어진다. 만약 모든 성적이 하나는 항상 임의적으로 변화하고, 다른 하나는 언제나 동일한 두 가지 요인에 의존한다면, 평균적인 임의 변이들이 서로를 상쇄시키고 다른 요인, 즉 항상적인 요인만이 지배적이 되기 때문이다(1914, p.33; 1923, p.6; 1927, p.77도 참조하라).

비네 테스트의 "다항목 측정이라는 잡탕"은 숙련된 실시자에 의한 단순한 직관이 아니라 올바른 이론적 결정이었다. "상상할 수 있는 한, 가장 변덕스럽고, 무의미한 방법이라고 생각되는 이 잡탕의 원리에는 실제로 심오한 이론적 기초와 가장 우수한 실용적 유효성이 있다(Spearman, Tuddenham, 1962, p.503에서 인용)."

스피어맨의 g, 그리고 지능이 측정가능한 단일한 실체라는 그에 수반된 주장은 IQ의 유전적 결정론 중에서 유일하게 유망한 이론적 정당화를 제공했다. 20세기 초에 지능 테스트가 주목을 받자, 이 정당화는 시릴 버트가 1914년(p.36)에 상관법(요인분석)과 연령-척도법(IQ 테스트)으로 정확하게 식별했던 두 가지 연구의 전통을 발전시켰다. 최근에 헨쇼는 버트의 전기(1979, p.47)에서 이렇게 지적했다. "1900년대의 새로움은 지능 자체의 개념에 대한 것이 아니라 상관법이라는 용어를 통한 조작적인 정의와 실용화할 수 있는 측정법의 고안에 있다."

스피어맨만큼 자신의 요인분석 모형과 IQ 테스트의 유전자 결정론적 해석 사이에 밀접한 관련이 있다는 것을 인정한 사람은 없었다. 1914년에 『유제닉스 리뷰(Eugenics Review)』에 발표한 논문에서 그는 지능 테스트의 두 가지 큰 전통이 통합될 것을 예언하면서 이렇게 말했다. "이 두 연구 계통은 서로를 지극히 적절하고 필요불가결하게 지원해준다. (……) 이론적인 암흑 속에서 이루어지기는 하지만 사이먼-비네 테스트의 가치는 크며, 이 테스트가 가진 본질적인 성격이나 메커니즘이 충분히 밝혀진다면 능률이 천 배는 높아질 것이다." 스피어맨은 만년에 자신의 요인분석법이 공격을 받자(470~479쪽을 보라), IQ 테스트의 이론적 근거로 이 논문을 인용하면서 g를 옹호했다. "통계학적으로 이 결정은 극도의 단순함에 기초하고 있다. 심리학적으로 g는 '보편 능력(general ability)'이나 'IQ'라는 유용한 개념에 유일한 기초를 제공한 개념으로 신뢰받아왔다(1939, p.79)."

전문 검사관들이 자신들이 하는 일의 근거로 g를 채택하면서 항상 스피어맨의 주장을 염두에 두지 않았다는 것은 분명하다. 많은 검사관들은 이론을 포기했고, 계속 자신들 활동의 정당성이 그 실질적인 유용성이라고 주장했다. 그러나 이론에 대한 침묵이 이론의 결여를 의미하는 것은 아니다. IQ를 생물학적 실체로 물화하려는 움직임은 스피어맨의 g가 인간의 뇌 속에 존재하는 단일하고 측정가능한, 근본적인 '실체'를 측정하는 것이라는 확신에 의존해왔다. 좀더 이론적인 면으로 치우친 많은 지능 검사관들은 이 견해를 받아들였다(Terman et al., 1917, p.152). C. C. 브리검이 자신의 생각을 철회한 것은 유명하지만, 그것은 단지 육군지능테스트가 문화적 특성의 측정을 선천적 특성의 측정으로 인식했기 때문만은 아니었다(이 책의 380~382쪽을 보라). 또한 그는 조합된 테스트로부터 강력하고 단일한 g를 추출할 수 없고, 결국 지능을 측정할 수 없다는 점을 지적했다(Brigham, 1930). 그리고 나는 아서 젠센에 대해 최소한 이 점을 지적해두고 싶다. 그는 자신의 IQ 유전론이 g의 유효성에 의존한다는 것을 인정했고, 최근 주요 저서(1979)에서 스피어맨의 초기 주장을 원래 형태 그대로 변호했다. 그리고 리처드 헤른슈타인과 찰스 머레이도 『벨 커브』(1994)에서 똑같은 주장을 했다(그들의 주장에 대해서는 권말 에세이를 보라). 스피어맨의 개념적 오류에 대한 정확한 이해는 IQ에 대한 유전적 결정론을 그 근본적 수준에서 비판하기 위한 필수조건이었지, 단지 통계적 절차의 혼란스러운 세부사항을 거론하기 위함이 아니었다.

g에 대한 스피어맨의 물화

스피어맨은 지능 테스트라는 경험적 결과를 깊이 조사해서 모든 지적 활동의 뿌리에 있는 단일하고 추상적인 요인을 발견했다는 생각에 만족하지 않았다. 또한 그 요인이 우리가 지능이라고 부르는 것과 동일하다는 사실에 적당히 만족할 수도 없었다.* 스피어맨은 g에 대해 더 많은 것을 원했다. g는 뇌 속의 어떤 물리적 성질을 측정하는 것이 분명하고, 가장 직접적인 물질적 의미에서 '실체'임이 분명하다. 설령 신경학이 g와 동일시되는 물질을 발견하지 못했다 하더라도 지능 테스트에서 나타난 뇌의 활동은 그러한 물리적 기질(substrate)이 반드시 존재한다는 것을 입증했다. 따라서 다시 물리학 상사병이 도진 스피어맨은 "정신에 대해 실제로 관찰가능한 모든 현상을 폐기하고, 그 대신—물리학에 대한 유비(類比)로—지금까지 정신 에너지(mental energy)라 불린 보다 근본적인 무엇을 창안하기 위한 모험(1927, p.89)"에 대해 이야기했다.

스피어맨은 g의 기본적 특성—지적 작용에 여러 수준으로 미치는 영향—을 조사했고, 이러한 작용에 가장 적합한 물리적 실체가 무엇인지 상상했다. 그밖에 그는 뇌 전체에 퍼져 제각기 특정한 위치를 차지하면서 일련의 특수한 '엔진'을 활성화시키는 일종의 에너지가 존재한다고 주장했다. 에너지가 많아지면 전체적인 뇌 활동이 활성화되고, 지능이 더 높아진다는 것이다. 스피어맨은 이렇게 쓰고 있다(1923, p.5).

> 동일 인물이 모든 형식과 주제에서, 즉 인지 행위의 모든 의식적 측면

---

*이미 살펴보았듯이, 적어도 초기 연구에서 그는 지능이라는 말을 폐기했다. 그 용어가 일상적으로 사용되면서 그 의미가 불쾌할 정도로 혼란스러워졌기 때문이다. 그러나 그가 g를 지능이라고 불릴 단일한 인지적 본질로 인정하기를 중단한 것은 아니다. 그는 그 용어를 웃음거리로 만드는 식의 전문적(그리고 기술적) 혼동은 범하지 않았다.

을 통해 지속적으로 성공을 거듭하는 경향은 의식이라는 현상보다 좀더 깊게 깔려 있는 어떤 요인을 가정할 때에만 설명할 수 있을 것 같다. 따라서 모든 종류의 인지 활동에 내재하는 보편적이고 순수하게 양적(量的)인 요인이라는 가설의 개념이 출현한다. (……) 앞으로 더 많은 정보가 필요하지만, 이 요인은 대뇌피질 전체에(심지어는 신경계 전체에도 가능할 것이다) 공통으로 작용하는 어떤 '에너지' 또는 '힘'과 같은 성질로 존재한다고 생각된다.

만약 g가 대뇌피질 전체에 일반 에너지로 충만되어 있다면, 각 테스트에 대한 s-요인은 보다 한정된 위치를 점해야 한다. 그것들은 g와 동일시되는 에너지에 의해 다른 방식으로 활성화된 특정 뉴런 집단을 의미하는 것이 틀림없다. 스피어맨은 s-요인이 순환하는 g에 의해서 연료를 공급받는 엔진이라고 쓰고 있다(은유가 아닌 실질적 의미로).

서로 다른 기능들에는 필연적으로 그 특유의 구체적인 요인이 관여하고 있는 것이 분명하다. 따라서 이 요인에 대해서도 생리학적 기질이 제기된다. 그것은 특정 종류의 활동에 관여하는 특정 뉴런 그룹이다. 이들 뉴런 집단이 대체(alternative) '엔진'으로 기능할 것이며, 거기에는 대체적으로 공통된 '에너지' 공급이 이루어질 것이다. 성공적인 활동 여부는 부분적으로는 대뇌피질 전체에서 발생한 에너지 전위(potential)에 달려 있고, 부분적으로는 그 활동에 관여하는 특정 뉴런 그룹의 효율성에 달려 있다. 이 두 요인의 상대적인 영향은 활동의 종류에 따라 편차가 크다. 일부는 에너지 전위, 그리고 다른 것은 엔진의 효율성에 더 많이 의존할 것이다(1923, pp.5~6).

테스트 사이의 g-부하 차이에 대해서는 다음과 같은 임시 설명이 주어졌다. 어떤 지적 작용은 그 엔진의 성질(높은 s와 낮은 g-부하)에 주로 의존하고, 다른 작용은 그 엔진을 활성화시키는 데 관계되는 일반 에너지의 양(높은 g-부하)에 의해 좌우될 수 있다는 것이다.

스피어맨은 지능의 기초를 발견했다고 확신했다. 따라서 자신의 개념이 반증에 견딜 수 있다고 선언했다. 그는 생리학자들이 g에 상응하는 물리적 에너지를 발견하리라고 기대했다. "언젠가 생리학자들이 요구하는 종류의 물질 에너지가 실제로 발견되리라는 희망에는 충분한 근거가 있다고 생각한다(1927, p.407)." 그리고 이 발견으로, "생리학은 최대의 승리를 성취할 것"이라고 선언했다(1927, p.408). 설령 그런 물리적 에너지가 발견되지 않더라도—혹은 다른 종류일지라도—에너지가 존재하는 것은 분명하다는 것이다.

최악의 결과로, 요구되는 생리학적 설명이 발견되지 않더라도, 지적 사실은 여전히 남을 것이다. 만약 그러한 지적 사실이 근본적인 에너지라는 개념으로 가장 잘 설명되는 무엇이라면, 이 개념을 수많은 뛰어난 심리학자들이 오랜 세월 요구해온 유일한 것이라고 인정하지 않으면 안 될 것이다. (……) 그것은 순수하게 지적인 무엇으로 인정되어야 할 것이다(1927, p.408).

적어도 1927년까지 스피어맨은 별다른 대안을 고려하지 않았다. g를 물화하려는 시도가 아무런 가치도 없는 일이라는 생각을 꿈에도 하지 않은 것이다. 그는 평생 동안 일반 에너지와 특수 엔진이라는 자신의 이론을 뒷받침하는 지적 기능의 다른 규칙성을 찾아내고자 노력했다. 그는 특정한 지적 활동의 정지가 그와 동등한 강도의 다른 활동을 야기한다는

'항상적 출력의 법칙(law of constant output)'을 발표했다(1927, p.133). 따라서 그는 일반 에너지가 손상되지 않은 채 계속 유지되면서 항상 무언가를 활성화시키는 것이 분명하다고 주장했다. 한편 그는 피로(疲勞)가 "선택적으로 전이된" 것이라는 사실을 발견했다. 즉 지적 활동이 지치면 그와 연관된 영역의 피로를 수반하지만, 다른 영역에서는 피로가 일어나지 않는다는 것을 발견한 것이다(1927, p.318). 다시 말해서, 피로는 "일반적인 심리-생리적 에너지 공급 감소"에 기인하는 것이 아니라 특정 종류의 뉴런에 선택적으로 적용하는 독소의 축적에 따른 현상이라는 것이다. 스피어맨은 피로가 "일차적으로 에너지와 관계된 것이 아니라 엔진에 관계되는 것"이라고 말했다(1927, p.318).

그러나 지능 테스트의 역사에게 자주 볼 수 있듯이, 스피어맨의 의구심은 차츰 커지기 시작했고, 1950년에 발표된 그의 마지막 저서(사후 출판)에서 그는 최종적으로 자신의 주장을 철회하기에 이르렀다. 그는 에너지와 엔진 이론을 젊은 혈기 탓으로 돌렸다(그러나 그는 중년에도 충실하게 그 이론을 옹호했다). 심지어 그는 요인을 물화하려는 시도까지 포기했고, 수학적 추상이 만드시 물리적 실재에 상응할 필요가 없다는 점을 뒤늦게 인정했다. 이 위대한 이론가는 적진에 들어가서야 신중한 경험주의자로 변모한 셈이다(1950, p.25).

우리에게는 이런 물음에 대답할 의무가 없다. '요인'이 어떤 '실질적인' 존재를 가지는가? 그것들은 순전한 '척도'를 허용하는가? '능력'이라는 개념은 그 토대에 어떤 종류의 원인과 힘을 포함하는가? 아니면 있는 그대로의 발가벗은(bare) 기술(記述)이라는 목적만을 의도하는가? (……) 그들의 시대와 위치에서 그러한 주제는 충분히 의심의 여지가 없는 것이었다. 이 나이든 필자 자신도 적지 않게 그런 주제에 관여해왔다. 'Dulce est desipere in loco(때로는 어리석은 일을 하는 것도 즐겁지 아니하랴[로마의 시인 호라티우스가 쓴 시의 한 구절])'. 그러나 현재의 목적에 비추어볼 때, 그는 순수한 경험과학의 테두리에 한정되지 않을 수 없음을 느끼고 있다. 그가 근저에 존재한다고 생각했던 것은 실제로는 기술과 예측 이외의 그 무엇도 아니다. (……) 나머지는 주로 은유와 직유라는 방법에 대한 예시일 뿐이다.

요인분석의 역사는 물화를 향한 잘못된 시도의 파편들로 점철되어 있다. 나는 인과율의 패턴에 식별가능하고, 근본적이고, 물리적 이유가 있을 수 있다는 점을 부정하지 않으며, 아이젱크의 다음과 같은 주장에도 동의한다. "어떤 환경에서 요인들은 변수 집합 사이에서 관찰되는 관계를 결정하고, 그 토대에 있는 가상의 인과적 영향력으로 인정될 것이다. 심리학에서 요인이 중요성을 갖고 관심을 끄는 유일한 경우는 이러한 견지에서뿐이다."(1953, p.23) 내 불만의 대상은 단지 요인이 존재한다는 사실만으로 마치 인과적 추측의 면허장이라도 얻은 양 가정하는 관행이다. 요인분석가들은 일관되게 이러한 가정에 경고해왔지만, 근본적인 본질을 발견하려는 우리의 플라톤적 충동은 계속 그 적절한 경고를 압도해왔다. 우리는 과거를 돌아볼 수 있는 위치 덕분에 정신병학자인 T. V. 무어(T. V. Moore)가 1933년에 긴장형, 망상형, 조울증형, 인지형, 본질형 등의 우울증에 관여하는 특정 유전자를 가정했던 사실을 웃어넘길 수 있다. 그가 이렇게 생각한 까닭은 요인분석 결과 이러한 증후군의 예측값이 별개의 요인축으로 나뉘어졌기 때문이다(Wolfle, 1940에서 인용). 그러나 1972년에 두 사람의 저자가 여러 문화에서의 음악적 습관에 대한 요인을 분석한 결과, 낙농생산량과 유려한 발성(發聲) 사이의 연관성을 19개의 축 중에서 작은 13번째 축에서 발견했다. 그런 다음 이 "여분의 단백질원이 많은 경우 정력적인 발성의 원인"이라고 지적했다(Lomax and Berkowitz, 1972, p.232).

자동적인 물화는 두 가지 중요한 이유에서 타당하지 않다. 첫째, 내가 408~412쪽에서 개괄했고 470~500쪽에서 충분히 설명하겠지만, 현실 세계와 완전히 대응한다고 주장할 수 있는 어떤 요인 집합도 없다. 모든 정의 상관계수 행렬은 스피어맨이 했듯이 g와 보조 요인 집합으로 분해되거나, 서스턴이 했듯이 일반적으로 단일한 지배적인 지향성을 갖지 않는 '단순 구조(simple structure)' 요인들의 집합으로 분해될 수 있다. 어느 쪽의 해석도 동일한 양의 정보를 분해하기 때문에 수학적으로 등가이다. 그러나 심리학적으로는 상반된 해석이 나올 수 있다. 그렇다면 어떻게 어느 한쪽이 현실의 거울이라고 주장할 수 있겠는가?

둘째, 어떠한 요인들의 집합도 여러 방법으로 해석될 수 있다. 스피어맨은 그의 강력한 g를 모든 인지 활동의 기초를 이루는 단일한 실재와 뇌 안에 있는 일반 에너지의 증거로 해석했다. 그러나 요인분석에서 스피어맨의 가장 유명한 영국인 동료인 고드프리 톰슨 경(Sir Godfrey Thomson)은 스피어맨의 수학적 결과를 받아들인 후 반대로 해석했다. 스피어맨은 뇌가 일반 에너지를 연료로 삼는 일련의 특수 엔진으로 나누어질 수 있다고 주장했지만, 톰슨은 이 동일한 데이터를 사용해서 뇌에 특수화된 어떤 구조도 존재하지 않는다고 추론했다. 그는 신경세포가 완전히 발화되거나 전혀 발화하지 않거나 둘 중 하나라고 주장했다. 즉, 온(on)이나 오프(off) 둘 중 하나로 중간 상태는 없다는 것이다. 모든 지능 테스트는 뉴런의 임의 배열을 표본으로 삼는다. 높은 g-부하를 가진 모든 테스트는 활성화된 상태의 많은 뉴런을 대상으로 한다. 낮은 g-부하를 가진 테스트는 구조화되지 않은 뇌의 보다 적은 뉴런을 표본으로 삼는 데 불과하다. 톰슨은 이렇게 결론지었다(1939). "마음은 몇 개의 '단일 요인(unitary factor)'으로 나누어지는 것과는 거리가 멀다. 마음은 풍부하고 비교적 미분화된 무수히 많은 영향력의 복합체이다. 생리학적 입장에서 말하자면, 상호의사소통이 가능한 복잡한 연결망이다." 만약 동일한 수학적 패턴이 이처럼 상이한 해석을 낳을 수 있다면, 과연 어느 쪽 주장이 진실일 수 있을까?

스피어맨과 g의 유전성

스피어맨의 두 가지 중요한 주장은 지능 테스트에 대한 대부분의 유전적 결정론의 이론에서 나타난다. 하나는 지능을 단일한 '실체'로 간주한 것이고, 다른 하나는 그 물리적 기질을 추론한 것이다. 그러나 이런 주장으로는 단일한 물리적 기질이 타고난 차이 때문이 아니라 환경과 교육의 영향을 통해 그 세기를 변화시킬 수 있을지도 모른다는 이론을 완결시키지 못한다. g의 유전성을 주장하기 위해서는 더 직접적인 이론을 만들지 않으면 안 된다. 그리고 스피어맨은 그것을 제공했다.

g를 에너지, 그리고 s를 엔진과 동일시함으로써, 스피어맨은 다시 자신의 틀을 제공했다. 그는 s-요인이 교육의 효과를 나타내지만, 한 사람의 g의 세기는 유전만을 반영한다고 주장했다. 스피어맨은 이렇게 말했다(1927, p.392). "만약 g가 16세 무렵부터 더 이상 증가하지 않게 되고, 그후 교육이 무한정 계속된다면, g가 어떻게 교육의 영향을 받을 수 있을까?" 만약 스피어맨이 기억력(retention)이라고(사실을 배우거나 그것을 기억하는 능력) 부른 것이 아니라 추단(eduction)이라고 부른 것을(종합하고 연관을 이끌어낼 수 있는 능력) g가 측정한다면—학교가 지식을 전달하는 임무를 맡고 있을 때—g가 학교교육에 의해 어떻게 변화할 수 있을까? 엔진은 지식을 주입하고 훈련할 때 형성된다. 그러나 뇌의 일반 에너지는 선천적인 구조의 결과다.

훈련의 효과는 특수 요인에 국한되며, 일반 요인에는 관계되지 않는다. 생리학적으로 말하자면, 어떤 뉴런은 특정 종류의 활동에 길들여진다. 그러나 뇌의 자유 에너지는 영향을 받지 않는다. (……) 특수한 능력의 발달은 대부분 환경의 영향에 의존하며, 일반적인 능력의 발달이 전적으로 유전에 의해 지배된다는 것은 의심의 여지가 없다(1914, pp. 233~234).

g의 척도로서 IQ는 타고난 일반 지능을 기록한다. 지능을 측정하는 두 가지 큰 전통(IQ 테스트와 요인분석)의 결합은 유전성이라는 주제에서 완성되었다.

집단 차이를 둘러싼 성가신 논쟁에서, 스피어맨의 견해는 당시 서부유럽의 저명한 남성 과학자들이 가지고 있던 일반적인 신념과 일치했다(그림 6.9를 보라). 그는 흑인에 대해, 육군지능 테스트를 해석하기 위해 g를 들먹이면서 이렇게 말했다(1927, p.379).

모든 테스트의 평균에서 유색인종은 백인종보다 대략 2년 정도 지체되었다. 이 열등성은 열 개의 테스트 모두에서 나타났다. 그러나 g가 가장 포화된 것으로 알려진 테스트에게 가장 두드러졌다.

바꿔 말하면 흑인은 g, 즉 타고난 일반 지능과 가장 상관이 높은 테스트에서 가장 뒤떨어진다는 것이다. 남유럽이나 동유럽에서 이주한 백인에 관해, 스피어맨은 1924년에 제정된 미국의 이민제한법을 칭송하면서 이렇게 말했다(1927, p.379).

거의 모든 연구자들이 강조한 일반적인 결론은 '지능'에 관한 한, 독

|그림 6.9| 스피어맨이 1914년에 발표한 자신의 논문 첫 페이지에 재록한 그림. 유대 자본가에 대해 인종차별주의자들이 사용한 상투수단이다. 스피어맨은 이러한 지능의 특정 항목에 대한 군 요인의 신념을 비판하는 데 이 그림을 사용했다. 그러나 이 그림의 출판은 시대에 따라 수용가능한 태도가 바뀔 수 있음을 예증해준다.

일민족이 평균적으로 남유럽인보다도 두드러지게 우수하다는 것이다. 이 결과는 최근 미국에서 이민자 입국을 제한하는 매우 엄격한 법률을 만드는 데 실용적으로 중요한 결과를 갖는다.

그러나 스피어맨에게 인종간 지능 차이의 유전론을 구축한 사람이라는 딱지를 붙이는 것은 적절치 않다. 그는 몇 가지 중요한 구성요소, 특히 지능이 선천적이고 단일하고 점수로 환산할 수 있는 '실체'라는 이론을 제공했고, 인종이나 국민들 사이의 평균적인 지능 차이의 근원에 대해 관습적인 견해를 가지고 있었지만 그 차이의 불가피성을 주장하지는 않았다. 사실 그는 성차(性差)를 훈련이나 사회적 관습 탓으로 돌렸다(1927, p.229). 또한 사회계급에 대해서는 거의 아무런 언급도 하지 않았다. 게다가 인종 차이를 논할 때, 그는 평균점수에 관한 유전적 결정론의 주장과 인종이나 국민 집단 내에서 나타나는 변이폭이 그 집단들 사이에서 나타나는 작은 평균점수 차이보다 훨씬 크다는 주장을 결합했다. 즉 '열등한' 인종의 많은 구성원들이 '우수한' 집단의 평균지능을 넘어선다는 것이다(가령 1927, p.380을 참조하라).*

스피어맨은 유전적 결정론이나 그 정책을 부인하지 않았지만, 그 주장의 정치적 힘은 인식하고 있었다. "훈련에 의해 인간을 향상시키려는 모든 노력은, 그것을 실행하는 유일한 길이 더 엄격한 품종개량이라고 믿는 사람들의 냉담함에 의해 방해받고 있다(1927, p.376)."

그러나 더 중요한 점은 스피어맨이 국민간의 유전적 차이라는 주제에 별반 관심이 없었다는 사실이다. 그를 둘러싸고 이 논쟁이 소용돌이치며 그의 발언이 빈번히 인쇄용 잉크에 묻어나는 동안, 그리고 그 자신이 유전적 결정론자들에게 기본적 근거를 제공하는 동안, g의 발명자는 무관심한 태도로 한 켠에 비켜나 있었다. 그는 사람의 뇌 구조를 이해하고 싶었기 때문에 요인분석을 연구한 것이지 집단간 차이나 개인차를 측정하기 위해 연구한 것은 아니었다. 어쩌면 스피어맨은 내키지 않는 추종자였는지도 모른다. IQ와 요인분석을 유전적 결정론의 지능 이론으로 묶

---

* 리처드 헤른슈타인과 찰스 머레이는 『벨 커브(The Bell Curve)』(1994)에 퍼부어질 인종차별주의라는 비난을 미연에 방지하기 위해 같은 주장을 강조했다. 권말 에세이의 처음 두 편을 참조하라.

어서 정치적으로 힘있는 결합을 만들어낸 사람은 런던 대학의 심리학 교수좌를 계승한 스피어맨의 후계자 시릴 버트였다. 스피어맨은 거의 신경을 쓰지 않았을지 모르지만, 지능의 선천적 특성은 시릴 버트의 평생에 걸친 고정관념이었다.

버트의 생물학적 선언—희망이 없는 사람들의 고통

버트가 가진 강경한 유전론의 근원

시릴 버트는 1909년에 첫번째 논문을 발표했다. 그 논문에서 그는 지능은 선천적이고, 사회계급의 차이는 주로 유전의 결과라고 주장했다. 그 역시 가장 중요한 근거로 스피어맨의 g를 인용했다. 주요 학술잡지에 마지막으로 실린 버트의 논문은 그의 사후인 1972년에 발표되었다. 그 논문도 같은 논조를 반복하고 있다. 즉 지능은 선천적이고, 스피어맨의 g가 그것을 증명한다는 것이다. 그의 의심스러운 자질에도 불구하고, 시릴 버트는 분명히 지구력을 가지고 있었다. 1972년의 논문에서 그는 이렇게 주장했다.

우리가 도달한 두 가지 중요한 결론은 명백하고 의문의 여지가 없는 것처럼 생각된다. 일반 요인이 모든 유형의 인지과정에 개입한다는 가정은 신경학과 생물학에서 얻어진 고찰에 의해 가설로 제출된 것이지만, 통계적인 증거에 의해 충분히 뒷받침되고 있다. 이 일반 요인의 차이가 주로 개인의 유전적 구성에 의존한다는 주장은 논쟁의 여지가 없는 것처럼 보인다. 선천적이고 일반적인 인지능력이라는 개념은 분명 완전한 추상이지만 앞에서 이야기한 두 가지 전제에서 비롯된 것이며, 따라서 경험적 사실과 완전히 일치한다(1972, p.188).

시릴 경의 이 주장은 형용사의 강도만 바뀌었을 뿐 과거와 동일하다. 1912년에는 자신의 주장에 대해 '확실한(conclusive)'이라는 형용사를 사용한 데 비해, 1972년에는 '논쟁의 여지가 없는(incontestable)'으로 바꾸었다.

요인분석은 지능을 i.g.c(선천적[innate], 일반적[general], 인지적[cognitive]) 능력으로 규정하는 버트 정의의 핵심에 위치한다. 요인분석에 대한 그의 중요한 연구 속에서(1940, p.216), 버트는 스피어맨의 명제를 독자적인 방식으로 사용하는 방법을 개발했다. 요인분석은 "일반 요인이 모든 인지과정에 관여하며", 또한 "이 일반 요인이 전부는 아니더라도 대체로 유전하며, 선천적인 것처럼 보인다"는 점을 입증한다는 것이다—여기에서도 지능이 i.g.c 능력임이 드러난다. 이미 3년 전에 (1937, pp.10~11), 그는 불가피한 유전성과 g를 훨씬 더 생생하게 결부시켰다.

중심적이고 도처에 편재하는 이 일반 지능 요인은 더 많은 특징을 나타내며, 그 특징들 또한 테스트와 통계에 의해 밝혀진다. 그것은 유전되거나 최소한 선천적인 것처럼 보인다. 지식과 실천, 관심이나 근면함으로도 이것을 증가시킬 수는 없다.

스피어맨을 포함해서 다른 사람들도 g와 유전 사이의 관련성을 이끌어냈다. 그러나 시릴 경을 제외하고 아무도 그 연관성을 거의 강박관념에 가까운 집념으로 추구한 사람은 없었다. 더구나 그 관계를 영향력있는 정치적 도구로 휘두른 사람도 그 이외에는 없었다. 버트의 완고한 입장은 유전적 결정론의 편향과 지능을 단일하고 측정가능한 실체로 물화하는 경향의 결합이었다.

나는 지금까지 두 번째 요인, 즉 물화된 요인으로서의 지능 이론의 뿌리를 파헤쳤다. 그러나 첫번째 요인—강경한 유전적 결정론—은 버트 생명관의 어느 지점에서 발생한 것일까? 논리적으로 그 관점은 요인분석 자체에서 자연스럽게 흘러나오기는 어렵다(405~408쪽을 참조하라). 나는 버트의 영혼이나 그의 시대에서 이 문제의 답을 찾으려고 하지는 않는다(Hearnshaw, 1979에서는 어느 정도 그런 주장을 시사하고 있지만 말이다). 나는 버트의 유전적 결정론이 자신의 경험적인 연구에(그것이 정직한 연구든 아니면 부정한 연구든 간에) 기초한 것이 아니라 이미 입증되었다는 가정을 토대로 연구에 강제된 선험적인 편향이었음을 밝힐 것이다. 이 편향은 버트가 자신의 고정관념을 광신적으로 추구하는 과정에서 판단을 왜곡하게 하고 궁극적으로는 사기행위를 하도록 부추겼다.*

버트가 제시한 선천성에 대한 최초의 '증거'

오랜 경력을 통해 버트는 지능이 선천적이라는 증거로 1909년에 발표한 자신의 최초 논문을 되풀이 인용했다. 그러나 그 연구는 논리적 결함과(순환논법) 자료 자체의 극단적인 피상성이라는 돌부리에 채여 비틀거렸다. 이 논문이 지능에 대해 밝힌 것은 한 가지밖에 없다. 즉 버트는 지능의 선천성이라는 선험적인 확신으로 연구를 시작해 잘못된 순환을 거쳐 다시 원래의 신념으로 돌아갔다. 증거는—그것이 무엇이든 간에—단지 눈속임에 불과했다.

1909년의 논문 첫머리에서 버트는 스스로 세 가지 목표를 설정했다.

---

* 헨쇼는 지능의 선천성에 대한 버트의 확신에 대해 이렇게 쓰고 있다(1979, p.491). "그것은 그에게 신앙에 가까워서 그는 모든 반론에 맞서 변호할 준비가 되어 있었다. 그것은 경험적인 테스트에 의해 반박될 수 있는 임시적인 가설이 아니었다. 버트는 처음부터 자신의 결론이 결정적으로 옳다는 과도한 확신을 가지고 있었다고 생각하지 않을 수 없다."

처음 두 가지는 요인분석에 대한 스피어맨의 선구적 연구에서 받은 영향을 잘 드러낸다("일반 지능을 찾아내고 측정할 수 있다", 그리고 "일반 지능의 본질을 추출하고 그 의미를 분석할 수 있다"). 세 번째는 버트의 특별한 관심을 나타낸다. 즉 "일반 지능의 발달이 환경의 영향이나 개인의 학습에 의해 지배적으로 결정되는가? 아니면 오히려 인종적 특성이나 가족의 특징이라는 유전적 요인에 좌우되는가?(1909, p. 96)"

버트는 이 세 번째 문제가 "여러 가지 측면에서 가장 중요하다"라고 말했을 뿐만 아니라 왜 관심을 가져야 하는지 자문하고 그 이유를 스스로 답하기까지 했다. 그 중요성은 다음과 같은 이유에 근거한다.

(……) 진화과정에서 가족의 선천적 형질이 개인의 획득형질보다 훨씬 강한 영향력을 가진다는 신념이 점차 높아지고 있고, 인도주의나 박애주의가 부적합한 계통의 자연적인 배제를 정지시킬 수 있다는 생각이 늘어나고 있다. 오늘날 사회학에서 나타나는 이러한 양상들은 개인의 능력이 근본적인 작용력으로 유전되는지 아닌지에 대한 물음을 낳고 있다(1909, p. 169).

버트는 옥스퍼드의 두 학교에서 43명의 소년을 선발했다. 그중 30명은 초등학교에서 뽑은 아이들로 소규모 상인의 아들이었고, 13명은 예비학교에 다니는 상류층 소년들이었다. 우스꽝스러울 정도로 작은 표본을 이용한 이 "지능의 유전성에 대한 실험적 증명(1909, p. 179)"에서, 버트는 각각의 소년에게 12종의 "난이도가 다른 지적 기능"을 테스트했다(이러한 테스트는 대부분 일반적인 의미에서 직접 인지 능력을 측정하는 것이 아니라 과거 골턴주의자들이 했던 생리학적 테스트에 가까웠다. 즉 주의력, 기억력, 감각적 판별력, 반응시간 등을 측정했다). 이 결과를 통해 버트는 소년들의 "지능에 대한 면밀하고 경험적인 평가"를 얻었다. 그러나 이것은 엄밀한 의미에서 비네 테스트에 의거하지 않았고, 단순한 학교 수업과 무관한 지능 순위를 '전문가' 관찰자에 의뢰해서 소년들의 순위를 매긴 것이 불과했다. 그는 교장, 교사, 그리고 그의 연구대상이기도 했던 "두 명의 유능하고 공정한 소년"에게 이 서열화를 부탁했다. 영국의 식민주의와 대담한 행위(derring-do)가 칭송되던 시대에 씌어진 글에서, 버트는 이 두 소년에게 지능의 의미를 다음과 같이 설명했다.

미지의 나라를 탐험하기 위해 이 30명의 소년들 중에서 지도자를 골라야 한다면, 가장 지능이 높은 사람으로 누구를 선택하겠는가? 그리고 다음번은 누구인가?(1909, p. 106)

그런 다음 버트는 두 종류의 테스트 성적과 전문가 증언에 의한 서열화 사이의 상관관계를 연구했다. 다섯 차례의 테스트와 지능의 상관계수가 0.5 이상이었다. 또 가장 낮은 상관을 나타낸 것은 "낮은 감각인 촉감, 무게"를 포함하는 테스트였고, 가장 높은 상관을 나타낸 것은 인지능력과 관계가 높은 테스트였다. 12종류의 테스트가 지능을 측정했다고 확신했기 때문에 버트는 점수 그 자체를 고려했다. 상류층 소년은 하층이나 중산층 소년보다 무게, 촉감에 대한 테스트를 제외한 모든 테스트에서 우수한 성적을 얻었다. 따라서 상류계급 소년이 머리가 더 뛰어난 것이 분명했다. 그러나 상류층 소년들의 우월한 능력은 타고난 것인가 아니면 가정이나 학교에서 받은 유리한 조건 교육 때문인가? 버트는 환경의 역할을 평가절하하는 네 가지 논거를 제시했다.

1. 중간 이하 계층의 환경에서도 부모가 아이들의 수업료로 내야 하는 9펜스를 주급으로 벌 수 있기 때문에 큰 차이가 없다. "최하층 계급의 경

우에는 지능 테스트에서 일반적으로 뒤떨어지는 원인이 불행한 환경이나 출생 이후에 받은 여러 가지 영향일 수 있다. (……) 그러나 주당 9펜스의 수업료를 내면서 센트럴 초등학교에 다니는 소년들에게서는 이러한 상황을 상상할 수 없다(1909, p.173)." 다시 말해서, 아이들이 기아에 허덕이기 전까지는 환경이 아무런 차이도 낳지 않는다는 것이다.

2. "가정이나 사회생활의 교육적 영향"은 작은 것으로 생각되었다. 이처럼 명백히 주관적인 평가를 내리면서, 버트는 거의 본능적인 수준의 오랜 경험으로 갈고닦은 뛰어난 직관력에 호소했다. "그렇지만 솔직히 고백하자면, 이러한 추론적인 주장은 그 소년들의 실제 태도를 본 적이 없는 사람들에게는 아무런 확신도 전달할 수 없다."

3. 테스트 자체의 성격이 환경의 영향력을 대부분 배제한다. 감각력과 운동력 테스트처럼, 그 테스트는 "습득된 기능이나 지식을 거의 포함하지 않으며 (……) 따라서 그 차이는 주로 선천적인 것을 나타낸다고 믿을 만한 충분한 이유가 있다(1909, p.180)."

4. 18개월 이후, 몇 명이 취직하거나 새로운 학교에 진학한 다음에 이루어진 재검사에서도 순위에 별다른 차이가 나타나지 않았다(버트는 환경이 어린 시절에 큰 영향을 줄 수 있지만, 그 기간이 짧을 때에는 영향이 드러나지 않을 수도 있다는 것을 생각해본 적이 있을까?).

이 주장과 전체적인 연구 설계의 문제는 명백한 순환논법이다. 버트의 주장은 테스트의 성적과 "공평무사한" 관찰자에 의해 행해지는 지능의 서열화 사이에 상관관계가 있다는 사실에 토대를 두고 있다(테스트 자체의 '성격'에 관한 논의는 부차적이다. 테스트가 지능에 관한 독립적인 평가들과 상관관계가 없다면, 이 주장은 버트의 의도와 전혀 무관해지기 때문이다). 이 상관관계를 해석해 테스트 자체에 이용하기 위해서는 주관적 서열화의 의미를 이해해야 한다. 만약 교사, 교장, 그리고 동료 소년들의 서열화가 아무리 진지하게 이루어졌다 해도 유전이 베푸는 차별적 축복이 아니라 양육의 이점을 기록하는 것이라면, 그 순위는 일차적으로 환경의 기록이며 테스트 점수는 같은 대상을 다른(더구나 훨씬 불완전한) 척도로 측정한 것에 지나지 않기 때문이다. 버트는 각각의 기준이 그가 선호하는 특성을 측정하는 것인지 아닌지는 확정하지 않은 채, 두 가지 기준 사이의 상관관계를 유전의 증거로 사용했다.

어쨌든, 유전에 대한 이 주장들은 모두 간접적이다. 또한 버트는 궁극적인 증거, 즉 유전의 직접적인 증거로 소년의 지능 측정값과 부모의 그것이 상관된다고 주장했다.

과정이 지능과 상관될 때면 항상, 훌륭한 가문의 아이들은 우수성이라는 측면에서 그 부모를 닮는다. (……) 이러한 테스트에 대한 숙달은 좋은 조건이나 훈련의 결과가 아니라 선천적인 자질에 의한 것이다. 따라서 소년들과 부모 사이에서 나타나는 지능의 유사성은 유전에 기인하는 것이 틀림없다. 그러므로 우리는 지능이 유전한다는 것을 실험적으로 증명한 것이다(1909, p. 181).

그러나 버트는 어떻게 부모의 지능을 측정했을까? 버트의 관점에서도 놀랄 일이지만, 그 대답은 그가 전혀 아무것도 측정하지 않았다는 것이다. 그는 단지 지능을 그들의 직업이나 사회적 지위에 비추어 가정했을 뿐이다. 지적이고 상류층에 속하는 부모는 당연히 상인보다 선천적으로 머리가 뛰어나다는 것이다. 그러나 이 연구는 테스트 점수가 선천적 자질을 반영하는지 아니면 사회적 지위의 유리함을 반영하는지를 결정하기 위해 계획되었다. 따라서 사회적 지위에서 직접 지능을 추론할 수는 없다.

우리는 훗날 버트가 유전에 대한 연구에서 사기를 저질렀다는 것을 알고 있다. 그러나 그보다 앞서 이루어진 공정한 연구도 곳곳에 근본적인 결함을 포함하고 있기 때문에 별반 차이가 없다. 1909년의 연구와 마찬가지로, 버트는 계속 부모와 아이들간의 지능의 상관관계를 인용하면서 선천성을 주장했다. 그리고 그는 실제 테스트가 아니라 사회적 지위에 의해 부모의 지능을 평가했다.

예를 들어, 옥스퍼드의 연구를 마무리한 다음 버트는 리버풀에서 좀더 광범위한 프로그램에 착수했다. 그는 지능의 선천성에 대한 주된 논거로 부모와 아이들 사이의 높은 상관을 인용했지만, 정작 부모의 점수는 한 번도 제시하지 않았다. 50년 후, L. S. 펜로즈(L. S. Penrose)는 버트의 과거 연구를 읽고 이러한 자료가 빠져 있는 점에 주목했다. 그리고 버트에게 어떻게 부모의 지능을 측정했는지 물었다. 그러자 이 노인은 이렇게 대답했다(Hearnshaw, 1979, p. 29).

> 부모의 지능은 일차적으로 그들의 실제 직업을 기초로 결정되었고, 그 사실은 개인적 인터뷰로 점검했다. 그리고 인상에 의한 평가(impressionistic assessment)를 표준화하기 위해 그중에서 약 5분의 1에 대해 테스트를 했다.

헨쇼는 이렇게 평했다. "유전학 분야에 대한 버트의 첫 진출은 불충분한 보고와 신중함을 결여한 결론으로 특징지워진다. 이후 벌어진 문제의 씨앗은 이미 그의 경력의 출발부터 피어나고 있었다(1979, p. 30)."

심지어 버트는 피실험자들에게 테스트를 할 때조차 측정된 실제 점수를 좀처럼 발표하지 않았다. 그리고 자신을 포함한 다른 전문가들과 주관적으로 판정하면서 진정한 지능을 측정하는 데 실패했을 때에는 자신들의 판단에 따라 점수를 '조정'했다. 그는 한 중요한 연구에서 그것을 인정했다(1921, p. 280).

나는 내가 한 테스트 결과를 그대로 받아들이지 않았다. 결과는 교사들과 신중한 검토를 거쳤고, 교사들이 테스트에서 나온 원래 점수보다 자신의 학생을 높게 평가하면 항상 자유롭게 정정했다.

이러한 절차에 칭찬할 만한 점이 전혀 없는 것은 아니다. 이것은 지능과 같은 미묘한 개념을 파악하기 위해 짧은 일련의 테스트에 의해 계산된 단순한 수치의 한계를 인정하고 개인에 대한 폭넓은 지식을 가진 교사나 그밖의 사람들이 내리는 정당한 판단을 포함시킬 기회를 주기 때문이다. 그러나 그것은 특정 전제가 객관적이고 엄밀한 테스트에 의거한다는 모든 주장을 무력화시킨다. 만약 좋은 환경에서 자란 아이들이 선천적으로 지능이 높다는 것을 믿는다면 과연 그 점수가 어느 방향으로 조정될 것인가?*

소규모 표본, 비논리적인 주장, 그리고 의심스러운 절차에도 불구하고, 버트는 1909년의 논문을 개인적 승리의 선언으로 끝맺고 있다 (p. 176).

따라서 부모의 지능은 유전할 것이고, 개인의 지능은 측정가능하고,

---

*버트는 종종 훨씬 더 황당한 순환론에 빠져서 검사관이 테스트를 그렇게 만들었기 때문에 테스트가 선천적 지능을 측정할 수밖에 없다고 단언했다. "실제로 비네 이후에 지능 테스트를 작성하려고 했던 연구자들은 주로 획득된 기능이나 지식과 구분되는 선천적인 능력의 측정을 모색해왔다. 이러한 해석을 기초로 할 때, '지능'이 어느 정도 환경에 의존하고 어디까지 선천적 자질에 의존하는지 묻는 것은 무의미하다. 그런 정의 자체가 논점을 교묘히 회피하는 것이다(1943, p. 88)."

일반 지능도 분석가능할 것이다. 그리고 그것들은 분석되고 측정되고 유전될 수 있다. 지금까지 그런 주장을 펴기 위해 정당한 모험을 감행했던 심리학자는 거의 아무도 없었다.

버트는 1912년에 『유제닉스 리뷰』에 발표한 논문에서 이 자료를 다시 사용하며 훨씬 적은 표본으로 조사된 추가적인 '증거'를 덧붙였다. 그는 알프레드 비네의 두 딸을 거론하면서, 부친이 육체적 특징과 지적 능력을 연관짓기를 꺼려했다는 점을 지적했다. 그리고 비네가 금발, 푸른 눈, 큰 머리와 같은 게르만적 외모를 가진 딸은 객관적이고 솔직한 데 비해 검은 머리를 가진 딸은 비현실적이고 감상적인 경향이 있다는 점을 지적했다고 쓰고 있다. 이런 이야기까지 나오면 두 손을 들 수밖에 없다!

버트는 바보가 아니었다. 솔직하게 이야기하자면, 나는 그의 사기 연구를 다룬 과장된 언론보도에 워낙 길들여져 있어서, 그의 연구를 처음 읽기 시작했을 때 그가 사악하고 교활한 협잡꾼에 지나지 않는다는 인상을 받았다. 그리고 분명 그는 그렇게 되었다. 그러나 거기에는 복잡한 이유가 있다(385~392쪽을 보라). 한편으로는 계속 읽어나가면서, 나는 버트의 풍부한 학식과 거의 모든 분야에 걸친 괄목할 정도의 감수성, 그리고 그의 추론의 미묘함과 복잡성에 탄복하기도 했다. 결국 나는 내 의지와는 반대로 그에 관한 대부분의 사실에 호감을 갖게 되었다. 하지만 이러한 평가는 지능의 선천성에 대한 그의 추론의 기이한 취약성을 한결 더 이해하기 힘들게 만든다. 만약 그가 단순한 바보였다면, 어리석은 주장이 그의 성격과 일관될 것이라고 판단해버리면 되기 때문이다.

사전을 찾아보면 고정관념은 "벗어날 수 없이 지속되는 강박관념, 또는 망상적인 관념"이라고 정의되어 있다. 지능의 선천성은 말 그대로 버트의 고정관념이었다. 그가 다른 분야에서 지적 능력을 발휘했을 때, 그는 날카롭고 훌륭한 통찰력으로 추론했다. 그러나 지능의 선천성을 고찰할 때면 눈에 콩깍지가 씌웠고, 그의 합리적 사고는 유전적 결정론의 도그마 앞에서 증발해버렸다. 이 도그마가 그에게 명성을 안겨주었고, 궁극적으로 지식인으로서의 그의 운명을 봉인했다. 버트가 추론 양식에서 이렇듯 이중성을 나타냈다는 사실은 주목할 만한 것일 수도 있다. 그러나 나로서는 대중용 출판물에서 쉽게 볼 수 있는 버트의 주장이나 자료에 분명한 잘못이나 의심스러운 주장이 포함되어 있음에도 불구하고 많은 사람들이 지능에 대한 그의 주장을 믿었다는 사실이 더 놀랍다. 이것은 객관성이라는 가면을 쓴 공유된 도그마에 대해 무언가 교훈을 주는 것이 아닐까?

이후의 주장

어쩌면 내가 비판을 위해 버트의 최초 연구를 고른 것이 불공정했을 수도 있다. 젊은 혈기로 저지른 어리석음은 곧 원숙한 지혜와 신중함으로 대체될 수 있기 때문이다. 그러나 실상은 전혀 그렇지 않았다. 개체발생론과는 모순될지도 모르지만, 버트의 경우는 전혀 달랐다. 1909년의 주장은 그후에도 결코 변하지 않았고, 정교함을 더하지 못한 채 결국 증거조작으로 귀결됐다. 하지만 지능의 선천성은 계속 도그마로 기능했다. 버트의 가장 유명한 저서 『지체아(*The Backward Child*)』(1937)의 주된 논점을 살펴보자. 이 책은 그의 역량이 고조에 달했고, 의도적인 사기의 구렁텅이에 빠지기 전에 씌어진 것이다.

버트는 지체(遲滯)가 지능 테스트가 아니라 학교 성적에 의해 정의되는 것이라고 말했다. 지체아는 학업에서 일 년 이상 뒤처진다. 버트는 환경의 영향이 이런 범주에 속하는 아이들에게 상당한 영향을 줄 것이라고 주장했다(학업에서 훨씬 더 뒤처진 아이들은 분명 유전적인 손상을 가지고 있다). 그래서 버트는 지체아의 비율과 런던 자치구의 빈곤자 비율의 상관을 조사해 환경 영향에 대한 통계적 연구를 수행했다. 그는 강한 상관을 나타내는 인상적인 수치를 이끌어냈다. 그 수치는 빈곤선(빈곤 여부를 구분하는 최저 수입/옮긴이) 이하의 사람들 비율에 대해서는 0.73, 과밀에 대해서는 0.89, 실업에 대해서는 0.68, 그리고 아동 사망률과는 0.93의 상관을 나타냈다. 이 데이터는 지체가 환경의 영향을 강하게 받고 있다는 것을 보여주는 분명한 사례로 생각된다. 그러나 버트는 이의를 제기했다. 다른 가능성이 있다는 것이다. 선천적으로 가장 빈곤한 계통이 최악의 자치구를 만들고 자연스럽게 그곳에 끌리게 되고, 빈곤의 정도는 유전적 무익함을 나타내는 불완전한 척도에 지나지 않을 수 있다는 것이다.

버트는 자신의 고정관념에 인도되어 선천적인 우둔함을 빈곤의 주된 원인으로 선택했다(1937, p.105). 그는 IQ 테스트를 자신의 주된 근거로 삼았다. 대부분의 지체아는 표준편차가 평균(70~85)에서 1 또는 2 낮으며, 전문적인 분류로 '우둔(愚鈍, dull)'의 범주에 속한다. IQ가 선천적 지능을 나타내므로, 대부분의 지체아는 가난하기 때문이 아니라(또는 가난은 단지 간접적인 원인으로만 작용하거나) 우둔하기 때문에 학교 성적이 나쁘다는 것이다. 여기에서 버트는 다시 순환론에 편승한다. 그는 타고난 지능 결핍이 형편없는 학교 성적의 주된 원인임을 증명하고 싶었다. 그는 IQ 점수와 선천성의 관계가 IQ의 의미를 둘러싼 격렬한 논쟁에서 아직까지 미해결 상태로 남겨져 있다는 점을 충분히 알고 있었다. 그리고 그는 모든 장소에서 스탠퍼드-비네 테스트가 기껏해야 선천성에 대한 불완전한 척도에 불과하다는 것을 인정했다(예를 들어 1921, p.90을 참조하라). 그러나 테스트의 점수를 지침으로 삼으면서 그는 이렇게 결론지었다.

절반 이상의 사례에서 지체는 주로 본질적인 지능 요인에 기인하는 것처럼 보인다. 따라서 그것은 일차적으로 천성적이며, 치료의 희망은 전혀 없다(1937, p. 110).

이 말 속에 들어 있는 선천성에 대한 기묘한 정의를 검토해보자. 버트의 용례에서 타고난 것으로서의 선천적 형질은, 유전되며 생명체의 생물학적 구성을 형성한다. 그러나 어떤 특성이 후성(後性)에 의해 영향받지 않는 천성을 나타낸다 해도, 그것이 구제받을 길 없는 절망적 상황을 보증하는 것은 아니다. 버트는 나쁜 시력을 유전받았다. 그러나 정상적인 구조라는 공학자의 패러다임에 따라 그의 눈을 개조한 의사는 아무도 없었고, 버트는 안경을 썼다. 그의 시야를 가린 것은 오로지 개념적인 것이었다.

『지체아』는 버트의 유전적 결정론자로서의 편견을 나타내는 일탈된 문장들로 가득 차 있다. 그는 환경적인 불리함—가난뱅이들에게 빈발하는 카타르(catarrh, 점막 염증. 일반적으로 감기를 뜻한다/옮긴이)—에 대해 쓰면서, 놀랄 만큼 신랄한 어조로(그리고 매우 설득력있게) 그 원인을 유전적 소인(hereditary susceptibility)으로 돌리고 있다.

발생적 결함이 두드러진 사람들의 얼굴에서 예외적으로 우세하게 나타나는 특징들—둥글게 함몰된 이마, 돌출된 입 부위, 뭉툭한 들창코, 얇은 입술—은 슬럼가 아이들의 용모에 흑인이나 원숭이와 흡사한 외관을 결합시킨 것이다. (……) 어떤 교장은 "사람과 비슷하지 않은 유인원"이라고 평했다. 그는 자신이 본 사례를 그 한마디로 요약하기를 좋아했다(1937, p. 186).

그는 유대인이 거둔 지적 업적에 의문을 품었고, 그 부분적인 원인이 유전적인 근시라고 생각했다. 근시 때문에 바깥에 나가 놀지 못해, 장부에 몰두하는 데 적합해졌다는 것이다.

안경이 발명되기 전에, 유대인들은 자신의 생계를 장부를 볼 줄 아는 능력에 의존했다. 만약 그들이 원시가 되기 쉬운 경향을 타고났다면 50세에 그 능력을 상실했을 것이다. 한편 (내가 개인적으로 증명했듯이) 근시는 (……) 효율성을 크게 훼손하지 않으면서 눈에서 그리 멀리 떨어지지 않은 작업은 안경 없이도 할 수 있다(1937, p. 219).

유전성에 대한 버트의 맹목성

버트의 유전자 결정론적 편견의 맹목적인 힘은 지능 이외의 주제에 대한 그의 접근방식을 살펴보면 쉽게 이해할 수 있다. 다른 분야에서 그는 일관되게 훌륭한 신중함을 발휘하고 있기 때문이다. 그는 환경이 미칠 수 있는 복잡한 인과관계나 미묘한 영향력을 인정했다. 또한 단순화된 가정을 꾸짖었고, 더 많은 증거가 확보될 때까지 판단을 보류했다. 그러나 버트는 자신이 좋아하는 주제인 지능으로 관심을 돌리면 곧바로 맹목성을 드러냈고, 다시금 유전적 결정론의 교리문답이 튀어나왔다.

버트는 빈곤한 환경이 사람들을 무력화시킨다는 주장을 강력하고 감수성 높은 어조로 쓰고 있다. 그는 자신이 면담한 런던 토박이 젊은이의 23퍼센트가 들판도 초원도 본 적이 없고, 더구나 "카운슬 파크에조차" 가본 적이 없으며, 64퍼센트가 열차를 보지 못했고 98퍼센트가 한 번도 바다를 보지 못했다고 썼다. 다음 구절은 온정주의적 생색내기와 그 정형화를 잘 보여준다. 다른 한편 그는 노동자 가정의 빈곤을 강력한 이미지로 묘사함으로써 그것이 아이들에게 미치는 지적 영향을 시사했다

(1937, p.127).

그의 어머니와 아버지는 자기 생활 이외의 세상사에 대해서는 놀랄 만큼 아는 것이 없고, 그런 일에 관심을 쏟을 시간과 여유, 그리고 능력과 흥미도 없다. 어머니가 하는 말이라고는 청소, 요리, 그리고 잔소리에 국한된다. 아버지는 일을 나가지 않을 때에는 대부분의 시간을 '선술집'에서 술을 마시거나, 피로에 지친 몸을 쉬거나, 코트를 벗고 모자를 쓴 채 불가에 앉아 우울한 침묵 속에 잠자코 파이프를 피우면서 보낸다. 아이들이 들을 수 있는 단어는 불과 수백 개로 한정되며, 그것도 대부분 부정확하고, 거칠고, 발음이 잘못된 것들이다. 그밖의 말들도 교실에서 쓰기에는 부적당하다. 집에는 고전이나 명작에 해당하는 문학작품도 없고, 아이들의 세계는 벽돌담과 연기에 그을린 장막에 둘러쳐진 채 완전히 폐쇄되어 있다. 일 년 내내, 근처 상점이나 가까운 운동장을 벗어나 멀리 나가는 일은 좀처럼 없다. 시골이나 해안은 그들에게 이야기 속에 나오는 단어에 불과하고, 불구자들이 사고를 당한 후 보내지는 장소로 어렴풋이 연상하거나 '사우스엔드(영국 남동부 휴양지) 기념 사진'이나 조개껍질 사진들에 들어 있는 '마게이트(영국 남동부 태닛섬에 있는 휴양지) 기념 사진'의 장면들을 상상하는 정도다. 이런 물건들은 부모가 신혼여행에서 가져온 것들이다.

여기에 버트는 "퉁명스러운 버스 운전사"의 말을 덧붙였다. "벌어먹는 방법을 배우기도 벅찬 아이들이 책은 읽어서 뭐에 쓴답니까? 그건 먹물들이나 하는 짓이지요."

버트는 자신이 이해한 것을 지능 이외의 주제에도 적용할 수 있었다. 청소년 범죄와 왼손잡이에 대한 그의 견해를 살펴보자. 버트는 비행의 원인을 포괄적으로 기술하고, 그 원인이 아이들과 환경 사이의 복잡한 상호작용에 있다고 생각했다. "문제는 결코 '문제아'에게만 있는 것이 아니다. 그것은 항상 그 아이들과 환경 사이의 관계에 있다(1940, p. 243)." 청소년 비행에 대해 이런 평가를 내리면서, 낮은 지적 능력에 대해서는 왜 같은 이야기를 할 수 없었을까? 사람들은 이번에도 버트가 청소년 범죄자들의 테스트 성적이 좋으며, 그들이 선천적 우둔함 때문에 못된 짓을 저지를 수 없다고 주장하면서 테스트의 점수에 의존할지 모른다고 생각할 수도 있다. 그러나 실제로 비행 청소년들은 버트가 선천적인 지능의 결함을 인정했던 가난한 아이들과 마찬가지로 형편없는 점수를 받는 경우가 많았다. 하지만 버트는 이에 대해 청소년 범죄자들의 낮은 IQ 점수가 유전적 능력을 반영하는 것이 아니라 테스트를 받는다는 사실 자체에 반발했기 때문이라고 인식하고 있었다.

일반적으로 비행 청소년들은 학교에서 치르는 시험을 떠올릴 때 호감보다는 강한 혐오감을 나타내는 것이 분명하다. 처음부터 그들은 자신이 성공하기보다 실패할 가능성이 높고, 칭찬은커녕 질책을 받을 것이 뻔하다고 생각한다. (……) 따라서 그들의 의구심을 해소시키고 그들의 선의를 얻으려면 특별한 대책이 시도되어야 한다. 그렇지 않으면 이러한 모든 테스트에서 나타나는 겉보기 역량은 그들이 가진 실제 능력보다 훨씬 낮게 나타날 것이다. (……) 청소년 범죄의 원인에서 (……) 지능장애가 차지하는 비율은 비네-사이몬 척도를 너무 과신하는 바람에 그 결과를 저하시키는 여러 가지 요인을 무시해온 사람들에 의해 의심의 여지 없이 과장되어온 것이다(1921, pp. 189~190).

그렇다면 왜 빈곤이 종종 패배주의와 무기력을 수반한다고 주장할 수 없는가?

버트는 왼손잡이를 "교실에서 일상적으로 이루어지는 학습을 크게 방해하는 (……) 운동불능"으로 간주했다(1937, p.270). 따라서 런던학파의 유력한 심리학자로서 그는 그 원인규명에 몰두했다. 이 사례에서 그는 선험적인 신념을 버리고, 폭넓은 범위에서 환경의 잠재적 영향력을 조사하는 테스트를 고안했다. 그는 중세나 르네상스 시대의 회화에서 일반적으로 성모 마리아가 아기 예수를 오른쪽으로 안고 있는지 아닌지를 조사했다. 만약 그런 자세로 안는다면, 갓난아이는 왼쪽 팔을 어머니의 목에 두르기 때문에 오른손으로 손재주가 필요한 일을(문자 그대로 오른손잡이의 일을)* 자유롭게 할 수 있게 된다. 그는 오른손잡이가 훨씬 많다는 사실은 체내 기관의 비대칭성이나 습관에 의해 몸의 오른쪽을 보호할 필요성이 있기 때문에 나타나는 것이라고 생각했다. 심장이나 위가 정중앙보다 왼쪽에 치우쳤다면, 전사나 노동자는 자신의 왼쪽을 잠재적 위험으로부터 보호하기 위해 "동체의 오른편에 확실한 지원을 위임하고, 그 결과 무거운 도구나 무기를 오른손으로 사용하게 된다(1937, p.270)"는 것이다. 결국 버트는 신중한 입장을 선택했고, 확실한 결론을 내릴 수 없었다.

나는 결국 모든 종류의 왼손잡이가 간접적으로만 유전하며, 거기에는 항상 출생 이후의 영향이 개입한다고 주장할 수밖에 없다. (……) 따라서 심리학의 다른 주제에서와 마찬가지로, 현재 우리의 지식은 너무 일천해서 무엇이 선천적이고 무엇이 그렇지 않은지 확신을 가지고 말할

---

*옮긴이주 | 이것은 'dextrous'가 두 가지 의미를 갖기 때문이다. '손재주가 있는' '솜씨 있는'이라는 뜻과 함께 '오른손잡이'라는 의미도 가지고 있다.

수 없다(1937, pp.303~304).

이 구절에 '왼손잡이' 대신 '지능'이라는 말을 넣는다면, 이 문장은 사려깊은 추론의 본보기가 될 것이다. 사실 왼손잡이는 지능보다 훨씬 명백한 실체이고, 아마도 지능보다 분명하게 유전적 영향을 받을 것이다. 그러나 선천성을 주장하기에 상대적으로 적절한 이 사례에서, 버트는 자신이 생각할 수 있는 모든 환경적 영향을—경우에 따라서는 부적절한 영향까지도—조사했고, 결국 이 문제가 해명하기에 너무 복잡하다는 결론을 내렸다.

버트, 선천성을 정치적으로 이용하다

버트는 개인의 지능이 선천적이라는 자신의 신념을 집단간의 평균적 격차라는 한 가지 측면으로만 확장했다. 그는 인종이 유전된 지능에서 차이를 나타낸다고는 생각하지 않았다(1912). 그리고 소년과 소녀의 행동상의 차이는 주로 부모가 아이들을 다르게 다루기 때문이라고 주장했다(1921, p.197). 그러나 사회계급의 차이, 성공한 사람들의 지혜와 가난뱅이들의 우둔함은 유전적 능력의 반영으로 생각했다. 인종이 미국의 가장 큰 사회문제라면, 계급은 그에 필적하는 영국의 관심사였다.

분수령을 이룬 「능력과 수입(*Ability and Income*)」이라는 논문(1943)에서,** 버트는 개인의 수입에 "극단적인 큰 차이가 있는 것은, 전적이지는 않지만 대부분 선천적인 지능 격차의 간접적 결과"라고 결론지었다. 데이터는 "아이들이나 어른의 지능에서 나타나는 명백한 차이가 주로 경제적 불평등의 간접적인 결과라는 견해를(아직도 많은 교육개혁론자나

** 헨쇼는(1979) 버트가 이 논문에서 부정한 자료를 처음 사용했다고 생각했다.

사회개혁자들이 주장하는) 뒷받침하지는 않는다(1943, p.141).”

버트는 자신이 테스트를 선천적 지능의 측정으로 간주한다고 해서 성취의 기회를 제한하기를 원하는 것은 아니라고 주장하곤 했다. 반대로, 그는 테스트가 하층계급 중에서도 환경적 불리함에 가려져 찾아낼 수 없었던 높은 선천적 지능을 가진 소수의 사람들을 식별할 수 있다고 주장했다. 테스트가 아닌 다른 방법으로는 그런 사람들을 찾아낼 수 없을 것이라는 말이다. 왜냐하면 “국가 사이의 생존투쟁에서 이기려면 선천적 능력이나 자질로 축복받은 소수의 개인들의 업적에 점점 더 의존하지 않을 수 없기 때문이다(1959, p.31).” 이러한 사람들을 찾아내고 육성해서 “상대적으로 어리석은 일반 대중의 행동”을 벌충해야 한다는 것이다 (1959, p.31). 그들은 격려받고 보상받아야 하는 사람들이다. 국가의 흥망이 민족 전체의 고유한 유전자가 아니라 “지도적 구성원들이나 지도적 계급의 상대적 번식력 변화”에 달려 있기 때문이다(1962, p.49).

그 테스트가 경직된 계급구조라는 질곡에서 소수의 아이들을 구해내는 수단이 될 수 있었을지도 모른다. 그렇지만 대부분의 하층계급 아이들에게는 어떤 영향을 주었을까? 부당하게도 버트는 하층계급 아이들에게 유전적으로 무능하고 지능을 발달시킬 수 없다는—따라서 그보다 높은 사회적 지위를 누릴 자격이 없다는—낙인을 찍었다.

여러 사회적 계급의 평균지능에는 실질적으로 아무런 차이가 없다거나, 설령 있다고 해도 중요한 차이가 아니라는 가정을 토대로 앞으로의 교육정책을 세우려는 최근의 시도는 실패할 뿐만 아니라 국가의 복지 전체에 비극적인 결과를 초래할 위험을 내포하고 있다. 동시에 당사자인 학생들에게 불필요한 실망을 초래할 것이다. 유전적 불평등이라는 사실은, 우리의 개인적 바람이나 이상과 일치하든 그렇지 않든 간에, 피할 수 없는 무엇이다(1959, p.28). (……) 아이들이 도달할 수 있는 명백한 한계는 그들의 선천적 능력의 제약 때문에 피해갈 수 없다(1969).

버트, 스피어맨의 이론을 확장하다

시릴 버트는 지능 테스트 분야에서는 유전적 결정론자로 가장 널리 알려졌을지 모르지만, 이론심리학자로서 얻은 명성은 주로 요인분석에 대한 연구 덕분이었다. 훗날 자신이 주장했듯이, 그가 그 방식을 고안한 것은 아니었다. 그러나 실질적으로나 비유적으로 스피어맨의 후계자였고, 영국에서 당대 최고의 요인분석가였다.

요인분석에서 거둔 버트의 진정한 업적은 엄청난 것이었다. 이 주제에 대한 그의 복잡하고 난해한 추론이 들어 있는 저서는(1940) 스피어맨 학파의 최대 업적이다. 버트는 "이 책은 일찍이 내가 저술한 어떤 책보다 오랫동안 심리학에 기여할 것이다"라고 쓰고 있다(여동생에게 쓴 편지. Hearnshaw, 1979, p.154에서 인용). 또한 (그가 창안한 것은 아니지만) 스피어맨의 접근방식을 두 가지 방향으로 확장시킨 선구자였다. 그중 하나는 버트가 "개인들 사이의 상관"(오늘날 애호가들 사이에서는 'Q-최빈값 요인분석[Q-mode factor analysis]'이라고 불린다)이라고 부른 '반대기법'(inverted technique, 465~466쪽에서 다루어진다)이다. 이것은 g와 s 사이의 수준에 '군 요인'을 덧붙여서 스피어맨의 2요인론을 확장시킨 것이다.

버트는 1909년의 최초 논문에서 스피어맨의 접근방식을 따랐다. 스피어맨은 각각의 테스트가 마음의 두 가지 특징―모든 테스트에 공통되는 일반 요인과 각각의 테스트에 고유한 특수 요인―만을 기록한다고 주장했다. 그는 테스트의 클러스터들이 자신이 주장하는 두 수준 사이에서 군 요인을 형성하는 어떤 유의미한 경향도 나타내지 않는다고 주장했다. 다시 말해서, 그는 이전에 심리학자들이 주장했던 '능력(faculty)'의 어떠한 증거도 발견하지 못했다. 예를 들어, 언어능력, 공간능력, 계산능력을 나타내는 어떤 클러스터도 없었다는 것이다. 1909년의 논문에서, 버트는 유사한 테스트들에서 나타나는 "식별가능하지만 작은" 그룹화(grouping) 경향을 지적했다. 그러나 그는 그 경향이 무시할 수 있을 정도로 작다고 선언했다(그는 "보이지 않을 만큼 미세하다"라고 표현했다). 그리고 자신의 결과가 스피어맨의 이론을 "확인하고 확장시켰다"라고 주장했다.

그러나 버트는 스피어맨과 달리 테스트의 실행자였다(런던의 모든 학교에서 그 실시를 책임지고 있었다). 요인분석에 대한 이후 연구는 계속 군 요인을 식별했다. 물론 항상 g의 보조적인 지위였지만 말이다. 그는 학생지도라는 실제상황에서 자신이 군 요인을 무시할 수 없다는 것을 깨달았다. 순수한 스피어맨의 접근방식을 채택한다면, 학생들이 일반적으로 우수한지 어리석은지를 제외하고 무엇을 이야기할 수 있겠는가? 그러나 학생들에게 직업지도를 하기 위해서는 좀더 구체적인 측면에서 장점과 약점을 식별해야 했다.

버트가 요인분석에서 중요한 연구를 할 무렵, 스피어맨의 4분차법이라는 번거로운 기법은 400~405쪽에서 개괄한 주성분법에 의해 대체되었다. 버트는 개별 테스트의 제2 또는 그 이상의 주성분의 투영을 연구해 군 요인을 식별했다. 그림 6.6을 다시 살펴보자. 정의 상관계수 행렬 중에서 개별 테스트를 나타내는 벡터들은 모두 클러스터를 형성하고 있다. 제1주성분인 스피어맨의 g는 클러스터의 중앙을 관통하면서 다른 어떤 축보다 많은 정보를 분해한다. 버트는 만약 스피어맨의 2요인론이 유효하다면 어떤 일관된 패턴도 이후 축에서 발견되지 않을 것이라는 사실을 인정했다. g에 의해 공통 분산이 이미 설명되었다면, 벡터는 서브 클러스터를 형성하지 않을 것이기 때문이다. 그러나 벡터가 좀더 구체적인 능력을 나타내는 서브 클러스터를 형성한다면, 제1주성분이 모든 벡터에 적합한 최적 평균이고 서브 클러스터 사이를 통과할 것이 분명하다. 그리고 제2주성분이 제1주성분과 수직을 이루기 때문에 일부 서브 클러스터는 제2주성분에 정으로 투영되고, 다른 클러스터는 부(負)로 투영될 것이다(그림 6.6이 언어 테스트에 대해서는 부의 투영, 수학 테스트에 대해서는 정의 투영을 나타내듯이). 버트는 이 축이 정과 부로 투영되는 클러스터를 포함하기 때문에 2극요인(bipolar factor)이라고 불렀고, 정과 부로 투영하는 클러스터 자체를 군 요인으로 간주했다.

버트의 군 요인 식별은 표면적으로는 스피어맨의 이론과 상반되는 것처럼 보일 수도 있지만, 실제로는 그의 이론을 확장하고 개선시킨 것이었다. 스피어맨도 최종적으로 그것을 환영했다. 스피어맨이 주장한 내용의 본질은 g의 우월성(primacy)이며, 다른 지능결정 요인들이 모두 g에 종속된다는 것이다. 버트의 군 요인 식별은 이 위계적 개념을 보존하면서 g와 s 사이에 또 하나의 수준을 추가해 그 개념을 한층 확장시켰다. 실제로 버트는 군 요인을 g에 종속된 위계체계의 한 수준으로 다룸으로써, 스피어맨의 이론을 위협하는 데이터들로부터 그의 이론을 구해냈다. 원래 스피어맨은 군 요인을 부정했지만, 그 요인을 뒷받침하는 증거가 계속 축적되었다. 많은 요인분석가들은 이 증거가 g를 위태롭게 만들고, 스피어맨의 이론체계 전체에 쐐기를 박는 것으로 간주하기 시작했다. 버트는 이 체계를 보강해서 g의 지배적 역할을 보존하고, g에 종속되는 몇 가지 수준을 확충해서 스피어맨의 이론을 확장했다. 버트는 이렇게 말했다(1949, p.199). 그 요인들은 "기본적으로 위계적 기반이라고 부를 수 있는 것을 토대로 조직된다. 첫째, 모든 인지 활동을 포괄하는 광범위한 일반 요인이 있다. 다음에 그 형식이나 내용에 따라 분류되는 여러 가지 능력을 포함하는 비교적 소수의 넓은 군 요인이 있다. (……) 전체 계열은 연속된 수준으로 배열되며, 가장 낮은 수준의 요인이 모든 수준 중에서 가장 숫자가 많고 가장 구체적일 것이다."

스피어맨은 2요인론을 주창했지만, 버트는 4요인론을 주창했다. 제1요인은 스피어맨의 g, 즉 일반 요인이며, 제2요인은 버트가 확인한 특수 요인 또는 군 요인이고, 제3요인은 고유 요인, 즉 스피어맨의 s에 해당하는 요인이며(모든 경우에 측정되는 단일한 특성을 나타내는 속성), 마지막으로 제4요인은 버트가 우연적인 요인이라고 부른 것, 즉 특정한 경우에만 측정되는 단일한 특성의 속성이다.* 버트는 모든 관점을 종합했다. 스피어맨의 관점에서 보자면, 그의 이론은 개별 테스트에 대해 g의 우위를 인정하는 경우에는 전제군주적이고, 군 요인을 인정하는 경우에는 과두정치이고, s 요인을 인정하는 경우에는 무정부주의적이었다. 그러나 버트의 체계에는 타협이 없었다. 그것은 g에 종속하는 또 하나의 수준을 가지는 스피어맨의 위계적 이론이었다.

더욱이 버트는 수준마다 선천성에 차이가 있다는 스피어맨의 견해를 받아들였고, 그것을 대폭 정교화했다. 스피어맨은 g를 유전의 산물로, s를 훈련의 기능으로 생각했다. 버트도 그 생각에 동의했지만, 교육의 영향을 그의 군 요인 중 하나로 승격시켰다. 그는 유전적이고 피할 수 없는 g와 교육에 의해 개선가능한 좀더 특화된 능력을 구별했고, 이 구분을 계속 유지했다.

---

*이 우연한 분산은 어떤 테스트 상황의 특수성을 나타내는 것으로, 통계학자들이 '측정오차'라고 부르는 것의 일부이다. 이것은 정량화에 매우 중요한데, '분산분석(analysis of variance)'이라고 불리는 기법들의 족(族)에서 원인 식별을 위한 비교의 기본적인 수준을 이루기 때문이다. 그러나 이것은 테스트나 검사관의 질이 아니라 그 상황(occasion)의 특수성을 나타내는 것이다.

일반 지능의 결함은 교육을 통한 개선에 명백한 한계가 있지만, 특수 지능의 결함은 거의 그렇지 않다(1937, p.537).

또한 버트는 요인분석의 중요성이 무엇보다 영속적인 유전적 특성들을 식별하는 데 있다는 점을 한결같이 역설했다.

나는 교육에 대한 연구를 처음 시작할 때부터 일반 요인이 정신 활동의 인지적 군의 기본일 뿐만 아니라 이 일반 요인이(또는 몇 가지 중요한 구성 성분들이) 선천적이고 영속적이라는 사실을 입증하는 것이 필수적이라고 생각해왔다(1940, p.57). 따라서 요인 연구는 상당부분, 타고난 잠재력을 발견하기 위한 시도이다. 그 잠재력은 개인의 이후 삶에서 이루어지는 행위에 지속적으로 도움을 주거나 제한을 가한다(1940, p.230).

요인의 물화에 대한 버트의 이중적 태도

헨쇼가 실망을 감추지 못하며 지적했듯이(1979, p.166), 버트의 물화에 대한 견해는 일관성을 결여했고 심지어 모순적이기까지 했다(때로는 같은 논문 속에서조차).** 종종 버트는 요인의 물화를 피해야 할 유혹이라고 낙인찍기도 했다.

** 다른 학자들은 종종 버트가 논쟁적이고 까다로운 주제를 다룰 때, 혼란스러운 주장을 펴고 절충적인 입장을 취해 양쪽 입장을 모두 자신의 견해로 제기하는 경향이 있다고 불평했다. D. F. 빈센트(D. F. Vincent)는 요인분석의 역사에 관해 버트와 교환했던 편지에서 이렇게 쓰고 있다(Hearnshaw, 1979, pp.177~178). "나는 단순한 문제에 대해 단순한 답을 구해서는 안 된다고 생각합니다. 나는 여섯 장의 풀스캡판(17×13인치 크기의 판형/옮긴

우리 모두 어느 정도 호의를 가지는 이 인과적 용어가, 부분적으로 가능한 것이면 무엇이든 물화하고 심지어 의인화시키려는 인간정신의 억누르기 힘든 성향—추측에 불과한 이유를 실재(實在)로 묘사하고, 그 실재에 능동적인 힘을 부여하려는 성향—에서 유래한다는 것은 의심의 여지가 없다(1940, p.66).

그는 이 사고방식의 오류를 설득력있게 제기했다.

일반적인 사람들은 패턴을 원자와 같은 단일한 존재로 환원하기를 좋아한다. 기억력을 골상학에서 이야기하는 기관에 내재하는 기본적 능력으로 다루고, 모든 의식을 뇌의 송과선(松果腺)으로 압축시키고, 십여 가지나 되는 고통을 모두 류머티즘이라고 부르며 그 원인이 특정 미생물이라고 생각하고, 지력이 모발이나 혈액 속에 있다고 말하고, 아름다움을 광택제처럼 덧칠할 수 있는 기본적 성질로 간주한다. 그러나 오늘날 과학의 전체적인 경향은 단순하고 단일한 원인이 아니라 체계나 구조적 패턴 속에서 통일적 원리를 찾는 것이다(1940, p.237).

그리고 그는 그 요인들이 머릿속에 존재하는 '실체'라는 생각을 부정했다(1937, p.459).

> 이) 타이프 원고에 정중하고 성의있게 답해야 합니다. 그 원고는 내가 특별히 관심을 갖지 않는 여섯 가지 보조 주제를 제기하고 있고, 나는 그 주제에 대해 정중하게 답해야 합니다. (……) 그런 다음 나는 더 많은 무관한 주제들을 제기하는 더 많은 폴스캡 타이프 원고를 받아야 합니다. (……) 첫 편지 이후, 내 고민은 어떻게 하면 실례가 되지 않으면서 편지 왕래를 끝낼 수 있을까 하는 것이었습니다."

간단히 말해서, '요인'이란 편의적인 수학적 추상물로 간주되어야 하며, 뇌의 개별 '기관'에 내재하는 구체적인 지적 '능력'으로 생각해서는 안 된다.

이보다 더 명확한 주장이 있을까?

그러나 자전적인 글에서 버트는(1961, p.53) 요인을 물화할 것인가의 여부가 아니라 어떻게 물화할 것인가라는 문제에 논의를 집중시키고 있다. "스피어맨은 일반 요인을 '대뇌피질 에너지(cerebral energy)'와 동일시했다. 반면 나는 그것을 뇌의 일반 구조로 간주한다." 같은 논문에서 그는 수학적 요인에 의해 확인된 실체의 몸속 위치를 가정해서 상술했다. 그는 군 요인이 대뇌피질의 일정 영역에 존재하지만(1961, p.57), 일반 요인은 대뇌피질 조직의 양(量)과 복잡성을 나타낸다고 주장했다. "내 생각으로는 개인의 뇌 조직의 일반적인 특징, 즉 뉴런 구조 내부의 체계적 복잡성의 일반적인 정도가 일반 요인을 나타내며, 여러 가지 인지력 테스트 사이에서 얻을 수 있는 높은 정의 상관관계를 설명하는 것 같다(1961. pp.57~58. 또한 1959, p.106도 참조하라)."***

혹시 이러한 후기 발언을 듣고 1940년에는 사려깊은 신념을 가졌던 버트가 만년에 사기의 진창에 빠져들었다고 생각할지도 모르지만, 주목해야 할 것은 1940년에도 물화를 경고하는 글과 나란히 물화를 지지하

*** 버트가 수학적 증거만을 기초로 물화하는 것을 거부했다(1940)고 주장하면 이 명백한 모순이 해결될 수 있을지도 모른다. 그러나 후일 독립적인 신경학적 정보가 요인으로 식별할 수 있는 뇌 속의 구조를 확인해주었을 때에도 그는 물화를 했다. 버트가 정상적인 사람과 "가벼운 지능 결함을 가진 사람"을 비교할 때 일부 신경학적인 주장을 개진한 것은 사실이다(가령 1961, p.57을 보라). 그러나 이러한 주장은 일관성이 결여되고, 형식적이며, 주변적이다. 버트는 모든 출판물에서 출전도 인용하지 않고, 수학적 요인과 대뇌피질의 특징을 결부시킬 아무런 근거도 없이 이 주장을 판박이처럼 되풀이했다.

는 그의 주장이 실렸다는 사실이다.

현 시점에서 일반 요인 g가 어떠한 형태의 에너지라고 확인할 수는 없지만, 나는 물리적 에너지가 입증가능한 것으로 주장되듯이 g 역시 '실질적인 존재'로 인정해야 한다고 생각한다(1940, p. 214). 나는 지능을 에너지의 특수한 형태로 간주하지 않지만, 중추신경계의 구조 속에서 개인적인 차이―그 구체적인 성격을 조직학적(histological, 생물조직의 구조와 발생이라는 관점/옮긴이) 개념으로 기술할 수 있는 차이―를 상술할 수 있다고 생각한다(1940, pp. 216~217).

심지어 버트는 신경방전(neural discharge)의 '전부 아니면 전무'라는 특징이 독립적으로 "직교(直交)하는 요인의 근본적 분석을 뒷받침한다"라고 주장하기까지 했다(1940, p. 222).

그러나 물화에 대한 버트의 기대를 가장 분명하게 보여주는 것은 그가 1940년에 발표한 자신의 주요 저서에서 선택한 제목일 것이다. 그는 그 책에 '마음의 요인들(The Factors of the Mind)'이라는 제목을 붙였다.

버트는 스피어맨을 따라 지능 테스트의 상관행렬에서 추출한 수학적 요인들에 해당하는 뇌 속의 물리적 위치를 찾아내려고 했다. 그러나 버트는 한 걸음 더 나아가서 스피어맨이 감히 발을 들여놓을 엄두도 내지 못했던 영역까지 확장을 시도했다. 버트는 요인들이 위치하는 장소로 한 조각의 신경조직과 같은 통속적인 물질을 지정하는 것으로 만족할 수 없었다. 그는 플라톤의 영혼을 환기시키는 폭넓은 시야를 가지고 있었다. 지구상의 물질적 대상은 우리의 지력(智力)을 넘어서는 이데아의 숭고한 본질의 간접적이고 불완전한 표상이라는 것이다.

버트는 그의 긴 경력을 통해 많은 종류의 자료를 요인분석으로 해석했다. 요인들에 대한 그의 해석은 물질적 대상에 의해 불완전하게 구현되었지만 그 본질적이고 근본적인 특성을 주성분 요인들로 이념화함으로써 식별할 수 있다는 보다 숭고한 실재에 대한 플라톤적 신념을 드러냈다. 그는 일련의 감정적 특성을 분석했고(1940, pp.406~408), 제1주성분을 "일반적 정서성(general emotionality)" 요인으로 정했다(또한 외향성-내향성, 행복감-비애감이라는 두 개의 2극요인을 찾아냈다). 그는 ESP* 데이터 연구에서 "일반적인 초자연 요인(general paranormal factor)"을 발견했다(Hearnshaw, 1979, p.222). 그리고 인간성을 분석해서, 제1주성분을 인간성의 이념적 유형으로 해석했다(1940, p.113).

이러한 예를 통해, 보다 높은 실재에 대한 버트의 신념이 무엇인지 추론할 필요는 없다. 아마도 그는 이러한 이념화된 일반 요인을 인간의 이해력을 돕기 위한 단순한 분류원칙으로 생각했을 것이다. 그럼에도 불구하고 버트는 미학적 판단에 대한 요인분석에서, 인간의 존재와 무관하게 아름다움을 인식하는 실질적인 기준이 존재한다는 신념을 나타냈다. 버트는 대가들의 작품에서 "슬럼가의 잡화점에서 쉽게 살 수 있는 조잡하고 화려한 생일카드"에 이르는 50장의 그림엽서를 골라 피실험자 그룹에게 아름다운 순서로 카드를 배열하게 하고, 그 순서 사이의 상관에 대한 요인분석을 했다. 이번에도 그는 제1주성분에 해당되는 근본적이고 일반적인 요인을 식별했고, 그것이 미의 보편적 기준이라고 선언했다. 그리고 이 숭고한 실재를 확인하는 과정에서 빅토리아 시대의 의식용 조상(彫像)에 대해 개인적인 경멸감을 나타내기도 했다.

우리가 아름다움을 볼 수 있는 것은 그것이 거기에 있기 때문이다.

* 옮긴이주 | extrasensory perception. 초능력과 같은 초감각적 지각력을 뜻한다.

(……) 나는 미학적 관계가 논리적 관계와 마찬가지로 독립되고 객관적인 존재를 가진다고 주장하고 싶은 유혹을 느낀다. 지구를 스쳐가는 혜성의 가스에 의해 전세계의 남녀가 전멸한다고 해도 밀로의 비너스는 런던 세인트 제임스 공원의 산책길에 있는 빅토리아 여왕의 동상보다 훨씬 아름답고, 타지마할은 영국 켄싱턴 가든에 있는 앨버트 기념관보다 계속 아름다울 것이다.

지능분석에서 버트는 종종 다음과 같이 주장했다(예를 들어 1939, 1940, 1949를 보라). 위계적인 4요인론의 각각의 수준은 "전통적 분류 논리"에서 인정되는 범주에 상응한다(1939, p.85). 즉 일반 요인은 속(屬), 군 요인은 종(種), 특수 요인은 고유성(proprium), 그리고 우연 요인은 우연성(accidens)에 해당한다. 그는 이러한 범주를 인간이 복잡한 세계에 질서를 부여하기 위한 편의적 구분 이상으로 간주했고, 위계적으로 구조화된 실재를 분석하는 데 필요한 방법이라고 생각했다.

버트는 일상적인 대상의 물질적 실재를 넘어서는 존재의 영역이 있다고 확신했다. 그는 초심리학의 많은 자료를 받아들여 대령(大靈) 또는 사이콘(psychon)―"잠재의식 속에서 텔레파시에 의해 현재 살아 있는 사람의 마음과 심령 저장고 사이에서 이루어지는 상호작용을 통해 형성되는 일종의 집단의식으로, 죽은 사람의 마음은 저장고로부터 형성되며 육체가 죽으면 마음은 다시 저장고로 흡수된다(Hearnshaw, 1979, p.225에서 인용한 버트의 말)"―의 존재를 가정했다. 영혼적 실재라는 이 고차원적인 영역에서, '마음의 요인'은 진정 보편적인 사고양식으로 실질적인 존재를 가질 수도 있다. 버트는 그 요인들의 본질에 관한 세 가지 모순된 견해를 지지했다. 첫째는 인간의 편의를 위한 수학적 추상화이고, 둘째는 뇌 속의 물리적인 특성에 내재하는 현실적인 실체, 그리고 셋째는 심령적 실재라는 보다 높고 위계적인 구조를 가진 진정한 사고범주였다. 적어도 스피어맨은 이 정도로 대담하게 물화를 시도하지는 않았다. 그는 결코 물리적인 실체 속에 이념화된 추상물을 위치시키고자 아리스토텔레스의 주장을 넘어서는 모험을 감행하지 않았다. 최소한 부분적으로, 버트는 물리적 세계를 넘어 플라톤의 세계로 솟구쳐 올랐다. 그런 의미에서 버트는 가장 대담하고, 문자 그대로 가장 광범위한 물화를 시도한 인물이었다.

영국의 11+ 시험에 미친 영향

일반적으로 요인분석은 테스트의 상관행렬을 이용해서 이루어진다. 버트는 수학적으로는 일반적인 방식과 같지만, 테스트 안에서보다 사람들 사이의 상관에 기초한 요인분석의 '전도된(inverted)' 형식의 선구자였다. 일반적인 방식(전문적으로는 R-최빈값 분석이라고 부르는)의 각 벡터는 1회의 테스트에서 여러 사람의 점수를 나타내지만, 버트의 역형식(Q-최빈값 분석이라 불린다)에서의 각 벡터는 한 사람에 대한 복수의 테스트 결과를 반영한다. 다시 말해 각각의 벡터는 테스트를 나타내는 것이 아니라 개인을 나타내며, 벡터간의 관계는 개인간의 관련 정도를 측정한다.

그렇다면 버트는 왜 수학적으로는 일반적인 형식과 같지만 적용하기가 까다롭고 비용도 많이 들어가는(실험설계에는 테스트보다 거의 항상 많은 피실험자가 포함되기 때문에) 이 방식을 개발하는 데 모든 노력을 기울였을까? 그 답은 버트의 특이한 관심에서 찾을 수 있다. 스피어맨을 비롯한 대부분의 다른 요인분석가들은 정신기능의 여러 측면을 측정하는 테스트 사이의 상관을 연구함으로써 사고의 본질이나 정신의 구조를 알고자 했다. 런던주의회(London County Council)의 심리학자로서

(1913~1932), 시릴 버트는 학생을 서열화하는 데 많은 관심을 가졌다. 버트는 자전적 글에서 "[고드프리 경] 톰슨은 주로 테스트의 대상인 여러 가지 **능력**의 기술(記述)과 그 능력들 사이의 차이에 흥미를 가졌지만, 나는 오히려 테스트 대상인 **사람**과 그 사람들 사이의 차이에 관심을 느꼈다"(강조는 버트의 것임)라고 썼다(1961, p.56).

버트에게 비교는 추상적 주제가 아니었다. 그는 자신의 두 가지 지도원리에 기반한 그 나름의 독특한 방식으로 학생들을 평가하고 싶어했다. 첫번째 원리는(이 장의 주제이다) 일반 지능이 단일하고, 측정가능한 실체(스피어맨의 g)라는 것이고, 두 번째는(버트 자신의 고정관념) 개인의 일반 지능이 거의 완전히 선천적이며, 변하지 않는다는 것이다. 따라서 버트는 유전하는 **정신적 가치의 선형적 서열화**로 사람들 사이에서 관계를 찾으려고 시도했다. 그는 이 단일척도를 정당화하고 사람들을 그 척도 위에 배열하기 위해 요인분석을 사용했다. 그는 이렇게 썼다. "요인분석의 목적은 일련의 경험적 테스트의 측정값에서 개인별로 하나씩 수치를 이끌어내는 것이다(1940, p.136)." 버트는 "모든 검사관과 피검사자에게 공통되고, 설령 다른 영향에 의해 교란된다 해도 그밖의 무관한 영향력들보다 지배적인 단일한 이념적 질서"를 추구했다(1940, p.176).

유전되는 능력에 기초한 단일 서열에 대한 버트의 관점은 영국에서 유전자 결정론적 관점의 지능 테스트를 실시하게 만든 중요한 정치적 승리를 가능하게 한 동력이었다. 1924년에 통과된 이민제한법이 심리학 분야에서 미국의 유전적 결정론자들이 거둔 중요한 승리의 신호였다면, 이른바 영국에서는 11+ 시험(일레븐 플러스, 중등학교진학적성시험)이 같은 충격의 승리를 가져다주었다. 여러 등급의 중등학교에 진학시킨다는 목적에 의해 학생들은 열 살이나 열한 살에 폭넓은 시험을 치렀다. 주로 각각의 아이들에 대해 스피어맨의 g를 평가한 이 테스트 결과에 따라 20

퍼센트는 대학입학 준비를 위해 '그래머 스쿨(grammar school, 11+ 시험에 통과한 학생들이 대학진학을 준비하는 공립 중학교/옮긴이)'에 보내지고, 나머지 80퍼센트의 아이들은 고등교육에 부적격하다는 판단을 받고 기능학교나 '모던 스쿨(secondary modern school, 제2차 세계대전 이후에 설립된 학교로 일반 교육을 중시하는 중등학교/옮긴이)'로 밀려났다.

시릴 버트는 "과거의 위대한 문명들을 멸망하게 만들었던 결정적인 쇠퇴와 몰락을 막기 위한" 현명한 조치로 이러한 선별정책을 옹호했다(1959, p. 117).

아이들 자신과 국가 전체의 이익을 위해 최고의 능력을 가진 사람들—현자 중의 현자—을 가능한 한 정확하게 식별하는 것이 필수적이다. 지금까지 시행된 방법 중에서 이른바 11+ 시험이 가장 신뢰할 수 있다는 것이 증명되었다(1959, p. 117).

버트의 유일한 불만(1959, p. 32)은 테스트와 그에 이은 선발이 아이들의 삶에서 너무 늦게 이루어진다는 것이었다.

학교들이 채택한 11+ 시험과 선별제도는 20년 동안 정부 위원회에 의해 발표된 일련의 공식 보고서에 잘 기록되어 있다(1926년과 1931년의 해도우 보고서[Hadow Report], 1938년의 스펜스 보고서[Spens Report], 1943년의 노우드 보고서[Norwood Report], 교육재건에 대한 교육위원회 백서 등은 모두 1944년의 버틀러 교육법[Butler Education Act]으로 이어졌다. 이 법은 노동당이 11+ 시험에 의한 선발 폐지를 약속한 1960년대 중반까지 이 정책을 결정했다). 버트의 부정한 연구가 처음 폭로된 격렬한 논쟁에서 그는 종종 11+ 시험의 창시자로 언급되었다. 그러나 이것은 정확하지 않다. 버트는 여러 위원회에서 자주 견해를 발표하고 보고서에 폭넓게 기고했지만, 정작 어느 위원회에서도 정식 위원은 아니었다.* 그럼에도 불구하고 버트가 실제로 직접 보고서를 작성했는지 여부는 그다지 중요하지 않다. 이 보고서들은 분명히 요인분석의 영국학파와 동일시할 수 있으며, 시릴 버트의 버전과 긴밀하게 연결된 특정 교육관을 구현하고 있다.

11+ 시험은 모든 인지 활동에 편재하는 선천적인 일반 요인을 사용해서 지능에 대한 스피어맨의 위계이론을 구현시킨 것이다. 한 비판자는 이 일련의 보고서들을 "g 요인에 대한 찬가"라고 비꼬기도 했다(Hearnshaw, 1979, p.112). 최초의 해도우 보고서는 테스트에 의해 측정된 지적 능력을 버트가 좋아하는 개념인 i.g.c(선천적, 일반적, 인지적) 능력으로 정의했다. "어린 시절의 지능 발달은 흔히 '일반 지능'이라고 알려진 단일하고 중심적인 요인에 지배되는 것처럼 이루어진다. 이 일반 지능은 **선천적, 보편적, 지적**[i.g.c에 대응하는, 강조는 필자] 능력으로 폭넓게 정의될 수 있으며, 아이들이 생각하고, 말하고, 행동하는 모든 것에 관여하는 것처럼 판단된다. 이것이 학급에서 아이들의 행위를 결정하는 가장 중요한 요인으로 생각된다."

11+ 시험은 그 전반적인 논리적 근거를 영국의 요인분석가들에게 빚지고 있었다. 또한 그 세부적인 몇 가지 사항은 버트 학파에까지 거슬러 올라간다. 가령 왜 하필이면 11세에 테스트를 하고 선별해야 할까? 거기에 실제적인 역사적 이유가 있음은 확실하다. 과거부터 11세는 초등학교

---

* 헨쇼(1979)는 버트가 1938년의 스펜스 보고서에 가장 큰 영향을 미쳤다고 보고했다. 스펜스 보고서는 11+ 시험을 통한 선별을 권고했고, 그 연령이 지난 후 한 지붕 밑에서 포괄적인 학교교육을 실시하는 것을 명백하게 부정했다. 버트는 노우드 보고서에서 심리학적 증거를 격하시켰다는 이유로 비난받았다. 그러나 헨쇼가 지적하듯이, 이러한 비난은 "그가 과거에 찬성했던 스펜스 위원회의 권고와 원칙적으로 다르지 않은 권고에 대한 기본적 동의를 은폐하는 것이다."

를 졸업하고 중학교에 진학하는 연령이었다. 그러나 요인분석가들은 두 가지 중요한 이론적 뒷받침을 제공했다. 첫째, 아이들의 성장에 관한 연구는 g가 유년기에 크게 변화해서 11세 무렵에 처음 안정된다는 사실을 보여준다. 스피어맨은 1927년(p.367)에 이렇게 썼다. "일단 11세 전후의 아이들이 정확한 방법으로 측정된 g의 상대적인 양을 갖게 되면, 흔히 교사나 부모가 아이에게 품는 대기만성에 대한 기대는 착각처럼 보일 것이다." 둘째, 버트의 '군 요인'은(일반적인 지적 가치로 분리하기 위한 목적에 비추어) 오직 g를 방해하는 것처럼 간주될 수 있지만, 11세 이후에는 아이들에게 큰 영향을 주지 않았다. 1931년의 해도우 보고서는 "11세 이전에는 특수한 능력이 두드러지게 나타나지 않는다"라고 공언했다.

종종 버트는 자신이 11+ 시험을 지지하는 첫번째 목적이 "자유주의적"인 것이라고 주장했다. 즉 다른 방법으로는 그 선천적 재능이 식별되지 않을 수 있는 불우한 아이들이 고등교육을 받을 수 있도록 해주기 위한 목적이라는 것이다. 나도 능력있는 소수의 아이들이 그런 식으로 도움을 받을 수 있으리라는 사실을 의심하지 않는다. 그러나 버트 자신은 하층계급에 높은 지능의 소유자들이 많이 있다고 믿지 않았다(또한 그는 그런 사람들이 계층 상승을 통해 하층계급에서 벗어나기 때문에 그 숫자가 급속히 감소하고 있다고 믿었다[1946, p.15]. 몇 년 전에 R. 헤른슈타인[1971]은 같은 주장을 되풀이해서 소란을 피웠다).**

그러나 사람의 삶과 희망이라는 측면에서 11+ 시험이 미치는 가장 큰 영향은 무엇보다 그 숫자에 있다. 무려 80퍼센트에게 선천적으로 지능이 낮다는 이유로 고등교육에 부적합하다는 낙인이 찍혔기 때문이다. 11+

** 헤른슈타인과 머레이가 『벨 커브』(1994)를 시작하는 첫번째 전술이자 일반적인 근거로 다시 같은 주장을 제기했을 때, 이 재활용은 충분하고도 지루한 결실을 맺었다.

시험제도가 아직 실시되던 2년 동안 영국에 체재하면서 내가 겪었던 두 가지 일이 떠오른다. 하나는 학교의 위치 때문에 이미 충분히 차별받고 있던 아이들이 부적격이라는 사실을 금방 알 수 있는 교복을 입고 매일같이 등교하던 모습이고, 다른 하나는 11+ 시험에 실패했지만 독학으로 라틴어를 배워서 대학에 갈 수 있었던 친구에 관한 일이다. 대학에서는 특정 강좌를 위해 라틴어를 필수로 요구했지만, 그녀가 다녔던 모던 스쿨에서는 라틴어가 교과에 포함되어 있지 않았기 때문이다(그렇다면 과연 얼마나 많은 노동자 계급의 10대들이, 그들의 능력이나 희망이 어쨌든 간에, 그것을 실현시킬 수단이나 동기를 가질 수 있었을까?)

버트는 뛰어난 재능을 가진 소수의 사람들을 찾아내 교육함으로써 영국을 구하려는 우생학적인 계획에 비상한 관심을 가지고 있었다. 그리고 나머지 사람들에 대해서는 자신이 생각하기에 그들의 능력에 걸맞는 교육을 받으면서 행복하게 살기를 바랐던 것 같다. 그러나 80퍼센트의 사람들은 영국의 위대함을 지킨다는 버트의 계획에 포함되지 않았다. 버트는 그들에 관해 다음과 같이 쓰고 있다(1959, p. 123).

> 반 마일 경주나 권투시합, 또는 경쟁 학교와의 축구시합에서 패배를 받아들이는 것을 배워야 하듯이, 11+ 시험(또는 다른 시험)의 패배에 대응하는 방법을 가르치는 것은 어린이들의 교육에서 필수적인 부분이 되어야 한다.

만약 버트가 정말 지적 열등성이라는 평생의 낙인과 한 차례의 도보 경주의 패배를 같은 등급으로 비교하려 했다면, 생물학적 선언에 의해 희망이 내동댕이쳐진 사람들의 고통을 이해할 수 있었을까?

서스턴과 마음의 벡터 — '과학의 경계'

서스턴에 대한 비판과 재구성

L. L. 서스턴(L. L. Thurstone)은 시카고에서 태어나고(1887) 자랐다 (그는 1917년에 시카고 대학에서 박사학위를 받았고, 1924년부터 세상을 떠난 1955년까지 모교에서 심리학 교수로 재직했다). 대공황 기간 동안 미국의 중심부에서 중요한 연구를 발표했던 사람이 스피어맨의 g를 근절시킨 저승사자가 되었다는 것은 그리 놀라운 일이 아니다. 그가 벌인 무용담을 기초로 교훈적인 이야기를 지어내기는 그리 어렵지 않다. 가령 계급적 편견이라는 맹목적 도그마에서 자유로운 서스턴이 물화와 유전적 결정론이라는 오류를 간파하고, g가 논리적인 오류를 가지고 있고 과학적으로 무가치하며 도덕적으로 모호하다는 것을 폭로했다는 이야기가 그런 종류일 것이다. 그러나 복잡한 우리들의 세계는 이런 종류의 이야기에 거의 타당성을 부여하지 않는다. 더구나 이 이야기는 같은 장르 중에서도 가장 공허하고 잘못된 것이다. 서스턴은 앞에서 언급했던 몇 가지 이유로 g를 제거했지만, 그 이유는 g를 생성시킨 중대한 개념적 오류를 알아차렸기 때문이 아니었다. 사실 그는 g가 현실성이 충분치 않다고 느꼈기 때문에 g에 대해 반감을 가진 것이다!

서스턴은 요인분석의 일차적인 목표가 명백한 원인들과 연결시킬 수 있는 마음의 현실적인 측면들을 확인하는 것이라는 데 의심을 품지 않았다. 시릴 버트는 자신의 주요 저서에 '마음의 요인들(The Factors of the Mind)'이라는 제목을 붙였다. 서스턴은 테스트를 기하학적으로 표현해 요인을 벡터로 나타내는 방법을 고안했고(그림 6.6과 6.7), 주요 저서의 제목을 '마음의 벡터들(The Vectors of Mind)'(1935)로 정했다. 서스턴은 "요인분석의 목적은 지적 능력을 발견하는 것"이라고 썼다(1935,

p.53).

서스턴은 스피어맨과 버트의 주성분 방법이 기하학적으로 잘못된 위치에 요인축을 설정했기 때문에 마음의 참된 벡터를 확인하는 데 실패했다고 주장했다. 그는 제1주성분(스피어맨의 g를 생성시킨)과 그 이외의 주성분들(테스트의 정과 부의 투영에 해당하는 클러스터들 속에 있는 '군 요인'을 식별하는) 모두에 격렬히 반대했다.

스피어맨의 g인 제1주성분은 정의 상관계수 행렬에 해당하는 모든 테스트의 전체 평균이고, 따라서 모든 벡터가 대체로 같은 방향을 가리켜야 한다(그림 6.4). 서스턴은 만약 축의 위치가 거기에 포함되는 테스트에 의존하거나 하나의 배터리(battery, 행동의 여러 측면을 검사하기 위해 몇 가지 테스트를 편성하는 심리학적 용어/옮긴이)가 다른 배터리로 급격히 이동한다면, 이 축이 심리학적으로 어떤 의미를 가질 수 있는지 물었다.

서스턴의 『마음의 벡터들』(1947)을 확장시킨 그림 6.10을 보자. 이 곡

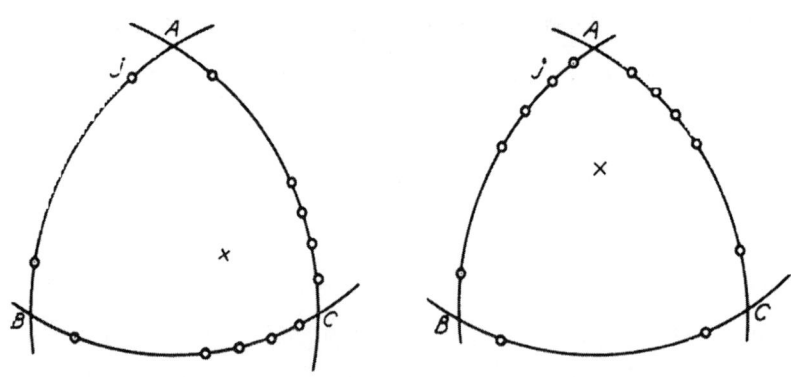

|그림 6.10| 제1주성분의 위치(두 그림에서 ×로 표시된 곳)가 배터리에 포함된 테스트들의 유형에 의해 어떻게 영향을 받는지 보여주는 서스턴의 그림.

선은 구의 표면상의 구면삼각형이다. 각각의 벡터는 구(그림에서는 보이지 않는다)의 중심에서 방사되며, 12개의 작은 원 중 하나에 의해 나타나는 한 점에서 구의 표면과 교차한다. 서스턴은 12개의 벡터가 마음에 관한 세 가지 '실재하는' 능력인 A, B, C(원한다면 이것을 언어, 수, 공간능력이라고 불러도 무방하다)에 대응하는 테스트를 나타낸다고 가정했다. 왼쪽의 12개 테스트 집합 중에서 여덟 개는 주로 공간능력을 측정하는 것으로 C에 가깝게 모여 있다. 또한 두 개의 테스트는 언어능력을 측정하며 A 근처에 위치한다. 그리고 나머지 두 개는 수 능력을 나타낸다. 그러나 배터리 속의 테스트 숫자와 분포 모두 신성불가침한 것은 아니다. 이러한 결정은 임의적인 것이다. 실제로 검사관은 전혀 아무런 결정도 내릴 수 없다. 검사관은 어떤 테스트가 그 배후에 숨어 있는 능력을 측정하는지 미리 알지 못하기 때문이다. 또한 다른 테스트들의 배터리(그림 6.10의 오른쪽)가 우연히 언어능력으로 여덟 개, 그리고 수와 공간능력으로 각기 두 개의 테스트를 포함할 수도 있다.

서스턴은 아무리 많은 테스트가 어떤 배터리로 이 세 가지 능력을 측정하더라도, 이들 능력이 실재하며 그 위치도 불변한다고 믿었다. 하지만 그렇게 될 경우 스피어맨의 g가 어떻게 될지 살펴보자. g는 모든 테스트의 평균에 불과하고, 그 위치—그림 6.10에는 ×로 표시되어 있다—는 크게 이동한다. 그것은 어떤 배터리는 더 많은 공간 테스트를 포함하고(따라서 g를 공간극[spatial pole] C에 가깝게 강제하고), 다른 배터리는 더 많은 언어 테스트를 포함한다는(g를 언어극 A에 가깝게 이동시킨다) 임의적인 이유 때문이다. 만약 g가 단순한 평균에 불과하고, 별개의 능력에 관한 테스트 숫자의 변화에 의해 영향을 받는다면, g는 심리학적으로 어떤 의미를 가질 수 있을까? 서스턴은 g에 대해 이렇게 썼다 (1940, p. 208).

이러한 요인은 정으로 상관된 모든 테스트 집합에서 항상 발견될 수 있으며, 전체로서 배터리에 의해 요구되는 모든 능력의 평균일 뿐 그 이상도 이하도 아니다. 따라서 그 요인은 배터리에 따라 변화하며, 누군가가 임의로 조합한 테스트 집합이라는 것 이상의 근본적인 심리학적 의미를 갖지 않는다. (……) 우리는 임의의 테스트 집합의 평균에 지나지 않는 일반 요인에는 관심을 갖지 않는다.

버트는 제2주성분과 그밖의 하위 주성분 상에 정과 부로 투영된 클러스터를 찾는 방법으로 군 요인을 결정했다. 그러나 서스턴은 이러한 방법에 격렬하게 반대했다. 그것은 수학적 이유가 아니라 테스트가 실재하는 '실체'에 대해 부의 투영을 가질 수 없다는 그의 믿음 때문이었다. 만약 어떤 요인이 마음의 참된 벡터를 표현했다면, 어떤 개별 테스트는 그 실체를 부분적으로 측정해서 그 요인에 정의 투영을 가지거나, 또는 그 실체를 전혀 측정할 수 없어서 0의 투영(zero projection)을 가지거나 둘 중의 하나다. 따라서 테스트는 마음의 진정한 벡터 위에 부의 투영을 가질 수 없다는 것이다.

부의 항목은 (……) 어떤 능력의 소유가 테스트의 성적에 불리한 영향을 미치는 것으로 해석되어야 할 것이다. 특정한 능력을 소유한다는 것이 테스트 성적에 유리할 것임은 쉽게 이해할 수 있다. 또한 어떤 능력이 테스트 성적에 영향을 주지 않는 경우도 상상할 수 있지만, 테스트 성적에 어떤 때는 유리하게 작용하고 어떤 때는 불리하게 작용하는 능력이란 상상하기 힘들다. 따라서 인지 테스트의 올바른 요인 행렬이 많은 부의 항목을 갖지 않고, 절대로 그런 것을 포함할 수 없다는 것은 분명하다(1940, pp. 193~194).

따라서 서스턴은 축에 대한 테스트의 부의 투영을 제거하고 모든 투영을 정이나 0으로 만드는 "올바른 요인 행렬"을 찾아내기 위한 시도를 했다. 하지만 스피어맨과 버트의 주성분축으로는 이 일을 해낼 수가 없었다. 그것들은 필연적으로 제1축(g) 상에 모든 정의 투영을 포함하고 있고, 하위 '2극' 축 상에 정과 부 집단의 투영 조합을 포함하기 때문이다.

서스턴의 해결책은 교묘했고, 요인분석의 역사상 놀랄 만큼 독창적이면서도 단순한 아이디어였다. 제1축을 모든 벡터의 전체 평균으로 삼고 다른 축들이 벡터들 속에 있는 나머지 정보의 잔차량을 포괄하게 하는 대신, 벡터의 클러스터들 가까이 모든 축을 배치하지 못할 이유가 어디 있단 말인가. 그 클러스터들은 복수의 테스트에 의해 불완전하게 측정된 진정한 '마음의 벡터'를 반영할 것이다. 이러한 클러스터에 인접한 요인축은 기본적 능력*을 측정하는 테스트에 비해 높은 정의 투영을 가질 것이고, 다른 기본 능력을 측정하는 모든 테스트에 대해서는 매우 낮은 0의 투영을 가질 것이다. 기본적인 능력들이 각기 독립적이고, 서로 상관을 갖지 않는 한에서 말이다.

그러나 수학적으로 어떻게 요인축을 클러스터에 가깝게 위치시킬 수 있을까? 이 대목에서 서스턴은 날카로운 통찰력을 발휘했다. 버트와 스피어맨의 주성분축(그림 6.6)은 요인축들이 가정할 수 있는 유일한 위치에 놓여 있는 것이 아니다. 그 축들은 단일한 일반 지능이 존재한다는 스피어맨의 선험적인 신념에 의해 요구된 해석이다. 바꿔 말하자면, 수학적 필연성이 아니라 이론적 구속(theory-bound)인 것이다—그러므로 그 이론이 틀릴 수도 있다. 서스턴은 스피어맨-버트 체계의 특징 하나를

---

*서스턴은 자신의 요인을 물화시켜서 '기본 능력(primary ability)' 또는 '마음의 벡터'라고 불렀다. 이러한 용어들은 모두 서스턴의 체계 속에서 동일한 수학적 대상을 표현하는 것이다. 즉, 요인축들이 테스트 벡터들의 클러스터 근처에 위치한다는 것이다.

그대로 유지시키기로 결정했다. 그 결정에 따라 그의 요인축은 서로 직각을 이루며, 따라서 수학적으로 상관되지 않게 되었다. 마음의 진정한 벡터는 **독립된** 기본적 능력을 나타내는 것이 분명하다고 서스턴은 추측했다. 따라서 그는 스피어맨-버트의 주성분을 계산한 후(직교[直交]를 유지한 채) 실제 벡터 클러스터에 가능한 한 가까워질 때까지 여러 위치로 회전시켰다. 이렇게 위치가 회전되면 각 요인축은 그 축에 인접한 곳에 클러스터를 이룬 몇 개의 벡터에 대해 높은 정의 투영을 얻을 수 있다. 그리고 다른 모든 벡터에 대해서는 0이나 0에 가까운 투영을 얻게 된다. 각 벡터가 하나의 요인축에 높은 투영을 가지고, 다른 모든 요인축에 0이나 0에 가까운 투영을 가질 때, 서스턴은 그 결과를 단순구조(simple structure)라고 불렀다. 그는 요인문제를 벡터의 클러스터에 가장 근접한 위치로 주성분 방향에서 요인축을 회전시켜 단순한 구조를 찾는 것이라고 재정의했다.

그림 6.6과 6.7은 이 과정을 기하학적으로 나타낸 것이다. 벡터는 언어와 수학 테스트를 나타내는 두 개의 클러스터로 표시되어 있다. 그림 6.6에서 제1주성분(g)은 모든 벡터의 평균값이고, 제2주성분은 2극성으로, 언어 테스트는 부로 투영하고 수학 테스트는 정으로 투영한다. 그러나 언어와 수학의 클러스터는 이 2극요인으로 충분히 정의할 수 없다. 정보의 대부분이 이미 g에 투영되어 있고, 제2축에서 식별할 수 있을 정도의 정보가 남아 있지 않기 때문이다. 그러나 만약 그 축들이 서스턴의 단순구조(그림 6.7)로 회전될 수 있다면, 두 클러스터는 각기 요인축에 근접하기 때문에 충분히 정의할 수 있다. 수학 테스트는 제1단순구조축 상에는 높게, 그리고 제2단순구조축 상에는 낮게 투영한다. 반면 언어 테스트는 제2축에 높게 투영하고 제1축에는 낮게 투영한다.

요인문제는 그림이 아니라 계산에 의해 해명된다. 서스턴은 단순구조를 발견하기 위해 몇 가지 수학적 기준을 이용했다. 하나는 오늘날에도 일반적으로 사용되는 것으로 '베리맥스법(varimax)'이라 불리며, 각각의 회전 요인축 상에서 최대의 분산을 찾는 것이다. 어떤 축 상의 '분산'은 그 축에 대해 이루어진 테스트 투영의 분포에 의해 측정된다. 제1주성분의 경우에는 모든 테스트가 거의 같은 정의 투영을 가지며, 분포가 한정되기 때문에 분산이 낮다. 그러나 회전축이 클러스터 가까이에 위치하는 경우에는 그러한 축이 몇 개의 매우 높은 투영을 가지거나 0 또는 0에 가까운 투영을 가지고 분포가 최대가 되기 때문에 분산이 높아진다.*

주성분과 단순구조의 해는 수학적으로는 등가(等價)이며, 어느 해도 더 '뛰어나지' 않다. 축을 회전시켜도 정보는 늘어나거나 줄어들지 않으며, 단지 재배치될 뿐이다. 어느 한쪽에 대한 선호는 요인축에 부여한 의미에 따라 결정된다. 여기에서 제1주성분은 명백히 존재한다. 스피어맨에게 제1주성분은 선천적 일반 지능을 측정하는 척도로 소중한 의미를 갖는다. 그러나 서스턴에게는 임의적인 배터리의 무의미한 평균에 불과하고, 심리학적 중요성은 결여되어 있으며, 단순구조로 회전시키기 위한 중간단계로 계산된 것에 지나지 않는다.

모든 벡터 집합이 명료한 '단순구조'를 갖는 것은 아니다. 클러스터가 없는 임의적인 배열은 소수의 높은 투영과 0에 가까운 많은 투영을 가지는 요인 집합으로 인해 적합하지 않다. 단순구조가 발견된다는 것은 벡터들이 클러스터들 속에서 무리를 이루고 있고, 그 클러스터들이 상대적

---

* 생물학이나 사회과학 분야의 통계학 강좌나 방법론 강좌에서 요인분석을 해본 적이 있는 독자들은 베리맥스 위치로 축을 회전시킨다는 것을 기억할 것이다. 나와 마찬가지로, 그들도 그것이 클러스터를 찾아낼 때 주성분의 부적절성을 기반으로 수학적 추론을 하는 절차라고 배웠을 것이다. 실제로 그 방법은 역사적으로 특정한 지능이론(기본적 정신능력은 서로 독립적이라는 서스턴의 신념)과 그 이론에 대립한 주성분에 의해 뒷받침되는 다른 이론(일반 지능과 그보다 뒤떨어지는 요인들의 위계성)과 연관되어 발생한 것이다.

으로 서로 독립되어 있다는 것을 뜻한다. 계속해서 서스턴은 지능 테스트 벡터간의 단순구조를 발견했고, 지능 테스트에 의해 소수의 독립된 '기본적 정신능력', 즉 마음의 벡터를 측정할 수 있다고 발표했다. 어떤 면에서 이것은 마음을 독립된 능력들의 집합체로 간주하는 고전적인 '능력심리학(faculty Psychology)'*으로의 회귀이다.

요인 행렬에 매우 많은 0항목이 발견되면, 부의 항목도 동시에 사라지는 일은 반복적으로 일어난다. 이 모든 일이 우연에 의해 일어나는 것으로 보이지는 않는다. 아마도 그 이유는 서로 다른 과제에 포함되는, 내재하는 고유한 정신과정에서 찾아낼 수 있을 것이다. 나는 그것을 기본적 정신능력(primary mental abilities)이라고 부른다(1940, p.194).

서스턴은 고정된 기하학적 위치를 갖는 실재하는 지적 실체를 발견했다고 믿었다. 기본적 정신능력(그는 약자로 PMA라고 불렀다)은 테스트 배터리가 달라져도 그 위치나 수치가 변하지 않는다. 언어 PMA는 한 배터리 속의 세 가지 테스트에서만 측정되든 다른 배터리의 25개 서로 다른 테스트로 측정되든 항상 지정된 점에 존재한다.

요인법은 객관적 실험 절차에 의해 기본적 능력을 분리하는 데 목적을 둔다. 따라서 얼마나 많은 능력이 하나의 과제 집합 속에 표현될 수 있는지가 문제될 수 있다(1938, p.1).

---

*옮긴이주 | 독일의 울프(Wolff)가 18세기 초에 주장했던 심리학으로, 인지능력과 욕구능력을 중심으로 심리과정을 능력 개념으로 설명한 것이다.

서스턴은 자신의 단순구조축을 기본적 정신능력으로 물화해서 그 수치를 결정하려고 시도했다. 그의 견해는 그가 새로운 PMA를 발견하거나 PMA들을 서로 결합시킬 때마다 변화했지만, 그의 기본 모형에는 일곱 개의 PMA가 포함되어 있었다—V: 언어이해, W: 유창한 언어구사, N: 수(계산), S: 공간의 시각화, M: 연상기억, P: 지각 속도, R: 추론.**

그렇다면 회전의 중심축인 g—스피어맨의 불가피하고, 선천적인 일반 지능—는 어떻게 되었을까? g는 완전히 사라졌다. 회전하면서 자취를 감추었고, 더 이상 그곳에 존재하지 않는다(그림 6.7). 서스턴은 스피어맨과 버트가 g를 찾아내는 데 사용한 데이터를 연구했다. 그러나 이번에는 동일한 자료가 지배적이고, 선천적인 일반 지능과 약간의 종속적이고 훈련가능한 군 요인이라는 위계가 아니라 위계나 지배적인 일반 요인이 없는 독립적이고, 똑같이 중요한 PMA 집합을 이끌어냈다. 만약 g가 본질적으로는 다르지만 수학적으로 등가인 해석가능한 하나의 표현이라면, g는 어떤 심리학적 의미를 주장할 수 있을까? 서스턴은 그의 가장 유명한 경험적 연구를 이렇게 설명했다(1938, p.vii).

> 지금까지의 연구에서 스피어맨의 일반 요인은 발견되지 않았다. (······) 지금 우리가 결정할 수 있는 한, 일반적인 공통 요인으로 가득 차 있을 것으로 생각되어온 테스트들은 모든 테스트 속에 존재하지 않는 기본 요

** 버트와 마찬가지로 서스턴도 요인분석에 그밖의 많은 데이터 집합을 적용했다. 자신의 위계적 모형에 속박되어 있던 버트는 해부학적, 초심리학적, 또는 심미적 데이터를 연구할 때에도 항상 지배적 일반 요인과 종속적인 2극요인을 찾아내려고 했다. 역시 자신의 모형에 집착했던 서스턴도 항상 독립적인 기본 요인을 발견하려고 애썼다. 예컨대 1950년에 그는 성격 테스트를 요인분석에 적용해서 기본 요인들을 발견했다. 그 숫자는 이번에도 일곱 개였다. 그는 그 요인들에 활동성, 충동성, 정서적 안정성, 사교성, 미적 관심, 지배성, 성찰성이라는 명칭을 붙였다.

인들 속에 그 분산을 나누고 있다. 이 연구에서 분석된 56개의 테스트를 포함하는 배터리 속에서 우리는 공통된 일반 요인을 보고할 수 없다.

PMA의 평등주의적 해석

특화된 능력에 대한 군 요인은 요인분석의 역사에서 흥미로운 오디세이(대모험담)를 가지고 있다. 군 요인은 스피어맨의 체계에서는 4분식의 '교란자(disturber)'로 불렸고, 클러스터에 포함된 하나의 테스트를 제외하고 나머지 모두를 버림으로써 종종 의도적으로 제거되었다—이것은 가설을 반증으로부터 보호하는 괄목할 만한 방법이었다. 브라운과 스티븐슨(1933)은 군 요인의 존재 여부를 확인하기 위해 수행된 유명한 연구에서 10세 소년 300명을 대상으로 22개의 인지 테스트를 실시했다. 그들은 복잡한 4분차를 계산해서, "우리의 현재 목적에 비추어 20개의 테스트로 충분하기 때문에" 두 개의 테스트를 제외했다. 그런 다음 "그처럼 많은 배터리 중에서 하나의 테스트를 제외해도 죄가 되지 않는다"라고 스스로를 변명하면서 방해율이 높은 4분차 때문에 다른 테스트를 제거했다. 더 높은 값들은 나머지 19개의 테스트 중 두 테스트 사이의 상관을 포함해서 모든 4분차를 삭제시킬 것을 촉구했다. 그 이유는 "이 상관을 포함하는 모든 4분차의 평균이 허용오차의 5배 이상이기" 때문이었다. 마지막으로 4분차의 약 4분의 1이 제거되자, 남아 있는 1만1천 개의 4분차는 정상에 충분히 가까운 분포를 형성했다. 그들은 이렇게 말했다. "스피어맨의 2요인론이 만족스러울 정도로 경험적 테스트를 통과했다." 그리고 이렇게 선언했다. "과학적 실험심리학의 기초와 발전의 증거가 거기에 있다. 그리고 그 점에서 아무리 조심스럽게 말하더라도 그것은 '코페르니쿠스적 혁명'이라고 말할 수 있을 것이다(Brown and Stephenson, 1933, p.353)."

시릴 버트에게 군 요인들은 학생들의 취업 지도 지침으로 현실적이고 중요한 의미를 갖는 것이었지만 지배적이고 선천적인 g에 종속되었다. 그리고 서스턴에게 이 낡은 군 요인은 기본적 정신능력이 되었다. 그것들은 더 이상 환원시킬 수 없는 정신적 실체였다. 다시 말해서 g는 착각에 불과했다.

코페르니쿠스의 태양 중심설은 순수한 수학적 가설로 간주될 수 있으며, 프톨레마이오스가 지구를 만물의 중심에 놓고 설명했던 것과 동일한 천문학적 데이터에 대해 더 단순한 해석을 제공했다. 실제로『천구의 회전에 관하여(De Revolutionious)』의 서문 집필자를 포함해서 신중하고 실천적인 코페르니쿠스의 옹호자들은 이단탄압이나 금서목록이 만연하던 세계에서 자신들의 주장을 실용적인 방식으로 제기했다. 그러나 갈릴레오를 통해 그의 지지자들이, 코페르니쿠스 이론이 천체운동의 보다 단순한 수학적 표현에 불과한 것이 아니라 천구(天球)의 실제 구성을 나타내는 언명이라고 주장했을 때, 코페르니쿠스 이론은 열광적으로 환영받았다.

요인분석에 관한 서스턴학파 대 스피어맨-버트의 대립에서도 마찬가지였다. 그들의 수학적인 표현은 등가였고, 모두 지지받을 만한 가치가 있었다. 이 두 수학학파는 지능의 본질에 대해 근본적으로 다른 견해를 개진했기 때문에 논쟁은 격화되었다. 둘 중 어느 쪽을 수용할 것인가의 결정은 이후 교육에 근본적인 영향을 주었다.

스피어맨의 g를 채택하면 모든 아이들을 선천적 지능이라는 단일척도 위에서 순서를 매길 수 있으며, 다른 모든 것은 g에 종속된다. 이것은 일반 능력을 인생의 초기에 측정할 수 있어, 아이들을 각자의 지적 가능성에 따라 분류할 수 있다(11＋ 시험과 같이).

반면, 서스턴의 PMA에 따르면 측정해야 할 일반 능력이란 존재하지 않는다. 어떤 아이들은 특정부문의 능력이 뛰어나고, 다른 아이들은 다른 독립된 정신적 특성에서 우수하다. 더욱이 일단 g의 지배력이 사라지면, 다양한 PMA들이 마치 봄에 피어나는 무수한 꽃들처럼 만발할 수 있다. 서스턴은 몇 가지 능력만을 인정했지만, 다른 사람들이 주창한 영향력있는 체계들은 120개(Guilford, 1956) 또는 그 이상의 요인들을 (Guilford, 1959, p.477) 주장하기도 했다(길포드의 120요인은 경험적으로 추출된 것이 아니라 이론적 모형에 의해—6×5×4=120인 정육면체로 표현되는—예측된 것이며, 앞으로 경험적 연구에 의해 찾아내야 할 요인들의 숫자를 지정한 것이다).

불과 몇 개의 PMA로 이루어진 서스턴의 세계에서조차 학생들을 한 줄로 늘어세우는 단선적 서열은 설 자리가 없었다. 아이들의 본질은 개인들이 가진 개성에 있다. 서스턴은 이렇게 썼다(1935, p.53).

> 설령 각 개인이 각자가 가진 독립적인 능력에 따라 제한된 숫자로 기술될 수 있다고 해도, 여전히 그 개인들은 전세계의 모든 사람들과 다를 수 있다. 그리고 모든 사람들을 제한된 숫자의 독립된 여러 가지 능력의 표준적인 점수에 따라 기술할 수 있다 해도 이러한 점수의 순열의 총수는 각각의 개인들이 자신의 개성을 유지할 수 있도록 보증하기에 충분할 것이다.

수많은 엘리트 지식인들을 궁핍에 빠뜨린 경제 대공황의 와중에서 평등주의의 이상을 내건(실행에 옮겨지지는 않았지만) 한 미국인이 계급과 타고난 정신적 능력이 동일하다고 생각한 영국의 전통에 도전한 것이다. 스피어맨의 g는 소멸했고, 그와 함께 일반적·정신적 가치도 증발했다.

버트와 서스턴 사이의 논쟁을 요인축의 위치에 대한 수학적 주장으로 독해하는 것도 가능하다. 그러나 그것은 갈릴레오와 교회 사이의 싸움을 행성들의 운동을 기술하는 수학적으로 등가인 두 체계 사이의 갈등으로 해석하는 것처럼 근시안적인 관점일 것이다. 버트는 서스턴의 공격에 대항해서 11+ 시험을 옹호했을 때, 분명 이러한 보다 큰 맥락을 이해했다.

교육현장에서 일반 요인이 이미 타파되었다는 경솔한 전제는, 아이들을 그들의 다양한 능력에 따라 분류하고 더 이상 일반 능력의 정도를 고려할 필요 없이 그들의 특수한 자질에 따라 여러 종류의 학교에 배정하기만 하면 된다는 비현실적인 생각의 용인으로 이어진다. 한마디로 요약하자면, 11+ 시험은 모든 사람이 한 가지씩 상을 받을 수 있는 동화 속의 이상한 나라의 코커스 경주처럼 시행되는 것이 최선이라는 것이다(1955, p.165).

서스턴은 나름대로 열심히 로비를 펼쳤고, 아이들이 단일한 수치로 판단되어서는 안 된다는 신념을 옹호하는 주장들을(그리고 대안적인 테스트가 필요하다는) 제기했다. 그 대신 그는 각 개인이 복수의 PMA 점수를 토대로 제각기 장점과 단점을 모두 가진 개인으로 평가되기를 원했다(미국에서 실제로 테스트가 변경된 것은 그의 성공을 증명한다. Guilford, 1959 그리고 Tuddenham, 1962, p.515를 참조하라).

각 개인의 지적 자질을 정신연령이나 지능지수와 같은 단일한 수치로 기술하려고 시도하기보다, 이미 그 중요성이 확인된 모든 기본 요인들의 프로파일에 의해 기술하는 편이 더 바람직할 것이다. (……) 만약 IQ와 같은 단일 지수를 강하게 주장한다면, 그 숫자는 이미 알려진 능력들의 평균으로 얻을 수 있을 것이다. 그러나 이러한 지수는 각 개인에 대한 기술(記述)을 불명료하게 흐려놓는 경향이 있기 때문에 결과적으로 그 사람의 지적 장점이나 한계를 단일한 지수 밑에 묻어버리게 된다(1946, p. 110).

두 페이지 뒤에서 서스턴은 지능에 관한 자신의 추상적 이론과 일반적으로 선호되는 사회적 통념을 분명히 연결시켰다.

이 연구는 식별가능한 정신적 기능을 확인한다는 과학적 목적에 합치할 뿐만 아니라 모든 사람들에게 개인으로서의 고유성을 주는 지적·육체적 장점을 식별해서 그 특성에 의해 모든 사람을 구별한다는 우리의 갈망과도 모순되지 않는 것 같다(1946, p. 112).

서스턴은 스피어맨과 버트에게 연구의 동기를 부여했던 보다 깊은 전제들—물화와 유전적 결정론—을 어느 쪽도 공격하지 않으면서 근본적으로 재구성했다. 요인분석의 경우 그는 이미 확립되어 있는 전통적 논의의 테두리 안에서 연구했고, 그 전제를 바꾸지 않은 채 결과와 의미만을 재구성했다.

서스턴은 자신의 PMA가 식별가능한 원인들을 가진 실체이며, 추상적인 개념들—이 경우에는 군집성(gregariousness)—을 우리들 속에 존재하는 실체로 물화시킬 수 있는 씨앗이라는 점을 결코 의심하지 않았다(그의 초기 연구인 1924, pp. 146~147을 보라). 심지어 그는 생물학이 마음의 속성을 확인하기 위한 도구를 얻기 이전에 자신의 수학적 방법에 의해 그것을 확인할 수 있을 것이라고까지 생각했다. "기본적 정신능력은 신경학이나 유전학의 방법에 의해 정당화되기 이전에 요인법에 의해 정확하게 추출될 것이다. 동일 현상을 연구하는 몇 가지 방법이 얻는 결과는 최종적으로 일치할 것이다(1938, p. 2)."

마음의 벡터는 실재하지만, 그 원인은 복잡하고 잡다할 수 있다는 것이다. 서스턴은 환경의 강한 잠재적 영향력을 인정했지만, 선천성이라는 생물학적 결정론도 강조했다.

일부 요인들은 내분비학적 효과에 의해 규명될 수 있을지도 모른다. 다른 요인들은 체액(體液)이나 중추신경계에 대한 생화학적 또는 생물물리학적 변수들에 의해 밝혀질 수도 있다. 어떤 요인들은 신경이나 혈관의 해부학적 위치관계에 의해 확인될지도 모른다. 또 다른 요인들은 자율신경계의 동역학 변수들을 포함할 수도 있다. 그리고 그밖의 요인들은 경험이나 학교교육의 관점에서 규정될 수 있을지도 모른다(1947, p. 57).

서스턴은 PMA의 유전에 대해 일란성 쌍둥이 연구에서 얻어진 증거를 인용하면서 환경주의 학파를 공격했다. 또한 그는 교육훈련에 의해 가난한 아이들과 유복한 환경의 아이들 모두 성적이 향상되지만, 일반적으로 선천적 차이가 확대된다고 주장했다.

유전은 정신적 수행력을 결정할 때 중요한 역할을 한다. 환경주의자들의 주장은 지나칠 정도로 감상주의에 기반하고 있다는 것이 나의 확신이다. 그들은 종종 이 주제에 과도하게 집착한다. 만약 사실이 유전적 해석을 뒷받침한다면, 생물학자들에게 비민주적이라는 비난을 퍼부어서는 안 된다. 이 주제에 관해 누군가가 비민주적이라고 한다면, 그것은 만물의 어머니인 자연(Mother Nature)일 것이다. 지적 능력이 훈련될 수 있는지 아닌지를 묻는다면, 납득할 수 있는 유일한 답은 긍정일 것이다. 반면, 시각화 능력이 크게 차이나는 두 소년이 이런 생각에 따라 같은 양의 훈련을 받는다면, 나는 그들이 훈련을 끝냈을 때 처음보다 더 차이가 벌어지지 않을지 우려스럽다(1946, p. 111).

이 책을 통해 시종일관 강조해왔듯이, 사회적 선호와 생물학적 관여를 연관지을 수 있는 단순한 방정식은 존재하지 않는다. 우리는 인종, 계급, 성 등을 모두 항구적인 생물학적 열등성과 연관시키는 유전적 결정론의 악당이 존재한다는 식의 비현실적인 이야기를 할 수는 없다. 마찬가지로 전인류의 환원불가능한 가치를 찬양하는 환경주의자로서의 선인(善人)도 존재하지 않는다. 그밖의 편향들은 복잡한 방정식으로 인수분해되어야 한다(이런 표현을 양해해주기 바란다). 유전적 결정론은 서열화와 차별화된 능력에 대한 신념과 결부될 때에만 특정 집단에 열등성이라는 딱지를 붙이는 도구가 된다. 버트는 그의 유전론 종합에서 이 두 가지 관점을 결합시켰다. 서스턴은 순진한 방식으로 물화에 전념했다는 점에서는 버트를 능가했지만 유전적 결정론의 주장에는 반대하지 않았다(물론 그가 버트처럼 한결같은 열정으로 유전적 결정론을 추구하지는 않았지만 말이다). 그러나 그는 일반적 장점을 단일 척도 위에 서열화하고 그 가치를 가늠하지는 않았다. 그리고 그는 서열화라는 버트의 가장 중요한 도구—스피어맨의 g—를 파기함으로써 지능 테스트의 역사를 바꾸었다.

스피어맨과 버트의 반응

서스턴이 g를 환상으로 배격했을 때, 스피어맨은 아직 살아 있었고 언제나처럼 호전적이었다. 한편 버트는 권력의 절정에 있었으며 그의 영향력은 막강했다. 스피어맨은 자신의 유연한 체계 속에 비판을 포괄함으로써 30년 동안이나 재치있게 g을 방어해왔지만 서스턴의 비판은 그런 식으로 수용할 수 없다는 것을 깨달았다.

지금까지 그것[g]에 대해 가해진 모든 공격은 결국 g를 보다 단순하게 설명하기 위한 시도로 약화되었다. 그러나 이번에는 전혀 다른 종류의 위기가 발생했다. 최근 연구에서, 해명되어야 할 발견은 아무것도 없었다. 그리고 일반 요인은 완전히 소멸했다. 더욱이 이것은 흔히 있는 연구가 아니다. 저자의 탁월함, 계획의 신중함, 그리고 포괄적인 전망이라는 점에서 L. L. 서스턴의 기본적 정신능력에 대한 최근 연구에 필적할 만한 연구를 찾기는 힘들 것이다(Spearman, 1939, p.78).

스피어맨은 여러 가지 테스트의 평균으로 g가 한 배터리에서 다른 배터리로 위치를 변화할 수 있다는 점은 인정했다. 그러나 그는 그 이동범위가 좁고, 테스트들 사이에 퍼져 있는 정의 상관에 의해 결정되기 때문에 항상 같은 방향을 가리킨다고 주장했다. 실제로 서스턴은 g를 제거한 것이 아니라 단지 수학적 속임수로 g를 모호하게 만들고, 군 요인 집합 속에 그 조각들을 분산시킨 것에 불과하다. "새로운 조작은 본질적으로 이처럼 많은 군 요인들 속에 g를 산포하는 데 있으며, 각각의 군 요인들에 할당된 그 단편들은 너무 작아져서 알아차리기 힘들 정도가 되었다(1939, p.14)."

그런 다음 스피어맨은 자신을 비판하는 서스턴의 핵심 주장에 대해 포문을 열었다. 확신을 가지고 물화를 주장했던 서스턴은 PMA가 요인 공간 속 고정된 위치의 '저 밖에(out there)' 존재한다고 믿었다. 그는 스피어맨과 버트의 요인들이 배터리에 따라 그 수치와 위치를 바꾸기 때문에 '실재'가 아니라고 주장했다. 스피어맨은 서스턴의 PMA 역시 불변의 마음의 벡터가 아니라 선택된 테스트들을 기초로 만들어진 인공물에 지나지 않는다고 비판했다. 동일한 대상을 여러 차례 측정해서 조밀한 벡터들의 클러스터를 형성하는 방식으로 일련의 과다한 테스트를 구성하면 간단히 하나의 PMA를 만들 수 있다는 것이다. 마찬가지로 모든 PMA는 그것을 측정하는 테스트들의 숫자를 줄이거나 제거함으로써 분산시킬 수 있다. PMA는 그것을 확인하는 테스트가 고안되기 이전부터 존재해온 불변의 위치를 갖지 않는다. 그것은 테스트 자체의 산물일 뿐이다.

이제 우리는 군 요인이 잘게 자른 소수의 '기본적' 능력과는 거리가 멀고, 무한히 그 범위를 바꾸고, 무수히 많으며, 그 존재가 불안정하다는 견해로 이끌리지 않을 수 없다. 능력의 모든 구성요소가 군 요인이 될 수 있고, 어떤 구성요소도 그 요인이 되기를 멈출 수 있다(1939, p.15).

스피어맨에게는 불만을 터뜨릴 충분한 이유가 있었다. 가령 2년 후, 서스턴은 그가 해석할 수 없었던 새로운 PMA를 발견했다(Thurstone and Thurstone, 1941). 그는 그것에 X_1이라는 이름을 붙였고, 점의 계산을 포함한 세 가지 테스트 사이에서 나타나는 강한 상관에 의해 그것을 확인했다. 그는 만약 배터리에 점을 세는 테스트가 하나만 포함되었다면, 자신이 X_1을 완전히 간과했을 수도 있었음을 인정하기까지 했다.

이 모든 테스트에는 공통 요인이 있다. 그러나 점을 세는 세 가지 테스트는 실질적으로 나머지 배터리와 분리되어 있고, 수 요인으로 채워져 있지 않기 때문에 그 요인의 본질에 대해서는 거의 아무것도 모른다. 만약 점 계산 테스트가 배터리 속에 하나만 포함되어 있었어도 일반적으로 예상되는 기능은 그 테스트들의 고유한 분산 속으로 사라질 것이라는 사실에는 의심의 여지가 없다(Thurstone and Thurstone, 1941, pp. 23~24).

물화에 대한 서스턴의 집착이 그를 눈멀게 했고, 결국 그는 명백한 대안을 볼 수 없었다. 그는 X_1이 실제로 존재한다고 가정했고, 다만 그것을 인식하기 위한 충분한 테스트를 포함하지 못해 이전까지 그것을 발견하지 못했을 뿐이라고 생각했다. 그러나 X_1이 테스트의 산물이고, 세 차례의 과잉 측정이 벡터들의 클러스터(그리고 잠재적인 PMA)를 만들어냈기 때문에 그때에야 '발견'되었으며, 하나의 다른 테스트는 일탈적인 것이라고 가정해보자.

PMA가 테스트에 의존하는 것이 아니라 적절하게 구성된 배터리라면 어디에서든 나타날 것이라는 서스턴의 주장에는 일반적인 결함이 있다. 서스턴은 개별 테스트가 "완전하고 과대결정된(overdetermined)" 단순구조에서만―다시 말해서, 마음의 모든 벡터들이 적절하게 확인되고 위치지워질 때에만―항상 동일한 PMA를 기록할 것이라고 주장했다(1947, p. 363). 만약 소수의 마음에 대한 벡터만이 실재한다면, 또한 우리가 언제 전체 벡터가 확인될 수 있는지 안다면, 부가되는 모든 테스트는 변하지 않는 단순구조 내의 고유한 불변의 위치에 올 수밖에 없다. 그러나 그 속에는 가능한 모든 요인축이 발견되는 '과대결정된' 단순구조와 같은 것은 존재하지 않을지도 모른다. 아마도 그 요인축은 숫자가 고정된 것이 아니라 새로운 테스트가 추가됨에 따라 끝없이 늘어날 것이다. 그것은 필경 진정으로 '테스트-의존적'이고, 결코 실재하는 본질적인 실체가 아닐 것이다. 기본적 능력의 숫자가 서스턴의 경우는 7, 길포드는 120 또는 그 이상이라는 사실이야말로 마음의 벡터가 실상은 마음이 만들어낸 허구일 수 있음을 시사한다.

스피어맨이 자신이 가장 소중하게 여겼던 g를 지지하면서 서스턴을 공격했다면, 버트 역시 자신의 핵심적인 주제—2극 축(bipolar axe) 상에서 정과 부의 투영을 가진 클러스터들로 군 요인을 식별하는—를 옹호함으로써 공격을 피했다. 서스턴은 요인들의 물화에 동의하며 스피어맨과 버트를 공격했지만, 영국식의 물화는 비난했다. 그는 위치에 따라 변화가 크다는 이유로 스피어맨의 g를 받아들이지 않았고, 버트의 2극 요인을 '부(負)의 능력'이란 존재할 수 없다는 이유로 거부했다. 버트는 서스턴이 실제로 물화를 이야기하기에는 너무 둔감하다고 적절하게 응수했다. 요인은 머릿속에 있는 물질적 대상이 아니고, 실재를 질서화하는 분류원리이다(버트는 종종 정반대의 주장도 펴기도 한다. 459~465쪽을 보라). 분류는 논리적 이분법과 대조법에 의해 진행된다(Burt, 1939). 부의 투영은 어떤 사람이 명확한 실체를 영(0)보다 적게 가지고 있음을 뜻하는 것이 아니다. 그것은 두 가지 사고의 추상적 특성 사이에서 상대적인 대비를 기록하는 것에 불과하다. 어떤 측면에서 더 나으면 대개 다른 측면에서 뒤떨어지게 마련이다. 예컨대 행정능력과 학문적 생산성이 그런 관계에 해당한다.

최후의 비책으로 스피어맨과 버트 모두 서스턴이 그들의 실재를 설득력있게 개정한 것이 아니라 같은 데이터에 대해 다른 수학을 만들어낸 것에 불과하다고 주장했다.

물론 우리는 요인 연구의 몇 가지 방법을 고안할 수 있을지도 모른다. 그 방법은 항상 (만약 우리가 원한다면) '단순구조'라고 부를 수 있는 것에 대해 어느 정도 '위계적' 구조의 형성을 보여줄 것이다. 그러나 이번에도 그 결과는 거의 또는 전혀 의미가 없을 것이다. 전자를 이용하면, 우리는 일반 요인이 존재한다는 것을 거의 항상 증명할 수 있으며, 후자를 이용하면 설령 동일한 데이터를 사용하더라도 거의 항상 그것이 존재하지 않음을 증명할 수 있다(Burt, 1940, pp. 27~28).

그러나 과연 버트와 스피어맨은 이러한 변명 자체가 서스턴의 파멸뿐만 아니라 자신의 파멸까지 초래한다는 것을 알지 못했을까? 그들은 의심할 여지 없이 옳았다. 서스턴은 대안적인 실재를 증명하지 않았다. 그는 마음의 구조에 관해 다른 전제에서 출발했고, 자신의 선호에 부합하는 수학적 체계를 고안했다. 그러나 스피어맨과 버트에 대해서도 같은 비판이 같은 힘으로 적용될 수 있다. 그들 역시 지능의 본질에 관한 하나의 가정에서 출발했고, 그 전제를 강화하는 수학체계를 고안했다. 만약 같은 데이터가 서로 다른 두 수학체계에 적합할 수 있다면, 우리는 어떻게 한쪽이 실재를 나타내고 다른 한쪽은 주의를 돌리려는 서투른 조작에 불과하다고 자신있게 말할 수 있겠는가? 어쩌면 실재에 대한 두 견해 모두 틀렸고, 그 실패가 공통된 오류 때문일지도 모른다. 그것은 요인의 물화에 대한 공유된 신념이다.

가령 프톨레마이오스 체계로부터 행성의 위치에 관한 수용가능한 표가 만들어질 수 있다고 하더라도 코페르니쿠스가 옳았다. 서스턴의 수학이 같은 데이터를 똑같이 용이하게 다룬다 해도 버트와 스피어맨이 옳을 수 있다. 만약 어느 한쪽이 옳음을 입증하려면, 추상적인 수학 이외의 영역에서 정당한 호소력을 찾아야 할 것이다. 이 경우, 어떤 생물학적 근거가 발견되어야 한다. 만약 생화학자들이 스피어맨의 대뇌 에너지를 발견했다면, 신경학자가 서스턴의 PMA를 대뇌피질의 특정한 영역에 사상(寫像)할 수 있었다면, 어느 한쪽에 대한 선호의 기초가 확립되었을지도 모른다. 모든 전투원들이 생물학을 끌어들이고 근거박약한 주장을 제기했지만, 신경학적 대상과 요인축 사이에서 어떤 구체적 연결도 확증하지 못했다.

우리에게 남겨진 것은 수학밖에 없다. 따라서 어느 쪽 체계도 정당화될 수 없다. 양 체계 모두 물화라는 개념적인 오류에 의해 재앙을 입었다. 요인분석은 훌륭한 기술(記述) 도구이다. 그러나 나는 그것이 파악하기 힘든(그리고 가공의) 요인, 즉 마음의 벡터를 밝혀내리라고는 생각하지 않는다. 서스턴은 자신이 제출한 대안적 체계가 옳기 때문이 아니라, 마찬가지로 틀렸기 때문에 g를 폐위시켰다. 그리고 그렇기 때문에 그 기획 전체의 방법론적인 오류를 폭로했다.*

비스듬한 축과 2차 g

서스턴이 테스트를 기하학적 벡터로 표현하는 방법의 선구자인데도, 자신의 분석 속에 들어 있는 기술적 결함을 곧바로 이해하지 못했다는 것은 놀라운 일이다. 테스트가 정의 상관을 이루면 모든 벡터는 그중 어떤 두 개도 90도보다 큰 각도로 나누어질 수 없는 집합을 형성해야 한다(직각은 상관계수 0을 나타내기 때문에). 서스턴은 자신의 단순구조축을 전체 벡터 집합 속에 들어 있는 클러스터에 가능한 한 가깝게 두고 싶었다. 그러나 그는 축들이 서로 직각을 이루어야 한다고 주장했다. 이 기준은 축이 실제로 벡터의 클러스터에 접근할 수 없게 만든다(그림 6.11을 보라). 벡터의 최대 이각(離角)이 90도 미만이기 때문에 직각으로 교차

---

* 튜든햄(Tuddenham, 1962, p.516)은 이렇게 쓰고 있다. "우리의 테스트 배터리의 효율성과 예언적 가치를 개선해서 기대할 수 있는 성과가 얻어지면, 테스트 작성자는 계속 요인분석 절차를 채택할 것이다. 그러나 요인분석이 '기본 능력'의 짧은 일람표를 제출할 수 있으리라는 기대는 이미 사그라들고 있다. 과거 반세기에 걸쳐 요인분석을 계속 괴롭혀온 어려움은 1차원의 명확한 숫자로 지능을 개념화시키려는 모형에 무언가 근본적인 오류가 있었음을 시사한다. 존재하는 것은 모두 측정할 수 있다는 통계학자의 격언에 대해, 요인분석가는 '측정될 수 있는' 것은 모두 존재해야 한다는 가설을 덧붙였다. 그러나 역이 반드시 성립하는 것은 아니며, 그 가정은 틀렸을 수도 있다."

하도록 강제되는 어느 두 축은 클러스터 바깥에 위치하지 않을 수 없다. 그렇다면 그 기준을 포기하고 축 자체를 상관시켜서(분리된 각도가 90도 미만이 되도록) 벡터의 클러스터 내에 축이 놓이게 하지 않을 이유가 무엇인가?

직교하는 축에는 개념적으로 큰 이점이 있다. 그것들은 수학적으로 독립적이다(상관이 아니다). 만약 요인축을 '기본적 정신능력'으로 간주하고 싶다면, 필경 그 축들은 상관관계가 없는 편이 가장 바람직하지 않을까? 또는 요인축들이 서로 상관된다면 그 상관의 원인이 요인 자체보다 훨씬 '기본적'이 되지 않을까? 상관된 축들은 다른 종류의 개념적 이점

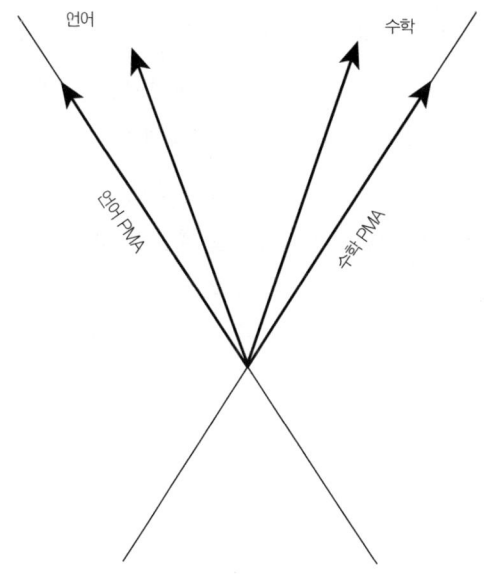

|그림 6.11| 그림 6.6과 6.7에 표현되었던 것과 같은 네 개의 지능 테스트에 대한 서스턴의 사교 단순 구조축. 요인축들은 더 이상 서로 수직이 아니다. 이 사례에서 요인축들은 클러스터의 바깥쪽 벡터들과 일치한다.

도 가진다. 즉 축들은 '지적 능력'을 나타내는 벡터의 클러스터들에 더 가깝게 위치할 수 있다. 그러나 정의 상관계수 행렬에서 얻어지는 벡터 집합에 양쪽 방식을 모두 적용시킬 수는 없다. 요인들은 독립적이고, 클러스터에 접근하거나 아니면 클러스터 속에서 상관되거나 둘 중 하나이기 때문이다(어느 쪽 체계도 '더 낫지' 않으며 상황에 따라 저마다 이점이 있다. 지금도 상관축과 비〔非〕상관축이 모두 사용되고 있으며, 컴퓨터화되어 요인분석이 한층 정교해진 오늘날에도 이러한 논의는 계속되고 있다).

서스턴은 1930년대 초에 회전축과 단순구조를 고안했다. 1930년대 후반에 그는 사교축 단순구조(斜交軸單純構造, oblique simple structure)라고 불리는 상관축 체계로 실험을 시작했다(그에 비해 비상관축은 '직교' 또는 직각축이라고 불리고, 상관축은 두 축이 이루는 각도가 90도보다 작기 때문에 '사교'라고 불린다). 직교 단순구조를 결정하기 위해 몇 가지 방법이 사용될 수 있듯이 사교축도 여러 가지 방법으로 계산될 수 있다—물론 대상은 축이 항상 벡터의 클러스터 내에 있다. 그림 6.11에서 나타나듯이 비교적 간단한 하나의 방법으로 전체 테스트 집합 속에서 양극단의 위치를 차지하는 벡터들은 모두 요인축으로 사용된다. 그림 6.7과 그림 6.11을 비교하면서 어떻게 언어나 수학능력의 요인축이 실제 클러스터의 바깥쪽에서(직교해법) 클러스터 자체(사교해법)로 이동하는지 주목하라.

대부분의 요인분석가들은 상관에는 원인이 있고 요인축이 그 원인을 밝혀내는 데 도움이 될 것이라는 가정을 토대로 연구한다. 만약 요인축 자체가 상관되어 있다면, 같은 주장을 적용해서 이 상관이 보다 고차적이고 기본적인 원인을 반영하는지 묻지 않을 이유가 어디 있단 말인가? 지능 테스트의 경우 단순구조의 사교축은 항상 정으로 상관된다(그림 6.11처럼). 이 상관의 원인을 스피어맨의 g와 동일시하면 안 될까? 결국

이 낡은 일반 요인은 불가피하지 않은가?

서스턴은 자신이 '2차(second-order)' g라고 이름붙인 것과 씨름을 벌였다. 솔직히 이야기하자면, 나는 왜 그가 그렇게 열심히 그 문제에 매달렸는지 이해할 수 없다. 그 정도로 집착하지 않았다면 직교해법을 오랫동안 연구했기 때문에 그 개념을 선뜻 받아들이기가 너무 낯설게 느껴지지 않았을까? 만약 누군가 벡터의 기하학적 표현을 이해한 사람이 있었다면 그것은 서스턴이다. 이 표현은 사교축이 정으로 상관하며, 따라서 2차적인 일반 요인이 틀림없이 존재한다는 것을 보증한다. 2차 g는 가공되지 않은 상관계수가 나타내는 것—지능 테스트 사이의 거의 모든 상관계수는 정이라는 사실—을 인정하는 좀더 세련된 방법에 불과하다. 어쨌든 서스턴은 최종적으로 필연성에 굴복했고, 2차 일반 요인의 존재를 인정했다. 심지어 그는 그것을 거의 스피어맨의 용어로 기술하기까지 했다(1946, p.110).

> 요인분석법에 의해 기본적 능력으로 확인할 수 있는 많은 특수 능력이 존재하는 것 같다. 그리고 이러한 특수 능력들의 바탕을 이루고, 이러한 모든 특수 능력의 활동을 촉진하는 어떤 중심적 활성 요인이 존재하는 것처럼 생각된다.

서스턴과 영국의 요인분석가들 사이에 벌어진 뜨거운 논쟁과 격한 소란은 일종의 정중한 양보로, 버트와 스피어맨에게 좀더 유리한 양상으로 종결된 것처럼 생각될 수 있다. 그리고 불쌍한 서스턴은 어떻게든 체면을 유지하기 위해 안간힘을 쓰지 않을 수 없는 곤궁에 처한 것처럼 보일지도 모른다. 만약 사교축의 상관이 2차 g를 만들어냈다면, 스피어맨과 버트는 처음부터 줄곧 일반 요인에 대한 그들의 근본적인 주장 속에 존재했던 것이 아닐까? 서스턴은 영국의 요인분석가가 인정하는 것 이상으로 군 요인이 중요하다는 것을 입증했을지도 모르지만, g의 중요성이 그 자체로 다시 제기된 것이 아닐까?

아서 젠센(1979)은 그렇게 해석했다. 그러나 그의 해석은 이 논쟁의 과정을 완전히 잘못 이해하고 있었다. 2차 g는 서스턴과 영국의 요인분석가라는, 본질적으로 다른 두 학파를 결합시키지 못했고 크게 화해시키지도 못했다. 결국 내가 인용했던, IQ가 서열화를 위해 유용성이 없다는 서스턴의 문장과 개인의 기본적 정신능력에 따라 일람표를 만들 필요성에 관한 그의 문장은 그가 2차 일반 요인을 인정한 후에 씌어진 것이다. 두 학파는 통합되지 않았고, 스피어맨의 g는 다음 세 가지 이유로 지지되지 않았다.

1. 스피어맨과 버트에게 g는 단순히 존재하는 것으로 그치지 않았다. 그것은 반드시 지배적인 무엇이어야 했다. 이 위계적 관점─지배적이고 선천적인 g와 그에 비해 종속적이며 훈련가능한 군 요인이라는 위계─이 영국학파에게는 기본적인 것이었다. 이러한 관점 이외에 무엇이 단선적 서열화를 뒷받침할 수 있겠는가? 그밖에 무엇이 11+ 시험을 지지할 수 있겠는가? 이 시험은 아이들의 일반적인 가능성을 결정하고, 모든 지적 측면의 장래를 형성하는 지배적 지력(智力)을 측정한다고 가정되었다.

서스턴은 2차 g를 인정했지만, 자신이 계속 '기본적 정신능력'이라고 부른 것에 비해 부차적이라고 생각했다. 모든 심리학적 관찰과는 달리, 수학적 기초는 분명 서스턴의 견해를 뒷받침한다. 2차 g는(사교 단순구조의 상관) 테스트 행렬 속에 들어 있는 모든 정보 중에서 극히 작은 비율을 제외하고는 거의 설명하지 못한다. 다른 한편, 스피어맨의 g(제1주성분)는 상당수 정보의 절반 이상을 포괄한다. 영국학파의 모든 심리학적 장치, 즉 전체 체계는 g 자체의 존재가 아니라 g의 지배적인 설명에 의존했다. 서스턴이 2차 일반 요인을 인정한 후인 1947년에 『마음의 벡터』를 개정했을 때에도 자신의 체계가 군 요인을 가장 중요한 것으로 다루고 2차 일반 요인을 부차적으로 취급한 데 비해 영국학파는 g를 격상시키고 군 요인을 이차적인 요소로 고려한다고 주장하면서 자신과 영국학파를 분명히 대비시켰다.

2. 서스턴의 대안적 견해가 스피어맨의 g의 필연적 실재를 반박한다는 주장의 중심적인 논거는 여전히 힘을 발휘하고 있다. 서스턴은 단지 요인축의 위치를 바꿈으로써 같은 자료로부터 대조적인 해석을 이끌어냈다. 이제는 더 이상 요인축의 수학으로부터 심리학적 의미를 직접 이끌어낼 수 없게 된 셈이다.

어느 체계에도 그것을 뒷받침할 생물학적 증거가 부재한다면, 어떻게 어느 한쪽을 결정할 수 있겠는가? 결국 아무리 많은 과학자들이 인정하고 싶지 않더라도 그 결정은 취향의 문제, 즉 개인적이거나 문화적으로 착색된 경향성에 근거한 선험적인 선호의 문제가 되는 것이다. 스피어맨과 버트는 계급의식이 강한 영국의 특권계급에 속하는 시민으로서 g와 그 선형적 서열화를 옹호했다. 그에 비해 서스턴은 개인적인 프로파일과 수많은 기본적 능력들을 선호했다. 무의식적인 편향은 차치하더라도, 서스턴은 버트와 자신의 테크니컬한 차이를 숙고한 끝에 버트가 요인들을 기하학적으로 표현하기보다 대수적으로 표현하려 했던 경향이 그 자신의 공간적 PMA의 결함에 기인한다는 결론을 내렸다.

버트가 형태적(configurational) 해석을 좋아하지 않았던 것은 분명하다. 그의 텍스트에는 단 한 장의 도표도 실리지 않았다. 결국 이것은 과학자들 사이에서 방법과 해석의 차이를 가져오는 이미지 유형의 개인차를 암시하는 것이다(1947, p.ix).

3. 스피어맨과 버트는 g가 지배적이고 실재한다는 신념에 따라 자신의

요인을 심리학적으로 해석했다. 즉 g는 선천적인 일반 지능으로 개인의 본성을 나타낸다는 것이다. 서스턴의 분석은 기껏해야 영향력이 약한 2차 g를 허용한 정도였다. 그러나 과연 그들은 지배적인 g의 불가피성을 설득하고 확립했다고 생각할 수 있을까? 그들의 주장은 모든 사람들이 간과할 정도로 기본적인 이유 때문에 실패했을 것이다. 문제는 내가 지금까지 다룬 모든 위대한 요인분석가들이 범한 논리적 오류—요인을 실재로 물화하려는 갈망—에 있다. 기이하게도 앞에서 내가 추적했던 모든 역사는 문제가 되지 않는다. 만약 버트와 서스턴이 태어나지 않았더라도, 그리고 이 전문분야가 스피어맨의 2요인론으로 영원히 만족하고 그가 g를 제안한 후 4분의 3세기가 지날 때까지 그 지배력이 칭송되었더라도, 그 결함은 여전히 두드러졌을 것이다.

지능 테스트들 사이에 퍼져 있는 정의 상관이라는 사실은 과학의 역사에서 가장 주목받지 못한 대발견 중 하나였다. 정의 상관은 그 잠재적 원인을 둘러싸고 모순된 주장을 제기한 거의 모든 이론들을 예견했다. 그 중에는 순수한 유전적 결정론(스피어맨과 버트가 그 보급에 거의 근접했던)과 순수한 환경결정론(아직까지 어떤 위대한 사상가도 그런 주장을 할 만큼 어리석지 않았던)과 같은 두 가지 극단적인 견해가 포함된다. 첫째, 사람들은 영리하거나 어리석게 태어나기 때문에 모든 종류의 테스트에서 좋은 성적을 거두거나 그렇지 않거나 둘 중 하나이다. 둘째, 그들은 어린 시절에 영양섭취, 독서, 학습, 생활환경 등이 풍족하거나 결핍되었거나 둘 중 하나이기 때문에 테스트에서 좋은 결과를 얻거나 그렇지 못하다. 두 이론이 일관된 정의 상관을 예견하기 때문에 상관이라는 사실 자체는 아무것도 입증하지 못한다. g는 단지 상관을 표현하는 하나의 교묘한 방법에 지나지 않기 때문에 그 존재 역시 원인에 대해 아무것도 이야기하지 않는 것이다.

서스턴은 요인분석을 어떻게 이용했는가

서스턴은 때로 자기 연구의 설명범위를 과장해서 주장했다. 그러나 그는 버트나 스피어맨에게서는 결코 찾아볼 수 없는 겸손함의 미덕을 조금이나마 가지고 있었다. 성찰의 순간에 그는 방법으로서 요인분석을 선택하는 것이 그 분야의 원시적인 상태의 지식을 기록하는 것임을 인정했다. 요인분석은 조악한 경험적인 방법이며, 한 분과 학문이 아직 확고하게 수립된 원리를 갖추지 못했지만 많은 데이터가 존재하고 상관 패턴이 향후 좀더 풍부한 연구방향을 제시할 수 있을 것이라는 희망이 있을 때 사용됐다. 서스턴은 이렇게 썼다(1935, p.xi).

고전역학의 법칙들은 이미 잘 알려져 있기 때문에 아무도 상관적 방법이나 요인적 방법으로 연구하려 들지 않는다. 만약 떨어지는 물체에 대한 법칙이 전혀 알려져 있지 않다면, 높은 곳에서 낙하하거나 던져진 물체의 특성을 요인분석으로 조사하는 것이 의미있는 일일 것이다. 그리고 그런 조사가 이루어졌다면 하나의 요인은 낙하시간과 거리에 대해 큰 부하를 갖지만, 이 요인은 물체의 무게에 대해서는 부하가 영(0)이라는 사실이 발견될 것이다. 요인분석은 과학의 경계영역에서 유효할 것이다.

그가 『마음의 벡터들』(1947, p.56)을 개정할 때에도 변한 것은 없었다.

요인분석의 본질적 해석은 흔히 오해되곤 한다. 요인분석의 가장 중요한 유용성은 과학의 경계에 있다. (……) 요인분석은 기본적이고 결실이 풍부한 개념들이 본질적으로 결여되고, 결정적인 실험을 찾아낼 수 없는 분야에서 특히 유효하다. 이 새로운 방법이 할 수 있는 역할은 얼마 되지 않는다. 이 방법은 새로운 분야에 대해 가장 조악한 최초의 지도를 그려줄 수 있을 뿐이다.

두 인용문에서 '과학의 경계'에서 유용하다는 공통된 표현에 주목할 필요가 있다. 서스턴의 관점에서, 중요한 방법으로 요인분석을 사용한다는 결정은 원리와 원인을 전혀 알지 못한다는 것을 함축한다. 심리학 분야의 세 명의 위대한 요인분석가들이 결코 이 방법 이상의 것을 얻지 못했다는 것은—신경학, 내분비학, 그리고 그밖의 선천적인 생물학을 발견할 수 있는 가능한 방법들에 대한 온갖 말잔치에도 불구하고 말이다—서스턴이 옳았음을 입증한다. 그럼에도 영국의 유전적 결정론자들이 지배적인 g의 선천주의적 해석을 진행시켜 수백만 명의 희망을 물거품으로 만들었다는 사실은 이 이야기의 비극이다.

에필로그—아서 젠센, 그리고 스피어맨의 g의 부활

내가 1979년에 이 장을 쓰기 위해 조사할 무렵, 나는 스피어맨의 g의 망령이 현대의 지능 이론에도 여전히 출몰하고 있다는 사실을 알았다. 그러나 나는 그 이미지가 장막에 가려져 있고, 그 영향력은 거의 인식되지 못하고 있다고 생각했다. 나는 지능 이론의 정식화와 이용에서 나타나는 개념적 오류를 역사적으로 분석함으로써 오늘날 많은 사람들이 지능과 IQ에 대해 가지고 있는 견해 속에 숨겨진 오류를 드러낼 수 있을 것이라고 생각했다. 오늘날에도 명백한 스피어맨의 관점에서 IQ가 옹호되고 있으리라고는 전혀 예상하지 못했다.

그러나 당시 미국에서 가장 저명한 유전론자인 아서 젠센은(1979) 자신이 조금도 변하지 않은 스피어맨주의자임을 스스로 폭로했고, g의 실재를 기반으로 800쪽에 달하는 IQ 옹호론을 펼쳤다. 더욱이 최근에는 리처드 헤른슈타인과 찰스 머레이도 같은 오류를 토대로 마찬가지로 긴 분량의 『벨 커브』(1994)를 출판했다. 종종 역사는 같은 잘못을 되풀이한다.

젠센은 스피어맨과 버트가 선호했던 주성분의 위치 부여로 대부분의 요인분석을 실행했다(서스턴의 사교 단순구조축 사이의 상관이라는 형태로 표현된 g도 기꺼이 받아들였지만). 그는 저서를 통해 줄곧 근거없는 수학적 패턴에 기반해서 여러 요인들을 명명하고 물화했다. 여기에서 g는 일반 지능일 뿐만 아니라 일반적인 운동능력으로(손과 팔의 힘, 손과 눈 정합 능력, 신체의 평형 등에 대한 보조적인 군 요인들로) 간주되고 있다.

젠센은 지능이 "매우 크고 다양한 지능 테스트 배터리의 g 요인"이라고 분명하게 정의했다(p.249). 그는 이렇게 말했다. "우리는 지능을 g와 동일시한다. 테스트가 g에 의해 개인의 순위를 결정하는 한, 그 테스트는 지능 테스트라고 말할 수 있다(p.224)." IQ는 지능에 관한 가장 효과적인 테스트다. 왜냐하면 지능 테스트를 요인분석할 때 IQ가 제1주성분(g) 상에 매우 강하게 투영되기 때문이다. 젠센은(p.219) 웩슬러 성인 척도(Wechsler adult scale)의 총척도 IQ(Full Scale IQ)가 g와 약 0.9의 상관을 가지는 데 비해 1937년판 스탠퍼드-비네 테스트는 g 상에 약 0.8의 투영을 가지며 "계속되는 연령수준에서 상당히 높은 안정성을 유지한다"(한편 몇 개의 작은 군 요인들은 항상 존재하는 것이 아니며, 모든 경우에 불안정한 경향이 있다)고 보고했다. 젠센은 g의 '편재(遍在)'를 선언했고, g의 존재범위를 스피어맨 자신조차 당황할 정도로 넓은 영역으로 확대했다. 젠센은 사람들만 서열화시킨 것이 아니라 신의 모든 피조물을 g 척도 상에 가장 하등한 아메바에서(p.175) 가장 고등한 지구밖 지적 생명체에 이르기까지 한 줄로 늘어세울 수 있다고 믿었다(p.248). 나는 인간과 신 사이의 간격을 이어줄 수 있는 고등한 생명체가 목성에 있다는 칸트의 공상적 글을 읽은 이래 이렇듯 명백한 존재의 대사슬을 접한 적이 없다.

젠센은 서구사상에서 가장 오래된 두 개의 문화적 편견을 하나로 결합시켰다. 즉 생물들을 체계화하는 모형으로서의 진보의 사다리(ladder of progress)와 서열화의 기준으로서의 일부 추상적 특성들의 물화이다. 젠센은 '지능'을 선택했고, 단순한 행동 테스트를 기반으로 무척추동물, 물고기, 거북의 행동은 인간이 좀더 풍부하게 가지고 있는 것과 같은 본질—측정가능한 대상으로서 물화된 g—의 감소된 형태를 나타낸다고 주장했다. 이 관점에 의하면 진화는 점차 많은 g가 포함된 영역으로 상승하는 사다리를 오르는 것이다.

고생물학자로서 나는 이 견해에 놀라지 않을 수 없다. 진화는 단선적인 진보의 연쇄가 아니라 무수한 가지를 분기하는 덤불을 이루기 때문이다. 젠센은 "계통발생 척도의 상이한—즉 지렁이, 게, 물고기, 거북, 비둘기, 쥐, 원숭이—수준들"에 관해 이야기했다. 과연 그는 현생 지렁이와 게가 10억 년 이상 전에 척추동물과 별개로 진화해온 계통의 산물이라는 사실을 알고 있었을까? 그들은 우리의 선조가 아니다. 그 동물들은 어떤 의미에서도 인간보다 '하등하거나' 덜 복잡하지 않다. 그들은 나름대로의 방식으로 훌륭한 해결책을 보여주었다. 그들은 한 특이한 영장류가 모든 생물의 기준으로 수립한 오만한 개념에 의해 판단되어서는 안 된다. 척추동물에 관해 이야기하자면, '거북'은 젠센이 주장하듯이 "계통발생적으로 어류보다 고등"하지 않다. 거북은 대부분의 현생 어류보다 훨씬 일찍 진화했고, 현재 수백 종밖에 없다. 반면 현재의 경골어류는 거의 2만 종에 달한다. 그렇다면 '어류'와 '거북류'란 무엇인가? 정말 젠센은 비둘기-쥐-원숭이-인간의 흐름이 온혈 척추동물의 진화적 연쇄 속에서 나타난다고 생각했던 것일까?

젠센이 품고 있는 진화의 상(像)은 은연중에 내포된 가치에 의해 단선적인 서열화를 선호하는 그의 편향을 드러내고 있다. 그러한 관점에 따르면, g는 거의 불가피한 필연이 된다. 그리고 젠센은 g를 서열화의 보편적 기준으로 사용하고 있다.

비교심리학은, 닭을 개로부터, 개를 원숭이로부터, 원숭이를 침팬지로부터 명확히 구분한다. 이러한 비교심리학에 의해 개발된 실험적 테스트의 공통된 특징은 이러한 동물들이 개략적으로 g의 크기에 의해서 측정될 수 있음을 시사한다. (……) g는 영장류에서 최대에 도달하는 폭넓은 생물학적 기초를 가진 종간(種間) 개념으로 간주될 수 있다.

g에 지상의 서열화의 수호자라는 실질적 지위를 부여하는 데 만족하지 않고, 젠센은 g를 우주 전체로 확장시켜 인지가능한 모든 지적 존재에서 g를 측정할 수 있을 것이라고 주장했다.

지능이라는 개념의 편재성은 우리가 상상할 수 있는 문화적으로 가장 이질적인 존재에서조차—우주 속의 외계 생명체—분명히 찾아볼 수 있다. (……) g를 갖지 않은 '지적' 생명체나 우리가 알고 있는 g와 양이 아닌 질적으로 다른 '지적' 생명체를 쉽게 상상할 수 있을까(p. 248).

젠센은 서스턴의 연구를 논했지만, 결국 서스턴이 2차 g를 승인했다는 이유로 그의 연구를 비판으로 인정하지는 않았다. 그러나 젠센은 만약 g가 단지 수학적으로 약한 2차적 효과밖에 없다면, 지능이 정신적 기능의 통일적이고 지배적 실체라는 주장을 지지할 수 없다는 사실을 인정하지는 않았다. 나는 젠센도 자신의 주장에 포함된 문제를 알아차리고 있었다고 생각한다. 왜냐하면 한 도표에서(p.220) 그가 고전적 g를 제1주성분으로 계산한 다음 단순구조축의 집합을 얻기 위해 모든 요인들을(g도 포함해서) 회전시켰기 때문이다. 따라서 그는 각각의 테스트에서 같은 것을 두 번—우선 g를 제1주성분으로서 기록하고, 그런 다음 단순구조축 사이에 분산된 동일한 정보를—기록해서, 일부 테스트에서는 총 100 퍼센트 이상의 정보를 주고 있다. 같은 그림에서 큰 g는 단순구조축 상에 큰 부하로 나타나기 때문에, 어떤 사람은 g가 단순구조 해(解)에서조차 크게 나타난다고 오해할 수도 있다.

젠센은 서스턴의 직교 단순구조를 경멸했고, "완전한 오류(p.675)"이며 "과학적으로 유례없는 잘못(p.258)"으로 간주했다. 젠센은 단순구조가 수학적으로 주성분과 등가라는 사실을 알고 있었다면, 왜 그토록 단호하게 거부했을까? 그는 그것이 "수학적인 측면이 아니라 심리학적인 그리고 과학적인 잘못이었다(p.675)"라고 주장했다. 왜냐하면 단순구조를 회전시킴으로써 "큰 일반 요인을 인위적으로 숨기거나 덮기(p.258)" 때문이다. 젠센은 악순환에 빠진 것이다. 그는 g가 존재하며 단순구조는 그 g를 소산(燒散)시키기 때문에 잘못이라는 선험적인 신념을 가정하고 있었다. 그러나 서스턴은 대체로 g가 수학적 인공물이라는 주장을 통해 단순구조 개념을 개발했다. 서스턴은 g를 분산시키고 싶었고 실제로 성공했다. 따라서 서스턴이 g를 분산시켰다는 것을 아무리 되풀이 주장해도 그의 입장에 대한 반증이 되지 못한다.

또한 젠센은 특히 백인과 흑인의 IQ 평균차가 흑인의 선천적 지능 결함을 나타낸다는 자신의 주장을 뒷받침하기 위해 g를 이용했다. 그는 백인과 비교해서 흑인의 점수가 크게 뒤떨어진 테스트를 사례로 거론하면서 낮은 점수가 g와 강한 상관을 나타내는 것을 "스피어맨의 흥미로운 가설(p.271)"이라고 인용했다.

이 가설은 테스트의 편향을 연구하는 데 중요하다. 만약 그 가설이 참이라면, 백인과 흑인 사이에서 테스트 점수의 차이가 나타나는 것은 주로 고유한 문화적 특수성에서 기인하는 것이 아니라 모든 능력 테스트가 공통으로 측정할 수 있는 일반 요인에서 기인하는 것이기 때문이다. 하나 또는 그 이상의 작은 군 요인과 연관된 집단간의 평균차는 설령 집단간의 평균차가 여러 테스트에 공통된 포괄적 일반 요인과 밀접한 관련이 있다 해도, 그것보다는 오히려 문화적 차이에 의해 더 쉽게 설명될 수 있는 것처럼 보인다(p.535).

여기에서 우리는 스피어맨적 전통에서 가장 오래된 주장이 부활하는 모습을 볼 수 있다. 그것은 선천적·지배적인 g와 학습을 통해 훈련될 수 있는 군 요인의 대비이다. 그러나 앞에서 내가 입증했듯이 g는 분명 실체가 아니며, 설령 실체라 하더라도 반드시 선천적이지 않다. 설사 스피어맨의 '흥미로운 가설'을 입증하는 데이터가 존재한다 해도, 그 결과가 젠센의 필연적이고 선천적인 차이라는 관념을 뒷받침할 수는 없을 것이다.

한 가지 점에서 나는 젠센에게 감사한다. 그것은 그가 스피어맨의 물화된 g가 지금도 인간집단 사이의 IQ 평균차를 유전론으로 정당화할 수 있는 유일한 희망임을 예증해주었기 때문이다. 헤른슈타인과 머레이의 『벨 커브』는 지능이 단일하고, 서열화할 수 있고, 선천적인 불변이라는 이론을 정당화하려는 시도를 빈약하게 만들고 급기야 붕괴시켰다. 이들도 스피어맨의 g의 오류를 자신들의 이론적 구조물의 기초로 삼고 있기 때문이다. 물화라는 개념적 오류는 출발부터 g를 괴롭혔고, 서스턴의 비판은 1930년과 마찬가지로 지금도 여전히 유효하다. 스피어맨의 g는 거역할 수 없는 실체가 아니라 그와 등가인 많은 대안들 중 하나인 수학적 해를 나타내는 것에 불과하다. g의 키메라와 같은 특성은 젠센의 연구,

『벨 커브』, 그리고 유전론학파 전체를 관통하는 곪고 악취나는 핵심이다.

마지막 생각

그것이 무엇이든 이름을 부여받은 것은 실체, 즉 존재자이고 그 자체의 독립된 실체를 가진다고 믿는 경향은 항상 강했다. 그리고 정작 명칭에 해당하는 참된 실체를 발견할 수 없을 때조차 사람들은 아무것도 존재하지 않는다고 생각하기보다는 무언가 특별하게 심오하고 신비스러운 것이 존재한다고 상상하곤 했다.

—존 스튜어트 밀

| 제7장 |

적극적 결론
─지금의 모습으로 머무르리라

적극적 결론
—지금의 모습으로 머무르리라

 작은 뇌를 가진 위대한 인물이었던 월트 휘트먼은(173쪽을 보라) 우리에게 "부정적 측면을 소중히 여겨라"라고 충고한다. 그리고 이 책은 그의 권고를 충실히 따랐다. 어떤 사람은 그렇지 않다고 강력하게 부인할지도 모르지만 말이다. 대부분의 사람들은 청소용 싸리비의 효용성을 인정할지언정 이런 종류의 책에는 좀처럼 호감을 갖지 않는다. 이런 책은 어떤 통합도 이루지 못하기 때문이다. 그러나 나는 이 책이 생물학적 결정론의 오류가 사회적 편견의 발로라는 사실을 폭로하는 것 이외에 아무런 효용성도 없다고 생각하지 않는다. 나는 우리가 진화한 동물이라는 부정할 수 없는 사실이 우리 자신에 대해 배워야 할 많은 것을 품고 있다고 믿고 있지만, 이런 식의 이해가 모든 것을 물화해서 서열화시키려는 우리의 견고한 사고습관—이 습관은 사회적 맥락에서 비롯되었고, 다시 그러한 맥락을 강화시킨다—을 뚫고 들어가기는 어렵다. 적어도 내가 전달하려는 메시지는, 다음과 같은 세 가지 이유에서 매우 실제적이다.

실증과학으로서의 폭로

반증이 과학의 부정적 측면을 나타낸다는 인상이 널리 유포되어 있지만, 그것은 잘못된 역사관에서 비롯된 것이다. 나는 이 책에서 일관되게 인종의 서열화가 사회적 편견임을 주장했지만, 그 배경에는 단선적 진보라는 관념이 깔려 있으며 이 단선적 진보라는 관점은 과학이 어떻게 발전해왔는지에 관한 잘못된 개념을 제기해주고 있다. 이 관점에 따르면, 모든 과학은 무지의 무에서 시작해 점점 더 많은 정보를 수집하며 진리를 향해 나아가고, 사실을 축적해서 이론을 구축한다. 이러한 세계에서는 축적한 지식의 용기(容器)로부터 썩은 사과만을 버릴 수밖에 없기 때문에 잘못을 폭로하는 행위는 본질적으로 부정적인 것이다. 그러나 이론의 용기는 항상 가득 차 있다. 과학은 그 출발부터 사실을 설명하기 위한 정교한 맥락과 함께 움직여왔기 때문이다. 창조론은 종의 기원에 대해 치명적인 잘못을 범했지만, 퀴비에의 창조론은 다윈 이론과 비교해도 결코 뒤지거나 공허한 세계관이 아니다. 과학은 추가가 아니라 교체에 의해 진보한다. 용기가 항상 가득 차 있다면, 썩은 사과는 더 나은 사과가 추가되기 이전에 반드시 폐기되어야 한다.

그렇다고 과학자가 오직 정화하고 제거하기 위해서만 잘못을 폭로하는 것은 아니다. 그들은 사물의 본질에 관한 다른 관점에서 낡은 관념을 반박하기도 한다.

폭로를 통한 학습

지속적인 가치를 가지려면, 올바른 폭로는 어떤 사회적 편견을 다른 편견으로 대체하는 것 이상을 해야 한다. 잘못된 관념을 제거하려면 폭로는 좀더 적절한 생물학을 적용해야 한다(사회적 편견 자체는 쉽게 뿌리 뽑히지 않을 수 있지만, 그 편견을 뒷받침하는 특정 생물학은 제거할 수 있다).

그동안 인간생물학, 진화론, 유전학에 관한 지식이 증대하면서 우리는 생물학적 결정론에 속하는 많은 이론들을 배격해왔다. 예컨대 모턴의 어처구니없는 실수는 통계 절차의 규범에 따르지 않을 수 없는 현대의 과학자들에게는 그처럼 대담하게 되풀이될 수 없다. 단일 유전자가 정신박약의 원인이라는 고더드의 주장에 대한 반론은 사회적 풍조가 변화했기 때문이 아니라 유전학 이론—다원발생 유전(polygenic inheritance)이라는 개념—의 큰 진전에 의해 초래된 것이다. 오늘날에는 터무니없는 생각으로 들릴지도 모르지만, 초기 멘델주의자들은 지극히 미묘하고 복잡한 특징(성격과 같은 비정치적인 해부학적 특징)조차 단일 유전자의 작용으로 설명하려고 시도했다. 다원발생 유전이론은 인간의 피부색과 같은 비교적 단순한 형질에도 많은 유전자가—그리고 많은 환경적, 상호작용적 영향이—관여한다는 것을 확인해준다.

보다 중요한 것은, 생물학적 지식이 반드시 필요하다는 근거를 제시해준다는 사실이다. 그것은 인간 집단 사이에 유전적 분화가 두드러지게 존재하지 않는 것이—이것은 결정론의 정체를 폭로하는 중요한 생물학적 기초이기도 하다—선험적이거나 필연적인 진리가 아니라 진화사에 포함된 우연한 사실이라는 점이다. 어쩌면 세계는 다른 방식이나 형태로 질서지워져 있는지도 모른다. 가령 우리의 선조인 오스트랄로피테쿠스의 한 종 또는 여러 종이 살아남았다고 가정해보자—새로운 종은 선조가 후손으로 총체적으로 변환되는 것이 아니라(일반적으로 적어도 일정 시기 동안 살아남는 선조와 공존하면서) 오래된 종으로부터 분기되면서 발생하기 때문에 이러한 가정은 이론적으로 완벽하게 있음직한 시나리오다. 우리는—호모 사피엔스—지적 능력이 현저하게 뒤떨어지는 인간의 종을 다루면서 도덕적 딜레마에 직면했다. 우리는 그들을 어떻게 다루어야 할 것인가?—노예? 근절? 공존? 하인? 보호구역? 아니면 동물원?

이런 관점에서 우리의 종인 호모 사피엔스는 유전적 능력이 분명히 다른 아종(인종)을 포함하고 있을 수 있다. 만약 우리 종이 수백만 년 전부터 존재해왔다면(실제로 많은 종은 그렇다), 그리고 각 인종이 대부분의 기간 동안 중요한 유전적 교환없이 지리적으로 격리되어 있었다면, 집단들 사이에 큰 유전적 차이가 완만하게 축적되었을 것이다. 그러나 호모 사피엔스는 기껏해야 수십만 년 전에 탄생했고, 모든 현생 인종은 불과 수만 년 전에 공통 선조로부터 분기했다는 게 정설이다. 우리는 몇 가지 두드러진 외견상의 특징이 중대한 차이라고 주관적으로 판단하곤 한다. 그러나 최근 들어 생물학자들은—이미 오래 전부터 추측했지만—인종 사이의 전체적인 유전적 차이는 놀랄 만큼 작다는 사실을 확인했다. 한 유전자가 여러 가지 상태로 나타날 빈도는 인종에 따라 다르지만, 우리는 어떤 인종에게는 존재하지만 나머지 인종에는 존재하지 않는 '인종 유전자'를 발견하지 못했다. 르원틴은(1972) 혈액의 차이를 암호화하는 17개의 유전자 변이를 연구했고, 변이의 약 6.3퍼센트만이 인종차에서 기인한다는 사실을 발견했다. 그리고 85.4퍼센트의 변이는 한 지역의 인구 집단 내에서 일어났다(나머지 8.3퍼센트는 한 인종 내의 지역 집단의 차이를 기록한다). 르원틴이 (개인적 서신에서) 말했듯이, 만약 엄청난 대량학살이 일어나서 뉴기니의 깊은 삼림 속에 사는 작은 부족이 유일한 생존자로 남았다 해도 오늘날 50억 인구의 무수한 집단들 속에 표현되어 있는 모든 유전적 변이는 보존될 수 있을 것이다.

   인간 집단들 사이의 제한적인 유전적 차이에 관한 정보는 흔히 가장 깊은 의미에서—생명을 구하기 위해—유용할 뿐만 아니라 무척 흥미롭다. 미국의 우생주의자들이 가난한 사람들의 질병의 원인을 그들의 열악한 유전적 구성으로 돌렸을 때, 그들은 단종 이외의 어떤 체계적인 치료도 제공할 수 없었다. 조지프 골드버거(Joseph Goldberger)가 펠라그라라는 병이 유전적 질환이 아니라 가난한 사람들 사이에서 나타나는 비타민 결핍증임을 증명한 후에야 그 치료가 가능해졌다.

생물학과 인간의 본성

   만약 사람들이 유전적으로 매우 흡사하다면, 그리고 인간사의 여러 측면을 생물학적으로 직접 사상(寫像)해야 한다는 과거의 주장이 인간의 본성이 아니라 문화적 편견의 반영에 불과하다면, 생물학은 우리 자신을 알기 위한 탐구의 지침으로 아무런 의미도 갖지 않게 될 것인가? 18세기 경험주의 철학자들이 상상했듯이, 우리는 태어날 때 완전한 백지 상태인가? 진화생물학자로서 나는 나의 전문적이고 근본적인 통찰을 부정하지 않는 한, 이러한 허무주의적 입장을 받아들일 수 없다. 인간과 다른 모든 생물체의 진화적 통합은 자연의 가장 오만한 종인 인간에게 주는 다윈 혁명의 핵심적인 메시지이다.

   우리는 분리될 수 없는 자연의 일부이다. 그렇다고 해서 인간의 고유성이 부정되는 것은 아니다. 동물 "이상의 그 무엇도 아니다"라는 말은 "신의 형상을 본따 창조되었다"는 언명과 마찬가지로 거짓이다. 어떤 의미에서 호모 사피엔스가 특수하다는 주장은 오만이 아니다. 모든 종은 나름의 방식으로 고유하기 때문이다. 과연 벌의 춤, 혹등고래의 노래, 인간의 지능 중에서 어느 것이 우수하고 어느 것이 뒤떨어진다고 판정할 수 있을까?

인간의 고유함이 이 세계에 미친 영향은 무척 컸다. 학습에 의해 얻은 지식이나 행동을 세대에 걸쳐 전달할 수 있는 새로운 종류의 진화를 확립했기 때문이다. 인간의 고유함은 무엇보다도 뇌에 있다. 이 고유성은 우리의 지능을 토대로 구축된 문화로 표현되며, 그것이 부여하는 힘은 세계를 움직인다. 인간 사회는 생물학적 변화의 결과가 아니라 문화적 진화에 의해서 변화한다. 우리 호모 사피엔스가 약 5만 년 전의 화석 기록 속에 나타난 이래, 뇌의 크기와 구조가 생물학적으로 변화했다는 어떠한 증거도 없다(브로카는 크로마뇽인의 두개골 용량이 우리보다 크지는 않지만 거의 같다고 정확하게 말했다). 이후 우리들이 이룬 모든 것—지구가 약 40억 년 전 지각(地殼)을 응고시킨 이래 경험한 사건 중에서 최단기간 동안 발생한 최대의 변화—은 문화적 진화의 산물이다. 생물학적(다윈주의적) 진화는 우리 종에서도 계속 진행되고 있다. 그러나 그 속도는 문화적 진화에 비하면 너무 느려서 호모 사피엔스의 역사에 미치는 충격은 지극히 작았다. 미국 흑인들 사이에서 겸형 적혈구 빈혈증(sickle-cell anemia)의 유전자 빈도가 감소해왔지만, 그동안 우리는 철도, 자동차, 라디오와 텔레비전, 원자폭탄, 컴퓨터, 비행기, 우주선 등을 잇달아 발명했다.

문화적 진화는 생물적 진화와 달리 '라마르크적' 방식으로—획득형질의 유전에 의해—작동하기 때문에 무척 빠른 속도로 진행될 수 있다. 한 세대가 배운 것은 어떤 것이든 인간이 문화적 연속성을 유지하기 위해 개발된 문서, 교육, 터득, 의식, 전통, 그밖의 수많은 방법들에 의해 다음 세대로 전달된다. 한편 다윈주의적 진화는 간접적 과정이다. 우선 유전적 변이는 유리한 특징을 형성하는 데 이용되어야 한다. 그리고 나서 자연선택이 그 특징을 보존해야 한다. 그러나 유전적 변이는 유리한 특징을 향해 선택적으로 발생하는 것은 아니라 임의적으로 나타나기 때문에 다윈주의적 진화과정은 완만하게 작동한다. 문화적 진화는 빠르지만 그 산물들이 유전자 속에 부호화된 것이 아니기 때문에 즉각 역의 방향으로 작용할 수 있다.

생물학적 결정론의 고전적 주장들이 실패한 이유는, 그 주장들이 집단 간의 구별을 위해 끌어들인 특징들이 일반적인 문화적 진화의 산물이기 때문이다. 결정론자들은 문화적 진화가 아니라 생물학적 진화에 의해 형성된 해부학적 특징 속에서 증거를 찾았다. 그리고 그 과정에서 그들은 능력이나 행동을 추정하기 위해 해부학을 이용하려고 했다. 하지만 그들이 해부학과 연결시킨 능력과 행동은 문화에 의해 일어난 것들이었다. 모턴과 브로카는 두개용량 자체에 대해서는 세 번째 발가락 길이의 변이만큼이나 관심이 없었다. 그들은 여러 집단들 사이의 평균 뇌용량 차이와 연관된다고 생각되는 지적 특성에만 관심을 기울였다. 오늘날 우리는 인간 집단 사이의 사고방식이나 태도의 차이가 일반적으로 유전이 아니라 문화적 진화의 산물이라고 믿는다. 요약하자면, 인간의 고유한 생물학적 기초가 오히려 생물학적 결정론을 부정한 셈이다. 우리의 큰 뇌는 지능의 생물학적 기초이며, 지능은 문화의 기초이다. 그리고 문화의 전달은 다윈주의적 진화과정이 한정된 범위에 국한되는 데 비해 보다 큰 영향력을 갖는 새로운 진화양식을 구축한다. 학습된 행동의 '전달'과 수정이 그것이다. 철학자 스티븐 툴민(Stephen Toulmin)이 말했듯이 "문화는 자연에 대해 내부에서 강제하는 힘을 가진다(1977, p.4)."

그리고 설령 사람의 생물학이 문화를 낳는다고 해도, 일단 발전한 문화는 인간 집단간의 유전적 변이와 거의 또는 전혀 무관하게 진화한 것 또한 사실이다. 그렇다면 생물학은 인간행동의 분석에 그밖의 아무런 유효한 역할도 하지 않았는가? 또한 복잡한 문화가 특정 수준의 지능을 필요로 한다는 무지몽매한 인식 이상의 통찰을 제공하지 못하고 단지 토대로 기여하는 것에 불과한가?

집단간의 행동적 차이나 우리 종의 근대사에서 인간 사회의 복잡성이 유전적 토대를 가진다는 것을 부정하는 나의 주장은 대부분의 생물학자들도 받아들일 것이다. 그러나 모든 문화권의 사람들이 공유하는 정신의 여러 가지 특성, 인격, 행동의 항상성에 대한 가정은 어떻게 받아들여야 할 것인가? 한마디로 요약하자면, 과연 보편적인 '인간의 본성'은 존재하는 것인가? 일부 생물학자들은 생물학적으로 조건지워진 '인간의 본성'을 형성하는 특수한 적응행동의 집합이 오래 전에 수립되는 과정에서뿐만 아니라 오늘날에도 적극적으로 유지되고 있다는 점에서 다윈주의적 진화과정에 상당한 역할을 부여할 것이다. 나는 이 오래된 전통적 주장이—가장 최근에 '인간 사회생물학(human sociobiology)'이라는 표현을 찾았지만—타당하지 않다고 믿는다. 그것은 생물학이 별반 연관성이 없고, 인간행동이 실체가 없는 문화만을 반영하기 때문이 아니라 인간 본성의 분석에서 생물학이 유전학에 비해 구속력이 적고 유전학과는 다른 역할을 수행하고 있음을 시사하기 때문이다.

사회생물학은 자연선택이 문제 삼는 개체의 번식 성공률의 차이를 현대적으로 해석하는 것에서 시작한다. 다윈주의의 정언명령에 따르면, 개체는 미래 세대에 대해 자기 유전자의 공헌도를 최대화시키는 방향으로 선택되며, 이것이 곧 다윈주의의 전부이다(다윈주의는 복잡성을 증대시키거나, 종이나 생태계에게 유리한 조화를 진화시키는 식의 진보적 이론이 아니다). 역설적이게도(많은 사람들에게 그렇게 느껴질 것이다) 이타주의와 이기주의는 모두 동일한 기준(개체의 번식 성공률의 차이)에 의해 선택될 수 있다. 친절함을 베푸는 행위는 개체들에게 이로움을 준다. 그것은 그 행위가 개체들 사이에 호혜 동맹의 끈을 이어주거나 이타주의의 유전자 복사본을 가진 근연종의 개체를 돕기 때문이다.

따라서 사회생물학자들은 이 기준으로 인간의 행동을 조사한다. 그들은 어떤 개체의 유전자 전달을 돕는 데 적응적이라고 생각되는 행동을 확인했을 때, 특정 행동 자체에 영향을 주는 유전적 변이에 작용하는 자연선택으로 그런 행동의 기원을 설명한다(이러한 설명은 적응의 추측에 불과하고, 그 이상의 어떤 증거에 의해서도 뒷받침되지 않는다). 사회생물학은 자연선택에 의해* 특수한 적응행동의 기원과 그 지속을 설명하는 이론이다. 따라서 이러한 행동은 유전적 기초를 갖지 않으면 안 된다. 자연선택은 유전적 변이 없이는 작동할 수 없기 때문이다. 예를 들어 사회생물학자들은 공격성, 원한, 외국인 혐오증, 추종, 동성애,** 그리고 상

---

* 지난 수년 동안 사회생물학을 둘러싸고 비등한 여론은 이 강한 주장으로 불이 붙었다. 그것은 특정 인간행동을 유전적으로 설명하려는 주장이다(적응에 대한 추론에 기반해서). 다른 진화론자들도 스스로를 '사회생물학자'라고 부르지만, 그들은 특정 행동에 대한 이런 종류의 억측을 거부한다. 만약 사회생물학자들이 생물 진화가 인간행동과 무관하지 않다고 생각하는 사람들이라면, 나는 모든 사람이(창조론자를 제외하고) 사회생물학자라고 생각한다. 그러나 이 지점에서 그 명칭은 의미를 상실한다. 인간 사회생물학은 인간행동의 어떤 특정의 적응적이고 유전적인 기초에 대한 분명한 이론으로 문헌에(전문적인 논문이나 일반적 저술로) 등장했다.

** 배타적인 동성애자는 아이를 낳지 않기 때문에 동성애가 적응에 부적당한 사례로 생각되는 경향이 있다. 따라서 나는 E. O. 윌슨(1975, 1978)이 제기했던 다음과 같은 이야기를 보고하겠다. 선조 인간 사회는 다수의 경쟁적 가족 단위로 조직되어 있었다. 일부 단위는 배타적인 이성애(異性愛) 집단이었고, 다른 집단의 유전자 풀은 동성애의 여러 가지 요소를 포함하고 있었다. 동성애자는 이성애 친족의 자손을 양육하는 데 도움을 주는 조력자로 기능했다. 이 행동은 동성애자의 유전자가 확산되는 데 도움이 되었다. 왜냐하면 그들이 양육을 도와준 많은 친척들은 동성애자 자신의 자손(만약 그들이 이성애자였다면 태어났을)이 전달했을 수 있는 것보다 훨씬 많은 동성애자의 유전자 복제를 가지고 있었기 때문이다.

향성 사회이동에서까지도 적응적이고 유전적인 토대를 밝혀내려고 시도했다(Wilson, 1975).

나는 현대생물학이, 생물학이 인간행동에 대해 아무것도 이야기하지 않는다는 절망적 주장과 행동의 특정 부분은 자연선택의 작용에 의해 유전적으로 프로그램되어 있다는 결정론적 주장 사이에 위치하는 하나의 모형을 제공한다고 생각한다. 생물학적 통찰에는 크게 두 개의 영역이 있다.

1. 결실이 풍부한 비유. 인간행동의 많은 부분은 틀림없이 적응적이다. 만약 그렇지 않았다면, 우리는 지금 이곳에 존재하지 않았을지도 모른다. 그러나 인간의 적응은 유전적 영향에 대한 좋은 논거가 아니며 적절하지도 않다. 앞에서 주장했듯이(468쪽), 인간에게 적응은 문화적 진화라는 비유전적인 경로로 일어나기 때문이다. 문화적 진화는 다윈주의적 진화보다 훨씬 빠르기 때문에 그 영향력은 인간 집단 내에서 나타나는 행동의 다양성 속에 널리 퍼져 있다. 그러나 적응행동이 비유전적이더라도, 그 의미를 해석하는 생물학적 유사성은 유용할 수 있다. 적응의 구속력은 종종 매우 강력한데, 일부 기능은 그 속에 내재하는 운동량이 학습되거나 유전적으로 프로그램되는 등의 특정 방식으로 진행되어왔을 것이다.

예를 들어, 생태학자들은 자연에서 나타나는 착취작용(exploitation, 육식동물이 초식동물을 잡아먹고, 초식동물이 식물을 먹는 것처럼 한쪽에는 유리하지만 다른 한쪽에는 불리한 작용)의 패턴을 연구하기 위해 '최적 징

동성애자 조력자를 가진 집단은 더 많은 자손을 남긴다. 그것은 그들이 동성애 구성원들의 비(非)생식으로 인한 잠재적 손실을 그들이 제공하는 부가적인 보살핌으로 인한 높은 자손 생존률로 벌충하고도 남았기 때문이다. 따라서 동성애자를 포함하는 집단은 궁극적으로 이성애자만으로 이루어진 집단보다 우세하며, 그 결과 동성애 유전자가 살아남았다.

발전략(optimal foraging strategy)'이라고 불리는 강력한 정량적 이론을 개발했다. 코넬 대학의 인류학자 브루스 빈터헬더(Bruce Winterhalder)는 온타리오호 북부의 크리어(Cree, 아메리카 인디언 가운데 한 부족의 언어. 현재 미국의 몬타나와 워싱턴주에 거주한다/옮긴이)를 하는 사람들의 사회가 사냥이나 덫을 놓는 행동에서 그 이론의 예측과 부분적으로 일치한다는 것을 입증했다. 빈터헬더는 인간이 행하는 수렵행위의 몇 가지 측면을 이해하기 위해 생물학 이론을 이용했지만, 자신이 연구대상으로 삼은 사람들이 생태학 이론이 예측한 것과 같은 방식으로 수렵하도록 유전적으로 선택되었다고는 생각하지 않았다. 그는 다음과 같이 썼다(1978년 7월의 사신(私信)).

인간의 수렵과 채집행동의 다양한 원인은 사회문화적 영역에 존재한다고 (……) 말하지 않을 수 없습니다. 그런 이유로 내가 사용한 모형들이 채택된 것이 아니라 개조되었고, 극히 한정된 분석범위에 응용되었습니다. (……) 예를 들어, 이 모형들은 **일단 사냥을 하기로 결정을 내리면** [강조는 원저자] 사냥꾼이 사냥할 수 있는 동물들 중에서 어떤 종을 추적할지 분석하는 데 도움을 줄 수 있습니다. 그렇지만 모형은 크리족 사람들이 왜 아직까지 사냥을 하는지(굳이 사냥을 할 필요가 없는데도 불구하고), 특정한 날에 사냥을 할지 건물을 짓는 동료들에게 합류할지에 대해 어떻게 결정하는지, 크리족 사람들에게 사냥의 의미가 무엇인지 등의 많은 중요한 문제를 분석하는 데에는 유용하지 않습니다.

이런 영역에서 사회생물학자들은 종종 가장 공통된 추론의 오류 중 하나에 빠지곤 했다. 그것은 유사성을 발견하고, 유전적인 동일성을 추론하는 것이다(이 경우에는 그야말로 문자 그대로!). 유사성은 유용하지만 한계가 있다. 유사성은 공통의 구속력을 반영할 뿐 공통의 원인을 나타내지는 않는다.

2. 생물학적 잠재성 대 생물학적 결정론. 사람은 동물이고, 우리가 하는 모든 행위는 어떤 의미에서 인간의 생물학적 조건에 의해 제약된다. 몇 가지 제약은 존재를 위해 필수불가결하기 때문에 우리는 그것을 거의 알아차리지도 못한다. 우리로서는 생명이 다른 방식으로 유지된다는 것을 결코 상상할 수 없기 때문이다. 성인의 평균 크기가 좁은 범위에 국한된다거나, 대형 생물이 곤충이 사는 표면장력이 지배하는 세계가 아니라 중력의 세계에 살고 있다는 등의 여러 가지 현상을 생각해보자(Went, 1968; Gould, 1977). 또는 인간이 지극히 무기력한 상태로 태어난다는 사실(많은 동물은 그렇지 않다), 아주 느린 속도로 성장하고 하루의 상당 부분을 수면으로 충당하지 않을 수 없다는 사실, 광합성을 하지 못하지만 고기와 야채를 모두 소화 흡수할 수 있다는 사실, 나이를 먹으면 늙고 결국 죽음을 면할 수 없다는 사실 등도 생각해보자. 이것은 모두 유전적 구성의 결과로, 인간의 본성과 사회에 중요한 영향을 미친다.

이러한 생물학적 한계는 매우 자명하기 때문에 지금까지 한 번도 논쟁의 대상이 되지 않았다. 뜨거운 논쟁이 벌어지는 주제는 우리가 많은 노력을 기울이지만 바꾸기 어려운(또는 버리기를 두려워하거나 그 자체를 즐기는) 특수한 행동들이다. 가령 공격성, 외국인 혐오증, 남성 지배 등이 그런 사례이다. 사회생물학자들은 이런 복잡한 행동의 원인을 단일 유전자의 탓으로 가정하는 낡은 우생학적 의미에서의 유전적 결정론자들이 아니다. 생물학자라면 누구나 왼쪽 아래턱에 나는 사랑니의 유전자가 없듯이 공격성에 '해당하는' 유전자가 존재하지 않는다는 것을 알고 있다. 우리는 유전의 영향이 다른 많은 유전자로 확산될 수 있고, 유전자들이 영향을 미칠 수 있는 범위가 제한되어 있다는 사실을 이해한다. 유전자는 정확한 복제를 위한 설계도를 제공하지 않는다. 어떤 면에서 사회생물학자들과 그 비판자들 사이의 논쟁은 이 범위의 폭을 둘러싼 논쟁인 셈이다. 사회생물학자들에게 이 범위는 특정 유전자를 소유함으로써 나타나는 예상가능한 결과로 특정 행동을 프로그램하기에 충분할 만큼 좁은 반면 그 비판자들에게는 사회생물학자들이 개별 유전자에 의해 부호화된 고유한 여러 가지 특성으로 원자화시킨 모든 행동을 포괄할 만큼 넓다.

그러나 다른 의미에서 사회생물학에 대한 내 비판은, 이러한 범위의 폭에 관한 단순한 양적 논의에 있지 않다. 반대자들이 유전자의 구속력을 좀더 인정하고, 사회생물학자들이 좀더 유연한 입장을 받아들이는 식의 중용의 지점에서 우호적인 타협점을 찾을 수는 없다. 왜냐하면 좁은 범위와 넓은 범위를 지지하는 사람들은 매끄러운 연속선 위에서 서로 다른 위치를 차지하는 것이 아니기 때문이다. 그들은 인간행동의 생물학적 본성에 관해 질적으로 다른 두 개의 이론을 가지고 있다. 만약 범위가 좁다면, 유전자는 어떤 특성을 부호화시키고 자연선택은 행동의 개별적 항목들을 별개로 만들어서 유지할 것이다. 반대로 그 범위가 매우 넓다면, 선택은 어떤 깊은 곳에서 작동하는 발생 규칙을 설정할 것이다. 그러나 특정 행동은 그 규칙들의 부수적인 현상으로, 그 자체가 다윈주의자의 주목을 받는 대상은 아니다.

나는 인간 사회생물학자들이 범주 설정에서 기본적인 잘못을 범했다고 생각한다. 그들은 인간행동의 유전적 기초를 잘못된 수준에서 찾았다. 그들은 발생 규칙의 구체적인 산물들 속에서—가령 조지의 동성애, 말타의 이방인 공포증—그것을 찾았지만, 그 규칙 자체는 인간행동 아래에 깊이 숨겨진 유전적 구조였다. 예를 들어, E. O. 윌슨(1978, p.99)은 이렇게 말했다. "과연 인간은 선천적으로 공격적인가? 이것은 대학

세미나나 칵테일 파티의 단골 주제이고, 온갖 정치적 이데올로그들에게 감정을 불러일으키는 주제이다. 이 물음에 대한 답은 '그렇다'이다." 윌슨은 그 증거로 역사상 전쟁이 만연했다는 사실을 들었지만, 최근의 전쟁억제 움직임에 대해서는 언급을 회피했다. "오늘날 가장 평화적인 종족이 종종 어제의 파괴자였다. 그리고 그들은 미래에 또다시 군인이나 살인자를 만들어낼 수도 있다." 그러나 어떤 사람들이 지금 평화적이라면 공격성 자체가 우리들의 유전자 속에 암호화되어 있을 리 없다. 그러니 이것은 단지 잠재적인 공격성을 가지고 있는 것에 지나지 않는다. 만약 선천성이 잠재성을 의미하거나 특정 환경에서만 그런 성향이 나타난다면, 우리의 모든 행동은 선천적일 것이며 따라서 선천적이라는 말은 그 의미를 잃게 된다.

공격성이란 다른 일반적인 환경에서는 평화스러움을 예상할 수 있는 생성규칙의 한 표현이다. 이 규칙에 의해 야기되는 특정 행동의 범위는 매우 넓고, 그것은 인간행동의 특징인 유연성을 나타내는 훌륭한 증거이다. 이 유연성이 그 규칙의 공통된 발현을 '선천적'이라고 명명하는 식의 언어적 오용에 의해 왜곡되어서는 안 된다. 이것이 특정 환경에서는 규칙의 발현으로 예상될 수 있기 때문이다.

사회생물학자들은 마치 갈릴레오가 정말 피사의 사탑에 올라가서(실제로는 올라가지 않았다) 여러 종류의 물체를 낙하시켜 각 물체의 운동에 대해 개별적인 설명을 구한 것처럼—포탄성(cannonballness)의 본질에 들어 있는 뭔가의 결과로서 포탄의 낙하를 설명하고, 깃털성(featherness)의 고유한 본질로 깃털이 느린 속도로 떨어지는 것을 설명하는 식으로—연구한다. 그러나 우리는 여러 낙하운동의 폭넓은 범위가 중력과 마찰저항이라는 두 가지 물리법칙의 상호작용으로 발생한다는 것을 알고 있다. 이 상호작용에 의해 무수한 낙하의 패턴이 나타날 수 있다. 그렇기 때문에 물체에 초점을 맞추어, 물체의 관점에서 그 운동을 설명하려 한다면 실패하고 말 것이다. 특정 행동 속에서 인간 본성의 유전적 기초를 찾는 것은 **생물학적 결정론**의 한 예이다. 내재하는 생성 규칙의 탐구는 생물학적 잠재성의 개념을 표현한다. 이 문제는 생물학적 본성과 비생물학적 환경의 관계가 아니다. 결정론과 잠재론은 모두 **생물학** 이론이지만 근본적으로 다른 수준에서 인간 본성의 유전적 기초를 구한다.

갈릴레오의 비유를 계속해서 만약 포탄이 포탄성에 의해 운동하고 깃털이 깃털성에 의해 운동한다면, 각각에 적합한 의미를 찾아 설명을 날조하는 것 이외에는 거의 아무것도 할 수 없다. 그리고 결코 위대한 역사적 실험—두 물체를 진공 속에 위치시켜 그 운동에 영향을 주는 조건을 동일하게 만들어서 똑같은 낙하운동을 관찰한다는—을 생각해낼 수도 없었을 것이다. 이 가설적 예는 생물학적 결정론의 사회적 역할을 잘 보여준다. 그것은 근본적으로 제한 이론이다. 다시 말해서, 그것은 오늘날의 환경에서 나타나는 범위를, 보다 광범위한 잠재성의 제한된 표현이 아니라 직접적인 유전적 프로그래밍의 표현으로 간주한다. 만약 깃털이 깃털성에 의해서 움직인다면, 그것이 깃털인 한 우리는 그 움직임을 바꿀 수 없다. 하지만 그 운동이 특정한 환경과 결부된 폭넓은 규칙들의 한 표현이라면, 다른 환경에서 폭넓은 행동범위를 예측할 수 있다.

일반적으로 인간의 해부학적 범위보다 그 행동범위가 훨씬 넓은 이유는 무엇일까? 행동의 유연성에 대한 주장은 단지 사회적 희망에 불과한 것인가, 아니면 생물학적으로도 타당한 것인가? 두 가지 다른 논거를 토대로 나는 폭넓은 행동범위가 우리의 뇌 진화와 그 구조적 조직화의 결과로 나타날 수밖에 없었다고 결론내렸다. 우선 첫째로 이처럼 큰 뇌를 진화시킬 수 있었던 적응의 이유들을 생각해보자. 인간의 고유함은 뇌가 할 수 있는 일의 유연함에 있다. 만약 지능이 프로그램되지 않은(또는 우리가 흔히 창조적이라고 말하는) 방식으로 문제에 대처하는 능력이 아니라면, 지능이란 도대체 무엇인가? 만약 지능이 우리를 다른 생물들과 구별시킨다면, 나는 자연선택이 행동의 유연성을 최대화시키는 방식으로 작용했기 때문이라고 생각한다. 생각하고 학습할 수 있는 동물들에게 다음 두 가지 중 어느 쪽이 더 적응적이었을까? 공격성, 증오, 배타성 등을 위해 선택된 유전자였을까 아니면 특정 환경에서는 공격성을 발휘하고 다른 조건에서는 평화적인 태도를 발현하는 학습 규칙의 선택이었을까?

둘째, 우리는 뇌의 모든 기본적 능력을 직접적인 적응의 결과로 간주해서 자연선택에 과도하게 큰 힘을 부여하지 않도록 경계해야 한다. 물론 인간이 이처럼 큰 뇌를 가지게 된 배후에 자연선택이 작용했으리라는 점은 의심의 여지가 없다―뇌는 어떤 분명한 역할들에(아마도 서로 상호작용하는 기능들의 복잡한 집합) 적응한 결과 커진 것이라고 확신한다. 그러나 이러한 가정이, 흔히 엄격한 다윈주의자들이 무비판적으로 수용하듯이, 뇌의 주요 능력이 자연선택의 직접적 산물이라는 관념으로 이어지는 것은 아니다. 우리의 뇌는 극도로 복잡한 컴퓨터이다. 만약 내가 한 공장에 경리용으로 훨씬 단순화된 컴퓨터를 설치한다고 해도, 이 컴퓨터는 지시된 역할과 무관한 훨씬 복잡한 그밖의 일까지 수행할 수 있다. 이러한 부가적인 능력은 직접적 적응이 아닌 구조 설계의 필연적인 결과이다. 이보다 훨씬 복잡한 유기체 컴퓨터인 뇌도 처음에는 단순한 이유에서 만들어졌지만, 놀랄 만큼 많은 부가적 능력을 가지게 되었다. 나는 이 부가적인 능력 속에 우리를 인간답게 만드는 대부분의 능력이 포함되어 있다고 생각한다. 선조들은 다섯 개의 방랑하는 광점(光點)과 두 개의 큰 원반이 오늘날 황도대(黃道帶)라 불리는 경로를 통과하는데도 대부분의 항성이 상대적 위치를 바꾸지 않은 이유를 읽거나, 쓰거나, 또는 의아스럽게 여기지도 않았다. 우리는 바흐를 민족 단결을 강화할 목적으로 음악의 효용성을 이용한 결과 탄생한 운좋은 부산물로 보거나, 셰익스피어를 수렵 집단을 유지할 목적으로 강화된 신화나 서사시의 역할을 운좋게 이어받은 인물이라고 생각할 필요는 없다. 사회생물학자들이 설명하려고 시도하는 상당수 행동상의 '특성'은 전혀 직접적인 자연선택에 의존하지 않았을 수도 있다. 따라서 생존에 결정적인 특성들이 결코 보여줄 수 없는 유연성에서 비롯되었다고 의미할 수도 있다. 이러한 구조적 설계의 복잡한 결과를 '특성'이라고 불러야 할까? 다양한 행동의 레퍼토리를 '사물' 집합으로 원자화시키려는 이 경향은 20세기의 지능 연구를 줄곧 괴롭혔던 물화라는 동일한 오류의 또 다른 사례가 아닐까?

유연성은 인간 진화를 보증한 인증서이다. 만약 내가 생각하듯이, 네오테니에 의해 인간이 진화했다면(이 책의 4장과 Gould, 1977, pp. 352~404를 참조하라), 우리는 비유적 의미 이상으로 영원히 아이이다(네오테니에서는, 발생 속도가 느려져서 선조의 초기 단계의 특징이 자손의 성인의 특징이 된다). 몇 가지 중요한 해부학적 특징은 우리를 영장류의 태아나 유년기와 연결시킨다. 작은 얼굴, 아치 형태의 두개(頭蓋), 신체의 크기에 비해 큰 뇌, 회전할 수 없는 엄지발가락, 직립자세에서 머리가 정면을 향하게 하기 위해 두개골 바로 아래쪽에 위치하는 대후두공, 머리와 겨드랑이 그리고 음부에 주로 분포하는 털 등이 그런 특징에 해당한다. 백문이 불여일견이라는 말이 있다. 그림 7.1을 보라. 탐색과 놀이, 그리고 행동의 유연함은 다른 포유류의 유아기 특징으로 성수(成獸)에서는 극히 찾아보기 힘들다. 우리는 어린 시절의 해부학적 각인뿐만 아니라 그 정신적 유연성도 함께 유지하고 있다. 자연선택이 인간의 진화과정에서 유연성을 증가시키는 방향으로 작용했다는 생각은 희망에서 나온 임시변통적인 개념이 아니라 인간 진화의 기본적 과정으로서의 네오테니를 시사하고 있다. 인간은 학습하는 동물이기 때문이다.

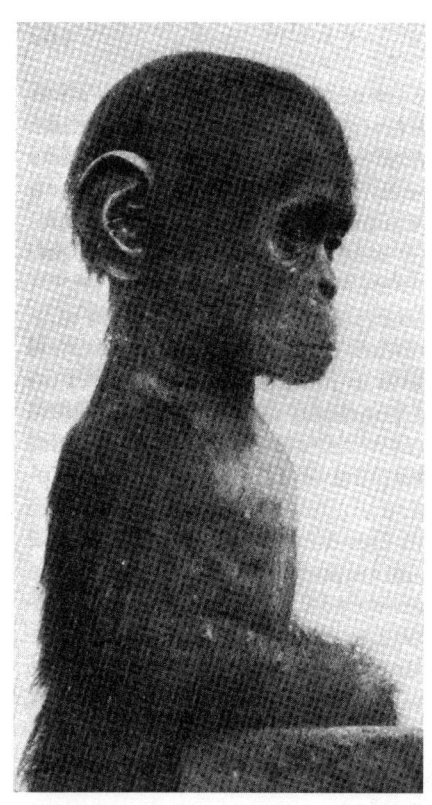

|그림 7.1| 어린 침팬지와 다 자란 침팬지를 보면 어린 침팬지가 인간과 훨씬 흡사하다는 것을 알 수 있다. 이것은 인간 진화의 네오테니적 원리를 예증한다.

T. H. 화이트(T. H. White)의 소설 『과거의 왕과 미래의 왕(The Once and Future King)』은 동물의 기원에 관한 우화를 이야기한다. 그의 말에 따르면, 신은 모든 동물을 배아(胚芽)로 만들었다. 그리고 신의 옥좌 앞으로 모든 동물을 불러서 그들이 원하는 대로 모든 신체 구조를 덧붙여 주었다. 모든 동물이 성수(成獸)의 분화된 특징을 선택했다. 가령 사자는 날카로운 발톱과 이빨을 골랐고, 사슴은 가지진 뿔과 발굽을 선택했다. 마지막으로 인간의 배아가 앞으로 나와서 이렇게 말했다.

"신이시여, 저는 당신이 저를 당신의 형상을 본따 만들었다고 생각합니다. 아마도 그 이유는 당신 자신이 가장 잘 알 것입니다. 따라서 그 모습을 바꾸는 것은 당신의 뜻을 거스르는 일입니다. 만약 제가 선택해야 한다면, 저는 지금의 모습에 머물 것입니다. 당신이 제게 준 어떤 부분도 바꾸지 않을 것입니다. (……) 저는 평생 약한 배아로 머물면서, 당신이 제 앞에 놓이는 것이 어울린다고 생각한 나무, 철, 그리고 다른 금속을 통해 스스로 사소한 도구를 만드는 데 평생을 바칠 것입니다. (……)" 그러자 창조주가 만족스러운 어조로 "좋다"라고 소리쳤다. "자! 너희 모든 배아들아, 부리든 발톱이든 모두 갖추고 나와서 최초의 인간을 보라. 그는 우리들의 수수께끼를 푼 유일한 존재이다. (……) 너, 인간이여 (……) 그들이 너를 묻을 때까지 너는 배아처럼 보일 것이다. 그러나 다른 모든 것들은 네 앞에 서면 배아에 지나지 않을 것이다. 영원히 미발달한 상태로 너는 언제나 우리의 이미지 속에 잠재성으로 남을 것이며, 우리의 슬픔을 이해하고 우리의 기쁨을 느낄 수 있을 것이다. 우리는 네게 연민과 희망을 동시에 품는다. 계속 행하라, 그리고 최선을 다하라."

| 에필로그 |

이루지 못한 꿈

1927년에 올리버 웬델 홈스 2세는 버크 대 벨(Buck v. Bell) 사건에서 버지니아주 단종법을 지지하는 대법원 판결을 언도했다. 정신박약으로 생각되는 아이를 가진 젊은 어머니 캐리 버크(Carrie Buck)는 스탠퍼드-비네 테스트에서 정신연령 9세로 판별되었다. 캐리 버크의 어머니는 당시 52세였지만, 정신연령은 7세로 나타났다. 홈스는 20세기에 가장 유명하고 냉혹한 언도 중 하나였던 이 판결에서 이렇게 말했다.

우리는 공공복지가 최고의 시민들에게 그 생명을 요구하는 경우를 한 차례 이상 보아왔다. 지금까지 국력을 약화시켜온 사람들에게 이 보잘 것없는 희생조차 요구되지 않는다면 기이한 일일 것이다. (……) 치우는 삼대로 족하다.

(이 문장은 흔히 '삼대의 백치'로 잘못 인용된다. 그러나 홈스는 당대의

전문용어를 알고 있었다. 그리고 버크는, 스탠퍼드-비네식에 의하면 정상은 아니었지만, 백치보다 한 단계 위였다.)

버크 대 벨 사건은 역사의 이정표이고, 내 마음속에 있는 먼 과거의 사건과 연결된다. 1927년에 베이브 루스는 60개의 홈런을 쳤다. 전설은 먼 과거에 일어난 일처럼 생각되기 때문에 더 아름다운 법이다. 따라서 나는 1980년 2월 23일자 『워싱턴 포스트』에 실린 한 기사에 큰 충격을 받았다. 서로 다른 시기에 일어난 끔찍한 사건들이 깔끔히 정리되어 보도되는 것만큼 곤혹스러운 일도 없기 때문이다. "버지니아주에서 7천5백 명 이상을 단종시켰다"가 그 기사의 제목이었다. 홈스가 지지한 법률은 1924년부터 1972년까지 48년간 시행되었다. 수술은 정신 위생시설에서 "미혼모, 매춘부, 경범죄자, 훈육상 문제가 있는 아이들"을 포함하는 정신박약자나 반사회적이라고 생각되는 백인 남녀에게 주로 행해졌다.

당시 70대였던 캐리 버크는 여전히 샤롯츠빌 인근에 살고 있었다. 여러 명의 기자와 과학자들이 만년의 버크와 그녀의 여동생 도리스를 방문했다. 두 사람 모두 정규교육은 많이 받지 않았지만 분명 유능하고 지적이었다. 그럼에도 불구하고, 도리스 버크는 1928년에 같은 법률에 의해 불임수술을 받았다. 후일 그녀는 배관공인 매튜 피긴스와 결혼했고 도리스 버크는 자신이 불임수술을 받았다는 사실을 알지 못했다. 그녀는 이렇게 회상했다. "그들은 내게 맹장과 탈장 수술을 한다고 말했어요." 따라서 그녀와 매튜 피긴스는 아이를 가지려고 시도했고 가임 기간 동안 세 군데 병원에서 의사의 진찰을 받았다. 그러나 아무도 난관(卵管)이 절단되어 있다는 것을 알아내지 못했다. 작년에서야 도리스 버크는 그녀를 평생 동안 짓누른 슬픔의 원인을 알아냈다.

냉혹한 계산에 따른다면, 통치자의 독단이나 광인(狂人)의 계획을 지지하기 위해 벌어진 전쟁에서 죽은 수백만 명의 전사자를 떠올리면 도리스 버크의 실망은 아무것도 아니라고 생각할 수도 있다. 그러나 한 사람이 이루지 못한 꿈의 비통함은 누구도 측량할 수 없다. 아무런 힘도 없는 한 여성의 희망이 민족의 순수성을 위해 진행된 이데올로기의 이름하에 공권력에 무참히 짓밟힌 것이다. 도리스 버크의 단순하고 웅변적인 증거가 수백만 명의 죽음과 절망을 대변하면서, 안식일이 인간를 위해 있는 것이지 안식일을 위해 인간이 있는 것이 아니라는 말을 떠올린다. "나는 쓰러져서 울부짖었다. 남편과 나는 절실하게 아이를 원했다. 우리는 정말 아이를 갖고 싶었다. 나는 그들이 내게 한 짓을 전혀 모르고 있었다."

| 에세이 1 |

『벨 커브』에 대한 비판

사회적 억압이 가져온 『벨 커브』의 성공

리처드 헤른슈타인과 찰스 머레이의 『벨 커브』는 과학적 방법인 실험의 의미를 통찰할 수 있는 좀처럼 얻기 힘든 훌륭한 기회를 제공한다. 복잡한 변수들의 숫자를 줄이는 것은 모든 실험에서 가장 절실하게 요구되는 사항이다. 우리는 벌이 날고 꽃이 만발하는 외부 세계의 혼돈상태를 모두 실험실로 끌어들인 후, 인위적인 단순화를 통해 그밖의 모든 조건들을 일정하게 통제하면서 한 번에 하나의 잠재적인 요인만을 변화시키려고 시도한다. 하지만 종종 이러한 실험적인 방법을 사용할 수 없는 경우가 있다. 특히 실험실에 도입시켰을 때 조사대상이 파괴되는 대부분의 사회현상은 더욱 그러하다. 그때 우리는 자연 속에 있는 단순화의 지침을 동경하게 된다. 외부 세계가 우리들에게 결정적인 몇 가지 요인을 향상시키는 호의를 베풀어줄 때면, 우리는 이해를 가능하게 해주는 자연의 후원에 감사할 따름이다.

『벨 커브』처럼 많은 관심을 끄는 책이 나오면, 우리는 그처럼 흥미를 끄는 원인이 무엇인지 알고 싶어진다. 사람들은 대부분 그 원인이 책의 내용에—가령 놀랍도록 새로운 사실이나 오랫동안 의심되다가 설득력 있는 사실에 의해 입증된 것처럼—있다고 생각할 것이다. 그러나 그 원인이 경우에 따라서는 사회적 수용성이나 단순한 과대선전에 있을지도 모를 일이다. 『벨 커브』에는 새로운 주장이 포함되어 있지 않으며 시대착오적인 사회다윈주의를 뒷받침하는 명백한 자료도 제공되어 있지 않다. 그 때문에 나는 이 책이 초기에 거둔 대단한 성공의 원인이 우리 시대의 억압적 분위기를 반영한 것이 틀림없다고 결론내리지 않을 수 없었다. 당시(1994)는 전례를 찾을 수 없을 만큼 관용이 결여된 역사적 시기였고, IQ의 낮은 점수로 표현되는 타고난 인지능력의 한계 때문에 도움을 주어도 소용이 없다는 주장에 의해 사회적 지원 프로그램의 중단을 선동하는 분위기가 고조된 시기였다.

『벨 커브』는 분명히 다르지만 연속성을 갖는 두 가지 주장에 기반하고 있다. 이 주장들은 모두 사회철학으로서의 생물학적 결정론이라는 고전적인 체계를 그대로 포함하고 있다. 첫번째 주장(1~12장)은 사회다윈주의의 교의가 맨 처음 수립되었을 당시의 모습으로 시작된다(흔히 '사회다윈주의'라는 말은 사람들의 차이가 생물학적 근거에서 비롯됐다는 진화론적 주장을 의미하는 것으로 사용되어왔다. 그러나 원래 의미는 산업 사회 내의 계급 구성에 관한 특정 이론, 특히 유전적으로 뒤떨어진 사람들로 구성된 영원히 가난한 하층계급이 불가피하게 그런 운명을 타고났다는 관념을 언급하는 것이었다).

『벨 커브』가 포함하는 것은 사회다윈주의의 절반에 해당하며, 이 생각은 평등주의의 자기모순에서 발생한다. 귀족 가문이나 부모의 부(富)라는 행운에 의해 상류계층의 지위를 유지할 수 있는 사람들이 있는 한, 그리고 재능에도 불구하고 경멸받는 사회계급의 구성원들이 계층상승을 할 수 없는 한, 사회적 계층화는 지적 우수성을 반영하지 않으며 뛰어난 사람들은 모든 계층에 분산될 수밖에 없다. 그러나 진정한 기회균등이 달성된다면, 우수한 사람들이 상승해 하층계급에는 지적으로 무능한 사람들만이 남게 된다.

이러한 19세기의 주장은 20세기의 여러 전사들을 매료시켰다. 그중에는 프랑스에서 비네가 처음 만든 테스트를 수입해 스탠퍼드-비네 IQ 테스트를 개발한 후 테스트 결과에 유전론적 해석을 가한(비네는 이런 종류의 테스트가 개발되는 것을 강하게 거부했다) 스탠퍼드 대학의 심리학자 루이스 M. 터먼이나 출생률을 높이기 위해 고학력 여성에게 보상을 해주는 우생학적 프로그램의 제도화를 시작했던 싱가포르 수상 리콴유(Lee Kuan Yew), 『벨 커브』의 공저자이며 1971년 월간 『애틀랜틱』에 출전도 밝히지 않고 이러한 주장을 되풀이한 논문을 발표한 리처드 헤른슈타인도 포함되어 있다.

그들의 일반적인 주장은 상당히 흥미있고 논리적이지만, 최근 헤른슈타인과 머레이가 제기한(그러나 이 전제는 거의 논의되지 않았고, 변호도 이루어지지 않았다) 네 가지 의심스러운 전제는 입증을 요구한다. 그들의 정식화에 따르면 지능은 단일한 수치로 나타낼 수 있고, 그 수치에 의해 사람들을 선형적으로 서열화할 수 있으며, 유전에 기반하기 때문에 사실상 불변해야 한다. 만약 이러한 전제 중 어느 하나라도 거짓이라면, 이 논의 전체는 붕괴된다. 예를 들어 불변성을 제외하고 나머지 가정이 모두 옳다면, 교육 초기의 개입 프로그램은 IQ를 항구적으로 향상시키는 데 유용하게 작용할 수 있다. 그것은 안경이 유전적인 시력장애를 교정할 수 있는 것과 마찬가지다. 그러나 이 전제의 대부분이 틀렸기 때문에

『벨 커브』의 중심적인 주장은 실패했다.

두 번째 주장(13~22장)은 대부분의 비평이 집중되는 피뢰침 같은 부분으로, 사회적 계급에 의해 타고난 인지능력이 계층화된다는 주장을 IQ의 유전적·인종적 차이로 확장시킨 것이다. 내용의 핵심은 아시아인에 비하면 코카서스 인종이 약간의 우위를 차지하지만, 아프리카인의 후손에 비하면 훨씬 우위에 선다는 것이다. 이 주장은 인종 연구만큼이나 오래된 것이다. 지난 세대의 논의는 아서 젠센의 세련된 연구와(『벨 커브』에서 제기되는 어떤 연구보다 훨씬 정교하고 다양하기 때문에 그 주장과 오류를 파악하기에는 훨씬 좋은 자료이다) 윌리엄 쇼클리의 괴팍한 변호에 집중되었다.

집단 내의(예를 들어, 백인) IQ 유전성으로 집단간의(예를 들어 백인과 흑인) IQ 평균차를 설명하는 방식의 핵심적인 오류는 오늘날 헤른슈타인과 머레이를 비롯해서 모든 사람들에게 주지의 사실로 인정되고 있지만, 아직까지 하나의 사례로 다시 언급할 가치는 충분하다. 예를 들어 많은 사람들이 주장했던 IQ보다 훨씬 유전성이 강하지만 정치적으로는 쟁점이 되지 않았던 특성인 키에 대해 살펴보자. 가령 내가 영양실조의 만연으로 고통받는 가난한 인디언 마을의 성인남자의 신장을 측정했다고 하자. 성인남자의 평균신장이 168센티미터로 오늘날 미국인의 평균신장인 약 175센티미터보다 작다고 가정하자. 이 마을의 유전성은 높을 것이다—이 말은 키가 큰 아버지가(평균 173센티미터) 키 큰 아들을 낳고, 키 작은 아버지가(평균 163센티미터) 역시 키 작은 아들을 낳는 경향이 있다는 것을 뜻한다—그러나 마을 내에서의 높은 유전성이 영양 상태가 개선되어도 수세대 동안 평균신장이 178센티미터(미국인의 평균 신장보다 큰) 이상 될 수 없다는 뜻은 아니다. 마찬가지로 미국의 백인과 흑인 사이의 IQ 평균차가 15로 기록되어 있지만 이 차이는 각 집단의 가계(家

系) IQ의 유전성을 기반으로 한 것이며, 이 사실을 기초로 똑같은 조건이 주어져도 흑인의 평균이 백인의 평균 이상으로 증가하지 않는다는 결론을 내릴 수는 없다.

헤른슈타인와 머레이는 이러한 비판을 알고 있고, 또한 인정했기 때문에 백인과 흑인의 평균 IQ 차이의 대부분을 돌이킬 수 없는 유전적 이유로 돌리기 위해서 일반적으로 인정받을 수 있는 정황적인 사례를 구축해야 했다―한편에서는 상당히 많은 흑인의 IQ가 백인 평균을 상회하기 때문에 특정 개인을 판정하는 데 평균 차이가 전혀 도움이 되지 않는다는 것을 올바르게 주장했다. 이미 진부해진 분야의 낡아빠진 수법에 동원되는 수사(修辭)는 논외로 치더라도―"내 친한 친구 몇 사람이 그룹 X이다"라는 식의―헤른슈타인과 머레이는 불가지론만이 허용되는 복잡한 사례를 영속적이고 유전가능한 차이를 뒷받침하는 편향된 사례로 변환시킴으로써 공정성을 위배한다. 그들은 자신들에게 유리한 작은 지푸라기들을 모두 커다란 오크 나무로 둔갑시켜 이러한 전환을 강행했다. 한편 환경적 영향이 강해서 교육이나 훈련에 의해 변화가능하고 유전적 평균차가 적은 사례는, 언급하기는 했지만 지나치게 과소평가했다(가난한 흑인 아이가 유복하고 지적인 가정의 양자로 들어가서 괄목할 만큼 높은 점수를 얻은 사례; 제2차 세계대전 이후 일부 국가의 평균 IQ 상승 수치가 현재 미국의 백인과 흑인 사이의 점수 차이인 15점과 완전히 일치하는 사례; 독일여성과 미군 사이의 사생아로 태어나 독일에서 독일인으로 자란 아이들 중에 흑인이 부친인 집단과 백인이 부친인 집단 사이에서 인지능력의 차이를 찾아내는 데 실패한 사례 등).

『벨 커브』의 이러한 시대착오는 혼란스럽게 여겨지지만, 나는 그 저서에서 처음부터 끝까지 일관되게 드러나는 불성실함에 훨씬 큰 비애를 느낀다. 저자들은 사실을 누락시키고, 통계적 방법을 오용하고, 자신들이

한 말의 귀결을 인정하려들지 않았다.

내용의 불성실성

『벨 커브』를 집어삼킨 선전의 바다는 머레이와 헤른슈타인이 "대중적 주제로서의 지능의 발화점; 인종간 유전적 차이의 문제"(『뉴 리퍼블릭(New Republic)』, 1994년 10월 3일자)라고 부른 대목에서 편향을 드러낸다. 더구나 출판 이후, 머레이는 기회주의적인 태도를 보이면서 인종문제가 이 책의 가장 중요한 주제라는 사실을 계속 부정했고, 오히려 이 특정 주제를 집중적으로 조명한 언론을 비난했다. 그는 헤른슈타인과 공저자로(그는 출판 1개월 전에 세상을 떠났다) 『뉴 리퍼블릭』에 "우리가 이 논의에 기여하게 되기를 바라는 것이 바로 이 점이다. 우리는 그것을 굵은 글씨로 강조한다. 만약 우리가 그것에 새로운 빛을 비출 수 있다면, **그 답은 그리 중요한 문제가 아니다**"라고 썼다.

평균적으로 우둔한 집단에 속해 있더라도 특정 개인이 드물게 뛰어난 재능을 가질 수 있다는(그러므로 집단 평균에 판단을 맡겨서는 안 된다는) 주장은 좁은 의미에서 충분히 타당하다. 그럼에도 불구하고, 머레이가 『벨 커브』에서 거의 비슷한 분량을 할애한 두 가지 주된 주제 중 하나로 인종을 다루었다는 사실을 부정할 수는 없을 것이다. 더욱이 집단간의 차이에 대해 그가 강력하게 제기한 주장이 민족성의 의미와 그 귀결에 대해 강박관념에 붙들려 있는 사회에 정치적 영향을 주지 않은 것처럼 가장할 수도 없을 것이다. 다음과 같은 『벨 커브』의 서문 첫 문장이 개인 차이와 집단 차이라는 두 가지 주제를 동등하게 다루고 있음을 분명히 인정하고 있다. "이 책은 국민이나 집단의 지적 능력의 차이에 대해, 그리고 이러한 차이가 미국의 미래에 대해 갖는 의미에 관한 것이다." 게다가 머레이와 헤른슈타인은 『뉴 리퍼블릭』에 기고한 논문을 인종간 차이가 자신들이 가진 가장 핵심적인 주제임을 명확히 드러내는 말로 시작하고 있다. "미국에서 인종에 대한 나의 개인적 물음은 대중들의 그것과는 크게 다르다."

논의의 불성실성

『벨 커브』는 수사(修辭)라는 측면에서 과학주의의 걸작이며, 숫자가 비전문적인 평자에게 주는 특별한 종류의 불안과 혼란스러움을 가장 잘 활용한 사례이다. 이 책은 845쪽에 달하며, 도표로 가득 찬 100쪽 이상의 부록을 포함하고 있다. 따라서 이 책은 무척 복잡하고 어렵게 느껴져, 평자들은 그 주장이 잘못된 것이 아닌지 의심이 들어도 실질적으로 판단할 수 없다는 생각에 움츠러들어 판에 박힌 말을 늘어놓게 된다. 실제로 미키 카우스(Mickey Kaus)는 『뉴 리퍼블릭』(10월 31일자)에 그런 비평을 실었다. 그는 "『벨 커브』를 읽은 일반 독자(lay reader)로서, 나는 공정한 판단을 내릴 수 없다." 또한 같은 호에서 레온 뷔젤티에르(Leon Wieseltier)는 이렇게 썼다. "머레이는 그의 과학의 견고함(hardness) 뒤에 자신의 정치적 견고함을 숨기고 있다. 그러나 내가 아는 한, 그의 과학은 견고하지 않다. (……) 아니, 나는 그렇게 생각한다. 나는 과학자가 아니며, 정신측정학에 대해서도 문외한이다." 피터 파셀은 『뉴욕 타임스』(1994년 10월 27일자)에 쓴 글에서 이렇게 말했다. "그렇지만 이 평자가 생물학자가 아니기 때문에 그 논의는 전문가에게 맡기도록 하자."

사실 『벨 커브』는 극단적으로 일차원적이다. 이 책은 입수가능한 데이터의 범위를 조사하려는 시도조차 하지 않았고, 논쟁의 소지가 큰 이 주제에 많은 정보를 제공하는 풍부한 역사에 거의 주의를 기울이지 않았다(이 대목에서 오늘날 지식인들에게 진부한 문구가 되어버린 산타야나의 격언을 상기시키고 싶다. "과거를 기억할 수 없는 사람은 그 과거를 되풀이할 수밖에 없다"). 실질적으로 모든 분석은 단일한 데이터 집합에 적용된 단일한 기법에 기초를 두고 있다. 아마도 모든 작업이 단 한 차례의 컴퓨터 프로그램 실행으로 이루어졌을 것이다(나는 저자들이 가장 적절한 통계적 방법으로 사용한 다변수회귀법과 최선의 정보원으로 삼은 전국청소년장기 추적조사[National Longitudinal Survey of Youth]가 타당하다는 점을 인정한다. 그러나 이 절의 뒷부분에서 그들의 절차에 포함된 핵심적인 오류를 파헤칠 작정이다. 더구나 『벨 커브』에서 개진된 것과 같은 포괄적인 주장은 이처럼 제한된 접근방식으로는 적절하게 방어할 수 없다. 즉 그들은 자신들의 주장을 뒷받침하거나 부정할 수 없다).

아무리 일반 평자라도 숫자의 권위에 짓눌리지만 않는다면, 『벨 커브』의 뻔히 들여다보이는 오류와 부적당함을 지적할 수 있을 것이다. 헤른슈타인과 머레이의 문장 자체는 알기 쉽게 씌어 있고, 그들이 저지른 실수는 명백해서 쉽게 파악할 수 있다. 나는 그 오류를 두 종류로 나누어 살펴볼 것이다. 그것은 생략과 혼동, 그리고 내용이다.

1. **생략과 혼동** : 자신의 판단능력을 부인했지만, 미키 카우스는(『뉴 리퍼블릭』에서) "처음 두 가지 주장"이 "'인종 차이'에 대한 비관적인 논증을 유효하게 만들기 위해" 절대적으로 필요하다고 올바르게 지적했다. 이 두 가지는 지적 능력에 단일하고 일반적인 척도가 있다는 것과 이 능력의 측정을 뜻하는 IQ 테스트가 (……) 문화적으로 편향되지 않았다는 주장이다.

그들의 전체적인 논증의 필요조건에 해당하는 이 중심적인 주장에 대해, 저자들이 『벨 커브』에서 아무런 정당화도 제출하지 않는다는 사실만큼 나를 화나게 하는 것도 없다. 그들은 머릿속에 실재하는 특성을 측정한 수치로서의 IQ의 실재, 즉 1904년에 찰스 스피어맨이 처음 확인했던 그 유명한 지능의 '일반 요인(g라고 알려진)'을 입증하지 못한다. 머레이와 헤른슈타인은 『뉴 리퍼블릭』에 발표한 논문에서 이 쟁점이 해결되었다고 선언했을 뿐이다. "오늘날 전문가들 사이에서 인지능력의 일반 요인으로 하나의 실체가 존재하며, 그것은 사람에 따라 다르고 이 일반 요인은 여러 표준화된 테스트, 특히 그런 목적으로 설계된 IQ 테스트에서 합리적으로 측정할 수 있다는 것은 논쟁의 여지가 없는 사실이다."

이 말은 극단적인 혼란을 표출하고 있다. 왜냐하면 그들이 "전문가"를 "g와 그 화신인 IQ의 전통 속에서 연구하는 정신계측학자 집단"으로 규정하고 있기 때문이다. 심지어 저자들은 정신계측학적 해석을 둘러싸고 현재 세 학파가 논쟁을 벌이고 있고, g와 IQ에 대한 자신들의 견해를 지지하는 것은 그중 한 학파에 불과하다는 점도 인정한다(pp. 14~19)— 세 학파는 『벨 커브』에서 옹호되고 있는 고전파("구조로서의 지능"), 수정주의파("정보처리로서의 지능"), 그리고 급진파(지능이 많은 요인으로 이루어진다는 "다인자지능이론[多因子知能理論]")이다.

이 핵심적인 쟁점은 스피어맨이 1904년에 그 개념을—요인분석—창안한 이래 g가 계속 유지된 까닭을 이해하는 열쇠가 되는 유일한 이유를 논하지 않고서는 해결은 고사하고 이해조차 불가능하다. 헤른슈타인와 머레이가 요인분석의 논증을 거의 언급하지 않고 있다는(두 절에서 잠깐 스쳐가고 있을 뿐이다) 사실은 『벨 커브』의 내용이 얼마나 빈약한지 스스로 고백하고 있는 셈이다. 저자들은 순수하고, 대체로 유전되고, 일반적인 인지능력의 측정으로 IQ가 실재한다는 주장을 토대로—그리고 그것이 확실하게 존재한다는 이론적 기반에 대해 찬성이나 반대에 대한 아무런 언급도 없이—어떻게 800쪽에 달하는 책을 쓸 수 있었을까? 이 대목에서 "주인공 없이 조언자들만 등장하는 연극"이라는 풍자적인 문구가 떠오른다.

일반적으로 인정되듯이, 요인분석은 어려운 수학적 주제이지만 1930

년대에 L. L.서스턴에 의해 개발된 기하학적 정식화로 일반 독자들도 쉽게 이해할 수 있게 되었다. 나도 이 책의 7장에서 그런 방식으로 요인분석을 설명했다. 몇 개의 그래프만으로는 충분한 설명이 불가능하기 때문에 지금부터 몇 가지 개략적인 단서를 설명하겠다. 그렇지만 설령 그 내용이 난해하게 여겨진다고 해서 독자들이 자신의 IQ를 의심할 필요는 없다.

요약하자면, 다양한 지능 테스트에서 나오는 개인의 성적은 정의 상관을 나타내는 경향이 있다. 이것은 한 종류의 테스트에서 좋은 성적을 얻으면 다른 테스트에서도 마찬가지 결과를 얻는 경향이 있다는 말이다. 이 결과는 그다지 놀랍지 않으며, 순수한 유전적 해석이나(좋은 점수를 얻게 하는 머릿속의 선천적 실체 덕분이라는) 순수한 환경적 해석(좋은 책, 어린 시절의 충분한 영양 공급이 점수를 높이는 데 기여했다는) 모두가 가능하다. 따라서 정의 상관 그 자체는 그 원인에 대해 아무것도 알려주지 않는다.

찰스 스피어맨은 테스트 사이에서 나타나는 정의 상관 배후에 있는 공통된 요인을 가장 잘 식별하는 단일한 축—그는 그것을 g라고 불렀다—을 찾아내기 위해 요인분석을 이용했다. 그러나 후일 서스턴은 그 요인축을 다른 위치로 회전시켜 간단히 g가 사라질 수 있다는 것을 입증했다. 한 번의 회전으로 서스턴은 테스트들 중에서 가장 넓게 분리된 속성들에 인접한 곳으로 축들을 위치시켰다. 그로 인해 다인자지능이론(언어, 수학, 공간에 해당하는 복수의 능력이 존재하며, 이 모두를 지배하는 g는 존재하지 않는다는 이론)이 태어났다. 이 이론은(머레이와 헤른슈타인의 분류에 따르면 '급진파'에 해당한다) 1950년대의 J. P. 길포드를 포함해서 수많은 걸출한 정신계측학자들의 지지를 받았으며, 오늘날에는 하워드 가드너(Howard Gardner)가 가장 유명한 지지자다. 이 관점에 따르면

g는 고유한 실재를 가질 수 없다. 왜냐하면 g가 테스트들 사이에서 상관의 수학적 표현의 한 형태로 출현하며, 설명되어야 하는 정보의 총량과 완전히 등가인 다른 형태의 표현에서는 사라지기(또는 최소한 극히 약해지기) 때문이다. 어쨌든 요인분석에 대한 명확한 해설 없이는 결코 이 주제를 이해할 수 없다. 따라서 『벨 커브』는 이 중심적인 개념에 대해 완전히 책임을 회피하고 있는 셈이다.

카우스가 제기한 "문화적 편향"이라는 두 번째 주제에 대해, 『벨 커브』가 드러내는 편향은 아서 젠센이나 그밖의 유전론자들에게 필적할 만하다. 그들은 편향(나는 그것을 '통계적'인 편향이라는 의미에서 'S-편향'이라고 부른다)의 전문적(그리고 올바른) 의미를 대중적인 논쟁을 선동하는 전혀 다른 통속적 의미의 편향(나는 그것을 'V-편향'이라고 부르겠다*)과 혼동하고 있다. 이들 유전론자들은 모두 테스트가—통계학적 정의에 따라—편향되어 있지 않다고 하늘과 땅에 맹세한다(물론 이 점에 대해서는 나도 그들에게 동의한다). S-편향이 없다는 것은 다른 집단의 구성원이 같은 점수를 얻었을 때 동일한 결과를 예측할 수 있음을 뜻한다. 즉 흑인과 백인이 똑같이 100점을 받았다면, 두 사람의 IQ가 예측할 수 있는 동일한 확률의 결과를 얻는다는 의미이다(나는 지능 테스트가 S-편향을 포함하지 않기를 바란다. 만약 검사관이 세심하게 문제를 선택하고 질문을 구성해서 그러한 불공정의 근원을 제거할 수 없다면, 테스트를 부과하는 직업 자체가 완전히 가치를 상실하게 될 것이기 때문이다).

그러나 대중적인 관심사의 원천인 V-편향은 전혀 다른 문제를 포함하고 있으며, 안타깝게도 그 주제 역시 같은 용어를 사용하고 있다. 대중은 흑인의 평균이 85점인지, 백인이 100점인지 여부를 알고 싶어한다. 그것

---

* 옮긴이주 | s는 'statistical'의 머리글자이고, v는 'vernacular'의 머리글자이다.

은 우리 사회가 흑인을 평등하게 다루지 않기 때문이다. 다시 말해서 흑인의 낮은 점수가 이러한 사회적 의미에서의 편향을 나타내고 있는지의 여부를 알고 싶은 것이다. 그리고 이러한 결정적 문제는(우리는 그 답을 알지 못한다) S-편향이 존재하지 않는다는 것을 증명함으로써 다루어질 수 없다(이것이 『벨 커브』가 정확하게 다룬 유일한 주제이다).

2. 내용: 앞에서도 설명했듯이, 『벨 커브』의 거의 모든 자료는 사실상 하나의 분석에서 도출되었다. 즉 다변수회귀라고 불리는 방법으로 범죄, 실업, 혼외정사로 인한 사생아 출생(각각을 독립변수로 취급한다)처럼 우리의 관심을 끄는 사회적 행동을 IQ나 부모의 사회경제적인 지위(역시 독립변수로 다루어진다)와 대비해서 그래프에 플롯하는 것이다. 처음에 저자들은 IQ를 일정하게 유지시키면서 사회적 행동과 부모의 사회경제적 지위와의 관련을 고찰했다. 그런 다음 사회경제적 지위를 일정하게 유지시키고 같은 사회적 행동과 IQ의 관련성을 살펴보았다. 그들은 일반적으로 사회적 행동은 사회경제적 지위보다 IQ에 대해 높은 상관을 가진다는 사실을 발견했다. 예를 들어, IQ가 낮은 사람들은 부모의 사회경제적 지위가 낮은 사람들보다 고등학교를 중퇴하는 경향이 높다는 것이다.

이러한 분석은 연관의 형태와 세기라는 두 가지 문제를 모두 다루어야 한다. 그러나 헤른슈타인과 머레이는 자신들의 관점을 뒷받침하는 문제만을 다루었고, 자기들에게 크게 불리하다고 판단된 다른 요인은 사실상 무시했다(게다가 한 핵심적인 구절은 의도적으로, 그리고 마음대로 은폐했다). 많은 그래프는 단지 관련의 형태만을 보여준다—그래프는 IQ나 부모의 사회경제적 지위에 따른 변수들에 의해 회귀곡선을 그린다. 그러나 그들은 내가 지금까지 배운 통계적 규범을 모두 위배해서 회귀곡선만을 플롯한 채 곡선 주위의 변량의 분산은 보여주지 않았다. 따라서 그들의 그래프는 관련성의 세기, 즉 IQ와 사회경제적 지위에 의해 설명되는 사회적 요인의 변량의 총량에 대해서는 아무것도 보여주지 못했다.

그러면 헤른슈타인과 머레이는 형태에 초점을 맞추고 그 세기는 무시한 것일까? 이렇게 생각하는 이유는 그들이 제시한 관계가 대부분 아주 약하기 때문이다. 사회적 요인 중에서 극히 일부 변량만이 IQ나 사회경제적 지위로 설명될 수 있다(이 작은 양의 형태가 그들이 선호하는 방향을 나타내는 경향을 띠지만 말이다). 결국 그들이 연구한 거의 모든 사회적 요인에서 변량을 결정하는 데 있어 IQ는 중요한 요인이 아니다. 따라서 그들이 자랑했던 결론은 붕괴하거나 크게 약화되고, 그들의 비관론과 보수적인 사회적 의제는 전혀 중요한 뒷받침을 얻지 못하게 된다.

실제로 헤른슈타인과 머레이는 117쪽의 결정적 구절에서 그 점을 인정한 후 그 이후에 패턴을 숨기고 있었다. 그들은 이렇게 썼다. "그것은 거의 항상 20퍼센트보다 적은 분산을 나타내 통계학적 용어로 설명하면, 일반적으로 10퍼센트보다 적고, 대부분 5퍼센트보다 적다고 설명할 수 있다. 영어에서 이 말의 의미는 어떤 사람이 자신의 IQ를 토대로 어떤 행동을 할지 예측할 수 없다는 뜻이다. (……) 반면 개인 수준에서는 상관성이 낮지만, 집단의 지적 평균이 다를 때에는 사회적 행동의 큰 차이가 집단을 분리시킨다." 이러한 포기 성명에도 불구하고, 그들의 괄목할 만한 다음 문장은 그 원인에 대해 강한 주장을 제기한다. "우리는 지능 자체가 사회경제적인 지위와 상관을 갖지는 않지만, 이러한 집단 차이에 책임이 있다는 것은 논증할 것이다." 그러나 확률적 퍼센트를 말해주는 통계적 결정이 원인을 나타내는 설명과 등가인 것은 아니다(상관은 어떤 경우든 원인을 시사하지 않는다. 상관이 강한 경우도 마찬가지다. 가령 내 나이의 증가와 미국의 부채 증가 사이에는 강력하고 완전한 정의 상관이 있다). 게다가 그들이 제시한 사례는 그들의 핵심적인 유전적 주장에 전혀 적절하지 않다. 그러한 사례는 IQ에 대해 약 60퍼센트의 유전성을 증거로 삼고 있기 때문에 독자들이 자신의 독자적인 기준에 따라 유전적 결정의 세기를 고립시키고 싶다면, 설명된 낮은 퍼센트 값을 다시 대략 이등분해야 한다!

『벨 커브』의 불성실성에 대한 나의 고발은 593쪽 부록 4의 첫 페이지에 숨겨진 문장에서 가장 강력한 확증을 얻었다. "본문에서 우리는 다변수회귀에 대한 적합도의 일반적인 척도에 대해 언급하지 않았다. 그러나 여기서는 그것을 횡단면 분석을 위해 제시했다." 그들은 왜 그들 스스로 인정한 "적합도의 일반적인 척도(R^2)"의 수치를 본문에서는 배제시키고 대부분의 사람이 읽거나 참고하지 않는 부록으로 쫓아낸 것일까? 나는 그들이 자랑스럽게 내놓은 관련성이 실제로는 매우 약하다는 사실을 본문에서 인정하고 싶지 않았기 때문이라고 결론내릴 수밖에 없다.

헤른슈타인과 머레이의 상관계수는 스스로 자신감을 상실할 만큼 전반적으로 낮은 값이었다(상관계수는 변수들 사이의 선형적 관계의 세기를 측정하는 것이다. 정의 값은 아무런 관계가 없음을 나타내는 0.0에서 완벽한 직선관계를 나타내는 1.0 사이이다). 이처럼 낮은 값은 많은 변수를 포함하는 대규모 조사가 자주 이루어지는 사회과학 분야에서 이따금씩 나타나기는 하지만, 헤른슈타인과 머레이가 얻은 상관은 대부분 매우 약한 것으로 대개 0.2~0.4였다. 0.4의 상관이라면 상당히 강한 것처럼 들릴 수도 있지만—이 부분이 핵심이다—R^2은 상관계수의 제곱이고, 일반적으로 0에서 1 사이 숫자의 제곱은 그 수(상관계수)보다 작아지기 때문에 0.4의 상관에서 얻을 수 있는 R의 제곱은 0.16에 불과하다. 본문에서는 삭제되어 있지만, 부록 4에서 우리는 거의 모든 R^2이 0.1보다 작다는 것을 알 수 있다. R^2의 낮은 수치는 어떤 통속적인 의미에서도 『벨 커브』의 핵심을 형성하는 거의 모든 관련성이 매우 약하다는 것을 폭로한다.

불성실한 프로그램

상당수의 보수적인 이데올로그들이 정치적 정의를 억누르는 가짜 도깨비를 만들어놓고 있지도 않은 대상을 핑계삼아 푸념을 늘어놓듯이, 헤른슈타인과 머레이도 자신들이 평판이 좋지 않은 증언만을 조사하고 있기 때문에 진상이 반드시 밝혀질 것이라고 주장한다. 이 점에 대해서는 나도 동의한다. 미국헌법 수정조항 제1조의 진정한(거의) 절대론자로서 나는 일부 사람들이 위험하다고 생각하는 평판이 좋지 않은 견해를 발표한 데 대해 박수로 환영한다. 나는 『벨 커브』가 씌어진 것을 대단히 기뻐한다. 그 책이 출간되었기 때문에 그 책의 오류가 폭로될 수 있었고, 헤른슈타인과 머레이가 인종에 대한 그들의 개인적 의제와 대중적인 의제 사이의 차이를 지적한 것은 옳았기 때문이다. 이제 우리는 그들의 개인적 의제에도 영향을 주기 위해 노력하지 않으면 안 된다.

그러나 『벨 커브』를 사회이론이나 집단유전학의 학술논문으로 보기는 힘들다. 이 책은 보수적인 이데올로기를 밝힌 선언문으로, 형편없고 편향적인 자료처리가 이 책의 일차적인 목적이 무엇인지 잘 보여준다―가장 큰 목적은 보수적인 이데올로기의 옹호이다. 책의 본문은 보수적인 싱크 탱크들의 주장에 장단을 맞추는 단조롭고 어눌한 북소리로 일관되어 있다. 복지예산의 축소와 삭감, 학교나 직장에서의 적극적 차별금지 조치의 중단, 헤드 스타트 프로그램을 비롯한 그밖의 취학 전 교육 프로그램 중지, 학습지체자 프로그램의 삭감이나 재능있는 사람들을 위한 기금의 삭제(내가 이처럼 잔혹하고 냉소적인 금액이 아니라 유능한 학생들에게 더 많은 배려가 이루어지기를 원한다는 사실은 신만이 알고 있을 것이다)가 이들의 주장이다.

또, 마지막에서 두 번째 장은 증대하는 하층계급이 낮은 IQ로 인해 필연적으로 나태의 수렁에 빠질 수밖에 없다는 묵시록적 사회관을 제시한다. 그들은 우리의 도시 중심부를 장악한 채 계속 사생아를 낳고(그들 대부분은 임신조절조차 할 수 없을 정도로 어리석다), 나날이 많은 범죄를 저지른다. 하지만 낮은 IQ가 개선을 불가능하게 하기 때문에 어떤 식으로든 그들을 향상시킬 수 있다는 희망을 품기보다는 (IQ가 높은 우리 이웃들로부터) 그들을 격리시키기 위해 궁극적으로 일종의 보호상태를 요구한다. 헤른슈타인과 머레이는 실제로 이렇게 쓰고 있다(p. 526). "요약하자면, 보호상태라고 말할 때 우리는 소수민족을 위해 인디언 거류지에서 행해지고 있는 것과 같은 첨단 기술과 넉넉한 지원제도를 연상한다. 반면 나머지 미국인들은 자신들의 일을 위해 땀흘려 일하고 있다."

마지막 장에서 그들은 대안을 제시하려고 애쓰고 있지만, 나는 그 주장이 허약하고, 믿기 어렵고, 기괴할 정도로 부적절하다는 느낌을 떨칠 수가 없다. 그들은 모든 사람들에게 가치있는 일이 주어지고, IQ 위계에 따라 모든 단계에서 자부심을 찾을 수 있는 "좋았던 과거 시절"의 마을과 이웃들을 감상적으로 동경하고 있다(그곳에서 포레스트 검프는 교회 쓰레기를 뒤져 입을 옷가지를 찾아내고, 머레이 씨나 그밖의 머리좋은 사람들은 계획을 세우고 재정을 담당할 것이다. 그들은 대부분의 도시에 이처럼 훌륭한 마을 반대편에 다른 부류의 거주자들과 유대인들의 거리가 존재한다는 사실을 잊었는가?). 나도 이웃이라는 개념을 믿는다. 그리고 그 회복를 위해 싸울 작정이다. 나는 뉴욕시의 퀸즈라고 불리는 여러 인종이 뒤섞여 사는 지역에서 자랐다. 그러나 누가 그곳의 사회적 병리의 (임시적인 완화가 아닌) 해결책을 진지하게 찾으려고 시도할 수 있겠는가?

IQ가 머릿속에 있는 변화하지 않는 실체이며, 사람들을 일반적인 능력이라는 단일한 척도로 늘어세울 수 있고, 그 위계의 바닥에 보호해야 할 수많은 무능한 사람들을 위치시킬 수 있다는 헤른슈타인과 머레이의 생각이 잘못이라면, 암울한 전망을 낳는 그들의 모형은 붕괴하고, 인간

능력의 놀랄 만큼 훌륭한 다양성이 재출현할 수 있을 것이다. 우리는 『벨 커브』의 교의와 맞서 싸우지 않으면 안 된다. 그것이 사실이고, 만약 실제로 적용된다면 모든 사람들의 지능을 적절하게 배양할 수 있는 모든 기회가 박탈될 것이기 때문이다. 물론 우리 모두가 로켓 과학자나 뇌 외과의(이 두 직종은 오늘날 수재 중의 수재를 뜻하는 비유적 의미에서 사용된다)가 될 수 없고, 록 뮤지션이나 프로 스포츠맨(나보다 높은 사회적인 명성과 연봉을 받는)이 될 수도 없을 것이다—반면 하루 종일 서서 다른 사람들의 시중을 드는 이들도 있다.

나는 존 스튜어트 밀의 멋진 인용문을 빌어 지능을 머릿속에 들어 있는 단일하고 선천적인 실체로(대체로 독립적인 능력들로 이루어진 훌륭한 일체라는 통속적인 표현 대신) 간주하는 생각의 오류와 g의 비실재성을 주장하면서 이 책의 6장을 마무리했다. 최근 지능의 유전에 대한 생물학적 결정론이 다시 부활하는 현상의 참된 의미를 파헤치기 위해 그 인용문을 다시 한 번 살펴볼 필요가 있을 것이다.

그것이 무엇이든 이름을 부여받은 것은 실체, 즉 존재자이고 그 자체의 독립된 실체를 가진다고 믿는 경향은 항상 강했다. 그리고 정작 명칭에 해당하는 참된 실체를 발견할 수 없을 때조차 사람들은 아무것도 존재하지 않는다고 생각하기보다는 무언가 특별하게 심오하고 신비스러운 것이 존재한다고 상상하곤 했다.

진화가 인류 공통의 선조로부터 갈라져 나온 모든 사람들을 하나로 묶어줌에도 불구하고—그리하여 우리 모두가 공유하는 인간성을 관습이 결코 부패시킬 수 없는 무한한 다양성으로 견고하게 묶어줌에도 불구하고—단 하나의 잘못된 수치가 우리를 갈라놓는다면 그 얼마나 우스꽝스러운 일인가? 다수로 이루어진 하나!(E plunbus unum!)*

되살아난 망령, 『벨 커브』

나는 대부분의 백인들이 점프를 잘할 수 있는지 알지 못한다(오랜 관찰을 통해 래리 버드에게 그런 능력이 없다는 것은 장담할 수 있다. 그렇지만 그는 야구를 할 수 있다!). 사실 내게는 큰 관심사가 아니지만, 나는 그 주제가 백인과 흑인이라는 생물학적으로 무의미한 분류를 피할 수 있는 대안적 틀로서 약간의 관심과 주변적인 정당성을 얻는다고 생각한다. 그러나 나는 이후 제기될 물음에서 이 물음의 변형에 대한 관심을 환기시키지 않고는 인간의 다양성이라는 주제에 대해 결코 이야기할 수 없다. 선의를 가진(또는 다른 이유로, 악의를 가진) 사람들을 괴롭히는 문제에 대한 설득력있는 대리물로 '스포츠 버전'이 이용된다는 이야기를 종종 듣기 때문이다.

공공연하게 인종차별주의가 횡행하던 과거에는 이런 식의 번거로움이 야기되지 않았다. 현대의 아카데믹한 인종차별주의의 시조인 조제프-아르투르 고비노(Joseph-Arthur, comte de Gobineau, 1816~1882) 백작은 인종 집단들 사이의 선천적이고 변화하지 않는다고 생각된 차이의 본성에 대해 비슷한 물음을 제기했고, 솔직한 자신의 견해를 밝혔다. 그의 가장 영향력있는 저서인 『인종의 불평등에 관한 시론(*Essai sur l'iné-galité des races humains*)』 제1권의 마지막 장의 제목은 '세 개의 큰 변종의 도덕적·지적 특징'이다. 우리의 관심은 항상 슬기로움과 예의바름

---

* 옮긴이주 | 1950년대까지 미국을 상징하는 표어로 사용되었으며, 많은 주로 이루어진 통일국가를 뜻하기도 한다.

에 집중되어왔고, 높이뛰기를 할 수 있는 능력이나 심혈관 장애를 일으키기 쉬운 체질에 대해서는 별반 관심을 쏟지 않았다.

그리고 고비노는 자신의 입장에 추호의 의심도 품지 않았다.

여러 인종 집단의 도덕적·지적 능력에 선천적이고 항구적인 차이가 있다는 생각은 가장 오래되었을 뿐만 아니라 보편적으로 인정받는 견해 중의 하나이다. 대부분 우리 시대에 속하는 극히 적은 예외를 제외하면, 이러한 관념은 거의 모든 정치이론의 기초를 이루며, 크든 작든 거의 모든 정부의 근본적인 좌우명이 되어왔다. 국가가 갖는 편견도 그 원인이 다르지 않다. 각 나라는 주변 국가에 대한 자국의 우월성을 믿고, 같은 나라의 서로 다른 지역들도 서로를 경멸하는 경우가 비일비재하다.

의심의 여지 없이 고비노는 19세기에 가장 영향력이 큰 학문적인 인종차별주의자였다. 그의 저작은 바그너나 니체와 같은 지식인들에게 심대한 영향을 미쳤고, 고비노주의(Gobinism)라고 알려진 사회운동을 촉발시켰다. 주로 그의 열광적인 추종자였던 영국의 휴슈테른 스튜어트 체임벌린에 대한 영향력을 통해, 고비노의 생각은 인종차별주의를 지지한 아돌프 히틀러의 이론적 토대로 기여했다. 귀족적인 왕당파였던 고비노는 프랑스 정부의 외교관을 지낸 화려한 경력의 소유자였다. 그는 여러 권의 소설과 논픽션 역사서(예를 들어 페르시아인의 역사나 유럽 르네상스의 역사)를 집필했지만, 1853년과 1855년 사이에 출간된 인종의 불평등에 대한 4부작의 저자로 가장 널리 알려지게 되었다.

고비노의 기본적인 입장은 간단히 요약된다. 한 문명의 운명은 주로 인종구성에 의해 결정되며, 쇠퇴와 몰락은 일반적으로 인종의 교잡(交雜)에 의해 순수한 계통이 오염될 때 일어난다는 것이다(1856년에 처음 미국판을 번역한 역자는 고비노가, 주로 독일에게 이롭게 작용할, 당시 프랑스의 약체화가 "인구를 구성하는 서로 어울리지 않는 잡다한 인종적 요소에서 유래한 것일지도 모른다"라고 우려했다고 쓰고 있다). 고비노는 백인종(특히 지배적인 아리아 인종)이 지배력을 유지할 것으로 기대했다. 그러나 그것은 백인종이 지적이고, 도덕적으로 뒤떨어진 황인종이나 흑인종(고비노는 세 가지 주요 인종 집단을 피부색으로 표현한 노골적인 용어를 사용했다)과의 교잡으로부터 상대적으로 자유로울 때에만 가능하다고 말했다.

이러한 생각의 정치적 함축을 의심할 사람은 아무도 없을 것이다. 더구나 고비노가 추상적 진리에 대한 관심만으로 그 책을 집필했고, 특정 견해를 옹호하려는 생각을 전혀 품지 않았다는 주장을 믿을 사람도 없을 것이다. 그러니 다음과 같은 점을 지적하는 것은 아무런 지장이 없을 것이다. 그 책의 미국 번역판은 1856년 필라델피아에서 출간되었다. 이 무렵은 남북전쟁이 발발하기 직전이었고, 드레드 스콧(Dred Scott) 소송 사건이 최고법원에서 진행되고 있던 때였다. 이 번역서가 위태로운 시기에 사람들의 신경을 자극한 것은 확실하다. 인종의 순수성과 교잡의 위험성이라는 고비노의 특징적인 견해는 흑인 노예제도나 인디언 학살을 통해 인종적 다양성과 불평등의 만연이 절정에 달해 있던 미국에서 사람들의 가슴을 찌르는 주장이었기 때문이다. 모빌의 J. C. 노트(J. C. Nott of Mobile)는 인종차별주의의 관점에서 인류학을 미국에서 가장 적극적으로 대중화시킨 인물로, 자신이 번역한 책(1854년에 G. R. 글리든[G. R. Gliddon]이 쓴 『인류의 유형(*Types of Mankind*)』은 당시 이 분야의 베스트셀러가 되었다)의 긴 부록을 집필했다. 행여 이 유럽의 학술논문이 미국에 대해 갖는 의미를 독자들이 놓칠지 모른다는 노파심에서 번역자는 서문에 이렇게 적었다.

[인종 차이에 관한 연구의] 목적은 분명 숭고한 것이며, 그 목적의 추구는 정치가나 역사가, 더구나 일반 독자들에게 있어서도 교훈적이지 않을 수 없다. 이 나라에서 그 목적은 특히 흥미롭고 중요하다. 우리의 광대한 국토가 인간의 종으로 명확히 정의된 세 종류—백인, 흑인, 그리고 인디언—의 거주지이고, 더욱이 태평양 연안은 대규모 중국인의 이민으로 네 번째 인종이 급속히 증가하고 있기 때문이다. 다양한 국적을 가진 사람들의 융합이 이렇듯 급속하고 철저하게 이루어지는 나라도 없을 것이다.

그러나 고비노에게는 자신의 주장을 뒷받침할 만한 근거가 필요했다(앞에서 소개한 인용문에서 고비노는 대부분의 사람들이 선천적으로 불평등하다고 믿고 있다는 주장을 제기했을 뿐이며, 이 공유된 인상이 옳다는 어떤 증거도 내놓지 않았다). 결국 그는 자신의 저서 마지막 장에서 인종차별주의를 위해 필수적인 자료를 찾기 위한 접근방식을 개괄했다. 우선 그는 논증의 틀을 짜는 식의 접근은 안 된다고 경고하고, 우리가 "열등한 인종"에 속하는 개인의 낮은 점수에 주의를 집중해서도 안 된다고 말했다. 평등주의자들이 일반적으로 미개한 집단들 속에 포함된 높은 고득점자라는 극히 드문 예를 찾아내기 때문에 이러한 전략이 오히려 역효과를 낼 수 있다는 것이다. 고비노는 마지막 장을 다음의 문장으로 시작한다(인용문은 길고 지루하다. 그러나 그리 멀지 않은 과거의 '확신'을 상기시킨다는 점에서 이 정도의 공간을 할애해도 무방할 것이다).

지금까지 나는 인류의 다양한 가지들이 정신적 측면과 육체적 측면 모두에서 영속적이고 근원적인 차이에 의해 구분되어 있다는 것을 (……) 입증하려고 시도했다. 그들은 지적 능력, 개인적인 아름다움, 체력 등에서 평등하지 않다. (……) 이 결론에 도달하는 과정에서, 나는 민속지학자들이 종종 의지했던 방법을 전혀 사용하지 않았다. 그들이 그런 방법에 호소했다는 것은 과학적 측면에서 불행한 일이다. 그 방법은 솔직히, 우스꽝스러운 것이라고 말하지 않을 수 없다. 그 논의는 고립화된 개인의 도덕적 가치와 지적 가치에 기반하지 않고 있다.

나는 모든 인종의 절대적인 평등을 옹호하는 이들이 내게 선교사나 해양 탐사자의 일지에 이런저런 기록이 있다는 것을 예증해주기를 기다려줄 생각은 없다. 그런 일지에 욜로프인(Yolof, 아프리카 감비아의 한 종족/옮긴이)이 숙련된 목수가 되었다거나 어떤 호텐토트가 훌륭한 하인이 되었다거나, 어떤 카피르인(Caffre, 아프가니스탄 동부 누리스탄의 한 종족/옮긴이)이 바이올린을 능숙하게 연주하고, 어떤 밤바라족(니제르강 상류 유역의 흑인/옮긴이)이 산수에서 경이로운 진전을 이루었다는 이야기가 들어 있을지도 모르지만 말이다.

나는 가장 뒤떨어진 야만인과 연관된 것이라면 아무리 괄목할 만한 사례라도, 수용할 만반의 준비가 되어 있다—설령 아무런 증거가 없더라도 전부 인정할 수 있다. (……) 아니, 나를 비판하는 반대자들보다 한술 더 떠서, 나는 아프리카 니그로의 야만인 추장들 중에는 활동적이고 정력적인 정신의 소유자가 상당한 숫자로 발견된다는 사실을 알고 있고, 그들이 사고의 풍부함이나 지적인 역량에서 우리의 농민이나 일부 중산계급의 평균을 훨씬 능가할 수 있다는 사실을 의심하지 않는다.

(그러나 편견은 무심코 쓴 세부적인 서술에 스며 있다. 고비노는 무척 '관대한' 어조로 위의 글을 썼지만, 여전히 아프리카의 지배자들이 유럽의 농민이나 하층 부르주아지보다 높은 지적 위치를 차지할 수 없다고 생각한 점을 주목할 필요가 있다. 그로서는 상류계급의 가장 낮은 사람들과 비교하는

것도 만부당한 일이었다!)

 개인에 관한 논의가 타당성을 결여한다면, 인종의 지위는 어떻게 확정될 수 있는가? 고비노는 집단의 평균적 특성을 측정하는 척도를 찾아야 하며, 그것은 수학의 권위를 담은 것이어야 한다고 말한다.

 단호하게 이야기하지만, 나는 〔개인에 대한〕 이러한 주장은 진정한 과학으로서의 가치가 없다고 생각한다. (……) 그런 유치한 생각을 버리고, 개인이 아닌 집단을 비교하자. (……) 이 힘들고 미묘한 과제는 각 인종의 전 집단의 상대적 위치가 정밀하게, 다시 말해서 수학적으로 규정되지 않는 한 달성될 수 없다.

 고백하자면, 나는 찰스 머레이와 고인이 된 내 동료 리처드 헤른슈타인이 집필한 저서 『벨 커브』가 일으킨 소동 때문에 고비노를 다시 읽게 되었다. 그들이 개인과 집단에 관해 고비노와 완전히 똑같은 논조의 주장을 펴고 있다는 사실을 깨달았기 때문이다. 전혀 목적이 다름에도 불구하고 유사성 속에 들어 있는 차이가 내게는 기괴하게 느껴졌다. 헤른슈타인과 머레이도 인종 집단간 지능의 평균차가 실재하며 현저하다고 (또한 대부분이 선천적이며 사실상 불변이라고) 주장했다. 또한 그들은 집단간의 격차가 개인에 대한 판단에는 아무런 함축도 갖지 않는다고 역설했다. 이처럼 그들은 인종차별이라는 비난을 피하면서 인권옹호자라는 평을 얻으려 했던 것이다. 그들의 견해에 따르면, 흑인 집단이 백인 집단에 비해 선천적으로 지능이 뒤진다는 이유로 개인으로서의 흑인이 평가 절하되어서는 안 되기 때문이다. 결국 이 특정 개인은 자신이 속한 평균적으로 어리석은 인종 중에서 드물게 우수한 구성원인 셈이다(특정 개인이 어떤 그룹에 속하는지 여부가 아니라 순전히 그 사람의 개인적 업적과 특성에 따라 판단해야 한다는 우리의 이상적인 희망과 현실적으로 미국에서 나타나는 인종에 대한 태도를 비교할 때, 나는 이런 주장이 솔직하지 못하거나 순진하기 짝이 없다고—사실 머레이 씨의 주장은 순진하다고 볼 수도 없다—생각하지 않을 수 없다).

고비노는 집단간의 차이라는 '실재'가 극소수 개인들의 예외적인 능력으로 인해 모호해지는 것을 원하지 않았기 때문에 개인에 대한 판단과 집단에 대한 판단을 구분하고자 했다. 그런데 헤른슈타인과 머레이는 전혀 다른 정치적 풍토에서 구별을 시도했다. 즉 그들은 인종차별주의라는 비난을 (충분히 공정하게) 피하기 위해 개인의 성적이라는 실재를(성가신 혼란이 아니라) 주장하며, 다른 한편으로는 지능 차이가 존재하고 그 차이는 결코 사라질 수 없다는 고비노의 주장과 매우 가까운 주장을 계속했다(내가 과거의 인물을 들먹여서 헤른슈타인과 머레이의 명예를 손상하려는 의도가 아님을 이해해주기 바란다. 나는 제3제국[히틀러 치하의 독일/옮긴이]과의 간접적인 연결을 확인시키려는 것이 아니다. 또한 우리는 체임벌린을 통해 히틀러가 극단적인 형태로 고비노를 이용했다는 이유로 고비노를 비난할 수도 없다. 그러나 나는 수세기가 지났음에도 이들의 개념 구조가 그토록 유사하다는 점에 흥미를 느꼈다. 기본적으로 서로 공명하는 사상가들이 시대에 따라 변화하는 상황에 맞추어 본질의 서로 다른 부분을 강조하고 있는 셈이다).

지능과 도덕성에서 나타나는 집단간 차이의 수학적 기초를 찾으면서, 고비노는 19세기 인종차별 과학의 조잡하고 직접적인 측정에 사로잡혔다—주로 두개골의 형태와 크기, 그리고 그밖의 신체 부위의 측정(당시까지 지능 테스트에 의한 '직접적' 평가는 개발되지 않았기 때문에). 예를 들어 고비노는 신체 외부의 해부학으로 흑인의 운명을 결정지었다.

흑인종은 척도에서 가장 낮은 지위를 차지한다. 골반의 형태는 동물적인 특징을 나타내며, 그 동물적 특성은 해당 인종의 개인에게 탄생 이전부터 각인되어 있어 그들의 운명을 예고하는 것처럼 보인다. (……) 니그로의 좁고 움푹 들어간 이마는 추론 능력의 열등성을 입증하는 도장처럼 생각된다.

게다가 고비노는 이러한 사이비과학의 전형적인 방법으로, 흑인이 열등하다는 선입관의 견지에서 모든 관찰을 가공했다. 명백히 바람직한 특성조차 인종차별주의적 해석에 유리한 방향으로 재배치한 것이다. 예를 들어 흑인들이 고통을 당하면서도 의연한 태도를 유지하는 점에 대해 고비노는 한 의사의 증언을 인용한다. "그들은 백인보다 외과수술에 훨씬 잘 견뎌내고, 백인이라면 참을 수 없는 고통의 원인도 거의 대수롭지 않게 넘긴다. 나는 많은 니그로의 다리를 절단했는데, 그들은 자기 스스로 절단되는 다리의 윗부분을 잡고 있었다." 만약 백인이 그런 행동을 했다면 용감하고, 담력 있고, 고결하다고 칭송되었을 것이다. 그러나 고비노는 흔히 이야기되는 흑인들의 뛰어난 인내력을 "선뜻 죽음이라는 피난처를 찾는 도덕적 비겁함, 또는 일종의 괴물과도 같은 둔감함"이라고 평가했다.

신체측정이 19세기의 과학적 인종차별주의가 고안해서 간신히 성공을 거둔(그 자체의 관점에서도) 조잡한 장치였듯이, 지능 테스트라는 좀 더 정교화된 기술도—외부에서 간접적으로 측정하는 것이 아니라 파악하기 힘든 내부를 측정하는—20세기에 인간의 불평등을 옹호한 숱한 주장의 토대로 기여했다(본문에서 자세히 설명했지만, 내가 모든 형태의 지능 테스트에 반대하는 것은 아니다. 또한 지능 테스트가 본질적으로 인종차별을 옹호하거나 인간의 차이가 불변이라는 주장에 봉사하기 위해 실행된다고 생각하지도 않는다. 왜냐하면 바람직한 교육이 제공될 수 있는 개선의 정도를 측정한다는 정반대의 목적에서 테스트의 사용이 종종 권고되기 때문이다).

그러나 지능 테스트에 대한 하나의 특수한 철학이 인간 집단들 사이의 지적 차이에 대한 20세기 대부분의 주장을 강력하게 뒷받침했다. 더구나 이 철학은, 19세기에 이 주제를 규정했던 신체측정과 같은 조잡한 기법에서 직접 출현한 것이다. 그런 의미에서 우리는 고비노에서 현대의 IQ 유전론에 이르는 연속성을 추적할 수 있다. 나는 이 철학의 영향력이 이미 쇠퇴했다고 생각했다. 일반적인 논쟁에서 그 오류가 적나라하게 드러났고, 그 본질적인 전제를 입증할 자료가 불충분했기 때문이다. 그러나 헤른슈타인과 머레이는 『벨 커브』에서 이 철학을 완전히 원형 그대로 되살려냈다. 우리가 이 오류의 역사적 근원으로 되돌아가야 하는 이유도 바로 여기에 있다.

지능 테스트의 '고비노주의적' 해석은—인간 집단들 사이에 존재하는 일반 지능의 선천적이고 지울 수 없는 차이를 주장하기 위한 목적으로 사용되는—연속적이고 서로 연관된 네 가지 전제에 의거한다. 각각의 전제는 개별적으로 참이어야 한다(물론 그 전제들 사이의 연결도 반드시 유지되어야 한다). 그렇지 않으면 전체 체계는 붕괴한다.

1. 우리들이 일상적으로 '지능'이라고 부르는 인간 속성의 놀랄 만큼 다양하고 다차원적인 집합체는, 흔히 g 또는 지능의 일반 요인이라고 불리는, 일반적인 지적 능력의 단일하고 포괄적인 (또는 튼튼하게 뒷받침하는) 요인에 전적으로 의존할 수밖에 없다(이 견해에 대한 나의 비판과 그 수학적 기초는 본문 7장을 참조하라).

2. 각 개인의 지능의 일반적인 '총합'은 단일한 숫자로(흔히 'IQ'라 불리는) 측정될 수 있어야 한다. IQ에 의해 사람들을 선형적으로 서열화하

면, 지능의 차이에 따라 위계를 수립할 수 있다. 그리고 마지막으로 (이 주장의 사회적 요인으로서) 사람들이 평생 동안 이루는 업적, 위계 속에서 차지하는 사회적 지위와 재산 등은 그들의 IQ 점수와 강한 상관을 가질 수밖에 없다.

3. 이 단일한 수치는 세대간에 강하게 유전되는 유전적 구성이라는 선천적인 특성을 반드시 측정한다.

4. 특정 개인의 IQ 점수는 안정적이고 영속적임이 분명하다. 사회적 프로그램이나 교육에 의한 개입 등에 의해서도 거의 변화되지 않는다(단지 일시적이거나 사소한 땜질식 교정만이 가능하다).

이 네 가지 주장은 다음과 같은 짧은 글로 압축시킬 수 있다. 인간의 지능은 (단일한 수치로) 추상화할 수 있고, 서열화할 수 있으며, 높은 유전성을 가지며, 실질적으로 불변임에 틀림없다. 만약 이러한 가정 중 어느 하나라도 성립하지 않으면, 주장 전체와 그 주장과 결합된 정치적 의제가 무너지고 만다. 예를 들어 네 번째 불변성 가정이 거짓이라면, 집중적인 교육에 의한 치유를 목표로 삼는 사회적 프로그램을 통해 실질적으로 그리고 항구적으로, 선천적이고 고도로 유전적이라고 생각되어온 IQ를 크게 향상시킬 수 있다—그것은 내가 전적으로 선천적이고 완벽하게 유전적인 시력의 결함을 교정하기 위해 안경을 구입하는 것과 마찬가지이다('유전가능한'과 '영속적' 또는 '불변'이라는 말을 마치 동의어인 양 생각하는 오류는 이 논쟁에서 오랫동안 통용되어왔지만 근본적으로 잘못된 오해이다).

나는 이 글에서『벨 커브』에 대한 비판을 시시콜콜 모두 늘어놓을 생각은 없다(보다 자세한 내용은 바로 앞의 에세이를 참조하라). 단지 몇 가지 역사적 근원을 추적해서 놀라운 모순을 폭로하려는 것뿐이다. 인종집단간의 평균지능에 관한『벨 커브』의 주장은 고비노가 기반으로 삼은 해석과 다르지 않고, 그 이상 자신의 주장을 지지할 수도 없다. 가장 주목할 만한 추가는 방법론과 세련도의 변화이다. 다시 말해 신체에 대한 측정에서 머릿속에 든 내용물에 대한 측정, 즉 지능 테스트로의 변화이다. 그러나 IQ에 대한 해석은 여러 가지 가정(방금 설명한 네 가지 가정)에 기반하고 있다. 그 가정들은 19세기의 실행자들에 의해 제안된 두개골 크기의 낡은 위계를 뒷받침하는 식으로 자신의 주장을 전혀 지지하지 못한다. 이러한 견지에서, 우리는 20세기 초에 십 년 간 현대판 지능 테스트를 처음 고안한 인물의 철학과 의도에 대한 재검토를 통해 중요한 통찰을 얻을 수 있을 것이다. 그 사람은 프랑스의 심리학자 알프레드 비네이다(스탠퍼드 대학의 교수인 루이스 M. 터먼이 그 기법을 미국에 수입해서 미국 특성에 맞는 새로운 버전으로 개발해 스탠퍼드-비네 테스트라고 명명한 이래 비네는 지능 테스트의 시조가 되었다).

나는 비네의 의도가 지능이 선천적이라는 주장과 첨예한 갈등을 빚는다는 사실을 입증할 작정이다. 비네는 교육을 통한 향상을 진심으로 믿었고, 자신의 결과를 유전론의 관점에서 해석하는 것을 단호하게 거부했기 때문이다. 그런데 공교롭게도 IQ의 유전이론은(비네의 기법에 고비노의 주장을 덮어씌운) 모든 사람에게 자유와 정의의 땅인 미국에서(미국에 맹목적 애국주의의 광풍이 거세게 몰아치던 제1차 세계대전을 전후한 시기에) 탄생했다. 비네의 원래 의도를 밝히는 것이 비네가 정당하고 유전론자들이 부당하다는 것을 입증하지는 않는다(결국 원래의 목적은 과학보다 헌법에서 더 잘 작동했으니까 말이다!). 오히려 비네가 옳았던 이유는 그의 주장이 시대의 변화에도 불구하고 계속 타당성을 가졌고, 그의 현명하고 인간적인 노력을 왜곡시킨 것이야말로 19세기 과학의 최대 비극 중 하나로 그 위치가 부여되어야 하기 때문이다.

1904년에 비네는 프랑스의 공립교육을 담당하는 장관에게서 한 가지 임무를 위임받았다. 그것은 초등학교의 정상적인 학급에서 특수교육이 필요하다고 생각되는 장애아를 식별하는 방법을 찾는 것이었다. (프랑스의 공립학교는 학급 인원수가 매우 많기 때문에 교과과정이 경직되는 경향이 있었다. 따라서 교사들이 특별한 도움이 필요한 개별 학생에게 거의 시간을 할애할 수가 없었다.) 비네는 순전히 실용적인 해결책을 목표로 삼았다. 그는 일상적인 문제와 연관된 (예를 들어 동전 세기와 같은) 잡다한 과제들과 책 읽기와 같은 명백한 학습적 기능보다는 추론의 기본적 과정 (논리, 순서 맞추기, 수정)을 포함한다고 생각되는 다양한 과제를 기반으로 테스트를 고안했다. 다양한 속성을 충분히 혼합함으로써, 비네는 아이들의 일반적인 잠재력을 단일한 수치로 추상화할 수 있기를 바랐다. 비네는 자신의 테스트의 임시변통적이고 경험적인 특징을 다음과 같은 말로 강조했다. "테스트는 그 수가 많은 한, 거의 문제가 되지 않는다."

비네는 자신의 테스트가—후일 독일의 심리학자 W. 슈테른이 생활연령으로 '정신연령'(테스트에 의해서 확정되는 연령)을 나누는 방법으로 수치를 산출한 이후 지능지수(IQ)라는 명칭으로 불리게 되었다— '일반지능'이라는 이름에 어울리는 머리 안쪽의 생물학적 특징을 측정할 수 있을지도 모른다는 생각은 단호하게 부인했다. 우선 비네는 지능이라고 불리는 복잡하고 다양한 특징이 원칙적으로, 선형적 위계로 아이들을 서열화하는 단일한 수치로 파악될 수 없다고 확신했다. 그는 1905년에 다음과 같이 썼다.

정확하게 말하자면, 그 척도는 지능의 측정수단으로 허용될 수 없다. 지적 특성들은 위계를 이루어 겹쳐놓을 수 없으며, 따라서 선형적인 표면을 재듯 측정할 수도 없다.

게다가 비네는 교사들이 IQ 수치를 (그가 의도했듯이) 도움을 필요로 하는 학생들을 식별하기 위한 지침이 아니라 변화할 수 없는 타고난 자질로 해석할 경우, 교사가 그 점수를 문제가 되는 학생을 돕기 위해서가 아니라 말살시키기 위한 냉소적인 변명으로 악용할 수도 있는 사태를 우려했다. 비네는 그러한 교사들에 대해 이렇게 썼다. "교사들은 이런 식으로 생각할 수 있다. '이것은 우리 교사를 애먹게 하는 모든 아동을 배제시킬 수 있는 절호의 기회이다.' 그리고 진정한 비판정신을 갖지 않는 한, 교사들은 학교생활에 관심이 없거나 자신이 휘어잡기 어려운 학생들을 모두 지명하게 될 것이다." 또한 비네는 이전부터 '자기실현적 예언', 즉 피그말리온 효과(Pygmalion effect)라 불려온 강한 편향도 위험스럽게 생각했다. 교사들이 낮은 IQ 점수에 관한 잘못된 해석을 기초로 어떤 학생이 선천적 교육불능이라는 이야기를 들었을 때, 문제의 학생을 구제불능으로 간주해서 그 학생의 타고난 본성이 아니라 교사의 부적절한 교육으로 오히려 나쁜 성적을 부추기는 결과를 낳을 수도 있기 때문이다. 당시 프랑스를 괴롭히던 소송 사건을 사례로 들면서, 비네는 이렇게 말했다.

미리 경고를 받았을 때, 한 개인에게서 지체의 징후를 찾아내기는 아주 쉽다. 가령 드레퓌스가 유죄라는 믿음이 팽배했을 때, 드레퓌스의 필적에서 배반자나 스파이의 흔적을 찾아낸 필적감정자의 경우에도 같은 일이 벌어졌을 것이다.

비네는 가벼운 정신지체나 학습불능을 식별하기 위한 방법으로 이 테스트가 가장 적절하게 활용될 수 있다고 생각했다. 그러나 특수하고 중대한 장애에 대해서는 자신의 테스트에 의해 교육적인 문제아의 원인,

특히 생물학적 유전의 잠재적 근원을 찾아낼 수 있으리라는 생각을 단호히 배격했다. 그는 단지 특별한 도움을 필요로 하는 아이들을 찾아내서 그들에게 도움을 줄 수 있기를 원했던 것이다.

우리의 목적은 우리 앞에 온 아이들이 정상인지 정신지체인지 여부를 알기 위해 그 아이들의 지적 능력을 측정하는 것이다. (……) 우리는 그 원인이 무엇인지 생각하지 말아야 한다. 그리고 [정신지체가] 후천적인지 선천적인지 구별하려고 시도해서도 안 된다. (……) 우리는 예후를 짐작하거나 확정하려 들지 말아야 하며, 이러한 정신지체가 치유되거나 심지어, 개선할 수 있는지 여부에 대해서도 미해결의 상태로 남겨두어야 한다. 아이들의 현재 정신상태에 관한 진실을 밝혀내는 데 스스로의 노력을 한정시켜야 한다.

비네는 선천적인 생물학적 한계에 대한 모든 주장을 회피했다. 그는 선천주의적 해석이(테스트 점수는 이 해석을 결코 보장하지 않는다) 교육적인 문제에 대해 아이들에게 도움을 주려는 그의 목적을 악의적으로 파괴한다는 것을 알고 있었다. 비네는 학습에 곤란을 겪는 학생들에게 기울여야 하는 힘든 노력을 면하기 위해 교사들이 치료불가능한 우둔함을 평가하는 수단으로 테스트를 이용하는 것을 신랄하게 비난했다. "그들은 [이러한 학생들을] 동정도 존중도 하지 않고, 학생들의 면전에서 '이 아이는 결코 아무것도 이룰 수 없을 것이다. (……) 그는 전혀 지능이 없다'라는 폭언을 늘어놓는다. 그동안 이처럼 경솔한 말을 얼마나 자주 들었던가?" 그리고 나서 비네는 심금을 울리는 감동적인 문장으로, 열등한 생물학적 조건 때문에 어떤 학생이 '절대' 성공할 수 없다고 주장한 교사에게 분노를 터뜨렸다.

절대라니! 이 얼마나 무서운 말인가. 최근 몇 사람의 사상가들은 개인의 지능이 고정된 양(fixed quantity), 향상될 수 없는 양이라는 주장을 인정함으로써 이 한심스러운 결론을 도덕적으로 지지해주었다. 우리는 이 잔혹한 비관론을 비판하고 그에 맞서 나가지 않으면 안 된다. 우리는 그런 주장이 아무런 근거도 없다는 것을 입증하기 위한 시도를 해야 한다.

마지막으로 비네는 학생들을 식별하고 그들에게 필요한 도움을 주기 위해 자신의 테스트를 사용해서 성공을 거둔 교사들에 대해 기쁨을 나타냈다. 그는 치유 프로그램을 옹호했고, 그렇게 기록된 점수의 증가는 실제 지능의 증가로 해석되어야 한다고 강조했다.

이 아이들의 지능이 증가했다고 말하는 것이 실용적 의미에서 우리들이 유일하게 이해할 수 있는 말이다. 우리는 어떤 학생의 지능을 구성하는 무엇, 즉 교육을 소화해서 학습할 수 있는 능력을 증대시킨 것이다.

이 얼마나 비극적이고 역설적인 이야기인가! 만약 IQ 테스트가 비네의 의도대로 지속적으로 사용되었다면, 그 결과는 지극히 유익했을 것이다(이런 의미에서 앞에서도 말했듯이, 나는 특정한 입장과 철학을 가진 지능 테스트에 대해서는 원칙적으로 반대하지 않는다). 그렇지만 비네가 이미 예견하고 비난했던 선천주의와 반(反)사회개량론의 전환이 지배적인 해석이 되었고, 그의 의도는 붕괴하고 전도(顚倒)되었다. 그리고 이 전도—IQ 유전이론의 수립—는 엘리트주의적인 유럽이 아니라 미국에서 일어났다. 비네 기법의 주요 수입자들은 비네가 그토록 반대했던 생물학적 결정론을 조장했다. 그리고 그 결과는 오늘날 『벨 커브』에서 거짓된

울림을 계속 퍼뜨리는 것으로까지 나타났다.

미국에서 비네 척도를 처음 보급시킨 두 사람의 지도적 인물을 살펴보자. 심리학자 H. H. 고더드는 비네의 논문을 영어로 번역해서 그의 테스트를 일반적으로 이용하도록 선동한 인물로, 강경한 유전적 결정론과 지능이 단일한 실체라는 주장을 모두 채택했다.

가장 대담한 형태로 이야기하자면, 인간의 행동을 결정하는 주된 요인은 단일한 정신적 과정이다. 이 과정은 선천적인 신경 메커니즘에 의해 조건지워지며, 효율성의 정도는 그 신경 메커니즘에 의해 획득되고, 각 개인의 지적 또는 정신적 수준은 생식세포의 결합에 의해 발생하는 특정 염색체에 의해 결정되며, 신경기구의 일부가 파괴되는 것처럼 중대한 사고 이외에는 출생 이후 어떤 영향에 의해서도 거의 변화하지 않는다.

루이스 M. 터먼은 스탠퍼드-비네 테스트로 미국인을 위한 IQ를 성문화시킨 인물로, 지능이 단위로 기능하는 양(量)이라는 주장을 하며 같은 견해를 제기했다. "지적 능력은 원하는 목적을 위해 마음대로 인출할 수 있는 은행예금과 같은 것인가, 아니면 제각기 특정한 목적을 위해 발행되고 교환할 수 없는 환어음 다발과 같은 것인가?" 터먼은 일반 은행계좌를 선택했다. 또한 그는 유전이론에 대한 자신의 신념을 이렇게 표현했다. "그 연구는 타고난 재능이 개인의 지능 순위를 결정한다는 것으로, 훈련보다 상대적으로 중요성이 더 높다는 내 생각을 강화시켜주었다."

그러나 비네는 이미 그런 논리에 대항하는 올바른 주장을 모두 제기했다. 그리고 그의 말은 오늘날에도 헤른슈타인과 머레이의 『벨 커브』에 대한 과학적으로 엄밀하고 윤리적으로 올바른 반박을 위한 입문서로 유용하게 사용될 수 있다. 『벨 커브』는 지능 테스트에 대한 미국의 독특한 공헌, 즉 유전론적 해석의 살아 있는 유산이다. 비네는 우리에게 지능을 단일한 수치로 추상화시킬 수 없다고 이야기했다. IQ는 도움이 필요한 아이들을 식별하기 위한 요긴한 고안물이지 생물학적 필연성의 명령이 아니다. 이러한 도움이 효과적인 것은 인간 정신이 유연하기 때문이다. 물론 사람마다 타고난 자질이 모두 같은 것은 아니다. 우리는 백지상태로 이 세상에 태어나지 않는다. 그러나 대부분의 결함은 상당한 정도까지 완화할 수 있으며, 생물학적 결정론이 주는 암울한 영향력은 가장 큰 비극을 의미하고 있다. 만약 우리가 포기한다면 (선천적이고 불변의 한계라는 교의를 우리가 받아들이는 것이기 때문에) 인간의 정신을 구속하는 가장 중대한 과오를 범할 수밖에 없다.

왜 우리가 훈련에 의한 변화가능성과 고정적이고 선천적이라는 생물학적 토대를 서로 경쟁시키는 잘못된 이분법적 모형을 따라야 하는가? 흔히 선천이냐 후천이냐(nature vs. nurture)라는 식의 이분법 모형은 일반인들의 마음속에 두 개념을 마치 대립적인 것인 양 고착화시키는 오류를 저지른다. 생물학은 피할 수 없는 숙명이 아니다. 또한 교육은 생물학적 한계를 넘기 위한 공격이 아니다. 오히려 교육에 의해 향상될 수 있는 폭넓은 능력은 동물들 중에서 인간에게만 허용된 유전적 독특함을 기록하는 것이다.

나는 사회적으로 불리한 처지의 학생들에게 큰 기대를 건 뉴욕시 브롱크스에 있는 한 고등학교를 다룬 『뉴스위크』(1994년 10월 24일자) 기사를 보고 기쁨과 아픔을 모두 느꼈다. 그 기사의 내용은 다음과 같다.

> 300명의 흑인과 라틴계 학생들이 『벨 커브』를 강력히 반박하는 근거를 제출했다. 리처드 헤른슈타인과 머레이는 IQ가 주로 유전적이며, 낮은 IQ

는 사회에서 거의 성공을 거두지 못한다는 것을 의미한다고 주장했다. 그 때문에 그들은 효과적인 학교 수업이나 보다 건강한 환경도 개인의 운명을 바꾸는 데 별다른 영향을 주지 못한다고 말한다. 그렇지만 호스토스(Hostos) 고교에서는 읽기 점수가 2년 사이에 거의 두 배가 되었다. 중도 퇴학 비율은 낮아지고 출석율은 높아졌다. 1989년 학급의 70퍼센트가 제때에 졸업했다. 이것은 도시평균의 두 배나 되는 수치이다.

이 얼마나 반가운 소식인가. 이 뉴스는 비네의 원래 의도를 훌륭하게 뒷받침하고 있다. 그러나 나는 이 기사에 붙은 '다윈에 대한 도전(In Defiance of Darwin)'이라는 제목에 대해서는 문제를 제기한다. 기사의 첫 문장은 "지금 149번가와 그랜드 콩코스(Grand Concourse)의 문제아를 위한 공립 고등학교가 일상생활 수준에서 다윈에게 도전하고 있다"로 되어 있다.

왜 다윈이 적이고 방해자인가? 아마도 『뉴스위크』는 대부분의 전투원들이 배제되는 혹독한 투쟁으로 다윈주의의 비유적 의미를(역시 심각한 오해이지만) 이용하려 했던 것 같다. 그러나 나는 『뉴스위크』의 편집자가 '생물학'에 대한 좁은 개념을 기초로 생물학 대신 '다윈'이라는 말을 사용했다고 생각한다. 즉 이 학교가 유전적 한계라는 생각을 거부했다고 우리들에게 이야기하고 있는 것이다. 생물학은 인간의 유연성의 적이 아니라 오히려 그 근원이자 힘을 북돋아주는 원천이다(한편 유전적 결정론은 생물학의 잘못된 이론을 대표한다). 다윈주의는 고정된 차이에 대한 언명이 아니라 한 학문분야(진화생물학)의 중심이론이다. 진화생물학은 인종 사이의 극히 작은 유전적 거리 속에서, 그리고 인간 공통의 기원인 지질학적 과거 속에서 인류의 단일성에 대한 여러 가지 원천을 발견했다.

| 에세이 2 |
우리의 죄는 중대하다

낡은 사고의 오류와 악취

우리는 우리의 원죄를 되풀이한다는 생각에 등골이 오싹해진다. 따라서 햄릿의 숙부는 카인이 아벨을 살해했던 일을 상기하면서 자신의 행동을 애통해한다.

오! 내 죄는 고약한 악취를 풍긴다. 그 악취는 하늘에까지 진동한다.
그것은 인류 최초의 저주,
형제의 살해이다!

이러한 악취의 은유는 특히 강력하다. 우리의 후각은 진화적 구성 속에 아주 깊이 묻혀 있지만, 과도하게 과소평가되어왔고 (필경 이 이유 때문에) 우리들의 문화에서 자주 언급되지 않았기 때문이다. 17세기의 영국인 저자는 이 잠재력을 알아차리고, 특별히 독자들에게 후각적 은유를 사용하지 말라고 경고하기도 했다. 일반인들은 후각의 은유를 문자 그대로 받아들이기 때문이다.

은유적 표현은 종종 문구 그대로 해석된다. 그러나, 그것은 부당하다. (……) 인간에 대한 은유에 감각적 표현을 사용하는 것은 얼마나 위험한가, 그리고 사람들이 그 말을 문자 그대로 받아들이는 것은 얼마나 터무니없는 독단인가?

이 구절은 토마스 브라운 경(Sir Thomas Browne)의 1646년 작품인 『수도독시아 에피데미카(*Pseudodoxia Epidemica*)』의 한 장에서 인용한 것이다. 브라운은 영국 노리치 출신의 의사로, 1642년에 발간되어 지금도 널리 읽히고 있는 『의사의 양심(*Religio Medici*)』이라는 저서로 더 잘 알려져 있다. 이 책은 자서전과 철학서의 중간쯤에 해당하는 별난 작품이다. 『수도독시아 에피데미카』(이 라틴어 제목은 '대단히 많은 거짓 진실'이라는 의미이다)는 오늘날에도 활발하게 추구되는 가장 명예로운 장르의 최고 작품이며 상식의 오류와 대중들의 무지, 특히 사회적 해악을 야기하기 쉬운 잘못된 통념을 폭로한다.

나는 이 책의 (100장이 넘는 많은 장 중에서) 한 장에서 현대의 독자들이 들으면 등골이 오싹해질 만한 브라운의 주장을 인용했다. 그것은 '유대인은 악취가 난다'라는 일반적인 믿음의 본질을 폭로한 내용이다. 그가 살았던 시대를 기준으로 하면, 그는 친유대적이라는 면에서는 최고에 가깝지만, 그도 유대인에 대한 모든 편견의 감정에서 자유롭지는 못했다. 그는 유대인의 악취에 관한 뜬소문의 원인이—앞의 인용문—예수가 십자가에 못박혀 죽었다고 주장했던 사람들의 자손들에게 정당하게 적용되었던(또는 그가 그렇게 생각했던) 은유적 표현이 엉뚱하게 문자 그대로 독해되었기 때문이라고 생각했다. 브라운은 다음과 같이 쓰고 있다. "그런데 그런 주장을 낳고 전파시킨 근원은 아마도 기독교도들이 유대인에 대해 품었던 악감정, 그들을 모든 사람들로부터 미움 받고 혐오스럽게 만들었던* 그 사실의 극악함 때문에 기독교도들이 품었던 악감정 때문일 것이다." (정치적 정의를 주창하는 오늘날의 사도들은 이 맥락에서 브라운이 사용한 "모든 인간"이라는 표현이 포괄하지 않는 부분이 무엇인지 곰곰이 생각해보아야 할 것이다.)

일상적인 오류의 본질을 폭로하기 위한 근거로 브라운은, 잘못된 통념이 자연에 대한 부정확한 이론에서 비롯되며, 그런 신념은 우스꽝스러운 원시성의 징후로서 뿐만 아니라 지식을 가로막는 적극적인 장애로 작용한다고 정확하게 지적했다. 그는 이렇게 말했다. "명확하고 보증할 수 있는 진리의 본체(body)를 얻으려면, 우리들이 알고 있는 것의 대부분을 떼어내고 그것을 잊어야 한다." 나아가 그는 진리는 확정하기 어렵고, 무지는 정확한 지식보다 훨씬 널리 퍼진다고 지적했다. 그의 저작은 17세기 중반에 씌어진 것이지만, 그는 '미국'을 미답(未踏)의 영역에 대한 은유로 사용하면서, 우리가 알려지지 않은 땅을 선도할 수 있는 지침으로 이성이라는 유용한 도구를 사용하는 데 실패한 것을 이렇게 한탄했다. "우리는 이 미로 속에서 (……) 열린 지역을 찾아낼 수 없다. 그러나 이따금씩 어쩔 수 없이 미국 그리고 아직 발을 들여놓지 않은 진리의 부분에서 방황한다."

---

*옮긴이주 | "모든 사람들로부터 미움을 받고 혐오스럽게 만들었던"의 원문은 "which made them abominable and stink in the nostrils of all men"이다. 여기에서 stink in the nostrils of all men은 문자 그대로 해석할 경우 "모든 사람들의 콧구멍에 악취를 풍긴다"로 읽힐 수 있다.

인간의 무지라는 미로를 편력하는 브라운의 저작 『수도독시아 에피데미카』는 모두 7권 113장으로 이루어지며, 광물과 식물, 동물과 인간, 성서 이야기, 지리적 신화와 역사적 신화에 이르는 광범위한 주제를 다루고 있다. 브라운은 코끼리는 관절이 없다거나, 오소리의 다리는 한쪽이 다른 쪽보다 짧다거나, 타조는 쇠를 소화한다는 등 일반에 퍼져 있는 통설을 열거하고 그 잘못을 파헤치고 있다.

그의 논거 양식을 보여주는 사례로 제3권 4장을 살펴보자. "사냥꾼을 피하기 위해 비버는 자신의 고환, 즉 불알을 물어뗀다." 이것은 잔혹한 전술이지만, 전해지는 말에 따르면 추적자의 주의를 피하기 위한 행동이거나, 또는 몸 전체를 먹히기보다는 일부를 떼어주기 위함이라고 한다. 브라운은 이러한 통념을 "아주 오랫동안 신봉된 교의로 널리 전파되기에 유리했다. (……) 이집트인들도 그들의 상형문자 때문에 실패했다. 스스로 고환을 떼어내는 비버로 간통의 처벌을 표현했기 때문이다. 그것은 이집트인들 사이에서 음란함에 대한 형벌이었다"라고 말한다.

브라운은 폭로를 위해 추론과 관찰을 혼합한 방식을 사용했다는 점을 자랑으로 여겼다. 그는 오류의 근원을 찾아내기 위한 시도에서 출발했다. 이 경우, 비버의 라틴어명에 대한 잘못된 어원(語源) 추론이 그 출발점이다. 비버의 라틴어명인 'caster'는 '거세(castration)'와 같은 뿌리에서 나온 말이 아니며(전해지는 말에서는 그렇게 가정되고 있지만) 궁극적으로는 산스크리트어의 'musk'에서 유래했다. 따라서 체내에 위치해 거의 보이지 않는 비버의 고환에서 의도적인 거세라는 잘못된 해석이 나온 것이다. 계속 그는 전혀 손상되지 않은 수컷을 사실적인 증거로 제시하면서, 비버가 자신의 고환을 물어뜯고 싶어도 입이 거기까지 닿지 않는다는 논리적인 추론을 전개했다(따라서 분명 이러한 일반적인 오류의 원천—고환을 외부에서 볼 수 없다는 사실—이 거짓의 증거가 되는 것이다!).

적절한 명칭으로 불리는 고환은 크기가 작고, 음부의 안쪽에 달려 있다. 그러므로 스스로 거세하거나 절단하려는 것은 무용한 시도일 뿐더러 불가능하다. 혹시 타자에 의해 시도되었다 해도 위험한 실행일 것이다.

제7권 2장에서는 '남자가 여자보다 갈비뼈 하나가 적다'라는 속설을 파헤치고 있다. 이것은 "아담의 갈비뼈 하나를 빼서 이브를 만들었다는, 그 기대에 어긋나지 않는 창세기의 역사로부터 유래한 기발한 착상"이다 (나는 이 터무니없는 이야기가 아직도 일부의 지지를 얻고 있다는 사실을 안타깝게 생각한다. 최근에 나는 고등학생을 대상으로 한 전국 시청자 참여 텔레비전 프로그램에 출연한 적이 있었는데, 창조론자인 한 젊은 여성이 성서에는 잘못이 없고 진화론이 틀렸다는 근거로 이 '유명한 사실'을 거론했다). 이번에도 브라운은 "이것은 이성과 엄밀한 조사 어느 것에도 부합하지 않을 것이다"라고 말하면서 논리와 관찰의 혼합이라는 접근방식을 선택했다. 갈비뼈의 숫자를 세는 간단한 확인절차로(브라운의 직업은 의사였다) 남자와 여자의 늑골 숫자가 같다는 것을 입증할 수 있었다. 게다가 이성 역시 갈비뼈가 하나 없는 아담의 결손이 미래에 그와 같은 성(性)을 갖게 될 사람들에게까지 전파될 것이라는 가정에는 아무런 논거도 주지 않는다.

설령 아담의 골격에서 늑골이 하나 부족하다는 것을 인정하더라도, 그의 후손들 역시 갈비뼈가 결여될 것이라는 생각은 추론과 일반적인 관찰에 모두 모순된다. 왜냐하면 장애는 아버지로부터 아들에게 유전하는 것이 아니고, 우리는 맹인이 정상적인 시력의 아이를 낳거나, 한쪽 눈밖에 없는 사람의 아이가 두 눈이 모두 있는 자식을 낳고, 저절로 불구가 된 절름발이가 멀쩡한 후손을 가지는 경우를 관찰하기 때문이다.

제4권 10장— '유대인은 악취가 난다' —은 가장 긴 장(章) 중의 하나로, 브라운 박사에게는 무척 중요한 장이다. 그의 주장은 한층 세련되었지만, 여기에서도 그는 그보다 덜 해로운 신화를 폭로하는 데 사용된 것과 동일한 접근방식을 따르고 있다. 즉 논리와 추론을 통한 보다 일반적인 입증과 모순된 사실들의 인용을 혼합하는 방식이다.

브라운은 다음과 같은 잘못된 언명에서 논의를 시작했다. "유대인은 선천적으로 고약한 냄새가 난다는 주장, 다시 말해서 그들의 인종이나 국가에 사악한 냄새가 들어 있다는 이야기가 일반적으로 받아들여진 견해이다." 그런 다음 브라운은 종마다 독특한 냄새가 있을 수 있고, 남자들도 개인적으로 독특한 냄새를 가질 수 있다는 것을 인정한다. "아리스토텔레스는 표범을 제외하고 좋은 냄새가 나는 동물은 없다고 말했다. 종의 냄새는 차치하고, 우리는 개인마다 냄새가 있고 모든 사람이 고유하게 독특한 냄새를 가진다는 것을 인정한다. 후각이 약한 사람은 느끼지 못할 수도 있지만, 그래도 개는 지각할 수 있고 그 결과 어둠 속에서도 자신의 주인을 찾아낼 수 있다."

따라서 원칙적으로 인간 집단은 저마다 독특한 냄새를 가질 수 있지만, 추론과 관찰은 집단으로서의 유대인에게 이러한 특성을 허용하지 않는다. "그 말이 정확하게 이해되었다 해도, 우리는 유대의 씨족 또는 민족 전체가 혐오스러운 냄새를 갖는다는 것을 충분히 인정할 수 없다. 더구나 그런 주장은 이성이나 감각의 정보로부터 귀납되는 것도 아니다."

사실적 근거에 비추어볼 때, 직접적인 경험은 이 불건전한 구전(口傳)에 아무런 증거도 제공하지 않는다. "많은 유대인들이 있는 유대교회당에서 이 악취를 맡을 수 없고, 사람들의 숫자로 추론해볼 때에도 [만약 그런 냄새가 있다면] 그 냄새를 숨길 수 없다. 청결하고 훌륭한 옷을 입은 사람들과의 상거래나 대화에서도 그런 냄새는 확인되지 않았다." 또한 기독교도로 개종한 유대인의 '테스트 사례'도 그 점을 밝혀주고 있다. 왜냐하면 가장 완고한 맹신자도 그런 사람들에게서 악취가 난다고 비난하지 않기 때문이다. "아무도 같은 자손인 개종한 유대인에게서 그런 냄새가 난다고 말하지 않는다. 마치 그들이 개종에 의해 향기로워지고, 종교를 통해 악취에서 벗어나 더 이상 냄새를 풍기지 않게 되기라도 한듯이 말이다." 만약 유대인의 혈통을 가진 사람들을 냄새로 확인할 수 있다면, 종교재판소는 거짓 개종자를 파악하는 데 이 확실한 방법을 사용해서 큰 성공을 거두었을 것이다. "오늘날 스페인에는 많은 유대인들이 있다. (……) 게다가 일부는 사제직에까지 올랐다. 그것은 대단히 괄목할 만한 일이다. 만약 그들을 냄새로 식별할 수 있다면, 기독교 교회뿐만 아니라 국고(國庫)를 위해서도 매우 유익할 것이다."

추론에 의한 논거로 돌아가면, 악취는 섭식습관이나 위생상태가 좋지 않은 사람들의 집단에서 생긴다. 그러나 유대인의 식사 계율은 절제와 양식(良識)을 보증하며, 음주로 폭음을 절제하는 습관을 지키고 "계율을 어기고 과음하거나 만취하는 사례는 좀처럼 없고, 대식이나 사치스러운 식사를 하는 과오를 범하는 일도 없다. 이런 습관에 의해 그들은 소화불량과 상스러움을 방지하고, 그 결과 체액(體液)의 부패를 막고 있다."

만약, 유대인의 생활습관에서 아무런 원인을 찾을 수 없다면, 유대인에게서 나쁜 냄새가 나는 유일한 이유로 생각할 수 있는 것은 "구세주를 십자가에 못박은 세대에 찍힌 상징 또는 낙인으로서 (……) 예수에 의해 초래된 신의 저주"이다. 그러나 브라운은 이 주장을 "아무런 근거도 없는 터무니없는 발상이며, 또한 모호함의 어느 지점에서 논쟁을 중단하려는 안일한 방식"이라고 강력하게 거부한다. 사리에 맞는 설명을 찾을 수 없을 때, 신에게 기적적인 힘을 기원하는 것은 겁쟁이나 나태한 인간이 실패를 모면하려는 행위다(브라운은 노아의 홍수나 홍해를 가른 대사건에 대한 신의 개입을 반대한 것이 아니라 불공평하게 악취가 난다는 낙인이 찍힌 인종처럼 신의 위엄을 웃음거리로 만드는 사소한 문제를 설명하는 데 기적을 끌어들이는 식의 행위를 비난한 것이다. 또한 그는 아일랜드의 수호성인인 성패트릭이 자신의 지팡이로 뱀을 쫓아냈기 때문에 아일랜드에서 뱀이 사라졌다는 이야기도 비웃었다. 이처럼 수많은 작은 기적들에 대한 터무니없는 주장들은 현상의 본질과 참된 원인의 작용에 대한 논의를 방해할 뿐이다).

그리고 브라운은 '유대인은 악취가 난다'라는 명제를 추론에 기반한 보다 강력한 논증으로 마무리짓는다. 그는 이 주제 전체가 합당하지 않다고 주장한다. 그것은 문제의 범주가—유대민족—민족 특유의 냄새와 같은 특성을 가질 수 있는 실체를 나타내지 않기 때문이다.

인간의 추론이 저지르는 가장 큰 오류 중에서도 이러한 '범주 오류'는 특히 집단을 구분하거나 그 특징을 정의할 때 흔히 나타난다. 이것은 나와 같은 분류학자에게는 특별한 관심사이기도 하다. 브라운의 저서는 상당부분 고어체(古語體)이며, 따라서 그의 글은 일종의 개념의 화석(conceptual fossil)으로서 기묘한 매력을 가지고 있다. 그러나 '유대인은 악취가 난다'라는 명제를 폭로하면서 그가 벌인 범주의 오류와의 싸움은 오늘날에도 유의미하며, 『수도독시아 에피데미카』의 논의 속에 담긴 당시의 관심사에 대해 다른 종류의 추론을 제기하고 있다.

브라운은 개인의 특성이 자동적으로 집단의 고유성으로 확대될 수 없다는 지적으로 논의를 시작한다. 우리는 사람마다 독특한 냄새가 있다는 사실에 의심을 품지 않지만, 집단 속에서 개인차의 범위가 워낙 크기 때문에 특정 집단의 냄새를 구분할 수 없다. 그렇다면 집단의 어떤 구성원이 이러한 특성을 대표하는 후보가 될 수 있을까?

브라운은 이러한 집단이 계통(系統)이라는 엄밀한 기준이나(그 구성원들이 단일한 유래를 가진 유전에 의해 특성을 공유하는) 다른 민족에서는 찾아볼 수 없는 공통된 습관이나 생활양식에 의해 분명하게 규정되어야 한다고 주장한다(그러나 브라운은 유대인들이 오래 전부터 절제와 위생이라는 생활양식을 지켜왔다는 것으로 그들에게 특유한 악취가 난다는 모든 주장을 반박했다).

이어서 브라운은 유대인이라는 말이 엄밀한 의미에서 계통 집단을 나타내지 않는다는 것을 논증하면서 자신이 제시한 사례의 결론을 맺었다. 유대인은 전세계에 흩어져 있고, 그동안 온갖 비난과 멸시 그리고 배척을 받아왔다. 많은 소집단들은 동화에 의해 사라졌고, 그밖의 집단들은 다른 민족과의 결혼에 의해서 희석되었다. 실제로 대부분의 민족이 다른 민족들과 상당부분 피가 섞여 있기 때문에 계통적 정의에 의해 명확히 구별할 수 있는 집단을 대표하지는 않는다. 이런 공통된 경향이 유대민족에게만 과장되어온 셈이다. 유대인은 독립된 유전적 집단이 아니며, 따라서 그들만의 냄새를 가질 수 없다.

어떤 민족에게도 육체적이나 기질적인 특성을 족쇄지울 수 있는 손쉬운 확신을 찾을 수 없을 것이다. (……) 유대인의 경우도 그런 성질을 입증하기는 힘들 것이다. 아무리 순수성을 내세워도, 그들 역시 온갖 종류의 민족과 분리할 수 없는 혼합을 겪었을 것이 분명하다. (……) 그러므로 어떤 사람(유대인)은 사라지고 다른 사람은 피가 섞인 것이 분명하며, 누가 고유한 유대인인지 확실하게 말할 수 없다. 유대인에게 그런 성질[민족 고유의 냄새]이 있다고 입증하기는 힘들 것이다.

오랫동안 나는 생물학적 결정론의 오류를 숙고했고, 근절되었다고 판단된 이후에도 다시 나타나는 경향과 그 끈질긴 생명력을 지적하면서 스스로 '대리성(surrogacy)'이라고 이름붙인 특성에 경악했다. 그동안 특정 집단을 비난하는 구체적인 주장들이 제기되어왔다. 가령 유대인은 악취가 난다, 아일랜드인은 술주정뱅이다, 여성은 밍크 모피를 좋아한다, 아프리카인은 사고를 할 수 없다 등이 그런 예이다. 그러나 이러한 각각의 주장들은 다른 주장의 대용물로 작용한다. 이런 주장이 제기되는 일반적인 형태는 항상 동일하고, 몇 세기에 걸쳐 완전히 똑같은 오류를 되풀이한다. 생물학적 본성 때문에 여성은 국가의 수반이 될 수 없다는 주장을 한꺼풀만 벗겨내면, 여러분은 아프리카계 미국인들이 박사학위를 취득하려는 사람들 중에서 차지하는 비율이 높지 않을 것이라는 또 다른 주장에 내재된 것과 동일한 형편없는 추론 구조를 발견하게 될 것이다.

따라서 '유대인은 악취가 난다'는 통념을 비판한 브라운의 오래된 논증은 오늘날의 상황에서도 여전히 유효하다. 그의 논증 형태는 지능이나 도덕적 관점에 선천적인 결함이 있고 그 결함이 불변이라는 이유로 특정 집단을 평가절하하려는 현대의 문제에 적용될 수 있기 때문이다. 다행스럽게도(나 역시 유대인 집단에 속하기 때문에), 요즈음 유대인은 심각한 고통을 당하지 않고 있다(물론 현재 어느 정도 완화된 상황이 만족스러운 것은 아니라는 점을 모든 사람에게 상기시키기 위해 나의 부모 세대가 겪은 통탄스러운 사건들을 굳이 언급할 필요는 없겠지만). 근년에 자주 등장하는 신화는, 악명높은 사건들의 일반적인 형식과 마찬가지 방식으로, 또 하나의 오래된 화제를 부활시켰다. 그것은 아프리카인의 혈통이 평균적으로, 다른 모든 민족에 비해 선천적으로 지성이 뒤떨어진다고 주장하는 『벨 커브』의 견해이다.

브라운의 전략에 따라 이 주장을 사실의 인용과 논리적인 논증을 혼합하는 방식으로 파헤칠 수 있다. 그 전략을 충분히 시도한다면 한 권의 책으로 묶을 분량이 되기 때문에 여기에서는 그 정도로 자세히 검토하지는 않겠다(이 장의 처음 두 에세이를 참조하라). 그러나 유대인을 단일한 생물학적 집단으로 정의하는 범주 오류에 관한 브라운의 설명이 '유대인은 악취가 난다'라는 속설을 논박할 때 핵심적인 초점이 된다는 것을 강조하고자 한다. 범주 오류에 대한 그의 비판은 1950년대의 젠센과 쇼클리에서 오늘날의 머레이와 헤른슈타인에 이르는 흑인의 지적 열등성이라는 현대의 신화를 그 토대에서부터 무너뜨린다.

현재 아프리카계 미국인들은 그 유래를 포괄적으로 정의할 수 없었던 브라운의 유대인들과 마찬가지 의미에서 계통적 단위를 형성하지 않는다. 추한 인종차별주의 역사의 유물로서 흑인이라 불리는 많은 사람들이 실질적으로는 코카서스 인종의 선조를 가지고 있는 경우가 많음에도 불구하고, 시각적으로 아프리카 혈통의 요소를 가진 사람은 누구나 '흑인'이라는 범주에 속해왔다(열성 야구팬들이라면 "1953년에 브룩클린 도저를 위해 40개 이상의 홈런을 친 이탈리아계 미국인 선수가 누구인가"라는 오래된 '짓궂은' 물음에 대해 '로이 캄파넬라'라는 답을 할 수 있을 것이다. 그는 코카서스계 이탈리아인 부친과 흑인 어머니 사이에서 태어났지만, 사회적 관례에 의해 항상 흑인으로 취급되었다).

(대리성이라는 주제에 관한 각주이지만, 흑인과 유대인에 대한 동일한 범주 오류의 설명은 종종 그 책임을 범주 오류의 피해자들에게 돌리는, 마찬가지로 편향에 사로잡힌 방법을 채택한다. 브라운은 대체로 반유대주의의 편견에 사로잡히지 않은 참신한 입장이었지만, 유대인과 기독교도의 혼교율이 높다는 사실을 설명하면서 매우 부정적인 시각의 주장들을 인용하고 있다. 즉, 유대인 여성들이 음탕해서 피부가 검고 매력없는 유대인보다는 금발의 기독교도 남성을 좋아한다는 속설이다. 브라운은 이렇게 쓰고 있다. "[유대인 여성과 기독교도 남성 사이의] 간음은 그리 드문 일이 아니다. 그녀들이 같은 민족보다 기독교도 남성과의 관계를 원하고, 할례를 한 남성과의 성적 관계보다 기독교도의 호색한을 더 좋아한다는 세간의 소문이 널리 퍼져 있

다." 미국의 인종차별주의자들도 노예제 시대에 종종 같은 주장을 했다. 그들의 주장은 특히 수치스러운 것이었다. 그 주장이 성적 무능력자를 비난하면서 실제로는 강간범들을 변호하는 결과를 낳았기 때문이다. 예를 들어, 1863년에 루이 아가시는 이렇게 쓰고 있다. "남부의 젊은 남성들은 성적 욕망을 억누를 수 없으면, 유색인[혼혈] 하인에게 그 자리에서 욕망을 해소한다. …… 이런 행동은 바람직한 본능을 둔화시켜서, 점차 강한 자극을 줄 수 있는 대상을 찾게 만든다. 실제로 성급한 젊은 남성들이 완전한 흑인을 원한다는 이야기를 들은 적도 있다.")

만약 흑인이라는 범주에 포함되는 사람들이 특정 계통 집단을 형성하지 않는다면, 우리는 '흑인'을 유전에 의해 선천적으로 무언가를 가진 존재라는 식으로 일관되게 주장할 수는 없다. 그러나 범주 오류는 다른 인종과의 폭넓은 혼합에 의한 희석보다 훨씬 더 근본적인 곳에 있다. 현대의 고인류학과 인류유전학에서 이루어진 가장 고무적인 발견으로, 우리는 인류의 범주에 대한 모든 문제를 재고하지 않을 수 없다. 우리는 '아프리카계 흑인'이 '토착 아메리카인'이나 '유럽계 코카서스인' '동아시아인'과 같은 전통적인 그룹과 동등한 하나의 인종 집단의 지위를 가질 수 없다는 것을 인정하라고 강요받는다. 그러나 아프리카계 흑인은 나머지 집단 모두를 합친 것보다 더 포괄적인 집단으로 다루어져야 하며, 실제로 분명히 구별되는 단일 집단으로 정의내릴 수 없다. 그러므로 '아프리카계 흑인은 지능이 뒤떨어진다'거나 '아프리카계 흑인은 누구나 농구를 잘한다'는 식의 헛소문은 통용되지 않는다.

지난 십 년 동안 인류학은 인간의 유일한 현생종인 호모 사피엔스의 기원을 둘러싸고 활발한 논쟁을 벌였다. 과연 우리 종은 세 대륙(아프리카, 유럽, 아시아)의 모든 지역에 살고 있던 호모 에렉투스라는 선조 집단으로부터 각각의 대륙에서 독립적으로—흔히 다기원 발생설이라 불리는 방식으로—출현했을까? 아니면 이른바 탈(脫)아프리카 발생설이 주장하듯이, 한 장소—아마도 아프리카—에 있던 호모 에렉투스의 한 집단에서 호모 사피엔스가 나타나 지구 전체로 확산된 것일까?

　논의의 흐름은 진자처럼 큰 폭으로 흔들려왔고, 최근에 드러난 증거는 탈아프리카 이론 쪽으로 기울고 있는 것 같다. 인종간의 변이를 조사하기 위해 점점 더 많은 유전자 염기서열이 해독되고 분석되면서, 또한 이러한 유전자의 차이에 기반한 계통수가 재구성되면서 동일하게 강력한 신호와 패턴이 나타나는 것 같다. 그것은 호모 사피엔스가 아프리카에서 출현했고, 그외 지역으로의 전파는 11만2천 년에서 28만 년 전까지는 시작되지 않았다는 것이다. 더구나 보다 최근에 이루어지고 있는 첨단 기술을 동원한 연구들은 이 스펙트럼에서 현대에 가까운 연대를 선호한다.

　다시 말하면, 모든 비(非)아프리카계 인종의 다양성—백인종, 황인종, 적색인종, 그리고 호피족(Hopi, 애리조나 북부에 사는 아메리카 인디언의 한 종족/옮긴이)에서 노르웨이인, 피지인에 이르는 모든 사람들—은 불과 10만 년 이내에 출현했을지도 모른다. 그에 비해, 호모 사피엔스는 훨씬 오랫동안 아프리카에서 살아왔다. 따라서 유전적 다양성은 진화적 변화가 가능한 시간과 대략 상관관계가 있기 때문에 아프리카인들 사이의 유전적 다양성은 전세계 그밖의 지역 사람들의 유전적 다양성의 총합을 능가한다! 그렇다면, 아프리카 흑인들이 아프리카 이외의 지역에 살고 있는 비(非)아프리카인 전체에서 발견되는 것보다 훨씬 많은 진화적 공간과 유전적 다양성을 나타낸다면, 어떻게 '아프리카계 흑인'을 단일한 집단으로 다루며 그들에게 바람직하다거나 바람직하지 못하다는 식의 특징을 부여할 수 있겠는가? 계통학적으로 적절한 정의를 내린다면, 아프리카인이 인류의 가장 큰 부분을 차지하고 나머지 인종들은 아프리카의 계통수에서 하나의 가지를 차지할 뿐이다. 그동안 비(非)아프리카 가지들이 번성한 것은 분명하지만, 지형학적으로는 아프리카인 구조 속의 한 분과에 지나지 않는다.

이 놀라운 방향전환에 대해 인간 다양성의 본질과 그 의미가 갖는 이론적, 개념적, 도상학적(圖像學的) 함축을 이해하려면 많은 시간과 충분한 숙고가 필요할 것이다. 비록 나도 초보자에 지나지 않지만, 나는 '아프리카 흑인들은 율동이 뛰어나지만, 지능이 뒤지고, 운동감각이 우수하다'라는 식의 무의미한 주장을 궁극적으로 폐기할 것을 제안한다. 만약 아프리카인들이 세계의 다른 모든 지역을 합친 것보다 큰 다양성을 가진다면, 그리고 아프리카인들이 단일한 집단으로 해석될 수 없다면, 이러한 주장은 그 사회적 유해성은 차치하고라도 전혀 무의미하다.

종종 가장 큰 지적 모험은 우리 내부에서 발생한다. 그것은 지구나 항성의 새로운 사실이나 대상에 관한 끊임없는 조사를 통해서가 아니라, 낡은 편견을 버리고 새로운 개념적 구조를 구축할 필요에서 비롯되는 것이다. 지적 추구에서 철저히 새로운 이해를 얻었을 때 느끼는 흥분만큼 달콤하고 훌륭한 보상은 없을 것이다. 그것은 진정한 학자들을 감동시키고, 우리 이외의 사람들에게 호된 충격을 주는 마음속으로의 여행이다. 우리는 인간 계통과 진화적 다양성의 의미에 대한 관점의 재개념화를 통해 이러한 내면적 탐험을 할 필요가 있다. 토마스 브라운은—우리는 그에게 마지막 판정을 내려야 한다—다른 모든 지적 흥분을 능가하는 내면의 여행을 칭찬했다. 흥미롭게도, 같은 구절에서 그 역시 미지의 세계에 대한 경이로움의 비유로 아프리카를 거론했다. 그는 자신이 한 말이 믿어지지 않을 만큼, 문자 그대로 정확하다는 사실을 알 수 없었을 것이다(『의사의 양심』, 제1권, 5장).

나는 바다의 밀물과 썰물, 나일강의 수위 증가, [나침반] 바늘이 북쪽을 가리키는 현상처럼 일반적인 경이에 대한 숙고로 만족할 수 없었다. 나는 지금까지 간과되어온 자연의 좀더 명백한 부분에서 나타나는 일들을 대비하고 병렬시키기 위해 연구해왔다. 그러한 연구는 더 많은 여행을 하지 않더라도 나 자신의 우주구조론 속에서 수행할 수 있다. 우리 밖에서 찾는 경이(驚異)는 우리 속에도 있다. 우리 속에 아프리카 전체와 그 불가사의가 들어 있다. 우리는 대담하고 모험적인 자연의 일부다.

인종의 기하학—역사를 진전시키는 사상의 힘

흥미로운 이야기들은 종종 변덕이나 오해로 간주되는 명칭으로 부호화되어 존재한다. 예컨대, 왜 정치적 급진파는 '좌익', 그와 대립되는 보수파는 '우익'이라고 불릴까? 대부분 유럽 의회에서는 편견이지만, 사람들이 오른팔을 자주 사용하는 습관만큼이나 오래된 예절습관에 따라 다수파 의원들이 의장의 오른쪽에 자리를 잡았다(자주 사용하는 팔이 오른쪽이라는 편향은 깡통 따개나 집무용 책상의 구조를 규정하지만, 이 선입관은 그런 정도를 넘어 언어 자체에까지 깊이 침투한다. 가령 '솜씨 좋은 [dextrous]'이라는 말은 '오른쪽'이라는 의미의 라틴어에서 기원했고, '불길한[sinister]'이라는 말은 '왼쪽'이라는 의미의 라틴어에서 비롯되었다). 이들 다수파 귀족이나 거물들은 보수적 견해를 지지하는 경향이 있기 때문에 의회 좌석의 우익과 좌익이 기하학적으로 정치적 입장을 규정하게 된 것이다.

생물학이나 진화론처럼 내가 속한 분야에서는 이처럼 두드러지게 편벽스러운 명칭으로, 유럽, 서아시아, 북아프리카에서 흰 피부를 가진 사람들을 지칭하는 코카서스 인종이라는 말처럼 많은 질문을 받은 것도 없을 것이다. 강연이 끝난 후에 나오는 질문이나 내게 편지를 보내오는 사람들이 가장 많이 묻는 것이 바로 이 문제이다. 왜 서양에서 가장 흔한 인종의 명칭을 러시아 산맥 이름을 따서 붙였을까? 모든 인종의 분류에 가장 큰 영향을 준 독일의 자연주의자 J. F. 블루멘바흐(J. F. Blumen-bach, 1752~1840)는 1795년에 출판한 독창적인 저서 『인류의 자연적 종류에 관하여(De generis humani varietate nativa)』의 제3판에서 이 명칭을 고안했다. 블루멘바흐는 이 명칭을 선택한 두 가지 이유를 들었다. 하나는 이 좁은 지역에서 가장 아름다운 사람들이 나타났다는 것이고, 다른 하나는 이 지역에서 인류가 최초로 창조되었을 가능성이었다. 블루멘바흐는 이렇게 썼다.

코카서스 인종. 나는 이 인종의 명칭을 코카서스 산맥에서 채택했다. 그 이유는 이 지역, 특히 남사면(南斜面) 지역이 가장 아름다운 인종을 산출했고 (……) 이곳의 어딘가에서 인류 최초의 발상지를 [최초의 형태로] 밝혀낼 가능성이 가장 크기 때문이다.

계몽주의의 가장 위대하고 저명한 자연주의자인 블루멘바흐는 평생을 독일의 괴팅겐 대학 교수로 지냈다. 그는 자신의 저서 『인류의 자연적 종류에 관하여』를 렉싱턴과 콩코드 민병들이 미국 독립전쟁을 개시한 1775년에 괴팅겐 대학 의학부에 박사논문으로 제출했다. 이어 그는 필라델피아에서 열린 숙명적인 집회에서 미국 독립이 선언된 1776년에 일반인을 대상으로 한 대중서로 재발간했다. 이 해에 세 권의 중요한 문헌, 즉 제퍼슨의 독립선언서(자유의 정치학), 아담 스미스의 『국부론』(개인주의 경제학), 그리고 블루멘바흐의 인종의 분류에 대한 논문(인간 다양성의 과학)이 출간되었다. 이것은 수십 년 동안 벌어졌던 사회적 동요를 말해준다. 그리고 그것은 우리의 역사에 매우 중요하며 지금도 관심사가

되고 있는 블루멘바흐가 유럽인종을 코카서스 인종이라고 부르기로 결정한 폭넓은 맥락을 설정해준다. 또한 그것은 블루멘바흐가 분류학을 탄생시킨 맥락이기도 하다.

흔히 큰 수수께끼는 놓치거나 간과하기 쉬운 대수롭지 않은 호기심에 의해 해결되곤 한다. 나는 오늘날까지 우리들에게 큰 영향과 당혹감을 동시에 주고 있는 토대인 블루멘바흐의 분류를 이해하는 열쇠가 그가 유럽인종을 코카서스 인종이라고 명명하는 데 사용한 독특한 기준—이 지역 사람이 가장 아름답다고 생각한—에 있다고 주장한다. 우선, 왜 이처럼 중요한 결정을 누가 보아도 명백하게 주관적인 평가와 결부시켰을까? 둘째, 어떻게 심미적인 기준이 인류 기원의 장소에 대한 과학적 판단의 기초가 되었을까? 이러한 의문에 답하려면, 우리는 1775년에 블루멘바흐가 최초로 발표한 논문으로 되돌아가서, 코카서스인이라는 이름을 받아들인 1795년에 그에게 일어난 변화를 살펴볼 필요가 있다.

1795년의 최종 분류에서 블루멘바흐는 모든 인류를 지리적 요소와 외모라는 두 가지 측면에서 다섯 집단으로 나누었다. 그의 서열은 유럽과 그에 인접한 지역에 사는 피부색이 흰 사람들인 코카서스 인종, 중국과 일본을 포함하는 동아시아 주민으로 이루어지는 몽골 인종, 아프리카에 사는 피부색이 검은 에티오피아 인종, 신대륙 원주민으로 이루어지는 아메리카 인종, 그리고 태평양 제도의 폴리네시아인과 멜라네시아인 및 오스트레일리아 원주민으로 이루어지는 말레이 인종 순서였다. 그러나 1775년에 이루어진 최초의 분류에서는 이들 다섯 인종 중에서 처음 네 인종만이 인정되었고, 말레이 인종은 몽골 인종이라고 명명한 아시아의 다른 민족들과 통합되어 있었다.

여기에서 우리는 근대 인종 분류의 창안자라는 블루멘바흐의 명성에 걸맞지 않은 역설에 직면하게 된다. 곧 설명하겠지만, 처음 네 인종으로 이루어진 체계는 블루멘바흐의 관찰이나 이론화에 의해 태어난 것이 아니라 그 스스로 인정하듯이, 그의 정신적 스승인 칼 린네가 저술한 분류학의 기초적 문헌이라 할 수 있는 『자연의 체계(Systema naturae)』(1758)에서 처음 제기되어 채택된 분류를 다시 제안한 것에 불과했다. 따라서 처음에 폭넓은 아시아 집단에 포함되었던 태평양의 일부 민족들이 나중에 말레이 인종으로 독립된 것이 인종 분류에 대한 블루멘바흐의 유일하게 독창적인 공헌인 셈이다. 그러나 이 변화는 그다지 중요한 것 같지는 않다. 그렇다면 왜 우리는 인종 분류의 창시자라는 공적을 린네가 아닌 블루멘바흐에게 인정하는가? (오늘날 충분한 이유에 의해, 이 분류방식이 그다지 높은 평가를 받지 못한다는 점을 고려한다면, 오히려 '불명예'라는 표현을 선호하는 사람도 있을 것이다.) 나는 일견 블루멘바흐가 일으킨 작은 변화가 실제로는 그 이상 불가능할 만큼 넓고, 놀라운 이론적 변화라는 점을 주장하고 싶다. 이 변화는 대부분의 평가에서는 간과되거나 오해되어왔다. 그 이유는 후대 과학자들이 이 이론이 일반적으로 분명히 정의할 수 있는 기하학적 용어를 통해 시각적으로 표현될 수 있는 모형이라는 중요한 역사적·철학적 원리를 파악하지 못했기 때문이다.

린네의 4인종—인종 체계에서는 5인종—체계로의 전이를 통해, 블루멘바흐는 인간 서열의 기하학을 명백한 서열이 없는 지리적 근거에 기반한 모형에서 가치의 이중구조 모형으로 바꾸었다. 기이하게도 후자는 코카서스적 이상에서 인식된 아름다움을 기반으로 두 방향으로 확장된다. 앞으로 살펴보겠지만, 이 기하학적 재정식화에서 결정적인 요소는 말레이 인종의 추가이다. 따라서 1775년부터 1795년에 걸쳐 블루멘바흐가 시도한 '작은' 변화의 핵심은 낡은 체계 내에서 단순히 사실적 정보를 개선한 것이라기보다 오히려 개념적 변형에 있었다(과학혁명이 이러한 기하학적 변화를 구현한다는 통찰을 준 나의 처 론다 롤랜드 시어러에게 감사한다. 그녀는 이 주제를 자신의 조각작품과 곧 발간될 저서 『평면 나라 가설 [The Flat land Hypothesis]』에서 묘사하고 있다. 이 책의 제목은 1884년에 우리의 일반적인 사고와 사회이론에 기하학이 지운 한계를 다룬 애보트의 탁월한 과학소설의 이름*에서 따온 것이다).

블루멘바흐는 자신의 스승 린네를 우상화했다. 인종 분류에 대해 1795년에 발표한 저작의 첫 페이지에서 블루멘바흐는 "불후의 린네, 자연의 작동방식의 특성을 연구하고 그것을 체계적으로 배열한 탁월한 창조성의 소유자"라는 찬사를 쏟아부었다. 또한 블루멘바흐는 린네가 자신이 나눈 최초의 4인종 분류 체계의 원천임을 인정했다. "나는 수(數)에 관한 한 린네를 따랐지만, 그밖의 구분에 의해 내 나름대로 인종을 결정했다"(1775년판). 후일 말레이 인종을 덧붙이면서, 블루멘바흐는 그 변화가 자신의 스승인 린네로부터의 이탈이라는 점을 인정했다. "이제 린네의 인종 구분 방식이 고수될 수 없다는 것이 분명해졌다. 그 때문에 나는 이 소논문에서 다른 사람과 마찬가지로 이 저명한 인물의 분류를 더 이상 따르지 않기로 했다."

린네는 인간의 종인 호모 사피엔스를 네 인종으로 나누었다. 일차적인 기준은 지리적인 것이었고, 이차적으로는 피부색, 기질, 정신적 태도라는 세 가지 요소였다(오류였지만, 린네는 호모 사피엔스에 그밖에도 두 개의 공상적 인종을 포함시켰다. 하나는 페루스[ferus]였는데, 동물들이 키운 것으로 생각되는 '야생아[wild boy]'들이 숲속에서 우연히 발견되면서 붙여진 이름이다[어렸을 때 부모가 버린 아이들로 대부분 정신적인 질환을 가지

---

*옮긴이주 | 1884년에 에드윈 애보트가 가상의 2차원 세계를 묘사한 고전적 작품 『평면 나라(Flat Land)』를 뜻한다.

고 있거나 지체아라는 사실이 밝혀졌다]. 다른 하나는 몬스트로서스[monstrosus]로 여행자들의 이야기에 등장하는 꼬리가 있는 털북숭이 사람이나 그밖의 지어낸 이야기에 등장하는 괴이한 사람이다).

그런 다음 린네는 지리적 요소를 기반으로 배열된 네 개의 주요 인종을 소개했지만, 흥미롭게도 그것은 인종차별주의 전통에 젖은 대부분의 유럽인들이 좋아하는 순서가 아니었다. 그는 아메리카누스(Americanus), 유로페우스(Europeus), 아시아티쿠스(Asiaticus), 그리고 아페르(Afer, 아프리카인)의 순서로 각 인종을 논했다. 이러한 분류에서 린네의 독창적 해석은 거의 없으며, 단지 전통적인 지도학에 따른 네 지리적 영역에 인류를 대입한 것에 불과했다.

린네는 자신이 서술한 첫 줄에서 각 집단의 특징을 피부색, 기질, 태도라는 세 가지 요소로 설명하고 있다. 이번에도 이 세 가지 범주는 가치가 개입된 서열화와는 아무런 연관도 없다. 게다가 린네는 이 결정을 내리는 과정에서 자신의 관찰보다 오히려 고전적인 분류학에 따랐다. 예컨대, 기질(또는 담즙[humor])에 의한 분류는 인간의 상태가 네 가지 체액 —혈액, 점액, 담즙(황담즙), 흑담즙—의 균형에 의해 발생한다는 고대와 중세의 이론에서 비롯된 것이다('humor'는 라틴어로 '습기'를 뜻한다). 네 가지 물질 중 하나가 지배적이 되면, 그 사람은 다혈질(sanguine, 혈액의 쾌활한 영역), 점액질(phlegmatic, 둔감하고 게으른 기질), 담즙질(choleric, 격하기 쉬운 기질), 흑담즙질(melancholic, 우울질, 우울하고 침울한 기질)*이 된다고 했다. 네 개의 지리적 영역, 네 가지 체액, 그리고 4인종이 있는 셈이다.

린네는 아메리카 인종에 대해 "적색, 담즙질, 정직", 유럽인종에 대해서는 "백색, 다혈질, 강건", 아시아인종에 대해서는 "담황색, 우울질이라고도 하며 경직", 그리고 아프리카 인종은 "흑색, 점액질, 느슨함"이라고 표현했다.

나는 린네가 자신이 속한 유럽인종이 다른 모든 인종보다 우수하다는 전통적인 신념을 지지하고 있다는 것을 부정하려는 것이 아니다. 분명 그 역시 당대에 거의 보편적으로 퍼져 있던 인종차별주의를 가지고 있었다—쾌활하고 강건한 유럽인이 우울하고 경직된 아시아인보다 좋은 인상을 주는 것은 확실하다. 더욱이 린네는 각각의 인종에 대한 서술의 마지막 줄에서 좀더 명백하게 인종차별적인 딱지를 붙이고 있다. 그는 이 대목에서 "~에 의해 지배된다(regitur)"라는 표현법에 따라 다음과 같은 한마디로 각 인종에서 예상되는 행동을 요약하려고 시도했다. 그리고 아메리카 인종에 대해서는 "consuetudine(습성에 의해)", 유럽 인종은 "ritibus(관습에 의해)", 아시아 인종은 "opinionibus(신념에 의해)", 그리고 아프리카 인종에 대해서는 "arbitrio(변덕에 의해)"라는 딱지를 붙였다. 이미 확립되고 숙고된 관습에 의해 지배되는 행동이 습성이나 신념처럼 사고가 수반되지 않는 지배보다 우월한 것은 분명하다. 또한 이 세 가지 특성은 모두 변덕보다 우월하다. 따라서 유럽 인종이 최상위에 오고, 중간에 아시아 인종과 아메리카 인종, 그리고 맨 아래에 아프리카 인종이 놓인다는 암시적이고 전통적인 인종차별의 서열화로 귀결되는 것이다.

이러한 함축에도 불구하고, 린네의 뚜렷한 기하학 모형은 선형적이거나 위계적이지는 않았다. 우리들이 마음속에 린네의 체계를 하나의 그림

---

* 옮긴이주 | 4체액설은 오늘날 받아들여지지 않지만 언어에는 많은 흔적을 남기고 있다. 가령 혈액이 많은 기질을 뜻하는 다혈질(多血質, sanguine)은 쾌활하다, 낙천적이다, 흥분하기 쉽다 등의 의미로 많이 사용되며, 우울증을 뜻하는 'melancholia'는 흑담즙(黑膽汁, melancholy)에서 나온 말이다. 서양에는 "담즙질인 사람은 잘 마시고, 우울질인 사람은 잘 먹고, 점액질인 사람은 잘 잔다"는 속담도 있다.

으로 정리한다면, 각 지역에 서로 다른 특징을 가진 사람들이 사는 네 지역으로 나누어진 세계지도를 그릴 수 있다. 요약하면, 린네는 인간 서열화의 제1원리로 지도학을 사용했다. 만약 그가 인간 다양성의 본질적 상(像)으로서 서열화를 밀어붙이려 했다면, 틀림없이 그는 맨 처음에 유럽 인종이 오고 마지막에 아프리카 인종이 남는 식으로 열거했을 것이다. 그러나 린네는 아메리카 원주민에서 시작했다.

인간의 다양성을 지리적 고려에서 계층적 서열화로 이행시킨 것은 서양 과학사에서 일어난 결정적인 변화를 잘 나타낸다. 철도나 핵폭탄에는 못 미쳐도, 그 변화는 우리들의 집단적 삶과 민족성에 엄청난 실질적인 영향을 미쳤다. 그리고 어떤 경우에도 거의 전적으로 부정적인 영향으로 일관했다. 얄궂게도 J. F. 블루멘바흐는 이 이행의 중심적 인물이었다. 이후 그의 5인종 체계가 정통 분류로 인정되었고, 그가 지도학에 기반한 린네의 인류 질서의 기하학을 가치추정에 의한 선형적 서열화로 변화시켰기 때문이다.

내가 앞에서 얄궂다는 표현을 사용한 까닭은 블루멘바흐가 인간 다양성이라는 주제에 대해 쓴 계몽주의 저술가들을 통틀어 가장 인종차별주의의 색채가 옅은 인물이었고, 가장 평등주의적이고 온건한 사람이었기 때문이다. 인간의 단일성, 그리고 집단 사이의 하찮은 도덕적·지적 차이에 누구보다 헌신적으로 전념해온 사람이 인간 질서의 정신적 기하학을 이후 전통적 인종차별주의를 조장하게 된 체계로 변화시켰다니 그 얼마나 기묘한 일인가. 그러나 다시 생각해보면, 이런 상황이 그다지 기묘하거나 특이하지는 않다. 대부분의 과학자는 모든 이론화의 배후에 있는 정신적 장치, 특히 시각적 기하학적 함축을 항상 인식하지 못했기 때문이다.

과학의 오랜 전통은 이론 변화가 관찰에 의해 도출되는 것이 분명하다고 주장한다. 대부분의 과학자들이 이 극도로 단순화된 정칙(定則)을 믿기 때문에 자기자신의 해석 변화는 새롭게 발견된 사실을 더 잘 이해하게 된 것을 나타낼 뿐이라고 가정하곤 한다. 그래서 과학자들은 이 세계의 혼란스럽고 모호한 사실성에 대해 부과하는 정신적 강요를 알아차리지 못하는 경향이 있다. 이러한 지적 강요는 심리적 경향이나 사회적 맥락을 포함하는 다양한 근원에서 발생한다. 블루멘바흐는 진보의 개념이 지배하고, 유럽적 삶이 문화적으로 우수하다는 관념이 정치 사회적 세계에 팽배하던 시대에 산 인물이다. 인종의 서열화에 관한 암묵적인, 또한 느슨하게 정식화된(또는 무의식적인) 관념은 이러한 세계관과 잘 부합된다. 따라서 그 체계를 제외한 거의 모든 분류 체계가 변칙적인 것으로 간주되었을 것이다. 나는 인간 질서의 기하학을 가치에 기반한 서열 체계로 변경시키는 과정에서 과연 블루멘바흐가 인종차별주의에 공공연하게 기여하는 방향으로 의식적 활동을 했을지 의심스럽다. 나는 그가 단지, 그리고 대개는 수동적으로, 그 시대에 만연한 사회적 관점을 기록으로 남겼다고 생각한다. 그러나 그 주창자들의 동기나 의도가 무엇이든 간에, 사상은 영향을 미치게 마련이다.

블루멘바흐는 린네의 4인종 체계에서 자신의 5인종 체계로의 전환이—곧 살펴보겠지만, 지도학에서 위계로의 운명적인 변화의 기반인—오로지 자연의 사실성에 대한 자신의 향상된 이해에서 비롯된 것이라고 확신했다. 이 전환을 발표했을 때, 그는 자신의 논문 2판(1781)에서 이렇게 말했다. "일찍이 1판에서 나는 전 인류를 4종으로 분류했지만, 그후 동아시아와 아메리카의 여러 민족들을 좀더 적극적으로 조사하고 면밀히 관찰한 후에 이러한 분류를 포기하고, 자연에 좀더 부합하는 5인종 체계로 대체하지 않을 수 없었다." 그리고 다시 1795년의 3판 서문에는 "인간의 종류를 자연의 진리에 따라" 배열하기 위해 린네의 체계를 포기했다고 쓰고 있다. 과학자는 이론이 오직 관찰의 결과로 발생한다는 신화를 받아들여 자신의 영혼에서 비롯되는 개인적·사회적 영향을 철저히 성찰하지 않으면, 자신의 견해를 변화시킨 원인을 간과하게 될 뿐만 아니라 자신의 새로운 이론에 의해 부호화된 뿌리깊고 폭넓은 지적 전환을 이해하지 못할 수도 있다.

블루멘바흐는 당시 막 인기를 얻고 있던(그리고 인종차별주의의 전통적 방식에 확실하게 도움이 되는) 주요 인종이 각각 독립적으로 창조되었다는 대안적인 견해에 반대하면서 인간 종의 단일성을 강하게 지지했다. 그는 자신의 논문 3판을 이렇게 끝맺고 있다. "이제 모든 종류의 인간이 (……) 동일한 하나의 종에 속할 가능성이 매우 높다는 데에 더 이상 아무런 의심도 들지 않는다."

인류의 단일성에 대한 주된 논증으로, 블루멘바흐는 생각할 수 있는 모든 인종의 특징이 한 인종에서 다른 인종으로 연속적으로 변화해 그들을 서로 분리된 집단으로 정의하는 것이 불가능하다고 쓰고 있다.

> 넓게 분산된 민족들 사이에는 무척 큰 차이가 있는 것처럼 보이기 때문에 여러분들은 희망봉의 거주자, 그린랜드인, 코카서스인들을 서로 다른 종처럼 생각하기 쉬울 것이다. 그러나 깊이 생각해보면, 모두 서로 통하고 한 인종이 다른 인종으로 지각할 수 있을 만큼 두드러지게 변하고, 그들 사이의 경계를 획정할 수 없다는 것을 알게 될 것이다.

특히 그는, 전통적인 인종차별주의의 위계에서 맨 밑바닥을 차지하는 흑인계 아프리카인들이 열등성이라는 고유한 특성을 갖는다는 통설을 반박했다. "에티오피아인들 사이에는 특이하거나 보편적인 성질이 하나도 없다. 그리고 그것은 다른 인종들 모두에서도 관찰될 것이다."

블루멘바흐는 호모 사피엔스가 단일 지역에서 창조되어 지구 전역으로 확산되었다고 믿었다. 그리고 그는 인종의 다양성이 다른 기후나 지형으로 이동해 그에 따른 여러 가지 습관과 생활양식을 받아들인 결과로 나타났다고 주장했다. 그는 당대의 전문용어에 따라, 이 변화를 '퇴보(degeneration)'라고 불렀다. 이 말은 오늘날처럼 악화를 뜻하는 것이 아니라 창조되었을 때의 인간이 초기 형태에서 이탈한다는 문자 그대로의 의미이다('degeneration'에서 'de'는 '탈(脫, from)'를 뜻하며, 'genus'는 우리의 최초 계통을 의미한다).

블루멘바흐는 이 퇴보가 대부분 기후 차이에 의해 직접적으로—열대 환경이 검은 피부와 상관관계를 갖는 것과 같은 광범위한 패턴에서, 오스트레일리아인들의 작은 눈이 "주민들이 늘 얼굴을 찡그리게 만들 만큼 (……) 항상 구름처럼 몰려드는 각다귀떼"에 대한 반응으로 형성되었을 것이라는 추론을 포함하는, 훨씬 더 특이한(심지어 공상적인) 특성들에 이르기까지—일어난다고 주장했다. 그리고 그밖의 변화는 서로 다른 지역에 적응한 다양한 생활양식의 결과에서 비롯된다고 강조했다. 예컨대 갓난아기의 머리를 강보 판대기나 어부바널(아메리카 인디언들이 아기를 업을 때 등에 대고 고정시키는 널빤지/옮긴이)로 누르는 민족은 두개골이 비교적 길쭉해진다. 블루멘바흐는 "각 민족의 머리 형태의 다양성은 대부분 그들의 생활양식과 그에 수반되는 인위(人爲, art)에 기인한다"라고 주장했다.

블루멘바흐는 수세대에 걸쳐 촉진된 이러한 변화가 궁극적으로 유전될 수 있는 가능성을 부인하지는 않았다(이것은 오늘날 일반적으로 '라마르크주의', 즉 '획득형질의 유전'이라고 불리는 과정에 의한 유전을 뜻하는데, 18세기 후기에 일반적으로 퍼져 있던 생각으로 블루멘바흐의 지지가 예증하듯 라마르크의 독창적인 견해는 아니다). 그는 "시대가 흐르면서 인위가 제2의 천성으로 퇴보할 수도 있다"라고 쓰고 있다.

그러나 블루멘바흐는 기후나 생활양식과 같은 외적 강요로 나타나는 대부분의 인종 다양성이 새로운 지역으로 이주하거나 새로운 행동양식을 채택하면 쉽게 바뀌거나 역전될 수 있다고 강하게 주장했다. 백인계 유럽인이 수세대에 걸쳐 열대에 살면 검은 피부가 될 수 있고, 고위도 지대에 노예로 팔려간 아프리카인이 결국은 흰 피부를 가지게 될 것이라는 주장이다. "피부색은 그 원인이 담즙이든, 태양이나 대기, 기후의 영향이든 우연적이고 쉽게 변화가능한 것이기 때문에 결코 종 다양성의 구성요소가 될 수 없다."

인종 변화의 표면성에 대한 이러한 견해를 기반으로 블루멘바흐는 대담하게 모든 사람들의 지적·도덕적 단일성을 옹호했다. 특히 그는 흑인계 아프리카인과 백인계 유럽인의 지위가 동등하다는 강력한 주장을 내세웠다. 그 이유는 아마도 아프리카인이 전통적인 인종차별주의에 의해 가장 심하게 비난받았기 때문일 것이다.

블루멘바흐는 자신의 집에 흑인작가들의 작품만을 모아놓은 특별한 서재를 마련했다. 그가 "우리 흑인 형제들의 뛰어난 성향과 능력"을 칭찬하는 태도에 가부장적 온정주의의 요소가 포함되어 있을 수도 있지만, 경멸보다는 온정주의가 한결 낫다. 그는 아직 노예제도 폐지론이 폭넓은 동의를 받지 못하던 시절에 폐지를 위한 캠페인을 벌였고, "그들의 타고난 온화한 성품은 노예 수송선에서나 서인도 설탕 농장에서 백인들에게 잔학한 취급을 받았을 때에도 결코 사라지지 않았다"라고 말하면서 노예 포획자들에게 노예의 도덕적 우월성을 설득했다.

블루멘바흐는 "흑인의 재능과 지적 능력의 완벽성"을 확신했고, 자신이 수집한 뛰어난 작품들을 열거하면서 특히 보슈테른의 노예인 필리스 휘틀리(Phillis Wheatley)의 시를 높이 평가했다. 휘틀리의 작품은 최근 미국에서도 재발견되어 다시 발간되었다. "나는 여러〔흑인〕시인들이 쓴 영어, 네덜란드어, 라틴어 시를 가지고 있다. 그중에서도 특히 보슈테른의 필리스 휘틀리의 시는 이 자리에서 언급할 만한 가치가 있다. 그가 그 시로 유명한 것은 지극히 정당하다." 마지막으로 블루멘바흐는 아프리카 흑인이 편견과 노예제도라는 가장 억압된 상황에서도 일군의 우수한 저자와 학자들을 낳았다는 점에서, 많은 코카서스 국가들이 자만할 수 없을 것이라고 지적했다. "유럽의 잘 알려진 지역 중에서 여러분이 훌륭한 작가, 시인, 철학자나 파리 아카데미의 기고자를 찾아보기 힘든 곳을 열거하기는 힘들 것이다."

그럼에도 불구하고, 블루멘바흐가 마음속에 품고 있는 인간 다양성에 대한 상(像)을—린네의 지리학에서 계층적 서열화로의 전이—표현했을 때, 그는 그 중심에 신이 창조한 이상에 가장 가까운 집단을 위치시켰고, 이어서 이 원형적인 기준에서 이탈하는 상대적인 정도에 따라 다른 집단들을 특징지었다. 결국 그는 최초의 창조에 가장 가까운 곳에 하나의 인종을 위치시키고, 이 이상에서 점점 퇴보하는 방향으로 진행하는 두 개의 대칭적인 선을 그리는 체계로 귀결했다(그의 논문에 들어 있는 삽화를 보라—594쪽의 그림 참조).

그러면 다시 코카서스인이라는 이름의 수수께끼, 그리고 블루멘바흐가 다섯 번째로 말레이 인종을 추가한 의미를 짚어보자. 그는 신이 창조한 이상에 가장 가까운 집단으로 자신이 속한 유럽인종을 선택했다. 그리고는 유럽인종 내에서도 가장 완벽에 가까운 더 작은 집단을—다시 말해서, 최고 중의 최고—찾았다. 지금까지 살펴보았듯이, 그는 코카서스 산맥 주변의 사람들을 최초의 이상에 가장 가까운 현현(顯現)이라고 생각했기 때문에 유럽인종 전체에 가장 뛰어난 대표 명칭을 부여했다.

그러나 블루멘바흐는 이 대목에서 딜레마에 직면했다. 이미 모든 사람

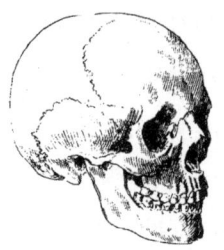

3. 코카서스인

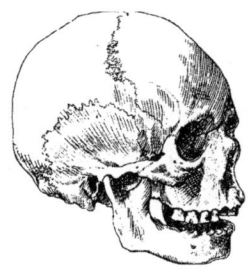

2. 아메리카 인디언

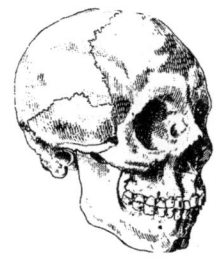

4. 말레이인

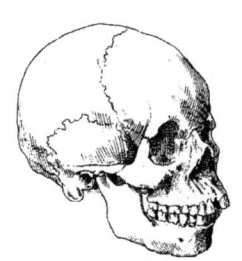

1. 아시아인

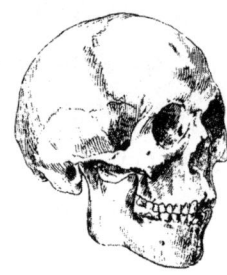

5. 아프리카인

중앙에 위치한 코카서스인의 이상형에서 중간 단계를 거쳐 확장되는 두 개의 '퇴보'의 선으로 표현된 블루멘바흐의 인종 기하학. J. F. 블루멘바흐의 『인류학 논문선(Anthropological Treatises)』(1865)에서 인용.

들이 지적으로나 도덕적으로 동등하다고 단언했기 때문이다. 그래서 코카서스 인종의 이상에서 상대적인 이탈의 정도를 수립하는 데 인종차별주의의 전통적 서열화라는 기준을 사용할 수 없었다. 그 대신, 오늘날 우리에게는 그 기준이 주관적으로(그리고 우스꽝스럽게) 여겨지지만, 블루멘바흐는 육체의 아름다움을 서열화의 지표로 선택했다. 그는 용모에서 정점에 위치하는 코카서스인을 비롯해 유럽인이 가장 아름답다고 분명하게 주장했다(따라서 이 논문 첫머리에 인용한 구절에서, 그는 최고의 아름다움과 인류 기원의 장소를 연결시켰다. 블루멘바흐는 인류 탄생 이후의 모든 변화를 창조된 이상형으로부터의 이탈로 간주했기 때문에 가장 아름다운 사람들은 인류 최초의 발상지에서 가장 가까운 곳에 살고 있다고 생각했다).

그의 서술은 상대적인 미에 관한 개인적 감각으로 가득 차 있고, 마치 아무런 의문이나 의견 차이도 없는 객관적이고 정량적인 특징을 논하는 것처럼 자신의 견해를 제출하고 있다. 그는 자신의 수집품에 포함된 그루지야 여성의 두개골(코카서스 산맥에서 가장 가까운 곳에서 출토된 것)에 대해 "실로 가장 아름다운 두개골의 형태이다. (……) 구태여 주의해서 보지 않더라도, 저절로 모든 이의 눈길을 끌어당긴다"라고 묘사했다. 이후 그는 미적 근거에 기초해서 유럽인에 대한 자신의 기준을 변호했다.

첫째, 그 종족은 (……) 가장 아름다운 두개골 형태를 보여준다. 거기에서, 즉 평균적이고 원시적인 유형으로부터 가장 쉬운 단계적 이행을 통해 차츰 다른 인종이 분기한다. (……) 더욱이, 우리가 인류 태초의 피부색으로 가정하는 것은 백색이다. (……) 그 색깔이 갈색으로 퇴보하기는 매우 쉽지만, 어두운 빛깔이 백색이 되기는 무척 힘들다.

그런 다음, 블루멘바흐는 이 코카서스인의 이상에서 연속적으로 멀어지다가 궁극적으로 가장 퇴보한(매력적이지 않고, 정신적으로도 무가치하고, 지적으로도 둔감한) 인류의 두 형태로 이어지는—하나는 아시아인이고, 다른 하나는 아프리카인—두 개의 선 위에 모든 인종을 표현했다. 그러면서 그는 이상형과 가장 퇴보한 인종 사이에 중간적 형태가 존재하기를 원했다. 그 이유는 균등한 변화가 인간 단일성에 대한 그의 주장의 핵심이기 때문이다. 처음에 제기했던 4인종 체계에서 그는 아메리카 원주민을 유럽인과 아시아인의 중간에 놓았다. 그렇다면 유럽인과 아프리카인 사이의 이행형에 상응하는 인종은 누구인가?

4인종 체계에는 적당한 집단이 포함되지 않았다. 따라서 이상형에서 가장 멀리 떨어진 인종으로 이어지는, 정점과 대칭적인 두 개의 가지를 가지는 새로운 기하학으로 변환될 수는 없었다. 그러나 유럽인과 아프리카인의 중간 형태로 다섯 번째 인종범주를 만들면 새로운 기하학은 완전해질 수 있었다. 결국 블루멘바흐가 말레이 인종을 추가한 것은 사소한 사실적 개량이 아니라 인간 다양성에 대한 이론들에 근본적인 기하학적 전환을 가능하게 해준 것이었다. 유럽인과 아프리카인의 중간인 말레이 인종은 블루멘바흐의 위계적 분류에 결정적인 대칭성을 부여했다. 그러므로 이 말레이 인종의 추가는 서열화되지 않은 지리학적 모형에서 가치가 내포된 전통적인 위계 모형으로의 기하학적 전환을 완성시켰다. 그리고 이후 내재된 가치로 인해 엄청난 사회적 고통이 촉진되었다. 블루멘바흐는 이 기하학적 방법으로 자신의 체계를 요약했고, 말레이 인종의 추가가 수반하는 필연적 역할을 분명하게 변호했다.

나는 코카서스인에게 첫번째 지위를 할당했다. (……) 코카서스인이 초기 인류로 평가되었기 때문이다. 코카서스인은 두 방향으로 분기해, 가장 멀리 떨어진 곳에서는 서로 다른 인종이 된다. 한쪽은 이른바 에티오피아인으로, 다른 한쪽은 몽골인으로 분기한다. 나머지 둘은 최초의 인종과 이들 두 극단 사이의 중간적 위치를 차지한다. 즉 미국인은 코카서스인과 몽골인의 중간, 말레이인은 코카서스인과 에티오피아인의 중간에 위치하는 것이다.

흔히 학자들은 학문적 사상은 최악의 경우에도 해를 미치지 않으며 기껏해야 웃음거리가 되고, 그런 경우에도 교훈을 준다고 생각하는 경향이 있다. 그러나 사상은, 학구적 지식이 현실에 부적절함을 가리킬 때 흔히 쓰는 비유인 상아탑에 머물지 않는다. 파스칼이 말했듯이, 인간은 생각하는 갈대이고 사상은 인류 역사를 추동한다. 인종차별주의 없는 히틀러나 자유 없는 제퍼슨을 상상할 수 있을까? 블루멘바흐는 세상을 등진 교수로 평생을 보냈지만, 그의 사상은 우리의 전쟁, 정복, 괴로움, 그리고 희망을 통해 끝없는 반향을 일으키고 있다. 그러므로 나는 제퍼슨의 미국 독립선언과 블루멘바흐의 라틴어 저서 제1판의 출판이 동시에 이루어진 1776년으로 돌아가서 이 글을 맺기로 하겠다. 라틴어에서 행동으로의 잠재적인 이행을 입증하듯이, 역사를 진전시키는 사상의 힘에 관한 영국의 역사가 액턴 경(Lord Acton)의 다음 말을 곰곰 생각해보자.

그것은 미국에서 시작되었다. (……) 고독한 사상가의 마음속에 오랫동안 가두어졌고, 2절판 라틴어 저서 사이에 숨겨져 있던 사상이 인간의 권리라는 이름 아래 세계를 변화시키도록 운명지워진 정복자처럼 이 세계에 돌연 나타난 것이다.

지적 영웅 다윈의 힘

아이들의 조숙함은 그다지 기분이 좋지 않으면서도 매혹적인 현상이다. 그러나 그 한계를 잊지 말자. 나이와 경험이 우리에게 내리는 축복도 있으니까 말이다. 모차르트가 4~5세에 작곡한 곡은 듣기에는 훌륭하지만 불후의 걸작은 아니다. 심지어 영어에는 "작가가 젊은 시절에 쓰고 그린 문학과 미술 작품(옥스퍼드 사전)"을 일컫는 'juvenilia(청년기 작품/옮긴이)'라는 말까지 있을 정도다. 이 말에는 항상 경멸적인 색조가 따라다닌다. 그러나 예술가들이 개체발생에 의한 상당한 개선을 희구한다는 것은 확실하다! 이 말을 두 번째로 사용한(1633) 사람은 존 돈(John Donne)으로 기록되어 있다. 그는 자신의 초기 작품에 '청년기 작품, 또는 어떤 역설과 문제들(Iuuenilia: or certaine paradoxes and problemes)'이라는 제목을 붙였다.

감히 나 자신을 이런 위대한 예술가들의 반열에 올려놓으려는 의도는 전혀 없지만, 내게도 고백할 일이 있다. 내 첫 작품은 여덟 살 무렵 공룡에 대해 썼던 시이다. 부끄럽지만 그 최초의 시를 기억해보겠다.

> 옛날에 트리케라톱스가 있었다.
> 뿔로 한 방을 먹였다.
> 트리케라톱스가 알로사우루스를 한 방 먹였다.
> 알로사우루스는 으르렁대지도 못하고 도망쳤다.

(그 시에 얽힌 후일담을 생각하면 쥐구멍에라도 숨고 싶은 기분이다. 나는 그 시를 미국 자연사박물관의 공룡 큐레이터이자 소년 시절의 내 영웅이었던 네드 콜버트에게 보냈다. 15년 뒤 대학원생이 되어 그의 강의를 들었

을 때, 콜버트는 자신의 낡은 서류철을 정리하다가 우연히 그 시를 찾아냈고, 어느 날 오후 강의실에서 함께 강의를 듣던 동료들에게 그 시를 공개한 것이다.)

그러면 같은 주제에 대해 사소한 질문을 하자. 찰스 다윈의 최초의 출판물은 무엇인가? 진화에 관한 고찰이었을까? 비글호에서의 과학적 발견에 대한 이야기일까? 그렇지 않다. 모든 생물학자 중에서 가장 위대하고 혁명적이었고, 기존 질서를 뒤엎은 인물의 최초 작품은 「타히티의 도덕적 상황(The Moral State of Tahiti)」에 관한 것이었다. 이것은 비글호 함장 로버트 피츠로이와 공저로 1836년에 『사우스 아프리카 크리스천 리코더(South African Christian Recorder)』에 실렸다. (다윈의 출판물 목록의 표준 카탈로그에는 그 이전에 하나가 더 있다. 그것은 비글호에서 헨슬로 교수 앞으로 보낸 편지를 정리한 것으로, 케임브리지철학회에 의해 1835년에 인쇄되었다. 그러나 이 소책자는 협회 회원들에게 배포하기 위한 것으로 지금으로 말하면 비공식적인 복사물과 같은 것이다. 「타히티의 도덕적 상황」은 최초로 발간된 다윈의 저작이다. 그 대부분은 피츠로이가 썼지만, 군데군데 다윈의 일기에서 긴 인용문이 삽입되었기 때문에 공저로 인정받았다. 전기작가들은 이것을 다윈 최초의 출판물로 기록한다.)

러시아의 위대한 탐험가 오토 폰 코체브(Otto von Kotzebue)는 기독교 선교사들이 '개선'이라는 명목하에 (종종 식민지 세력의 전위대 역할을 하면서) 토착문화를 파괴하고, 도움을 주기보다는 오히려 해를 끼쳤다는 주장을 펼쳐 오래 전부터 전세계적으로 벌어졌던 논쟁에 다시 기름을 부었다. 피츠로이와 다윈은 코체브를 공격하면서 타히티와 뉴질랜드에서 영국 선교사들이 했던 선행을 옹호하기 위해 그 논문을 썼다.

이 두 사람의 동승자는 비글호가 케이프 타운에 기항할 때 우연히 접했던 선교사에 대한 강한 반감에 유감의 뜻을 나타내기 시작했다.

희망봉에서의 체재 기간은 짧았지만, 지나가는 이방인에게조차 그곳에 남아프리카 선교사에 대한 강한 반감이 매우 널리 퍼져 있다는 것을 확신하기에는 충분했다. 아마도 이곳 주민이라면 어떤 원인에서 이처럼 애석한 감정이 발생했는지 잘 알고 있을 것이다. 우리는 이제야 막 그 사실을 알았을 뿐이고, 슬프게 생각할 따름이다.

피츠로이와 다윈은 선교활동에 관한 일반적인 옹호가 끝난 다음 자신들이 관찰한 구체적인 사례들, 특히 타히티의 '도덕적 상황'이 개선된 사례로 이야기를 옮아갔다.

이제 견해를 밝히는 것은 그쯤 해두고 (……) 오타헤이트(오늘날의 타히티)나 뉴질랜드에서 '야만인'을 교정하기 위해 어떤 활동이 이루어져야 할지 살펴보기로 하자. (……) 비글호는 오타헤이트, 즉 타히티를 작년 11월에 통과했다. 그곳은 내가 세계의 다른 어느 지역에서도 본 적이 없는 질서정연하고, 조용하고, 온화한 공동체였다. 타히티섬 사람들은 한결같이 호의를 베풀어주려고 애쓰는 것처럼 보였고, 천성적으로 훌륭한 성품과 쾌활한 성격을 가진 것처럼 생각되었다. 그들은 선교사에 대해 상당한 존경심과 마음으로부터 우러난 선의를 표현하고 있었다. (……) 그리고 이러한 감정에 가장 합당한 사람들은 그들이라는 생각이 들었다.

분명 피츠로이와 다윈은 예상되는 반론을 고려하고 있었다. 그것은 타히티섬 사람들이 그토록 친절하고, 유럽인이 좋아하는 선량한 성질을 가지고 있는 것은 선교활동과 무관하다는 것이다. 피츠로이와 다윈의 논문은 주로 이 해석에 대한 반론과 선교사들의 직접적이고 실질적인 '개선'

을 옹호하는 내용이었다. 특히 다윈은 두 가지 주장을 제기했는데, 둘 다 그의 항해일지에서 인용된 것이다. 첫째, 타히티섬 사람의 기독교 신앙은 깊고 진실한 것이며, "남에게 보여주기 위한" 것이거나 선교사 앞에서만 나타내는 태도가 아니다. 다윈은 타히티섬의 원주민과 함께 섬 안쪽을 여행할 때(조사가 아닌 단순한 여행) 벌어졌던 한 일화를 인용했다(이 사건은 다윈에게 강한 인상을 주었던 것이 틀림없다. 그가 고국의 가족에게 쓴 여러 통의 편지에서 이 이야기를 언급하고 있고,『비글호 항해기 (Voyage of the Beagle)』에도 그 내용이 들어 있기 때문이다).

잠자리에 들기 전에 나이든 타히티인이 무릎을 꿇고 긴 기도를 되풀이했다. 그는 기독교도로서 반드시 해야 할 일을 한다는 듯 신에 대한 순수한 존경심으로 과시나 비웃음에 대한 두려움 없이 기도를 바치는 것처럼 보였다. 날이 밝고 아침 기도가 끝나자 내 길동무는 바나나와 물고기로 훌륭한 아침식사를 마련해주었다. 그들 중에 짧은 식전 감사기도를 드리지 않고 음식에 손을 대는 사람은 아무도 없었다. 타히티섬 사람들은 선교사가 보고 있을 때에만 기도를 올린다는 식의 이야기를 암시하는 여행자들은 어쩌면 이런 모습을 보고 오해한 것인지도 모른다.

두 번째, 그리고 보다 중요한 점은 타히티섬 사람들의 선량한 기질이 선교사들의 활동에 의해 만들어졌다는, 즉 실질적으로 선교활동에 의해 길러졌다는 주장이다. 다윈은 서양문명이 도래하기 전까지는 그들이 의심스러운 집단이었다고 단언한다.

전체적으로, 타히티의 도덕과 종교 상황은 대단히 신뢰할 만하다는 것이 나의 의견이다. (……) 인간 제물, 피비린내나는 전쟁, 존속살해,

영아살해, 우상숭배 성직자의 권력, 그리고 세계 역사에서 유례를 찾을 수 없을 만큼 형편없는 제도 등이 기독교의 도입으로 폐지되었고 부정, 방탕, 무절제와 같은 악습도 크게 줄었다.

(쿡 선장에서 플레처 크리스티안에 이르는 타히티 여행자들 사이에서 오랫동안 큰 관심사이자 전설처럼 전해져온 여성의 성적 자유라는 주제에 대해 피츠로이는 이렇게 말한다. "극히 짧은 기간 동안 얻은 지식으로 무모하게 일반적인 견해를 밝힐 수는 없지만, 적어도 상스러운 행위를 목격한 적이 없었다는 점은 말할 수 있을 것이다." 하지만 "타히티 사람들의 인간성이 정도에서 벗어난 품성이라는 점에서 세계 다른 지역보다 우월하다고는 생각되지 않는다"라고 인정했다. 다윈도 이 문제에 대한 자신의 사적 절망으로 인해 선교사를 충분히 신뢰하지 않는 서양의 남성여행자들의 위선적 관점에 대한 날카로운 관찰을 덧붙였다. "나는 과거처럼, 그리고 기대만큼 노골적으로 방종스러운 현장을 찾아내지 못해 실망한 그들이 자기들이 실행하기를 원하지 않는 도덕은 신뢰하지 않을 것이라고 확신한다.")

이 흥미로운 논문에서는 많은 주장의 논조가 이리저리 바뀌지만, 지배적인 주제는 온정주의라는 한마디로 요약할 수 있을 것이다. 우리는 미개인에게 무엇이 선(善)인지 알고 있다. 그리고 그들의 습관이나 행동이 점차 유럽화됨으로써 타히티가 개선된다는 점에서 신에게 감사한다. 이 모범적인 일을 해낸 선교사들을 칭송하라. 다시 한 번 피츠로이는 심지어 왕실에까지 오만한 태도를 나타내는, (현대인의 눈에도) 특별한 불쾌감을 주는 관점에서 이 주제를 다루고 있다.

여왕 일행이 몇 시간 동안 비글호에 머물렀다. 그들의 행동은 지극히 예의바르고, 태도도 불쾌감을 주지 않았다. 과거의 설명을 토대로, 그리고 우리들이 목격한 사실을 기초로 판단할 때, 그들은 해마다 향상되고 있다고 생각해야 할 것이다.

이제 원래 이야기하려던 청년기 작품이라는 주제로 돌아가자. 다윈이 최초로 발표한 「타히티의 도덕적 상황」이라는 논문은 후일 심한 혼란을 야기한 그 범주로 분류되어야 할까? 나중에 다윈은 비서양인과 그 문명에 관한 관점을 크게 수정해서, 초기에 견지했던 온정주의를 젊은 시절의 치기어린 어리석음으로 간주하게 되었을까? 성인전기(聖人傳記) 형식의 대부분의 전통적인 주석에서는 그렇게 이야기했을 것이다. 그리고 이러한 해석을 뒷받침하기 위해 여기저기에서 토막낸 문장들을 인용할 수도 있을 것이다(왜냐하면 다윈은 평생 동안, 때로는 지극히 모순된 방식으로, 심오한 주제들과 씨름을 벌인 복잡한 인물이기 때문이다).

그러나 나는 일반론으로서 정반대의 주장을 제기하고자 한다. 나는 다윈이 자신의 인류학적 견해를 실질적으로 수정하지 않았다고 생각한다. 그의 기본적인 태도는 그대로 유지되었다. 다시 말해서, '그들'은 열등하지만 구원받을 수 있는 무엇이다. 만년이 되면서 그의 논조는 변했다. 더 이상 전통적인 기독교와 선교 활동의 관점에서 자신의 견해를 표현하지 않게 된 것이다. 자신이 속한 문화를 포함해, 모든 문화의 인간 본성의 약점에 관한 이해가 깊어지면서(여기에 냉소주의라는 표현을 쓴다면 지나칠 것이다), 그는 자신의 온정주의적 열광주의를 완화시켰다(우리는 이러한 지혜가 맺는 최초의 결실을, 앞에서 인용했듯이, 그가 왜 성적으로 욕구 불만을 가진 여행자가 타히티 선교사들을 신뢰하지 못하는지에 대해 평한 글에서 찾아볼 수 있다). 그러나 유럽의 백인이 가장 높은 곳에 위치하고, 유색인종의 원주민이 최하위에 오는 문화 진보의 위계에 대한 다윈의 기본적인 신념은 변하지 않았다.

다윈의 원숙기의 주요 저작인 『인간의 유래(The Descent of Man)』 (1871)를 살펴보자. 다윈은 이렇게 요약하고 있다.

인종은 체질, 순응성, 그리고 특정 질병에 걸리기 쉬운 성향 등에서 차이가 있다. 마찬가지로 정신적 특징도 서로 다르다. 그 차이는 주로 감정적 측면에서 나타나지만, 부분적으로는 지적 능력에서도 나타날 것이다. 비교할 기회를 가져본 사람이라면 누구나 과묵하고 뚱한 남아메리카 원주민과 명랑하고 수다스러운 니그로 사이에 상당한 차이가 있다는 점에 놀라게 될 것이다.

가장 인상적인 문장이 다른 문맥에서 나타난다. 다윈은 자연계에서 나타나는 불연속성이 진화에 위배되는 것이 아니라 대부분의 중간 형태가 오늘날 멸종했기 때문이라고 주장한다. 그는 우리에게 가장 고등한 유인원과 가장 하등한 인간이 모두 절멸했을 때, 유인원과 인간 사이의 간격이 얼마나 넓어질지 생각해보라고 말한다.

수세기 정도로 측정될 수 있는 그리 멀지 않은 미래에 문명화된 인종이 전세계의 미개인종을 근절시키고 대체할 것은 거의 확실하다. 동시에 사람 모양을 한 유인원도 (……) 의심의 여지 없이 사라질 것이다. 그때가 되면 둘 사이의 간격은 더욱 넓어질 것이다. 오늘날 흑인이나 오스트레일리아 원주민과 고릴라 사이의 간격 대신, 아직은 희망이지만 코카서스인보다 훨씬 더 문명화된 사람들과 비비처럼 하등한 일부 원숭이 사이에 더욱 큰 간격이 벌어질 것이기 때문이다.

다윈이 평등주의자라는 일반적인(그리고 잘못된) 인상은 주로 선택적인 인용과 발췌에서 초래된 현상이다. 다윈은 흔히 유럽인들이 멸시하는 사람들에게 강하게 매료되었다. 그 때문에 일부 저자들은 그러한 다윈의 태도를 그의 일반적인 모습으로 대체하는 잘못을 저질렀다. 예컨대 『비글호 항해기』에서 다윈은 브라질에 노예로 끌려간 아프리카 흑인을 높이 평가했다.

이처럼 쾌활하고, 관대하고, 정직한 표정과 훌륭한 근육질의 몸을 가진 흑인을 보면, 그들에게 온화한 느낌이 드는 것을 막을 수 없다. 그에 비해 잔인한 표정을 짓고 있는 몸집이 작은 포르투갈인을 보면 브라질이 아이티를 본받기를 기원하지 않을 수 없을 정도다.

그러나 다윈은 다른 사람들, 특히 남아메리카 남단의 푸에고 섬 사람(Fuegian)들을 경멸했다. "전세계를 뒤져도, 이렇게 하등한 인간을 발견할 수 없을 것이라고 확신한다." 후일 다윈은 항해에서 좀더 정교하게 자신의 감정을 표현했다.

그들의 빨간 피부는 불결하고 기름으로 번들거리고, 머리카락은 헝클어지고, 목소리는 귀에 거슬리고, 몸짓은 격정적이고 위엄이 없다. 이러한 인간을 보면, 그들이 우리와 같은 세계에 살고 있는 같은 종류의 생물이라고 믿을 수 없을 정도다. (……) 능력이 뒤떨어지는 동물들이 삶에서 어떤 즐거움을 누릴까라는 의문은 공통된 추측의 주제이다. 이 사람들에게도 그러한 의문을 품는 것이 얼마나 합당한 일인가?

다윈은 종종 인종차별의 대용물로 사용되는 성차(性差)라는 주제에 대해, 『인간의 유래』에서 이렇게 말한다(문화적 변이라는 직접적인 비유를 사용해서).

여성이 남성보다 직관, 빠른 지각, 그리고 모방이라는 면에서 뛰어나다는 것은 일반적으로 인정되고 있다. 그러나 적어도 이러한 능력 중 일부는 하등한 인종에게서 나타나는 특징이며, 따라서 과거의 보다 낮은 상태의 문명에서 두드러졌다. 남녀의 지적 능력에서 가장 두드러진 차이는 남성은 어떤 일을 하든—가령 깊은 사고력, 추론, 또는 상상력을 필요로 하는 일이든, 단지 감각이나 손을 사용하는 일이든 간에—여성이 얻는 것보다 뛰어나다는 점이다.

다윈은 이러한 차이의 원인을 짝짓기에 성공하기 위해 수컷이 계속 추구하지 않을 수 없는 진화적 투쟁으로 돌렸다. "따라서 이처럼 다양한 능력은 성년기 내내 끊임없이 시험되고 선택된다." 그리고는 괄목할 만한 구절에서, 어느 한쪽 성에서 일어나는 진화적인 혁신도 유전에 의해 양성(兩性)에 모두 계승된다는 사실에 감사를 표시했다. 만약 그렇지 않다면, 남성만이 향상되어 남녀간의 불균형이 점차 커질 것이 분명했기 때문이다.

그러한 특성이 양성에 동등하게 전달되는 법칙이 모든 포유류에 공통적으로 보급되어 있다는 것은 정말이지, 다행스러운 일이다. 그렇지 않다면, 수컷 공작이 장식 깃털에서 암컷을 능가하듯이 남성이 지적 능력에서 여성보다 우월해질 것이기 때문이다.

그렇다면 우리는 다윈이 젊은 시절 어리석은 판단에서부터 성숙한 숙고에 이르기까지 줄곧 인종차별주의자이자 성차별주의자였다고 단호하게 비난해야 할까? 과거를 이해하고 교훈을 얻으려 한다면, 이처럼 엄격하고 가차없는 태도는 별반 도움이 되지 않는다. 그 대신, 나는 다윈을 두 가지 근거에서 변호할 작정이다. 하나는 일반론적 근거이고, 다른 하나는 개인적 이유이다.

일반론적 논거는 명백하고 이해하기 쉽다. 오늘날의 관점에서 보면 그러한 태도가 개탄스럽다 해도, 그것이 그 시대의 표준적 가정을 단지 되뇌이는 것이라면 어떻게 누군가를 혹평할 수 있겠는가? 인종이나 성에 대한 불평등한 신념은 빅토리아 시대의 상류계급 남성 사이에서는 의심의 여지가 없는 사실이자 정칙(定則)이었다. 아마도 피타고라스의 정리만큼이나 논쟁의 여지가 없었을 것이다. 다윈은 당시 공유되었던 확실성에 따라 근거를 제공한 것이다. 그리고 이 점에 대해서 우리는 어떤 판단을 요구할 수 있다. 그러나 나는 상식을 대체로 수동적으로 받아들인 점에 대해 강하게 비판할 생각은 없다. 다만, 왜 이처럼 강력하고 사악한 넌센스가 확실한 지식으로 인정되었는지 분석해보기로 하자.

만약 과거의 모든 사회악의 책임을 개인에게 묻는다면, 우리 역사에서 가장 매혹적인 일부 시기에 남아날 사람이 아무도 없을 것이다. 예를 들어 개인적으로, 빅토리아기의 모든 반유대주의자를 내 관심사에서 제외시킨다면, 내가 접근할 수 있는 음악과 문학의 범위는 비참할 정도로 축소되고 만다. 적극적인 박해자에게는 일말의 동정심도 품을 수 없지만, 사회적인 기준에 해당하는 판단에 소극적으로 동의한 개인을 통박할 수는 없다. 그 대신 일단은 그 판단에 실컷 욕을 퍼붓고 난 다음, 그나마 괜찮은 생각을 품었던 사람들의 동기가 무엇이었는지 이해하려고 노력해보자.

개인적인 문제는 훨씬 이해하기 힘들고, 상당히 많은 전기적(傳記的) 지식이 필요하다. 태도와 행동은 별개의 문제이다—태도가 아니라 행동이 낳은 결실에서 그 사람을 이해해야 한다는 것이다. 다윈은 자신의 인종차별적 태도로 어떤 행동을 했는가? 그리고 그의 행동은 동시대인의 사회적 관습에 비추어 어떤 것이었는가? 이러한 적절한 기준을 적용하면, 다윈은 마땅히 우리의 칭찬을 받을 만하다.

다윈은 온정주의의 전통에 선 개선주의자였으며, 불평등이 생물학적으로 고정되거나 근절할 수 없다는 신념의 소유자가 아니었다. 어느 쪽 태도든 경멸당하는 사람들의 입장에서는 똑같이 불쾌한 주장이겠지만, 실제 결과는 사뭇 다르다. 개선주의자는 문화적 습관의 제거를 원할 수 있으며 그 차이에 대한 공감을 결여한다는 점에서 부도덕하고 완고할 수 있지만, 그는 '야만인'(다윈의 표현)이 사회적 상황에 의해 '원시인'이 된 것이고, 생물학적으로는 '개선될'('서양화'라고 읽을 수 있다) 가능성이 있다고 생각했다. 반면 결정론자는 '원시적인' 문화를 불변의 생물학적 열등성의 반영으로 간주했다. 그렇다면 식민지 팽창의 시대에 수반되어야 할 사회정책은 무엇이었을까? 제거, 노예 또는 영원한 지배였을까?

다윈은 그가 가장 혐오한 푸에고 섬 사람들에게조차 알몸의 그들과 화려한 예복으로 감싼 자신 사이의 천성적인 차이는 얼마 되지 않는다는 사실을 이해했다. 그는 그들의 한계가 혹독한 기후 때문이라고 생각했고, 일관된 온정주의적 방식으로 푸에고 사람들이 궁극적으로는 개선될 것이라는 희망을 품었다. 1834년 2월 24일자 『비글호 항해기』에 그는 이렇게 쓰고 있다.

그들의 나라는 거친 바위, 험한 언덕, 쓸모없는 숲이 널려 있는 황량한 땅덩어리로, 이러한 풍경이 안개와 끝없는 폭풍우 속에 펼쳐진다. (……) 그런 곳에서 보다 높은 정신력이 발휘될 가능성은 얼마나 적은가? 그곳에 그림을 그릴 상상력, 비교를 위한 이성, 결정을 내리기 위한 판단력이 무슨 필요가 있겠는가? 조개를 바위에 두들겨 깨는 일은 사람의 가장 저급한 지력인 잔꾀조차 필요로 하지 않는다. (……) 본질적으로 같은 생물임에도 불구하고, 이러한 사람들의 지능은 교육받은 사람들의 지능과 거의 비슷하지 않을 것이다. 푸에고 섬의 미개인의 능력과 아이작 뉴턴 경의 능력 사이에는 얼마나 큰 개선이 필요한가!

다윈은 푸에고인에 대해 언급한 마지막 줄에서(『비글호 항해기』 중에서) 다음과 같은 흥미롭고 의미심장한 말로 자신의 생각을 요약하고 있다. "나는 이 남아메리카 최남단에 세계의 다른 어느 곳보다 개선의 정도가 낮은 상태의 인간이 있다고 생각한다." 여러분들은 이 온정주의에 진절머리가 날지도 모르지만, "개선의 정도가 낮은 상태"라는 말에는 적어도 그들이 잠재적으로 우리와 같은 형제라는 강한 주장을 포함하고 있다. 그리고 다윈은 자신의 동행자가 그들의 비이성적인 측면을 비난할 때 실제로 그의 눈 속에는 더 큰 들보가 들어 있음을 인식했다.

〔푸에고인들의〕 가족이나 부족에는 마법으로 질병을 치료하는 주술사들이 있다. (……) 그러나 나는 푸에고인들이 일부 선원보다 더 미신적이라고 생각하지는 않는다. 왜냐하면 나이든 한 조타수는 우리들이 케이프혼 앞바다에서 연속적으로 만난 강풍이 푸에고 사람들을 배에 태웠기 때문이라고 철석같이 믿고 있었기 때문이다.

이 자리에서 나는 중요한 아이러니를 지적하고, 기상천외한 이야기를 (간략하게) 정리해두어야 할 것 같다. 만약 온정주의가 아니었다면, 비글호는 출항하지 않았을 것이고 다윈도 역사에 남지 못했을 것이다. 온정주의에 대해 탄식하고, 비웃고, 진저리를 쳐도 좋다. 그러나 비록 간접적이더라도, 이것이 다윈에게는 가장 유리한 기회를 주었음을 인정해야 한다. 피츠로이 선장은 이전에도 티에라 델 푸에고로 항해한 적이 있었다. 그곳에서 그는 몸값을 지불하고, 네 명의 푸에고 원주민을 '획득'했다. 당시 그는 '미개인'을 개선한다는 분별없는 실험을 위해 그들을 영국으로 데려갔다. 그들은 1830년 10월에 플리머스 항구에 도착했고, 비글호가 다시 출항하는 1831년 12월까지 그곳에 머물렀다.

네 사람 중 한 명은 천연두에 걸려 곧 목숨을 잃었지만, 나머지는 월섬스토우에서 생활하며 영국식 예의범절과 영어, 그리고 종교를 배웠다. 그들은 주위의 폭넓은 관심을 끌었고, 국왕 윌리엄 4세를 알현하는 자리에 공식 초대받기도 했다. 피츠로이는 이 온정주의 실험에 매우 헌신적이었고, 세 명의 푸에고 사람들을 섬에 돌려보내는 것을 주 목적으로 비글호 항해를 계획했다. 이 항해에는 한 사람의 영국인 선교사가 동행했고, 그의 교구(敎區)의 부인네들이 지상 최고의 선의와 더할 나위 없는 순수함으로 기부한 전혀 어울리지 않고 쓸모도 없는 물건들(차를 나르는 쟁반과 도자기 일습을 포함해서)까지 함께 실었다. 피츠로이는 지구상에서 가장 저열한 사람들을 개선시킨다는 막중한 임무를 시작하기 위해 남아메리카 말단에서 포교를 하기로 계획했다.

피츠로이는 요크 민스터, 제미 버튼, 푸에지아 버스킷이라는 세 사람을 그들의 고향으로 돌려보내기 위해 자비로 배를 빌릴 생각이었다(피츠로이의 책임하에 푸에고인들에게 붙여진 이름에서도 온정주의적인 냄새가 난다. 당신이라면 크라이슬러 빌딩이라는 이름을 받고 싶겠는가? 이 이름도 요크 민스터라는 이름에 뒤지지 않을 만큼 세속적인 현대 미국인의 이름이 아닌가?). 그러나 피츠로이의 유력한 친척의 압력으로 해군성이 비글호를 준비하여 피츠로이를 재출항시켰다. 그리고 이때 다윈이 동행하게 된 것이다. 다윈은 이 세 사람의 푸에고인을 좋아했다. 공간이 제약된 선실에서 오랫동안 접촉하며 그는 아무리 문화가 이질적이라도 모든 사람에게 공통된 생물학적 요소가 있다는 확신을 갖게 되었다. 만년에 그는 『인간의 유래』에서 다음과 같이 회상했다(1871).

아메리카 원주민, 흑인, 유럽인은 그들에게 붙여진 인종의 명칭이 저마다 다르듯이 정신에서도 차이가 난다. 그러나 나는 비글호에서 푸에고인들과 함께 생활하는 동안, 그들의 정신이 우리와 매우 흡사하다는 것을 보여주는 수많은 작은 특성들에 끊임없이 놀랐다.

피츠로이의 고상한 실험은 예상대로 실패로 끝났다. 그들은 제미 버튼의 고향에서 가까운 곳에 배를 대고 포교 활동의 기지격인 오두막을 세우고, 유럽의 야채를 심고, 그리스도의 화신에 해당하는 매튜스 씨를 세 사람의 푸에고인들과 함께 이교도들 속으로 상륙시켰다. 하지만 매튜스는 약 2주 정도밖에 버틸 수 없었다. 도자기는 깨지고, 야채는 사람들의 발에 밟혀 짓뭉개졌다. 피츠로이는 그에게 비글호로 돌아가도록 명령했고, 결국 선교사인 친구와 함께 그를 뉴질랜드에 남겨두었다.

피츠로이는 1년 1개월 후에 다시 그곳으로 돌아와 제미 버튼과 재회했다. 그는 요크와 푸에지아가 그의 옷과 도구를 모두 강탈하고는 카누로 그들이 머무는 인근 지역으로 도망쳤다고 말했다. 그 사이 제미는 완전히 과거의 생활방식으로 '되돌아갔다'. 간신히 몇 마디의 영어를 기억하고 있었고, 피츠로이에게 크게 감사하면서 자신의 특별한 친구들에게 전해줄 약간의 선물을 받아달라고 요청했다. 그것은 "월섬스토우의 교장 선생님에게 보내는 활 한 자루와 화살로 가득찬 화살통 (……) 그리고 다윈을 위해 특별히 제작된 두 개의 창날"이었다. 뜻하지 않은 역경에 직면해 입술이 굳어버림직한 이 전형적인 사례에서, 피츠로이는 자신에게

닥친 개인적인 재앙에 최선의 해석을 가했다. 그는 결론적으로 이렇게 쓰고 있다.

아마도 앞으로는 난파한 배의 승무원들이 제미 버튼의 자손들로부터 도움과 융숭한 대접을 받을 것이다. 전통에 의해 그들은 다른 섬에 사는 사람들에 대한 이야기를 듣게 될 것이고, 그에 따라 그런 행동이 고무될 것이라는 점은 거의 확실하다. 그리고 아무리 희미하더라도, 그들의 이웃에 대해서 뿐만 아니라 신에 대한 의무라는 생각에 의해서도 그렇게 될 것이다.

그러나 다윈을 칭찬하는 가장 강력한 논거는 그의 신념이 비교적 자비롭다는 점이 아니라 이러한 확신에 따라 그가 선택한 행동이다. 우리는 현재의 정치적인 분류를 과거 스펙트럼의 종착점으로 사용할 수 없다. 평등주의적 목적은 다윈이 살았던 시대의 정책 입안자들에게는 존재하지 않았다. 당시의 모든 기준은 오늘날의 관점에서는 모두 인종차별주의적인 것이었다. 그 스펙트럼 상에서 현재 우리가 가장 엄격하게 비판하는 입장은 토지 강탈이나 노예제도를 변명하는 근거로 인종의 열등성을 이용하는 주장이고, 다른 한편 회고적 관점에서 가장 칭찬하는 입장은 사람들의 생물학적 상태와 무관하게 무착취와 평등한 권리라는 도덕적인 원칙을 역설하는 주장이다.

다윈은 이후 역사에서 최고의 미국인으로 인정된 두 인물과 함께 두 번째 입장을 주장했다. 그 두 사람은 토머스 제퍼슨과 다윈의 영혼의 친구인(두 사람은 생일이 같다) 에이브러햄 링컨이다. 제퍼슨은 표현을 망설이면서도, 이렇게 쓰고 있다. "그러므로 나는, 아직 미심쩍은 생각에 불과하기는 하지만, 흑인은 육체와 정신 양측면에서 모두 백인보다 뒤떨어진다는 (……) 주장을 제기한다." 그러나 그는 이 미심쩍은 생각 때문에 사회적 불평등을 강요하는 정책이 시행되는 것은 원하지 않았다. "그들의 재능이 어느 정도든 간에, 그것은 그들의 권리를 측정하는 어떠한 척도도 되지 않는다." 링컨의 경우, 흑인의 열등성에 관한 그의 냉혹한 (그리고 빈번한) 발언이 담긴 많은 문헌이 수집되었다. 그러나 그는 생물학적 평가를 도덕적인 문제나 사회정책에 관한 판단과 분리했기 때문에 국민적 영웅이 되었다.

다윈 역시 적극적이고 열렬한 노예폐지론자였다. 노예 무역에 반대하는 내용으로 씌인 가장 감동적인 문장이 『비글호 항해기』의 마지막 장에 실려 있다. 타히티, 뉴질랜드, 오스트레일리아, 그리고 남아프리카(이곳은 피츠로이와 다윈이 지방신문에 그들의 청년기 논문을 기고한 곳이었다)를 방문한 후, 다윈을 태운 배는 영국을 향한 직항로에 들어서기 전에 마지막 방문지로 브라질에 정박했다.

8월 19일, 마침내 우리는 브라질 해안을 떠났다. 나는 다시는 노예의 나라를 방문하지 않게 되었다는 점을 신에게 감사한다. (……) 리우데자네이루 인근에서 나는 한 노부인이 살던 집 맞은편에 살았다. 그 부인은 자신의 여자 노예들의 손가락을 으깨기 위해 항상 나사를 가지고 있었다. 나는 가사일을 맡은 젊은 혼혈아가 매일 매시간 욕을 먹고, 두들겨 맞으면서 가장 하등한 동물의 정신까지 파괴시킬 만큼 극심한 박해를 받고 있던 집에 머물렀다. 내게 깨끗하지 않은 물을 떠왔다는 이유로, 6세나 7세 가량의 소년이 (내가 채 말릴 틈도 없이) 말채찍으로 모자도 쓰지 않은 머리를 세 차례나 맞는 모습을 눈앞에서 목격했다. (……) 나는 평소 마음씨가 고운 한 남자가 오랫동안 함께 살아왔던 대가족의 남자와 여자, 그리고 아이들을 영원히 떼어놓으려는 순간 그 현장에 있었던 적도 있다.

다윈은 다음 줄에서 사실에 대한 기술에서 반박과 행동에 대한 탄원으로 논조를 바꾸고 있다.

나는, 내가 분명히 들었던, 수많은 가슴아픈 잔혹행위들을 입에 올리기조차 싫다. 더구나 흑인들의 타고난 쾌활한 기질에 눈이 멀어 그들에게는 노예제도도 그리 나쁘지 않을 것이라는 견해를 표명하는 사람들을 여럿 만나지 않았다면, 이처럼 불쾌한 이야기를 상세히 언급하는 일도 없었을 것이다.

계속해서 다윈은 자비로운 대우를 지지하는 표준적인 논거를 자기 나라의 상황에 대한 유추를 사용해 반박하면서 이렇게 말했다.

사리사욕이 과도한 잔혹행위를 예방할 것이라는 견해가 있다. 마치 사리사욕이 퇴화된 노예보다 야만적인 주인의 분노를 불러일으킬 가능성이 훨씬 적은 가축을 보호하듯이 말이다.

나는 다윈의 이 글을 백 번도 넘게 읽었지만, 마지막 구절을 읽으면서 그의 산문이 가지는 힘에 전율하지 않을 수 없었다. 그리고 그러한 칭찬을 받을 만한 인간적 자질을 가진 지적 영웅이 있다는 점에서 크나큰 긍지를 느끼지 않을 수 없었다(지성과 품성을 두루 갖춘 사람은 좀처럼 찾아보기 힘들다).

노예 소유자에게는 친절하지만 노예에게는 냉혹한 사람들은 단 한 번도 노예의 처지를 고려해보지 않았을 것이다. 변화에 대한 희망조차 없다면, 그 얼마나 참담한 상황인가! 당신의 아내나 아이들—노예들조차 본능적으로 자신의 것이라고 주장할 대상들이—이 당신에게서 떨어져 짐승처럼 경매의 최고 입찰자에게 팔려가는 일을, 그리고 이런 끔찍한 상황이 항상 당신을 따라다니는 경우를 상상해보라! 더욱이 이러한 행위가 자신의 이웃을 자기처럼 사랑한다고 고백하고, 신을 믿고, 신의 의지가 땅에서도 이루어지기를 기도하는 사람들에 의해 자행되고, 변명되고 있다고 생각해보라! 우리들 영국인이나 미국에 이주해서 자만스럽게 자유를 외치고 있는 우리 자손들이 이런 일을 저질렀고, 지금도 여전히 그런 범죄를 행하고 있다는 것을 생각하면 피가 끓고 심장이 떨릴 지경이다.

만약 우리가 이런 사건이 일어난 지 150년도 넘은 지금 재판을 소환해야 한다고 가정한다면—물론 어리석은 생각이겠지만, 우리는 그런 시대착오에 휘둘리는 경우가 많다—나는 다윈이 진주로 된 천국의 문을 지나면서 온정주의에 대해 생각하기 위해 잠깐 속죄의 념으로 발길을 멈출 것이라고 생각한다. 그렇다면 온정주의와 인간의 차이를 불충분하게 평가하는 그 현대판(자신의 특수성과 보편적인 정의를 지극히 우연적인 방식으로 동일시하는 안일함과 결부된)에 대한 해독제는 무엇인가? 문화적 다양성에 대한 공감적이고 직접적인 연구 이외에 무엇이 있겠는가—그것이 도덕교육에 줄 수 있는 이점이 무엇이든 간에, 이것은 세계에서 가장 매력적인 주제이다. 이것은 문학과 역사 연구에서 오늘날 다원론을 지향하는 가치있는 움직임의 배후에 깔려 있는 참다운 주제이다—전통적인 학문에 가려 보이지 않게 된 소수민족이나 경멸받는 집단의 작품이나 문화를 알기 위해서도 말이다.

나는 이처럼 바람직한 목적에 열성적으로 헌신하는 많은 사람들이 때때로 그 목적을 남용했다는 것을 부정하지 않는다. 그러나 그밖에 새로운 무엇이 있는가? 그보다 훨씬 열성적인 보수파들이 이러한 움직임을 '정치적 교정'이라는 좌익 파시즘으로 왜곡하고 풍자하려는 기획은 커리큘럼의 장악을 위한 권력투쟁을 은폐하기 위한 냉소적인 연막이다. 물론 셰익스피어는 영원하고 또 영원하다(그리고 다윈 역시 그렇다). 그러나 피그미족이 미개척지에서 살아가는 지혜나 푸에고인들이 세계에서 가장 혹독한 기후 속에서 살아남는 생존술에 대해서도 가르쳐야 한다. 위엄과 영감은 천의 얼굴로 온다. 누가 요셉 족장(구약성서 창세기에 나오는 이스라엘 12부족의 족장 중 한 명으로, 형제들의 시기로 이집트에 팔려갔다가 왕의 꿈을 해몽한 계기로 신임을 얻어 총리에까지 올랐다/옮긴이)의 능변 대신 조지 암스트롱 커스터(수족 인디언과의 싸움에서 전사한 미국 장군/옮긴이)의 허세에 찬 애국심을 선택해 패배를 자초하겠는가?

마지막으로 『비글호 항해기』에 있는 노예제도에 대한 장에서 인용한 다윈의 글을—아마도 가장 위대한 문장일 것이다—다시 한 번 상기하자. 우리가 다양성에 대해 배우는 것은 단지 받아들이기 위해서가 아니라 이해하기 위함이다.

"빈곤의 비참함이 자연법칙이 아니라 우리들의 사회제도에 의해 비롯되었다면, 우리의 죄는 중대하다."

| 옮긴이의 말 |

과학과 사회에 대한 성찰
―스티븐 제이 굴드를 기리며

지난해 5월 20일 "과학대중화에 크게 기여한 스티븐 제이 굴드 별세"라는 제목의 짤막한 그의 부고기사가 신문에 실렸다. 스티븐 제이 굴드는 1941년 뉴욕에서 태어났고, 아직 한창 왕성하게 학문적 활동을 벌일 나이인 60세에 세상을 떠났다. 그를 한마디로 소개하기는 힘들다. 물론 그는 엘드리지와 함께 주장한 이른바 단속평형설(punctuated equilibrium)로 진화론자들 사이에서 많은 논쟁을 불러일으켜 진화생물학과 고생물학의 연구자로 가장 많이 알려졌고, 이는 학문세계에서 그를 따라다니는 꼬리표이기도 하다. 그러나 그가 쓴 저서와 에세이들은 동물학, 지질학, 유전학, 생태와 환경, 과학사와 과학철학을 비롯한 과학학(science studies), 그리고 사회문화적인 주제들을 두루 포함하고 있었다. 뉴욕 양키스팀의 열렬한 팬이기도 했던 그는 야구에 관해서도 열 편 이상의 에세이를 썼다.

흔히 진화와 고생물학에 대한 글이 가장 많은 것으로 알려지고 있지만 실제로 그가 쓴 글 중에서 가장 많이 다루어진 주제는 과학사였다. 작년에 발간된 과학학 저널 『과학의 사회적 연구(Social Studies of Science)』 2002년 8월호에 이례적으로 실린 굴드에 대한 분석글에서 마이클 셔머(Michael B. Shermer)는 굴드가 집필한 저서와 논문, 에세이를 내용별로 분석했다. 이 분석에 따르면 정작 단속평형설에 대해 그가 쓴 논문은 15편에 불과하고, 전체 논문 중에서 3퍼센트에 지나지 않는다. 실제로 과학사 저널로 가장 유명한 『아이시스(Isis)』에서 1977년에서 1999년까지 23년 동안 굴드가 인용된 회수는 169회에 이른다. 이 숫자를 능가하는 사람은 아리스토텔레스, 칸트, 괴테, 뉴턴과 같은 역사적인 인물들밖에 없었다고 한다. 과학사학자인 로널드 넘버스(Ronald Numbers)는 굴드를 토마스 쿤(Thomas Kuhn) 다음으로 20세기의 과학사에 큰 영향을 미친 인물로 꼽기도 했다.

과학과 사회에 대한 이중의 성찰

그러나 좀더 시야를 넓힌다면 과학사에 대한 그의 관심은 과학과 사회 사이의 폭넓은 관계에 대한 성찰적 접근이었다. 다시 말해서, 그것은 과학이론과 개념을 그 사회적·역사적 맥락에서 분리시키지 않으면서 분석하려는 간(間)학문적인(interdisciplinary) 시도이다. 그가 평생을 추구한 주제였던 진화와 생명은 단지 생물학적 개념으로 국한되지 않고 역사와 사회 속에서 형성되고 투영된 과학을 성찰하고 그것을 통해 다시 우리 사회를 성찰하는 창문과 같은 역할을 한다. 여기에서 특히 서구의 18세기와 19세기를 거치면서 일그러지고 비틀린 많은 생물학 이론과 개념에 대한 비판은 그의 일관된 주제였다. 이러한 역사적 접근의 시도는 많은 것을 밝혀주는 매우 유용하고 설득력 높은 방식이다.

전미도서비평가협회상을 받았던 『인간에 대한 오해』에서 그는 골상학, 두개계측학, IQ, 우생학 속에 들어 있는 인종, 계급, 성에 대한 사회적 편견을 분석하면서 이러한 주제들의 역사적 뿌리를 들추어낸다. 이 과정에서 아메리카 인디언의 두개용량이 작다는 주장을 한 모턴, 통계 속에 무의식적으로 사회적 편견을 배태시킨 브로카, 칼리칵가의 사진을 날조한 고더드, 지능이라는 미명 아래 미국문화에 대한 친숙도를 측정한 여크스, 그리고 지능을 물화(物化)시킬 수 있다는 잘못된 신념을 가졌던 버트와 같은 과학자들이 제시했던 증거와 데이터가 철저히 재분석된다. 다시 말해서 그는 1차 사료에 대한 재검토를 통해 그들이 제시하려던 과학 속에 어떤 사회적 갈망이 스며들었는지 분석한 것이다.

그는 이 책에서 "단일하고, 서열화할 수 있으며 천성적인 지능"에 대한 주장을 반박하기 위해 이처럼 방대한 작업을 하고 있다. 그 이유는 그런 개념들이 우리에게 매우 친숙한 것이기 때문이다. 가령 우리는 IQ를 지극히 당연하게 받아들인다. 그러나 이런 종류의 친숙함은 성찰을 가로막는 장애이다. 오늘날 우리가 자연스럽게 받아들이는 지능의 개념은 생물학적 결정론, 그리고 이 책의 제목인 '인간에 대한 오해'를 대표하는 이념적 허구이기 때문이다. 우리는 굴드의 꼼꼼한 분석을 따라가는 과정에서 엄밀한 과학이라는 외피에 싸여 있지만 본질적으로는 생물학적 결정론의 주장을 교묘하게 변형시킨 숱한 이론들을 만나게 된다. 그리고 자연스럽게 끝없이 이런 이론들을 낳는 사회적 토대에 대한 성찰에 도달하게 된다. 결국 굴드는 우리에게 과학과 사회는 분리될 수 없으며, 어느 한쪽에 대한 성찰이 아닌 양자에 대한 성찰을 통해서만 온전한 상(像)을 획득할 수 있다는 것을 말하고 있다.

그의 논적인 사회생물학의 주창자 에드워드 윌슨(Edward Wilson)이나 영국의 유명한 생물학자 리처드 도킨스(Richard Dawkins)는 이러한 방식을 그의 사회주의적 성향과 "정치적 도그마"로 비판했지만, 그것은 본질을 빗겨간 것이다. 물론 굴드는 전형적인 68세대였고, 스스로 공공연하게 밝히지는 않았지만 그의 사상에는 사회주의적 색채가 짙게 깔려 있다. 같은 대학의 리처드 르원틴과 마찬가지로 70년대 중반에 케임브리지 보스턴을 중심으로 급진적인 성향의 과학자들이 모여서 결성한 전국 조직 '민중을 위한 과학(Science for the People)'에 참여했으며, 작고할 때까지도 진보적인 생물학자들의 비영리단체인 '책임있는 유전학을 위한 회의(Council for Responsible Genetics)'의 자문위원직을 유지했다. 그러나 그가 단지 정치적 성향 때문에 과학의 사회적·역사적 맥락을 주목했던 것은 아니다. 그는 과학 자체를 사회로부터 분리된 객관적이고 균일한 무엇으로 보지 않았고, 과학과 사회를 가장 풍부하게 이해할 수 있는 방법을 모색했던 것이다.

과학적 글쓰기의 원칙

그의 글은 주제뿐 아니라 그 대상도 균일하지 않았다. 그는 『내추럴 히스터리(Natural History)』, 『뉴욕 타임스』 북 리뷰와 같은 지면을 통해 수백 편의 에세이와 서평을 집필했고, 이 에세이들을 모아서 20여 년 동안 거의 한 해에 한 권의 저서를 쏟아낼 만큼 다산(多産)의 저자였다. 그의 글은 높은 대중적 인기를 누렸고, 그가 재직한 하버드 대학에서 가장 유명한 교수 중 한 사람이었다. 그의 인기 역시 여러 각도에서 조명되어야 한다. 우선 그는 독특한 과학적 글쓰기 방식을 고집했다. 그의 글의 가장 큰 특성은 대상을 차별하지 않는다는 점이다. 다시 말해서 동료 학자들을 대상으로 하든, 일반인을 독자로 삼든 구분하지 않는다는 것이다. 그는 『원더풀 라이프(Wonderful Life)』 서문에서 이른바 대중서에 대한 자신의 원칙을 이렇게 설명했다.

"나는 갈릴레오가 두 권의 위대한 저작을 라틴어의 고리타분한 형식이 아니라 이탈리아어의 문답형식으로 저술했고, 토마스 헨리 헉슬리가 전문 용어를 사용하지 않고 빼어난 산문체 문장으로 된 저서를 집필했고, 그리고 다윈이 그의 모든 저작을 일반 독자를 위해 발표했듯이 전문가와 관심을 가진 비전문가가 모두 읽을 수 있는 적절한 과학서라는 장르가 가능하다고 믿는다. 과학적 개념은 그 모든 풍부함과 다의성(多義性)을 타협이나 왜곡으로 간주될 수 있는 단순화 없이도 지성을 가진 모든 사람들에게 이해될 수 있다. 전문적인 저작과 일반인을 위한 해설서 사이에서 개념상의 깊이가 달라서는 안 된다."

그 때문에 그는 동료 학자들로부터 많은 비판을 받았다. 대중 저술을 전문적인 논문보다 한 단계 저급한 것으로 보는 과학자 사회의 일반적인 시각에서 굴드의 글은 전문가나 대중 그 어느 쪽에도 분명하게 속하지 않는 것으로 비쳐졌다. 그러나 굴드는 갈릴레오 이래 다윈에 이르기까지 과학적 글쓰기의 훌륭한 전통이었던 대중적 글쓰기(popular writing)가 오히려 20세기 이후 형편없이 그 지위가 격하되었다고 지적한다. 굴드가 『인간에 대한 오해』에 대중서에서 잘 다루어지지 않는 통계 문제를 비롯한 전문적 논의를 상당 부분 포괄시킨 것은 그런 맥락에서 이해될 필요가 있다.

또한 그의 에세이는 수많은 개념과 관점들의 대비, 다의적(多義的) 비유 등으로 가득차 있다. 매 편의 에세이 속에서 과학이론, 역사, 철학, 사회, 문화가 모두 다루어진다. 그는 자신의 글 속에서 여러 관점들 사이의 상호작용을 시도하는 전략을 채택한다. 이것은 특정한 주제, 분야, 대상에 특권적 지위를 부여하지 않으면서 그들 사이의 긴장을 유지시키려는 전략이기도 하다. 이것은 그가 과학, 특히 생물학의 핵심적인 개념들을 극적으로 대비시켜서 독자들을 성찰로 이끄는 전략에서 두드러진다. 이것은 지금까지 과도하게 한 방향으로 이해되어온 이론이나 개념의 편향을 바로잡기 위해서 다른 관점들을 제시하려는 시도라고 할 수 있다. 대비는 고정관념, 허위의식 그리고 편견을 들추어내기 위한 전략이고, 그 전략은 상당한 성공을 거둔 것으로 평가된다. 결국, 지극히 개인적인 생각이지만, 굴드의 과학저술은 연구 못지않은 그의 과학적 실천이었던 셈이다.

이 책의 번역을 진행하는 동안 굴드가 세상을 떠났다는 소식을 접했다. 과학과 사회에 대한 폭넓은 성찰, 그리고 과학저술에 대한 관점 등 숱한 측면에서 나는 굴드에게 많은 빚을 지고 있다. 굴드의 글은 번역하기가 무척 까다롭다. 번역을 진행하는 동안 능력의 부족으로 자괴감을 느낀 적이 한두 번이 아니라는 점을 솔직히 고백한다. 이 책의 내용이 제대로 이해되지 못한다면 그것은 전적으로 옮긴이의 책임이라는 점을 밝혀둔다. 이 책을 비롯해서 내가 번역한 굴드의 저서들이 독자들이 과학의 다양한 측면을 이해하는 데 조금이라도 도움이 되기를 바란다. 끝으로 이 책의 출간을 기꺼이 허락하고 오랜 번역기간을 묵묵히 참아준 (주)사회평론과 편집자 여러분들에게 감사드린다.

2003. 6. 옮긴이 김 동 광

| 참고문헌 |

Agassiz, E. C. 1895. *Louis Agassiz: his life and correspondence*. Boston: Houghton, Mifflin, 794pp.

Agassiz, L. 1850. The diversity of origin of the human races. *Christian Examiner* 49: 110-145.

Ashley Montagu, M. F. 1945. Intelligence of northern Negroes and southern whites in the First World War. *American Journal of Psychology* 58:161-188.

_____. 1962. Time, morphology and neoteny in the evolution of man. In *Culture and the evolution of man*, ed. M. F. A. Montagu. New York: Oxford University Press, pp. 324-342.

Bean, Robert Bennett. 1906. Some racial peculiarities of the Negro brain. *American Journal of Anatomy* 5: 353-432.

Binet, A. 1898. Historique des recherches sur les rapports de l'intelligence avec la grandeur et la forme de la tête. *L'Année psychologique* 5: 245-298.

_____. 1900. Recherches sur la technique de la mensuration de la tête vivante, plus 4 other memoirs on cephalometry. *L'Annee psychologique* 7:314-429.

_____. 1909(1973ed.). *Les idées modernes sur les enfants* (with a preface by jean piaget). Paris: Flammarion, 232pp.

Binet, A.; and Simon, Th. 1911. *A method of measuring the development of the intelligence Of young children*. Lincoln, Illinois: Courier Company, 83pp., 1912.

_____. 1916. The development of intelligence in children (The Binet-Simon scale) translated from articles in *L' Année psychologique* from 1905, 1908, and 1911 by Elizabeth S. Kite. Baltimore: Williams and Wilkins, 336pp.

Block, N. J., and Dworkin, G. 1976. *The IQ controversy*. New York: Pantheon.

Blumenbach, J. F. 1825. *A manual of the elements of natural history*. London: W. Simpkin and R. Marshall, 415pp.

Blumenbach, J. F. 1865. Anthropological treatises. London: Longman, Green, Longman, Roberts, and Green.

Boas, F. 1899. The cephalic index. *American Anthropology* 1: 448-461.

_____. 1911. Changes in the bodily form of descendants of immigrants. Senate Document 208, 61st Congress, 2nd Session.

Bolk, L. 1926. *Das Problem der Menschwerdung*. Jena: Gustav Fischer, 44pp.

_____. 1929. Origin of racial characteristics in man. *American Journal Physical Anthropology* 13: 1-28.

Borgaonkar, D., and Shah, S. 1974. The XYY chromosome, male—or syndrome. *Progress in Medical Genetics* 10: 135-222.

Bordier, A. 1879. Etude anthropologique sur une série de crânes d' assassins. *Revue d' Anthropologie*, 2nd series, vol. 2, pp. 265-300.

Brigham, C. C. 1923. *A study of American intelligence*. Princeton N.J.: Princeton University press, 210pp.

_____. 1930. Intelligence tests of immigrant groups. *Psychological Review* 37: 158-165.

Brinton, D. G. 1890. *Races and people*. New York: N. D. C. Hodges, 313pp.

Broca, P. 1861. Sur le volume et la forme du cerveau suivant les individus et suivant les races. *Bulletin Société d'Anthropologie Paris* 2: 139-207, 301-321, 441-446.

_____. 1862a. Sur les proportions relatives du bras, de l'avant bras et de la clavicule chez les nègres et les européens. *Bulletin Société d'Anthropologie Paris*, vol. 3, part 2, 13pp.

_____. 1862b. Sur la capacité des crânes parisiens des diverses époques. *Bulletin Société d'Anthropologie Paris* 3: 102-116.

_____. 1862c. Sur les projections de la tête et sur un nouveau procédé de céphalométrie. *Bulletin Société d'Anthropologie Paris* 3: 32pp.

_____. 1866. Anthropologie. In *Dictionnaire encyclopédique des sciences médicales*, ed. A. Dechambre. Paris: Masson, pp. 276-300.

_____. 1868. *Mémoire sur les crânes des Basques*. Paris: Masson, 79pp.

_____. 1873a. Sur les crânes de la caverne de l'Homme-Mort (Lozère). *Revue d'Anthropologie* 2: 1-53.

_____. 1873b. Sur la mensuration de la capacité du crâne. *Memoire Société Anthropologie*, 2nd series, vol. 1, 92pp.

_____. 1876. *Le programme de l'anthropologie*. Paris: Cusset, 22pp.

Brown, W., and Stephenson, W. A. 1933. A test of the theory of two factors. *British Journal of Psychology* 23: 352-370.

Browne, Sir Thomas. 1686. *The works of the learned Sir Thomas Browne (complete writings)*. London: Thomas Bassett.

Burt, C. 1909. Experimental tests of general intelligence. *British Journal of Psychology* 3: 94-177.

_____. 1912. The inheritance of mental characters. *Eugenics Review* 4: 168-200.

_____. 1914. The measurement of intelligence by the Binet tests. *Eugenics Review* 6: 36-50, 140-152.

_____. 1921. Mental and scholastic tests. London County Council, 432pp.

_____. 1937. *The backward child*. New York: D. Appleton, 694pp.

_____. 1939. Lines of possible reconcilement. *British Journal of Psychology* 30: 84-93.

_____. 1940. *The factors of the mind*. London: University of London Press, 509pp.

_____. 1943. Ability and income. *British Journal of Educational Psychology* 13: 83-98.

_____. 1946. *Intelligence and fertility*. London: Eugenics Society, 43pp.

_____. 1949. The structure of the mind. *British Journal of Educational Psychology* 19: 100-111, 176-199.

_____. 1955. The evidence for the concept of intelligence. *British Journal of Educational Psychology* 25: 158-177.

_____. 1959. Class differences in general intelligence: III. *British Journal of Statistical Psychology* 12: 15-33.

_____. 1959. The examination at eleven plus. *British Journal of Educational Studies* 7: 99-117.

_____. 1961. Factor analysis and its neurological basis. *British Journal of Statistical Psychology* 14: 53-71.

_____. 1962. Francis Galton and his contributions to Psychology. *British Journal of Statistical Psychology* 15: 1-49.

_____. 1972. The inheritance of general intelligence. *American Psychology* 27: 175-190.

Bury, J. B. 1920. *The idea of progress*. London: Macmillan, 377pp

Chase, A. 1977. *The legacy of Malthus*. New York: A. Knopf, 686pp.

Chorover, S. L. 1979. *From genesis to genocide*. Cambridge, MA: Massachusetts Institute of Technology Press.

Combe, G., and Coates, B. H. 1840. Review of *Crania Americana*. *American Journal of Science* 38: 341-375.

Conway, J. (a presumed alias of Cyril Burt). 1959. Class Differences in general intelligence: II. *British Journal of Statistical Psychology* 12: 5-14.

Cope, E. D. 1887. *The origin of the fittest*. New York: Macmillan, 467pp.

_____. 1890. Two perils of the Indo-European. *The Open Court* 3: 2052-2054 and 2070-2071.

Count, E. W. 1950. *This is race*. New York: Henry Schuman, 747pp.

Cox, Catherine M. 1926. The early mental traits of three hundred geniuses. Vol. II. of L. M. Terman (ed.) Genetic studies of genius. Stanford, CA: Stanford University Press, 842pp.

Cravens, H. 1978. *The triumph of evolution: American scientists and the heredity-environment controversy, 1900-1941*. Philadelphia: University of Pennsylvania Press, 351pp.

Cuvier, G. 1812. *Recherches sur les ossemens fossils*. Vol. 1. Paris: Deterville.

Darwin, C. 1871. *The descent of man*. London: John Murray.

Davenport, C. B., 1928. Crime, heredity and environment. *Journal of Heredity* 19: 307-313.

Dorfman, D. D. 1978. The Cyril Burt question: new findings. *Science* 201: 1177-1186.

Down, J. L. H. 1866. *Observations on an ethnic classification of idiots*. London Hospital Reports, pp. 259-262.

Ellis, Havelock. 1894. Man and woman. New York: Charles Scribner's Sons, 561pp.

_____. 1910. *The criminal*. New York: Charles Scribner's Sons, 440pp.

Epstein, H. T. 1978. Growth spurts during brain development: implications for educational policy and practice. In *Education and the brain*, pp. 343-370, eds. J. S. Chall and A. F. Mirsky. 77th Yearbook, National Society for the Study of Education. Chicago: University of Chicago Press.

Eysenck, H. J. 1953. The logical basis of factor analysis. *American Psychologist* 8: 105-114.

_____. 1971. *The IQ argument. Race, intelligence and education*. New York: Library Press, 155pp.

Ferri, E. 1897. *Criminal sociology*. New York: D. Appleton and Company, 284pp.

_____. 1911. Various short contributions to criminal sociology. Bericht 7. Internationaler Kongress der Kriminalanthropologie, pp. 49-55, 138-139.

FitzRoy, R., and Darwin, C. 1839. A letter, containing remarks on the moral state of Tahiti, New Zealand &c. *South African Christian Recorder* 2(4): 221-238.

Galton, F. 1884. *Hereditary genius*. New York: D. Appleton, 390pp.

_____. 1909. *Memories of my life*. London: Methuen.

Gobineau, A. de. 1856. *The moral and intellectual diversity of races*. Philadelphia: J. B. Lippincott.

Goddard, H. H. 1912. *The Kallikak family, a study of the heredity of feeble-mindedness*. New York: Macmillan, 121pp.

_____. 1913. The Binet tests in relation to immigration. *Journal of Psycho-Asthenics* 18: 105-107.

_____. 1914. *Feeble-mindedness: its causes and consequences*. New York: Macmillan, 599pp.

_____. 1917. Mental tests and the immigrant. *Journal of Delinquency* 2: 243-277.

_____. 1917. Review of L. M. Terman, *The Measurement of Intelligence*. *Journal of Delinquency* 2: 30-32.

_____. 1919. *Psychology of the normal and subnormal*. New York: Dodd, Mead and Company, 349pp.

_____. 1928. Feeblemindedness: a question of definition. *Journal of Psycho-Asthenics* 33: 219-227.

Gossett, T. F. 1965. *Race: the history of an idea in America*. New York: Schocken Books, 510pp.

Gould, S. J. 1977. *Ever since Darwin*. New York: W. W. Norton.

_____. 1977. *Ontogeny and phylogeny*. Cambridge, MA: Harvard University Press.

_____. 1978. Morton's ranking of races by cranial capacity. *Science* 200: 503-509.

Guilford, J. P. 1956. The structure of intellect. Psychological Bulletin 53: 267-293.

_____. 1959. Three faces of intellect. *American Psychology* 14: 469-479.

Hall, G. S. 1904. *Adolescence. Its psychology and its relations to physiology, anthropology, sociology, sex, crime, religion, and education*. 2 vols. New York: D. Appleton and Company, 589 and 784pp.

Haller, J. S., Jr. 1971. *Outcasts from evolution: scientific attitudes of racial inferiority, 1859-1900*. Urbana, Ill.: University of Illinois Press, 228pp.

Hearnshaw, L. S. 1979. *Cyril Burt psychologist*. London: Hodder and Stoughton, 370pp.

Herrnstein, R. 1971. IQ. *Atlantic Monthly*, September, pp. 43-64.

Herrnstein, Richard J., and Murray, Charles. 1994. *The bell curve: the reshaping of American life by difference in intelligence*. New York: Free Press.

Hervé, G. 1881. Du poids de l'encéphale. *Revue d'Anthropologie*, 2nd séries, vol. 4, pp. 681-698.

Humboldt, A. von. 1849. *Cosmos*. London: H. G. Bohn.

Jarvik, L. F.; Klodin, V.; and Matsuyama, S. S. 1973. Human aggression and the extra Y chromosome: fact or fantasy? *American Psychologist* 28: 674-682.

Jensen, A. R. 1969. How much can we boost IQ and scholastic achievement? *Harvard Educational Review* 33: 1-123.

―――. 1979. *Bias in mental testing*. New York: Free Press.

Jerison, J. J. 1973. *The evolution of the brain and intelligence*. New York: Academic Press.

Jouvencel, M. de. 1861. Discussion sur le cerveau. *Bulletin Société d'Anthropologie Paris* 2: 464-474.

Kamin, L. J. 1974. *The science and politics of IQ*. Potomac, MD.: Lawrence Erlbaum Associates.

Kevles, D. J. 1968. Testing the army's intelligence: psychologists and the military in World War I. *Journal of American History* 55: 565-581.

Kidd, B. 1898. *The control of the tropics*. New York: Macmillan, 101pp.

LeBon, G. 1879. Recherches anatomiques et mathématiques sur les lois des variations du volume du cerveau et sur leurs relations avec l'intelligence. *Revue d'Anthropologie*, 2nd series, vol. 2, pp. 27-104.

Linnaeus, C. 1758. Systema naturae. Stockholm.

Lippmann, Walter. 1922. The Lippmann-Terman debate. In *The IQ controversy*, eds. N. J. Block and G. Dworkin. New York: Pantheon Books, 1976, pp. 4-44.

Lomax, A., and Berkowitz, N. 1972. The evolutionary taxonomy of culture.

Science 177: 228-239.

Lombroso, C. 1887. *L' homme criminel*. Paris: F. Alcan, 682pp.

_____. 1895. Criminal anthropology applied to pedagogy. *Monist* 6: 50-59.

_____. 1896. Histoire des progrès de l' Anthropologie et de la Sociologie criminelles pendant les annees 1895-1896. Trav. 4th Cong. Int. d' Anthrop. Crim. Geneva, pp.187-199.

_____. 1911. *Crime: its causes and remedies*. Boston: Little, Brown, 471pp.

Lombroso-Ferrero, G. 1911. Applications de la nouvelle école au Nord de l' Amérique. Bericht 7th Internationaler Kongress der Kriminalanthropologie, pp. 130-137

Lovejoy, A. O. 1936. *The great chain of being*. Cambridge, MA: Harvard University Press.

Ludmerer, K. M. 1972. *Genetics and American society*. Baltimore, MD.: Johns Hopkins University Press.

Mall, F. P. 1909. On several anatomical characters of the human brian, said to vary according to race and sex, with especial reference to the weight of the frontal lobe. *American Journal of Anatomy* 9: 1-32.

Manouvrier, L. 1903. Conclusions générales sur l' anthroprlogie des sexes et applications socials. *Revue de l' École d' Anthropologie* 13: 405-423.

Mark, V., and Ervin, F. 1970. *Violence and the brain*. New York: Harper and Row.

McKim, W. D. 1900. *Heredity and human progress*. New York: G. P. Putnam' s Sons, 279pp.

Medawar, P. B. 1977. Unnatural science. *New York Review of Books*, 3 February, pp. 13-18.

Meigs, C. D. 1851. *A memoir of Samuel George Morton*, M. D. Philadelphia: T. K. and P. G. Collins, 48pp.

Montessori, M. 1913. *Pedagogical anthropology*. New York: F. A. Stokes Company, 508pp.

Morton, S. G. 1839. *Crania Americana* or, a comparative view of the skulls of various aboriginal nations of North and South America. Philadelphia: John pennington, 294pp.

_____. 1844. Observations on Egyptian ethnography, derived from anatomy, history, and

_____. the monuments [separately reprinted subsequently as *Crania Aegyptiaca*, with title above as subtitle]. *Transactions of the American Philosophical Society* 9: 93-159.

_____. 1847. Hybridity in animals, considered in reference to the question of the unity of the human species. *American Journal of Science* 3: 39-50, and 203-212.

_____. 1849. Observations on the size of the brain in various races and families of man. *Proceedings of the Academy of Natural Sciences Philadelphia* 4: 221-224.

_____. 1850. On the value of the word *species* in zoology. *Proceedings of the Academy of Natural Sciences Philadelphia* 5: 81-82.

_____. 1851. On the infrequency of mixed offspring between European and Australianraces. *Proceedings of the Academy of Natural Sciences Philadelphia* 5: 173-175.

Myrdal, G. 1944. An American dilemma: the Negro problem and modern democracy. New York: Harper and Brothers, 2 vols., 1483pp.

Newby, I. A. 1969. *Challenge to the court. Social scientists and the defense of segregation, 1954-1966*. Baton Rouge: Louisiana State University Press, 381pp.

Nisbet, R. 1980. *History of the idea of progress*. New York: Basic Books, 370pp.

Nott, J. C., and Gliddon, G. R. 1854. *Types of Mankind*. Philadelphia: Lippincott, Grambo and Company.

_____. 1868. *Indigenous races of the earth*. Philadelphia: J. B. Lippincott.

Parmelee, M. 1918. *Criminology*. New York: MacMillan, 522pp.

Pearl, R. 1905. Biometrical studies on man. I. Variation and correlation in brain weight. *Biometrika* 4: 13-104.

_____. 1906. On the correlation between intelligence and the size of the head. *Journal of Comparative Neurology and Psychology* 16: 189-199.

Pearl, R., and Fuller, W. N. 1905. Variation and correlation in the earthworm. *Biometrika* 4: 213-229.

Popkin, R. H. 1974. The philosophical basis of modern racism. In *Philosophy and the civilizing arts*, eds. C. Walton and J. P. Anton, pp. 126-165.

Provine, W. B. 1973. Geneticists and the biology of race crossing. Science 182: 790-796.

Pyeritz, R.; Schreier, H.; Madansky, C.; Miller, L.; and Beckwith, J. 1977. The XYY male: the making of a myth. In *Biology as a social weapon*, pp. 86-100. Minneapolis: Burgess Publishing Co.

Screider, E. 1966. Brain weight correlations calculated from original results of Paul Broca. *American Journal of Psyical Anthropology* 25: 153-158.

Serres, E. 1860. Principes d'embryogénie, de zoogénie et de teratogénie. *Mémoire de l'Académie des Sciences* 25: 1-943.

Sinkler, G. 1972. *The racial attitudes of American presidents from Abraham Lincoln to Theodore Roosevelt*. New York: Doubleday Anchor Books, 500pp.

Spearman, C. 1904. General intelligence objectively determined and measured. *American Journal of Psychology* 15: 201-293.

_____. 1914. The heredity of abilities. *Eugenics Review* 6: 219-237.

_____. 1914. The measurement of intelligence. *Eugenics Review* 6: 312-313.

_____. 1923. *The nature of "intelligence" and the principles of cognition*. London: MacMillan, 358pp.

_____. 1927. *The abilities of man*. New York: Macmillan, 415pp.

_____. 1931. Our need of some science in place of the world "intelligence." *Journal of Educational Psychology* 22: 401-410.

_____. 1937. *Psychology down the ages*. London: MacMillan, 2 vols., 454 and 355pp.

_____. 1939. Determination of factors. *British Journal of Psychology* 30: 78-83.

_____. 1939. Thurstone's work re-worked. *Journal of Educational Psychology* 30: 1-16.

Spearman, C., and Wynn Jones, Ll. 1950. *Human ability*. London: MacMillan, 198pp.

Spenser, H. 1895. *The principles of sociology*. 3rd ed. New York: D. Appleton and Company.

Spitzka, E. A. 1903. A study of the brain of the late Major J. W. Powell. *American*

  Anthropology 5: 585-643.

_____. 1907. A study of the brains of six eminent scientists and scholars belonging to the Anthropometric Society, together with a description of the skull of Professor E. D. Cope. Transactions of the American Philosophical Society 21: 175-308.

Stanton, W. 1960. *The leopard's spots: scientific attitudes towards race in America 1815-1859*. Chicago: University of Chicago Press, 245pp.

Stocking, G. 1973. *From chronology to ethnology. James Cowles Prichard and British Anthropology 1800-1850*. In Facsimile of 1813 ed. of J. C. Prichard, Researches into the physical history of man. Chicago: University of Chicago Press, pp. ix-cxvii.

Strong, J. 1900. Expansion under new world-conditions. New York: Baker and Taylor, 310pp.

Sully, James. 1895. Studies of childhood. XIV. The child as artist. *Popular Science* 48: 385-395.

Taylor, I; Walton, P.; and Young, J. 1973. *The new criminology: for a social theory of deviance*. London: Routledge and Kegan Paul, 325pp.

Terman, L. M. 1906. Genius and stupidity. A study of some of the intellectual processes of seven "bright" and seven "stupid" boys. *Pedagogical Seminary* 13: 307-373.

_____. 1916. *The measurement of intelligence*. Boston: Houghton Mifflin, 362pp.

Terman, L. M., and 12 others. 1917. *The Sanford Revision extension of the BinetSimon Scale for measuring intelligence*. Baltimore: Warwick and York, 179pp.

Terman, L. M. 1919. *The intelligence of school children*. Boston: Houghton Mifflin, 317pp.

Terman, L. M., and 5 others. 1923. *Intelligence tests and school reorganization*. Yonkers-on-Hudson, N. Y.: World Book Company, 111pp.

Terman, L. M., and Merrill, Maud A. 1937. *Measuring intelligence. A guide to the administration of the new revised Stanford-Binet tests of intelligence*. Boston: Houghton Mifflin, 461pp.

Thomson, G. H. 1939. *The factorial analysis of human ability*. Boston: Houghton Mifflin.

Thorndike, E. L. 1940. *Human nature and the social order*. New York: Macmillan, 1019pp.

Thurstone, L. L. 1924. *The nature of intelligence*. London: Kegan Paul, Trench, Trubner and

Company, 167pp.

_____. 1935. *The vectors of mind*. Chicago: University of Chicago Press, 266pp.

_____. 1938. *Primary mental abilities*. Chicago: University of Chicago Press, Psychometric Monographs, no. 1, 121pp.

_____. 1940. Current issues in factor analysis. *Psychological Bulletin* 37: 189-236.

_____. 1946. Theories of intelligence. *Scientific Monthly*, February, pp. 101-112.

_____. 1947. *Multiple factor analysis*. Chicago: University of Chicago Press, 535pp.

_____. 1950. The factorial description of temperament. *Science* 111: 454-455.

Thurstone, L. L., and Thurstone, T. G. 1941. *Factorial studies of intelligence*. Chicago: University of Chicago Press, Psychometric Monographs, no. 2, 94pp.

Tobias, P. V. 1970. Brain-size, grey matter, and race-fact or fiction? *American Journal of Physical Anthropology* 32: 3-26.

Todd, T. W., and Lyon, D. W., Jr. 1924. Endocranial suture closure. Its progress and age relationship. Part 1. Adult males of white stock. *American Journal of Psysical Anthropology* 7: 325-384.

_____. 1925a. Cranial suture closure. II. Ectocranial closure in adult males of white stock. *American Journal of Physical Anthropology* 8: 23-40.

_____. 1925b. Cranial suture closure. III. Endocranial closure in adult males of Negro stock. *American Journal of Physical Anthropology* 8: 47-71.

Topinard, P. 1878. *Anthropology*. London: Chapman and Hall, 548pp.

_____. 1887. L'anthropologie criminelle. *Revue d'Anthropologie*, 3rd series, vol. 2: 658-691.

_____. 1888. Le poids de l'encéphale d'après les registres de Paul Broca. *Mémoires société d'Anthropologie Paris*, 2nd series, vol. 3, 1-41.

Toulmin, S. 1977. Back to nature. *New York Review of Books*, 9 June, pp. 3-6.

Tuddenham, R. D. 1962. The nature and measurement of intelligence. In *Psychology in the making*, ed. L. Postman, pp. 469-525. New York: Alfred A. Knopf.

Vogt, Cral. 1864. *Lectures on man*. London: Longman, Green, Longman, and Roberts, 475pp.

Voisin, F. 1843. *De l' idiotie chez les enfants*. Paris: J.-B. Ballière.

Washington, B. T. 1904. *Working with the hands*. New York: Doubleday, Page and Company, 246pp.

Went, F. W. 1968. The size of man. *American Scientist* 56: 400-413.

Wenston, R. F. 1972. *Racism in U.S. imperialism: the influence of racial assumptions on American foreign policy 1893-1946*. Columbia: University of South Carolina Press, 291pp.

Wilson, E. O. 1975. *Sociobiology*. Cambridge, MA: Harvard University Press.

_____. 1978. *On human nature*. Cambridge, MA: Harvard University Press.

Wilson, L. G. 1970. *Sir Charles Lyell's scientific journals on the species question*. New Haven: Yale University Press, 572pp.

Wolfle, Dael. 1940. *Factor analysis to 1940*. Psychometric Monographs No. 3, Psychometric Society. Chicago: University of Chicago Press, 69pp.

Yerkes, R. M. 1917a. The Binet version versus the point scale method of measuring intelligence. *Journal of Applied Psychology* 1: 111-122.

_____. 1917b. How may we discover the children who need special care. *Mental Hygiene* 1: 252-259.

Yerkes, R. M.(ed.) 1921. Psychological examining in the United States army. *Memoirs of the National Academy of Sciences*, vol. 15, 890pp.

Yerkes, R. M. 1941. Man power and military effectiveness: the case for human engineering. *Journal of Consulting Psychology* 5: 205-209.

Zimmern, H. 1898. Criminal anthroplogy in Italy. *Popular Science Monthly* 52: 743-760.